Britta Reimann

Farbe und Charakter

Britta Reimann

# Farbe und Charakter

Das Porträt im Expressionismus am Beispiel des Werks Karl Schmidt–Rottluffs bis 1923

Saarbrücken 2003

Herstellung: Books on Demand GmbH

ISBN 3-8330-1131-9

Bibliographische Information Der Deutschen Bibliothek
Die Deutsche Bibliothek verzeichnet diese Publikation in der Deutschen Nationalbibliographie; detaillierte bibliographische Daten sind im Internet über <http://dnb.ddb.de> abrufbar.

## Inhalt

# I Einleitung: Das Porträt im Werk Karl Schmidt-Rottluffs: Zwischen künstlerischer Freiheit und Gegenstandsverpflichtung

„Der Begriff des Porträts beruht auf dessen gegenständlichem Moment – auf dessen Fähigkeit, etwas Spezifisches oder Wesentliches über eine ganz bestimmte Person aufzunehmen oder anzudeuten. Von daher scheint sich das Porträt dem Hang der modernen Abstraktion einer nichtmimetischen, ja sogar gegenstandslosen Form der Darstellung zu widersetzen.“[1]

## I. 1. Das Porträt zwischen Tradition und Moderne

Die besondere Situation der klassischen Moderne wird mit dem Übergang vom Naturalismus zur autonomen Kunst beschrieben, ein Wandel, von dem auch das Porträt betroffen ist.[2] Ausgangspunkt der Arbeit ist das im Zusammenhang mit dem Modell einer Entwicklung hin zur Abstraktion stehende proklamierte Ende des Porträts in der

---

[1] Shearer West, Masken oder Identitäten?, in: Christos M. Joachimides, Norman Rosenthal (Hg.), Die Epoche der Moderne. Kunst im 20. Jahrhundert, Ausstellungskatalog Martin-Gropius-Bau, Berlin 1997, Ostfildern bei Stuttgart 1997, S. 66.

„Jeder Versuch, dem Porträt innerhalb der Geschichte der modernen Kunst eine klare Rolle zuzuweisen, mündet unweigerlich in Mißerfolg und Verwirrung. In der Theorie hat das Porträt der Moderne offenbar wenig Platz, ist es doch den Konventionen, die der Avantgarde zugeschrieben wird, scheinbar nicht zugänglich. Das auf Universalität und Abstraktion abhebende Programm der Moderne ist dem Gelegenheitscharakter und der Spezifität des Porträts auf eine Weise fremd, wie es dies dem Landschaftsbild, dem Stilleben oder anderen Gattungen ist.“ Ebenda, S. 65.

[2] Für die historische Sicht s. Thomas Nipperdey, Deutsche Geschichte 1800-1866, Bürgerwelt und starker Staat, München 1983. Er konstatiert für das letzte Drittel des 19. Jahrhunderts einen Gegensatz zwischen Naturalismus und einer antinaturalistischen l'art pour l'art Position, in der die Kunst in sich selbst wesentlich werde.

S. dazu auch die Diskussion vom 7. Januar bis 8. April in der Stuttgarter Zeitung „Das verlorene Menschenbild“, in dem die Position vertreten wurde, die Malerei inszeniere nur noch sich selbst und sei daher nicht mehr in der Lage, Porträts zu schaffen. Emil Preetorius, Die sich selbst malende Malerei, in: Richard Biedrzynski, Das verlorene Menschenbild. Zur Problematik des Porträts in der Kunst der Gegenwart, Zürich 1961, S. 39 f. Darauf Bezug nehmend äußert sich Arnold Gehlen: „Es sind also künstlerische Gründe, die das Porträt ausschließen, die Auffassung vom Sinn des Bildes erzwingt einen Stil, in dem die Darstellung der Außenwelt um ihrer selbst willen nicht mehr unterzubringen ist, das ‚Kunstwollen' der heutigen Künstler hat sich so orientiert, dass es an der Aufgabe des Porträts vorbeizieht. [...] die Natur ist sozusagen ontologisch verdächtig geworden, man glaubt nicht mehr an die Endgültigkeit des in ihr Sichtbaren.“ Arnold Gehlen, Die verdächtige Natur, in: Biedrzynski, Das verlorene Menschenbild, S. 52 f.

modernen Malerei.[3] Die Erhebung der schöpferischen Phantasie des Malers über den Gegenstand und die damit in Hand gehende Befreiung der Darstellungsmittel aus ihrer abbildhaften Bezüglichkeit lasse eine inhaltliche Bestimmung des Bildes und somit auch eine Unterscheidung in einzelne Bildgattungen nicht mehr zu, das Motiv verliere an Bedeutung.[4]
Als Voraussetzung wird eine im Zusammenhang mit den Erkenntnissen von Naturwissenschaften und Psychoanalyse verunsicherte Haltung gegenüber der Wirklichkeitserfahrung verantwortlich gemacht.[5] Um einen anderen, oft herangezogenen Faktor handelt es sich bei der Lösung von traditionellen Bindungen wie Thema und Auftragsverpflichtung zugunsten eines subjektiveren und elementareren Einsatzes der Bildmittel.

> „Die Norm des Künstlers und der Kunst wird die Originalität. Das Werk ist Ausdruck der Individualität des Künstlers, seines individuellen Blickes auf Seele und Welt oder das Reich der Kunst, seine individuelle Gestaltung, und es ist objektiv ein spezifisches Stück Unendlichkeit und Vollkommenheit. Das Prinzip der Originalität stellt für die Kunst das

---

[3] „Mit den anderen Gattungen läßt sich das Bildnis immer mehr in einer neuen künstlerischen Sprache auf. Ihr Prototyp ist das ‚reine Bild', gattungslos und universell, wie es von der abstrahierenden und mehr noch: der abstrakten Kunst weiter entwickelt wurde." Gottfried Boehm, Bildnis und Individuum. Über den Ursprung der Porträtmalerei in der italienischen Renaissance, München S. 9.

[4] S. beispielsweise Liebermann: „Worauf es hier allein ankommt, ist klar auszudrücken, dass der Wert der Malerei absolut unabhängig vom Sujet ist, und nur in der Kraft der malerischen Phantasie beruht." In: Rudolf Pfefferkorn, Die Berliner Sezession, Berlin 1972, S. 20.

[5] Anfang des Jahrhunderts tauchten Grenzen des Bewusstseins auf. „Tatsächlich ist ja von seiten der Naturwissenschaft oft und ernst darauf hingewiesen worden, daß durch die Entwicklung der modernen Physik die Entfernung zu dem Menschen und der objektiven Wirklichkeit unüberbrückbar geworden ist, daß diese, je mehr sie zu erschließen scheinen, desto abstrakter wurde, jede Ähnlichkeit mit den sinnlichen und anschaulichen Bildern verlor und nur in der Struktur und Symbolen, mit denen man mathematische Zusammenhänge beschreiben kann, in die menschliche Vorstellung hineinragte, so daß die Frage gestellt werden konnte, ob die Naturwissenschaft überhaupt noch in Kontakt mit der Wirklichkeit ist" Werner Haftmann, Die moderne Malerei als Ausdruck eines gewandelten Welt- und Selbstverständnisses des Menschen. Aufsätze und Reden zur Kunst des 20. Jahrhunderts, Köln 1980, S. 13.
Symptomatisch ist auch die Aufnahme eines Aufsatzes über die Erkenntnisse der Physik zu Beginn des 20. Jahrhunderts in einen Expressionismuskatalog: Günter Küppers, Die Revolution des physikalischen Weltbildes – Relativitätstheorie und Quantenmechanik zu Beginn unseres Jahrhunderts, in: O meine Zeit, Bielefeld 1985, S. 77-88.

typisch moderne Problem der Tradition und des Stils. [...] Und ebenso verfällt die Gattungslehre, die den ‚Gattungen' – sozial adäquat – Stoffe und Mittel zuordnete. Tradition und Konvention verlieren an stabilisierender Kraft, es gibt keinen verbindlich ästhetischen Kanon mehr, der ‚Geschmack' ist nicht mehr sozial einheitlich, sondern individuell vielfältig."[6]

Mit der Frage nach der Rolle der künstlerischen Freiheit zum Motiv stellt sich auch das Problem des Verhältnisses zwischen Form und Inhalt: Das Motiv gilt in der Moderne nur noch als Anreiz oder Anstoß zu einer individuellen künstlerischen Gestaltung[7], trägt dem Wirklichkeitsverlust des Motivs, der Bedeutungsverschiebung vom Inhalt zur Form Rechnung. Die unterschiedlichen Ausprägungen werden zu Stilgruppen zusammen gefasst, die das jeweilige künstlerische Werk ohne Ansehen des Motivs definieren. Der gegenständliche Bezug werde zugunsten der malerischen Gestaltung vernachlässigt.

„Denn in erster Linie war es immer darum gegangen, die Legitimation der Moderne nicht in Inhalten, sondern in Stilbegriffen abzusichern. Es überwogen Beobachtungen, die sich auf die genetische Ausbildung eines Stils bezogen. Die Inhalte konnten und mußten dabei vernachlässigt werden. Die unaufhörliche, jede formale Facette abtastende Wiederholung der ‚Atelierikonographie' verringerte den Eigenwert des Dargestellten. Gesichter, Körper, Objekte, Landschaften waren nichts anderes als Voraussetzungen für eine Malerei, die sich vom individuellen und unersetzlichen Gegenstand frei zu machen vermochte. Dabei wurde deutlich, dass das, was man die Dämpfung des Gegenständlichen nennen wollte, Bedingung für die Autarkie des Werks blieb. Die Formalisierung

---

[6] Thomas Nipperdey, Deutsche Geschichte 1800-1866, S. 544.
„Die Kunst im bürgerlichen Zeitalter ist ‚freie Kunst', sie ist nicht mehr primär an die großen Aufträge, höfische, kirchliche, adlige, städtische gebunden, und der Sache nach nicht mehr an einen Kanon von Gattungen, nicht an Themen und Symbole der Tradition. Inhalte, Formen, Mittel stehen zur Disposition – das konstituiert ein andermal Vielfalt und Wechsel." Thomas, Nipperdey, Deutsche Geschichte 1866-1918, 1. Bd. Arbeitswelt und Bürgergeist, München 1990, S. 695.

[7] „In dieser Beschränkung der Rolle des Motivs lediglich als Anreiz oder Anstoß muß die Kunst des Impressionismus als Vorläuferin der absoluten Malerei angesehen werden: Die Negierung des Gegenstandes durch diese ging die Gleichgültigkeit gegenüber dem Gegenstand bei jenen voran." Klaus Lankheit, Die Frühromantik und die Grundlagen der „gegenstandslosen" Malerei, in: Neue Heidelberger Jahrbücher, N.F., 1951, S. 57 f.

> spiegelte den Hauptweg der Moderne wider. Dieser führte vom Narrativen zum formautonomen Ausdruck.“[8]

Die Wertung dieser „neuen künstlerischen Freiheit“ liegt dabei zwischen Verfall und Verdienst. Je nachdem, ob der Vorbildcharakter der Natur als Bedingung oder als Zwang angesehen wurde, gilt die Vielfalt neuer Darstellungsmöglichkeiten als Niedergang oder Chance der Kunst.[9]

> „Der Rückgriff auf den elementarsten Bestand, auf das ‚immanente Leben’ der Gestaltungsmittel an sich, deren Befreiung von jeder Dienstbarkeit: Das war nur die Folge einer veränderten Situation der Kunst im allgemeinen Leben überhaupt. Wie jetzt die bildnerischen Grundelemente autonom werden und sich auf ihr immanentes Leben besinnen, so war die Kunst selbst schon seit langem autonom, stand sie nicht mehr im Dienst übergeordneter Lebensmächte, weil es solche Mächte, einheitliche Glaubens- und Wertvorstellungen allgemein, das Leben ordnende metaphysische Gehalte und ein verbindliches Weltbild im 19. Jahrhundert nicht mehr gab, und damit auch der Kunst jene überindividuellen Inhalte fehlten, die schon als solche voll Symbolgehalt, die schaffende Kraft des Künstlers anziehen und in ihren Dienst zwingen. Wenn die Kunst schließlich ‚das Stoffliche’ überhaupt ausschied und sich auf das elementare Leben von Farbe und Form zurückzog, so war das ein Zeichen ihrer Stärke, die sich nicht ersticken ließ vom Ballast toter Inhalte. Das 19. Jahrhundert war streckenweise der Gefahr eines solchen Erstickungstodes nahe gekommen.“[10]

Ob Verfall oder Verdienst: gerade beim Porträt, das der gegenständlichen Seite ganz besonders verpflichtet zu sein scheint, gilt

---

[8]Werner Spiess, Zeitalter des Argwohns. Picasso und das unberechenbare Porträt / Die Ausstellung im Museum of Modern Art, in: Frankfurter Allgemeine Zeitung, 3. Juni 1996, S. 31.

[9]„Man hat das 19. und frühe 20. Jahrhundert unter der Perspektive vom ‚Verlust der Mitte’ angesehen oder unter der von Fortschritt und Befreiung zu ursprünglicherer, spontaner, autonomer Kunst: Beide Perspektiven vermitteln Einsicht, aber Verfallsklage und Fortschrittsruhm sind inzwischen schal geworden in ihrer Einsichtigkeit. Zwischen ihnen, in der Wechselseitigkeit von Verlust und Gewinn, liegt das historische Problem.“ Nipperdey, 1866-1918, S. 698.

[10]Walter Hess. Zur Biographie der befreiten Farbe, in: Das Kunstwerk, 6. Jg., 1952, S. 12.

Vgl. auch Walter Hess, Dokumente zum Verständnis der modernen Malerei, Hamburg 1988, S. 9 f.

das Spannungsverhältnis zwischen künstlerischem Stil und der motivischen Vorgabe als besonders spannungsvoll.[11]

> „Die Spannungen zwischen Stilexperiment und individualisierender Darstellung lassen sich jedoch nicht abstreiten, und das deskriptive und referentielle Moment des Porträts im 20. Jahrhundert hat selbst den radikalsten stilistischen Abweichungen von den etablierten Traditionen des enthüllenden oder verklärenden mimetischen Porträts Schranken auferlegt.“[12]

## I.2. Das Porträt im Werk Karl Schmidt-Rottluffs

Das Problem zwischen künstlerischem Stil und Gegenstandsverpflichtung wird anhand des Werkes von Karl Schmidt-Rottluff erläutert, einem Künstler, der als Autodidakt die Künstlergemeinschaft „Brücke“ mitgegründet hatte, um die Tradition der Akademien zu überwinden und der somit ein gutes Beispiel gerade für den Beginn der Moderne darstellt. Ein einzelner Künstler wird deshalb herausgegriffen, um angesichts des breiten Spektrums der Moderne einen methodisch gradlinigen Weg ohne Einbußen in der Ausführlichkeit der Werkanalysen zu gehen.

Wie seine Kollegen der „Brücke“ malte Schmidt-Rottluff, sich der Einschränkung seiner künstlerischen Freiheit durch die Erwartungen des Auftraggebers durchaus bewusst, fast keine Auftragporträts.

> „[...] habe auch ein Porträt gemalt, so zwischen drein. Damit ist’ s aber immer eine zwiespältige Sache, man steckt seine eigenen Ansichten tiefer und gefällt dann weder sich noch dem Besteller, doch war jetzt das zweite mal nicht der Fall.“[13]

---

[11] Diesen Zwiespalt gerade beim Porträt als dem Abbild und somit dem gegenständlichen Moment verpflichtete Gattung stellt Hetzer bereits für die traditionelle Malerei fest. „Für das Reich der Phantasie, das im Zeitalter der Renaissance und des Barock so mächtig war, scheint das Porträt nicht oder doch nur wenig geeignet zu sein, und man kann fragen, ob es damit der Kunst dieselben Entfaltungsmöglichkeiten bietet, wie die anderen Themen.“ Theodor Hetzer, Tizians Bildnisse, in: Aufsätze und Vorträge, Bd. 1, Leipzig 1957, S. 59.

[12] West, Masken oder Identität, S. 66.

[13] Brief Schmidt-Rottluffs aus Hamburg vom 12.2.1911 an den Oldenburger Juristen Dr. Ernst Beyersdorff. Abgedruckt in: Gerhard Wietek, Schmidt-Rottluff. Oldenburger Jahre 1907-1912, Mainz 1995, S. 135, Nr. 75.
Siehe auch den Brief an Friedrich Schreiber-Weigand vom 4. November 1928 anlässlich der Ausstellung des Impressionisten Robert Sterl: „Die Porträts bei St. (erl) sind

Davon, dass die Porträts bei Schmidt-Rottluff zumeist keine Auftragswerke waren, zeugen auch die Besitzverhältnisse: In fast keinem Fall gelangten die Porträts in den Besitz der Dargestellten,[14] sondern wurden ohne Ansehen der jeweiligen Darstellung wie die übrigen Gattungen verkauft. So lassen sich die Porträts, die er während seines gesamten Schaffens in verschiedenen Techniken fertigte, meistens nicht auf einen Auftrag zurückführen, sondern vielmehr auf die Bekanntschaft des Künstlers mit seinem jeweiligen Modell, das dieses so zu einem interessanten Objekt des künstlerischen Selbstauftrags werden ließ. Wie es für das expressionistische Porträt typisch ist, entstand es meistens in privatem Rahmen. Bei den Dargestellten handelt es sich dabei um den engsten Umkreis des Künstlers: seine Familie (Mutter, Vater, Bruder, Schwester), die Brückekollegen und die Personen, mit denen er über seinen Beruf als Maler in Kontakt kam und unter denen er viele Freunde, Sammler und Förderer seiner Kunst fand. Um deren Beziehung zu Schmidt-Rottluff,

---

allerdings eine fragliche Angelegenheit, mit einem sehr scharfen Auge gesehen u. mit großem Können auf ‚sprechend' gearbeitet, sind sie denkbar unkünstlerisch. (...) ...– aber man malt eben nicht ungestraft Bildnisse zur Zufriedenheit der Auftraggeber - bei einer so umfassenden Schau werden plötzlich solche Auftraggeber gewichtig – u. dann können unmöglich diese Dinge weggelassen werden." Briefliche Auskunft von Karl Brix an den Verfasser.

Bei dem Porträt handelt es sich wahrscheinlich um das Porträt von Paul Rauert, 1911, Hamburger Kunsthalle, das einzige mir bekannte Auftragsporträt. Wietek hält es ebenfalls für das erste Auftragsporträt Schmidt-Rottluffs: „Dieser schuf 1911 von Paul Rauert auch sein erstes Auftragsporträt, das sich jetzt mit weiteren Arbeiten aus dessen Besitz in der Hamburger Kunsthalle befindet." Wietek, Oldenburger Jahre, S. 39.

[14]Ausnahmen sind das ausgewiesene Auftragsporträt von Dr. Paul Rauert und das Rosa Schapire geschenkte Porträt von 1919. Weitere Porträts von Rosa Schapire befanden sich ständig im Besitz des Künstlers (1911) oder im Besitz von Wilhelm Niemeyer (1915). In der Regel verkaufte Schmidt-Rottluff die Porträts direkt an Privatpersonen oder an Galerien.

Für den Besitz der Freunde bestimmt waren Werke mit persönlicher Widmung, wie z.B. das an Niemeyer geschenkte Selbstporträt von 1919. Am Beispiel des Dichters Richard Dehmel lässt sich zeigen, dass solche gewidmeten Bilder oder Blätter durchaus eine Alternative des Freundschaftsbeweises zum Porträt darstellen. Angesichts der gewidmeten Zeichnung *Lagernder Mädchenakt* heißt es: „Die Widmung ist ein Zeichen der enthusiastischen Verehrung des Malers für den Dichter, der im Ersten Weltkrieg als höherer Offizier 1916 den ‚Armierungssoldaten Schmidt in den Stab Ober-Ost' nach Kowno berief. – Trotz der bis zu Dehmels Tod im Januar 1920 anhaltenden engen Beziehungen hat Schmidt-Rottluff kein Bildnis Dehmels geschaffen." Gunther Thiem, Armin Zweite (Hg.), Karl Schmidt-Rottluff. Retrospektive, Bremen, München 1989, S. 99 f.

die sich immer in dem oben genannten Rahmen bewegte, herauszustellen, soll kurz auf die Dargestellten verwiesen werden, wobei die Referenz auf weiterführende Literatur genügen muss.
Mit Abstand am häufigsten und in allen Techniken wurde Rosa Schapire porträtiert, zu der Schmidt-Rottluff eine besonders enge Beziehung entwickelte.[15] Die promovierte Kunsthistorikerin lernte Schmidt-Rottluff wie die anderen „Brücke“-Künstler spätestens 1908 über den Hamburger Juristen und Kunstsammler Gustav Schiefler kennen. Bis zu ihrer Emigration 1939 und unterstützte sie ihn freundschaftlich und fachlich. Vor allem gab sie das Verzeichnis seiner Graphik heraus.[16]
Schon bald machte sie ihn mit dem Kunsthistoriker Dr. Wilhelm Niemeyer bekannt, der in der Hamburger Kunstschule über Kunstgeschichte las.[17] Von ihm entstanden zwei Ölgemälde und ein Holzschnitt erst am Ende ihrer Freundschaft Anfang der 20er Jahre, kurz bevor sie sich zerstritten.[18]

---

[15]Zur Beziehung Rosa Schapires zur „Brücke“ und insbesondere zu Schmidt-Rottluff s. vor allem:
Gerhard Wietek, Maler der Brücke. Farbige Kartengrüße an Rosa Schapire von Erich Heckel. Ernst Ludwig Kirchner. Max Pechstein. Karl Schmidt-Rottluff, Wiesbaden 1958.
Gerhard Wietek, Dr. phil. Rosa Schapire, in: Jahrbuch der Hamburger Kunstsammlungen, Bd. 9, 1964, S. 114-160.
Hans-Michael Herzog, Kunsthistorikerin für den Expressionismus. Rosa Schapire im Spiegel ihrer Darstellungen von Karl Schmidt-Rottluff, in: Jutta Hülsewig-Johnen (Hg.), O Mensch!, S. 39-47.
Gerd Presler, „Brücke“ an Dr. Rosa Schapire, Städtische Kunsthalle Mannheim 1990.
Maike Bruhns, Rosa Schapire und der Frauenbund zur Förderung deutscher bildender Kunst, in: Henrike Jung (Hg.), Avantgarde und Publikum, Köln, Weimar, Wien 1992, S. 269-282.
Ramon Neckelmann, Zu Rosa Schapire und Wilhelm Niemeyer, 1978, in: Gerhard Wietek, Karl Schmidt-Rottluff. Plastik und Kunsthandwerk. Werkverzeichnis, München 2001, S. 167-169.
[16]Schiefler nennt sie gar die „Prophetin“ Schmidt-Rottluffs. Zitiert bei Maike Bruhns, Rosa Schapire, S. 270. An überkommenen Porträts werden mindestens drei Ölgemälde, fünf Holzschnitte. eine Lithographie und ein Aquarell zugerechnet. Laut Wietek gab es insgesamt mindestens 19 Porträts von 14 Künstlern.
[17]Dieser schrieb bereits in der Denkschrift des Sonderbundes Düsseldorf 1910 über ihn, ebenso im angegliederten Katalog.
[18]Zum Verhältnis Niemeyers zu Schmidt-Rottluff s.:
Gerhard Wietek, Wilhelm Niemeyer und Karl Schmidt-Rottluff, in: Nordelbingen. Beiträge zur Kunst- und Kulturgeschichte, Bd. 48, 1979, S. 112-122.

Von Schmidt-Rotluffs Kontakten zur Berliner Boheme nach seinem Umzug 1911 zeugen Porträts der Dichterin Else Lasker-Schüler[19] und des expressionistischen Literaten Simon Guttmann, für dessen Literaturclubs er Holzschnitte für die Programmzettel schuf.[20]
Dort machte er ebenfalls die sich im Porträt niederschlagende Bekanntschaft von Lionel Feininger, dem Architekten Paul Thiersch[21]

---

Ders., Franz Radziwill - Wilhelm Niemeyer. Dokumente einer Freundschaft, Oldenburg 1990.
Ders., Franz Radziwill - Wilhelm Niemeyer. Ein Briefwechsel als Lektion für den Herausgeber, in: Walter Jens (Hg.), Festschrift und Dokumentation der Festveranstaltungen der Freien Akademie der Künste, Hamburg 1990, S. 86-91.
Ders., Karl Schmidt-Rottluff. Plastik und Kunsthandwerk, S. 14-16.
Neckelmann, Zu Rosa Schapire und Wilhelm Niemeyer, S. 167-169.

[19] Über die Identifizierung der *Lesenden* von 1912 als Else Lasker-Schüler s. Hermann Gerlinger, Schmidt-Rottluff und „Der Prinz von Theben“, in: Gunther Thiem und Armin Zweite (Hg.), Karl Schmidt-Rottluff. Retrospektive, München 1989, S. 49-52.

[20] Interessanterweise wurde Guttmann auch von Heckel und Kirchner dargestellt. Informationen über die Beziehung der „Brücke“ zu Guttmann, dem „Neuen Club“ und dem 1910 eröffneten „Neopathetischen Cabarett“, beides Zentren der expressionistischen Dichtung, muss man sich mühsam zusammenklauben. Am ausführlichsten in: Lucius Grisebach, Annette Meyer zu Eissen, Ernst Ludwig Kirchner 1880-1938, Ausstellungskatalog Berlin, Köln, Zürich 1980, S. 61. und Karlheinz Gabler, Erich Heckel und sein Kreis. Dokumente. Fotos, Briefe. Schriften, Stuttgart, Zürich 1993, S. 94. Zum „Neuen Club“ und zum „Neopathetischen Cabarett“, dessen Schriftzug Schmidt-Rottluff 1911 als Holzschnitt gestaltete, s. Paul Raabe und H L. Greve (Hg.), Expressionismus. Literatur und Kunst, Marbach $^{4}$1986, S. 22-24, Abb. Holzschnitt S. 23.
Die so geschaffene Verbindung zwischen Kunst und Literatur sollte sich in der Zeitschrift „Neopathos“ niederschlagen, die aber unter den Bedingungen des sich ankündigenden ersten Weltkrieges nicht mehr verlegt wurde. Der Kontakt Schmidt-Rottluffs zu Guttmann dauerte auch nach 1918 an.

[21] S. Katja Schneider, Burg Giebichenstein. Die Kunstgewerbeschule von Paul Thiersch und Gerhard Macks 1915 bis 1933, Diss. Bonn 1988, Weinheim 1992.
Thiersch hatte ein großes Interesse an zeitgenössischer, besonders expressionistischer Kunst und lernte Schmidt-Rottluff über Niemeyer kennen. (S. 28)
„Einen regelmäßigen Kontakt pflegte er etwa mit Schmidt-Rottluff, den er häufig in seinem Atelier besuchte und der ihn 1915 sogar porträtierte [...].“ (S. 39)
„Auf Thierschs Initiative hin wurde 1921 eine Sonderausstellung von modernen Gemälden aus Privatbesitz gezeigt, das Gemälde, das Schmidt-Rottluff von ihm geschaffen hatte, schenkte er 1925 dem Museum.“ (S. 184)
Wahrscheinlich nahm Thiersch das (ihm geschenkte ?) Gemälde mit, als er 1915 als Direktor der Handwerkerschule, der späteren Kunstgewerbeschule Burg Giebichenstein, nach Halle kam.

und Dr. Fritz Goldschmidt, einem der Moderne aufgeschlossenen Kunsthistoriker.[22]
Den Kunsthistoriker Wilhelm R. Valentiner, von dem zwei Holzschnitte entstanden, lernte er wahrscheinlich anlässlich dessen Verfassung seiner Monographie 1920 kennen und blieb ihm freundschaftlich verbunden.[23]
Auch der Kontakt mit dem Direktor der Städtischen Kunstsammlungen Chemnitz, Friedrich Schreiber Weigand, wird neben einem regen Briefwechsel durch ein Holzschnittporträt belegt.[24]
Nicht immer jedoch ist eine tiefe Freundschaft unbedingter Anlass zu einem Porträt. „Trotz der bis zu Dehmels Tod im Januar 1920 anhaltenden engen Beziehungen hat Schmidt-Rottluff kein Bildnis des Dichters geschaffen."[25]

---

[22]Das Porträt von 1914 ist leider zerstört. Ebenso auch dasjenige, das Heckel von ihm anfertigte:
„Auch Lyonel Feininger gewann Heckel damals zum Freunde, ebenso einige der jungen Kunst aufgeschlossenen Museumsleute: die beiden jungen Kunsthistoriker Dr. Wallerstein und Dr. Goldschmidt, deren Bildnisse er 1913 malte [...]" in: Paul Vogt, Erich Heckel, Recklinghausen 1965, S. 32.

[23]„Valentiner war seit seiner Dissertation über ‚Rembrandt und seine Umgebung' Spezialist für holländische Malerei des 17. Jahrhunderts, daneben aber sehr interessiert an der Kunst seiner Zeit und – wie fast alle Expressionistenfreunde – an der Kunst der außereuropäischen Länder. Nach Stationen bei Hofstede de Groot und Wilhelm Bode wurde er bereits 1908 Direktor der Kunstgewerbeabteilung des Metropolitan Museum of Art in New York. [...] 1923 organisierte er die erste Ausstellung deutscher Expressionisten in den USA (Anderson Galleries New York). Seitdem war er wieder Direktor amerikanischer Museen." In: Lothar Grisebach, E.L. Kirchners Davoser Tagebuch. Eine Darstellung des Malers und eine Sammlung seiner Schriften, Köln 1968, S. 259.

[24]Seit 1921 stand ihm Schmidt-Rottluff mit Beratungen über Ankäufe, Ausstellungen und sogar über Präsentationsformen im Museum bis hin zum Wandanstrich zur Seite. Dokumentiert wird das Verhältnis durch einen Porträtholzschnitt von 1924. S. Karl Brix, „...da ich doch mit der Stadt verbunden bin". Karl Schmidt-Rottluffs Beziehungen zu Chemnitz und zu Karl-Marx-Stadt, in: Karl-Marx-Städter Almanach 2, 1983, S. 20-28, bes. S. 23-25.

[25]Thiem, Retrospektive, S. 100.
Dehmel lernte Schmidt-Rottluff in Hamburg über Rosa Schapire kennen. „Dehmel hat sich überraschend sehr interessiert. Wahrscheinlich hatte ich ihn über Rosa Schapire kennen gelernt, wiederholt auch in Gesellschaft getroffen, er ist auch bei mit einmal im Atelier gewesen – er war ein ausgezeichneter Mensch, ich hatte ihn jedenfalls sehr gern." Schmidt-Rottluff zitiert bei: Gunther Thiem, „Herrn Dehmel zu eigen" - S. Rottluff, Hamburg 1911, in: Heinz Ladendorf (Hg.), Festschrift Dr. h.c. Eduard Trautscholdt zum 70. Geburtstag am 13. Januar 1963, Hamburg 1965, S. 198.

Auf jeden Fall verband sich Freundschaft mit künstlerischer Freiheit in dem Sinne, dass alle aus Schmidt-Rottluffs Umkreis Porträtierten bereits von seiner Kunst so sehr eingenommen waren, dass er ihrem Gefallen zuliebe keine Zugeständnisse machen musste. Selbst das einzige bekannte Auftragsporträt stellte mit Dr. Paul Rauert ein passives Mitglied der „Brücke“ dar.[26]

### I.2.1. Werkauswahl

Die Auswahl der zu behandelnden Bildbeispiele wird durch die großen Verluste, die durch die Aktion „entartete Kunst“ oder während des zweiten Weltkriegs entstanden, zum Teil schon vorweggenommen.[27] Trotzdem kann es in einigen Fällen nicht ausbleiben, auf verschollene oder zerstörte Werke wenigstens hinzuweisen, bzw. deren überkommene Reproduktion heranzuziehen. Berücksichtigt werden aber vor allem Werke, die im Original studiert werden konnten, wobei die Schwierigkeit darin lieg, dass diese sehr verstreut sind.

---

[26] Der Hamburger Rechtsanwalt und seine Frau besaßen mit zuletzt etwa 20 Gemälden und zahlreichen weiteren Arbeiten Schmidt-Rottluffs die umfassendste Sammlung des Künstlers in Hamburg. Vgl. Wietek, Oldenburger Jahre, S. 39 f.
Zur Sammlung s. auch: Dörte Zbikowski, Die Sammlung Rauert in ihrer Zeit, in: Eva Caspers, Wolfgang Henze, Hans-Jürgen Lwowski (Hg.), Nolde, Schmidt-Rottluff und ihre Freunde. Die Sammlung Martha und Paul Rauert Hamburg 1905-1958, Hamburg 1999, S. 11-96.
„Herr und Frau Dr. Paul Rauert gehörten in den entscheidenden Jahren der neuen Kunst an und nach dem ersten Weltkrieg zu den mutigsten Sammlern in Deutschland und haben vor allem die damals heiß umstrittenen Künstler Nolde, Schmidt-Rottluff, Heckel, Kirchner u.a. durch frühe Ankäufe gefördert. Ihr schönes Haus in Hochkamp mit der vielseitigen Sammlung war lange Zeit den Freunden der damals jungen Kunst ein vorbildliches Beispiel wie ihren Gegnern ein Gegenstand des Ärgernisses.“ Alfred Hentzen, Erwerbungen für die Gemäldegalerie und die Sammlung Neuerer Plastik im Jahre 1961, in: Jahrbuch der Hamburger Kunstsammlungen, Bd. 7, 1962, S. 120.
Allerdings muss erwähnt werden, dass es doch nicht so ganz den Vorstellungen entsprochen haben kann: „Frau Rauert bemerkte 1957 gegenüber dem Vf., dass das Bild nach einiger Zeit doch von der Wand verbannt und abgestellt worden sei. Es gelangte 1961 als Stiftung der Erben an die Hamburger Kunsthalle.“ Wietek, Oldenburger Jahre, S. 190, Brief Nr. 75, Anm. 3.

[27] Allein von Schmidt-Rottluff werden im Zuge der Aktion „Entartete Kunst“ insgesamt 608 Kunstwerke aus deutschen Museen beschlagnahmt und später teils verkauft oder vernichtet. S. Karl Brix, in: Schmidt-Rottluff. Der Maler, S. 267. 1943 wird Schmidt-Rottluffs Atelier zerbombt und die im Herbst 1942 nach Schlesien ausgelagerten. Dabei gehen etwa 40 Gemälde verloren. Ebenda, S.268.

Von besonderem Interesse sind dabei wegen der Vergleichsmöglichkeit die von Schmidt-Rottluff - im besonderen Glücksfall auch von weiteren Malern - häufiger dargestellten Personen. Aus diesem Grund werden besonders die Beispiele herangezogen, die Vergleiche zwischen den einzelnen Werkphasen, den Techniken oder auch zwischen verschiedenen Künstlern erlauben.
Des weiteren erscheint es notwendig, eine zeitliche Zäsur zu setzen, die sich im Gesamtwerk anhand der Anschauung aufdrängt. So ist Mitte der zwanziger Jahre eine deutliche Beruhigung in der Malweise Schmidt-Rottluffs festzustellen. Die Spannungen und Kontraste lösen sich, die Vorbildlichkeit der Naturwirklichkeit schlägt sich deutlicher im Werk nieder. „Alles wird befriedeter, eingelenkter, verhaltener und auch problemloser.“[28] Dieser Einschnitt lässt sich recht sicher auf das Jahr 1923 festlegen: Die erste Italienreise, der abrupte Rückgang des Holzschnitts zugunsten des Aquarells und das Ende des „flächenfarbigen“[29] Malstils begründen eine neue Werkphase.[30] Somit gilt das Jahr 1923 als Endpunkt des in dieser Arbeit betrachteten Werkes.
Innerhalb der ausgewählten Epoche ergibt sich motivisch ein Schwerpunkt auf den Jahren 1914/15, in denen Schmidt-Rottluff

---

[28] Lothar-Günther Buchheim, Die Künstlergemeinschaft Brücke. Gemälde. Zeichnungen. Graphik. Plastik. Dokumente, Feldafing 1956, S. 230.

[29] Auf das Phänomen der Flächenfarbe wird im Verlauf der Arbeit noch eingegangen.

[30] Zur Markierung des Jahres 1923 als Umbruch in der Malerei Schmidt-Rottluffs s. auch Stoermer: „Ich empfand das, was ich sah, als eine Landschaftsmalerei vom optischen Erlebnis her, zwar eine sehr persönliche und besondere Malerei, unverkennbar nur diesem Maler zugehörig. Aber das Flächenhafte ‚einfach anstreichen', mit der monumentalen strengen Kontur war einer Modifizierung der Fläche und einer stimmungsmäßigen Nuancierung in einem rein malerischen Sinne gewichen. Es waren eigenartige Stimmungen, besonders die neuen Gegenlichtbilder hatten eine erstaunliche Größe. Holzschnitte wurden selten, und eigentlich waren gerade sie die Keimzelle und das Gerüst seines großen Bildstils. [...] Mir schien damals, als habe der Maler vieles von der Transparenz seines Stils preisgegeben.“ Stoermer, S. 161. „Einfach anstreichen“ bezieht sich auf eine Aussage Schmidt-Rottluffs, überliefert von Stoermer auf Seite 158: „Als ich mich einst in meinem Atelier bemühte, eine Farbfläche mit einem kleinen Pinsel im Geiste Cézannes recht lebendig hinzusetzen, sagte er ganz lapidar: ‚Einfach anstreichen.'“

sowohl in der Malerei als auch in der Graphik fast ausschließlich Figuren, Köpfe und Porträts gestaltet.[31]
Dabei kann dieser Arbeit vorgeworfen werden, sich auf das oft beackerte Feld des anerkannten expressionistischen Stils zu flüchten, anstatt sich pflichtbewusst dem vernachlässigten „Spätwerk“ zuzuwenden.[32] Trotz des ehrenhaften Versuchs von Schmidt, diesen von der Forschung stiefmütterlich behandelte Abschnitt von Karl Schmidt-Rottluff zu würdigen, kann man sich des Eindrucks nicht erwehren, dass gerade die ersten zwei, vielleicht auch drei Jahrzehnte die interessantesten und innerhalb der Kunstentwicklung die fruchtbarsten gewesen sind. Gerade die Umbruchphase – auch hinsichtlich des Porträts – als die die „Klassische Moderne“ angesehen wird, steht ja im Mittelpunkt des Interesses. Davon abgesehen ist es nicht die Masse, die über die Ausschöpfung eines Themas entscheidet. Auch die scheinbar so gut bearbeitete Phase des Expressionismus lässt noch große Spielräume offen.

### I.2.2. Literatur

Diesen Eindruck vermittelt auch die Literatur zu Karl Schmidt-Rottluff. Dessen Werk ist trotz seiner Bedeutung für den sog. „Expressionismus“ noch nicht richtig analysiert worden. Lediglich ein

---

[31] Die unterschiedlichen Werkphasen bezüglich des Porträts lassen sich etwa in vier Teile zerlegen:
1908/09-1911: monumentaler Impressionismus, dynamischer „Brücke“-Stil, farbiger Flächenstil
1912: kubisch-plastische Versuche („Kuboexpressionismus“)
1913-1915 : Definition des Gegenstands
1919-1923 : die numinosen Bilder, „Romantische“ Landschaften, farbige Fläche und Zonenmalerei. Die Bezeichnungen stammen aus der Gliederung in der Monographie Grohmanns. Das Wort Kuboexpressionsimus von Gunther Thiem. Karl Schmidt-Rottluff: 1912 - Experiment Kubismus, in: Städel-Jahrbuch, Neue Folge, Bd. 13, 1991, S. 254.

[32] „Die Betrachtung des Lebenswerks von Schmidt-Rottluff ist vornehmlich durch drei Sichtweisen gekennzeichnet, die unterschiedlichen Erörterungszusammenhängen entstammen: die ‚Brücke' und der deutsche Expressionismus, die Jahre politischer Diffamierung und Repression, das Alterswerk. Das heißt, auf ein kunstgeschichtliches Kapitel folgt eine kulturpolitische Betrachtung, an die mit dem Kriegsende eine hauptsächlich biographische Schilderung anschließt.“ Hans-Werner Schmidt, Karl Schmidt-Rottluff. Ein „Spätwerk“ von vier Jahrzehnten, in: Magdalena M. Moeller, Hans-Werner Schmidt (Hg.), Karl Schmidt-Rottluff. Der Maler. Ausstellungskatalog Düsseldorf, Chemnitz, Berlin, Stuttgart 1992.

überholungsbedürftiger Oeuvrekatalog aus dem Jahre 1956 von Will Grohmann und die Publikation von Lothar-Günther Buchheim aus demselben Jahr eröffnen einige Ansätze zur Bildanalyse.[33]
Von den zeitgenössischen Autoren ist v.a. die erste Monographie, eine sensible Beschreibung des Werks bis 1920 von Wilhelm R. Valentiner hervorzuheben, ebenso ein engagierter Aufsatz von Wilhelm Niemeyer ein Jahr später.[34]
Das Dreigespann der Schmidt-Rottluff-Forscher Karl Brix, Gunther Thiem und Gerhard Wietek, allesamt sorgfältige Kenner von Leben und Werk Schmidt-Rottluffs, widmet sich der ausführlichen Schilderung von Fakten, die zwar wertvolles Grundlagenmaterial darstellt, aber noch Raum zur weiterführenden wissenschaftlichen Bearbeitung lässt.[35] Aus den unzähligen, oft gleichlautenden Texten in Ausstellungskatalogen sind in erster Linie die Publikationen des „Brücke"-Museums hervorzuheben. Solide hergeleitete historische Zusammenhänge betten die Kunst Schmidt-Rottluffs sorgfältig ein, ohne sich ihr jedoch über tiefergehende Werkanalysen zu nähern. Auch die beiden Retrospektivkataloge der Jahre 1989 und 1992 vermitteln zwar einen guten Überblick über das gesamte Schaffen Schmidt-Rottluffs (vor allem bezüglich des Bildmaterials) bieten aber keinen Neuansatz.[36]

---

[33]Will Grohmann, Karl Schmidt-Rottluff, Stuttgart 1956.
Lothar-Günther Buchheim, Die Künstlergemeinschaft Brücke. Gemälde. Zeichnungen. Graphik. Plastik. Dokumente, Feldafing 1956.

[34]Wilhelm R. Valentiner, Schmidt-Rottluff, Leipzig 1920 (= Junge Kunst Bd. 16).
Wilhelm Niemeyer, Der Maler Karl Schmidt-Rottluff. Ein Vortrag im Kunstbund Hamburg vor Werken des Künstlers aus den Jahren 1905/20 von Wilhelm Niemeyer, in: Kündung. Eine Zeitschrift für Kunst, herg. v. Wilhelm Niemeyer und Rosa Schapire, Juniheft, Jg. 1, 1921, S. 56-68.

[35]Die einzelnen Werke werden bei Bedarf zitiert. Wegen ihrer Aktualität wird hier lediglich auf die kürzlich erschienenen Werke von Gerhard Wietek verwiesen: Schmidt-Rottluff. Oldenburger Jahre 1907-1912, Mainz 1995 und Ders., Karl Schmidt-Rottluff. Plastik und Kunsthandwerk. Werkverzeichnis, München 2001, die eine Reihe bisher unveröffentlichter Dokumente und anderer Informationen enthalten

[36]Gunther Thiem, Armin Zweite (Hg.), Karl Schmidt-Rottluff, Retrospektive, Ausstellungskatalog Bremen / München 1989.
Magdalena M. Moeller, Hans-Werner Schmidt (Hg.), Karl Schmidt-Rottluff. Der Maler, Ausstellungskatalog Düsseldorf, Chemnitz, Berlin, Stuttgart 1992.

Seit jüngster Zeit bereichern zwei größere Ausstellungskataloge den Überblick.[37] Zusammenfassend lässt sich sagen, dass das in dieser Arbeit im Vordergrund stehende Problem einer aus der Bildanalyse abgeleiteten Interpretation in der Literatur kaum behandelt wird.[38]

### I.2.3. Künstleraussagen

Das Verständnis der künstlerischen Form erschließt sich unter anderem ganz wesentlich durch die Äußerungen des Künstlers selbst.[39]

> „Diese Künstlertheorien geben ja nicht allein [...] Auskunft über die *künstlerischen Ziele*, die Welt- und Lebensvorstellungen des Künstlers etc., sondern umfassen auch die *Analyse der künstlerischen Gestaltungsmittel* selbst und führen so unmittelbar zum besseren Verstehen der Werke als künstlerisch gestalteter.“[40]

Schmidt-Rottluff war allerdings alles andere als ein große Theorien entwickelnder Künstler, so wie alle anderen „Brücke“-Künstlern auch, mit Ausnahme von Kirchner.[41] Die Versprachlichung des Geschaffenen wurde als Distanzierung dazu empfunden.

> „Bewußte Auseinandersetzungen mit den Möglichkeiten der künstlerischen Mittel setzt eine Distanz vom Erlebnis voraus, eine Ablösung des Subjekts vom Werk, und eine solche wollen diese Maler gerade nicht. Der Maler, der nachdenkt, statt zu schaffen, ist dekadent, ‚Gesundheit' wird gegen Dekadenz gesetzt, ‚Blut, Tiefe, Instinkt' gegen Intellekt. Das Allgemeine, Überindividuelle erreicht man nicht in der Absolutsetzung der Mittel, sondern im eigenen Innersten, im ‚Unterindividuellen' könnte man sagen. Das heraufbeschworene

---

[37] Magdalena m. Moeller und Tayfun Belgin (Hg.), Karl Schmidt-Rottluff. Ein Maler des 20. Jahrhunderts. Gemälde, Aquarelle und Zeichnungen vom 1905 bis 1972, München 2001 sowie Andrea Wandschneider (Hg.), Karl Schmidt-Rottluff. Werke aus den Kunstsammlungen Chemnitz, Deutschland 2002.

[38] Eine bis zu Aktionskatalogen und Zeitungsausschnitten vollständige Bibliographie lässt sich kontinuierlich bis 1989 verfolgen, in: Schmidt-Rottluff. Retrospektive, aufgelistet S. 292 ff. Ergänzungen in Wietek, Oldenburger Jahre.

[39] Vgl. Lorenz Dittmann, Zugänge zur modernen Kunst, Vortrag Saarbrücken 1985, maschinenschriftliches Manuskript, S. 6.

[40] Dittmann, Zugänge zur modernen Kunst, S. 12.

[41] Erich Heckel: „Denn die Formulierung eines Programms ist, glaube ich, Sache der Akademiker und besser noch der Nachkommen, die theoretisch und wissenschaftlich, nicht schaffend, arbeiten. Das Ungewusste wie das Ungewollte ist Quelle der künstlerischen Kraft. Die Kritik am fertigen Bild ist mir nur gefühlsmäßig möglich.“ Das Neue Programm, in: Kunst und Künstler, Jg. 12, 1924, S. 309.

> Brüderlich-Elementare aller Kreaturen, Formen und Farbsymbolik, aus dem Gedächtnis der Gattung aufsteigend, soll der Malerei die neue Sinnmitte gewähren, nicht das Elementare von Linie und Farbe an sich, die Mittel bleiben und, keiner Regel unterworfen, sich mit den Gesichtern verbinden zu müssen, in einem dem Bewußtsein entzogenen Prozeß."[42]

In dieser Richtung äußerte sich auch Schmidt-Rottluff in einer seiner wenigen öffentlichen Aussagen:

> „Aber von mir weiß ich, daß ich kein Programm habe, nur die unerklärliche Sehnsucht, das zu fassen, was ich sehe und fühle, und dafür den reinsten Ausdruck zu finden. Ich weiß nur noch, daß das Dinge sind, denen ich mit dem Mittel der Kunst nahekommen kann, aber weder gedanklich noch durch das Wort. Im Stillen und ganz privatim bin ich sogar der Meinung, daß sich über Kunst überhaupt nichts ‚sagen' läßt. Bestenfalls ist alles Gesagte nur wieder eine Umschreibung, eine Umdichtung – ja - und das Dichten überlasse ich den Berufenen."[43]

Schmidt-Rottluff schrieb weder Tagebücher noch eine Biographie oder Traktate. Auch sonst hielt er sich mit öffentlichen Äußerungen zurück. Neben der viel zitierten Äußerung in der Zeitschrift *Kunst und Künstler* ist seit neuerem ein Interview im *Chemnitzer Tageblatt* bekannt geworden, das als erste öffentliche Äußerung Schmidt-Rottluffs über seine Kunst zu gelten hat.[44] Daneben bleiben noch die Briefe, wobei sich der Künstler heftig gegen alle Briefveröffentlichungen wehrte: „Schließlich sind Briefe nicht für die Öffentlichkeit geschrieben, sondern immer an eine Person."[45] Dennoch wurde diese Untersagung in den Veröffentlichungen weitestgehend

---

[42] Walter Hess, Das Problem der Farbe in den Selbstzeugnissen der Maler von Cézanne bis Mondrian, München 1993, S. 112.

[43] Karl Schmidt-Rottluff, Das Neue Programm, in: Kunst und Künstler, Jg. 12, 1914, S. 308.
„Schmidt-Rottluff schreibt das in einer Zeit, in der recht ausführlich seitens der Künstler zu Kunstfragen Stellung genommen wurde – man denke an den ‚Blauen Reiter' in München und die Kontroverse Marc – Beckmann im ‚Pan' 1912! Es ist bezeichnend für Schmidt-Rottluff, daß er nichts von den Beweismitteln benutzte, die ihm von anderer Seite beinahe in den Mund gelegt werden." Grohmann, Schmidt-Rottluff, S. 52.

[44] Schmidt-Rottluff, Chemnitzer Tageblatt 28.4.1911, vollständig abgedruckt in: Wietek, Oldenburger Jahre, S. 224-226.

[45] Brief vom 30.12.1968 an Karl Brix, abgedruckt in: Karl Brix, Karl Schmidt-Rottluff. Biographie, in: Magdalena M. Moeller, Hans Werner Schmidt (Hg.), Karl Schmidt-Rottluff. Der Maler, Stuttgart 1992, S. 252.

umgangen: Zuerst wurden die Briefe nur auszugsweise, schließlich auch ganz abgedruckt. Wie für das Gesamtwerk Schmidt-Rottluffs sind auch hier leider erhebliche Verluste zu beklagen.[46]
Für eine größere theoretische Abhandlung reichen die Aussagen des Künstlers nicht aus. Dennoch enthalten sie wichtige Kernaussagen über seine Kunstauffassung und werden daher an den jeweiligen Stellen zur Erhärtung der Thesen herangezogen.

### I.2.4. Werk und Kontext

Jedes Werk hat bestimmte Rahmenbedingungen. Diese schlagen sich auch auf das Porträt nieder und beeinflussen dessen Gestaltung mit.[47] Die Naturvorgabe, sprich die Forderung der Ähnlichkeit, ist nur eine davon.
Beeinflussungen durch Werke anderer Künstler spielen, wie überall, auch in der Werkentwicklung bei Schmidt-Rottluff eine Rolle.[48] Keine Kunst wird aus dem bloßen Nichts erschaffen – auch wenn sich die „Brücke“-Künstler von Vorbildern distanzierten.[49] Die häufig zitierten Namen sollen hier aber außer acht gelassen werden, da sich durch die Herleitung der Grundlagen für das anschauliche Material des einzelnen Bildes nichts ändert. Die Einbettung des Werkes von Schmidt-Rottluff

---

[46] „Viele Briefe sind vernichtet. Besonders schmerzlich wirkt sich der Verlust derer aus, die Karl Schmidt-Rottluff an Dr. Rosa Schapire geschrieben hat – sie verbrannte diese 1939 selbst (‚eine grausame Notwendigkeit' nennt sie diesen ‚aus Furcht vor den Nazi' begangenen Akt) –, und derer, die an Hanna Bekker vom Rath gerichtet waren – sie forderte der Künstler selbst zurück, um sie zu zerreißen.“ Brix, Schmidt-Rottluff. Der Maler, S. 252.

[47] Die Möglichkeiten und zugleich Beschränktheiten des Künstlers als Grundlage der Auswahl der Ausdrucksmittel ist eine der Grundthesen bei Ernst H. Gombrich, Kunst und Illusion. Zur Psychologie der bildenden Darstellung, Stuttgart, Zürich [2]1986.

[48] So schreibt beispielsweise Költzsch über die „Brücke-Maler“: „Daß sie Kenntnisse besaßen und hinzugewannen von der Malerei Van Goghs, Munchs oder Matisse' ist offenkundig, auch wenn die ‚Brücke'-Maler das gern bestritten, nicht aus Eitelkeit, sondern weil sie sich dagegen wehrten, daß gerade jene Kunstgeschichte sie schon wieder einordnete und klassifizierte, der sie gerade im Aufbruch die Absage erteilt hatten.“ Georg - W. Költzsch, Expressionismus. Die Welt ist nicht fest, in: Hans Caspar Graf von Bothmer, Klaus Güthlein, Rudolf Kuhn (Hg.), Festschrift Lorenz Dittmann, Frankfurt/Main 1999.

[49] Siehe z.B. die Briefe Schmidt-Rottluffs und Heckels, in denen sie von einer Beeinflussung Munchs Abstand nahmen. Munch und die Brücke, in: Die Schanze, Münster i.W., Jg. 1, 1951, S. 5-7.

in die Gesamtentwicklung der Kunst mögen andere versuchen.[50] Dies ist immer ein risikofreudiges Verfahren. Zu oft wird der einzelne Künstler festgelegt, schematisiert und passend gemacht.

Interessant für diese Arbeit ist vielmehr die besondere Malweise Schmidt-Rottluffs in ihrem Verhältnis zum Sujet, v.a. zum Untersuchungsgegenstand Porträt. Fest steht, dass sich im Werk Schmidt-Rottluffs stets der Bezug zum Naturvorbild bzw. zum Modell abzeichnet und auch gewollt war. Wenigstens in einigen Fällen sind Skizzen nach der Natur als Vorbereitung anzunehmen, oftmals zeichnete er auch direkt auf die Leinwand oder den Holzstock.[51]

In der Forschung ergibt sich das Phänomen, dass die besonderen Ausdrucksmittel Schmidt-Rottluffs mal als förderlich, mal hinderlich für die Darstellung angesehen werden. Die Urteile über die Porträtähnlichkeit sind durchaus schwankend und reichen über davon abweichende künstlerische Gestaltung, unbeabsichtigtes Zufallsprodukt bis hin zur treffenden Darstellung.

Dem *Bildnis Bertie Rosenberg* aus dem Jahre 1915 beispielsweise wird ein Mangel an Ähnlichkeit vorgeworfen:

> „Von den Bildern Schmidt-Rottluffs ist zweifellos das weibliche Bildnis für den Laien am befremdlichsten. Wir sind gewohnt, unter einem Bildnis etwas ganz anderes zu verstehen, als was uns der Maler hier zeigt. Wir verbinden mit der Vorstellung eines Porträts die naturgetreue Wiedergabe

---

[50] Eine übersichtliche Darstellung der kunsthistorischen Zusammenhänge liefert der Katalog Karl Schmidt-Rottluff. Ein Maler des 20. Jahrhunderts. Gemälde, Aquarelle und Zeichnungen von 1905 bis 1972, hrsg. v. Magdalena M. Moeller und Tayfun Belgin, München 2001. Das Werk Schmidt-Rottluff wird in den Kontext
von van Gogh, Matisse, Futurismus, Kubismus, Primitivsimus und Abstraktion gestellt.

[51] Leider wurden beim Brand von Schmidt-Rottluffs Atelier während des zweiten Weltkrieges ca. 2000 Zeichnungen vernichtet. Vgl. Buchheim, Brücke, S. 221.
Weniges ist erhalten, aber für den Porträtholzschnitt von Friedrich Schreiber-Weigand gibt es in einem Schreiben des Künstlers an den Darzustellenden einen Hinweis: „Mit ihrem Holzschnitt bin ich allerdings noch gar nicht zufrieden. Ich werde wohl noch einmal eine Zeichnung nach dem Original machen müssen, da ich nicht mehr weiß, wie Sie aussehen." Brief vom 24. Juni 1923, Städtische Kunstsammlungen Chemnitz, zitiert in: Karl Brix, ...da ich doch mit der Stadt verbunden bin, S. 24 f. Dazu Brix, S. 25: „Interessant ist an dieser Briefstelle die Absicht, noch mal nach dem Original zu zeichnen. Schmidt-Rottluffs Bilder entstanden immer nach genauem Studium der Sujets, sind allerdings nie bloße Abbilder davon, sondern eher Reflexionen, Wiedergaben von Empfundenem und Gewußtem."

der darzustellenden Persönlichkeit, wobei wir den Hauptwert auf eine möglichst große Ähnlichkeit legen.“[52]

Demgegenüber stuft ein anderer Autor die Ähnlichkeit bei Schmidt-Rottluffs *Gelbe Öljacke*, ein Porträt von Erich Heckel, von 1908 als aus der Malweise resultierendes Nebenprodukt ein:

„Man betrachte z.B. Schmidt-Rottluffs ‚Gelbe Öljacke'. Die Benennung ist schon bezeichnend genug. Es handelt sich um das Bild eines knorrigen Schiffers, der in der neuen Öljacke im Sonnenschein dasitzt. Da war dem Künstler nur das Spiel des Lichts auf dem prachtvollen Gelb höchst interessant, und er malte den Mann in der Öljacke nur der Farbfläche wegen; wenn dann bei wegelang noch ein scharf charakteristisches Porträt dabei herauskam, so war ihm das anscheinend gleichgültig.“[53]

Das Porträt Rosa Schapires aus dem Jahre 1919 wird von wiederum einem anderen Zeugen als durch die Darstellungsmittel treffend ähnliche Darstellung bezeichnet:

„Ich erinnere mich noch an das große Porträt, welches Schmidt-Rottluff von ihr gemalt hat, sehr expressiv und mit stark gekurvter Nase, funkelnden Augen und kantigen Wangen, ekstatisch und ...ähnlich!“[54]

Hierbei muss zwischen absoluten und relativen Kriterien des Porträts unterschieden werden. Die absolut gegebene Vorgabe des Darzustellenden relativiert sich über den persönlichen Stil des Künstlers und macht das Porträt zu einem Teil seines Werkes: In diesem schlägt das Modell bzw. das traditionelle Porträtschema mehr oder weniger und – bedingt durch die Stilentwicklung innerhalb eines Gesamtwerkes – in unterschiedlicher Weise durch. Desgleichen bildet

---

[52]Über das *Bildnis Bertie Rosenberg*, Öl/Leinwand, verschollen Victor A. Dirksen, Karl Schmidt-Rottluff (=Kunsthalle zu Hamburg. Kleine Führer Nr. 21) Hamburg 1921, S. 9 f.

[53]Wilhelm v. Busch, Sonderausstellung der Dangaster Künstler II, Oldenburger Nachrichten 4.10.1908. Abgedruckt in: Wietek, Oldenburger Jahre, S. 216.
Eine andere Kritik anlässlich derselben Ausstellung unterstellt ein Primat der Landschaft, wo es mehr auf den Farbklang und nicht so sehr auf das einzelne Motiv ankomme: „Die beiden Künstler [Heckel und Schmidt-Rottluff] sind reine Landschafter. Das sieht man ganz deutlich erst, wenn sie sich an menschliche Modelle machen. Heckels ‚Zwölfjähriger Junge' und Schmidt-Rottluffs ‚Gelbe Öljacke' sind durchaus mit den Augen eines Landschafters gesehen. Das Porträt als solches ist den Künstlern absolut gleichgültig. Auch hier kommt es ihnen nur auf die Farbenwirkung an! Richard Mamroth, Heimatkunst - Heckel und Schmidt-Rottluff, Nordwestdeutsche Morgenzeitung Oldenburg 27.9.1908, in Gerhard Wietek, 1995, S. 214.

[54]Brief Arnold Fiedlers an Gerhard Wietek vom 14.12.1962., zitiert in: Wietek, Dr. phil. Rosa Schapire, S. 131.

der jeweilige Stil den Bezugsrahmen zur Abgrenzung des als Porträt Gemeinten vom Nichtporträt, d.h. des Figurenbildes oder des Typs, indem er das Porträtspezifische der Ausdrucksmittel definiert. Dieses wiederum fällt bei den verschiedenen Künstlern unterschiedlich aus und bildet unterschiedliche Bewertungsmaßstäbe aus.
Bei Betrachtung der Einzelwerke Schmidt-Rottluffs fällt auf, dass das Prinzip der Farbgebung im Gesamtzusammenhang vor der farblichen Gestaltung einzelner Elemente steht. Gemäß eines „synthetischen Verfahrens“[55] wurden die Farben hinsichtlich der beabsichtigten Wirkung kontrastierend und ergänzend komponiert und scheinen dabei mehr auf die gerade herrschenden bildnerischen Prinzipien als auf das Sujet Rücksicht zu nehmen. Der sich bei Schmidt-Rottluff innerhalb des Bildes klar abzeichnende Gestaltungsprozess lässt zum einen Schlüsse über die Art der Umsetzung zu, zum anderen bestimmt er auch den Bildeindruck.[56]
Bezüglich des Gesamteindrucks steht das Prinzip der Gestaltung einer Werkphase oder Stilstufe vor der Äquivalenzbeziehung mit dem Modell. Alle Porträts verhalten sich nach den vorherrschenden Gestaltungsprinzipien der jeweiligen Stilstufe, sind den Werken anderer Gattungen in dieser Zeit dadurch ähnlicher, als es die Porträts einer Person über verschiedene Werkphasen hinweg untereinander sind. Mit anderen Worten: Die zeitlich bedingte Übereinstimmung innerhalb der künstlerischen Ausprägung einer Malphase ist erheblich größer als die modellbezogene.[57]
Festzuhalten ist somit, dass das den Werkphasen gemeinsame und sie übergreifende Prinzip die besondere Gestaltungsweise des Künstlers, sein persönlicher Stil ist im Sinne eines „subjektivistischen

[55] Zum Begriff s. Maly und Dietfried Gerhardus, Expressionismus. Vom bildnerischen Engagement zur Kunstwende, Freiburg im Breisgau, Basel, Wien 1976, S. 68. Sie erläutern dieses Verfahren am Beispiel von Ernst Ludwig Kirchner.
[56] Für die Gemälde sind wahrscheinlich Skizzen nach der Natur anzunehmen, oft erfüllt auch eine gleichermaßen nach der Natur gestaltete Druckgraphik diesen Dienst. Auf der meist grundierten Leinwand gibt es eine grobe Vorzeichnung des kompositorischen Gerüstes in Bleistift (?) dann mit Pinsel (später wohl auch direkt mit dem Pinsel) in beliebigen Farben. Dieses Gerüst wurde dann mehr oder weniger genau mit einer ersten dünnen fahrigen Anlage ausgemalt, die dann im Zuge immer weiterer Übermalungen deckender und meist auch pastoser wird.
[57] Dieselbe Beobachtung lässt sich auch bei Landschaften, Stilleben und Akten machen.

Stilbegriffs".[58] Dieser schiebt sich vor die Eigenart des Modells. Dem entspricht auch eine Äußerung Rothkos aus dem Jahre 1943, dass alle Porträts, die ein Künstler malt, einander weitaus ähnlicher sind, als dass sie an die Eigenheiten eines bestimmten Modells erinnern.[59] Ähnlichkeit als Äquivalenzbeziehung zwischen Gemälde und Modell ist somit stets über den künstlerischen Stil zu definieren. Des weiteren kann im Werk Schmidt-Rottluffs die Beobachtung gemacht werden, dass die über die Werkphasen hinweg feststellbaren Konstanten in Gestalt der physiognomischen Merkmale einer Person sich in der Form, nicht aber in der Farbe niederschlagen. Die Form, auch wenn sie ebenfalls wie die Farbe dem Stil unterworfen ist und sich mit diesem wandelt, ist demnach das sich zugunsten des Modells durchsetzende Element.

## I.3. Fragestellung und Ziel

Unter diesen Gesichtspunkten ist zu überlegen, ob es überhaupt so etwas wie absolute Kriterien für ein Porträt geben kann. Definiert man das Porträt als Resultat der künstlerischen Auseinandersetzung mit einem vorgegebenen Modell, muss dessen Niederschlag in Farbe und Form, gefiltert durch die Sicht des Künstlers, Aufschluss über den Dargestellten geben. Auf den Betrachter bezogen bedeutet dies: Der Dargestellte zeigt und offenbart sich mittels der Bildwirkung. Das Porträt wird somit von drei Seiten aus bestimmt: von der Seite des Modells aus – oder des Naturbezugs, dem die Forderung nach Ähnlichkeit anhaftet – von der Seite des Künstlers aus – den von ihm ausgebildeten stilistischen Besonderheiten, die als Konstanten seines Werkes zu betrachten sind – und von der Seite des Betrachters aus, der das Porträt meist ohne Kenntnis des Porträtierten betrachtet. Diese Aufteilung entspricht den unterschiedlichen Aspekten des Porträts,

---

[58] S. dazu Werner Hofmann, „Manier und Stil" in der Kunst des 20. Jahrhunderts, in: Studium Generale, 8. Jg., 1955, S. 1-11.

[59] Bonnie Claerwater, Mark Rothko, die Gewalt der Stille. Arbeiten auf Papier, Klagenfurt 1987, S. 24, Zitiert in: Matthias Bunge, Die Wirklichkeit des Bildes. Eine kritische Auseinandersetzung mit Michael Bockemühls These von der „Bildrezeption als Bildproduktion", in: Zeitschrift für Ästhetik und allgemeine Kunstwissenschaft, Bd. 35, 1990, S. 184.

nämlich dem Äquivalenzverhältnis, dem Umsetzungsprozess und der Anschauung angesichts des fertigen Bildes.
Hinsichtlich des Künstlerischen muss das Einzelwerk im Zusammenhang mit der Werkentwicklung gesehen werden, die die Werke ohne Ansehen des Sujets zu stilistischen Gruppen zusammenschließt und die Relationen zu Modell und Betrachter modifiziert. Das Gesamtwerk des Künstlers ist somit der Rahmen, in dem das Porträt zu betrachten ist, da die jeweilige künstlerische Sicht als wesentlicher Faktor eines Kunstwerks untrennbar mit diesem verbunden ist. Das Einzelwerk präsentiert sich so als eine Facette, die sowohl Bestandteil des Gesamtwerks ist und dieses mit ausmacht, als auch von ihm geprägt wird und komprimiert dieses in seiner jeweils besonderen Ausprägung in Farbe und Form.
Am Ende steht eine Neudefinierung von Begriffen wie Ähnlichkeit, Charakterisierung, Individualität innerhalb der Darstellungsweise von Schmidt-Rottluff. Dabei gilt es auch aufzuzeigen, inwieweit eine Grenzziehung zur sog. „traditionellen Malerei“ hinfällig wird, da die Hinterfragung der Begrifflichkeiten deren Absolutheit verneinen muss, so dass jedes Porträt an sich nur eine von vielen möglichen Varianten innerhalb eines Bild-Abbild-Verhältnisses darstellt. Der Begriff des Porträts als objektives Identitätsverhältnis ist folglich abzulehnen.

# II Grundlagen
## II.1. Das moderne Porträt im Verhältnis zur Tradition

„Seit den Achtzigerjahren des 19. Jahrhunderts breitet sich mehr und mehr das Nichts um den Menschen und in ihm aus, am Beginn des 20. Jahrhunderts erscheinen Richtungen, die ein unentstelltes Menschenbild gar nicht mehr geben können und wollen.“[60]

Nach dem zweiten Weltkrieg war Hans Sedlmayrs mit seiner Publikation „Der Verlust der Mitte“ prominentester Vertreter der traditionellen Position der Kunst in Opposition zur Moderne auch bezüglich des Porträts. Polarisierungen, die bestimmte Begriffe ausschließlich der traditionellen oder der modernen Kunst zuordnen und damit oft eine Wertung bzw. Abwertung verbinden, finden sich jedoch in der Literatur ausgesprochen häufig.
Es erscheint daher an dieser Stelle notwendig, einige der Moderne zugewiesene Begriffe zu relativieren und zu objektivieren. Damit soll der Gefahr vorgebeugt werden, sich mit einigen Schlagworten zufrieden zu geben, versperren diese doch jeden Weg zu einer tieferen Werkanalyse. Zwar lassen sich für die Moderne in Relation zur vorhergehenden Kunst gewisse Begriffe in den Vordergrund rücken, aber es wäre ein Trugschluss, dies als Erkenntnisgewinn oder gar als Schlüssel zum einzelnen Werk anzusehen.[61] Vielmehr ist ein viel analytischeres Umgehen mit den Begriffen unabdingbare Voraussetzung, um in die subtilere Verhältnissetzung einer

---

[60] Hans Sedlmayr, Verlust der Mitte. Die bildende Kunst des 19. und 20. Jahrhunderts als Symptom und Symbol der Zeit (erschienen 1948), Frankfurt/Main, Berlin 1988, S. 154. Dieses Zitat wird bezeichnenderweise im Katalog des ersten Darmstädter Gesprächs aufgenommen. (Adolf Schmoll gen. Eisenwerth, in: Hans Gerhard Evers (Hg.), Erstes Darmstädter Gespräch. Das Menschenbild in unserer Zeit, Darmstadt 1950, S. 11.) Sedlmayr, der als Autor von „Verlust der Mitte“ daran teilnahm, vertrat dort die Position der traditionellen Malerei.

[61] „Der Akzent geht von der Nachahmung auf die Erfindung von Wirklichkeit über. Im Verlauf dieser Akzentverlagerung traten die vier Symptome hervor, mit denen der Anti-Illusionismus seit der Jahrhundertwende sein Vokabular bestreitet: 1. die Mischung der Realitätsgrade, 2. die gestörte (verfremdete) Form, 3. die Äquivalenz positiver und negativer Formen und 4. die Mehrdeutigkeit der Gestaltungsmittel.“ Werner Hofmann, Von der Nachahmung zur Wirklichkeit,. Die schöpferische Befreiung der Kunst 1890-1917, Köln $^{2}$1974, S. 125.

Wissenschaft einzudringen.[62] Eine gemeinsame Grundlage für die Beurteilung von Kunst jenseits einer Ab- oder Aufwertung der Moderne gegenüber der Tradition ist dafür unabdingbare Voraussetzung.[63]

### II.1.1. Der Weg in die Abstraktion als Bedeutungsverlust?

Folglich muss die eigentlich immer mehr oder weniger stark durchscheinende Vorstellung in Frage gestellt werden, dass auf dem Weg zur Abstraktion im Zuge der sich vom Gegenständlichen befreienden, nur den subjektiven und individuellen Vorstellungen des Künstlers gehorchenden Bildmittel, eine Achtung von Motiv und Bildgattung nicht mehr gegeben sei.

> „Diese Akzentuierung von Individualität und Subjektivität in der Moderne wurde nun auch zu einem der meist formulierten Vorwürfe gegen sie gewandt."[64]

---

[62] „Der methodische Ansatz dazu liegt also zunächst im Konstatieren von Polaritäten. Dieser Schritt ist als erster auszuführen, sollte aber nicht Selbstzweck sein, da jede geschichtliche Analyse nach Dualismen leicht in Schwarz-Weiß-Malerei gerät. Nach dem Abstecken von Polaritäten hat daher als nächster Schritt die Befragung des zwischen den Extremen liegenden Spannungsfeldes zu erfolgen." J. A. Schmoll gen. Eisenwerth, Stilpluralismus statt Einheitszwang – Zur Kritik der Stilepochen-Kunstgeschichte, in: Argo. Festschrift für Kurt Badt, hrsg. v. Martin Gosebruch und Lorenz Dittmann, Köln 1970, S. 93.

[63] „In der Trennung der beiden Kunstgeschichtsschreibungen, die sich entweder mit historischer oder mit moderner Kunst beschäftigen und dies mit ganz verschiednen Paradigmen tun, liegt kein Sinn mehr." Hans Belting, Das Ende der Kunstgeschichte, München 1983, S. 51.

Auch Boehm vertritt die These, „daß der Horizont der Vergangenheit und derjenige der Gegenwart zusammenhängen". Die Krise der Repräsentation. Die Kunstgeschichte und die moderne Kunst, in: Lorenz Dittmann (Hg.), Kategorien und Methoden der deutschen Kunstgeschichte 1900-1930, Stuttgart 1985, S. 124.

Deshalb gibt es durchaus Ansätze in der Interpretation der traditionellen Kunst, die auch für die Moderne fruchtbar wären. (S. 127) Dennoch aber hält Boehm an einem grundsätzlich anderen Repräsentationsverhältnis in der Modernen fest, das nicht mehr im wesentlichen auf der „Störung der Äquivalenz zwischen Bild und Realität" beruhe. (S. 126). Dies erstaunt um so mehr, als Boehm an anderer Stelle zugibt, dass „schon die traditionelle Kunst nicht nur Aspekte der Gegenständlichkeit und Figuration zur Energetisierung und Affektsteigerung wie Kolorismus und Bildplanimetrie" aufweise. Gottfried Boehm, Mnemosyne. Zur Kategorie des erinnernden Sehens, in: Gottfried Boehm, Karlheinz Stierle, Gundolf Winter (Hg.), Modernität und Tradition. Festschrift für Max Imdahl zum 60. Geburtstag, München 1985, S. 47.

[64] Lorenz Dittmann, Zugänge zur modernen Kunst, Vortrag Saarbrücken 1985, maschinenschriftliches Manuskript, S. 16.

Das Motiv werde zur Gleichgültigkeit degradiert, da es sich unterschiedslos unter eine bestimmte künstlerische Idee ordne. Die Moderne sei also durch parallel laufende, je nach Künstler subjektiv geprägte und daher durch höchst unterschiedliche Stile – dem oft angeprangerten Stilpluralismus – ausgezeichnet.

> „Dennoch ist es richtig, dass die Beurteilung übergreifender Aufgaben und damit zusammenhängend die Rolle überindividueller Gestaltungskanons in den Hintergrund getreten ist zugunsten individueller Ansätze und Lösungsversuche in der Kunst des 19. und mehr noch des 20. Jahrhunderts. Individualität ist tatsächlich ein konstitutives Merkmal moderner Kunst."[65]

Durchweg sind in der Forschung zwei Grundrichtungen anzutreffen, die die gegen die künstlerische Freiheit zurücktretende Nachahmung mal als verderblich mal als segensreich ansehen. Kurz: Die Bewertung der Moderne pendelt zwischen Verlust und Gewinn.

Einer der prominentesten und intelligentesten Vertreter der These eines Abfalls der Modernen gegenüber der Tradition ist – wie bereits erwähnt – Hans Sedlmayr. Seine grundlegende These geht von einem Primat des Inhalts über die Form aus[66]. Demnach sei Bedeutung immer gegenstandsgebunden, so dass die Entwicklung der Kunst – als Weg in die Abstraktion gesehen – gleichzeitig einen Weg in den Bedeutungsverlust darstelle, auf dem das Motiv eine immer unwichtigere Rolle spiele.[67]

---

[65] Dittmann, Zugänge zur modernen Kunst, S. 17.

[66] „Dort, wo das im Bilde Sichtbare eine unsichtbare Bedeutung tragen soll, ist das künstlerisch Entscheidende offenbar, dass Darstellung und Bedeutung sich gegenseitig entsprechen. Das hat theoretisch noch Kandinsky 1912 ganz klar ausgesprochen (obwohl er in seiner späteren Praxis von diesem Prinzip abgewichen ist): ‚Nicht die Beherrschung der Form ist die Aufgabe des Künstlers, sondern das Anpassen der Form an den Inhalt' (Genauer der sichtbare Gehalt an die gemeinte Bedeutung). Das ist ein Satz, den ein Anhänger der alten Kunst voll unterschreiben könnte. Er gilt genau so für die gegenständliche wie für die gegenstandslose Malerei, *sofern* beide *Bedeutung* geben wollen." Die Revolution der modernen Kunst, S. 30.

[67] Vergleiche auch Arnold Gehlen, Zeitbilder. Zur Soziologie und Ästhetik der modernen Malerei, Frankfurt am Main, Bonn 1960. Gehlen geht von einer allmählichen Abnahme der Bildrationalität im Zuge einer Entwicklung hin zur Abstraktion aus. Die Malerei sei somit kommentarbedürftig geworden. „In gleichem Verhältnis, in dem seit dem Impressionismus die Malerei den Voraussetzungen des gewohnten Bildverständnisses widersprach, wurden Erklärungen notwendig, und je rätselhafter sie sich schließlich bis

„Die alte Malerei *stellt* Dinge aus einer wirklichen oder vorgestellten Welt – oder aus Konnubien wirklicher und vorgestellter Welten – *dar*. Und diese im Bild sichtbaren Gegenstände können obendrein noch etwas *bedeuten* und tun es in den allermeisten Fällen. Diese beiden ‚Funktionen' des Bildes auseinander zuhalten ist für das Verständnis der modernen Malerei grundwichtig. Denn es geht ihr nicht nur um das Ausmerzen der Darstellung des Gegenständlichen, sondern – zum Teil – auch um die Ausmerzung der Bedeutung.“[68]

Auch gegenstandslose Kunst könne theoretisch bedeutungsgebend sein, sei aber der subjektiven Willkür des Betrachters weit mehr ausgesetzt als die intendierte Bedeutung in der alten Kunst, die konventionalisiert und dadurch objektiviert sei.[69]

„Die Zahl der Bedeutungen, die das Sichtbare eines gegenstandslosen Bildes tragen kann, ist ungleich größer. Das Fehlen des gegenständlichen Bildgliedes macht die Zuordnung einer sinnvollen Bedeutung unbestimmter und willkürlicher, und zwar deshalb, weil das Sichtbare des gegenstandslosen Bildes [...] selbst unbestimmter, diffuser, vager ist als das eines gegenständlichen. Dazu kommt noch, daß die intendierten Bedeutungen meistens keine objektiven, allgemeingültigen sind, sondern nur für die subjektive Phase des Urhebers geltende.“[70]

Die gegenständliche Bindung sei nicht nur hinsichtlich des Inhaltes bedeutungsgebend, sondern bestimme auch den Ausdruckswert der Farbe, der durch die Anbindung an ein Objekt festgelegt werde und ohne die er rein subjektiv und dementsprechend schwankend wäre.[71]

---

zur Abstraktion hin darstellte, desto höher stieg der Aufwand an bildbenachbarter Rhetorik.“ (S. 162).

[68] Sedlmayr, Revolution der modernen Kunst, S. 27 f.

[69] „Der Bruch wird eklatant, wenn das gegenstandslose Bild zu einer Chiffre eines Beliebigen wird, wenn in dem Bild eine ihm passend erscheinende Bedeutung zu ergänzen der subjektiven Willkür des Betrachters überlassen wird.“ Sedlmayr, Revolution der modernen Kunst, S. 33.

[70] Sedlmayr, Revolution der modernern Kunst, S. 32.

[71] Vgl. Sedlmayr, Revolution der modernen Kunst, S. 37 f.
„Der bestimmte künstlerische Charakter einer Farbe im Bild ergibt sich also weder aus der physikalischen Farbe allein, noch aus der (gegenständlich vermittelten) Bedeutung, sondern er bildet sich, jedesmal neu, aus einer Vermittlung zwischen beiden. [...]
Entfällt in der gegenstandslosen Malerei die zugeordnete Bedeutung (und noch einmal unterstreichen wir, daß deren Objektivität und Ausdruck durch gegenständliche Reste gewährleistet wäre), dann büßt auch die Farbe als solche ihren bestimmten anschaulichen Charakter weitgehend ein, und es bleibt dann jeweils dem Subjekt – des Künstlers und des Betrachters – überlassen, ja es hängt dann oft von der angeblichen

Die Flüchtigkeit der Phänomene setzt Sedlmayr mit der Labilität des Weltbildes gleich. Malerei und Welt haben ihre feste Bedeutung verloren.

> „Und zugleich beginnt die Welt labil zu werden. Denn sobald Phänomene ohne Bedeutung gesehen werden, werden sie als schwankende, flüchtige, unbestimmte, nicht solide Phänomene erlebt. [...] Von hier ist es zu verstehen, warum die Richtungen, die ein labiles Weltbild anstreben, zur bedeutungsfreien, absoluten Malerei getrieben werden."[72]

### II.1.2.1. Die „Befreiung der Bildfarbe"

Dagegen wird in der Koloritforschung die Lösung der Farbe vom Gegenstand in der Moderne als „Befreiung"[73] gefeiert. Es herrscht die einhellige Meinung, dass seit Ende des 19. Jahrhunderts, spätestens seit dem 20. Jahrhundert die Farbe durch eine neuartige Selbständigkeit gekennzeichnet sei.[74] Dies schaffe dem Künstler eine Position, in der er, von außerkünstlerischen Belastungen befreit, seinem Schöpfertum freien Lauf lassen könne.

> „Mit solcher Deutung einer Befreiung der Bildfarbe geht einher der Gedanke der Befreiung, der Autonomisierung der Malerei als solcher."[75]

> „Wie in der Gesellschaft auch, kann man die Entwicklung der Kunst begreifen als eine ständige Emanzipationsbewegung, die untergeordneten und unterdrückten Teilen zur Selbstverwirklichung verholfen hat. Es wuchs das Bestreben, Form, Linie, Farbe, Fläche zu verselbständigen und ganz neuen Ausdrucksabsichten zu unterwerfen. [...] Kunst wurde nicht

---

Stimmung dieser Subjekte und von ihrer undurchschaubaren Vorgeschichte ab, welche potentiell in der Farbe schlummernden Charaktere, ‚Ausdruckswerte' sie anschaulich aktivieren."
S. auch Lorenz Dittmann, Was bedeutet Befreiung der Bildfarbe?, in: Kunstforum 88, 1987, S. 90-95.

[72] Sedlmayr, Verlust der Mitte, S. 126.

[73] „Die Entwicklung der modernen Malerei läßt sich mithin beschreiben als Prozeß der ‚Befreiung der Farbe'." Lorenz Dittmann, Zum Sinn der Farbgestaltung im 19. Jahrhundert, in: Werner Hager, Norbert Knopp (Hg.), Beiträge zum Problem des Stilpluralismus, München 1977, S. 93.

[74] „'Die Farbe wird, vom Stofflichen erlöst, ein immanentes Leben führen nach unserm Willen!' Dies Wort von Franz Marc führt unmittelbar ins Zentrum jener Umwälzungen, die seit dem Ende des 19. Jahrhunderts dem Element der Farbe in der Malerei eine bis dahin unbekannte Selbstherrlichkeit verliehen." Walter Hess, Zur Biographie der befreiten Bildfarbe, S. 12.

[75] Dittmann, Farbgestaltung im 19. Jahrhundert, S. 93.

mehr als Abbild der Natur, sondern als Realität eigener Art und eigener Verfassung erkannt und angewandt, war damit den eigenen Verwirklichungsabsichten der Künstler so offen wie nie zuvor. Bild, Gegenstand, Fläche, Form und Farbe waren frei verfügbares Material geworden.“[76]

Auch bei positiver Sicht einer Befreiung der Bildfarbe kommt es methodisch zu einer Trennung zwischen Tradition und Moderne: Für Walter Hess ist das Verhältnis des Kolorits zum Gegenstand nur bis einschließlich des Impressionismus Thema einer Fragestellung.[77]

„Eine Geschichte der Farbe in der abendländischen Malerei bis zum Impressionismus einschließlich müßte immer wieder bei der Frage ansetzen, wie das Kolorit zum gegenständlichen Bildinhalt sich verhält; sie sähe sich einem unendlichen Reichtum der Beziehungen gegenüber, durch die ständig sich wandelnde Art, wie Schönheitswert, Bildwert, Ausdruckskraft und Symbolgehalt der Farben sich durchdringen mit der Darstellung des Körperhaft-Dinglichen, des Raumes, des Lichtes, der stofflichen Oberflächen und mit überästhetischen Bedeutungsgehalten, mit der Bildikonologie. Diese Welt der Integration mannigfaltiger Komponenten im Kunstwerk befand sich schon seit mindestens 100 Jahren in fortschreitender Auflösung, als gegen 1885 letzte Schritte getan wurden, die nun allerdings den Aspekt der Malerei radikal veränderten. Der Rückgriff auf den elementarsten Bestand, auf das ‚immanente Leben' der Gestaltungsmittel an sich, deren Befreiung von jeder Dienstbarkeit.“[78]

Wie Dittmann bemerkt, birgt das von vielen Forschern aufgestellte Postulat von der Befreiung der Bildfarbe die Gefahr, dass das 20. Jahrhundert innerhalb dieses Rahmens zu stark von der übrigen Malerei abgesetzt und die grundsätzliche Fragestellung der Koloritforschung, nämlich der Anteil der Farbe an der Formulierung des Bildgehaltes, vernachlässigt werde. Zu sehr sei das Augenmerk auf die sich von der Imitation abhebenden Tendenzen gerichtet. Es stelle sich hierbei die Frage, ob sich die Malerei des 20. Jahrhunderts mit

---

[76] Vgl. auch Hess, Das Problem der Farbe, S. 168 f.: „Die Farbe und ihre elementaren Beziehungen werden befreit von der Durchdringung mit anderen Aufgaben und Werten und diese letzteren als außerkünstlerische Belastung des ‚eigentlich Künstlerischen' an der Farbe bezeichnet. Ebenso wird der Flächenwert der Bildgegenstände aus dem Wirkungskomplex isoliert und ‚befreit von außerkünstlerischen Belastungen'“.

[77] Hess, Zur Biographie der befreiten Farbe, S. 12.

[78] Dittmann, Befreiung der Bildfarbe, S. 91.

einer Selbstrepräsentation der Farbe begnügt[79] und welche Rolle dann überhaupt noch die gegenständlichen Bezüge innerhalb des Bildes spielen.

> „So könnte eine Interpretation also nur feststellen, wie trotz der Anwendung von Darstellungswerten letztendlich farbige Eigenwerte im Bild gestaltet wurden“[80]

Die Verselbständigung der Farbe wird zu Lasten einer die Natur zum Vorbild nehmenden malerischen Umsetzung ausgelegt, was einer Polarisierung zwischen imitierender und autonomer Farbbehandlung und damit wiederum einer Zweiteilung in traditionelle und avantgardistische Malweise gleichkommt. Auch die von der Forschung geprägten farbanalytischen Grundbegriffe belassen es bei einer Feststellung von eigenwertiger und gegenstandsabbildender Funktion der Farbgebung.[81]

> „Eigenwerte und Darstellungswerte der Farben sind ihren besonderen Gesetzen unterworfen, wie solche von verschiedenen Gesichtpunkten in Ästhetik und Psychologie untersucht sind: die Eigenwerte v.a. in der ästhetischen Farbenlehre – hierher gehört alles, was sich auf Wirkung einzelner Farben, Farbkombinationen, Stimmungsqualitäten und anderes mehr bezieht –, die Darstellungswerte in erster Linie von Psychologie und Physiologie, wobei es sich hauptsächlich um den großen Umkreis von Fragen handelt, die sich auf Möglichkeiten und Grenzen der Farbe als naturnachahmendes Mittel beziehen.“[82]

---

[79] Lorenz Dittmann, Funktionen der Farbe in der Malerei der Neuzeit, Vortrag vom 9.11.1976 in Saarbrücken, S. 6.

[80] So lautet Dittmanns Kritik an Jantzen und van den Bercken. Funktionen der Farbe, S. 4 f. „Aber auch Strauss verbleibt insofern im Rahmen der von ‚Darstellungswerten' weithin befreiten Farbe der modernen Malerei, als er sein Augenmerk fast ausschließlich auf das Verhältnis dieser beiden Gestaltungsmittel [Farbe und Licht] untereinander richtet und nur vereinzelt auf den darin vermittelten Bildgehalt, den Sinn der künstlerischen Schöpfung zu sprechen kommt." Ebenda, S. 6.

[81] Hans Jantzen, Über Prinzipien der Farbgebung in der Malerei, in: Über den gotischen Kirchenraum und andere Aufsätze, Berlin 1951, S. 61.
Jedoch betont Jantzen ebenfalls, dass sich die beiden Farbwerte in ständiger Polarität innerhalb des Bildes zueinander bewegen.

[82] Hans Jantzen, Über Prinzipien der Farbgebung in der Malerei, in: Über den gotischen Kirchenraum und andere Aufsätze, Berlin 1951, S. 61.
Jedoch betont Jantzen ebenfalls, dass sich die beiden Farbwerte in ständiger Polarität innerhalb des Bildes zueinander bewegen.

Gegen ein Entwicklungsmodell hin zur Befreiung der Bildfarbe im 20. Jahrhundert und gegen eine Polarisierung von gegenständlich gebundener Bildfarbe in der alten und gegenstandsabgehobener Bildfarbe in der modernen Malerei wendet sich Dittmann. Beides bereichere sich vielmehr innerhalb des Bildes gegenseitig.

> „Die gegenständliche Darstellungsaufgabe hindert mithin nicht die Entfaltung der den Farben eigentümliche Möglichkeiten, im Gegenteil, sie kann diese geradezu befördern."[83]

Die positive Sicht einer Befreiung der Farbe von gegenständlicher Behinderung vernachlässige die Betrachtung ihrer Ausdrucksmöglichkeiten im Zusammenhang mit der Darstellung. Gerade hier aber ist ein Analyseansatz notwendig, in dem sich alte und neue Malerei verbinden.[84] Verlust und Gewinn der Moderne im Vergleich zur Tradition müssen bei einer genauen Bildanalyse hinfällig werden zugunsten des Verhältnisses zwischen gegenständlichen und darüber hinausgehenden Momenten.

### II.1.2. Der Gattungsverfall

Einen weiteren Kritikpunkt an der Moderne, der mit der Befreiung der künstlerischen Mittel aus ihrer abbildenden Dienstbarkeit in unmittelbarem Zusammenhang steht, bildet der Gattungsverfall. Mit der Aufgabe des traditionellen Prinzips der Naturnachahmung löse sich der Bezug zur Welt, der die Dinge in ihrer Besonderheit auszeichne

---

[83] Dittmann, Befreiung der Bildfarbe, S. 91.
Im Unterschied zu Dittmann nimmt Sedlmayr die Beförderung der Ausdruckswerte der Farbe durch den Gegenstand als alleinige Möglichkeit an. Ein Bedeutungsgewinn durch die Ablösung der Farbe vom Gegenstand, wie dies andererseits von der Koloritforschung angenommen wird, ist für ihn völlig undenkbar.

[84] Vgl. Dittmann, Befreiung der Bildfarbe. In der traditionellen Malerei andererseits gibt es durchaus Tendenzen einer vom Gegenstand abgelösten Erscheinungsweise der Farbe. Dittmann weist beispielsweise anhand von van Eyck übergegenständliche Verlebendigung durch das Helldunkel und die eigengesetzliche Anordnung der Farben nach Kontrasten, der Grundfarbentrias und Farbklängen nach, so „dass das Helldunkel die Farben nicht hindert, sie selbst zu sein und sich nach ihren eigenen Gesetzen zu ordnen." (S. 91) Das farbige Gleichgewicht und die Intensität könnten somit nicht vollkommener sein und widersprechen so der Annahme eines qualitativen Fortschritts in der Freilegung der Elementarkräfte der Malerei. Die Farben weisen in ihrer Erscheinungsweise nicht nur Darstellungswerte bezüglich der Stofflichkeit auf, sondern – sich davon abhebend – auch Tiefenlicht durch die Lasurtechnik und eine chromatische Zerlegung der Farbfläche.

und somit auch die Gattungen auf. In dieser Weise konstatieren Hamann und Hermand, dass Gegenstand und Motiv bzw. Gattung durch die Malweise angeglichen werden. Linien, Farben und Flächen stehen nicht mehr für ein Wirklichkeitselement, sondern für ein Formprinzip.

> „Die meisten Bilder sollen nicht um ihre Themen, sondern um ihrer künstlerischen Behandlung willen geschätzt werden. Das Motiv ist oft gar nicht so wichtig, ja fast gleichgültig.“[85]

Als besonders gravierend gilt die Unterwerfung des Porträts unter dieses Prinzip, eine der Hauptthesen Sedlmayrs.

> „Aus dem Streben nach reiner Malerei folgt die Herabsetzung des Menschen auf das Niveau der toten Dinge, es folgt daraus der Verzicht auf Gegenständlichkeit überhaupt.“[86]

Entsprechend zur „Denaturung“ wird hier der Vorwurf der „Depersonalisierung“ erhoben. Das menschliche Urbild wird durch die Bilderfindung auf die Ebene der Sachen reduziert.[87]

Auch in der neueren Literatur wird das Problem der Gattung unter diesen Voraussetzungen diskutiert.[88] Grundlage für Boehm ist gleichermaßen das Abbildungsprinzip. Dieses erkenne die Vorbildlichkeit einer Natur, einer vorgeordneten Weltvorstellung an, die sich als System von Ordnungen – eben den Gattungen – in der Bildwelt niederschlage. Gattungen seien demnach aus der

---

[85] Richard Hamann, Josef Hermand, Expressionismus, München 1976, S. 131 f.

[86] Sedlmayr, Verlust der Mitte, S. 169. Am Beispiel Cézannes beklagt er die Gleichartigkeit aller sichtbaren Dinge und das bewusste Ausschließen aller menschlichen Gefühlseinheit aus der Darstellung des menschlichen Gesichts. „[...] ein Apfel hat dieselbe physiognomische Valenz wie ein Gesicht [...].“ (S. 125). „[...] der Mensch im Widerspruch zur natürlichen Erfahrung mit den anderen Dingen auf eine Stufe [...].“ (S. 126).

[87] Für den Expressionismus schreiben Hamann, Hermand: „Noch deutlicher zeigt sich diese Depersonalisierung und Entnaturung, wenn man sich den Menschen selbst zum Subjekt erwählt. Sogar er wird im Expressionismus rein als beliebig formbares Material, als Sache, als künstlerische Angelegenheit aufgefaßt und damit aller Hoheits- und Sympathieelemente entkleidet.“ Hamann, Hermand, Expressionismus, S. 133 f.

[88] Einziger Autor, der dies meines Wissens etwas ausführlicher tut, ist Gottfried Boehm: Gattung und Gattungen im historischen Prozeß, in: Gottfried Boehm, Bildnis und Individuum, München 1985.
Ders., Bilder jenseits der Bilder. Transformationen in der Kunst des 20. Jahrhunderts, in: Theodora Vischer (Hg.), Transform. BildObjektSkulptur im 20. Jahrhundert, Ausstellungskatalog Basel, Zürich 1992, S. 15–21.

Nachahmung der Wirklichkeit in deren Normen verbildlichte verschiedene Hinsichten der Natur.[89] Verblasst nun diese Vorgabestärke der Natur in Richtung Moderne, müsse von einem Auflösungsprozess der Gattungen ausgegangen werden, in der diese zwar noch möglich seien, aber nicht mehr zwingend im Sinne eben jener Korrespondenz zwischen Ordnungen der Natur und derjenigen der Kunst. Das Prinzip der Abbildhaftigkeit gewährleiste somit erst die Beziehung zwischen den Ordnungen der Natur und denen der Gattungen. Beides löse sich in der Moderne voneinander zu eigengesetzlichen Ordnungen.

Diesem als objektiv angesehenen, aus der Gegenüberstellung zur Natur entwickelten Gattungssystem, stehe die Subjektivität des Künstlers entgegen, die erst angesichts der Aufhebung des Distanzverhältnisses Künstler – Natur (Gattung als Künstliches, aus der distanzierten Anschauung vor der Natur Gewonnenes) möglich wird. Natur als allumfassendes Integral lasse eine Darstellungsvielfalt zu, gemäß einer Pluralität möglicher Ansichten der Welt.[90] Als Folge der Subjektivität – als Selbstauftrag und selbstbestimmbarer Wirklichkeitsgestaltung –

---

[89] Boehm, Bildnis und Individuum, S. 256.
Die Einteilung der Gattungen erfolgt nach Korrelaten der Wirklichkeit.
„Den Grenzen einzelner Gattungen entsprechen solche in der Welt. Primärbereiche gliedern sich in ihr aus: denen der Natur wendet sich die Landschaft zu, denen der Dinge und der Gebrauchswelt das Stilleben, denen des geschichtlichen Ereignisses die profane Historie, und noch das intime gesellige Leben gewinnt im Genre eine künstlerische Antwort etc. Die Korrelation meint keine abbildliche Beziehung, eher was man den ‚Sitz im Leben' nennen darf: individualisierte Gattungen verankern sich in einer, wie auch immer, individualisiert begriffenen Welt." Ebenda.

[90] „Mit Kandinskys Serie ‚Improvisation' oder Mondrians ‚Komposition' ist auch das alte Gattungsgefüge, das schon im 19. Jahrhundert ‚verfranste' (Adorno) aufgelöst. Es lohnt, daran zu erinnern, daß die alte Gattungsordnung nur so lange plausibel sein konnte, als auch die Wirklichkeit, auf die sie sich bezog, eine entsprechende Gliederung aufwies. Denn Historienbild, Porträt, Genre, Stilleben und eben: Landschaft sind nur so lange sinnvoll, als sich im Bereich der Erzählung (Geschichte) die Souveränität des Individuums, das gesellige Leben, die Dinge in ihrer Eigenmacht und der Ausschnitt der Landschaft als organische Größen in der Wirklichkeit bewähren. Sie gehen nun im Strudel einer historischen Erfahrung unter, in der Prozessualität der letzte Nenner ist. Bildgeschichtlich hat dies zur Folge, daß nun das gattungsmäßig uneingeordnete Bild ins Zentrum rückt. ‚Le monde' (Die ganze Welt) und ‚le tableau' gehen eine direkte Beziehung ein (ohne die Mittlerschaft der Gattungsregeln)." Boehm, Das neue Bild der Natur. Nach dem Ende der Landschaftsmalerei, S. 105.

tritt die Betonung einzelner künstlerischer Elemente sowie Mischformen und Neubildungen auf.[91]

> „[...]mit der Auflösung der mimetischen Beziehungen, mit der Schwäche des Abbildprinzips, begann sich auch das überkommene Gattungssystem zunächst umzuschichten (die Landschaft wurde z.B. dominant – im Impressionismus, oder das Stilleben im Kubismus), schließlich aufzulösen. Auflösung bedeutet nicht, daß einzelne Bildideen völlig verschwinden würden. Bekanntlich lassen sich bis zum heutigen Tage Stilleben, Landschaften, Porträts usf. malen. Verschwunden ist allerdings das alte Korrespondenzverhältnis zwischen der Ordnung der ‚Natur' und derjenigen der Kunst."[92]

Über die Frage des Naturverhältnisses im Werk Schmidt-Rottluffs bezüglich der Gattungen wird noch zu diskutieren sein. Die klare Unterscheidbarkeit der Gattungen im Expressionismus[93] lässt diese nicht als Ergebnis einer allmählichen Abwendung vom Abbildprinzip als zunehmend unerheblich aus dem Zentrum der Bildbetrachtung rücken – zugunsten der ungegenständlichen Momente der Gestaltung. Die Prämisse der Gattungsauflösung würde das Ziel der Untersuchung, die Besonderheit des Porträts im Expressionismus bzw. im Werk Schmidt-Rottluffs, hinfällig machen. Gerade in dieser zum einen an der traditionellen Gattungsordnung festhaltenden und gleichzeitig die Eigenwertigkeit der bildnerischen Mittel betonenden Phase[94] ist das

---

[91] „Wenn es keine festen Gerüste und verbindlichen Anhaltspunkte mehr gibt (in Gestalt der sich nebeneinander etablierenden, sich abgrenzenden Darstellungsformen bzw. Gattungen), dann ist die Vermischung bestehender Typen, ihre Überschreitung, Bastardisierung, schließlich die völlige Neubildung von Werkformen notwendig, jedenfalls unvermeidlich." Boehm, Transformationen, S. 21. Er zitiert dabei Adorno: Das Verfransen der Gattungen in der Moderne. In: Ästhetische Theorie, Frankfurt/Main 1970. „Einzelne künstlerische Elemente, Farben, Linien, Materialien, Wahrnehmungsdaten usw., das Ausdrucksmedium und die Tätigkeit wurden auf bis dahin unbekannte Weise betont. Die Folge war eine fortdauernde Sprengwirkung auf die bestehende Gattungsordnung." Boehm, Tranformationen, S. 20.

[92] Boehm, Transformation, S. 19 f.

[93] „Unter dem Blickwinkel der Thematik sind die Bilder des Expressionismus innerhalb der Malerei der Moderne, etwa von der Französischen Revolution angerechnet, wo, ikonographisch gesehen, die christlichen und mythologischen Bildthemen endgültig abgewirtschaftet hatten, geradezu konventionell." Maly und Dietfried Gerhardus, Expressionismus. Vom bildnerischen Engagement zur Kunstwende, Freiburg im Breisgau, Basel, Wien 1976, S. 20 f.

[94] „Der Expressionismus als Kunstwende brachte dort keine wesentlichen Neuerungen, wo er an den thematischen Konventionen und am Materialvorrat der überlieferten

Verhältnis beider vor allem in ihrer Spannung die Quintessenz des Bildausdrucks. Wie schon hinsichtlich der Befreiung der Bildfarbe bemerkt, muss das Bild und die darin zum Tragen kommende Anwendung der Farbe im Verhältnis zum Gegenstand, der sich noch abzeichnenden Gattung, untersucht werden.

> „Diese Lösung [der Farben vom Farbenträger] kann im Expressionismus immer nur eine partielle sein, da dieser ja dem Prinzip der Gegenstandsdarstellung verpflichtet bleibt. Jedoch gerade aus diesem doppelten Impuls: der farbigen Setzung und Auflösung von dargestellter Gegenständlichkeit können besondere Spannungselemente entfaltet werden."[95]

### II.1.3. Der Stilpluralismus

Im Zusammenhang mit der Subjektivität des Künstlers, die schon für die Befreiung der Bildfarbe und die Auflösung der Gattungen verantwortlich zeichnete, steht auch die Aufspaltung der einstigen künstlerischen Stileinheit im sog. Stilpluralismus.[96] Sedlmayr prägt „auf der Suche nach dem verlorenen Stil"[97] den Begriff „Stilchaos".

> „Daß im 19. Jahrhundert ein Stilchaos ohnegleichen entstanden ist, ist früh gesehen und oft beklagt worden. Ja, es hat den Anschein, als ob man leidenschaftlicher den Verlust des ‚Stils' als den Verlust der ‚Kunst' beklagt hätte."[98]

Eine große Vielfalt an Ausdrucksformen ist in der Modernen zwar zweifelsfrei gegeben, aber dennoch kann von einem Stilpluralismus als Gegensatz zur Stileinheit in der Tradition nicht die Rede sein.[99] J.A.

---

Malerei festhielt. Ihre Radikalität bekommt diese Kunstwende im Entdecken, Erfinden und Erproben neuer malerischer Verfahren, die zu einer neuen Organisation des Bildes auf der Fläche führen." Gerhardus, Expressionismus, S. 28.

[95] Lorenz Dittmann, Gestaltungsprinzipien der „Brücke"- Maler, in: Georg W. Költzsch (Hg.), Künstler der Brücke, Heckel. Kirchner. Müller. Pechstein. Schmidt-Rottluff. Gemälde. Aquarelle. Druckgraphik 1909-1930, Ausstellungskatalog Moderne Galerie des Saarland-Museums, Saarbrücken 1980, S. 44.

[96] "Den Zeitgenossen schien die Kunst etwa zwischen 1870 und 1920 aus lauter Traditionsbrüchen zu bestehen. Viele bekämpften und verfemten sie deswegen." Lützeler, S. 646.

[97] So der Titel des betreffenden Kapitels in „Verlust der Mitte".

[98] Sedlmayr, Verlust der Mitte, S. 60.

[99] Eine Untersuchung über das Jahr 1907 kommt zu folgendem Ergebnis: „Der Querschnitt durch die Kunstgeschichte im Jahre 1907 zeigt statt einer erwarteten

Schmoll gen. Eisenwerth entlarvt die „Vorstellung, daß eine Epoche einen gemeinsamen Stilnenner haben müsse, als Irrtum."[100]

> „Es ist romantisches Wunschdenken, eine Einheit von Kunst und Leben als Ideal zu setzen und in die Vergangenheit zu projizieren. Noch Sedlmayrs ‚Verlust der Mitte' beruht auf dieser Vorstellung. Es ist die eigentümliche Suggestion, die von der Schau in den Rückspiegel ausgeht: die perspektivische Zusammenziehung der fliehenden Ferne bestimmt das Urteil, weit zurückliegende Zeiten wären einheitlicher, sprich harmonischer und glücklicher gewesen. Man fragt sich, wieso die Geschichte von unablässigen blutigen Kämpfen und zähem geistigem Ringen berichtet, wenn Harmonie geherrscht haben soll? Die ‚Stileinheit' zurückliegender Epochen ist also zuallererst ein romantisches Postulat und enthüllt sich bei genauerer Prüfung als Fiktion."[101]

Aus diesen Überlegungen heraus plädiert Schmoll gen. Eisenwerth für eine Vernachlässigung der Betrachtung des Stils zugunsten des Schöpferischen als zu allen Zeiten gegebener Möglichkeit.[102] Ebenso sieht Jantzen das Schöpferische durch das Kriterium der Auswahl der

---

Stileinheit eine verwirrende Pluralität der Ausdrucksformen." H.L.C. Jaffé, Stilpluralismus: Das Jahr 1907, in: Werner Hager und Norbert Knopp (Hg.), Beiträge zum Problem des Stilpluralismus, München 1977, S. 30.

[100] Schmoll gen. Eisenwerth, Stilpluralismus, S. 79.
„Das Ende des 19. und 20. Jahrhunderts bringt unzählige kurzlebige Richtungen hervor [...] Vor dem Stil-Wirbel der Gegenwart erhebt sich die Klage der Rückgewandten: früher eine einheitliche Kultur –, heute Zerfall und Chaos. Aber sehen wir nicht die Vergangenheit zu einheitlich, die Gegenwart zu vielspältig? In dem einen Falle verwischt der Abstand die Unterschiede, in dem anderen treibt die Nähe sie hervor." Heinrich Lützeler, Kunsterfahrung und Kunstwissenschaft. Systematische und Entwicklungsgeschichtliche Darstellung und Dokumentation des Umgangs mit der bildenden Kunst, Freiburg, München 1975, S. 606.

[101] Schmoll gen. Eisenwerth, Stilpluralismus, S. 79.

[102] „Wesentlicher sind Untersuchungen der verschiedenen Wege und Leistungen, die zu mehreren Lösungen von Aufgaben einer Epoche führen. Denn nur darin zeigt sich das eigentlich Schöpferische. Und was sollte Kunstgeschichte neben dem rein Geschichtlichen – denn primär erforschen und darstellen, wenn nicht dieses ? Das Schöpferische aber entfaltet sich stets erst im Spannungsfeld zwischen polaren Möglichkeiten und Kräften. Seine Einbettung in Traditionen, Entwicklungslinien und Zeitstile erscheint dagegen zweitrangig. Zeitstil als Summe von Erscheinungen ist ohnehin sowieso ein Kompromiß, ein Ungefähr. Reduziert führt seine Darstellung zur Stilfibel, dem letzten Reservat monolithischer Epochenstil-Klischees." Schmoll gen. Eisenwerth, Stilpluralismus, S. 91.

Tradition als überlegen an.[103] Die Wahlfreiheit als künstlerisches Kriterium steht mit der Stilpluralität in ursächlichem Zusammenhang[104] und erhält auch für die Moderne eine positive Konnotation.[105] Mit anderen Worten: Das Schöpferische kreiert das Werk, nicht aber der sog. Einheitsstil einer Epoche. Daher muss die Besonderheit der einzelnen Werke Ausgangspunkt der Analyse sein und nicht die Möglichkeit ihrer Einordnung in bestimmte zeitstilistische Kategorien.

> „Je genauer man die konkreten Werke ins Auge faßt, desto vielgestaltiger zeigen sich diese Epochen, desto mehr tritt die Besonderheit der je einzelnen Werke hervor. Eine reflektierende Kunstgeschichtswissenschaft wird den generellen Stilbegriff heute nur mehr mit der größten Diskretion und Reserve verwenden.“[106]

Sieht man das Einzelwerk nur als Vertreter einer Epoche an, so läuft man Gefahr, den spezifischen Gehalt eben dieses einen Werkes unter einer dicken Schicht verallgemeinernder Postulate, die folglich auch die Richtlinien von Betrachtung und Analyse bilden, zu verlieren. Dies gilt sowohl für die Tradition als auch die Moderne. Die Besonderheit der Einzelwerke als individuelle Schöpfungen steht Normierungen zeitlicher Art entgegen.

## II.2. Exkurs: Der Begriff „Ausdruck“ im Expressionismus

In besonderer Weise ist die Epoche des in dieser Arbeit interessierenden Expressionismus von stilistischen Verallgemeinerungen betroffen. Dieser zeichnet sich in der Forschung

---

[103] Hans Jantzen, Tradition und Stil in der abendländischen Kunst. Vortrag, gehalten am 31. Okt. 1950 in der Joachim-Jungins-Gesellschaft der Wissenschaft zu Hamburg, abgedruckt in: Über den gotischen Kirchenraum und andere Aufsätze, Berlin 1951, S. 79-94.
„Die Stilschöpfung ist eine geistige Macht. Sie verhält sich zur Überlieferung gewissermaßen ‚personal'. Der Stil ‚wählt', ergreift das Überlieferbare als Materie, bewußt oder unbewußt, nach Maßgabe des dem *eigentlichen* Stilwillen Forderbare.“ Ebenda, S. 85.

[104] Dvorak, zitiert in: Werner Hofmann, „Manier und Stil“ in der Kunst des 20. Jahrhunderts, in: Studium Generale, 8. Jg., Januar 1955, 1. Heft, Manier und Stil, S. 5.

[105] Hofmann, Manier und Stil, S. 5.
Die Ausdrucksregister seien unterschiedlich zu wählen und zu mischen. Als theoretisches Beispiel führt er dabei Kandinskys Aufsatz „Über die Formfrage“ an. Hofmann, S. 3.

[106] Dittmann, Zugänge zur modernen Kunst, 1985, S. 17.

durch die Einordnung aller in dieser Zeit entstandenen Kunst unter allgemeine Begriffe aus, von denen der wichtigste „Ausdruck“ heißt. Symptomatisch für die Diagnose einer Entwicklung in die Abstraktion konzentriert sich die Forschung nicht mehr auf das ohnehin als schwindend angesehene Motiv, sondern auf den Ausdruck in Gestalt der Eigenwirkung von Farbe und Form. So begibt man sich in der Expressionismusforschung gerne auf die Suche nach dem unter der Oberfläche Liegenden, der inneren Welt oder dem „Seelischen“, als Gehalt des Werkes. Dies begründet sich in der Annahme, dass die den Ausdrucksmitteln Farbe und Form selbst innewohnenden Kräfte und Eigenschaften völlig unabhängig von gegenständlichen Bezügen zum Sprechen kommen.[107] Daher taugten sie stellvertretend zum Ausdruck von ansonsten unanschaulichen emotionalen Zuständen.[108]

> „Das Bild als Symbol elementarer Mächte; der Glaube, auf dem Grund des Subjekts das Absolute zu berühren: die elementare, suggestive Ausdruckskraft der Farbe.“[109]

Obgleich Ausdruck genrell ein wesentlicher Begriff innerhalb der Kunstbetrachtung ist[110], wird ihm gerade im Expressionismus als sog. „Ausdruckskunst“ eine besondere Bedeutung beigemessen.[111]

---

[107] „Das metaphysische Ausdruckswollen der Brückemaler ist zweifellos später von den Interpreten überbetont worden. Der Terminus ‚Expressionismus' wurde immer wieder allzu direkt mit ‚Ausdruckskunst' übersetzt. Nachträglich eine vorgefaßte Absicht zur Seelendeutung zum Beispiel aus einem grün gemalten Gesicht abzufolgern, hieße, ihre Anliegen zu komplizieren. [...] Selbstverständlich gibt es viel unbewußtes, das während des Malens mit zum Ausdruck kommt, die Neigung aber, Methoden der Psychoanalyse im Bereich der Kunst anzuwenden, schränkt allzusehr das Verständnis für die optische Sensibilität des Malers und die Erfordernisse seines Handwerks ein. Die Malerei der Brücke verfiel vor allem in den zwanziger Jahren einer förmlichen Ausbeutung durch das Wort. Ihre künstlerischen Absichten wurden als eine Tendenz charakterisiert, hinter die Welt der Erscheinung zu sehen und Dinge mitteilen zu wollen, die nicht an der Oberfläche liegen.“ Buchheim, Brücke, S. 48.

[108] Vgl. Ernst H. Gombrich, Kunst und Illusion, S. 403.

[109] Walter Hess, Zur Biographie der befreiten Farbe, in: Das Kunstwerk, 6. Jahrgang, 1952, S. 182.

[110] Ausdruck stellt keinen epochenspezifischen Begriff dar, sondern ist durch die Jahrhunderte auch schon in der älteren Kunsttheorie geläufig. Vgl. Lorenz Dittmann. Zum Begriff des bildkünstlerischen Expressionismus. Eine Einführung in die Ausstellung „Künstler der Brücke“ in der Modernen Galerie des Saarland Museums, in: Saarheimat, Zeitschrift für Kultur, Landschaft, Volkstum, 21. Jg., H. 11, 1980, S. 253. Dittmann nennt Beispiele vom 17. bis ins 18. Jahrhundert. Endell in der Abhandlung „Um die Schönheit“ anläßlich der Münchner Kunstausstellung: „Formen und Farben lösen in uns ohne

> „Auch die akademischen Traditionen in der bildenden Kunst vernachlässigten keineswegs die Ausdrucksmöglichkeiten von Formen und Linien. Aber erst mit dem Aufschwung des Expressionismus konzentrierte sich das Interesse des Künstlers und seines Bildes fast ausschließlich auf diese elementaren Wirkungen.“[112]

Der fast scheuklappenartige Blick auf das Ausdruckshafte im Expressionismus führt oft zum Vorwurf der Unverhältnismäßigkeit:

> „In ihrem Streben, die Fesseln der Konvention zu sprengen, waren sie gezwungen, auch dort noch nach absoluten Werten zu suchen, wo es nur relative geben kann. Das führte sie nicht selten dazu, so zu reden, als ob eine bestimmte Form oder Farbe aus sich selbst ‚ausdrucksgeladen' sei, dass sie sich mit der unwiderstehlichen Gewalt einer Explosion dem Bewußtsein des Betrachters aufzwinge. Aber künstlerische Ausdrucksvermittlung ist doch etwas ganz anderes als Handgranaten schleudern!“[113]

---

Vermittlung, wie alles andere, das uns zu Bewußtsein kommt, eine bestimmte Grundwirkung aus. Wir müssen lernen, sie uns auch wirklich zu Bewußtsein kommen zu lassen. – Wer aber gelernt hat, sich seinen visuellen Eindrücken völlig ohne Assoziation, ohne irgendwelche Nebengedanken hinzugeben, wer nur einmal die Gefühlswirkung der Formen und Farben verspürt hat, der wird darin eine nie versiegende Quelle außerordentlichen und ungeahnten Genusses finden. Es ist in der Tat eine neue Welt, die sich da aufthut. Und es sollte ein Ereignis in jedes Menschen Leben sein, wie ein Wahnsinn, der uns überkommt. Die Freude droht uns zu vernichten, die Überfülle an Schönheit uns zu ersticken. Wer das nicht durchgemacht hat, wird niemals bildende Kunst begreifen.“ In: Lothar-Günther Buchheim, Der Blaue Reiter und die „Neue Künstlervereinigung München“, Feldafing 1959, S. 15.

[111] „Worringer vertrat die Ansicht, daß alle Kunst im Grunde subjektiv ist, und hielt die Intuition für das wichtigste Element schöpferischen Gestaltens. Worringers Auffassung, die durch Bergsons ‚Schöpferischer Entwicklung' von 1907 (ein Buch, das in Deutschland sehr populär war) gestützt wurde, hatte einen bedeutenden Anteil an der ideologischen Fundierung des Expressionismus.“ Bernard F. Meyers, Die Malerei des Expressionismus – eine Generation im Aufbruch, Köln 1957, in: Udo Kultermann, Geschichte der Kunstgeschichte. Der Weg einer Wissenschaft, Frankfurt am Main, Berlin, Wien 1981, S. 358.

[112] Ernst H. Gombrich, Über physiognomische Wahrnehmung, in: Meditationen über ein Steckenpferd, S. 96.

[113] Gombrich, Über physiognomische Wahrnehmung, S. 96.
Hier wird Gombrich unlogisch: setzt er zeitbedingte Konventionen voraus, muss er das dem Expressionismus ebenfalls zubilligen.
Vgl. auch die Haltung von Arnold Gehlen, Zeitbilder, Kapitel Expressionismus. Ein Zitat sei beispielhaft herausgegriffen: „Sehr oft scheint einfach eine Verformung des gewalttätigen Zugriffs in Eigenschaften des Gegenstandes übersetzt worden zu sein, und man kommt um die Vorstellung nicht herum, daß es sich um eine sozusagen freischwebende Stilvorstellung ‚Verzerrung muß sein' gehandelt hat.“ (S. 143)

Diese Reduzierung von Expressionismus auf das Übermäßige des Ausdrucks findet sich in einem Großteil der Literatur wieder. Dabei wird der Begriff „Ausdruck“ unterschiedslos für die verschiedensten Bedeutungen angewendet, was ihn uneinheitlich und vage werden lässt.[114] Ausdruck als relative Gegebenheit[115] fächert sich dabei gemäß der Frage: „Ausdruck wovon“ in ein Bedeutungsspektrum auf: Selbstausdruck, Gegenstandsausdruck, Ausdruck des Bildes selbst, Ausdruck des Gefühls und – in Abgrenzung zum Impressionismus – Ausdruck des Geistigen.[116] Ebenso problematisch ist es auch mit den Künstleraussagen des 20. Jahrhunderts, die keinesfalls ein einheitliches Bild ergeben, selbst dann nicht, wenn sie sich ernsthaft um eine Analyse der bildnerischen Mittel bemühen.

> „Wir können also weder in zeitgenössischen Äußerungen von Künstlern und Kunstschriftstellern, noch in den Aussagen der Künstler selbst hinreichend genaue Ansatzpunkte für das Verständnis expressiver Werke erhalten. Der Nachteil aller erwähnten Aussagen ist, daß sie zu allgemein gehalten sind.“[117]

Im Zusammenhang mit dem Begriff Ausdruck ist auch der des Expressionismus von großer Allgemeinheit geprägt.[118] „Expressionismus“ war nie ein klarer Begriff, bezog sich nie auf ein abgrenzbares Phänomen, war dagegen von Anfang an mit allen Bedeutungsvarianten des Wortes „Ausdruck“ belastet.[119]

---

[114] Vgl. Lorenz Dittmann, Zum Begriff des bildkünstlerischen Expressionismus, S. 251-255.

[115] Ausdruck ist somit eine relative Gegebenheit: „Es gibt keinen Ausdruck an sich, sondern Ausdruck ist immer Ausdruck von jemandem für jemanden.“ E. Kirchhoff, Ausdrucksverstehen, in: Historisches Wörterbuch der Philosophie, Bd. 1, Basel 1971, S. 662.

[116] „Zusammengefaßt: ‚Expression' konnte bedeuten: ‚Selbstausdruck', wobei die Sphäre des ‚Selbst' weiter konkretisiert werden konnte in ‚Gefühl' oder ‚Vorstellung'; – oder: Ausdruck eines überindividuellen ‚Geistigen', eines das Organische zurücklassenden ‚Abstrakten'; ferner ‚Gegenstandsausdruck' und ‚Ausdruck des Bildes'. Dittmann, Bildkünstlerischer Expressionismus, S. 252.

[117] Ebenda, S. 253.

[118] So das Ergebnis von Ron Manheim aufgrund eines intensiven Quellenstudiums, das v.a. die zeitgenössische Literatur berücksichtigt bezüglich der Begriffe Ausdruck und Expressionismus.

[119] Manheim, S. 91.

„Die Synonymität von ‚Ausdruck' und ‚Expression' machte [...] ‚Expressionismus' zu einem alles andere als eindeutigen Begriff. Eine Vielzahl unterschiedlicher Bedeutungen des Wortes ‚Ausdruck' fand dann auch zwischen 1910 und 1914 ihren Weg zu verschiedenen Bedeutungsvarianten des Begriffes ‚Expressionismus'."[120]

Folgerichtig sind auch die unter den Begriff „Expressionismus" antithetisch zum Impressionismus in stilistischer Hinsicht zusammengefassten Künstler und Kunstströmungen ausgesprochen unterschiedlich.

„Wie dem auch sei, das antithetisch gemeinte Schlagwort war eines Tages da, bereit, all die Verwirrung anzurichten, die von Schlagworten ausgehen kann. Es wurde üblich, alle Malerei, die sich nicht mehr in den Bahnen des Impressionismus bewegte, summarisch dem Expressionismus zuzuschreiben."[121]

Die großzügig umrissene Bedeutung von Expressionismus ist in der Lage, die Vielzahl der unterschiedlichen Darstellungsweisen, der sich die Künstler bedienen, in sich zu vereinigen. Kurz: von einem gemeinsamen Stil des Expressionismus kann nicht die Rede sein.[122] Ebenso wie der Begriff Ausdruck ist also auch der des Expressionismus nicht auf eine bestimmte Epoche festzulegen.

„Im besonderen gilt das Wort für eine bestimmte künstlerische Strömung des beginnenden 20. Jahrhunderts. Der Begriff umfaßt also zugleich eine

Auch das Forschen nach dem Ursprung des Wortes „Expressionismus" führt zu keiner klaren Definition. S. Fritz Schmalenbach, Das Wort „Expressionismus", in: Studien über Malerei und Malereigeschichte, Berlin 1972, S. 40-47.

„Die Wandlungen des Begriffs ‚Expressionismus' sind aufschlußreich und spiegeln einige Verwirrungen von Anfang an." Manfred Schneckenburger, Der deutsche Expressionismus, in: Guilio Carlo Argan, Die Kunst des 20. Jahrhunderts 1880-1940 (=Propyläen Kunstgeschichte, Bd. 12), Frankfurt am Main, Berlin 1990.

120 Manheim, S. 90.

121 Ebenda, S. 12.

122 Buchheim, Brücke, S. 28.

„Die Bezeichnung ‚Expressionismus' kann im Sinne der Antithese zum Impressionismus verstanden, im Grunde für die meisten Richtungen der neuen Kunst, auch für so entgegengesetzte Stile wie ‚Futurismus' und ‚Purismus', gelten und ist nicht zwangsläufig nur die privilegierte Bezeichnung für jene Malerei, deren wesentliche Absicht das Transponieren eines Gefühlserlebnisses in die Bildwirklichkeit ist und der die Form nicht letzte konkrete Realität, also vor allem nichts Absolutes bedeutet." Ebenda.

> permanent mögliche Ausdrucksart und eine an eine bestimmte Epoche gebundene und für diese Epoche typische Art des Weiterlebens."[123]

Der Begriff Ausdruck zur Definition des Expressionismus entwickelt sich abseits der philosophischen Reflexion und stand in seiner Vagheit somit für alle möglichen Aussagen zur Verfügung.[124] Keinesfalls bildet er einen „Generalschlüssel zum Verständnis" der Werke.[125] Dittmann stellt daher die Forderung nach einem profunderem, der Besonderheit der einzelnen Werke angemessenen Verstehen, was eine genaue Analyse zur Bedingung hat. Ausdruck oder das Expressive im Werk von Schmidt-Rottluff ist somit Ergebnis und nicht Ausgangspunkt im Sinne einer zeitgenössischen Grundlage.

## II.3. Das Schöpferische: Zum Verhältnis von Einzelwerk und Kontext

Bei der Betrachtung des Einzelwerks muss jedoch berücksichtigt werden, dass es voraussetzungslose Kunst nicht gibt. Der Künstler ist immer in eine besondere Situation gestellt, die seine Persönlichkeit prägt, die sich wiederum auf das Werk niederschlägt. Stellt man also die Analyse des Einzelwerkes in den Vordergrund, so ist hier das Verhältnis zu den offensichtlich das Einzelwerk überschreitenden, sich im Gesamtwerk bemerkbar machenden Faktoren mit einzubeziehen. Zur Darstellung dieses Phänomens wird der Stilbegriff gewählt, weil sein Bedeutungsspektrum unfassend genug ist, das Verhältnis von

---

[123]Buchheim, Brücke, S. 11.
„Expressionismus ist also nicht an eine Zeitepoche gebunden, sondern immer möglich; er ist gleichsam eine in Griffnähe bereitliegende Ausdrucksart. In der Zeit des Beginns unseres Jahrhunderts hat sie in Deutschland allerdings dominiert und ist dadurch zum Charakteristikum für eine kulturgeschichtliche Epoche geworden. Sie umfaßt nicht nur die Malerei, sondern ebenso Lyrik, Prosa, Drama und – eingeschränkt – auch die Musik." Ebenda, S. 14.

[124]„Scheinbar unabhängig vom Prozesse philosophischer Reflexion wird in den Jahren 1919-1924 ‚Ausdruck' zur bestimmenden Kategorie der künstlerisch-literarischen Bewegung des *Expressionismus*. Er versteht sich selbst als radikale Wendung gegen Form, Gesetz und Tradition. Der Ausdruck als ästhetisches und ethisches Ziel bedeutet hier die Entladung des sprengenden Gefühls in Darstellung und Wort, deren Funktion nicht deutende Gestaltung sondern Aufruf, Provokation, Erschütterung ist; damit verbindet sich mit Ausdruck zugleich eine Wende zum Mythisch Kultischen, zum Magischen, zum Kollektiven und Unterbewußten." B. Fichter, Ausdruck, Historisches Wörterbuch der Philosophie, Bd. 1, 1971, S. 659.

[125]Vgl. Schneckenburger, Der deutsche Expressionismus, S.150.

Künstler, Kunstwerk, Gesamtwerk und zeitlichem Umfeld zu veranschaulichen.[126] Er erschient daher geeignet, das Verhältnis von Einzelwerk und Gesamtwerk sowie immanenter und von außen herangetragener Faktoren des Kunstwerks zu diskutieren.

Der Begriff „Stil“ im Zusammenhang mit dem Expressionismus weist zwei Phänomene auf, je nachdem, ob Ausdruck als allgemeines Stilmerkmal oder als subjektive individuelle Ausprägung verstanden wird: Zum einen gilt Expressionismus, dem Begriff Ausdruck untergeordnet, als Stileinheit. Zum anderen wird Stil als betont subjektiv, auf den einzelnen Künstler bezogen, und daher antipodisch zur Tradition als pluralistisch angesehen. Dies korrespondiert mit den beiden allgemeinen Anwendungsweisen des Stilbegriffs als absolute Norm und als subjektiver Ausdruck.[127] Stil ist somit sowohl als Gleichförmiges als auch als Unterscheidendes und somit Abgrenzendes definierbar. Bezüglich des einzelnen Kunstwerks bedeutet dies, dass es von äußeren Faktoren mitbestimmt wird, die aus den Eigenarten des Künstlers und seinem historischen und sozialen Umfeld bestehen und somit epochale und persönliche Konstanten, sprich Zeitstil, Nationalstil und Personalstil, bilden.[128] Der Personalstil des Künstlers, der in dieser Untersuchung besonders interessiert, prägt sowohl das Einzelkunstwerk als auch das Gesamtwerk und dessen

---

[126] Die Bedeutungen, die den begrifflichen Inhalt des Wortes Stil ausmachen, zählt Dittmann auf: Ästhetisch-normativ, historisch-deskriptiv, individuell, generell. Stil. Symbol. Struktur, S. 15.

[127] Werner Hofmann, „Manier“ und „Stil“ in der Kunst des 20. Jahrhunderts, in: Studium Generale, 8. Jg., Januar 1955, 1. Heft, S. 2.

[128] „Der Versuch, umfassendere, über das Einzelkunstwerk hinausgehende, geschichtlich bedingte formale Entsprechungen und Einheiten höherer Ordnung aufzuzeigen, findet im Stilbegriff seinen Ausdruck, der als Personalstil, Nationalstil oder Zeitstil gefaßt werden kann.“ Dagobert Frey, Probleme einer Geschichte der Kunstwissenschaft, in: Deutsche Vierteljahreszeitschrift für Literaturwissenschaft und Geistesgeschichte, Bd. 32, 1958, S. 29.

Vgl. auch die Definition von „Stil“ bei Lützeler: „Er umfaßt viele Gruppen von Kunstwerken, die wesentlich übereinstimmende Merkmale haben und sich von anderen Gruppen mit anderen Merkmalen wesentlich abgrenzen; in diesem Sinne spricht man von einem Individual-, National- und Zeitstil.“ Heinrich Lützeler, Kunsterfahrung und Kunstwissenschaft. Systematische und entwicklungsgeschichtliche Darstellung und Dokumentation des Umgangs mit der bildenden Kunst, Bd. 1, München 1975, S. 605.

Entwicklung, in dem sich Konstanten, aber auch Abweichungen bilden.

> „Stil ist auch die individuelle Hand, die in den Werken des gleichen Künstlers überall kenntlich ist.“[129]

Jeder Künstler gestaltet automatisch unter den Bedingungen seiner künstlerischen Prinzipien. Stil als persönliche Konstante, die sich durch das Gesamtwerk zieht, ist dabei als objektiv feststellbares Kriterium – als Personalstil – zu betrachten.[130] Dieser Personalstil ist zwar eine auf den Künstler fixierte Größe, aber er wandelt sich innerhalb von dessen Entwicklung zur Einteilung in unterschiedliche Werkphasen.[131]

Die derartig feststehenden künstlerischen Gestaltungskriterien stehen wiederum in einem bestimmten Verhältnis zum jeweiligen Motiv. Grundlegende Frage ist daher, wie sich die Vorlage eines Motivs unter der Prämisse übergeordneter Gestaltungsprinzipien behaupten kann.

Bei der Frage nach den besonderen Gestaltungsprinzipien Schmidt-Rottluffs in ihrem Bezug zum Motiv ist sowohl das Einzelwerk, als auch das Gesamtwerk relevant. Klar auseinanderzuhaltender Stilgruppen, binden die Einzelwerke über bestimmte Konstanten zusammen. Schmidt-Rottluff gestaltete immer wieder dieselben Themen, die sich mit der Stilentwicklung des Werkes wandeln.[132] Die Kenntnis des Gesamtwerkes ist für das Urteil über das Einzelwerk

---

[129] Dittmann, Stil. Symbol. Struktur, S. 13.

[130] „In keinem Fall ist Stil schon ein bloß individueller Ausdruck – immer ist ein Festes, Objektives damit gemeint, das die individuelle Ausdrucksgestaltung bindet.“ Dittmann, Stil. Symbol. Struktur, S. 14.

[131] „Da ein Künstlerleben häufig mehrere ‚Stile' umfaßt, sind Individuum und ‚Stil' zwei Größen, die sich keineswegs zuordnen lassen.“ Gottfried Boehm, Kunst versus Geschichte: ein unerledigtes Problem. Zur Einleitung in Georg Kublers „Die Form der Zeit“, in: Georg Kubler, Die Form der Zeit. Anmerkungen zur Geschichte der Dinge, S. 14.

[132] „Der Themenkreis bleibt beschränkt. Auch die Stilmittel werden kaum verändert. Das gleiche Thema wird wieder und wieder gestaltet, immer mit dem Bestreben, noch klarere Konzentrate zu geben [...] Die Darstellung der wenigen, stets wiederkehrenden Themen wird Wandlungen unterzogen, die in ihrer stufenweisen Entwicklung eine äußerst strenge, unbeirrbare Folgerichtigkeit, Stetigkeit und Beharrlichkeit zeigen.“ Buchheim, S. 226.

wichtig, bildet den Rahmen, der die Kriterien absteckt.[133] „Die Serie relativiert den Ausdruck."[134] Das Werk Schmidt-Rottluffs muss also zugleich induktiv und deduktiv betrachtet werden, um dem reziproken Verhältnis von Kunstwerk und Gesamtwerk bzw. Entwicklung gerecht zu werden: induktiv insofern, als vom Einzelwerk auf das allgemeine künstlerische Prinzip geschlossen wird. Deduktiv hingegen ist die Betrachtung des Gesamtwerkes, von dem aus die Stellung des Einzelwerkes beurteilt wird. Sowohl Kunstwerk als auch Gesamtwerk bestimmen sich gegenseitig: Die Entwicklung setzt sich aus den Einzelwerken zusammen und diese wiederum enthalten die Kennzeichen der Werkentwicklung.

Einen weiteren wesentlichen Faktor stellt die Einheit des Kunstwerks an sich dar. Die Verflechtung von Zeitstil, Personalstil und Kunstwerk spiegelt auch den Gegensatz zwischen dem Kunstwerk als Glied der Geschichte[135] und dem Kunstwerk in seiner künstlerisch angelegten Eigenständigkeit wider.[136] Innerhalb der kunstgeschichtlichen Methode besteht dadurch ein Konflikt zwischen der Selbständigkeit des Werkes

---

[133] Vgl. Werner Spies über Picasso: „Das Neue in der Darstellung der Gesichter, die in und nach der kubistischen Zeit auftauchen, erschließt sich erst angesichts der Fülle der Bilder. Man kann die Aussage dieser Köpfe nur dann richtig bewerten, wenn man sie als unlimitierte Variante einer fehlenden Idealvorstellung versteht. Beschränkt man sich auf das einzelne Bild, geht man in die Irre." Die Flut der Variation. Der Maler und sein Modell. Pablo Picassos folgenreiche Begegnung mit Gertrude Stein, Frankfurter Allgemeine Zeitung, 7. Dezember 1996.

[134] Werner Spies, Zeitalter des Argwohns. Picasso und das unberechenbare Porträt/Die Ausstellung im Museum of Modern Art, in: Frankfurter Allgemeine Zeitung, 2. Juni 1996, S. 31.

[135] „Die Formel für die Zeitform, für die synchronische Konkordanz wie für die diachronische Differenz, liefert der Stilbegriff." Hans Belting, Vasari und die Folgen. Die Geschichte der Kunst als Prozeß?, in: Ders., Das Ende der Kunstgeschichte?, München 1983, S. 65.

[136] „Entweder zielt die kunsthistorische Analyse auf den Kunstcharakter des Werkes, dann schwindet ihr der historische Kontext, oder sie beschreibt es als Element historischer Bedingungen, dann unterbleibt die Bestimmung der künstlerischen Struktur. Die Aufgabe, Kunst und Geschichte zu vermitteln, d.h. *Kunst-Geschichte* zu schreiben, endet in einem Paradox: entweder Kunst, dann aber keine Geschichte – oder Geschichte, dann aber keine *Kunst*geschichte." Boehm, Kubler, S. 13.

und seine Abhängigkeit vom historischen Kontext.[137] „Die Individualität des Werkes ist historisch nicht herzuleiten.“[138]

> „Daß Kunst eine Geschichte habe, womöglich eine Geschichte als Prozeß, wird bei jenem auf Widerspruch stoßen, der Kunst als eine nur in den Kunst*werken* existierende Rolle betrachtet. Denn das Kunstwerk ist je für sich vollendet. Im faktischen Bestand ist es nicht mehr veränderlich, in seiner authentischen Gestalt nicht wiederholbar und in seiner aktuellen Aussage nicht aus seiner Zeit herauszulösen.“[139]

In dem Werk als Schöpfung liegt seine Einmaligkeit. Historisch ist es in seiner Einmaligkeit gerade dadurch, dass es als schöpferischer Akt nicht wiederholbar ist.[140] Zum anderen verwirklicht sich das Schöpferische in einzigartiger Ausprägung im Kunstwerk und ist daher nicht von den es ermöglichenden Bedingungen abzuleiten.[141] Vielmehr drängt sich die Unterscheidung zwischen der Individualität des Künstlers, bzw. dem im Kunstwerk sich abzeichnenden Schöpferischen und des ihm Vorgegebenen auf. Das Kunstwerk ist an

---

[137] „Das Wortgebilde ‚Kunstwerk' bringt eine andere Position in Sicht, die für das Werk den Status des Unvollendeten und damit Historischen in Anspruch nimmt. Insofern sie eine Geschichte hat, existiert die Kunst über das einzelne Werk hinaus und hebt dadurch zumindest partiell diese Vollendung wieder auf, einerseits durch das Entstehen neuer Werke, welche die ‚Kritiken der vergangenen' sind, andererseits durch die Entrückung auf einen geschichtlich werdenden Ort, an welchem das Werk nun in der Wirkungsgeschichte fortlebt.“ Belting, Vasari und die Folgen, S. 63.

[138] Vgl. Boehm, Kubler, S. 12.

[139] Belting , Vasari und die Folgen, S. 63.

[140] „Als schöpferisch Einziges ist das Kunstwerk geschichtlich. [...] Geschichtlich ist gemeint nicht nur als abhängig und bedingt, veraltet und vergangen, sondern gerade im auszeichnenden Sinne als das Einmalige, das, was sich nicht wiederholen kann, das weder vorher noch nachher so möglich ist, weil es sich selbst seine Stunde schafft. Aus der Vergangenheit macht es gerade das, was nicht vergeht, sondern Geschichte wird. Es enthält, es erzeugt Geschichte. Es geschieht damals wie heute.“ Kurt Bauch, Kunst als Form, in: Jahrbuch für Ästhetik und allgemeine Kunstwissenschaft, Bd. 7, 1962, S. 91.

[141] „Nicht nur im Entstehen für oder durch jemanden liegt die Einzelnheit der Kunst. Sie ist begründet in ihrem Wesen als Werk. Sie hat keine andere Gegenwart, ist nie anders vorhanden als im Kunstwerk.“ Bauch, Kunst als Form, S. 90.
„Die Meinung, die Einzelwerke oder Einzelmotive aus einem entwicklungsgeschichtlichen ‚Überkunstwerk', aus einem ‚hinter' allen Kunstwerken liegenden und dennoch selbst künstlerischen erfassen zu können, geht in die Irre.“ Dittmann, Stil. Symbol. Struktur, S. 21.

keinen als höherstehend anzusehenden Gesetzen zu messen, es ist mehr als nur die Auswahl aus bestehenden Möglichkeiten.

> „Es ist jedoch die Einsicht von größter Wichtigkeit, daß sich die schöpferische Kraft des Künstlers und das ihm Vorgegebene in der Weise des Gegensatzes verhalten."[142]

> „Genauso wie die Wahrheit des Kunstwerks verfehlt wird, wenn man sie mißt an einer anderen (menschlich erkennbaren und formulierbaren) Wahrheit, die gültiger sei und höher stehe, genauso wird die Freiheit des Kunstwerks verfehlt, wenn ihre Bedingungen verfestigt werden zu einem objektiven Gesetz, einem normativen System. Werden die Bedingungen künstlerischer Freiheit, zu denen auch der ‚objektive Stil' gehört, verfestigt zum Gesetz und System, dann bleibt als ‚Freiheit' nur der geringe Spielraum der Wahl von vorgegebenen Möglichkeiten, der Differenzierung vorgegebener Probleme."[143]

Das Kunstwerk zeichnet sich als Schöpferisches gerade durch seine Sonderstellung aus und hebt sich damit als besondere Leistung von der Tradition ab.[144]

> „Im echten Kunstwerk begegnen wir dem schöpferischen Geist. Das Kunstwerk erfahren wir jeweils als etwas Einziges und Einmaliges. ‚Es ist nicht nur einzeln als Individuum, als kleinste, nicht weiter teilbare Einheit,

---

[142] Dittmann, Stil. Symbol. Struktur, S. 235.

[143] Dittmann, Stil. Symbol. Struktur, S. 235. Die das Kunstwerk ermöglichenden Umstände als eingrenzende Faktoren, die Badt als „negative Determinante" bezeichnet, steht dem Freischöpferischen entgegen. Dazu gehören die Geschichtlichkeit, der Auftrag, die Tradition und die Abhängigkeit von Kunst, Gesellschaft, Moral, Theologie. Dittmann zitiert dabei Badt, Modell und Maler von Jan Vermeer, S. 89, hier S. 235.

[144] „Je höher der Rang, um so mehr hebt es sich von historischen Kausalitäten ab, belegt die Diskontinuität historischer Abläufe. Kunstwerke brechen, gerade wenn sie gelungen sind, die Brücken nach außen ab. Alle Fäden, auch die ‚historischen', erscheinen in ihr eigenes Zentrum zurückgeknüpft. Das Werk präsentiert komplexe Sinnbezüge, die in dem Maße ihrer Vollendung individuell, d.h. historisch diskontinuierlich sind. Kunstwerken eignet, so gesehen ‚Spitzencharakter', eine insulare Selbständigkeit, die sich aus den Mustern historischer Prozesse gerade nicht verständlich machen läßt. Kunstgeschichte wäre die Perlenkette vollendeter Werk-Monaden oder eine Art prästabilierte Summe unverbundener Monaden." Boehm, Kubler, S. 12.
Vgl. auch Jantzen bzgl. des Gegensatzes von Spitzenwerken zur Tradition: „Die künstlerisch reifen Schöpfungen jener umfassenden Zeitstile, in denen sich die Geschichte der abendländischen Kunst manifestiert, besitzen ein so eigenes Leben, daß sie aus dem künstlerischen Erbe der Vergangenheit nicht nur nicht verstanden werden können, sondern im kräftigsten Gegensatz zum Überlieferten stehen." Jantzen, Tradition, S. 85.

sondern in einem wesentlichen Sinne unauswechselbar, ausschließlich einzeln – einzig. In der schöpferischen Einzigartigkeit, der Ursprünglichkeit, der Originalität liegt der Kern des Künstlerischen.' [Zitat Kurt Bauch, Die Kunstgeschichte und die heutige Philosophie, in: Martin Heideggers Einfluß auf die Wissenschaften, 1949, S. 91] Solche, das Kunstwerk kennzeichnenden Züge widersprechen der Annahme, dass es einer Tradition verhaftet sei, denn dies würde seine Ursprünglichkeit antasten. Im Gegenteil: je mehr es aus seiner Eigenständigkeit heraus etwas sagen will, je fruchtbarer seine Wirkung sein will, um so mehr strebt es mit aller Kraft fort von dem, was war."[145]

Nicht die äußeren Faktoren verursachen die Einheit des Kunstwerks, sondern die Kraft des Schöpferischen, das die Bildelemente so zu einem Organismus wachsen lässt.

„So ist im Kunstwerk selbst, und einzig dort, die Einheit in der Mannigfaltigkeit zu finden, die von der Kunstgeschichtswissenschaft im objektiven Stil gesucht wird."[146]

## II.3.1. Das Kunstwerk in seiner Entstehung

„Jede Malerei hat ihre Quelle in der Wahrnehmungswirklichkeit, selbst die abstrakte Malerei kann sich nicht völlig von dieser Wirklichkeit lösen. [...] ‚Wie wird aus einem Stück Wirklichkeit ein Bild?'"[147]

Das wesentliche Problem in der Bewertung der modernen Kunst scheint in der Rolle zu liegen, die man dem Naturbezug beimisst. Wie am Beispiel des Porträts erwähnt, verlagert sich das Interesse in der Forschung vom Darstellungsgegenstand immer mehr auf die Mittel der Kunst. Symptomatisch ist auch, dass statt des Begriffs der Ähnlichkeit, mit dem der Naturbezug für die traditionelle Malerei gefasst wurde, in der Moderne der der Äquivalenz der malerischen Ausdrucksmittel gesetzt und somit das Moment der Übersetzung betont wird.[148]

---

[145] Jantzen, Tradition, S. 82.

[146] Dittmann, Stil. Symbol, Struktur, S. 224.

[147] Georg Marzynski, Die Methode des Expressionismus. Studien zu seiner Psychologie, Leipzig 1920, S. 5.
„Jede darstellende Malerei, auch die sog. naturalistische, muß ja mit Äquivalenten arbeiten." Hess, Das Problem der Farbe, S. 159.

[148] Dies besagt zum Beispiel die Theorie der Äquivalente von Maurice Denis:
Körper und Raum sollen nicht illusionistisch dargestellt, sondern nur „repräsentiert" werden durch Farbflächenäquivalente, deren autonomer Schönheits- und Ausdruckswert

Tatsächlich handelt es sich bei der Übersetzung der Natur in Farbe und Form und der dadurch auftretenden Spannung zwischen künstlerischer Gestaltung und vorgegebenem Motiv um eine allgemeine Tatsache in der Malerei.[149] Dies zeichnet – um die beiden extremsten Beispiele herauszugreifen – sowohl die realistische Malerei aus[150], als auch die abstrakte.[151]

### II.3.1.1. Realisation, innere Notwendigkeit und Bildeinheit

Deutlich wird dies am Begriff der „Realisation", der eigentlich nur den Prozess der Übersetzung des in der Natur Gesehenen ins Kunstwerk bezeichnet und zunächst nichts anderes meint, als eben diese Übertragung.[152] Realisation ist das gemeinsame Produkt und Punkt des Zusammenfließens von schöpferischer Produktion, Schönheit als Idee, Kunstgesetzlichkeit und Natur.[153]

---

den eigentlichen Bildgehalt ausmache. Vgl. Walter Hess, Enzyklopädisches Stichwort „Moderne Kunst", in: Sedlmayr, Revolution der modernen Kunst, S. 126.

[149] „Bei jeder künstlerischen Gestaltung findet eine Umgestaltung des Stoffes statt, der dem zu schaffenden Kunstwerk zugrunde gelegt wird. Selbst bei einer noch so naturalistischen Gestaltung wird die Tätigkeit des schaffenden Künstlers am geschaffenen Kunstwerk erkennbar sein." Robert Wolfgang Wallach, Über Anwendung und Bedeutung des Wortes Stil, Diss. München 1919, S. 36.
Für die Moderne s. Boehm: „Wir würden Picassos ambivalenten Figuren ebenso wenig gerecht wie derjenigen der Expressionisten oder der Surrealisten, wenn wir nur die Abweichungen vom anatomistischen Normalzustand erkennen würden, aber nicht die jeweilige künstlerische Perfektion. Sie alle praktizieren Übersetzungen des Organismus in einen artifiziellen Zustand." Gottfried Boehm, Ein Paradies aus Malerei. Hinweise zu Cézannes Badenden, in: Mary Louise Krumrine, Paul Cézanne. Die Badenden, Öffentliche Kunstsammlungen Basel 1989, S. 26.

[150] Michael Bockemühl, The innoncene of the Eye and the innocence of the meaning. Zum Problem der Wirklichkeit in der realistischen Malerei von Gustave Caillebotte. in: Gottfried Boehm, Karlheinz Stierle (Hg.), Modernität und Tradition. Festschrift für Max Imdahl zum 60. Geburtstag, München 1985, S. 13-35. Dies widerspricht der strengen Polarität zwischen Realismus und Avantgarde in der Arbeit von Christel Denecke.

[151] So widmet sich Rolf Wedewer dem Naturbezug von Moore und Arp: Zur Naturvorstellung Henry Moores, in: Pantheon, Bd. 38, 1980, S. 186-193. Zur Naturvorstellung Arps, in: Pantheon, Bd. 43, 1985, S. 171-178.

[152] „Realisieren meint zunächst nichts anderes als den Vorgang der Übertragung, vermöge dessen der Maler [...] die gesehenen Dinge [...] übersetzt." Gottfried Boehm, Paul Cézanne, Montagne Sainte-Victoire, Frankfurt/Main 1988, S. 54 f.

[153] Badt, Die Kunst Cézannes, Ansbach 1956, S. 153. Badt bezieht sich hierbei auf Delacroix

Auch in der traditionellen Malerei fallen Form und Konzeption zusammen, das im Kunstwerk Verwirklichte mit der Absicht des Künstlers. Im 19. Jahrhundert jedoch – symptomatisch für die wachsende Rolle der Subjektivität – entwickelte sich der Begriff zu einer der zentralen Fragestellungen des künstlerischen Denkens überhaupt.[154] Bei der im späten 19. Jahrhundert beginnenden Übergewichtung der Konzeption des Künstlers, der Verlagerung des Interessensschwerpunktes von der Natur auf das Kunstwerk, problematisiert sich dieses Verhältnis zu einer Betonung der subjektiven Seite: Da sich die Idee des Künstlers nicht mehr für jedermann erkennbar im Kunstwerk niederschlage,[155] stehe die eigene Wirklichkeit des Bildes im Vordergrund.
Für die immer mehr ins Blickfeld rückende Subjektivität des Künstlers spricht auch seine zunehmende Reflexion über die künstlerischen Mittel und den künstlerischen Prozess. Parallel dazu wird dem Künstler und folglich auch dem Bild immer mehr Eigenständigkeit zugestanden, wie die Diskussion um die „innere Notwendigkeit" v.a. zu Beginn des 20. Jahrhunderts zeigt.[156] Subjektivität meint hier die

---

[154]Vgl. Lorenz Dittmann, Die Farbe bei Marées, in: Christian Lenz (Hg.), Hans von Marées, München 1987, S. 97.

[155]Vgl. Badt, Cézanne, S. 152.
„Generell aber ist der Satz niemals erschüttert worden, daß bei den Meistern die künstlerischen Absichten mit dem in ihren Werken Verwirklichten zusammenfällt und daß sich diese Absicht nur aus dem Verwirklichten erschließen läßt.
Diese Gewißheit geht im Laufe des 19. Jahrhunderts verloren. Und mit all den geistigen Veränderungen, die sich damals in der Moderne durchsetzten, tritt die Verwirklichung des Kunstwerkes, der künstlerischen Idee oder gewisser formaler geistiger Schwierigkeiten als Problem auf. Das Wort réaliser beginnt in die Kunstkritik einzudringen und erobert darin bald einen hervorragenden Platz." Ebenda.
Dies unterstellt ein Auseinanderfallen von Künstlerintention und Betrachterrezeption in der Moderne. Angezweifelt werden muss an dieser Stelle, ob beide Faktoren überhaupt identisch sein können, berücksichtigt man die unterschiedlichen Voraussetzungen der Betrachterhorizonte. In dieser Arbeit wird vielmehr davon ausgegangen, dass es bestimmte Kriterien gibt, die ganz bestimmte Wirkungen hervorrufen und so gewisse Konstanten ausbilden, die zwar grundlegend sind und eine Ahnung von Qualität – dem Gelungensein des Kunstwerks – offenbaren, aber nicht die letzten Gründe der künstlerischen Absicht erschließen konnen.

[156]„Der Begriff der ‚inneren Notwendigkeit' war nicht neu (Vgl. bspw. Artur Schopenhauer, Die Welt als Wille und Vorstellung) erreichte aber gegen 1910 in der kunsttheoretischen Diskussion zentrale Bedeutung." Enno Kaufhold, Bilder des

Freiheit des Künstlers in der Wahl seiner Mittel auf Basis der inneren Notwendigkeit. Auch dieser Begriff ist nicht neu und lässt sich bis zu Alberti zurückverfolgen.[157] Die innere Notwendigkeit gilt in der Kunsttheorie als innerer Sinnzusammenhang, gebildet durch eine Einheit von Farben und Formen und ist als Begriff weit verbreitet. So sieht der Philosoph Simmel die Notwendigkeit des Kunstwerks als dessen Grundbedingung an, die durch die Idee des Künstlers und das Gesetz (die gegenseitige Bedingtheit der Elemente innerhalb des Kunstwerks) entsteht. Der durch das besondere Verhältnis der Elemente bestimmte Organismus verleiht dem Kunstwerk seine unabhängige Eigengesetzlichkeit.[158] Der inneren Notwendigkeit entspricht in der Gestaltpsychologie der Strukturbegriff als Ganzheit voneinander abhängiger Elemente.[159]

---

Übergangs. Zur Mediengeschichte von Photographie und Malerei in Deutschland um 1900, Marburg 1986, S. 241, Anm. 75.

[157] Werner Hofmann, Studien zur Kunsttheorie des 20. Jahrhunderts, in: Zeitschrift für Kunstgeschichte, Bd. 18, 1955, S. 144.

[158] Vgl. Georg Simmel, Gesetzmäßigkeit im Kunstwerk, in: Logos. Internationale Zeitschrift für Philosophie und Kultur, Bd. 7, 1917/18, S. 213-223.
„Die ideale Notwendigkeit enthält das, was wir als die Idee, als die innerlich aufsteigende Vision des Künstlers vorzustellen pflegen, die das fertige Kunstwerk in größerer und geringerer Vollkommenheit nach außen hin offenbart (S. 213) [...] Dem Kunstwerk aber ist eigen, daß es sich sein Problem selbst stellt, daß dieses nur ihm selbst, wie es schon fertig dasteht, zu entnehmen ist (S. 214) [...] Angesichts der Möglichkeit, dass dem Problem oder der Idee des Kunstwerks seine verschiedenen Teile oder Seiten in verschiedenem, oft ganz entgegengesetztem Maße entsprechen, müssen wir uns jene als eine Einheit denken, der das wirkliche Kunstwerk mit einer Vielheit von Faktoren gegenübersteht. Diese Vielheit, seine Wirklichkeit von Farben, Tönen, Worten, Formen muß also für sich in einer bestimmten Weise organisiert sein, um jene Einheit zum Ausdruck zu bringen, d.h. also, um die Notwendigkeit, wie sie ideellerweise aus dem Verhältnis der Elemente quillt, auch anschaulich, unmittelbar fühlbar zu machen. An der Mannigfaltigkeit der Teile, in die das Kunstwerk ausgedehnt ist, realisiert sich die Notwendigkeit als *Gesetzmäßigkeit, die einer dem andern auferlegt.* Wir empfinden, daß, wenn der eine Teil einmal in seiner bestimmten Weise gesetzt ist, der andere gleichfalls nur in einer bestimmten Weise und keiner anderen dastehen dürfte. [...] (S. 221f.) Dies ist, was man den inneren Rahmen des Kunstwerks nennen könnte.“ (S. 222).

[159] „Der gestaltpsychologische Begriff der Strukturgesetzlichkeit korrespondiert mit dem von Kandinsky entwickelten Begriff der ‚inneren Notwendigkeit'.“ Hofmann, Kunsttheorie, S. 146.
Entwickelt hat den geisteswissenschaftlichen Strukturbegriff Wilhelm Dilthey, der Struktur als „Ganzheit, deren Momente durch die inneren Beziehungen miteinander verbunden sind“, definiert. Vgl. Dittmann, Stil. Symbol. Struktur, S. 140.

> „Das Einzelne ist als Teil in charakteristischer Ganzheit erfaßt. Das Einzelne hat Funktionswert in einer Situation, einer Gesamtstruktur."[160]

Vor allem bei Kandinsky erhält dieser Begriff eine zentrale Stelle.

> „Die ‚innere Notwendigkeit', ein Zentralbegriff seiner Lehre, meint nichts anderes als jenen inneren Sinnzusammenhang, durch welchen alle Elemente eines Bildes eine geschlossene, rein anschaulich sichtbare Einheit bilden, die ein Seelisches nicht darstellt, sondern ist."[161]

Auch Schmidt-Rottluff verwendet diesen Begriff 1911 in einem Gespräch.[162] In Übereinstimmung mit den anderen Definitionen meint er damit die im Künstler aufgrund von Empfindungen entstehenden inneren Forderungen, die das heimliche Gesetzmäßige und Logische der Kunst darstellen. Die innere Notwendigkeit als der im Künstler liegende Antrieb der Realisation schafft somit auch die innere Einheit des jeweiligen Kunstwerks.

---

[160] Der Gestaltpsychologe Kurt Koffka, zitiert in: Heinrich Lützeler, Kunsterfahrung und Kunstwissenschaft. Systematische und Entwicklungsgeschichtliche Darstellung und Dokumentation des Umgangs mit der bildenden Kunst, Freiburg, München 1975, S. 1136.
„Was im Ganzen geschieht, ist nicht aus den Stücken herzuleiten; was an den Stücken geschieht, ist von den Strukturen des Ganzen bestimmt. Damit sind die Teile keineswegs entwertet. Aber jeder Teil ist in bezug auf seine ‚Lage' im Ganzen, seine ‚Orientierung' beurteilt. Der Plan des Ganzen hat Beziehung auf die Teile; die Teile aber sind rückbezogen auf die Gestalt des Ganzen. Die Rolle, die der Teil im Ganzen spielt, macht seinen Sinn aus." Ebenda.

[161] Hess, Problem der Farbe, S. 121.
„Das Zusammentreffen der ersten abstrakten Bilder Kandinskys in ihrer ganz auf der Malgebärde, auf der Aktion beruhenden Beschaffenheit mit der Neuauflage der Fiedlerschen Schriften kann nach dieser Sachlage unmöglich bloßer Zufall sein. Schließlich ist auch der zentrale Grundgedanke in Kandinskys Theorie, das ‚Prinzip der inneren Notwendigkeit', bei Fiedler in dem Satz eindeutig vorformuliert: ‚Notwendigkeit kann einem Kunstwerk nicht von außen kommen, etwa durch Vergleichung; sie kann nur das Resultat inneren Gleichgewichts der Elemente sein, aus denen das Kunstwerk besteht.'" (Konrad Fiedlers Schriften über Kunst, hrsg. von Hermann Kenneth, München 1913, Bd. 2, S. 107). Otto Stelzer, Die Vorgeschichte der abstrakten Kunst. Denkmodelle und Vor-Bilder, München 1964, S. 212.
Dabei ist anzumerken, dass Fiedler das Schöpferische derart betont, dass das Kunstwerk völlig darin aufgeht.

[162] Schmidt-Rottluff, Chemnitzer Tageblatt, abgedruckt in Wietek, Oldenburger Jahre, S. 225: „Ich meine also das Gesetzmäßige, das auch den Instinkt beherrscht, vielleicht könnte man sagen: ‚innere Notwendigkeit'."

> „Jedes große Kunstwerk hat seine eigene Ordnung, nach der die Teile ein Ganzes bilden. Diese Ordnung ruht im Genie, in der spezifisch gestalteten Begabung des Künstlers. Sie ist das eigentlich Künstlerische."[163]

Der Zusammenhang zwischen Bildeinheit und Schöpfertum geht auf Goethe zurück. Nach ihm ist die Gestalt Ausdruck des Genies, der individuellen schöpferischen Kraft.[164]

> „...das Bild ist eine Ganzheit, die sich im schöpferischen Prozesse der Objektivation entfaltet, indem jeder Teil den anderen bedingt und notwendig hervorbringt: es ist im Goethischen Sinne ‚Bildung'."[165]

Goethe erkannte das Entscheidende der künstlerischen Schöpferkraft in seinem Aufsatz „Von deutscher Baukunst" (1772). Er nahm die aus der Seele eines Künstlers ausgehende künstlerische Empfindung für das gestalt- und einheitsstiftende Prinzip des Bildes, das dessen Teile einem Ganzen zusammenwachsen lasse[166], „denn Eine Empfindung schuf sie zum charakteristischen Ganzen"[167]. Form und Formzusammenhang sind somit Äußerung eines inneren Gehaltes, der das Maß deren Richtigkeit in sich trägt, und daher nicht anderes als das mit dem Begriff innere Notwendigkeit umschriebene.[168]

> „Das Erschauen des Kunstwerkes als Ganzes ist also die Form, die dem individuellen Künstler gemäß ist."[169]

Die aus dem Schöpfertum resultierende Eigengesetzlichkeit des Bildes wird jedoch nicht immer als allgemeines Prinzip aller Kunst gesehen. Vor allem für die Moderne wird vielmehr die Eigengesetzlichkeit des Bildes gegenüber der Natur, und zwar – entgegen den Prinzipien einer

---

[163] Aus dem Nachlass von Hetzer, zitiert in : Kultermann, Geschichte der Kunstgeschichte. S. 326.

[164] Hetzer, Giotto, S. 70. Hetzer bezieht sich bezüglich der Bildstruktur ausdrücklich auf Goethe.

[165] Frey, S. 94. „Das Zusammensehen aller Strukturglieder zum unlöslichen Ganzen geht auf Goethe zurück." Hofmann, Kunsttheorie, S. 155, Anm. 66.

[166] „Schädlicher als Beispiele sind dem Genius Prinzipien. Vor ihm mögen einzelne Menschen einzelne Teile bearbeitet haben. Er ist der erste, aus dessen Seele die Teile, in Ein einziges Ganzes zusammengewachsen, hervortreten." Goethe, Von deutscher Baukunst, in: Ders., Vermischte Schriften, hrsg. v. Emil Staiger, Frankfurt/Main, Leipzig 1993, S. 246.

[167] Johann Wolfgang von Goethe, Von deutscher Baukunst, S. 250.

[168] „Das Bewegende der ‚inneren Form' Goethes erkennen wir in Kandinskys ‚Prinzip der inneren Notwendigkeit' wieder." Lankheit, Frühromantik, S. 77.

[169] Hetzer, Giotto, S. 12.

illusionistischen Darstellung – primär aus der sichtbar werdenden Materialität heraus betont.[170]

> „Die Autonomie der Person weicht einer Erscheinungstotalität des Bildes. Der Mensch wird Phänomen, ein anschauliches Ereignis, für welches die Malerei – parallel zur Natur – strengste Äquivalente findet [...] Die Matrix des Bildes garantiert die Erscheinung der Person.“[171]

### II.3.1.2. Realisation, innere Notwendigkeit und Bildeinheit im Werk Schmidt-Rottluffs

Die aus dem Werk von Schmidt-Rottluff abzuleitende Vorgehensweise wird aus der Sicht von Rosa Schapire zusammengefasst, der wohl größten Kennerin seines Werkes, wenigstens aus den ersten drei Jahrzehnten. Als Ergänzung dienen ferner Äußerungen von Schmidt-Rottluffs Malerkollegen Ernst Ludwig Kirchner.

In mehreren Katalogbeiträgen schreibt Schapire von der Betonung des Subjektiven und vom bewussten Einsatz der der Bildeinheit unterliegenden Ausdrucksmittel. Ausgehend von der Wirklichkeit erfolge die Gestaltung einer „neuen Welt“ mit eigener „strenger Gesetzmäßigkeit“ als Konsequenz einer „inneren Notwendigkeit“. Ein der Subjektivität des Künstlers gehorchendes „Heraustreiben des Wesentlichen“ durch die „Reduzierung der Dinge“, die Freilegung des „hinter der Oberfläche Verborgenen“. Auch hier (vgl. Boehm) wird in Abhebung von der illusionistischen traditionellen Malerei die Eigengesetzlichkeit des Bildes als neue Errungenschaft betont.

[170] „Die Betonung der Eigengesetzlichkeit des Kunstwerks beruht zweifellos auf Einsichten, wie sie Maurice Denis in seinem berühmten Statement formuliert hat, daß nämlich ein Gemälde zunächst nichts anderes als eine mit Farben bedeckte Fläche sei. Diese scharfe Trennung von außerbildlicher und innerbildlicher Realität sollte sich sehr bald auch Schmidt-Rottluff zu eigen machen [...]“ Armin Zweite, „Das Erleben transzendentaler Dinge im Irdischen.“ Schmidt-Rottluff als Mitglied der Brücke, in: Schmidt-Rottluff Retrospektive, München 1989, S. 29.

[171] Boehm, Bildnis und Individuum, S. 10. Bei dem Beispiel handelte es sich um das Selbstbildnis von Cézanne etwa 1880.
Unter Matrix versteht Boehm die bildnerische Ebene, als System, in dem die zusammengehörigen Einzelfaktoren eingebettet sind und aus der die Natur in der Bilderscheinung erst heraustritt. Boehm, Hinweise zu Cézannes Badenden, S. 21.

„Schon 1910 ist das Bild ein in sich ruhender, geschlossener Organismus, der sich in seiner eigenen Wahrheit und Gesetzmäßigkeit der Natur gegenüber zu behaupten vermag.“[172]
„Das Bild wird zu einem strengen architektonischen Gefüge; jede Linie bedingt ihre Gegenlinie, jede Bewegung ihre Gegenbewegung, jede Farbfläche findet ihre Ergänzung in ihrer komplementären Farbe. Kein Farbfleck und keine Linie lassen sich aus dem Gesamtkomplex herauslösen und willkürlich durch ein Anderes ergänzen. Aus inneren Notw1endigkeiten erwächst das Bild: eine Empfindung in ihrer stärksten Kraft wird in Farben und Linien festgebannt. Wird das Detail der Gesamtwirkung untergeordnet, so wird es doch nicht vernachlässigt.“[173]
„Dieselbe strenge Gesetzmäßigkeit eignet Schmidt-Rottluffs Bildern. Auch dort ein Abwägen der Farben gegeneinander, von denen die eine die andere mit absoluter Notwendigkeit bedingt; in der Graphik ein Liniengefüge von hinreichender Kraft, und eine wundervolle Verteilung der Fläche. Farbströme fließen ineinander und geben eine neue Natur, die vielleicht der Wirklichkeit sehr fern steht, aber ebenso fern der Willkür. Weniger, was er gesehen, als das, was er dabei empfunden, sucht der Künstler zu gestalten. Er schafft damit eine neue Welt von seinen eigenen Gnaden. Sie ist wie die Welt eines jeden großen Schaffenden von höchst subjektiver Prägung. Das Augenerlebnis ist der äußere Anstoß, aber durch die gestaltende Kraft des Künstlers werden Dinge eingetaucht in eine neue Sphäre und ihres Wirklichkeitsgehaltes entkleidet. Nicht der Abklatsch der Natur wird angestrebt, sondern das Geheimnis wird offenbar, das sich hinter dieser scheinbar unbelebten Materie verbirgt. Das zuckende Leben von Baum und Strauch, von Wolkenzügen, verschlungenen Wegen, straff gespannten Segeln, still verschwiegenen Häusern. Und aus menschlichen Köpfen wird rausgeholt, was sich hinter der Oberfläche verbirgt.“[174]

---

[172] Rosa Schapire, Karl Schmidt-Rottluff, Ausstellung in der Kunsthütte zu Chemnitz, Oktober 1929, o.S.
„Die Form verfestigt sich, die Aufteilung der Fläche wird immer kühner, jede Linie hat ihre Funktion innerhalb des Gesamtorganismus, Naturwahrheit unterordnet sich der Bildwahrheit. Dem Relativismus aller Dinge stellt er kühn etwas Gültiges, Unabänderliches, Ewiges gegenüber. Von seiner Vision ausgehend verzichtet er in einer großen Vereinfachung auf Details, und doch kann eine Einzelheit, auch wenn sie sich stets dem Bildganzen unterordnet, von beglückender Schönheit sein.“ Ebenda.

[173] Rosa Schapire, Schmidt-Rottluff. Ausstellungskatalog Hans Golz, München Juli 1917, S. 1 f.

[174] Rosa Schapire, Zu Schmidt-Rottluffs Ausstellung bei Commeter, in: Der Hamburger, November 1911. Zitiert in: Wietek, Oldenburger Jahre, S. 226 f.

Das Bild als eine organisierte optische Einheit, die bewusst neben der Natur steht, musste angesichts des Postulates der Nachahmung erst gerechtfertigt werden. So schreibt Kirchner:

> „Um Künstler unseres Seelenlebens zu sein, muß die Malerei andere Wege einschlagen, als die reine Naturnachahmung. Die innere geistige Vision einer Idee, des Erlebnisses ist das Vorbild, das der Maler in seinem Werk zu realisieren versucht, nicht die Natur, die sichtbar vor seinen Augen dasteht. Es entsteht so ein Bild, das nicht Kopie eines Naturvorgangs ist, – ein solches gäbe der Photograph besser und schneller –, sondern eine Neuschöpfung, die neben der Natur als selbständiger Organismus lebt und einer künstlerisch geordneten Komposition der Gegenstände dem vielgestalteten Chaos von Formen und Farben der Natur gegenüberstellt.“[175]

Dennoch ist die Natur, wie es auch in der Literatur immer wieder betont wird, für die „Brücke“-Künstler stets Vorlage und schlägt sich als solche auch in der eigengesetzlichen Bildanlage nieder.

Die Übersetzung von Natur in Farbigkeit geschieht durch Auswahl, Steigerung und Vereinfachung.[176] In einem Brief von 1909 äußert sich Schmidt-Rottluff dazu:

> „Einen schönen Sonntagnachmittag zu füllen, fuhr ich heute durch die Landschaft ringsum. Es ist unglaublich, wie stark man die Farben hier findet, eine Intensität, wie sie kein Pigment hat, fast scharf für das Auge. Dabei sind die Farbakkorde von großer Einfachheit. Malen kann hier

---

[175]Ernst Ludwig Kirchner, Die Kunst der Malerei – ein Paar Worte zur Ausstellung meiner Bilder in Davos (Davoser Zeitung, 24. Dez. 1926), abgedruckt in: Grisebach, Davoser Tagebuch, S. 225.

[176]Vgl. die Kritik anlässlich einer Sonderausstellung in Dangast bezüglich der tiefen Farbigkeit der Schöpfungen: „Wie verschieden den Menschen die Welt der Erscheinungen aussieht, das mag daraus hervorgehen, daß der farbigste der beiden Künstler sich noch beklagt über sein Unvermögen, die Dinge so bunt wiederzugeben, wie sie in seinem Innern leben.“ Wilhelm von Busch, Sonderausstellung der Dangaster Künstler I, Oldenburger Nachrichten 27.9.1908, zitiert in: Wietek, Oldenburger Jahre, S. 215.

Vgl. auch Goethe, Brief vom 24. November 1787: „Du fragst in deinem letzten Brief wegen der Farbe dieser Landschaft dieser Gegend. Darauf kann ich dir sagen, daß sie bei heiteren Tagen, besonders des Herbstes, so farbig ist, daß sie in jeder Nachbildung bunt scheinen muß. Ich hoffe, dir in einiger Zeit einige Zeichnungen zu schicken, die ein Deutscher macht, der jetzt in Neapel ist; die Wasserfarben bleiben so weit unter dem Glanz der Natur, und doch werdet ihr glauben, es sei unmöglich.“ Zitiert bei Lehmann, S. 194.

> eigentlich nur heißen: Verzicht leisten vor der Natur, und es an der rechten Stelle tun, das ist vielleicht eine Definition von Kunst.“[177]

Der kontextuelle Bezug ergibt sich aus den von Empfindungen des Malers gesteuerten Gewichtungen nach dem Prinzip der inneren Notwendigkeit. Dies gilt auch für die Auswahl und Steigerung der Form, die innerhalb des Gesamtkontextes zustande kommt, der sog. „Hieroglyphe“, wie Kirchner das Phänomen umschrieb:

> „Meine Hieroglyphe ist lediglich das, daß eine Naturform in einen diese Naturform nicht nachbildenden Linienzug verwandelt wird, der aus der Komposition des Ganzen der verwendeten Technik und der Empfindung und Erregung des schöpferischen Moments geformt wird. Diese Hieroglyphe ist nur in Verbindung mit den benachbarten Formen des Blattes lesbar und wird aus dem Zusammenhang gerissen bedeutungslos.“[178]

Die Hieroglyphe ist somit auch eine Konsequenz der Einsicht in die Unmöglichkeit einer direkten Abbildung und der Abhängigkeit von der Bildeinheit, d.h. über den kontextuellen Bezug, der die von der Natur empfangene Ordnung in eine Bildkomposition überträgt.

> „Eine Hieroglyphe ist eine Mittelung zwischen Schrift und Bild, ein Zeichen. Für die Bezeichnung eines konkreten Gegenstands wird eine Abstraktion eingesetzt, die vom ursprünglichen Aussehen des Gegenstands zwar ausgeht, diesen aber so umformt und in ein Typogramm verwandelt, daß von der Gestalt des Dargestellten nur der Sinn zurückbleibt. Das Zeichen will nicht vorgeben, ein Gegenstand zu sein, aber es will den Gegenstand vertreten. Es bildet den Gegenstand nicht ab, aber es bedeutet ihn. Der Bedeutungsinhalt jedoch muß abgelesen werden, indem der

---

[177] Brief Schmidt-Rottluffs an Gustav Schiefler, Juni 1909, Dangast.

[178] Brief Kirchners an Schiefler, Davos, 6. Dez. 23, abgedruckt in: Grisebach, Davoser Tagebuch, S. 205.
„Daneben aber wird auch das besondere Interesse des Künstlers für einzelne Formen Einfluß auf die Gestaltung haben. So wird bei einer Figur, deren Kopf den Künstler besonders interessiert, dieser größer werden, während andere verkümmern“. Kirchner, L. de Marsalle: Zeichnungen von E.L. Kirchner (Genius 1920), abgedruckt in: Grisebach, Davoser Tagebuch, S. 192.
„So sind bei Figurendarstellungen oft die Köpfe, oft die Hände größer oder kleiner als in der Natur. Das dient zur besonderen Heraushebung wichtiger Teile des Bildes. Wir wissen ja alle, daß uns das in der Erinnerung besonders groß erscheint, was uns besonders interessiert; diese Tatsache kann der Maler im Bild natürlich benützen. Ebenso geht es mit der Farbe.“ Kirchner, Die Kunst der Malerei, abgedruckt in Grisebach, Davoser Tagebuch, S. 225.

> Betrachter erkennt: Hier ist ein Signum gesetzt für einen bestimmten Gegenstand.“[179]

Auch bei Schmidt-Rottluff ist der Begriff der „Hieroglyphe“ anzuwenden.[180] In einem Brief schreibt er:

> „Ganz abgesehen davon, dass ich nicht auf dem Standpunkt der korrekten Zeichnung stehe, sondern der Meinung bin, daß es eine wahre und eine richtige Zeichnung gibt. Eine wahre, die gewisse Verhältnisse verschiebt und von der richtigen abweicht, dafür aber Gesehenes im Kern des Wesens gibt, und somit überzeugender und wahrer den Eindruck gibt.“[181]

Die Realisation bei Schmidt-Rottluff – um dies noch einmal zu betonen – prägt sich wie in aller Malerei über die Relativität innerhalb der Eigengesetzlichkeit des Bildes aus, seiner inneren Notwenigkeit.

> „Je stärker meine Empfindungen wurden, um so stärker wurde die Farbe, um so tiefer und mächtiger. Auch die einzelnen Farbflächen wurden größer – sie mußten größer werden. Denn wenn ich eine Farbe auch für eine größere Entfernung starkwirkend haben will, muß ich ihr eine größere Fläche innerhalb des Bildes geben. Nun begannen die Bilder auch eine innere Struktur zu bekommen. Habe ich eine große Farbfläche im Bild, der ich das Schwergewicht vorbehalten möchte, muß ich die anderen Flächen in ihren Dimensionen dazu ins rechte Verhältnis bringen. Dasselbe gilt auch für die Farbe, die für mich ja das Primäre war. Jede einzelne muß in dem und dem Verhältnis zu der und der anderen stehen. Neben diesem Blau kann just nur das Gelb stehen, wenn das Blau nicht in seinem Wert verändert werden soll, und nur eben diese Menge Rot von eben dieser Nuance kann zu beiden treten. [...] Ein Bild darf keine Farbfläche enthalten, die etwa herausgenommen und für die eine andere in Farbe verschiedene eingeflochten werden könnte. [...] Genau so wenig darf das Liniengefüge, das die verschiedenen Flächen ordnet, verschoben werden. [...] So aus inneren Forderungen herausgewachsen, repräsentiert ein Bild

---

[179] Eberhard Roters, Ernst Ludwig Kirchners Begriff der „Hieroglyphe“ und die Bedeutung des graphischen Details, in: Georg Rohde u.a. (Hg.), Ludwig Redsloh zum 70. Geburtstag. Eine Festgabe, Berlin 1955, S. 334.
Vgl. auch den Begriff der „Bildfigur“ bei Hetzer, die aus den Gegebenheiten von Fläche und Bildzusammenhang hervorgeht.

[180] S. Roters, „Hieroglyphe“, der dies an Beispielen belegt. (S. 339).

[181] Brief Schmidt-Rottluffs an Ernst Beyersdorff, 20.9.1910, abgedruckt in: Wietek, Oldenburger Jahre, S. 134, Nr. 69.

eine Empfindung in ihrer stärksten Kraft, festgebannt in Farben und Linien.“[182]

### II.3.1.3. Das Übergegenständliche als Phänomen der Bildeinheit

„Sein Werk steht gleichsam auf halbem Wege zum Realismus und ausdrucksbetonter Abstraktion; es bewegt sich auf dem schmalen Grat zwischen willkürlichem Schalten mit selbstgefundenen Zeichen und der Unterwerfung unter die Formen der Natur. Schmidt-Rottluff hat die Grenzen der Umsetzbarkeit des Gegenstands immer wieder ertastete. Trotz der späten Versuche Kirchners war er wohl dem freien Schalten mit erfundenen Zeichen am nächsten, doch hat er immer nur untersucht, wie weit man die Willkür in Deformation und Farbgebung treiben kann, ohne die Anschaulichkeit zu verlieren. In seinen Bildnissen, die manchmal so monumental gesehen sind, daß sie den Rahmen zu sprengen scheinen, hat er die Formen auf das Alleräußerste reduziert, die Farben vollkommen antinaturalistisch gewählt und fast frei mit Formen und Farben gestaltet. Da steht im Gesicht Grün neben Orange, Farbfelder und Blau kontrastieren gegen Ocker. Die Gesichter treten fast aus der Bildfläche heraus. Es gibt keinen Raum in die Tiefe. Schmidt-Rottluff war hier nahe vor dem Durchbruch zum absoluten Gestalten mit freien, nicht mehr von der Dingwelt hergeleiteten Metaphern. Von dieser letzten Konsequenz ist er frei, seine Grenzen erkennend, zurückgewichen und hat wieder begonnen, den optischen Reizen der Naturform stärker nachzugeben. Trotz allem, trotz der heftigen Versuche, Psychisches allein durch die Ausdruckskraft der Linien und der Farben zu beschwören, bleiben die Porträts so dicht an der Natur, daß sogar besonders physiognomische Merkmale im Bild erhalten bleiben.“[183]

Im Bild gestaltet sich der Widerstreit zwischen der Eigengesetzlichkeit der Farben und Formen als künstlerische Ebene und der gegenständlichen Darstellung quasi als Folge der „inneren Notwendigkeit“.[184] Im Folgenden soll daher die an der Naturvorlage

---

[182] Schmidt-Rottluff, Chemnitzer Tageblatt 28.4.1911, abgedruckt in: Wietek, Oldenburger Jahre, S. 225.

[183] Buchheim, Brücke, S. 228.

[184] Angesichts der Malerei von Schmidt-Rottluff stellt sich folgende Frage: „Wie viele Charakteristika der sichtbaren Welt können bei der bildnerischen Gestaltung vernachlässigt werden, ohne im Bild den Gegenstand selbst zum Verschwinden zu bringen, da er ja als Schlüssel zum Verständnis weiterhin gebraucht wird?“ Gerhardus, S. 67 f.

orientierte Bildgestaltung kurz vereinfachend als das „Gegenständliche“ bezeichnet werden. Die darüber hinausgehenden, aber dennoch darauf bezogenen, das Künstlerische ausmachenden Tendenzen dagegen, sollen als das „Übergegenständliche“ angesprochen werden. Dabei ist zu bemerken, dass beide Tendenzen aufeinander angewiesen sind, weder alleine bestehen können, noch abzugrenzen sind, ja sogar wechselnden Charakter haben.

Als Begriff findet sich das „Übergegenständliche“ bei Hetzer bereits für das 16. Jahrhundert.[185] Zwar entstanden seine Beobachtungen vor Werken der traditionellen Malerei, die auch klar von der Modernen abgegrenzt werden – die Zäsur liegt hierbei um 1800[186] – aber dennoch liegt darin im Zusammenhang mit der „Realisation“ ein Ansatz von allgemeiner Gültigkeit, die das Phänomen der Bildeinheit als künstlerisches Resultat beleuchtet.[187]

Voraussetzung dafür ist das Bild als künstlerische Einheit, in der sich das Thema oder Gegenständliche in künstlerischer Eigengesetzlichkeit niederschlägt. Es gibt also Phänomene innerhalb des Bildes, die nicht rein gegenständlich zu begründen sind, sondern der künstlerischen Einheit dienen. Für diese künstlerische Eigengesetzlichkeit prägte Hetzer den Begriff „Bildleib“, als die dem Bild eigene

---

Vgl. auch Grohmann, Schmidt-Rottluff, S. 71: „Das Problem ist, den Gegenstand schärfer zu definieren, ohne Verrat an der expressiven Flächenmalerei zu üben.“

[185] Tendenzen zu Abstraktion stellt Hetzer bereits schon bei Giotto fest: Formen/Konfigurationen, die Natürliches respektieren, aber zugleich gewisse Selbständigkeit erhalten. Hetzer, Giotto, S. 32.

[186] „Das 19. Jahrhundert verlegt die Bildeinheit in das natürliche Sehen, das dem Menschen, ob Künstler oder nicht, angeboren ist und bestimmt das so gemalte Bild als einen mehr oder minder geschickt und witzig gewählten Ausschnitt aus den allgemeinen optischen Zusammenhängen.“ Hetzer, Giotto, S. 21. Dennoch wird selbst im Impressionismus die Komposition bei den „abgeschnittenen Bildausschnitten“ streng eingehalten.
Die von Hetzer festgestellte Gesetzlichkeit der Bildfläche wird von Gehlen wiederum für die Moderne in Anspruch genommen. Er spricht von einer Zweischichtigkeit des Bildes, der Verselbständigung zu einer Reizfläche eigenen Rechts bei dennoch festgehaltener Gegenständlichkeit. In: Zeitbilder, S. 64.

[187] Boehm bezeichnet den Ansatz von Hetzer ebenfalls als fruchtbar für die Moderne. Vgl. Die Krise der Repräsentation, S. 127. Wie Boehm in seinen Aufsätzen „Mnemosyne“ und „Bildsinn und Sinnesorgane“ schreibt, erschöpft sich die traditionelle Kunst nicht mit der Abbildungsfunktion. (Allerdings steht diese für Boehm trotzdem stark im Vordergrund.)

Lebensprinzipien und Gesetze, die nur in ihm Sinn und Geltung haben und somit gleichbedeutend mit der „inneren Notwendigkeit“ sind. Die Ausgangsfrage lautet: „Wie werden Figur und Dingliches dem Thema entsprechend und zugleich den Bildleib konstituierend auf der Fläche vereinigt?“[188]

> „Hetzers entscheidender Ausgangpunkt der Betrachtung ist ‚die im *Ganzen des Bildes* gegebene Einheit des Kunstwerkes’ nach einem von ihm zitierten Goethe-Wort, durch eine Empfindung zum charakteristischen Ganzen geschaffen. Durch seine ‚mathematische’ Struktur durch das Verhalten der Bildfläche zum Rahmen, durch die lineare Beziehung der Bildteile zueinander, wird das Bildfeld sozusagen a priori zu einem Ganzen, einem Individuum, einer Persönlichkeit.“[189]

Rein formal äußert sich die Bildeinheit als ein nach den Eigengesetzlichkeiten des Bildes gebildeter neuer Organismus in der Fläche. Für diese nach den Gesetzen der Fläche geordnete reine Bildeinheit prägte Hetzer den Begriff des „reinen Bildwerts“. Der reine Bildwert von Form und Farbe, Licht und Schatten steht für deren Funktion innerhalb des formal als Fläche angesehenen Bildganzen, in die das Objekt bildmäßig verwandelt wurde. Die Empfindung des Künstlers richtet sich demnach nicht so sehr nach dem Objekt als Vorbild, sondern nach dessen Gestaltung innerhalb der Bildfläche.[190]

---

[188] Theodor Hetzer, Das deutsche Element in der italienischen Malerei des 16. Jahrhunderts (= Schriften Theodor Hetzer, hrsg. v. Gertrude Berthold, Bd. 3), Stuttgart 1987 (verfasst 1929), S. 57.

[189] Dagobert Frey, Giotto und die Maniera Greca. Bildgesetzlichkeit und Psychologische Deutung, in: Wallraf-Richartz-Jahrbuch, Bd. XIV, 1952, S. 73. Hetzer zitiert Goethes Aufsatz „Von deutscher Baukunst“ und meint dazu: „Der Maßstab für das Kunstwerk sind nicht mehr die Regeln, die es befolgt, nicht der größere oder geringere Grad der ‚Richtigkeit’, sondern die Übereinstimmung mit sich selbst, die Einheit, die Intensität, mit der es gestaltet wurde.“ Theodor Hetzer, Giotto. Seine Stellung in der europäischen Kunst, Frankfurt 1941, S. 19 f.
Die Stelle in Hetzers Buch über Giotto befindet sich auf S. 22. „Der Rahmen wird vom flächigen Bildhaften ebenso durchdrungen, wie das Feld von den rahmenden Linien. In dieser Geschlossenheit aber wird das Bildfeld sozusagen a priori zu einem Ganzen, einem Individuum, einer Persönlichkeit.“

[190] „Tizians Ähnlichkeit dagegen verwirklicht sich nicht am Objekt, sondern in dessen bildmäßiger Verwandlung. Das Ähnlichkeitsmotiv wird zwar aus der Anschauung gewonnen und dient, wie wir ausgeführt haben, im stärkstem Maße dazu, die Urform des Objektes zu stabilisieren, in dem Augenblick aber, wo es auf der Fläche steht, wird es nicht auf das Objekt bezogen, soweit es als Urbild *gedacht* ist; es wird nicht als dessen Eigenschaft und Funktion empfunden, sondern als Teil und Funktion der Fläche. Gerade

Das Bild konstituiert sich für Hetzer also aus den Komponenten Künstler, Thema und Bildgesetzlichkeit, sprich Flächenformat. Darin stellt das Bildmotiv die Vereinigung von Formen und Bildteilen in bezug auf das Bildganze dar, das besondere aufeinander abgestimmt sein von Formen und Farben zum autonomen Bildleib.
Innerhalb des Bildganzen konstituiert sich auch die „Bildfigur", die – über das Bildganze ableitbar – als nicht unbedingt gegenständlich zu bezeichnender Umriss erscheint und keine Existenzmöglichkeit außerhalb der Bildfläche hat.

> „Es ist eine Form, die den Dingen nur in bezug auf einen bestimmten Fall und eine bestimmte Fläche eigen ist."[191]

> „Der Künstler vereinigt die Erscheinungen in einer Weise, daß sie, in stetem Kontakt mit den Richtungen, die sich zu einem Ganzen zusammenschließen, über das Objektive des Gegebenen hinübergreift und als Motiv in der Fläche abgelesen wird."[192]

Denn auch die Farbe ist nicht unbedingt gegenstandsattributiv, sondern wird in ihrem Zusammenspiel innerhalb der Fläche zu besonderen Effekten eingesetzt.[193] Dies jedoch entspricht allgemeinen Beobachtungen der Koloritforschung:

> „Durch solche Abstraktion der Farberscheinungen entziehen sich auch die Gegenstandsfarben der reindinglichen Beziehung, wobei dies aber, rückblickend auf die Jantzensche Dichotomie Eigenwert-Darstellungswert, nicht allein dem farbigen Eigenwert zugute kommt, sondern die übergegenständliche, allgemeine Bedeutung des Bildgehaltes kundmacht."[194]

---

durch diese schöpferische Eigentümlichkeit aber war Tizian besonders dazu berufen, im Sinne jeder neuen, seit dem 16. Jahrhundert herrschenden Kunst zu wirken, die das Bild als Wesen des Organismus mit eigener Gesetzlichkeit selbstherrlich gestaltet. Den reinen Bildwert der Form und der Farbe, des Lichts und des Schattens, die nach den Gesetzen der Fläche geordnete reine Bildeinheit hat keiner so unbekümmert gefördert wie Tizian." Theodor Hetzer, Über Tizians Gesetzlichkeit, in: Jahrbuch für Kunstwissenschaft, 1928, S. 19.

[191] Hetzer, Das deutsche Element, S. 57.

[192] Ebenda.

[193] Bsp. Tintoretto:
"Die Farbe bezeichnet immer weniger die gegenständliche Besonderheit der Erscheinungen; diese sind nun mehr der Anlaß für bestimmte Farbthemen, die in kunstvollen Varianten und Abwandlungen gegeneinander geführt und ineinander verschlungen werden." Hetzer, Das deutsche Element, S. 271.

[194] Dittmann, Funktionen der Farbe, S. 20.

Die Bildeinheit konstituiert sich somit aus gegenständlichen und übergegenständlichen Zusammenhängen, hervorgegangen aus der künstlerischen Vereinheitlichung, und ist als solche auch für das Porträt relevant.

## II.4. Das Porträt: Methode und Forschung

> „Das Bild ist, bei aller Einbettung in den Lebenshorizont der Zeit, den historischen Prozeß der Vergangenheit und die Bildungswelt des Betrachters, doch seinerseits die eigentliche ‚Quelle'. Alle Umwege der Deutung münden zurück in dasjenige, was das Bild veranschaulicht. Es ist Quelle auch in dem Sinne, daß es dem Betrachter zu denken gibt, ihn veranlaßt zurückzukehren, und wenn er es noch so lange betrachtet und durchdrungen hat – er *schöpft* daraus (Erfahrungen, Einsichten, Irritationen, einen vom Bild veranlaßten Sinn), ohne das Werk damit zu *erschöpfen.*“[195]

An dieser Stelle soll kein weiterer Gesamtüberblick über die Porträtforschung geleistet werden, dieses ist an anderen Stellen bereits erfolgt.[196] Vielmehr wird die hinsichtlich der Fragestellung relevante Literatur, die in der weiteren Arbeit Verwendung findet, vorgestellt und so eine kritische Auswahl nach der besonderen Problematik getroffen. Erster Schritt ist dabei die Auseinandersetzung mit der zur Anwendung kommenden Methode, die dieser Auswahl voranstehen muss. Da in der Forschung fast keine Werke bestehen, die die Komponenten Porträt, Bildanalyse und Moderne bzw. Expressionismus in sich vereinigen, ist es darüber hinaus notwendig,

---

Vgl. auch Darstellungswert und Bildwert bei Novotny, Cézanne, S. 185.
„Die Beziehung zwischen diesen beiden: dem Darstellungswert und dem Bildwert, die für jedes Werk Gegenstand der analytischen Betrachtung ist, wurde in der Zeit des endenden Impressionismus, v.a. aber in der Kunst Cézannes zu einem der wesentlichen Inhalte der Gestaltungsproblematik.“ Ebenda.

[195] Gottfried Boehm, Hinweise zu Cézannes Badenden, S. 16.

[196] Einen guten Überblick bis in die 40er Jahre unseres Jahrhunderts gibt Isa Lohmann-Siems: Begriff und Interpretation des Porträts in der kunstgeschichtlichen Literatur, Diss. Hamburg 1972.
Kleinere Forschungsüberblicke mit unterschiedlicher Gewichtung finden sich auch in der neueren Porträtforschung bei Boehm und Merkel.
Boehm, Bildnis und Individuum.
Ursula Merkel, Das plastische Porträt im 19. und frühen 20. Jahrhundert. Ein Beitrag zur Geschichte der Bildhauerei in Frankreich und Deutschland, Berlin 1995.

die drei Forschungsstränge in einen übergeordneten Zusammenhang zu stellen.

### II.4.1. Die moderne Malerei als Auslöser der Koloritforschung und des Porträts als künstlerischer Ausdruck

Es ergibt sich dabei das Phänomen, dass sich die moderne Malerei unter anderem sowohl für die Kolorit- als auch die Porträtforschung initiierend ausgewirkt hat. Die neuen künstlerischen Möglichkeiten des Impressionismus lenkten das Augenmerk von dem Prinzip der Nachahmung auf das Schöpferische. Überwunden wurde die Nachahmungstheorie schließlich endgültig durch die Formästhetik und ihrem Hang zum Pragmatismus, die den Begriff der Ähnlichkeit mit der Auffassung von der Eigenwertigkeit der künstlerischen Form als Ausdrucksträger koordinierte. Ähnlichkeit war nicht mehr absoluter Maßstab, sondern war in der Gesamtstruktur des jeweiligen Porträts verankert und manifestierte sich somit in der ganz unterschiedlich ausfallenden künstlerischen Form.[197] War so die äußerliche Entsprechung in ihrer Absolutheit fragwürdig geworden, konzentrierte man sich nun auf den Ausdruck des Inneren des Menschen.

> „Soweit war nun also auch begrifflich akzeptiert worden, was die Kunst der Zeit offenbar gemacht hatte. Der bewußt eingesetzte Wille zur Abstraktion, welcher seit der auf den Impressionismus folgenden Epoche das Denken der Künstler beherrschte und ihrem Suchen nach neuen Ausdrucksformen für eine neu erlebte ‚innere' Wahrheit, der kein äußerlich gegebenes Bild mehr genügte, die Richtung gab, war nun auch von den Theoretikern als Wesensmerkmal für das Porträt anerkannt. und bezeichnenderweise wurde dieses von nun an ausschließlich als Bild des ‚inneren' Menschen aufgefaßt, eine Betrachtungsweise, die also genau auf die Epoche des ‚l'art pour l'art' folgenden Forderung nach Darstellung einer in sich metaphysisch deutenden inneren Welt entsprach."[198]

Wie für die Porträtforschung ist auch für die Betrachtung der Farbe eine Reaktion auf den Impressionismus als Initialzündung einer mehr das Künstlerische berücksichtigenden Untersuchung erkennbar. Die offensichtlich von der traditionellen illusionistischen Malerei

---

[197] S. hierzu die Schriften von Schlosser, Croce und Waetzold sowie das Kapitel über die Ähnlichkeit in dieser Arbeit.

[198] Lohmann-Siems, Begriff und Interpretation des Porträts, S. 35.

abrückende Kunstrichtung gab sowohl durch die damit hinfällig gewordene Maxime der Nachahmung, als auch durch die neuen, davon abgehobenen Möglichkeiten der Farbe, Anlass zu neuer Betrachtung.

> „Der Entwicklungsprozeß innerhalb der modernen Malerei, den man allgemein als den der ‚Befreiung der Farbe' bezeichnete, ist den Anfängen der Koloritforschung unmittelbar vorausgegangen; zweifellos sind es die Errungenschaften der bahnbrechenden Maler des späteren 19. und beginnenden 20. Jahrhunderts gewesen, die die Impulse zu den ersten kunstwissenschaftlichen Farbuntersuchungen gegeben und deren aesthetische Richtlinien entscheidend mitbestimmt haben."[199]

Die Betonung des künstlerischen Aspekts, der den unterschiedlichsten Erscheinungsweisen in Farbe und Form jedes Werkes Rechnung trägt, erscheint fruchtbar für das Porträt als künstlerische Aussage über den Porträtierten.

### II.4.2. Methoden der Porträtforschung

Zunächst seien zwei Methoden genannt, die dem Künstlerischen als wesentlichem Faktor des Bildes entgegenstehen.

Setzt man sich zum Ziel der Analyse, die Dargestellten, ihre Umgebung und Attribute zu identifizieren und die Umstände über die Entstehung seines Porträts herauszufinden, so bedient man sich der Ikonographie, die eine Gleichung von Bildnis und außerbildlicher

---

[199] Ernst Strauss, Zur Wesensbestimmung der Bildfarbe, in: Ders., Koloritgeschichtliche Untersuchungen zur Malerei seit Giotto und andere Studien, hrsg. v. Lorenz Dittmann, München [2]1983, S. 12.

Vgl. ebenda, Zur Entwicklung der Koloritforschung, S. 334. „Das bezeugt die zunehmende Bedeutung und der wachsende Geltungsanspruch der Farbe in ihren Werken wie auch die Tatsache, daß seit dem Impressionismus gerade sie als Gegenstand künstlerischer und kunsttheoretischer Überlegungen mehr und mehr in den Vordergrund rückt."

„Der ursächliche Zusammenhang, der zwischen dem kunstgeschichtlichen Prozeß der Befreiung der Bildfarben und den kunstwissenschaftlichen Bemühungen um die geistige Erfassung ihres Wesens und ihrer Funktionen besteht, wird in der historischen Präsenz immer klarer." Strauss, Zur Entwicklung der Koloritforschung, S. 340. Als Beispiel nennt er Jantzens Unterscheidung zwischen Eigenwert und Darstellungswert.

„Und fast alle koloritgeschichtlichen Arbeiten dieser und der folgenden Epoche lassen noch mehr oder minder deutlich, die Impulse verspüren, die sie durch das Aufkommen und die zunehmende Bedeutung der ‚reinen' Farbe in der jeweils aktuellen Malerei empfingen." Ebenda.

Bedeutung herstellt.[200] Dabei begnügt man sich allzu häufig mit der Rekonstruktion von Fakten und Zusammenhängen, die oftmals nur wenig mit dem anschaulichen Material der Porträts gemein haben. Außer als Fundus von Indizien zur Identifizierung von Modellen und deren räumliche Umgebung[201] kann das expressionistische Porträt noch als Zeitgeistdokument betrachtet werden. Alles erdenklich Expressive dient dabei als anschauliches Belegmaterial der expressionistischen Geisteshaltung in Parallelsetzung zumeist von Literatur und Dichtung. Das Bild ist somit scheinbar restlos in Sprache übersetzbar.[202] Dabei werden die dem Bilde immanenten Wesenheiten, das Anschauliche und Künstlerische, nicht berücksichtigt, sondern nur einzelne Elemente nach dem Grad ihrer Verwertbarkeit als Hinweis auf Außerbildliches herangezogen.

> „Sie läßt es mit der Konstatierung motivischer Züge durchweg genug sein und endet dann dort, wo die Gestaltung beginnt."[203]

Insofern stellt das Einzelwerk nur eine Illustration einer allgemeinen Typengeschichte dar.[204] Hauptkritikpunkt an dieser Methode ist also das Auseinanderfallen von Form und Inhalt.[205]

---

[200] Boehm, Bildnis und Individuum

[201] Jüngstes mir bekanntes Beispiel: Peter-Klaus Schuster, Kalkulierter Expressionismus. Versuch über Ernst Ludwig Kirchner „Dame mit Hut", in: Bazon Brock, Achim Preiß (Hg.), Ikonographische Anleitung zum Lesen von Bildern. Festschrift Donat de Chapeaurouge, München 1990, S. 228-248. Er versucht eine „Ehrenrettung der Ikonographie". (S. 229) Anhand von Vergleichen mit Photos und Gemälden weist er den Entstehungsort als Kirchners Atelier nach, ebenso die Identität mit Kirchners Freundin Erna Schelling. Allerdings besteht der größte Teil aus ausführlichen Bildbeschreibungen, die die ikonografischen Ergebnisse als Ergänzung, nicht aber als Quintessenz ansehen lassen.

[202] „Die Äußerlichkeit bildlicher Phänomene wird in eine Immanenz sprachlicher Bedeutung zurückgeholt, aus der sie der Maler vorher anscheinend entnommen hatte." Boehm, Zu einer Hermeneutik des Bildes, in: Hans Georg Gadamer (Hg.), Seminar: Die Hermeneutik und die Wissenschaften, Frankfurt/Main, S. 452.

[203] Lützeler, S. 1118. Seine Kritik bringt er auf folgende Punkte: Fehlen des Gestaltcharakters der Analyse, Vernachlässigung der visuellen und formalen Seite, Ermittlung von Kunst nicht als Kunst. Als weitere Kritiker nennt er Forssmann und Dittmann.

[204] Vgl. Dittmann, Stil. Symbol. Struktur, S. 133.

[205] „Doch stimmen andererseits Wesen und Form in ihm nicht überein, der Inhalt gelangt nur indirekt, unangemessen zum Ausdruck." Dittmann, Stil, Symbol, Struktur, S. 87.

> „Der geistige Gehalt des Kunstwerks wird in seinem Wahrheitsanspruch nicht mehr ernst genommen, er wird ästhetisch verflüchtigt in die ‚symbolische Form'. Zugleich verschwindet im Horizont einer Symbolwissenschaft, die das Kunstwerk nur befragt auf ein ‚Anderes', das im Kunstwerk symbolisiert sein soll, die unersetzliche Eigenart der Kunst."[206]

Der Nutzen kann nur in über das Anschauliche hinausgehenden Zusatzinformationen bestehen, dieses aber keinesfalls ersetzen. Ikonographie ist somit nur als Hilfsmethode anzuwenden, um das anhand der Wirkung des Kunstwerks Ermittelte zu unterstützen und zu ergänzen.

Ebenso setzt sich der moderne Zweig der sich mit Zeichen beschäftigenden Forschung, die Semiotik, enge Grenzen durch die feste Ähnlichkeitsrelation zwischen Zeichen und Bezeichnetem, ohne auf die besondere Wirkung des Kunstwerks einzugehen.[207] Boehm spricht hier von einer „fruchtlosen Übertragung sprachlicher Strukturen auf das künstlerische Bild".[208] Zeichen als sterile Bedeutungsträger werden der Bildwirkung nicht gerecht.[209]

> „Bilder sind nicht substitutive Sachlagen, d.h. Sachlagen im Bilde noch einmal, schon deshalb nicht, weil Sach-elemente des Bildes von der Weise ihres Erscheinens, Wirkens und Bedeutens nicht separiert werden können. Auch die Anwendung des semiotischen Zeichenbegriffs auf das Bild, die auf der Trennung von ikonischer Signifikation und transzendentem sprachformigem Signifikat beruht, bricht aus eben diesen Gründen zusammen."[210]

---

„So kommt der ikonographischen Forschung der Terminus ‚symbolisch' im Sinne der Entzifferung eines Rätselhaften zu und ihren Gegenständen in der Bedeutung der Nicht (mehr) – Übereinstimmung von Bild und Sinn." Ebenda, S. 129.

[206] Dittmann, Stil. Symbol. Struktur, S. 139.

[207] Gottfried Boehm, Zu einer Hermeneutik des Bildes, S. 470, Anm. 6.

„Für Goodman ist ein Symbol ein durch Konventionen festgelegtes Zeichen, das in einer festen Relation zu dem steht, was es symbolisiert. Ein Bild wird innerhalb dieser Vorstellung zu einem System von Symbolen." Klaus Lepsky, Bild und Wirklichkeit – Die Wirklichkeit im Bild, in: Götz Pochat, Brigitte Wagner (Hg.), Natur und Kunst, Kunsthistorisches Jahrbuch Graz, Nr. 23, 1987, S. 168.

[208] Gottfried Boehm, Einführung zu: Die Hermeneutik und die Wissenschaften, S. 60, Anm. 118.

[209] Zeichen in diesem Sinne ist nicht zu verwechseln mit der aus der organischen Bildeinheit gewachsenen Hieroglyphe.

[210] Boehm, Zu einer Hermeneutik des Bildes, S. 452 f.

Der Inhalt eines Kunstwerks ist immer nur über die Ausdrucksmittel und deren Wirkung zu gestalten und zu erfassen.[211] Inhalt ist demnach das durch Farbe und Form anschaulich gestaltete oder anders ausgedrückt: Form und Inhalt sind als anschauliche Einheit im Kunstwerk nicht zu trennen.[212]

> „Nicht durch wissenschaftliche Überlegungen legitimiert sich die Kunstgeschichtswissenschaft, sondern durch die erkennende Auslegung der Kunstwerke."[213]

Der Sinn oder die Bedeutung konkretisiert sich im Werk selbst und findet sich daher auch nur in diesem. In der „sinnhaltigen Form" teilt sich das Kunstwerk, bzw. die künstlerische Gestaltung eines Werkes mit und ist darüber zu erschließen.[214] Dabei ist zu beachten, dass Sinn nie etwas singuläres oder eindimensionales ist, sondern dass es eine „Mannigfaltigkeit von Sinnebenen, von Sinndimensionen" gibt, resultierend aus der Komplexität der Phänomene.[215]

> „Interpretation als Auslegung ist Nachverstehen des künstlerischen Zusammenhanges. Sie wird formuliert in der Darstellung des sinnvollen gegliederten Zusammenhangs der in klarer Begrifflichkeit phänomenologisch genau erfaßbaren Phänomene."[216]

---

[211] „Der Gehalt des Kunstwerks ist nichts anderes als die Gestaltgebung selbst." Willi Baumeister, Das Unbekannte in der Kunst, [2]1960, zitiert bei R. Scherzinger, Form und Inhalt, in: Historisches Wörterbuch der Philosophie, Bd. 2, Basel 1972, S. 976.

[212] Dies spricht gegen den Vorwurf, in der Moderne nehme die Interpretation im Sinne einer Dominanz des Inhalts über die Form überhand. Selbst ein so sensibler Formanalytiker wie Hetzer zieht hier die Grenze, indem er Formen nur als körperhaft auffasst: „In aller älteren Malerei [...] bleibt die Farbe mit der Form verbunden, wird vom Körperlichen durchdrungen. Erst das spätere 19. Jahrhundert gestaltet nur mit farbigen Flächen und Flecken." Hetzer, Tizian, S. 10.
Über die Untrennbarkeit von Inhalt und Form äußert sich Schmidt-Rottluff : „Es gibt immer noch Menschen, die sich einbilden, Kunst müsse einen Inhalt haben. Sie meinen damit freilich einen gedanklichen Inhalt. Man sollte meinen, dass darüber keine Auseinandersetzung mehr möglich wäre."

[213] Dittmann, Stil, Symbol, Struktur, S. 11.

[214] Lorenz Dittmann, Zum Sinn der Farbgestaltung im 19. Jahrhundert, in: Werner Hager und Norbert Knopp (Hg.), Beiträge zum Problem des Stilpluralismus, München 1977, S. 92. Dittmann bezieht sich dabei auf Emilio Betti, Allgemeine Auslegungslehre als Methodik der Geisteswissenschaften, Tübingen 1967, S. 42, 43, 50.

[215] Dittmann, Farbgestaltung im 19. Jahrhundert, S. 92.

[216] Dittmann, Stil. Symbol. Struktur, S. 233.

Die erste Forschungsrichtung, die sich dem Anschaulichen widmete, war die Formästhetik, die den (künstlerischen) Ausdruck über die Form definiert. Die um 1900 entwickelte Richtung[217] geht dabei von objektiven Kriterien, dem anschaulich Gegebenen des Kunstwerks als Ergebnis des Schaffensprozesses aus, über die sich der geistige Inhalt sichtbar ausdrücke.[218] Die Form wird mit der Konsequenz, die Erscheinung des Werkes als einzige Instanz anzusehen, zum Schlüssel zum Inhalt des Werkes.

> „Die Kunst teilt sich ausschließlich anschaulich mit, d.h. durch die Form. Form ist die Weise, wie Kunst erscheint. Und das Wesen der Kunst liegt nicht in den Inhalten und *ihren* Bedeutungen, die auch in Worten mitteilbar waren, sondern in ihrer Erscheinung [...]“[219]

Das Kunstwerk besitzt gegenüber der Natur eine eigenständige Sinnhaltigkeit.[220] Der Inhalt des Kunstwerks offenbart sich so über die Anschauung seiner Struktur. Gestalt und Bedeutung sind nicht zu trennen. „Bildstruktur und Sinnstruktur sind ein und dasselbe.“[221]

---

[217] Die Formanalyse wurde in einer Zeitspanne zwischen 1887 und 1915 entwickelt. S. Lützeler, S. 1021: 1887 Fiedler, Über den Ursprung der künstlerischen Tätigkeit, 1893 Hildebrand, Das Problem der Form, 1883 Riegl, Stilfragen und 1915 Wölfflin, kunstgeschichtliche Grundbegriffe.

[218] Udo Kultermann, Geschichte der Kunstgeschichte. Der Weg einer Wissenschaft, Frankfurt/Main, Berlin, Wien 1981, Kap. XVI: Die Entdeckung der Form, S. 303. „Im Gegensatz zur vorwiegend materialistisch bestimmten Kunstanschauung der Mitte des 19. Jahrhunderts und zu den verschiedenen Formen, mit denen man in Erarbeitung einer Methode Schritt für Schritt an das Forschungsobjekt heranging, tauchten gegen Endes des Jahrhunderts Tendenzen auf, die von einem vollkommen neuen Blickpunkt ausgingen. Im Rückgriff auf Goethe, Schelling und Hölderlin sowie auf Immanuel Kant konzentrierte man sich auf die Form als Schlüssel zum besseren Verständnis des Kunstwerks.“

[219] Bauch, Kunst als Form, in: Jahrbuch für Ästhetik und allgemeine Kunstwissenschaft, Bd. 7, 1962, S. 187.

[220] Hildebrand: Das Kunstwerk steht der Natur als abgeschlossenes und sich beruhendes Wirkungsganzes gegenüber. Werner Hofmann, Studien zur Kunsttheorie des 20. Jahrhunderts, S. 139.

[221] Max Imdahl, Bis an die Grenzen des Aussagbaren..., in: Martina Sitt (Hg.), Kunsthistoriker in eigener Sache. Zehn autobiographische Skizzen, Berlin 1990, S. 254. „Mit Hans Sedlmayr bin ich davon überzeugt, daß es zur Gewahrung ausschließlich bildmöglicher Informationen und Evidenzqualitäten einer Hinwendung auf das einzelne Werk bedarf.“ Ebenda, S. 250.
Auch die Hermeneutik nimmt die Sinnstruktur des Kunstwerks zum Ausgangspunkt der weiterführenden Deutung. Die hermeneutische Frage lautet: Wie entsteht Sinn unter den jeweiligen anschaulichen Bedingungen des Bildes?

> „Form hat immer etwas von Inhaltlichem. Ohne das gibt es keine Form. Auf der anderen Seite gibt es in der Kunst keinen Inhalt ohne Form."[222]
> „Indem dabei der Inhalt anschaulich verwirklicht wird entsteht das, was wir Gehalt nennen. Gehalt ist das, was die Form aus dem Inhalt macht."[223]

Das Bild definiert sich somit als ein Sehangebot, das Identität besitzt, insofern es durch keine außerikonische Sichtbarkeit zu substituieren ist.[224] Dies bedeutet, dass das Kunstwerk an den eigenen Ausdrucksweisen und nicht an Außerkünstlerischem zu messen ist. Nachahmung im Sinne von möglichst genauer Entsprechung eines Vorbildes ist somit ein der Formanalyse nicht gerechter Maßstab.[225] Die Form ist stets ausdrucksvoll und beinhaltet eine Aussage. Somit ist Ausdruck nur in der Form manifest, die sich somit mit dem Inhalt zu einer anschaulichen Einheit verbindet.[226]
In diesem Zusammenhang steht auch die Phänomenologie, die dem Kunstwerk als sinngestaltende Grundlage der Deutung gerecht wird.

---

„Die hermeneutische Beschreibung und Deutung, bei der das Kunstwerk und seine Analyse den Ausgangspunkt für die Entwicklung eigener Gedankengänge bietet, die oft über das geschichtlich erweisbare hinausgehen (womit bereits das schwierige Problem der Interpretation des Kunstwerks aufgeworfen erscheint), eine Richtung, die v.a. unter dem Einfluß Heideggers in der letzten Phase der Kunstgeschichte Bedeutung gewonnen hat." Dagobert Frey, Probleme einer Geschichte der Kunstwissenschaft, in: Deutsche Vierteljahresschrift für Literaturwissenschaft und Geistesgeschichte, Bd. 32, 1958, S. 19.

[222] Bauch, Kunst als Form, S. 186 f.

[223] Ebenda, S. 186.

[224] Max Imdahl, Überlegungen zur Identität des Bildes, in: Odo Marquard, Karlheinz Stierle, Identität, München 1979 (=Poetik und Hermeneutik VIII), S. 187. Dabei bezieht sich Imdahl auf Konrad Fiedler.

[225] „Den Primat der Form leitet Croce aus seiner These ab, daß Form die ‚Verarbeitung oder die geistige Aktivität der ‚Expression' ist, sie sich also eng mit dem tatsächlichen Prinzip des Ausdrucks verbindet. Nur in der Form manifestiert sich Ausdruck. Damit geht einher, daß Croce dem Grundsatz der Naturnachahmung in der Kunst eine Absage erteilt. Er denkt dabei, zweifellos Hegel folgend, vorwiegend an illusionistische Reproduktion, die seiner Meinung nach keine ästhetische Intuition vermitteln kann." Norbert Schneider, Geschichte der Ästhetik von der Aufklärung bis zur Postmoderne, Stuttgart 1996, S. 147.

[226] „Croce war ein Fanatiker der Form: ‚Der ästhetische Akt ist ...Form und nichts anderes als Form.' Der damals durchaus noch üblichen Begriffsspaltung in Inhalt und Form hielt er entgegen, daß erst die Beziehung vom Inhalt zur Form und umgekehrt das Kunstwerk ausmache. Isoliert seien beide gar nichts. Das Kunstwerk mußte dementsprechend für ihn einen inselhaften Charakter haben. Die außerformalen Elemente waren ihm durchaus interessant, berührten aber seiner Meinung nach den Kunstcharakter überhaupt nicht." Kultermann, Geschichte der Kunstgeschichte, S. 313.

Ende des 19. Jahrhunderts erfolgte eine Wendung, welche im rein künstlerischen Sehakt eine Gestaltungsquelle sah. Gleichzeitig entstand eine formtheoretische Diskussion in der Geisteswissenschaft. In philosophischer Hinsicht wurde dieser Wandel durch die Phänomenologie Husserls vertreten, dessen Kernsatz lautete: Jede originär gebende Anschauung ist Rechtsquelle der Erkenntnis.[227]

> „Phänomenologie hat das sich als Eidos gebende Wesen wiederentdeckt. Hier wird Anschauung zum Richtmaß begrifflicher Erkenntnis und darin ist die Fruchtbarkeit dieser Philosophie für kunstwissenschaftliche Fragestellungen begründet."[228]

Bild und Sinn, die in der Ikonographie noch getrennt waren, vereinigen sich hier über die Anschauung. Die Phänomenologie erhebt das sich im Bild Zeigende zur einzigen Erkenntnisquelle[229]. Sie berücksichtigt die eigene Bedeutungsstruktur des Bildes und dessen anschauliche Beschaffenheit als optische Anweisung an den Betrachter.

### II.4.3. Der Anschauungsprozess: Die Rolle des Betrachters

Findet sich Sinn nur im einzelnen Kunstwerk und kann dieser somit nur aus diesem geschlossen werden, so stellt sich die Frage nach der Rolle der Anschauung. Räumt man der Kunst eigene Erkenntnisquellen ein, so spricht dies, wie gesehen, gegen eine Indienstnahme des Prinzips der Abbildung und der Deutung allein aufgrund motivgeschichtlich feststellbarer ikonographischer Elemente. Für die Wahrnehmung bedeutet dies folgendes:

---

[227] Vgl. Hofmann, Studien zur Kunsttheorie des 20. Jahrhunderts, in: Zeitschrift für Kunstgeschichte, Bd. 18, 1955, S. 150.

[228] Lorenz Dittmann, Zur Kunst Cézannes, in: Martin Gosebruch (Hg.), Festschrift Kurt Badt zum 70. Geburtstag, Berlin 1961, S. 201, Anm. 47.
„Die Phänomenologie sprach die Kunstwissenschaften an, da es auch hier auf eine genuine, ursprüngliche Erfahrung ankam." Vladimir Vukicevic, Cézannes Realisation. Die Malerei und die Aufgabe des Denkens, München 1992, S. 7. Er nennt als Vorbild für Badt Heidegger, für Imdahl Husserl, für Boehm den späten Merleau-Ponty.

[229] „Der Titel ‚Phänomenologie' drückt eine Maxime aus, die also formuliert werden kann: ‚zu den Sachen selbst'." Boehm, Die Hermeneutik und die Wissenschaften, S. 11.
„Als Bedeutung des Ausdrucks ‚*Phänomen*' ist daher festzuhalten: das *Sich-an-ihm-selbst-zeigende*, das Offenbare." Martin Heidegger, Sein und Zeit, Tübingen [8]1957, §7. Die Phänomenologische Methode der Untersuchung, S. 28.

> „Es erfordert die Abkehr von jener gängigen Vorannahme, nach welcher das Auge als eine Art neutraler optischer Apparatur zu begreifen ist, die Sachgehalte der äußeren Wirklichkeit vermeldet und entschlüsselt."[230]

Allein konstatierendes Sehen von Wiedererkennbarem wird dem Wesen des Kunstwerkes nicht gerecht. Ein Zeichen ist ein unsinnliches Signifikat.[231] Das Wesen des Kunstwerks erschließt sich erst im Zusammenhang mit dem *Prozess* der Wahrnehmung. Das Faktum des Bildes bedingt dessen Wirkung, die sich in der anschaulichen Erfahrung freisetzt. Kunst ist sinnlich organisierte Sinndarstellung.[232]

> „Die begriffliche Fremdbestimmung des Bildsinns läßt sich offenbar nur dann vermeiden, wenn man die Identität des Bildes als einen Darstellungsprozeß, im Medium der Sinne versteht, als eine Genese, die nicht lediglich im Dienst einer gegebenen Idee steht, mit dem Ziel, ihr Anschaulichkeit zu verleihen. Dem Prozeß bildlicher Sinnesdarstellung wohnt die Potenz der Sinnesenergie schon ein. Der Maler versetzt nicht Sachlagen unter die Bedingungen der Fläche, sondern er malt Erscheinungen unter den – historisch höchst verschiedenen – Bedingungen und Wegen des Sehens. Es malt das Sehen und sein jeweiliges Sinnangebot in der Form der Identität."[233]

Der Ereignischarakter des Bildes in seiner Lebendigkeit und Entwicklungsfähigkeit ergibt sich aus einer Vielfalt möglicher Bezüge, zu denen sich die Einzelelemente verbinden. Im Bildsehen vollzieht sich das Wechselverhältnis zwischen Simultanität und Sukzession.[234]

> „[...] dem Angebot möglichst anschaulicher Konjunktionen im Bilde kann nur ein Sehen gerecht werden, welches sich aus der starren Funktion des Konstatierens und des Überblickens befreit und die dynamischen Konnexe

---

[230] Boehm, Mnemosyne, S. 39.

[231] Boehm, Bildsinn, S. 126, Anm. 71.

[232] Boehm, Bildsinn, S. 120.

[233] Ebenda.
„Das Genuine eines jeweiligen Bildsinns verdankt sich in gleichem Maße der besonderen ‚logischen' Struktur des Bildes wie der besonderen sinnlichen Erfahrungsform, die ihr allein zu entsprechen vermag. So verwaltet die bildende Kunst ein Erkenntnisinteresse eigenen Typus, dem zugetraut werden darf, daß unter den erläuterten Bedingungen Erfahrungen von Realität zu machen sind, über die nur im Modus der Anschauung zu verfügen ist, in der Erfahrungsform einer Identität von Sinnlichkeit und Sinn."Ebenda, S. 132.

[234] Boehm, Bildsinn, S. 129.
Auf das in diesem Zusammenhang stehende Phänomen der Zeit kann in dieser Arbeit leider nicht mehr eingegangen werden.

des Bildes wahrzunehmen versteht. Ein Bild ‚sehen' heißt die Abstraktionsleistung des Auges und den Primat des Wiedererkennbaren, Definiten zu durchbrechen, um der Dynamik der Sinnesenergien zu ihrem Recht zu verhelfen. Was den Betrachter an Bildern ‚anspricht', hat sehr viel mit der anonymen, wertfremden Dimension zu tun, die in Begriffen wie ‚Stimmung', ‚Stil', ‚Originalität' u.a. unzureichend umschrieben wird."[235]

Während des Sehprozesses bilden sich zeitliche Gefälle, indifferente und konkretisierte Zusammenhänge.[236] Der Anschauungsprozess, der sich anhand eines Bilds vollzieht, ist somit niemals abgeschlossen, ist zu immer neuen und anderen Erfahrungen fähig. Zwar hat jeder Betrachter einen nur ihm eigenen Hintergrund, der die Anschauung persönlich einfärbt[237], aber das Faktum des vorgegebenen Kunstwerks, das in einer bestimmten künstlerischen Absicht geschaffen wurde und so einen bestimmten Sinn in sich birgt, ist unverrückbare Vorlage der Interpretation.[238]

### II.4.3.1. Die Psychologie als Wissenschaft des Subjekts

Der Betrachter als Subjekt spielt in der Psychologie besonders um 1900 eine besondere Rolle.[239] Dabei war das Subjekt ausgehend von

---

[235] Boehm, Bildsinn, S. 125.
„Zwischen den polaren Scheindarstellungen, der Sukzession und der Simultanität entfaltet das Bild seinen anschaulichen Reichtum. Es ist eine Welt der Übergänge, in der das kleinste Detail seinen Horizont besitzt und noch die Bildtotalität an die Fülle der Einzelheiten zurückgebunden bleibt. Was so geschieht, ist mehr als ein einfacher Prozeß der Ordnung, es ist ein Vorgang der *Artikulation*, schon deshalb, weil viele Elemente auf vielfältige Weise zu fungieren vermögen, sich da und dort einbinden lassen, Sinnverschiebungen beinhalten." Boehm, Mnemosyne, S. 40.

[236] Boehm, Mnemosyne, S. 42.

[237] Vgl. Gombrich. Gleichzeitig aber entwickelt er universale Gesetze der Wahrnehmung. Maske und Gesicht. Die Wahrnehmung physiognomischer Ähnlichkeit im Leben und in der Kunst, in: Ders., Bild und Auge. Neue Studien zur Psychologie der bildlichen Darstellung.

[238] Zu diesem Kapitel vgl. auch Hans Dieter Huber, Irritationen des Sehens. Farbe bei Karl Schmidt-Rottluff, in: Andrea Wandschneider (Hg.), Karl Schmidt-Rottluff. Werke aus den Kunstsammlungen Chemnitz, Ausstellungskatalog Chemnitz, Paderborn, Frankfurt Main 2002, S. 54-67. Sehen als aktiver Prozess führe zu ständig neuen Wahrnehmungssynthesen.

[239] Wolfgang Brückner, Der Blaue Reiter und die Entdeckung der Volkskunst als Suche nach dem inneren Klang, in: Gottfried Boehm, Helmut Pfotenhauer (Hg.), Beschreibungskunst-Kunstbeschreibung. Ekphrasis von der Antike bis zur Gegenwart,

der Ästhetik, die bereits Mitte des 18. Jahrhunderts das sinnliche Empfinden und Fühlen thematisierte, in den Vordergrund gerückt.[240]

> „So wird der Mensch in seinem empfindenden und fühlenden Verhältnis zur Welt mit der Ästhetik zum Subjekt, dem in den schönen Wissenschaften und in den Künsten die Wahrheit, die die seine ist, als ästhetische Wahrheit vergegenwärtigt wird.“[241]

Über das Gebiet der Psychologie und der Philosophie – besonders der Ästhetik, die im 19. Jahrhundert immer mehr psychologisch betrachtet und erforscht wurde – weitete sich das Interesse am Subjekt auch in die Kunstgeschichte aus. Daraus ergabt sich eine starke Affinität zwischen Kunst und Psychologie, da wiederum von vielen Psychologen die bildende Kunst als legitimes Teilgebiet der Untersuchungen stark mitberücksichtigt wurde.[242] So bestand um die Jahrhundertwende eine enge Verklammerung zwischen Kunst, Kultur und der Psychologie als Wissenschaft.

Hinzu kam die zunehmende Orientierung an den Naturwissenschaften in Richtung einer experimentell-wissenschaftlichen Methode, was gerade in der Psychologie zur Objektivierung einer eigentlich

---

München 1915, S. 531: „[...] in den Jahrzehnten um die Jahrhundertwende die Psychologie in all ihren vielen Facettierungsmöglichkeiten zu einer Art Leitwissenschaft der Humanoria geworden: Völkerpsychologie, Soziologie als Sozialpsychologie, Religionspsychologie, Psychoanalyse, Literaturbetrachtung und Volkserzählungsanalysen mit Kategorien wie Erlebnisdichtung, ‚Sage und Erlebnis', ‚Märchen und Traum' begannen das Feld akademischer Diskurse zu beherrschen.“

[240] Aesthetics A.G. Baumgarten, 1750 „Diese tritt als ‚Wissenschaft von der sinnlichen Erkenntnis', als ‚gnoseologica inferior' und als ‚logica facultatis cognoscitivae inferioris' zu Logik als Wissenschaft von der Lenkung des Erkenntnisvermögens zur Erkenntnis der Wahrheit hinzu.“ Joachim Ritter, Ästhetik, in: Historisches Wörterbuch der Philosophie, Bd. 1, Basel 1971, S. 556.
Boehm nennt die Entwicklung der Ästhetik im späten 18. Jahrhundert eine „Entwicklungsgeschichte der Sinnlichkeit“. Gottfried Boehm, Bildsinn und Sinnesorgane, in: Anschauung als ästhetische Kategorie (= neue Hefte für Philosophie 18/19), 1980, S. 119.
„So wird in Baumgartens Ästhetik die Wende zur ‚Subjektivität' und zur Begründung der Künste aus ihr im Verhältnis zur Philosophie und ihrem Weltbegriff systematisch gedeutet.“ Ritter, Ästhetik, S. 559.
In der Nachfolge Baumgarten formuliert beispielsweise Kant: „Die ästhetische Beschaffenheit der Vorstellung eines Objektes ist bloß subjektiv [...] d.i. ihre Beziehung auf das Subjekt.“ Ebenda, S. 566.

[241] Ritter, Ästhetik, S. 558.

[242] Helmholz, Bühler, Allesch, Katz und Utitz beziehen die Malerei entweder stark in ihre Untersuchungen mit ein oder widmen ihnen sogar eigene Kapitel in ihren Werken.

subjektiven Wissenschaft führte. (Die Standpunkt-Definition der Psychologie war eine Wissenschaft der Erfahrung, insofern sie vom Subjekt abhängig gedacht wird.)[243] Dies hatte zur Folge, dass die Psychologie als einzige objektive geistige Wissenschaft bezeichnet wurde. Sie versuchte, für die menschlichen Empfindungen ein Regelwerk aufzustellen, das wiederum zur Objektivierung der sich an sie anlehnenden Disziplinen verwendet wurde.[244] Von dem Gewinn einer engen Verbindung der Kunstgeschichte mit der Psychologie überzeugt, bemühte sich beispielsweise Wölfflin um die Frage nach einem sichtbaren Niederschlag menschlicher Empfindung auf das Objekt. Davon erhoffte er sich eine Fixierung des Einzelnen und Unexakten in bestimmten allgemeingültigen Gesetzen.[245]

---

[243] E. Scheerer, S. 1060. „Die Einführung der experimentell-naturwissenschaftlichen Methode in die Psychologie löste gegen Ende des 19. Jahrhunderts eine *erkenntnistheoretische Grundsatzdiskussion* über Gegenstand und Methode der Psychologie aus. In diesem Zusammenhang benutzen mehrere Autoren den Begriff ‚Objektivierung', um die Stellung der Psychologie im System der Wissenschaften zu bestimmen."
„In der Aufnahme des Prinzips und der Methoden der Exakten Naturwissenschaft beginnt mit G. Th. Fechner die experimentelle psychologische Ästhetik, die dann u.a. von W. Wundt und O. Kiefer weitergeführt wird. Die wirkliche Welt menschlicher Bedeutsamkeit als Ausdruck ist das von Subjekt Objizierte und so das verfügbar Erscheinende des Subjekts. Ausdruck wird zum produktiven menschlichen Akt der Objektivation, so besonders bei Groos, Th. Lipps, J. Volkelt und B. Witasch." B. Fichtner, Ausdruck, in: Historisches Wörterbuch der Philosophie, Bd. 1, Basel 1971, S. 658.

[244] Die Erforschung von Empfindung und Gefühl begann im letzten Viertel des 19. Jahrhunderts, indem versucht wurde, diese subjektiven Faktoren auf eine rationale Ebene zu bringen. 1876 bwgründete Fechners „Vorschule der Ästhetik" die Psychophysik, die gleich den Naturwissenschaften experimentell vorgehend, für die menschliche Empfindung Regeln abzuleiten versuchte. „Nach Gustav Theodor Fechters 1876 herausgegebener ‚Vorschule der Ästhetik' (2. Auflage 1897) repräsentieren insbesondere Theodor Lipps, Psychologie des Schönen und der Kunst (1. Teil 1903, 2. Teil 1906) und Richard Müller-Freienfels ‚Psychologie der Kunst' (1912) dem Prozeß der Psychologisierung der Ästhetik von Johannes Volkelt (1905), Max Diez (1906), Ernst Neumann (1908) und Richard Hamann (1911) unverkennbar." Enno Kaufhold, Bilder des Übergangs. Zur Mediengeschichte von Fotographie und Malerei in Deutschland um 1900, Marburg 1986, S. 49.
„Die Psychologen waren bestrebt, von jeglichen Spekulationen sowie Metaphysik abzurücken und die Disziplin zu einer experimentell gegründeten und mit technisch-naturwissenschaftlichen Instrumentarien arbeitenden Erfahrungswissenschaft zu machen." Ebenda.

[245] Vgl. Wölfflin, Kleine Schriften, Anmerkungen des Herausgebers Joseph Gantner, S. 247 f.

> „Man kann erst da exakt sein, wo es möglich ist, den Strom der Erscheinungen in festen Formen aufzufangen. Diese festen Formen liefert die Physik, z.B. die Mechanik. Die Geisteswissenschaften entbehren noch dieser Grundlage; sie kann allein in der Psychologie gesucht werden. Diese würde auch der Kunstgeschichte erlauben, das einzelne auf ein allgemeines, auf Gesetze zurückzuführen. Die Psychologie ist zwar weit entfernt von dem Zustand der Vollkommenheit, wo sie sich der geschichtlichen Charakteristik als ein Organon anbieten könnte, aber ich halte das Ziel nicht für unerreichbar.“[246]

Die Wirkung, die ein Objekt auf den Betrachter hat, lässt sich in psychologische und ästhetische Gesetze fassen.[247] Unterstützt wird diese Idee durch die in dieser Zeit aktuelle Einfühlungstheorie. Damit erklärt auch Wölfflin die Erlebnisfähigkeit bestimmter Stimmungen.[248] In einem der zentralen Sätze seiner Dissertation definiert er Ausdruck als „körperliche Erscheinung des geistigen Vorgangs“.[249] Ausdruck komme durch Einfühlung, durch einen Instinkt der inneren und äußeren Nachahmung, zustande.[250]

---

[246]Wöfflin, Prolegomena, S. 45.

[247]Lehmann, S. 186.

[248]„Die neuerdings lebhaft vertretene Theorie, daß das Verständnis menschlichen Ausdrucks sich vermittle durch Nacherleben.“ Wölfflin, Prolegomena, S. 18.

[249]„Jede Stimmung hat ihren bestimmten Ausdruck, der sie regelmäßig begleitet; denn Ausdruck ist nicht nur eine Fahne gleichsam ausgehängt, um zu zeigen, was innen vorgehe, nicht etwas, was ebensogut fehlen könnte, Ausdruck ist vielmehr die körperliche Erscheinung des geistigen Vorgangs. Er besteht nicht bloß in den Spannungen der Gesichtsmuskeln oder den Bewegungen der Extremitäten, sondern erstreckt sich auf den gesamten Organismus.“ Wölfflin, Prolegomena, S. 19 f.

[250]„Die Theorie der inneren und äußeren Nachahmung wurde von Theodor Lipps entwickelt, insbesondere bis zum 1. Weltkrieg unter dem Sammeltitel ‚Einfühlungstheorie‘ lebhaft diskutiert und besonders durch L. Klages tradiert.“ E. Kirchhoff, Ausdrucksverstehen, in: Historisches Wörterbuch der Philosophie, Bd. 1, Basel 1971, S. 664 f.
Vgl. auch die Resonanztheorie von Roger Frey, die angeborene seelische Resonanzen auf Formen propagiert:
„Ich hielt die Form des Kunstwerks für seine wesentlichste Qualität, glaubte aber, diese Form sei das unmittelbare Ergebnis des Ergreifens einer Empfindung von wirklichem Leben durch den Künstler [...] Ich faßte die Form und die Empfindung, die sie vermittelte, als etwas im ästhetischen Ganzen unauflöslich miteinander verknüpftes auf.“
Gombrich bringt diese Auffassung mit der Expressionstheorie in Zusammenhang: Formen und Töne seien unseren Stimmungen analog und vermittelten daher ganz bestimmte Gefühlserlebnisse. Dies wiederum entspräche der Expressionsästhetik,

Die Auffassung von Ausdruck als Objektivation des Geistes ist um 1900 ein allgemeines Gedankengut der Geisteswissenschaften, besonders in Philosophie und Psychologie.[251] Zusammengefasst bedeutet der Begriff in seiner Abwandlung Objektivität, Objektivation, Objektivierbarkeit, Objektivierung stets die Veranschaulichung oder Vergegenständlichung eines subjektiven Inhalts und bezieht sich somit immer auf das Verhältnis von Subjekt und Objekt.

Für das Kunstwerk bedeutet dies, dass sich in dessen Form die auszudrückende Idee des Künstlers niederschlägt, sich ein Geistiges im Kunstwerk objektiviert.[252] Die dem individuellen Gehalt adäquate Form des Bildes definiert sich über den Begriff der „Inneren Form".[253]

---

nämlich der seit Horaz bestehenden Verstellung, dass Kunst Gefühle gleich Ansteckung übertrage. Gombrich, Ausdruck und Aussage, S. 107.

„Wir haben alle eine angeborene Disposition, gewisse Sinneseindrücke mit gewissen Stimmungswerten gleichzusetzen." Ebenda.

„Alle Künste machen von diesen unseren Reaktionen Gebrauch, um gewisse Wirkungen zu erzielen. Was wir den Ausdruckscharakter von Klängen, Farben und Formen nennen, ist ja im Grunde nichts anderes, als ihre Fähigkeit ‚physiognomische' Reaktionen dieser Art auszulösen." Ernst H. Gombrich, Über physiognomische Wahrnehmung, S. 119.

[251] Beim späten Dilthey (1833-1911) hat dieser Begriff ein entscheidendes Gewicht: „Dilthey begreift alle nicht-naturgegebenen Gegenstände als Objektivationen des menschlichen Geistes und Lebens: Wort und Tat, Bauwerk, Gesetz, Institution.!" F.J. Albers, Objektivation des Geistes/ des Lebens, in: Historisches Wörterbuch der Philosophie, Bd. 6, Basel 1984, S. 1055. Dabei ist zu beachten, dass Objektivation häufig im selben Kontext verwendet wird wie Objektivierung. (Ebenda, S. Lorenz, W. Schröder, S. 1054.)

[252] Heinrich Wölfflin, Prolegomena zu einer Psychologie der Architektur, Basel 1886, abgedruckt in: Ders., Kleine Schriften (1886-1933), hrsg. v. Joseph Gantner, Basel 1946, S. 13-47. Die Grundfrage lautet: „Wie ist es möglich, daß architektonische Formen Ausdruck eines Seelischen, einer Stimmung sein können?" (S. 13).

[253] „Schon Goethe hatte die Form nicht als etwas dem Kunstwerk außen Zugefügtes angesehen, sondern als das sichtbar gemachte Lebendige." Kultermann, S. 303.

„Diese innere Form des Werkes ist seinem individuellen Gehalt adäquate Form. Sie muß gefühlt werden (Goethe); seelische Eigenart des Künstlers und der zu gestaltende Stoff wirken auf sie ein (Chr. G. Körner). Innere Form ist unauflöslich Einheit von Gehalt und Gestalt; [...]." R. Schwinger, Innere Form, Historisches Wörterbuch der Philosophie, Bd. 2, Basel 1972, S. 974.

„Dem Begriff der ‚schönen Kunst' setzt der junge Goethe den der ‚charakteristischen' Kunst entgegen. Dieser erst gibt ihm die Möglichkeit, die nunmehr aus den außerkünstlerischen Banden entlassene Form nicht im Ungreifbaren zerflattern zu lassen. Die willkürlichsten Formen, denen Goethe eine Berechtigung zuspricht, läßt er doch nur dann gelten, wenn sie zugleich ‚charakteristisch' für ihren Schöpfer sind, d.h. sie müssen aus dem Innern des Menschen, aus seiner Empfindung hervorgehen. Sie

Dies heißt in Übertragung auf die Subjekt-Objekt-Beziehung, dass sich das Subjekt als Ausdrückendes in das Objekt mit einbringt, das Objekt somit nichts anderes ist als der Niederschlag des Subjektiven. Die geistige Leistung des Künstlers wirkt als anschauliche Bewältigung direkt über das im Kunstwerk Wahrzunehmende.[254]

### II.4.4. Die Koloritforschung

Das Phänomen Farbe entzog sich in seiner schwankenden Erscheinung einer genauen Erfassung.[255] Aus diesem Grund klammerte die Formanalyse zunächst dieses Problem aus. Dafür versuchte, ganz nach ihrem Anspruch einer universellen Wissenschaft, die Wahrnehmungspsychologie, die Erscheinungen der Farbe in objektive Regeln zu fassen.[256] Besonders wertvoll sind die Untersuchungen über die Erscheinungsweisen der Farben.[257] Der Untersuchungsgegenstand Farbe war dabei zunächst nicht auf das Kunstwerk, sondern auf die Erscheinung in der Natur allgemein bezogen.[258] Davon ausgehend

---

müssen ‚innere Form' besitzen." Lankheit, Frühromantik, S. 77. Lankheit bezieht sich dabei auf Goethes Aufsatz „Von deutscher Baukunst".

[254]Buchheim, Brücke, S. 16.

[255]„Gerade die Farbe – gleichgültig, ob sie als ‚farbiges Licht' in der Natur erscheint oder als Pigment, als ‚Malerfarbe' im Bilde – ist in ihrer Erscheinung so labil, in ihrer Wirkung auf den Beschauer so veränderlich und dadurch in ihrer Bestimmbarkeit so von dem subjektiven Empfinden abhängig, daß sie sich jeder begrifflichen Erfassung zu entziehen scheint." Strauss, Untersuchungen zum Kolorit der spätgotischen deutschen Malerei, S. 256.

„Wölfflin meinte, über die Farben zu sprechen, läge außerhalb der Kompetenz des Kunsthistorikers; allein der Maler sei hierzu befugt, er selbst sei dem Problem immer ‚in großem Bogen aus dem Weg gegangen'." Ernst Strauss, Koloritgeschichtliche Untersuchungen zur Malerei seit Giotto, München/Berlin 1971, S. 7.

[256]Über die Grenzen der Objektivierung war man sich aber dennoch bewusst. Der Psychologe Allesch spricht von einer „Beschränktheit der ästhetischen Erkenntnis". Die Regeln des Ablaufs und der Aufeinanderfolge der ästhetischen Reaktion seien nur sehr selten abzuleiten. Dafür sei – leider unmöglich – ein Eindringen in die letzte Seelentatsache notwendig. Mit anderen Worten: „Zwischen dem, was wir als den äußeren Gegenstand erfassen, dem Kunstwerk, und seiner ästhetischen Wirkung oder unserem ästhetischen Erleben existiert offenbar keine sichtbare konstante Beziehung." Allesch, Wege zur Kunstbetrachtung, 1921, S. 27.

[257]David Katz, Die Erscheinungsweisen der Farben und ihre Beeinflussung durch die individuelle Erfahrung, Göttingen 1911.

G. J. von Allesch, Die ästhetische Erscheinungsweise der Farben, Berlin 1925.

[258]„Diese [gemeint sind die Wahrnehmungspsychologen] untersuchen die Farbe nicht als ein künstlerisches Phänomen, sondern als einen Teil der Natur, nämlich so, wie sie

dehnten sich die Untersuchungen auch auf das Gebiet der Malerei aus.[259]

Sedlmayr betont die Notwendigkeit dieses Zusammenhangs. Eine Kooperation zwischen Kunstwissenschaft und experimenteller Ästhetik sei dringend notwendig geworden[260] Trotz der Subjektivitäten seien nämlich feste Ergebnisse und wirkliche Übereinstimmungen anhand von Gesetzmäßigkeiten festzustellen und somit die Möglichkeiten einer experimentellen Geisteswissenschaft gegeben. Die Ästhetik „kommt zur Auffassung von strengen Gesetzlichkeiten aller ästhetischen Farbvorgänge ja gerade dadurch, daß sie historische und ‚geistige' Faktoren in den Betrachtern berücksichtigt."[261]

Der innerbildliche Zusammenhang zwischen Farbe und Bildinhalt wurde in der kunsthistorischen Forschung sehr viel später hergestellt als der hinsichtlich der Form.

> „Es hat lange gedauert, bis die Kunstwissenschaft auf die koloristischen Probleme der Malerei, gleichgültig welcher Epoche, zu achten begann und ihrerseits sich den künstlerischen Fragen der Bildfarbe zuwandte. Sieht man von vergleichsweise wenigen Ausnahmen ab, so läßt sich erst nach dem Ende des 2. Weltkrieges eine ständige Zunahme des Interesses an

---

‚unbefangen' in Erscheinung tritt, wenn der menschliche Geist sie nicht schöpferisch gestaltend für bestimmte künstlerische Zwecke einsetzt." Wolfgang Schöne, Über das Licht in der Malerei, Berlin [3]1983, S. 221.

259 „Verfasser (der sich selbst etwas mit Malen beschäftigt) teilt nämlich die Ansicht, daß die aufmerksame Betrachtung von Gemälden den Psychologen zu neuen Untersuchungen anregen kann, daß andererseits die Erklärung der Bildwirkung mit den Mitteln der Sinnespsychologie möglich ist. Bis jetzt ist man von psychologischer Seite in dieser Beziehung nicht weit über das von Helmholtz in seinem Vortrag ‚Optisches über Malerei' Gesagte hinausgegangen." Katz, S. VIII.
Dieser berichtet dort: „In der That bietet das physiologische Studium der Art und Weise, wie unsere Sinneswahrnehmungen zu Stande kommen, wie von aussen kommende Eindrücke in unseren Nerven verlaufen und der Zustand der letzten dadurch verändert wird, mannigfaltige Berührungspunkte in der Theorie der schönen Künste." Hermann von Helmholtz, Optisches über Malerei, in: Ders., Vorträge und Reden, Bd. II, Braunschweig 1884, S. 95.

260 Hans Sedlmayr, Rez. G.J. von Allesch, in: Kritische Berichte zur Kunstgeschichtlichen Literatur, 3./4. Jg., 1930/31 und 1931/32, S. 214.

261 Sedlmayr, Rez. Allesch, S. 224.
Auch Schöne meint: „[...] so klären sie doch das Bilderlebnis insofern es ein Erlebnis der Wahrnehmung ist, in wichtigen Punkten auf und können dem Kunsthistoriker Handhaben zu den ihm obliegenden besonderen und notwendig weiter gehenden Untersuchungen bieten." Schöne, Licht, S. 242.

> ihnen erkennen und aus der beträchtlichen Erweiterung des Schrifttums über sie ersehen. Die Spezialliteratur zur Bildfarbe bleibt allerdings im wesentlichen auf die deutschsprachige und angelsächsische Kunstforschung beschränkt und befaßt sich überwiegend mit dem Kolorismus der neuzeitlichen Malerei, während von einer ebenso fortschreitenden Untersuchung der modernen Koloristik, trotz einer Reihe grundlegender Arbeiten über sie, vorläufig nicht gesprochen werden kann [...].“[262]

Hetzer ist der erste unter den Formanalytikern, der die Farbe explizit in seine Anschauung miteinbezieht.[263]

> „Es ist zunächst zu fragen, in welcher Weise die Phantasie des Künstlers sich der Farbe bemächtigt, wie er sie erlebt, was sie ihm bedeutet, was er damit ausdrückt. Jeder Maler, vornehmlich aber der große Kolorist, hat sein Urerlebnis in der Farbe, es schwingt in jedem seiner Werke als Grundton mit. Es wird aber gebildet und gewandelt, gefördert oder beengt durch Schule und Erbgut, Nationalität und Zeit.“[264]

Die für die Koloritforschung weiterhin herangezogenen Autoren sind Ernst Strauss, Wolfgang Schöne, Erich van den Bercken, Hans Jantzen, Kurt Badt und Lorenz Dittmann.[265] Die zentrale Frage richtet sich nach dem Anteil der Farbe an der Formulierung des Bildgehaltes.[266] Trotz der verdienstvollen Arbeiten dieser Forscher gibt es noch große Lücken. Das betrifft auch die Untersuchungen speziell zur Farbe im Expressionismus, die dünn gesät sind.[267]

---

[262] Ernst, Strauss, Zur Entwicklung der Koloritforschung, in: Strauss, 2. Auflage, S. 334.

[263] Kultermann, Geschichte der Kunstgeschichte, S. 324. „Besondere Bedeutung maß Theodor Hetzer ganz im Gegensatz zu seinen Vorgängern der Farbe bei. Hier liegt seine persönliche Leistung. Sein Buch über Tizian ist als eine Geschichte des europäischen Kolorits bezeichnet worden.“ Ebenda, S. 325.

[264] Theodor Hetzer, Tizian. Geschichte seiner Farbe, Frankfurt/Main 1948, S. 9.

[265] Wolfgang Schöne, Über das Licht in der Malerei, (1954) [3]1983 (Mit einem längeren Anhang über die Farbe).
Erich van den Bercken, Über einige Grundprobleme des Kolorits in der Malerei, 1928.
Lorenz Dittmann, Die Farbe bei Grünewald, München 1955.
Die zahlreichen Aufsätze und Vorträge Dittmann zur Koloritforschung werden an gegebener Stelle zitiert.

[266] Vgl. Dittmann, Funktionen der Farbe, S. 7.

[267] Dieter Honisch, die Farbe bei Kirchner, in: Ausstellungskatalog Kirchner, Berlin-München-Köln-Zürich 1979/80, S. 26-30.

## II.4.5. Die Porträtforschung

Das anschaulich Vorgegebene als künstlerische Aussage gewann, wie erwähnt, Ende des 19. und Anfang des 20. Jahrhunderts auch in der Porträtliteratur Auftrieb und förderte allgemein diese Forschungsrichtung.[268] Die neuen Möglichkeiten der modernen Kunst vor Augen, besann man sich auf das Problem der Form als künstlerische Möglichkeit einer individuellen Porträtgestaltung.[269] Dies bedeutet für die sog. „Ähnlichkeit", dass sie von der Gesamtstruktur des Werkes bestimmt wird. Die Erscheinung einer Person und die Eigengesetzlichkeit der künstlerische Form wird so in einen Zusammenhang gebracht. Die sich in der Literatur hartnäckig haltende Entgegensetzung von Nachahmung und freier künstlerischer Gestaltung war bereits damals durch die neu entwickelte Sichtweise aufgehoben.[270] Bemerkenswerterweise nehmen in diesem Zusammenhang auch erstmals Philosophen das Porträt ins Blickfeld.[271] Simmel versteht das Porträt allein aus der anschaulich gegebenen

---

Lorenz Dittmann, Gestaltungsprinzipien der „Brücke"-Maler, in: Künstler der Brücke, Ausstellungskatalog Saarbrücken 1980, S. 11-51. bes. das Kapitel „Farbe als Ausdruck", S. 44-47.
Roland März, Aggression Farbe. Energiefeld der „Brücke"-Malerei 1905 bis 1914, in: Von der Brücke zum blauen Reiter. Farbe, Form und Ausdruck in der deutschen Kunst von 1905 bis 1914, Ausstellungskatalog Dortmund 1996, S. 56-62.
Hans Dieter Huber, Irritationen des Sehens. Farbe bei Karl Schmidt-Rottluff, in: Andrea Wandschneider (Hg.), Karl Schmidt-Rottluff. Werke aus den Kunstsammlungen Chemnitz, Ausstellungskatalog Paderborn 2002, S. 54-67.

[268] „Der ehemals umstrittene Kunstwert der Gattung stand am Anfang des 20. Jahrhunderts nicht mehr in Frage, vielmehr zeichnet sich die nun einsetzende Diskussion um Wesen und Aufgabe des Porträts durch erweiterte und differenzierte Überlegungen aus." Merkel, S. 24.

[269] So Julius von Schlosser, Gespräch über die Bildniskunst, in: Oesterreichische Rundschau, 6, S. 502-516, April 1906; wieder abgedruckt in: Julius von Schlosser, Präludien, Wien 1937, S. 227 -247.
Benedetto Croce, Bildnis und Ähnlichkeit, 1907, in: Kleine Schriften zur Ästhetik, ausgewählt von Julius Schlosser, Bd. 2, Tübingen 1929, S. 265-270.
Wilhelm Waetzold, die Kunst des Porträts, Leipzig 1908.

[270] Vgl. Lohmann-Siems, Begriff und Interpretation des Porträts, S. 22.

[271] Ein „Symptom für die damals sich entwickelnde Bereitschaft, die abstrakte Gesetzmäßigkeit formaler Zusammenhänge – auch auf dem Gebiet menschlicher physiognomischer Erscheinungsweisen – aufzufassen." Lohmann-Siems, Begriff und Interpretation des Porträts, S. 131.

künstlerischen Gestalt heraus. [272] Die Einheit von Körper und Seele schaffe eine anschauliche Organisiertheit des Porträts, die sich als innerlich beseelter Formzusammenhang niederschlage.

> „Simmel beschrieb das Wesen des Porträts als eine unabhängige künstlerische Einheit, die als selbständiger Ausdrucksträger eines geistig-seelischen Gehalts, der aus der Eigengesetzlichkeit menschlicher physiognomischer Gegebenheiten im Zusammenhang mit künstlerischen Strukturgesetzen resultiert.“[273]

Über die Struktur drückt sich folglich auch das Geist-Seelische aus.[274] Die Form wird, gemäß der Formanalyse, als Objektivation des Geistigen angesehen.

Viel später, in den siebziger Jahren, widmete Gombrich seine Studien ebenfalls der Anschauung, indem er das Gebiet der Porträtähnlichkeit im Rahmen der Wahrnehmungspsychologie, also von der Position des Betrachters aus untersuchte.[275] Die daraus gewonnenen Ergebnisse relativieren das Prinzip der Nachahmung ebenfalls stark.[276]

Zum zweiten Mal häufen sich die Forschungen zum Porträt In den achtziger Jahren. Die neuere Porträtforschung lässt sich im weitesten Sinne der Hermeneutik und der Formanalyse zuschreiben. Die Autoren

---

[272] Die ästhetische Bedeutung des Gesichts, in: Der Lotse, Hamburg 1901, S. 280-284 (Juni-Heft), wiederabgedruckt in: Simmel, Brücke und Tür. Essays des Philosophen zur Geschichte, Religion, Kunst und Geschichte, hrsg. v. Michael Landmann, Stuttgart 1957, S. 153-159.
Rembrandt. Ein kunstphilosophischer Versuch, Leipzig 1916. Neuauflage München 1985.
Das Problem des Porträts, in: Die Neue Rundschau, 29, 1918, S. 1336-1344, aufgenommen in: Zur Philosophie der Kunst, Potsdam 1922, S. 96-109.
Vgl. Isa Lohmann-Siems, Begriff und Interpretation des Porträts, S. 31.

[273] Lohmann-Siems, Begriff und Interpretation des Porträts, S. 73.

[274] Dies ist ein allgemeines Phänomen der Formanalytiker. Neben den Philosophen Simmel und Croce findet man derartige Thesen auch in den Schriften Wölfflins, Hetzers, Boehms, Winters, Hülsewig-Johnens.

[275] Ernst H. Gombrich, Maske und Gesicht. Die Wahrnehmung physiognomischer Ähnlichkeit im Leben und in der Kunst, in: Ders., Bild und Auge. Neue Studien zur Psychologie der bildlichen Darstellung., zuerst 1972, Stuttgart 1984, S. 105-134.
S. auch das Kapitel „Das Experiment der Karikatur“, in: Kunst und Illusion, S. 363-392.

[276] Siehe dazu besonders das Kapitel zur Karikatur in dieser Arbeit.

sind hierbei Gottfried Boehm und Schülerin Jutta Hülsewig-Johnen, Max Imdahl und Schüler Gundolf Winter.[277]
Der prominenteste Versuch stammt hierbei von Boehm, der als Gadamerschüler stark dessen Ausweitung der Hermeneutik auch auf die Kunst weiterführt.[278] Grundlage ist dabei die Gesamtstruktur des Werkes als Sinnzusammenhang, der die Einheit des Individuums widerspiegelt. Der Fixierung dieses Begriffes ist auch die gesamte Forschung der 80er Jahre gewidmet. Hier ist erstmals zu beobachten, dass sich ein Begriffsschema auszubilden scheint. Dessen Fehlen stand bisher einer Porträtgeschichte im Weg.[279] Grundlegend sind dabei die Überlegungen zum Porträt, die Gadamer in seinem Buch „Kunst und Wahrheit“ anstellt.[280] Wesentlicher, wenn nicht der wesentlichste Punkt zur Definition eines Porträts ist laut Boehm der Selbstbezug, der auf die von Gadamer geprägte Okkasionalität zurückgeht.[281]

> „Die hermeneutische Frage zielt darauf einzulösen, *worin* sich der dargestellte Jemand deutet, als *was* er sich deutet und in diesem Sinne: als *wer* er erscheint?“[282]

Als Grundlage seiner Untersuchung bezeichnet er den anschaulichen Dialog zwischen Bild und Betrachter.

> „V.a. deswegen, weil die Relation Bild-Betrachter Basis der Auslegung ist bzw. die Klärung des Bildsinnes vermöge kontrollierter Erfahrung erfolgt.“[283]

---

277 Auch hinsichtlich der römischen Porträtkunst erschien ein, sich hermeneutischen Prinzipien verschreibendes Werk von Luca Giuliani: Bildnis und Botschaft. Hermeneutische Untersuchungen zur Bildniskunst der römischen Republik, Frankfurt am Main 1986. Die Bedeutungsstruktur der Bildnisse wird mit politischem Vokabular zeitgenössischer Quellen parallelisiert, „als eine Hilfskonstruktion, die uns erlaubt, Bildnisse in den gleichen Kategorien zu beschreiben, in denen damals über das öffentliche Auftreten von Politikern geredet und geurteilt worden ist. Das begriffliche Vokabular umschreibt den Horizont zeitgenössischer Erwartungen, in dem die Bildnisse ihre Wirkung entfaltet haben [...].“ (S. 239)

278 Gottfried Boehm, Bildnis und Individuum. Über den Ursprung der Porträtmalerei in der italienischen Renaissance, München 1985. S. auch die Rezension von Jauss, Die Entdeckung des Individuums in der Porträtmalerei der Renaissance, in: Merkur. Deutsche Zeitschrift für europäisches Denken, 41. Jg., 1987, S. 331-338. Auf die dort geäußerte Kritik wird später noch eingegangen.

279 Vgl. Lohmann-Siems, Begriff und Interpretation des Porträts, S. 132.

280 Hans-Georg Gadamer, Wahrheit und Methode, Tübingen $^{2}$1972, S. 157.

281 Siehe dazu das Kapitel zum Individuum.

282 Boehm, Bildnis und Individuum, S. 35.

Phänomenologie hingegen dient nur als Einstieg und Voraussetzung der hermeneutischen Methode.

> „Die Porträtanalyse kommt überhaupt erst in Gang, wenn den philologischen, ikonographischen und historischen Überlegungen solche zugesellt werden, die ansetzen, wo das Bildnis nicht lediglich fremden Sinn dokumentiert, vielmehr eine eigene – wenn auch schwer entzifferbare – Bedeutungsstruktur vorweist. Zweifellos ist für eine Bildgattung, deren Pointe – im selbständigen Bildnis – darin besteht, den Selbstverweis der Person anschaulich darzustellen, nur ein Verfahren angemessen, das auf die Struktur des Selbstverweises eingehen und deren Bedeutung klären kann. Ein solches Vorgehen ‚phänomenologisch' zu nennen, charakterisiert nur vorläufig eine Untersuchungsrichtung und keinen methodischen Schlüssel."[284]

Hier ist dabei v.a. der zentrale Aspekt der Anschauung wesentlich, die sich gegen den bloßen Verweischarakter der Porträts auf etwas außerhalb von ihnen Befindlichem wendet.

> „Außerhalb des Sehens, des Bezuges von Bild und Beschreibung, gibt es keine verläßliche methodische Ebene, jedenfalls nicht für all jenes in Bildnissen, das etwas anderes als Dokument ist. Historische bzw. philologische Faktensicherung bereitet die Interpretation vor, sie ist damit nicht zu verwechseln."[285]

Die als so wesentlich erachtete genaue Werkanalyse bleibt bei Boehm jedoch hinter den theoretischen Erwägungen zurück.

---

[283] Boehm, Bildnis und Individuum, S. 12.
„Was erfährt der Betrachter in der stummen Lektüre eines solchen schweigsamen Bildes? Was erfährt er über die Person? Was bedingt die hohe Suggestion der bildlichen Formulierung? Schließlich: wie ist aus der Evidenz dieses Umgangs mit dem Bildnis und seinem Bewohner zu einem Diskurs zu gelangen, der verbindlich klärt, was wir zu sehen oder zu verstehen meinen?" Ebenda.

[284] Boehm, Bildnis und Individuum, S. 33.
„Die Beschreibung der Phänomene ist aber mehr als ‚prétexte' ist selbst schon Bestandteil der Deutung. In diesem Sinne ließe sich das Verfahren als ‚phänomenologisch' charakterisieren: die ‚Sache selbst' erschließt sich nicht nur hinsichtlich ihrer Oberfläche, sondern in ihrem Gehalt mittels anschaulicher Deskription." Ebenda.

[285] Boehm, Bildnis und Individuum, S. 33.

Auch das im selben Jahr erschienene Werk von Winter, der sich dem Porträt im Bereich von Skulptur und Plastik widmet, hat die Werkstruktur als Ausgangspunkt der Betrachtung.[286]

> „Das Porträt realisiert sich als etwas eigenes, Selbständiges innerhalb der Relationen von Motiv- und Modellreferenz, von Bild- und Betrachterreferenz, welche aufgehoben in ihm enthalten sind und sich in ihm zu einem Neuen, durch die Referenz nicht zu substituierenden anderen verdichtet. [...] Die Besonderheit eines Porträts soll herausgestellt werden, jenes, was es zum Porträt macht und worin es sich verwirklicht."[287]

Das Kunstwerk enthalte Anweisungen an das Verhalten des Betrachters, der sich in ein „richtiges Verhältnis" dazu begeben müsse und somit den Sinn des Porträts mitbestimme.[288]

Als Beitrag zur jüngsten Forschung in den neunziger Jahren seien zwei Dissertationen kurz vorgestellt, die auf der genannten Porträtliteratur basieren, aber zugleich methodische Mängel aufweisen.

Ein interessanter Versuch, ebenfalls wie Winter auf dem Gebiet von Skulptur und Plastik, stammt dabei von Ursula Merkel.[289] Um dem „Porträt als künstlerisches Gebilde, das von mehreren Faktoren und Konstellationen bestimmt wird"[290], gerecht zu werden, versucht sie eine Verbindung verschiedener Aspekte und Methoden, was eine ungeheure Anhäufung von Material zur Folge hat.[291] Auch wird versucht, möglichst viele Künstler zu einem epochalen Überblick zu

---

[286] Gundolf Winter. Zwischen Individualität und Idealität. Die Bildnisbüste. Studien zu Thema, Medium, Form und Entwicklungsgeschichte, Stuttgart 1985.

[287] Winter, Individualität und Idealität, S. 15.

[288] Winter, Individualität und Idealität, S. 17.
„Der Betrachter, das sehende Subjekt, muß aus sich heraus sinnsetzend tätig werden. Das Objekt, die Skulptur wird zunehmend zum reinen Sehangebot, das Sinn, Bedeutung erst dadurch erlangt, daß es dem Subjekt seine subjektiven Sehweisen als allein für die Erfahrung des Objektiven bestimmend vor Augen führt." Ebenda, S. 215.

[289] Ursula Merkel, Das plastische Porträt im 19. und frühen 20. Jahrhundert. Ein Beitrag zur Geschichte der Bildhauerei in Frankreich und Deutschland, Berlin 1995.

[290] Merkel, Das plastische Porträt, S. 19.

[291] Merkel, Das plastische Porträt. Dabei beruft sie sich später auf die Aspektfülle bei Waetzold. (S. 222) Die Kennzeichnung ihrer Methode belässt sie in einer Auflistung von Formanalyse, Produktionsästhetik, rezeptionsorientierte Fragestellungen, Kennzeichnung des kunstgeschichtlichen Zusammenhangs, des historisch-soziologischen und ideengeschichtlichen Kontextes. (S. 19).

vereinigen. Die Stärke der Arbeit liegt in der Synthese, die aber auf Kosten einer fundierten Analyse geschieht. Die Werkanalysenhalten nicht ein, was die weit ausholende Einführung verspricht. Bezüglich des Expressionismus bleibt die Analyse, auf wenige Schlagworte beschränkt, an der Oberfläche.[292]

Der jüngste und am direktesten auf unser Thema bezogene Versuch stammt von Ursula Schumacher-Haardt.[293] Zunächst ähnelt ihre Ausgangsfrage der dieser Arbeit:

> „Aber wie kann der Expressionismus, der nach gängiger Meinung das äußere Erscheinungsbild des Menschen bis zur Unkenntlichkeit verfremdet, ein Porträt bilden?! Wie kann eine Kunst, die zum autonomen Bild und zur Abstraktion tendiert, die sich von vorgegebenen Bildgegenständen emanzipieren und die Farben und Formen als künstlerisch autonome Bildelemente setzen will, in irgendeiner Weise wiedererkennbare Bildnisse schaffen?“[294]

Aber anstatt sich den Präzedenzfall eines Künstlers herauszugreifen, versucht sie eine allgemeine Betrachtung an nicht weniger als 25 Künstlern in Deutschland und Österreich anhand von Porträts und Selbstporträts. Dabei liegt ihr Ergebnis – nämlich das Nebeneinander völlig verschiedener Ausdrucksweisen – natürlich auf der Hand. Bei dieser großen Auswahl kann auch der Stilwandel der einzelnen Künstler nicht berücksichtigt werden.[295]

Des weiteren stehen die aufgeworfene Problematik und Aufgabe der Arbeit, der große Block der Bildbeschreibungen und die Ergebnisse recht zusammenhangslos nebeneinander. Der Farbe, die noch einleitend als wesentliches expressionistisches Ausdrucksmittel bezeichnet wurde (S. 4), sind in der Auswertung noch nicht einmal zwei Seiten gewidmet (S.220-222). Dort wird als wesentliches

---

[292]Merkel, Das plastische Porträt, S. 193-195 und 229. Angesichts eines solchen kurzen Anreißens einzelner Kunstströmungen sollte man sich überlegen, ob man sich nicht besser auf weniges beschränkt hätte, anstatt bei vielem nur an der Oberfläche zu bleiben und somit der Gefahr einer verzerrten und der Forschung nicht viel neues liefernden Darstellung ausgeliefert zu sein.

[293]Ursula Schumacher-Haardt, Das Künstlerporträt im Expressionismus, Münster 1997.

[294]Ebenda, S. 24.

[295]So ist der Künstler Erich Heckel z.B. mit zwei Beispielen aus den Jahren 1908 und 1917 vertreten, die trotz völlig unterschiedlicher Malweise unterschiedslos als typisch für Expressionismus und Künstler angesehen werden.

Ergebnis die Vielfalt der Ausdrucksmöglichkeiten konstatiert, wie gezeigt, eine notwendige Konsequenz des weitgesteckten Rahmens.[296]
Auch die Analyse des Raums bleibt notgedrungen schwach, da die dazu erforderliche intensive Analyse der Einzelwerke ausbleibt und, wie schon bei der Farbe, keine Fachliteratur herangezogen wird.
Als Ergebnis steht die Vielfalt an Lesemöglichkeiten, die das nicht an nachahmende Prinzipien gebundene Bild dem Leser offen halte.[297] Damit aber wird die Rolle des Betrachters überbetont und widerspricht der eingangs erläuterten These, dass sich Ähnlichkeit in der Evidenz der Struktur äußere, die auf ein bestimmtes Individuum hindeute.[298]

### II.4.5.1. Die Rolle der Farbe im Porträt

Leider ist zur Gestaltungsmöglichkeit der Farbe innerhalb des Porträts nur wenig in der Literatur erschienen. Das Augenmerk richtet sich vornehmlich auf die Form, die eine präzisere Angabe bezüglich des Dargestellten erlaubt. Die Farbanalysen sind oft sehr oberflächlich und auf Gegenstandsbeschreibung bzw. den Kontrast dazu beschränkt. Sie begnügen sich meist mit der Feststellung eines Niedergangs unter Berufung auf Befreiung der Bildfarbe vom Darstellungswert.
Um 1900 war Farbe als Faktor zur Formanalyse eigentlich nur über die experimentelle Farbpsychologie miteinbezogen, die versuchte, ein Regelwerk bezüglich Farbwahrnehmung und Wirkung herzustellen. So

---

[296] „Farbwahl in Ton, Helligkeit und Sättigung, Farbauftrag von fast gespachtelter Pastosität bis hin zur Lasur, Pinselführung in fast neoimpressionistischer Manier bis zu großflächigen, an naive Malerei erinnernde Kompaktheit, Entfernung von Lokalfarbe und Befreiung der Dominanz der Form – dies sind die nahezu unbegrenzten Möglichkeiten der expressionistischen Farbbehandlung." Schumacher-Haardt, Künstlerporträt, S. 222.

[297] „Die scheinbar leichte Erfaßbarkeit eines Anderen über die äußere Ähnlichkeit wird in ihrer Unzulänglichkeit bloßgestellt, die Deutbarkeit und Notwendigkeit der aktiven, sich auf das Bildnis und die vermittelten Stimmungswerte einlassende Rezeption wird unmittelbar vor Augen geführt. Und wie schon oben in den Ausführungen zum Porträtbegriff angedeutet, liegt in dieser Wandlung des malerischen Selbstverhältnisses, des nicht mehr Nachschaffens, sondern Selbst-erschaffen-wollens auch die Öffnung des Kunstwerks zu seiner latent schon immer vorhanden gewesenen Vieldeutigkeit, so daß jeder Betrachter, der sich wahrhaft auf das Bild einläßt, einen neuen Sinn entstehen lassen kann, da sich das Aufgefaßte je anders entfaltet." Schumacher-Haardt, Künstlerporträt, S. 241 f.

[298] Schumacher-Haardt, Künstlerporträt, S. 24. Siehe dazu auch Boehm, Bildsinn, der den Bildsinn in der Malweise festgelegt sieht, so dass der Willkür des Betrachters Grenzen gesetzt sind.

finden sich einige Kapitel über die Besonderheiten der Farbe im Porträt bei Waetzold, der sich stark von der experimentellen Psychologie beeinflussen ließ.[299]

Einziger Autor, der sich meines Wissens mit dem Phänomen Farbe hinsichtlich des Porträts auseinandersetzt, ist Hetzer, zumeist in bezug auf Tizian. Formanalyse dient dabei als Schlüssel zur Inhaltsdeutung unter starker Miteinbeziehung der Farbe.[300] Boehm wiederum bezieht sich in seinem Porträtwerk ebenfalls bei Tizian stark auf Hetzer. Dabei sieht Boehm Farbe aber nicht als generell zu behandelnden Aspekt an, sondern sieht sie nur unter bestimmten Entwicklungsbedingungen als wesentlich an. Dies hat zur Folge, dass er die einzelnen Künstler sehr selektiv unter verschiedenen Kriterien betrachtet.[301] Insofern ergibt sich keine kontinuierliche Betrachtung des Porträts unter einem oder mehreren Aspekten.

Boehms Schülerin Hülsewig-Johnen bezieht sich ebenfalls auf die Farbigkeit, ohne jedoch die Koloritforschung zu berücksichtigen.

### II.4.5.2. Das Porträt in der Moderne

Die wenigen fundierten Versuche über das Porträt in der Moderne sind zumeist von einem Neuansatz geprägt. So spricht Imdahl von neuen Möglichkeiten des modernen Porträts, indem die Ineinssetzung von Abbild und Person im Medium des Bildes für die Moderne entfällt. Dem Betrachter werden verschiedene Möglichkeiten im

---

[299] Unter Darstellungsmittel und Ausdrucksfaktoren finden sich die Kapitel „Griffel- und Pinselporträt“, „Farbenempfindung und Farbengebung“ und „Die Seelenwerte der Farbe“.
„Waetzold blickt mit der Perspektive der Psychologie des 19. Jahrhunderts, wie sie auch in Max Dessoirs ‚Zeitschrift für Ästhetik und Allgemeine Kunstwissenschaft‘ darstellte (u.a. durch Johannes Volkelt, Theodor Lipps, H. Cornelius). Sie verfolgt die Absicht, psychische Phänomene im Subjekt ebenso zu behandeln – als mechanisch-assoziative Vorgänge – wie die Naturwissenschaft ansonsten die Natur beschreibt, nämlich unter dem Gesetzesbegriff.“ Boehm, Bildnis und Individuum, S. 41.

[300] Hetzer, Die Farbe bei Tizian.
Bereits vorbereitet wurden die Gedanken in dem Aufsatz „Über Tizians Gesetzlichkeit“, in: Jahrbuch für Kunstwissenschaft, 1928, S. 1-20.

[301] Vgl. dazu auch die Kritik von Jauss: „Man muß bedauern, daß dieser für die historische These implizit vorausgesetzte Fluchtpunkt nicht mehr eigens mit dem Verfahren vergleichender Interpretation (das Boehm sonst so souverän zu nutzen weiß) verdeutlicht wird.“ Rez. 1987, S. 332.

Erfahrungserlebnis des Bildes offengelassen, der Dargestellte ist nicht mehr zu vereinnahmen und erhält sich so seine Selbständigkeit und Individualität.[302]

Die Boehm-Schülerin Jutta Hülsewig-Johnen ist die einzige, die sich explizit mit dem Porträt des Expressionismus auseinander setzte, und zwar im Rahmen einer Ausstellungsreihe zum Thema Porträt, zu der sie Katalogbeiträge verfasste.[303] Anknüpfend an ihre Dissertation[304] betrachtet sie das Porträt des Expressionismus zunächst unter dem Aspekt des Gattungsverfalls, wendet sich dann aber allmählich der Möglichkeit eines Bedeutungsgewinns gegenüber der traditionellen Darstellung zu. Ihr Schema ist es, die bei Boehm für die traditionellen Porträts festgelegten Kriterien als „Folie der Tradition" anzuwenden, gegen die sich die modernen Porträts absetzen. Im Zuge der Autonomisierung der Mittel und dem totalitären Naturverständnis gebe es keinen außerbildlichen Bezug hinsichtlich des Verhältnisses Mensch und Welt mehr.

> „Denn die Tradition der Begriffe und ihrer Inhalte gibt die Folie ab, vor der die Kontur des Neuen im Zusammenhang des expressionistischen Kunstschaffens sich deutlich abzeichnet."[305]

---

302 Max Imdahl, Relationen zwischen Porträt und Individuum, in: Manfred Frank, Anselm Haverkamp, Individualität (=Poetik und Hermeneutik XIII), München 1988, S. 587-598.

303 Hülsewig-Johnen, Gesichter wie von schwimmendem Schaum – Zum Menschenbild des Expressionismus, in: O meine Zeit, Bielefeld 1985, S. 12-25.

Dies., Wie im richtigen Leben. Überlegungen zum Porträt der Neuen Sachlichkeit, in: Neue Sachlichkeit, Bielefeld 1990, S. 8-24.

Dies., Selbst-Verwirklichung. Vom traditionellen Porträt zum Bildnis des Expressionismus, in: O Mensch!, Bielefeld 1992/93, S. 8-22.

Dies., Der Mensch in der Mitte. Überlegungen zum expressionistischen Bildnis, in: Expressionistische Bilder. Sammlung Firmengruppe Ahlers, Stuttgart 1993, S. 94-105.

304 Jutta Hülsewig, Das Bildnis in der Kunst Paul Cézannes, Bochum 1981.

305 Hülsewig-Johnen, Selbst-Verwirklichung, S. 9.

Vgl. dazu Boehm: „Die parallelen Vorgänge, Geschichte der Porträtforschung und Geschichte des modernen Porträts legen einen gemeinsamen Schluß nahe: Bildnis und Individuum sind, in der seit der Renaissance ausgebildeten Weise, vergangene und überschaubare Kapitel." Bildnis und Individuum, S. 10.

„Dieses Leitmotiv der Menschendarstellung seit der Kunst der Renaissance bis zum Anfang des 20. Jahrhunderts, prägt das Verständnis vom Menschenbild und leitet die Bilderfahrung bis hin zum Erkennen eines Porträts, das einen bestimmten individuellen Menschen in seiner Eigenart charakterisiert. Diese Momente des Menschbildes sind ins Bewußtsein zu rufen als Traditionsfolie, vor der sich das Menschenbild des

Traditionellerweise seien die Eigenschaften des Porträts Wiedererkennbarkeit und Charakterisierung durch die Illusionierung gewährleistet, die bei den sich autonomisierenden Bildmitteln Farbe und Leinwand wegfallen.

> „Denn die bildkünstlerische Revolution der Expressionisten, die ihren Ausgangspunkt darin hat, das Bild aus seinen materialen Konstituenten: Leinwand und Farbe zu definieren, setzt all jene Kriterien außer Kraft, nach denen die traditionelle Malerei im Kanon ihrer Regeln sich vollzog."[306]

Alle Aspekte, die dem Bild den Anschein einer Lebenswirklichkeit erweckten, seien somit blockiert. Der Mensch als Farb-Formschema werde im Farbgefüge des Bildbaus absolut gesetzt, das Kunstwerk zeichne so eine vorbildlose Eigenständigkeit aus.

> „Sobald die Autonomie der Kunstschöpfung neben der Naturschöpfung proklamiert wird, haben die Erscheinungen der Außenwelt ihre apriorische Geltung und alle gestalterische Verbindlichkeit verloren, denn die Orientierung des Menschen an der sinnlichen Erfahrung seiner Umwelt ist dann nicht mehr Leitseil der Kunstform, wie sie es war, solange die Illusion eines ‚wirklichen Weltausschnitts' (Landschaften, Dinge, Menschen) –der auch der Vergegenwärtigung sakraler Inhalte diente – im Bild vorgestellt wurde. Man wird nicht umhin können, die Absage an die apriorische Geltung der sichtbaren Außenwelt für die Kunstschöpfung des Menschen, für die expressionistische Bildkunst und ihrer Verfremdung der Gegenstände bereits Anschauungsmomente lieferte"[307]

Dabei ist zu fragen, ob angesichts der im Zusammenhang mit der Realisation gewonnenen Ergebnisse nicht jedes Porträt eine Umsetzung des Vorgegebenen in Farbe und Form in eine künstlerische Sprache bedeute, was eine Autonomie des künstlerischen Gebildes erst in der Moderne verneinen muss. Dazu meint Hülsewig-Johnen einen Aufsatz später, die Farben seien im traditionellen Bild nur Mittel zum Zweck, die faktische Ebene des Bildes hebe keinerlei eigenwertige optische Präsenz mehr.

> „Die Dimension der Bildwirklichkeit steht dem Betrachter bei einem traditionell gegenständlichen Bild natürlich ebenso vor Augen wie bei

---

Expressionismus qualifiziert. „Hülsewig-Johnen, Gesichter wie von schwimmendem Schaum, S. 14.

[306] Hülsewig-Johnen, Gesichter wie von schwimmendem Schaum, Ebenda.

[307] Hülsewig-Johnen, Gesichter wie von schwimmendem Schaum, S. 21.

einem abstrakten, es ist ebenfalls ein Gefüge aus Farben und Formen, eine auf ihre Bildwirkung konzipierte Komposition. Aber die mit dieser Komposition zitierte Gegenstandswelt, das mit dem Motiv inhaltlich Gemeinte, das die Bildaussage leistet, überlagert mit seiner außerkünstlerischen Bedeutungsebene die Bildwirklichkeit aus Farbe und Formen, die selbst keinen Eigenwert hat, sondern dazu dient, eben jenes Motiv, jene Situation oder Szenerie zur Erscheinung zu bringen. In aller Regel wird die Wahrnehmungsweise eines gegenständlichen Bildes von der Ebene der Bedeutungswirklichkeit her bestimmt.“[308]

Die am Vorbild der Tradition negativ bewertete Autonomie der malerischen Mittel wird später positiv als neue Möglichkeit des Porträts gesehen, unabhängig von normierenden Kategorien und Konventionen Bildwirklichkeit und Erscheinungswirklichkeit als selbständige Einheit einzusetzen.[309]

„Dies aber ist nicht Verlust, sondern Leistung: die neue Bildauffassung, die die Jahrhunderte lang gültige Diskrepanz zwischen Bildfaktum und Bildinhalt aufhebt und beides zur Deckung bringt, und dem Bild damit höchste Authentizität verleiht, macht es überhaupt erst möglich, den Menschen ins Bild zu setzen, ohne den Kanon an Verbindlichkeiten, das Geflecht aus Lebensbezügen, Regeln und Normen mitabzubilden, die sein Ich dominieren. Der Expressionismus setzt ein Ich ins Bild(nis), das diesen Bezügen enthoben ist, weil die Eigengesetzlichkeit der Bildwelt keine außerbildlichen Gesetzlichkeiten mehr in diese hineinreichen läßt.“[310]

Damit erst eröffnen sich Möglichkeiten zur Darstellung der menschlichen Empfindungswelt, die nicht durch reine Nachahmung darstellbar sei.[311]

„Für das expressionistische Bildnis hat angesichts der existentiellen Dimension der neuen Erkenntnisse vom Menschen die Vergegenwärtigung seiner äußeren Erscheinung jede Bedeutung verloren. Vielmehr ist die

---

[308] Hülsewig-Johnen, Wie im richtigen Leben?, S. 9.

[309] Hülsewig-Johnen, Selbst-Verwirklichung, S. 14.

[310] Hülsewig-Johnen, Selbst-Verwirklichung, S. 18. „Diese faktisch-restlose Präsenz, die Unmittelbarkeit der Bildfigur, das heißt ihre Gegenwart ohne Vermittlung über deutende Zeichen, erzeugt die Wucht der Wirkung, die von expressionistischen Bildnissen ausgeht.“

[311] Hülsewig-Johnen, Selbst-Verwirklichung, S. 20. „Das Bild des seelischen In-der-Welt-Seins eines Menschen läßt sich nicht über die Nachahmung seines Aussehens erstellen, sondern nur über die Entwicklung bildadäquater Ausdrucksmittel, die zum bildlichen Korrelat einer menschlichen Empfindungswelt (oder Welt-Empfindung) werden können.“

Vergegenwärtigung der inneren, verborgenen, unbewußten und daher unanschaulichen Triebkräfte und Affekte der Person nun Aufgabe der Bildfomulierung."[312]

Der theoretische Entwurf wird durch zu wenig Beispiele anschaulich bewiesen, die darüber hinaus nur als Beleg des jeweiligen Problems ausgesucht wurden und somit keine Basis zu einer Pauschalisierung bieten.

Völlig zu Recht kritisiert Schumacher-Haardt die Behauptung Hüselwig-Johnens, die unmittelbare Präsenz der Farbe könne restlos erschlossen werden. Der Bezug zur Außenwelt, dem komplexen Individuum, die Ausdrucksmöglichkeiten und der Ausdruckswillen des Malers sind Grundlage einer äußerst variablen und zugleich auch definierten Darstellung.[313]

### II.4.6. Zusammenfassung: Methode und Porträt

Die Betonung des künstlerischen Aspekts als bildimmanenter Faktor schließt für diese Arbeit die Relevanz von den Methoden Ikonographie und Semiotik aus, die in ihrer Konzentration auf Außerbildliches das Bild zum unsinnlichen Bedeutungsträger degradieren und somit eine Trennung von Form und Inhalt nach sich ziehen. Diese jedoch gehören im Bild als Produkt des künstlerischen Schöpfungsaktes, der Realisation, die das Vorgegebene in einen organischen Zusammenhang übersetzt, unablösbar zusammen.

Berücksichtigt wird dieser Faktor von Formästhetik und Phänomenologie, die unter Einbeziehung der Psychologie das

[312]Hülsewig-Johnen, Der Mensch der Mitte, S. 103.

[313]„Hier wird die Möglichkeit des totalen Verstehens behauptet, denn der Augensinn könne diese Welt ohne Rest erschließen. Das Bild sei nichts außer Farbe, Form und Fläche, damit unmittelbar zu verstehen – eine wunderliche Vorstellung, betrachtet man alleine die Fülle von Interpretations*versuchen*, die sich mit dieser Bildwelt beschäftigen. Auf Illusionierung wird ohne Zweifel verzichtet, doch erfolgt die Formulierung der Bild-Welt, auch von der Autorin anerkanntermaßen, als Ausdruck emotional gefärbter Impressionen des Künstlers. Die Bild-Welt kann nicht unabhängig sein, denn sie entsteht als schaffendes Etwas, hervorgebracht aus dem schöpferischen Willen eines Künstlers, der die Außenwelt, im Lichte seiner Gefühle gesehen, zur Darstellung bringt. Und damit ist die expressionistische Bild-Welt wesentlich an ihren Schöpfer, den Künstler gebunden. Nie kann sie ganz unabhängig von ihm werden, immer bleibt es *eine bestimmte* emotional gefärbte Sichtweise, die sich im Bild zeigt." Schumacher-Haardt, Künstlerporträt, S. 20.

schöpferische Produkt Kunstwerk als Objektivierung des Geistes betrachten. Nichts Außerbildliches, sondern die optische Präsenz des Kunstwerks selbst gilt als Schlüssel der Interpretation. Eine große Rolle spielt dabei die Anschauung, die in ihrer Beziehung von Betrachter und Kunstwerk eine Verbindung von Subjekt und Objekt auf anderer Ebene schafft und den Ausgestaltungsmöglichkeiten der Bildmittel während des Sehprozesses Rechnung trägt.
Auf dem Gebiet der Farbe werden diese Möglichkeiten zunächst von der experimentellen Psychologie erforscht, bis das labile Phänomen in seinem Bezug zum Bildgehalt auch Gegenstand der der Formästhetik verpflichteten Forschung wird.
Berücksichtigt wird im weiteren Verlauf der Arbeit die Porträtforschung, die sich auf die genannte Methode bezieht. Kulminationspunkte ergeben sich, analog zur Entwicklung der Methoden, um 1900 und wieder seit den achtziger Jahren mit dem hermeneutischen Ansatz. Große Desiderate bestehen dabei in der Erforschung der Rolle der Farbe für das Porträt und der Rolle des Porträts in der Moderne, besonders im Expressionismus, denen sich diese Arbeit annehmen will.

Im folgenden praktischen Teil der Arbeit werden die Zentralbegriffe des Porträts Ähnlichkeit, Individualität und Charakter anhand der ausgewählten Porträtliteratur diskutiert und in Zusammenhang mit dem Werk Schmidt-Rottluffs gebracht.

## III Begriffs- und Werkanalyse

### III.1. Zwischen Kunst und Wiedererkennbarkeit: Zum Problem der Ähnlichkeit

„Mehr als irgendein anderer Gegenstand der Malerei wird das Porträt unmittelbar auf sein Vorbild, auf den darzustellenden Menschen bezogen, werden Naturtreue und Ähnlichkeit verlangt.“[314]

Ähnlichkeit als unabdingbare Voraussetzung des Porträts zieht sich durch die ganze Porträtgeschichte und führt so zu einer besonderen Spannung zwischen Nachahmung und künstlerischem Eigenwert. Denn gerade hier wird das Künstlerische unter dem Primat der unbedingten Korrelation mit dem Modell, also der Wiedererkennbarkeit, als hinderlich angesehen: das Kunstwerk als Mittel zum Zweck.[315] In der Forschung wird demzufolge Ähnlichkeit immer noch als unerlässliches objektives Kriterium in die Bewertung des Porträts nicht nur miteinbezogen, sondern sogar als dessen oberste Anforderung angesehen. Nur das Wiedererkennen – häufig genug methodisch durch eine Identifizierung gelöst – garantiere die Gattungsechtheit.[316]

---

[314] Theodor Hetzer, Tizians Bildnisse, in: Aufsätze und Vorträge, Bd. 1, Leipzig 1957, S. 59.

[315] „Wohl aber kann konstatiert werden, daß mit der Annahme eines Zweckgedankens (unbedingte Darstellung des Porträtierten), welcher dem Wesen des Porträts notwendig zugesprochen werden muß, der reine Kunstgedanke in einem gewissen Sinne durchbrochen ist und das Porträt im Zweckkünstlerischen, radikal gesprochen, im Kunstgewerbe eingereiht wird.“ K. L. Hib, Über die Möglichkeiten des modernen Porträts, in: Der Friede, Bd. 1, Wien 1918, S. 457.

[316] Noch 1987 schreibt Brita von Götz-Mohr: „Die Geschichte des Porträts ist immer eine Geschichte der Auseinandersetzung über Ähnlichkeit. Von jeher scheinen Porträts und Ähnlichkeit auf das Engste miteinander verknüpft zu sein. Für die Existenz des einen ist die des anderen unabdingbare Voraussetzung, d. h. erst das Vorhandensein von Ähnlichkeit macht den Unterschied zwischen einer beliebigen Darstellung des Menschen und dem Porträt aus. Nur das ähnliche Bildnis garantiert die Wiedererkennbarkeit der Person, die wichtigste Aufgabe des Porträts. Ähnlichkeit erweist sich als ein Spezifikum der Porträtdarstellung, denn nur das Porträt hat in jedem Fall eine der Wirklichkeit entnommene, reale Vorlage, ein Vorbild, dem es ähnlich sein kann oder ähnlich sein muß, um ein Porträt zu sein.“ Brita von Götz-Mohr, Individuum und soziale Norm. Studien zum italienischen Frauenbildnis des 14. Jahrhunderts, Frankfurt 1987, S. 5. Die Arbeit der Warnke-Schülerin ist stark sozialgeschichtlich geprägt.

Jedoch wurde gerade das Prinzip der Ähnlichkeit resp. der Naturnachahmung spätestens seit der Romantik angezweifelt. („romantische Überwindung der Mimesislehre“[317]) und auch die Porträtliteratur seit Beginn des 20. Jahrhunderts relativiert – wie gesehen – diesen Begriff zumeist stark.[318] Dennoch wird dem Porträt der Moderne immer wieder unter ständiger Konfrontierung des sich hartnäckig haltenden Prinzips ein Defizit hinsichtlich der Berücksichtigung des Vorbilds vorgeworfen.

### III.1.1. Die „objektive Ähnlichkeit“: Die Methode des Vergleichs

Die immer noch häufig angewendete Methode der Forschung, eine Ähnlichkeit im Sinne einer möglichst abbildlich genauen Übereinstimmung von Porträt und Modell „objektiv“ festzustellen, liegt im Vergleich.[319] Dabei gilt das photographische Medium als besonders authentisch, was das Erscheinungsbild einer Person

---

[317] Anna Tumarkin, Die Überwindung der Mimesislehre in der Kunsttheorie des XVIII. Jahrhunderts. Zur Vorgeschichte der Romantik, in: Harra Maync (Hg.), Festgabe Samuel Singer, Tübingen 1930, S. 40-55.

[318] S. dazu die Arbeit von Isa Lohmann-Siems, Begriff und Interpretation des Porträts. Den Verdienst der Erkenntnis über die Relativität von Ähnlichkeit weist sie dabei v.a. Julius von Schlosser und Benedetto Croce zu, sieht aber Vorbereitendes schon ab der Mitte des 19. Jahrhunderts, z.B. Jakob Burckhard.
Auch aus historischen Quellen wird diese Problematik ersichtlich: „Schon früh ist aufgefallen, daß die Naturnachahmung auch bei der Bildnisaufnahme keine objektiven Ergebnisse zeitigte. Leonello d`Este zeigte sich verwundert darüber, daß die Bildnisse, die Pisanello und Gentile Bellini 1441 im Wettbewerb malten, trotz des gleichen Gegenstandes so unterschiedlich ausgefallen seien. Filarete bemerkte, er habe mehrere Bildnisse des Francesco Sforza gesehen, jedes von ihnen habe ihn ähnlich wiedergegeben, ‚nichtsdestotrotz gab es Unterschiede'. Diese Abhängigkeit von subjektiven Fähigkeiten scheint gelegentlich irritiert zu haben.“ Martin Warnke, Hofkünstler. Zur Vorgeschichte des modernen Künstlers, Köln 1985, S. 274.

[319] So auch der Vorschlag von Harald Keller, Die Entstehung des Bildnisses am Ende des Hochmittelalters, in: Römisches Jahrbuch für Kunstgeschichte, Bd. 3, 1939, S. 228-356. Seine Definition eines Porträts als „Kennzeichnung eines einmaligen, unverwechselbaren Menschen durch seine besonderen physiognomischen Eigentümlichkeiten, überhaupt durch sein Antlitz, nicht durch die Würde seines Amtes oder seines Standes oder durch sein Wappen“ (S. 229) zufolge, unterliegt die Ermittlung von Ähnlichkeit dem Vergleich mit Zeugnissen über das wahre Aussehen des Dargestellten. mit literarischen Quellen, die Aufschluss über das Äußere einer Person geben, mit anderen Porträts derselben Person, mit Befunden von Graböffnungen und mit Totenmasken.

anbelangt.[320] Photographien der jeweils Porträtierten werden daher des häufigeren als Vergleich herangezogen, um den „Reingehalt des Abbildhaften“ ermitteln und so den motivischen Bezug aus der künstlerischen Gestaltung herauszufiltrieren. Das anhand dieses Vorgehens gewonnene Ergebnis besteht in der „objektiven Ähnlichkeit“ der Porträts, sprich deren Abbildtreue als das von der natürlichen Erscheinung Veranlasste und Abgeleitete.
Bezüglich der Landschaftsmalerei Cézannes bedient sich Novotny dieses Mittels und setzt es in Relation zum künstlerischen Gesamteindruck eines Bildes: es dürfe „[...] nicht übersehen werden, daß ja das exaktere photographische Abbild für eine Bestimmung des Wirklichkeitsgehalts, bei der die künstlerische Gestaltung an der vorgestellten Naturerscheinung gemessen wird, in besonderen Fällen eine wesentliche Unterstützung sein kann.“[321] Dies gelte jedoch nur für Gegenstandsformen im einzelnen und nicht für den allgemeinen Eindruck.[322] Insofern ist beim Porträt besonders die Tragweite der einzelnen physiognomischen Merkmale und deren Verhältnis zur Gesamtstruktur zu überprüfen.

---

[320] „Der Anschauungsgegenstand ist weniger das Photo als die Person. Dies liegt am besonderen Authentizitätscharakter des Photos.“ Max Imdahl, Relationen zwischen Porträt und Individuum, in: Manfred Frank, Anselm Haverkamp (Hg.), Individualität (=Poetik und Hermeneutik XIII), München 1988, S. 588.
„Was das Photo betrifft, so suggeriert es eine Verwechselbarkeit des Abbildes der Person mit dieser selbst. Darin erschöpft sich das Photo, gerade auch darin bekundet sich seine Authentizität.“ Ebenda, S. 589.
Vergleiche auch die Unterscheidung von Bild und Abbild bei Gadamer, wobei das Abbild sich in seiner Funktion des Abbildens erschöpft, wie z.B. beim Photo, und somit eine Identifikation mit dem Urbild möglich ist: „Das Bild dagegen will immer nur im Hinblick auf das mit ihm Gemeinte gesehen werden. Es ist Abbild, das nichts als die Wiedergabe von etwas sein will und in der Identifikation desselben (z.B. als Paßfoto oder Abbildung in einem Verkaufskatalog) seine einzige Funktion hat. Das Abbild hebt sich selbst auf in dem Sinne, daß es als Mittel fungiert und wie alle Mittel durch Erreichung seines Zweckes seine Funktion verliert.“ Gadamer, Wahrheit und Methode, S. 132.

[321] Fritz Novotny, Cézanne oder das Ende der wissenschaftlichen Perspektive, (Wien 1938), Neuauflage München 1970. S. 14. Er warnt jedoch davor, die Photographie als Ersatz der wirklichen Erscheinung zu nehmen.

[322] Novotny, Cézanne, Anm. 15, S. 14.

### III.1.1.1. Die „objektive Ähnlichkeit" im Werk Schmidt-Rottluffs

Die „objektive Ähnlichkeit" der Porträts Schmidt-Rottluffs sollen im folgenden durch einen Vergleich mit den Photographien der jeweils Dargestellten herausgestellt werden, um gleichzeitig die damit verbundene Problematik anhand des Gesamtwerks aufzuwerfen.
Es ist davon auszugehen, dass die Porträts wohl sämtlich – wie dies am Hintergrund ersichtlich wird – in seinem Atelier direkt vor dem Modell entstanden. Photographien als direkte Vorlage sind nicht nachweisbar[323]. Die in dieser Arbeit herangezogenen Aufnahmen dienen – in zeitlicher Annäherung an das jeweilige Porträt – einer möglichst getreuen Entsprechung des Modells als künstlerischer Vorlage. Sie führen den Beweis, dass trotz starker Eigenwertigkeit von Farbe und Form eine deutliche Korrespondenz der Porträts mit den jeweiligen Photographien der Dargestellten besteht.
Betrachtet werden zunächst Porträts der Phase von 1915, in der diese Gattung eine sehr starke Gewichtung hatte. Der Vergleich mit Porträts aus anderen Werkphasen und schließlich die Betrachtung der Porträts einer einzigen Person in mehreren Phasen und Techniken sowohl von Schmidt-Rottluff, als auch darüber hinaus von anderen Künstlern, sollen die Betrachtung sowohl zeitlich als auch stilistisch ausweiten. Darüber hinaus ergibt sich so die Gelegenheit, eine große Bandbreite der Porträts aus dem Werk Schmidt-Rottluffs vorzustellen.

- *Bildnis Paul Thiersch*, 1915, Öl auf Leinwand 89 x 73 cm, Staatliche Galerie Moritzburg Halle (Abbildungsverzeichnis Nr. 2).

---

[323]Dafür sind sie in vielen Fällen bei anderen zeitgenössischen Künstlern wie z.B. bei Kirchner und Munch bekannt.
Für Munch s. Arne Eggum, Munch und die Photographie, Bern 1991.
Dem Gemälde Kirchners *Die drei alten Frauen* von 1925/26 liegt eine Photographie von Margreth, Dorothe und Elsbeth Rüesch zugrunde. S. Gabriele Lohberg, Ernst Ludwig Kirchner und die Schweizer Expressionisten, in: Gerhard Kolberg (Hg.), Die Expressionisten. Vom Aufbruch bis zur Verfemung, Köln 1996, S. 179f., Abbildungen, S. 181. (Abbildungsverzeichnis Nr. 1)
Auch Cézanne dienten Photographien in einigen Fällen als Ersatz für die unmittelbare Anschauung. Novotny, Cézanne, S. 101, Anm. 94.

Der Vergleich mit der Photographie[324] zeigt viele Übereinstimmungen: eine leicht eckige Schädelform, eine hohe, breite Stirn, ausgeprägte Jochbögen, leicht vortretende Wangenknochen, eine Nase mit leicht absackendem Sattel, ein starkes Kinn, ein geschwungener Mund, eine Kinngrube und eingetiefte Mundwinkel. Kopf und Körperausschnitt vermitteln in beiden Fällen eine breitgelagerte, massive Erscheinung. Diese Beobachtungen decken sich auch mit der Beschreibung eines Zeitgenossen:

> „Paul Thiersch war mittelgross von Wuchs, eine kräftige Gestalt mit stark geformtem Haupt. Die Wölbungen der Stirne setzen ziemlich hoch über den kräftig anstehenden Brauenwölbungen an. Dem Stirngewölbe standen grosse und feine Schläfenmulden entgegen, von denen eine den Bau des Antlitzes betonende Linie zu den Jochbeinen und in die Wangen herunterführte. Aus diesem Antlitz schaute ein helles, von Scheu und verhaltener Leidenschaft sprechendes Auge. Die Nase war kräftig mit leicht eingebogenem Sattel, etwas angehobenen ausdrucksreichen Nüstern, der Mund schön geschwungen, zugleich fest und weich, mit reichen Blüten in den Mundwinkeln, die Wangen grossflächig, das Kinn kräftig und rund, das ganze Gebäude des Gesichtes sicher tragend.“[325]

Auch was die Haarfarbe anbelangt, scheint sich Schmidt-Rottluff am Modell orientiert zu haben.[326] Eine weitere farbliche Analogie findet sich in den Augen, falls die Eigenschaft hell meint, dass diese blau gewesen waren.

Gerade die Porträts des Jahres 1915 zeichnen sich durch eine formale und koloristische Annäherung an das Modell aus, wie dies auch an einem weiteren Beispiel ersichtlich wird.

---

[324] Das Photo zeigt Thiersch im Jahre 1922. Abbildung in: Rudolf Farner (Hg.), Paul Thiersch, Leben und Werk, Berlin 1970. (Abbildungsverzeichnis Nr. 3).

[325] Fahrner, Thiersch, S. 44.
Vgl. auch Ludwig Thormaehlen, Erinnerungen an Stefan George, Hamburg 1962, S. 13 f: „Paul Thiersch war nicht sehr groß, von untersetzter Statur hielt er sich aufrecht und frei. Sein unbewegliches, ebenmäßiges, vollbreites Gesicht zeigte stets eine kindliche Frische. Die Züge zeugten von schlichter, gradsinniger Art, von unbeirrtem Weg. Er war, obwohl in München geboren, von jenem fast weißlichen Blond norddeutscher Menschen. In gemessener Ruhe überwölbte seine breite und hochbegabte Stirn das klare Gesicht."

[326] „Das Haar war blond, ein heller Schimmer umgab sein Haupt: wie mit lauter kleinen Flammen sagen die einen, wie ein Lichtschein, sagen die anderen.“ Fahrner, Thiersch, S. 44.

- *Bildnis Lyonel Feininger*, 1915, Öl auf Leinwand, 90 x 76 cm, Germanisches Nationalmusen, Nürnberg (Abbildungsverzeichnis Nr. 4).
Im Vergleich mit der Photographie sieben Jahre später[327] fallen Übereinstimmungen in Gestalt der langen, das Gesicht dominierenden Nase, dem spitzen Ohr, dem spitzen, nach vorn ragenden Kinn, den flachen Wangen und der Frisur auf.
Außerdem muss auf ein weiteres Charakteristikum dieser Phase hingewiesen werden: die Überbetonung der physiognomischen Merkmale. So ist die lange schmale Nase besonders in die Länge gezogen. Ihre Schmal– und Geradheit entsteht durch den dünnen Grat des Nasenrückens, der von dem kantig umbrechenden Nasenflügel als spitz vorkragender Steg zurückgelassen wird und pfeilartig nach vorne stößt. Der Schattenwurf unterstützt die skulpturale Wirkung des wie geschnitzt aussehenden Gesichts. Dessen Unterteil ist extrem in die Länge gezogen, Schläfenmulde und Backentasche sind besonders akzentuiert.
Ähnlich überbetonte Ausprägungen beobachtet man bei dem *Bildnis Paul Thiersch*, wobei hier die Formen weniger spitz als kubisch sind, wie die würfelförmig endende Nase und der vielwinklige Schädel.
Trotz der klar herausgestellten Merkmale, die einen deutlichen Bezug des Porträts zu seinem Modell bekunden, tritt durch die besondere Art der formalen Übersteigerung eine stilistische Konstante hinzu, die die Porträts in ihrer Besonderheit übergreift und in denselben künstlerischen und zeitlichen Kontext rückt.[328]

- *Bildnis E. R. (Emma Ritter)*, 1915, Radierung, 21,0 x 16,7 cm, Schapire 15 (Abbildungsverzeichnis Nr. 7).

---

[327] Abbildung in: Lyonel Feininger. 1871-1956, Haus der Kunst München/Kunsthaus Zürich 1973, S. 20. (Abbildungsverzeichnis Nr. 5).

[328] Noch eklatanter wird dieser Widerstreit zwischen Modell und künstlerischem Stil beim prismatisch gebrochenen, ironisierend verfremdeten Selbstporträt Feiningers aus demselben Jahr, das trotzdem immer noch die physiognomischen Merkmale Feiningers aufweist. Lyonel Feininger, Selbstporträt, 1915, Öl auf Leinwand, 100 x 80 cm, Sarah Campbell Blaffer Foundation, Houston. (Abbildungsverzeichnis Nr. 6).
Diese bezeichnet Feininger selbst als ‚teuflisches Angesicht'. In: Roland März (Hg.), Lyonel Feininger. Von Gelnroda nach Manhattan, Berlin 1998, S. 88, Abb. S. 89.

Derselbe Effekt zwischen Entsprechung und Überbetonung zeigt sich bei der die Malerin Emma Ritter darstellenden Radierung. Die deutlichen Bezüge zum Modell sind von der Frisur, dem schmalen festen Mund bis hin zum Detail der Brosche auszumachen.[329] Überproportioniert sind vornehmlich die besonders charakteristischen Merkmale: die sich in großen Ober- und Unterlidern abzeichnenden Augen und die lange Nase. Dadurch ändern sich auch die Größenverhältnisse des Gesichts. Besonders der Verlauf der dominierenden extrem langen Nase ist folgenreich, denn er zieht auch das Gesicht in die Länge, obwohl die Photographie beweist, dass es eher rund war.[330] Trotz dieser Abweichung entspricht der Gesamteindruck der Darstellung dem des tatsächlichen Gesichts, in dem die lange Nase ebenfalls prägend war.

„Ähnlichkeit" ist bei den Porträts Schmidt-Rottluffs trotz oder auch wegen der Abweichung vom Modell möglich. Obwohl strenggenommen keines der Details genau mit dem Vorbild übereinstimmt, erzeugen sie in ihrer Gesamtheit einen Eindruck, der dem der Photographie entspricht.
Auch in anderen Stilphasen, die nicht diese Formprägnanz aufweisen, konkurrieren die modellbezogenen Analogien mit den jeweiligen besonderen stilistischen Ausprägungen.

- *Porträt Dr. Paul Rauert*, 1911, Öl auf Leinwand, 84 x 66 cm, Kunsthalle Hamburg (Abbildungsverzeichnis Nr. 10)
In dieser Werkphase dominiert eher die Farbe, die sich in unterschiedlicher Verteilung als kontrastreich eingesetzte starkfarbige Palette wiederfindet. Gerade die Auftragsarbeit *Porträt Dr. Paul Rauert* weist deutliche Affinitäten zur entsprechenden Photographie auf, nicht zuletzt wegen Bart- und Haartracht, Brille, der breiten

---

[329] „Die Dargestellte trägt die Silberbrosche, die Schmidt-Rottluff fünf Jahre zuvor mit zwei weiteren Schmuckstücken in Dangast für sie gearbeitet hatte." Wietek, 1995, S. 82.
[330] Abgebildet in Wietek, Oldenburger Jahre, S. 59, Profilaufnahme S. 73. (Abbildungsverzeichnis Nr. 8 und 9).

Nasenflügel und der dünnen Lippen die innerhalb des Gesamtkolorits stärker abgesetzt sind.[331]

- *Bildnis Niemeyer*, 1922, Holzschnitt, 50 x 39,7 cm, Schapire 270 (Abbildungsverzeichnis Nr. 12).
- *Bildnis Wilhelm Niemeyer*, 1922, Öl auf Leinwand, verschollen (Abbildungsverzeichnis Nr. 13).

Entsprechungen zur Photographie sind auch in den Porträts einer späteren Phase trotz der Formauflösung zu erkennen.[332] Diese richten sich in ihrer Ausprägung nach dem nun vorherrschenden Stil: Die physiognomischen Merkmale sind auf einzelne Akzente innerhalb eines komplexen Strichgefüges reduziert, in dem es keine geschlossenen Formen, sondern nur partielle Konturen und Strichgruppen gibt. Zudem sind diese sehr unregelmäßig verteilt, was bei der Frontalansicht des Kopfes auffallend asymmetrisch wirkt: Entweder sind Formen nur einmal vertreten (Wangenknochen, Ohr) oder aus unterschiedlichen partiell auftretenden Linien unregelmäßig gebildet (Nase, Mund). Gerade dadurch aber fallen sie ins Auge und geben so einzelne Impulse zur Charakterisierung und Identifizierung.

- *Bildnis des Kunsthistorikers Wilhelm Niemeyer*, 1921, Öl auf Leinwand, 100 x 90 cm, Neue Nationalgalerie Berlin (Abbildungsverzeichnis Nr. 15).
- Franz Radziwill, *Porträt Wilhelm Niemeyer*, 1924, Öl auf Leinwand, verschollen (Abbildungsverzeichnis Nr. 12).

Das Hauptcharakteristikum Niemeyers aber ist seine Haartracht, das „Flämmchen“[333], das deutlich als Bekrönung herausgestellt ist. Mit dieser Bezeichnung korrespondiert auch die Farbe, ein kräftiges Gelb, das wiederum auch in dem weitaus realistischeren Gemälde Radziwills auftritt. Insofern kann davon ausgegangen werden, dass der

---

[331] Photographie s. Wietek, Oldenburger Jahre, S. 40 (Abbildungsverzeichnis Nr. 11).

[332] Photographie aus dem Jahre 1920 abgebildet in Gerhard Wietek, Karl Schmidt-Rottluff. Plastik und Kunsthandwerk. Werkverzeichnis, München 2001, S. 15, Nr. 4 (Abbildungsverzeichnis Nr. 12).

[333] Grohmann über den Holzschnitt W. Niemeyer: „[...] die weiße Locke über der Stirn wirkt wie ein Flämmchen.“ Grohmann, Schmidt-Rottluff, S. 154.

Dargestellte tatsächlich blond war, was auch in der sehr frei gestalteten farbigen Gesamterscheinung zum Tragen kommt. Diese steht ganz im Zeichen der zu dieser Zeit herrschenden „Zonenmalerei“[334], bei der wenige Farbklänge das ganze Bild durchziehen. Eine dominante Spur Gelb verbindet beispielsweise Hand, Hals, Kinn und die untere rechte Gesichtspartie – dasselbe Gelb, das sich auch in gegenständlicher Hinsicht an die Haarfarbe anlehnt.

- *Bildnis Friedrich Schreiber-Weigand*, 1924, Holzschnitt, 500 x 390 cm, Rathenau 6 (Abbildungsverzeichnis Nr. 17).
Hier ist die Formauflösung so weit fortgeschritten, dass der Porträtkopf, völlig separiert vom Körper präsentiert, wie eine an der Wand hängende Maske oder ein Schrumpfkopf wirkt. Selbst hier jedoch sind hinsichtlich der überbetonten Barttracht (Ziegenbärtchen) und der Lippenform der Photographie vergleichbare Merkmale anzutreffen. Die bewusste Bezugnahme auf das Modell ist in diesem Fall auch durch eine Briefstelle Schmidt-Rottluffs an den Dargestellten überliefert:

> „Mit ihrem Holzschnitt bin ich allerdings noch gar nicht zufrieden – ich werde wohl noch eine Zeichnung nach dem Original machen müssen – da ich nicht mehr recht weiß, wie sie ausschauen.“[335]

Selbst in der „abstraktesten Phase“ Schmidt-Rottluffs, sind immer noch Hinweise auf das Modell zu ermitteln, auch wenn sich die stilistische Ausprägung so sehr in den Vordergrund drängt, dass die

---

[334] „Die Verwandtschaft mit Früherem liegt im Spontanen des Entwurfs und in der Abkehr von Körper und präziser Umschreibung, dafür taucht erstmalig die Idee der Zonenmalerei auf, das heißt der Überleitung des einen Farben- und Formenkomplexes in den nächsten. Zunächst sieht diese Zonenmalerei wie breiter Kontur oder wie Schatten aus, sie hat aber weder mit dem Gegenstand noch seiner Projektion zu tun, sondern ist malerische Form, die zwischen Gegenstand und Raum vermittelt, die dingliche Isolierung aufhebt, in die Fläche einbezieht und einen flächigen, gestuften Bildraum bewirkt.“ Grohmann, Schmidt-Rottluff, S. 106.

[335] Brief Schmidt-Rottluffs vom 23. Juni 1923 aus Berlin an Friedrich Schreiber-Weigand. Briefliche Auskunft von Karl Brix an den Verfasser. Über den Verbleib der Vorzeichnung ist nichts bekannt.
Auch bei den anderen Brückemalern scheinen Zeichnungen nach dem Modell ein probates Mittel zur Vorstudie gewesen zu sein. Zu Heckels *Bildnis Dr. Wallerstein*, 1913, Öl/Leinwand, 80 x 70 cm, zerstört, hat sich eine Bildnisstudie aus dem Jahre 1912, Graphit, 67,8 x 50,3 cm, erhalten, abgebildet in: Paul Vogt, Erich Heckel, Recklinghausen 1968, S. 125. (Abbildungsverzeichnis Nr. 19 und 20).

Vergleichbarkeit mit dem Porträtierten nur noch mühsam zu rekonstruieren ist.

- *Lesende (Else Lasker-Schüler)*, 1912, Öl auf Leinwand, 102 x 76 cm, Sammlung Hermann Gerlinger, Staatliche Galerie Moritzburg (Abbildungsverzeichnis Nr. 21).
Die „kuboexpressionistische Phase"[336] verkörpert wohl das vom Naturvorbild am meisten abrückende Stilprinzip Schmidt-Rottluffs, so dass selbst Photographien hier ihren Dienst bei der Identifizierung versagen.[337] Gerade in dieser Phase nimmt die Stileinheit des Bildes über den Gegenstand überhand.[338] Bezeichnenderweise wurde das Porträt zunächst als Rosa Schapire, dann als Else Lasker-Schüler angesehen.[339] Die Identifizierung erfolgte dabei aufgrund von Quellentexten, in denen Else Lasker-Schüler von Modellsitzungen berichtet und ihr Porträt beschreibt:

> „Schmidt-Rottluff hat mich im Zelt sitzend gemalt. Ein Mandrill, der Schlachtengesänge dichtet. Schmidt-Rottluff hat mich als Mandrill gemalt,

---

[336] S. dazu den Aufsatz von Thiem, Experiment Kubismus.
Zu den Einflüssen von Kubismus und Futurismus gerade um 1912 s. auch Andreas Gabelmann, Wege ins Neue: Schmidt-Rottluff und seine Auseinandersetzung mit Futurismus, Kubismus und Primitivismus, in: Magdalena M. Moeller, Tayfun Belgin (Hg.), Karl Schmidt-Rottluff. Ein Maler des 20. Jahrhunderts. Gemälde, Aquarelle und Zeichnungen von 1909 bis 1972, München 2001, S. 212-228.

[337] Photographie in: Expressionisten, Die Avantgarde in Deutschland, Berlin 1886, S. 435. Vgl. auch die Photographie bei Gerlinger, Schmidt-Rottluff und der Prinz von Theben, S. 52. (Abbildungsverzeichnis Nr. 22 und 23).

[338] „Da es Schmidt-Rottluff bei diesem Bild sicher nicht auf die Ausarbeitung von physiognomischen einzelnen Gesichtszügen und Ähnlichkeiten ankam, ist auch eine sichere Zuordnung nach zeitgenössischen Porträtaufnahmen höchst problematisch, ja eigentlich unmöglich." Hermann Gerlinger, Schmidt-Rottluff und der Prinz von Theben, S. 52.
Eine Zeichnung Schmidt-Rottluffs im „Sturm" ist dabei dem Modell viel näher als das Porträt. Man erkennt, den Pagenschnitt, die starke Nase, das starke Kinn, die schmalen Lippen. „Der Prinz von Theben", in: Der Sturm. Wochenschrift für Kultur und die Künste, Jg. 1912, Berlin, Januar 1912, Nr. 95, S. 759 (Abbildungsverzeichnis Nr. 24).

[339] Auch die Zuweisung des in diesem Kontext entstandenen zweiten Bildes *Lektüre*, 1912, Öl auf Leinwand, 84 x 76 cm, verschollen, als Darstellung Rosa Schapires ist angesichts der gleichen Merkmale ebenfalls problematisch. Der Versuch resultiert aus der Suche nach einem möglichen Porträt Schapires anstelle des nun Else Lasker-Schüler zugewiesenen, das Schmidt-Rottluff als Porträt Schapires betitelt hatte. S. Wietek, Oldenburger Jahre, S. 550. Dort auch die Schwarz-Weiß-Abbildung des verschollenen Originals. (Abb. 25) (Abbildungsverzeichnis Nr. 25).

> und ich stamme doch von der Ananas ab. Ihr habt den Affen überwunden; man kann sich doch von nichts in der Geburt vorbeimachen! Bin entzückt von meiner bunten Persönlichkeit, von meiner Urschrecklichkeit, von meiner Gefährlichkeit, aber meine goldene Stirn, meine goldenen Lider, die mein blaues Dichten überwachen. Mein Mund ist rot wie eine Dickichtbeere, in meiner Wange schmückt sich der Himmel zum blauen Tanz, aber meine Nase weht nach Osten, eine Kriegsfahnen, und mein Kinn ist ein Speer, ein vergifteter Speer [...]"[340]

Die poetische Sprache der Dichterin, die die Dinge und ihre jeweilige Form und Farbigkeit verschleiert benennt, entspricht dabei dem Stil des Porträts, der die Analogien zu dem Modell in der Bildeinheit künstlerisch verbrämt.

Des weiteren ergibt sich bei Schmidt-Rottluff die Möglichkeit, mehrere Porträts derselben Person in einer Malphase zu betrachten, und so deren Ausprägungen unter einheitlichen Stilbedingungen zu betrachten.

- *Der Holzschneider(Lampenlicht)*, 1906/07, Öl auf Pappe, 71 x 102,5 cm, Städtische Kunstsammlungen Chemnitz (Abbildungsverzeichnis Nr. 26).
- *Mann im Sonnenlicht*, 1907, Öl auf Leinwand, 65 x 50 cm, Chemnitz, Privatbesitz (Abbildungsverzeichnis Nr. 27).
- *Erich Heckel in gelber Öljacke*, 1908, Öl auf Leinwand, 86 x 70,5 cm, verschollen (Abbildungsverzeichnis Nr. 28).
- *Bildnis H.*, 1909, Lithographie, 45 x 35,3 cm, Schapire 56 (Abbildungsverzeichnis Nr. 29).
- *Bildnis H.*, 1909, Aquarell und Tusche, 66 x 50 cm, Brücke-Museum Berlin (Abbildungsverzeichnis Nr. 30).

Zwar weisen alle Porträts in Kopfform und Haaransatz Übereinstimmungen mit der Photographie Heckels auf[341], aber noch offensichtlicher als die Anlehnung an das Modell ist die stilistische

---

[340] Else Lasker-Schüler, In: Der Sturm 1912, Nr. 94, Seite 252 (3. Januarwoche). Zitiert in: Gerlinger, Der Prinz von Theben, S. 49.

[341] Photographie s. Karlheinz Gabler, Erich Heckel und sein Kreis. Dokumente. Fotos. Briefe. Schriften, Stuttgart, Zürich 1953, S. 16.

Übereinstimmung der Porträts derselben Phase, die die Werke eines Jahres in eine enge Beziehung rückt.

- *Emybildnis*, 1919, Holzschnitt, 49,7 x 39,4 cm, Schapire 252 (Abbildungsverzeichnis Nr. 32).
- *Emybildnis*, 1919, Öl auf Leinwand, 73,7 x 66,0 cm, North Carolina Museum of Art (Abbildungsverzeichnis Nr. 33).
- *Du und ich*, 1919, Öl auf Leinwand, 87 x 101 cm, Sammlung Gerlinger, Staatliche Museen Moritzburg (Abbildungsverzeichnis Nr. 34).
- *Doppelbildnis (Selbstbildnis mit Frau)*, 1919, Öl auf Leinwand, 90 x 76 cm, Staatsgalerie für moderne Kunst, München (Abbildungsverzeichnis Nr. 34).
- *Emybildnis*, 1921, Kaltnadel, 40,0 x 32,4 cm, Schapire 48 (Abbildungsverzeichnis Nr. 36).
- *Kopf*, 1919, Holzschnitt, 49,6 x 39,7 cm, Schapire 256 (Abbildungsverzeichnis Nr. 38).
- *Frau in rotem Kleid*, 1920, Öl auf Leinwand, 100,5 x 86,7 cm, Buchheim Museum, Bernried (Abbildungsverzeichnis Nr. 39).

Innerhalb der engen stilistischen Beziehung tritt das Phänomen auf, dass trotz des offensichtlich selben Vorbilds, Stil und Modellbezug sich in den einzelnen Werken in unterschiedlichen Farben und Formen niederschlagen. Als Beispiel dient die lange Reihe der Porträts von Schmidt-Rottluffs Frau Emy kurz nach der Hochzeit 1919. Trotzdem sich die Porträts untereinander ähneln, dasselbe Vorbild durchschlägt[342], weichen speziell die Nasen– und Augenformen stark voneinander ab und folgen dem derzeit herrschenden Stilprinzip ausgesprochen variabler zeichenhafter Formausprägungen. Die Kaltnadelarbeit von 1921 ist dabei wiederum dem Holzschnitt von

---

[342] Vgl. die Photographie um 1936 in Schmidt-Rottluff Retrospektive, S. 95. (Abbildungsverzeichnis Nr. 37).
Zu Emy s. Gunther Thiem, Emy Schmidt-Rottluff. Ihre Bildnisse und meine Erinnerungen, in: Frauen in Kunst und Leben der „Brücke" (= Brücke-Almanach 2000 hrsg. v. Hermann Gerlinger und Herwig Guratzsch), Schleswig 2000, S. 81-92. Thiem ordnet noch ein Mädchenbildnis von 1913, Aquarell über Bleistift, 37,1 x 31,5 cm in die Reihe der Emybildnisse (Abbildung ebenda, S. 212), ebenso ein verschollenes Emybildnis von 1921, Öl auf Leinwand, Abbildung ebenda, S. 86, Nr. 10.

1919 stärker angenähert als dieser den Bildnissen desselben Jahres. Selbst die unbenannten Darstellungen *Kopf* und *Frau in rotem Kleid* stehen dieser Porträtreihe so nahe, dass sie sich trotz abweichender Ausprägung der physiognomischen Merkmale als wahrscheinliche Porträts von Emy annehmen lassen.[343]

- *Bildnis Valentiner I*, 1923, Holzschnitt, 52,9 x 39,4 cm, Schapire 297 (Abbildungsverzeichnis Nr. 40).
- *Bildnis Valentiner II*, 1923, Holzschnitt, 50,4 x 39,2 cm, Schapire 298 (Abbildungsverzeichnis Nr. 41).

Selbst innerhalb der von Modell und Stil her festgelegten Konstanten besteht noch die Möglichkeit unterschiedlicher Darstellungen. Die beiden, wohl direkt hintereinander entstandenen Köpfe, haben eindeutig dieselbe Person als Vorlage, was sich in der nahezu identischen Ausprägung der einzelnen Merkmale zeigt. Dennoch sind die beiden Köpfe nicht gleich, sondern variieren vor allem in der Ausbildung von Augen, Kinn und Stirn und bilden somit zwei unterschiedliche Eindrücke derselben Person. Der Auflösung der Form in Strichbündel entsprechend, bestehen die Variationen eher in den Bewegungen als in Formunterschieden.

Das Problem des Verhältnisses von Ähnlichkeit und Stil soll nun anhand der Darstellungen *einer* Person über verschiedenen Malphasen Schmidt-Rottluffs hinweg und darüber hinaus anhand der Darstellungen anderer Künstler betrachtet werden. Nach den bisherigen Untersuchungen entspricht dies der Variierung immer derselben Vorlage durch zeitliche und stilistische Kriterien. Auch hier bestätigt sich der Eindruck, dass eher die Abweichung als das trotz allem zumeist erkennbare Vorbild prägend ist. Für diese Betrachtung bietet sich Rosa Schapire an, die von Schmidt-Rottluff am häufigsten

---

[343] Als Beispiel für die stark abweichenden physiognomischen Formeln ein und derselben Person vgl. die Reihe der nebeneinandergestellten Einzelformen der Selbstporträts Schmidt-Rottluffs aus den Jahren 1913, 1914, 1916, 1918 und 1919. Sie beweisen zweierlei: wie stark die physiognomischen Merkmale derselben Person von der jeweiligen stilistischen Phase abhängen und wie sehr sie des Gesamtzusammenhangs bedürfen, bzw. wie wenig Ähnlichkeit von Einzelheiten abhängt.

porträtiert wurde[344] und die sich auch bei anderen Künstlern auf zahlreichen Porträts wiederfindet. Die Darstellungen Schmidt-Rottluffs in den verschiedenen Techniken lassen sich dabei zu Werkgruppen zusammenfassen, die die Korrespondenz der Dargestellten mit ihrer Photographie[345] stilistisch modifiziert.

- *Frau am Tisch (Rosa Schapire)*, 1909, Aquarell und Tusche, Brücke-Museum Berlin (Abbildungsverzeichnis Nr. 42).
- *Bildnis R.S.*, 1909, Holzschnitt, 39 x 30 cm, Schapire 6 (Abbildungsverzeichnis Nr. 43).
- *Astern*, 1909, Aquarell und Tusche, 43 x 61 cm, Privatbesitz (Abbildungsverzeichnis Nr. 45).

In der Frühphase ist zu beobachten, dass sich die Prägnanz der physiognomischen Merkmale der Gesamterscheinung des Bildes eher unterordnet. Am deutlichsten sind sie im Holzschnitt *Bildnis R.S.* herausgestellt. Die gebogene Nase, die vorstehenden Wangenknochen, die vollen Lippen, die tiefliegenden Augen entsprechen dabei durchaus der Photographie. Obwohl im Aquarell *Frau am Tisch* zumindest die Ausformungen von Nase und Wangenknochen ebenfalls vorhanden sind, gehen sie als farbige Linien fast im Gesamtkolorit unter.

Das andere Aquarell *Astern* als Darstellung Rosa Schapires zu identifizieren, kann nur über den Kontext gelingen. Die Tatsache, dass Schapire viel las und deshalb oft mit einem Buch dargestellt wurde, ferner dass sie eine Blumenfreundin war und sich ihr somit die Astern attributiv zuordnen lassen sowie auch die Tatsache ihres Besuches bei Schmidt-Rottluff in Dangast im Herbst, sind lediglich Indizien dafür, dass tatsächlich Rosa Schapire Anlass der Darstellung gewesen sein könnte.[346] Von derartigen Methoden mag der Historiker profitieren.

---

344 Nimmt man das Gesamtwerk Schmidt-Rottluffs, ist nur dessen Frau Emy noch häufiger, besonders in späterer Zeit, porträtiert worden.

345 Vgl. die Photographie, aufgenommen im Sommer 1919 in Hohwacht (Detail), abgebildet im Ausstellungskatalog der Galerie Nierendorf, Berlin 1984, S. 10. (Abbildungsverzeichnis Nr. 44).

346 Vgl. Wietek, Oldenburger Jahre, S. 331, der diese Kriterien geltend macht.

- *Bildnis Rosa Schapire*, 1911, Öl auf Leinwand, 84 x 76 cm, Brücke-Museum Berlin (Abbildungsverzeichnis Nr. 46).
Im ausgewiesenen Porträt *Bildnis Rosa Schapire* ordnen sich die Gesichtszüge ebenfalls noch dem starkfarbigen, kontrastreichen Kolorit unter, das auf der anderen Seite wieder über diese Farbkontraste als einziges Mittel die Züge erst gestaltet. Wie bereits 1909 begnügt sich Schmidt-Rottluff mit wenigen groben Angaben. (Das Auftragsporträt *Dr. Paul Rauert* weist eine erheblich präzisere Ausgestaltung auf, wahrscheinlich, um dem Anspruch des Porträtierten auf Wiedererkennbarkeit zu genügen.)

- *Rosa Schapire*, 1915, Öl auf Leinwand, 73 x 65 cm, Privatbesitz (Abbildungsverzeichnis Nr. 47).
- *Rosa Schapire*, 1915, Holzschnitt, 36 x 29 cm, Schapire 183 (Abbildungsverzeichnis Nr. 48).
Am ausgeprägtesten sind die physiognomischen Merkmale in den Porträts von 1915. In Form der sich jetzt zur Kontur entwickelten schwarzen Linie setzen sie sich deutlich innerhalb des Gesamtkolorits ab. In ihrer Ausprägung werden sie dabei, wie in dieser Phase üblich, überbetont: Die scharfe gebogene Nase, die vorstehenden Wangenknochen, der leicht herzförmige Mund, die großen Augen. Der knappe, kantige Stil, offensichtlich vom Holzschnitt beeinflusst, dient dabei der möglichst prägnanten Herausstellung der Charakteristika gerade durch die Übersteigerung.

- *Rosa Schapire*, 1919, Öl auf Leinwand, 101 x 87 cm, Tate Gallery, London (Abbildungsverzeichnis Nr. 49).
Hier weisen Farben und Formen eine große Freiheit gegenüber dem Vorbild auf und binden sich in eine gegenstandsübergreifende „Zonenmalerei“ ein, die Kopf, Körper und Umraum über die Farbzonen verschmilzt. Auf die in schwarzen Linien partiell angelegten Gesichtszüge nehmen die Farbflächen nur teilweise Rücksicht und treten öfters mit ihren Farbflächengrenzen dazu in Konkurrenz.
Die physiognomischen Merkmale sind weniger überspitzt, kommen aber dennoch in ihrer Besonderheit der Photographie aus der

Entstehungszeit des Bildes sehr nahe. Interessanterweise stimmen sogar Details wie Brosche, Bluse und Rüschenkragen überein.

- *Frauenkopf*, 1922, Lithographie, 43,5 x 27,4 cm, Schapire 98 (Abbildungsverzeichnis Nr. 50).
- *Frauenkopf R.S.*, 1923, Holzschnitt, 50,2 x 39,9 cm, Schapire 283 (Abbildungsverzeichnis Nr. 51).

Die größere Formfreiheit macht sich auch in dieser späteren Phase bemerkbar, ohne jedoch völlig vom Vorbild abzuweichen. Beim Holzschnitt ist die Mundform völlig anders als bei den übrigen Porträts, dennoch ist auch diese Form von dem Photo ableitbar. Nase, Mund und hin und wieder Wangenpartie passen sich in ihren unterschiedlichen Ausprägungen stets dem Formenkanon der künstlerischen Phase an, vermitteln aber innerhalb des Gefüges einen „bekannten", in die Reihe passenden Eindruck.

- Emil Nolde, *Frau mit dunklem Haar*, 1907, Radierung, Schiefler 86 (Abbildungsverzeichnis Nr. 52).
- Emil Nolde, *Fräulein Dr. Sch.*, 1907, Radierung, Schiefler 87 (Abbildungsverzeichnis Nr. 53).
- Walter Grammaté, *Rosa Schapire*, 1920, Öl auf Leinwand, 74 x 67 cm, Staatliche Museen zu Berlin, Neue Nationalgalerie (Abbildungsverzeichnis Nr. 54).
- Franz Radziwill, *Rosa Schapire*, 1922, Aquarell (Abbildungsverzeichnis Nr. 55).
- Franz Radziwill, Rosa *Schapire*, 1925, Bleistift und Tusche (Abbildungsverzeichnis Nr. 56).
- Gretchen Wohlwill, *Rosa Schapire*, um 1929, Bleistiftzeichnung, Besitz Gerhard Wietek (Abbildungsverzeichnis Nr. 57).
- Alma del Banco, *Rosa Schapire*, um 1929, Bleistiftzeichnung, Sammlung Agnes Holthusen, Hamburg (Abbildungsverzeichnis Nr. 58).
- Harry Reuss-Löwenstein, *Rosa Schapire*, 1930, Feder (Abbildungsverzeichnis Nr. 59).
- Rolf Nesch, *Rosa Schapire*, 1931, Kaltnadel (Abb. 60) (Abbildungsverzeichnis Nr. 60).

Bei den Darstellungen Schapires durch andere Künstler verhält es sich eher so, dass die einzelnen Merkmale mit dem Photo oder sogar mit Darstellungen Schmidt-Rottluffs übereinstimmen[347], also im wesentlichen immer deutlich auf dasselbe Modell zurückgehen, der Gesamteindruck aber jedes Mal ein völlig anderer ist: die Spannbereite dehnt sich von der „Sybille" Grammtés bis zur „Haushälterin" Radziwills. Das Phänomen der Abhängigkeit der „Ähnlichkeit" von stilistischen Kriterien, bzw. die Doppelverpflichtung des Porträts dem Modellbezug und den künstlerischen Kriterien gegenüber, wie dies in der Werkentwicklung von Schmidt-Rottluff bereits beobachtet wurde, wird auch im Vergleich mit unterschiedlichen Künstlern deutlich.

- *Bildnis O.M.*, 1914, Holzschnitt, 36,1 x 29,1 cm, Schapire 162 (Abbildungsverzeichnis Nr. 61).
- E.L. Kirchner, *Otto Mueller mit Pfeife*, 1913, Öl auf Leinwand, 60 x 50,6 cm, Brücke-Museum, Berlin (Abbildungsverzeichnis Nr. 62).
- E.L. Kirchner, *Porträt Otto Mueller*, 1915, Farbholzschnitt, 35,5/36,2 x 30 cm, Schiefler 220, Dube 251 (Abbildungsverzeichnis Nr. 63).
- Otto Mueller, *Selbstbildnis nach rechts (2)*, 1921/22, Lithographie 39,3 x 29,8 cm (Abbildungsverzeichnis Nr. 64).

Eine weitere Vergleichsmöglichkeit bilden, jetzt im Kontext der Künstlergemeinschaft „Brücke" die Porträts, die die Malerkollegen von Otto Mueller anfertigten.[348]

Die Charakteristik der einzelnen Gesichtspartien im Holzschnitt Schmidt-Rottluffs ist so markant, dass die Gesichtsform in ihrem Gesamtkontur extrem winklig und verzogen ist. Dennoch weisen die einzelnen physiognomischen Merkmale eine große Ähnlichkeit mit der Porträtphotographie auf.[349] Besonders trifft dies auf den etwas

---

[347] Die ausgeprägte Zickzacklinien das Porträts von Schmidt-Rottluff aus dem Jahr 1915 finden sich beispielsweise auch bei Radziwill, jedoch in einem völlig anderen Gesamtzusammenhang.

[348] Siehe dazu Magdalena M. Moeller, Otto Mueller und die „Brücke", in: Dies. (Hg.) Otto Mueller, Gemälde, Aquarelle, Pastelle und Druckgraphik aus dem Brücke-Museum Berlin, München 1997, S. 9-17.
Ein anderer Fall ist Simon Guttmann, der mehrmals von Schmidt-Rottluff, Kirchner und Heckel dargestellt wurde. Auf ihn wird in anderem Zusammenhang eingegangen.

[349] Die Photographie ist abgebildet im Ausstellungskatalog Galerie Nierendorf, Berlin 1990, S. 2. (Detail). (Abbildungsverzeichnis Nr. 65).

geöffneten Mund zu, die leicht zusammengekniffenen Augen, das große Ohr und die Frisur mit der in die Stirn hängenden Strähne sowie Wangen- und Kinnlinie. Das Hervortreten der Wangenknochen wird hierbei durch eine Wölbung der Konturlinie nach innen erzielt, was einen ähnlichen Effekt an der äußeren Kontur hervorruft. Der Knick der Nase ist derart überbetont, dass man von einer Ähnlichkeit im Unähnlichen sprechen könnte.

Vergleicht man den Holzschnitt Schmidt-Rottluffs mit dem Gemälde Kirchners, so fällt auf, dass letzteres zwar ebenfalls Entsprechungen mit der Porträtphotographie aufweist, diese jedoch weit weniger ins Auge springen. Der Formprägnanz Schmidt-Rottluffs um 1914/15 steht der fahrige, spitzwinklige Stil Kirchners dieser Zeit entgegen.[350]
Auch der Holzschnitt Kirchners von 1915 vermittelt ein ganz anderes Erscheinungsbild als derjenige Schmidt-Rottluffs. Die fast tragische Erscheinung in der Darstellung des Letzteren steht einem knabenhaften heiteren Gesicht ohne größere Auffälligkeiten entgegen.
Auch die Porträts der anderen Brückemaler weisen trotz offensichtlicher Anlehnung an das Modell, die typischen Stilmerkmale des jeweiligen Künstlers auf.[351] Das Selbstbildnis Muellers schließlich ähnelt auffallend den Figuren seiner Bilder.

Ähnlichkeit bewegt sich so in der Dualität von Modellbezug und stilistisch künstlerischem Rahmen, oder auch von gegenständlichem und übergegenständlichem Bezug zum Modell.
Folgende Beobachtungen sind festzuhalten:
1) Generell gibt es Übereinstimmungen zwischen den Porträts und den Photos der Porträtierten und das trotz der unterschiedlichen Stilphasen, Techniken und sogar Künstler.

---

[350] „Stilistisch entspricht das Freundschaftsbildnis Kirchners Bildsprache von 1913: Spitze Formen und kammartige Schraffuren im vibrierenden Pinselduktus verleihen der Darstellung ihre spannungsvolle Ausstrahlung. Die reduzierte, gedämpfte Farbigkeit in Rotbraun und Ocker zeigt die charakteristisch tonige Palette Kirchners dieser Zeit." Andrea Firmenich, in: Magdalena M. Moeller (Hg.), Meisterwerke des Expressionismus. Gemälde, Aquarelle, Zeichnungen und Druckgraphik aus dem Brücke-Museum Berlin, Stuttgart 1990, S. 125.

[351] Vgl. dazu die übrigen Bildbeispiele in Moeller, Otto Mueller.

2) Trotz offensichtlicher Anlehnung an dasselbe Modell dominiert die stilistische Übereinstimmung bei den Porträts einer Malphase.
3) Dasselbe Modell verschiedener Stilphasen oder auch verschiedener Künstler weist eine völlig unterschiedliche Gestaltung auf.
4) Bei Personen, in denen sich der künstlerische Stil in den Vordergrund drängt, ist eine Identifizierung allein über das Modell nicht mehr möglich.
6) Auch in derselben Stilphase gibt es trotz der Ähnlichkeiten unter den Porträts einer Person Abweichungen in Einzelheiten, selbst bei in unmittelbarem Zusammenhang entstandenen Porträts.
7) Die Übereinstimmungen hinsichtlich der Farbe sind schwieriger auszumachen. Hier steht die Bildeinheit stärker als bei der Form im Vordergrund.[352]

### III.1.2. Ähnlichkeit und Schöpferisches

Zwischen dem Modell und dessen künstlerischer Umsetzung besteht folglich ein von äußerster Variabilität geprägtes Verhältnis, das zu ganz unterschiedlichen Ergebnissen der Porträtdarstellung führt. Eine Identifizierung der Porträts anhand der Vorlage von Photos ist zwar über weite Strecken möglich, aber versperrt, als oberstes Ziel betrachtet, den Weg zu einer weiterführenden Analyse, die diese künstlerische Variabilität mitberücksichtigt. Damit bleibt der große Rest des Porträts – nämlich alles, was nicht direkt vom Modell abzuleiten ist, was sich innerhalb der Bildeinheit darüber hinwegsetzt und das eigentliche Künstlerische und somit die Wirkung ausmacht – außer Acht. Darüber hinaus muss diese Methode in den Fällen versagen, in der sich die Vorlage nicht zwingend im Porträt widerspiegelt. Fasst man den Begriff der Ähnlichkeit also nur als das anhand des Vergleichs mit der Vorlage erkennbare nachahmende Prinzip, sind die Grenzen der Interpretation schnell abgesteckt. Feststellbar ist lediglich, dass trotz der Freiheit der künstlerischen Mittel bei Schmidt-Rottluff die Porträts noch gegenständliche, mit

[352] Hinsichtlich der Farbe ist anzumerken, dass die Identifizierung anhand von Schwarz Weiß-Photos erfolgte, so dass eine Ableitung über farbliche Übereinstimmungen selten möglich ist. Hierzu dienen schriftliche Quellen oder andere Gemälde. Das Prinzip der Farbgestaltung einer Stilphase steht deutlich vor der Äquivalenzbeziehung mit dem Modell.

einer bestimmten Person in Verbindung zu bringende Merkmale enthalten, nicht aber, was deren Besonderheit hinsichtlich der Gesamterscheinung ausmacht. Ähnlichkeit in ihrer Abhängigkeit von künstlerischen Kriterien kann also nicht als direkte Entsprechung des Vorbildes definiert werden, sondern muss über die Eigengesetzlichkeit des Bildes zu fassen sein.
Das, was mit Stil als künstlerbezogene Konstante oder dem Schöpferischen als subjektive Interpretation der Vorgabe gefasst wurde, beinhaltet zwangsläufig eine unendliche Zahl von parallelen Sichtweisen und Darstellungsmöglichkeiten.[353] Eine künstlerische Darstellung ist somit niemals eine absolute Aussage über einen Porträtierten, wohl aber eine absolute Aussage als Kunstwerk. Damit berühren wir das Grundproblem des konventionellen Ähnlichkeitsbegriffs. Dieser liegt im Glauben an ein Identitätsverhältnis von Porträt und Porträtiertem[354] und somit an die Möglichkeit einer direkten Vergleichbarkeit und Übersetzbarkeit. Dabei wird völlig übersehen, dass sich das Modell als Vorlage auf der einen Seite und die künstlerische, aus subjektiver Sicht entstandene Eigengesetzlichkeit des Bildes auf der anderen Seite, als zwei grundsätzlich unterschiedliche wesensverschiedene Einheiten gegenüberstehen. Eine einfache Wiederholung des Motivs, indem man es wie die Kopie eines Dings noch einmal schafft, ist somit unmöglich. Selbst die sich eher im wissenschaftstheoretischen Rahmen mit der Frage der Übersetzung in Zeichen beschäftigende Semiotik schließt bei Bildsystemen eine direkte Übersetzbarkeit wie bei Alphabeten oder Vokabularen aus, da sie aus einer Fülle von Korrelationsmöglichkeiten innerhalb gewisser Darstellungsregeln bestehen.[355] Die Subjektivität,

---

[353] „Mit einem Porträt von Personen, die man kennt, ist man niemals zufrieden. Deshalb habe ich die Porträtmaler immer bedauert. Man verlangt so selten von den Leuten das Unmögliche, und gerade von diesen fordert man es. Sie sollen einem jeden s e i n Verhältnis zur Person, s e i n e Neigung und Abneigung mit ihr ins Bild aufnehmen; sie sollen nicht bloß darstellen, wie s i e einen Menschen fassen, sondern wie ihn jeder fassen würde." (Goethe)

[354] Paul F. Schmidt, Künstlerbildnis oder Ähnlichkeit, in: Das Problem der Bildnisgestaltung in der jungen Kunst, Berlin 1927, S. 3.

[355] „Wie gesehen, gibt es bei Bildsystemen keine Alphabete oder Vokabulare im strengen Sinne. Der Maler kann nicht einfach aus einem Vorrat wohlunterschiedener Zeichen schöpfen und diese nach bestimmten grammatikalischen Prinzipien

von denen die Auswahl und Gewichtung der Merkmale geprägt ist, verhindere ein absolutes Ähnlichkeitsurteil.[356]

> „Bilder können nicht einfach daran gemessen werden, wie eine Sache wirklich aussieht. Es gibt nicht auf der einen Seite das Bild und auf der anderen Seite ‚das wirkliche Aussehen' einer Achse, so dass man beides nebeneinander halten und vergleichen könnte. [...] Und es braucht nicht nur eine Art und Weise zu geben, wie etwas aussieht."[357]

Dass das Porträt sich auf etwas außerhalb seiner selbst liegenden bezieht, liegt in der Natur der Sache und bildet somit als Motiv- und Modellreferenz als dessen objektbezogenen Aspekt das „Rohmaterial" der Porträtdarstellung.[358] Dagegen steht als kunstbezogener Aspekt die Bildreferenz, die künstlerische Erfindung eines Porträts, die ihm einen eigenen, vom Motiv unabhängigen Rang zuweist.[359]

### III.1.3. Der Begriff „Ähnlichkeit" in der Forschung

Bereits zu Beginn des 20. Jahrhunderts wurde in der Porträtforschung erkannt, dass die anhand des Vorbildes gemessene Ähnlichkeit durch die jeweilige künstlerische Sicht und Interpretation zu relativieren sei.

> „Das künstlerische Porträt ist seinem Wesen nach ebenso wenig reines Abbild der ruhenden physischen Erscheinung gleich einer

---

kombinieren." Oliver R. Scholz, Bild, Darstellung, Zeichen. Philosophische Theorien bildhafter Darstellung, Freiburg/München 1991, S. 121.

356 „Welche Eigenschaften eines Dinges wichtig sind, welche hervorstechen oder ins Auge springen, ist äußerst umgebungsabhängig und kann von Kontext zu Kontext und von Interesse zu Interesse wechseln. Diese Relativität betrifft nicht nur die Auswahl der wichtigsten Eigenschaften, sondern auch deren relative Gewichtung untereinander. [...] In allen diesen Fällen ist Ähnlichkeit keine einheitliche Beziehung: und es gibt kein einheitliches Verfahren oder Methoden, welche zu einem (positiven oder negativen) Ähnlichkeitsurteil führen. Die einschlägigen Vergleichspunkte können ebenso wechseln wie die Kategorien und die Gewichtungen. Worauf geachtet wird, wie es bewertet wird, hängt nicht nur von den zu vergleichenden Gegenständen der Umgebung und dem Zweck des gesamten Verfahrens ab, sondern auch von den Kenntnissen, der Erfahrung und dem Interesse des Betrachters." Scholz, Bild, Darstellung, Zeichen, S. 45.

357 Scholz, Bild, Darstellung, Zeichen, S. 46.

358 „Motiv- und Modellreferenz sind demnach konstitutiv für die Porträterfahrung; sie stellen die Fundierung des Porträts dar, sie stellen es aber noch nicht her [...]. Folglich bleiben alle mehr oder weniger objektiv feststellbaren Gegebenheiten einer bestimmten Physiognomie mit Bezug auf ihre Darstellung als Porträt nur Rohmaterial. Sie fundieren das Porträt, aber das So-Fundierte ist mit seinen Fundierungen nicht identisch, es geht über diese hinaus, ist mehr als diese." Winter, Individualität und Idealität, S. 12.

359 Winter, Individualität und Idealität, S. 12f.

Lichtbildaufnahme, wie die klinische Registrierung psychologischer Ausdrucksformen. Auch beim künstlerisch hochstehenden Porträt ist das Entscheidende, daß es Schöpfung ist, daß der Künstler aus dem Ganzheitserlebnis der Persönlichkeit, auch beim bildenden Künstler nicht nur optischer Art ist – das wäre zu sehr von einem impressionistischen Standpunkt aus gedacht –, schöpferisch ein dieses Erlebnis versinnbildlichendes Bild setzt.“[360]

Auslöser war die Entstehung der modernen Kunst, anhand derer der überkommene Ähnlichkeitsbegriff neu überdacht werden musste. Ein Beispiel ist die 1900 entstandene Dissertation von Paul Kraemer, der in Reaktion auf den Impressionismus die künstlerische Auffassung, die Interpretation des Modells durch die künstlerische Form, als das Wesentliche ansah.[361] Die bestimmende Tat sei die geistige Arbeit des Künstlers, in der das Vorgegebene des Modells aufgehe.[362] Dementsprechend ist „[...] der Darzustellende nicht ein Objekt außer sich. Er wird vielmehr aufgenommen in dieses Ganze eines überpersönlichen Ichs.“[363]

Auch Schlossers „Gespräch von der Bildniskunst“ sieht das Porträt unter den Bedingungen des künstlerischen Stils.[364] Eine „Sicht, die das Bildnis als ein, einer bestimmten Stilrichtung zugehöriges Kunstwerk betrachtet, welches der Forderung eines verschieden zu bewertenden Ähnlichkeitsbegriffs unterstellt ist.“[365] Die Person ist dem Künstler „Problem seiner Kunst, mit deren speziellen Mitteln auszumachen. [...] Es ist vielmehr sein Erlebnis, das er nur als sein persönliches Eigentum

---

[360] Dagobert Frey, Kunst und Sinnbild, (1942/45), in: Ders., Bausteine zu einer Philosophie der Kunst, hrsg. v. Gerhard Frey, Darmstadt 1976, S. 173 f.

[361] Paul Kraemer, Beiträge zum Problem der Porträtdarstellung. Eine ästhetische Studie, Diss. Jena, Gernrode (Harz) 1900. „[...] Bildnismalerei ist wirklich Kunst nur dann, wenn es kein Abkonterfeien, sondern ein auf Freiheit gestelltes Schaffen bedeutet.“ Ebenda, S. 17.

[362] „Die Kraft, auf der Freiheit seines Schaffens zu bestehen, ist die Kraft der künstlerischen Persönlichkeit. Sein Werk ist individuell und doch zugleich universell, weil es eben ein inneres geistiges Erlebnis verkörpert, das über den bloßen psychologischen Befund weit hinausgeht.“ Kraemer, Porträtdarstellung, S. 29.

[363] Kraemer, Porträtdarstellung, S. 30.

[364] Julius von Schlosser, Gespräch von der Bildniskunst, In: Präludien. Vorträge und Aufsätze, Wien 1927, S. 227-247. zuerst in: Oesterreichische Rundschau, 6, April 1906, S. 502 - 516. Zitiert wird nach der späteren Ausgabe.

[365] Isa Lohmann-Siems, Begriff und Interpretation des Porträts, S. 36.

interpretieren, das heißt zum Ausdruck bringen kann."[366] „[...] der Künstler bildet im Porträt sich selbst."[367]
Das Kriterium der Ähnlichkeit kann demnach kein allgemeingültiges sein, sondern gilt nur in der Sicht des jeweiligen Künstlers. Der Ähnlichkeitsbegriff wird also zugunsten der Anschauungsform des einzelnen Künstlers modifiziert.[368]
Der Vergleich mit dem Vorbild wird dabei als unkünstlerisch abgelehnt, ein Vorwurf, den sich auch die Photographie, die sich auf den Aspekt der getreuen Wiedergabe des Modells beschränke, ebenfalls gefallen lassen muss. Das Porträt gehe nicht in der Identifizierbarkeit auf. Entscheidend sei nicht der Vergleich mit dem Naturvorbild, sondern vielmehr die Überzeugungskraft der künstlerischen Gestaltung. Gerade im Vergleich mit der Photographie wird die künstlerische Arbeit in ihrer Interpretationsmöglichkeit höher eingestuft und somit die Objektivität als künstlerischer Begriff abgelehnt.[369] Der schöpferischen Variabilität steht die Variabilität seitens des Modells gegenüber.

---

[366] Schlosser, Bildniskunst, S. 230.

[367] Schlosser, Bildniskunst, S. 230. Auffallend sei „[...] daß eine von zehn Malern dargestellte Person zehn Porträtierte erhalten würde, die untereinander sämtliche verschieden wären und doch, nämlich vom Standpunkte des Künstlers aus, dem Modell in irgendeiner Weise gleichen. So gaben sie eigentlich die sehr bemerkenswerte Definition, die wir auch schon im Laufe unseres Gesprächs gestreift haben, daß die Ähnlichkeit in der künstlerischen Interpretation des Individuellen liegt." Ebenda.

[368] Isa Lohmann-Siems, Begriff und Interpretation des Porträts, S. 25.
Croce, ausgehend von den Überlegungen Schlossers, kommt zum selben Ergebnis. Am Ende des Aufsatzes von Schlosser heißt es: „Dem Problem der ‚Ähnlichkeit' im Porträt hat B. Croce, z.T. an obige Ausführungen anknüpfend, 1907 einen Aufsatz gewidmet, der in seine ‚Probleme di Estetica', 2. Aufl. Bari, Latenza 1923, S. 258f. aufgenommen ist."

[369] „Denn Ähnlichkeit ist überhaupt keine künstlerische Kategorie. Um zum Kern des Problems vorzudringen, darf man den Porträtierten nicht kennen, es muß ein unbekannter sein. Tatsache ist, daß uns die Bildnisse Rembrandts oder Velasquez durch ihre Ähnlichkeit überzeugen; weil wir aber keine Möglichkeit haben, sie mit dem lebenden Modell zu vergleichen, muß d i e s e Art von Ähnlichkeit eine von jener populären photographiehaften grundverschieden sein." Schmidt, Künstlerbildnis und Ähnlichkeit, S. 4.
Vgl. auch Friedrich Theodor Fischer, der deshalb dem Gemälde eine treffendere Darstellung zubilligt als der Photographie: „Das im Sinne des Photographen am besten getroffene Bildnis ist also eigentlich das am wenigsten getroffene. Was ist Wahrheit? Der Künstler zieht aus einer Reihe von Momenten eine Quintessenz; er muß hinter die

Bei einem Porträt ergibt sich dabei die besondere Situation, dass es sich bei der Vorlage eines Individuums um einen höchst komplexen Organismus handelt, der nicht nur von äußeren Merkmalen geprägt und somit nicht durch die möglichst getreue Übersetzung von Einzelheiten darstellbar ist. Schon der Begriff bedeutet dessen Unteilbarkeit und Ganzheit, nicht als ein Fixes, sondern Unendliches, eine Vielheit in der Einheit. Die Vielfalt von Deutungs- und Darstellungsmöglichkeiten sind nicht nur durch den jeweiligen Künstler, sondern auch durch die im Individuum liegenden Möglichkeiten nicht nur angelegt, sondern zwingende Voraussetzung.[370]
Auch die neuere Porträtforschung sieht, zum Teil auf diese Beobachtungen zurückgreifend, Ähnlichkeit als ein sehr relatives, von der künstlerischen Deutung modifiziertes Kriterium an. Deutung gilt

---

Oberfläche zurückgehen und den Kern erfassen. Diesen geistigen Akt kann eine Maschine nicht vollziehen. Will der Künstler die Wahrheit eines Gesichts, so kann er sie nicht in diesem *einen* Augenblicke darauf schwebend finden, sondern er muß sie nach und nach erforschen und aus einer Mehrzahl von Eindrücken destillieren; so wird sein Gebilde nicht gemein wahr wie ein Lichtbild, sondern tief wahr." Friedrich Theodor Vischer, Das Schöne in der Kunst, Stuttgart 1898, S. 251 f., zitiert in: Kaufhold, Bilder des Übergangs, S. 67 f.
Vgl. auch Utitz: „Dass eine derartige Auslese, eine Auswahl aus dem Naturvorbild getroffen werden muss, wenn die Kunst nicht zur Photographie herabsinken soll, darüber sind sich heute alle Aesthetiker einig, mögen sie dieses Gesetz der reinigenden Naturnachahmung so oder so fassen." Emil Utitz, Grundzüge der ästhetischen Farbenlehre, Stuttgart 1908, S. 91.

[370] Croce, Bildnis und Ähnlichkeit, S. 268 f.
„Aber ein Individuum, wenn man es definieren will, ist nichts Fixes; es ändert sich nicht bloß von Jahr zu Jahr, von Tag zu Tag, von Minute zu Minute, je nach den verschiedenen Erregungszuständen [...] aber auch in einem einzelnen Augenblick betrachtet, ist es ein U n e n d l i c h e s. In jeglichem Augenblick zeigt es unendliche Aspekte, von denen jeder vorwiegend hervorgehoben werden kann, und die nicht s ä m t l i c h darzustellen sind, außer durch eine Reihe von Darstellungen, die auch ihrerseits ins Unendliche geht. [...] Nicht nur ist das Individuum mithin ein Prozeß oder eine Entwicklung; das, was sich in ihm in dieser besonderen Form entwickelt, ist der ganze Kosmos. [...] Der Vergleich ist nicht zwischen einem Bildnis und einem absurdem, nicht zu fassenden f i x e n I n d i v i d u u m zu ziehen; sondern zwischen dem Bildnis und einer der vielen Offenbarungen und Aspekte der dargestellten Person."
Vgl. auch Gombrich, Maske und Gesicht, S. 106. Das Gesicht verändere sich ständig, der Mensch habe nicht nur ein Gesicht, sondern tausend verschiedene.

dabei als der Spielraum, der dem Künstler bei der Verpflichtung gegenüber dem Modell bleibt.[371]

> „Die Bildnisfigur, wie die gesamte anschauliche Struktur des Porträts ist ein System möglicher Übertragungen, in denen sich das Individuum deutet [...]"[372]

Die künstlerische Deutung ist nichts anderes, als das mit „Realisation" bezeichnete, das dem Künstler unterschiedliche Übertragungsmöglichkeiten hinsichtlich Auswahl und Zusammensetzung einräumt. Das Porträt als künstlerische Schöpfung präsentiert eine durch die „innere Notwendigkeit" in sich schlüssige Darstellungsmöglichkeit.

> „Nur unter der Bedingung, daß das Bildnis eine Bedeutungskategorie ist, in ihm Übertragungen angelegt sind, läßt sich erklären, daß die verschiedensten Erscheinungsweisen des gleichen Menschen, Bildnisse unterschiedlicher Hand, doch eine Person in ihrer Individualität zu erfassen vermögen. Ähnlichkeit baut sich aus einem komplexen Bündel unterschiedlicher Merkmale auf."[373]

Das eigenständige komplexe Individuum findet sich so in einem ebenso eigenständigen komplexen Medium des Bildes wieder, die Einheit eines Menschen wird über die Realisation oder auch Deutung zur Bildeinheit. Wird das Bild als eigenständige künstlerische Einheit angesehen, die im Modell ihren Ausgang hat, muss diese Einheit auch Aufschluss geben können und so zu einem neuen Porträtbegriff führen, der die künstlerische Deutung und Schöpfung mit einbezieht.

Auf der theoretischen Grundlage von Gadamer leiten sowohl Boehm, seine Schülerin Hülsewig-Johnen als auch Winter den Begriff des Porträts von dessen Individualität ab. Dessen Einheit und Besonderheit drücke sich in der Bildstruktur des Werkes als Sinnstruktur aus. Davon ausgehend, dass das Kunstwerk einer der Natur gegenüber

---

[371] „Der gemalte Mensch des Porträts ist kein anderer als das Original, auf welches er sich bezieht. Die Phantasie des Malers liegt dabei – was manche Kunstkritik im Laufe der Neuzeit beklagte – an der kurzen Kette der Realität. Sie ist aber lang genug, um den Maler in die Lage zu versetzen, den Menschen auf eine genuine Weise als Person zu *deuten*."

[372] Boehm, Bildnis und Individuum, S. 38.

[373] Boehm, Bildnis und Individuum, S. 264, Anm. 12. Als Beispiel nennt er die Porträts des Balthasare Castiglione von Raphael und Tizian.

eigenständige Sinnhaltigkeit aufweise[374] offenbare sich auch das Porträt durch diese ihm eigene Struktur. Individualität und Darstellung verbinden sich somit über die Gesamtstruktur: „Die Individualität der Darstellung und des Dargestellten sind *ein* Phänomen."[375] Ähnlichkeit als Bezug zum Modell sei darüber nur bildimmanent zu ermitteln.

> „Und wir erkennen in ihr, in der Stilisierungsarbeit, die der Künstler vollbrachte, eine Ähnlichkeit mit einem gewesenen Menschen, die allein aus der Darstellung rührt."[376]

Ist Ähnlichkeit nur bildimmanent zu bestimmen, muss sie konsequenterweise ohne Vergleich mit etwas Außerbildlichem auskommen. Daraus ergibt sich die Schwierigkeit, dass – will man den

---

[374] Hildebrandt: Das Kunstwerk steht der Natur als abgeschlossenes und in sich beruhendes Wirkungsganzes gegenüber. Werner Hofmann, Studien zur Kunsttheorie des 20. Jahrhunderts, in: Zeitschrift für Kunstgeschichte, Bd. 18, 1955, S. 139.

[375] Boehm, Bildnis und Individuum, S. 80.
„Die Individualität der Darstellung und die Individualität des Dargestellten sind voneinander abhängig und vielfach aufeinander beziehbare Größen. Art und Weise dieser wechselweisen Abhängigkeit bleibt in jedem Bildnis eine andere Qualität. Sie interessiert nicht nur in formaler Hinsicht, und zwar deshalb, weil sie die gesamte Deutung der Person steuert. Einfache Veränderungen an Ausschnitt und Maßstab, an Bezug von Körper und Fläche, am Wechselspiel einzelner Züge der Physiognomie bringen eine Verschiebung der gesamten Optik und des in ihr Erschauten zustande. Sie entscheiden über Momente, vermöge der sich Individualität jeweils deutet. Individualität des Dargestellten und der Darstellung bedingen durch ihr Verhältnis das jeweilige Bedeutungsgefüge des Porträts." Boehm, Bildnis, S. 52.

[376] Boehm, Bildnis und Individuum, S. 28.
„Wir erkennen diesen *Jemand als ähnlich*, obwohl wir ihn *niemals gesehen haben*. Im selbständigen Porträt vollziehen wir eine Wiedererkenntnis von etwas, das wir, in aller Regel, realiter nie zu Gesicht bekommen können, es auch nicht brauchen. Etwas *wieder*zuerkennen, was als Original unbekannt ist, erscheint paradox, definiert aber jene spezifische Ähnlichkeitserfahrung, die im Porträt eine Rolle spielt. Wir realisieren die Ähnlichkeit des Dargestellten mit sich, ohne dass wir das Urbild kennen. [...] Im wirklichen Porträt erkennen wir den aufgefaßten Menschen in der Vielfalt seiner Bedeutsamkeit, wir sehen diese Vielfalt sich in einer Stummheit des Dargestellten anzeigen." Boehm, Bildnis und Individuum, S. 28.
Vgl. Winter, Individualität und Idealität, S. 11 f. „Wie das ‚Bildnis eines Unbekannten' auf der einen und das Modellporträt innerhalb eines größeren Zusammenhangs beweise, ist die Identifizierbarkeit nicht unbedingt einziges Kriterium des Porträts."
„Nicht das richtige Treffen soll folglich zur Grundlage für die Beurteilung von Menschendarstellungen als Porträt dienen, sondern die vermöge der Darstellung implizierte Deutung eines Menschen als sinnbestimmte Ganzheit, wie das höchste Ziel der Porträtdarstellung nicht darin gesehen werden kann, Bekanntes wiedererkennbar zu machen, zu beleben, sondern darin, Bekanntes als Gedeutetes bekannt zu machen." Winter, Individualität und Idealität, S. 15.

mit dem Porträt stets verbundenen, nahezu verkörperten und daher nicht wegzudenkenden Begriff „Ähnlichkeit“ nicht außer Acht lassen – zwangsläufig eine Definition versucht werden muss, die den eigentlichen Ursprung des Wortes nicht mehr berücksichtigen darf. Hierbei stellt sich die Frage, ob dieser Begriff dann überhaupt noch fruchtbar für die Porträtanalyse sein kann oder ob er nicht zugunsten anderer, geeigneterer Begriffe zu verwerfen ist. Es müssen nämlich Kriterien entwickelt werden, anhand denen Ähnlichkeit sich innerhalb des Bildes zeigt, quasi Indikatoren, die auf Ähnlichkeit verweisen, ohne den Vergleich mit dem Porträtierten, auf den sich die Ähnlichkeit eigentlich bezieht, zu bemühen. Laut Boehm eigne es dem Porträt, und dies mache auch seine Definition aus, dass es den mit Ähnlichkeit zu benennenden Bezug zum Modell stets ablesbar mitrepräsentiere.

> „Die vom Porträt erwartete Ähnlichkeit eines dargestellten Charakters mit sich selbst erfordert eine künstlerische Ausdrucksweise, die sich gleichfalls an einer organischen Verbindung des einzelnen Elementes mit dem Ganzen orientiert.“[377]

Ähnlichkeit sei dann gewährleistet, wenn sich der Betrachter anhand der Struktur des Porträts darüber im klaren ist, dass er einem sich als bestimmtes Individuum präsentierenden Menschen gegenüber befindet, ohne dass er dafür notwendigerweise das Vorbild kennen muss. Prägend dafür ist der Begriff der Okkasionalität, der Sinnanspruch eines Werkes, der sich aus der Gelegenheit, aus der es in bezug auf den Dargestellten entstanden ist, ergibt.[378] Im Prozess der Realisation verobjektiviere sich das geistige Bild, das der Künstler vom Modell hat (das Urbild) im Porträt, das somit in seiner Eigenständigkeit stets einen Bezug zum Porträtierten über die künstlerische Deutung aufweise.[379]

---

[377]Boehm, Bildnis und Individuum, S. 78 f.

[378]„Diese Okkasionalität gehört zu den kernhaften Bedeutungsgehalt des ‚Bildes‘, unabhängig von ihrer Einlösung. Man erkennt das daran, dass einem ein Porträt auch als Porträt erscheint (und etwa eine Personendarstellung in einem Figurenbild als porträthaft), wenn man den Porträtierten nicht kennt. Es ist dann etwas in dem Bilde gleichsam nicht einlösbar, eben das Gelegentliche. Aber was so nicht einlösbar ist, ist nicht etwa nicht da, es ist sogar auf eine vollkommen eindeutige Weise da.“ Gadamer, Wahrheit und Methode, S. 135.

[379]„Das Urbild im Innern des Künstlers – die Idee und sein Abbild – die Gestaltung (Eidos) – , dieser aus dem Schaffensakt notwendig resultierende Dualismus, ist in der Identität des Bildes aus Geist und Materie aufgehoben. Das läßt sich auf die Formel

> „Darstellung bleibt also in einem wesenhaften Sinne auf das Urbild bezogen, das in ihr zur Darstellung kommt. Aber sie ist mehr als ein Abbild. Daß die Darstellung ein Bild – und nicht das Bild selbst – ist, bedeutet nichts Negatives, keine bloße Minderung zum Sein, sondern vielmehr eine autonome Wirklichkeit.“[380]
>
> „Urbildlichkeit ist vielmehr ein Wesensmoment, das im Darstellungscharakter der Kunst begründet liegt. [...] Das Bild enthält vielmehr einen unauflösbaren Bezug zu seiner Welt.“[381]

Drückt sich der Bezug des Porträts auf das Modell in einer eigenständigen Einheit aus, bedeute dies, dass der Dargestellte mit nichts im Bild identisch ist und dennoch über dessen Gesamtstruktur präsentiert wird.[382] Diese Gesamtstruktur ergebe sich mittels geeigneter Präsentationsmerkmale.

> „Gelingt ein Bildnis, so war der Maler imstande, im Aussehen, in der Komplexion der Auffassungswerte, in Habitus und Haltung einen Durchblick auf die Individualität zu schaffen, Übereinstimmungen mit dem Urbild zu schaffen. Nur dann ist der Dargestellte im Bildnis auch wirklich präsent, sich selbst ähnlich.“[383]

Für dasselbe Phänomen prägt Gombrich den Begriff „Äquivalenz“ und meint damit die Entsprechung des dominierenden Ausdrucks von Porträt und Dargestelltem, die sich über die Detailschilderung hinwegsetzt. Das Porträt wirke naturwahr, obwohl nicht ein einziger Ton mit der Wirklichkeit übereinstimme.[384] Die Gesamtstruktur

---

bringen: Bild (Eikon) = Urbild (Idea) + Abbild (Eidos = Form) in einem. Im Schaffensakt des Malens erzeugt der Künstler sein Bild (Eikon), und dabei verschmelzen seine gedachte Idee (Urbild) und die geformte Materie (Eidos) in der Faktizität des anschaulichen Bildes.“ Bunge, Die Wirklichkeit des Bildes, S. 52 f.

380 Gadamer, Wahrheit und Methode, S. 133.

381 Gadamer, Wahrheit und Methode, S. 137.

382 „Das dargestellte Individuum ist mit nicht quantitativen im Bild identisch, und doch ist es mittels der Bildfläche präsent.“ Boehm, Bildnis und Individuum, S. 38 f.

383 Boehm, Bildnis und Individuum, S. 74.

384 „Der Schlüssel zu dem Paradox liegt in der Eigenheit unserer Psyche: der Fähigkeit nämlich, nicht so sehr einzelne Elemente als Beziehungen zwischen Elementen aufzufassen.“ Gombrich, Kunst und Illusion, S. 69.
„Das Auge sieht simul und singulariter. Die simultane Bildleistung des Auges ist nicht dessen erstarrte Fixierung aufs Ganze, wohl aber die Wahrnehmung des immer mitpräsenten Ganzen. Jedes je einzelne ist immer nur in seiner Aufgehobenheit im ganzen präsent und damit das Ganze im einzelnen kopräsent.“ Imdahl, Überlegungen

bestehe dabei aus Relationen, nicht aus der Summe von Einzelheiten. Gombrich zieht sich dabei nicht wie Boehm, auf das Porträt als alleinigen Faktor, im Sinne einer Vergleichbarkeit innerhalb des Bildes selbst, zurück. Vergleichbar seien nur die Gesamteindrücke unter sich: der Gesamteindruck der darzustellenden Person mit dem des Porträts. Dabei müssten kompensatorische Züge abgewogen werden, so dass das Bildnis in Gestalt und Farbe zwar objektiv unähnlich, im Ausdruck aber ähnlich empfunden werde.[385]

> „Alle Entdeckungen auf dem Gebiet der Kunst sind nämlich nicht Entdeckungen von Übereinstimmungen, sondern von Äquivalenzen oder Entsprechungen, die es uns ermöglichen, die Realität als ein Bild und ein Bild als Realität zu sehen. Dabei ist es wesentlich, dass diese Äquivalenz nicht so sehr auf einer Übereinstimmung der einzelnen Elemente beruht als auf der Gleichheit unserer Reaktion auf gewisse Relationen und Verhältnisse, selbst wenn ihre Elemente nicht identisch sind. [...] Gerade weil unser Identitätserlebnis nicht so sehr von einer genauen Nachahmung einzelner Züge ausgelöst wird wie von einem Zusammenstimmen gewisser Elemente, deren wir uns als Weiser und Anhaltspunkte bedienen, kommt der Künstler mit dem bloßen Beobachten nicht allzu weit."[386]

Äquivalenz meint hier die Entsprechung im Unähnlichen, bedingt zum einen durch die Komplexität des Individuums, zum anderen durch die

---

zur Identität des Bildes, in: Odo Marquard, Karlheinz Stierle (Hg.), Identität (=Poetik und Hermeneutik VIII), München 1979, S. 119.

Vgl. auch die Strukturforschung und die Gestaltpsychologie.

[385] Gombrich, Maske und Gesicht, S. 123.

Die Äquivalenz zum dominierenden Ausdruck nennt Gombrich Aria. (Ebenda)

[386] „Ebensowenig, wie ein gutes Porträt eine genaue Nachbildung der Wirklichkeit sein muß (und eine treffende Karikatur es der Natur der Sache nach nicht einmal sein kann) muß eine genaue Nachbildung der Wirklichkeit immer jenen Eindruck der frappanten Ähnlichkeit hervorrufen, den wir an einer gelungenen Karikatur oder einem gutem Porträt bewundern. Wenn dem so wäre, hätten wir viel mehr Aussicht, beim Drauflosknipsen mit dem Photoapparat ein gutes Bild eines Freundes zustande zu bringen. In Wirklichkeit sind wir aber nur selten mit einem solchen Bild zufrieden. Meist erscheint es uns uncharakteristisch und fremd, ja komisch, nicht etwa, weil die Linse verzerrt, sondern weil der zufällige Ausschnitt, den wir aus der Melodie des Ausdrucks aufgefangen und fixiert haben, nicht denselben Eindruck macht, wie die Melodie als Ganzes, das heißt wie der lebendige Ausdruck, der die Physiognomie des Freundes beseelt. Denn im wirklichen Leben beruht das Aussehen eines Menschen und sein charakteristischer Ausdruck mindestens ebensosehr auf Bewegung wie auf statischen Faktoren und es ist eben die Aufgabe des Künstlers, daß er alle Informationen, die zur Erzeugung des gewollten Eindrucks notwendig ist, in einem einzigen zeitlosen Aspekt zusammenfaßt." Gombrich, Kunst und Illusion, S. 378/79.

Unterschiedlichkeit der Medien, die keine direkte Übersetzung zulassen. Wertvoller als der Begriff „Ähnlichkeit" erscheint in diesem Zusammenhang der von Winter herangezogene Begriff der „Repräsentation", der ebenfalls die Eigenständigkeit des Individuums hervorhebt, indem er die künstlerische Eigengesetzlichkeit des Bildes berücksichtigt. Das Porträt repräsentiere den Dargestellten, indem es ihn als tatsächlich Abwesenden in einem anderen Medium vertrete.

> „Individualität ist demnach nicht durch Abbildung zu erreichen, d.h. durch die mechanische Überführung von So-Vorgegebenen in eine andere Materialität, sondern allein durch Darstellung, d.h. durch die Überführung des So-Vorgegebenen in einem bestimmten Anschauungszusammenhang, der da nur das So-Vorgegebene enthält, dieses gleichzeitig aber auch als ein anderes, nämlich Gedeutetes und dem So-Vorgegebenen auf Distanz Gegenüberstehendes zur Geltung bringt. Vorgegebenes erscheint deshalb in der Darstellung als es selbst und gleichzeitig als ein anderes. Die Darstellung ist mit dem Darzustellenden nicht identisch, sondern ist – indem sie das Darzustellende darstellt – gleichzeitig auch etwas anderes, eigenes. Sie vertritt das Darzustellende, diese ist in ihr präsent, aber als ein solches, das realiter nicht anwesend ist: Es wird repräsentiert."[387]

### III.1.3.1. Ähnlichkeit in der Moderne

Aus der Sicht der Hermeneutik liegt Ähnlichkeit immer optisch in der Sinnstruktur des Werkes selbst. Dennoch werden trotz der Allgemeinverbindlichkeit Unterscheidungen zwischen der Tradition und der Moderne vorgenommen. Hülsewig bemerkt in ihrer Dissertation über Cèzanne zwar „[...] Ähnlichkeit ist zugleich immer schon gefaßt im Begriff der eigengesetzlichen Kongruenz des Bildes zu seinem Motiv."[388], beraubt sich aber durch die strikte Trennung

---

[387]Winter, Individualität und Idealität, S. 54. Er beruft sich dabei auf die Stelle bei Gadamer: „Vertreten aber heißt, etwas gegenwärtig sein lassen, was nicht anwesend ist." Wahrheit und Methode, Tübingen [4]1975, S. 146.

[388]Hülsewig, Cézanne, S. 171.
Diese Definition stellt Hülsewig über den Begriff der „Parallelität" für Cézanne auf. Parallelität geht – gemäß dem Prozeß der Umsetzung, der „Realisation" – von der von einer Vorlage abgeleiteten Eigengesetzlichkeit des Bildes aus, die aber eben von jener Vorlage motiviert, diese über Logik der Gesamtstruktur reflektiert. Die Bildnisfigur zeichnet somit eine zum Modell bestehende parallele Identität aus. Vgl. Ebenda, S. 178.

zwischen Tradition und Moderne, wie sie besonders in ihren Aufsätzen über das Porträt im Expressionismus hervortritt, aller Möglichkeiten, dieses für die gesamte Malerei geltende Prinzip überall fruchtbar werden zu lassen. Berücksichtigt man das Nebeneinanderbestehen der beiden eigengesetzlichen Organismen Modell und Porträt, die dennoch ursächlich aufeinander bezogen sind, so darf die Definition von Ähnlichkeit als ein „[...] Bildwert, der sich aus objektiv-logischer Seinseinheit des Bildes, seiner parallelen Autonomie, selbst erfüllt, der in der Logik der Farbe ‚aktuell' immer vorhanden ist“[389] nicht als Ausnahmefall der Modernen gelten.

Generell lässt sich der Vorwurf einer Trennung zwischen Inhalt und Form erheben, wobei die inhaltliche Seite der Illusionierung der Naturvorlage in der Tradition zugeordnet wird und die formelle hingegen der Eigenständigkeit des Kunstwerks als materielle Farb-Form-Logik in der Moderne.

> „Das Bildverständnis des Expressionismus setzt nun den Aufgabenkreis der künstlerischen Nachahmung der Außenwelt außer Kraft und mit ihm den Regelkanon zu ihrer Herstellung. Das Kunstwerk wird definiert als autonome Schöpfung des Künstlergeistes, als von allem Naturvorbild gänzlich unabhängiger Organismus aus eigener Gesetzlichkeit, der neben der Naturschöpfung zur Existenz kommt, nicht in ihrer Nachfolge.“[390]

Sieht Hülsewig das Ausklammern der außerbildlichen Wirklichkeit später auch positiv, da dies für die Bildwirkung die Befreiung von äußerer Normierung bedeute, da Bildwirklichkeit und Erscheinungswirklichkeit als Farb-Form-Struktur in eins fallen, lehnt sie dennoch ein Verhältnis zwischen Bildeinheit und Vorlage in der Moderne generell ab.

---

„So trägt allein aufgrund der Logik der Farbe die immanente Gestaltung des Bildes grundlegend das Implikat der Ähnlichkeit zu seinem Motiv, wie die Idee der Parallelität grundlegend eine Ähnlichkeitssubstanz in sich faßt.“ Vgl. ebenda, S. 178.

[389] Hülsewig, Cézanne, S. 173.

[390] Hülsewig-Johnen, Gesichter wie von schwimmendem Schaum, S. 18.
„Die bildkünstlerischen Hauptströmungen des frühen 20. Jahrhunderts wie Fauvismus, Expressionismus, Kubismus bringen ihrer Intention nach keine außerbildliche Welt im Sinne von Mimesis bildlich zur Erscheinung, schaffen damit aber auch keine Bildnisse mehr, die im beschriebenen traditionellen strengen Wortsinn Porträts sind, weil sie die Illusion einer lebenswirklichen Gegenwärtigkeit eines Individuums im Bild nicht mehr leisten wollen.“ Hülsewig-Johnen, Wie im richtigen Leben, S. 13.

Auch für Imdahl stellt die Eigengesetzlichkeit des Bildes zwar prinzipiell eine Gegebenheit aller Malerei dar, wird jedoch vor allem als ein Faktor der Moderne betrachtet. Grundsätzlich habe die Person außerhalb ihrer individuellen Präsenz kein Vorkommen und sei im Bild tatsächlich abwesend.[391] Die Anschauungstatsache des Bildes stelle ein komponiertes in sich selbst endgültiges Gebilde dar,[392] die Person und ihre Repräsentanz seien zwei verschiedene Dinge.[393] Dem Porträt eigne somit kein dokumentarischer Authentizitätscharakter, sondern es sei eine „streng geordnete Anschauungstatsache sui generis", die dennoch in Relation zu der dargestellten Person stehe[394]. Der Unterschied liege in der Weise der Repräsentation. Während im traditionellen Porträt das Individuum auf eine Ansicht „jenseits aller Transitorik und Zufälligkeit" fixiert werde,[395] werde es in der Moderne dank der Freiheit der malerischen Mittel zugunsten einer Vielfalt von Ansichten offengelassen, das Porträt fungiere somit „als gewollt subjektive Deutung unter anderen, gleich möglichen Deutungen".[396] Die Moderne stelle so die Einsicht in die Nichtrepräsentierbarkeit von Individualität dar, trage der Unverwechselbarkeit des Individuums Rechnung und thematisiere daher eigentlich ein „Dividuum".[397]

---

[391] Vgl. den Begriff der Repräsentanz bei Gadamer und Winter.

[392] Vgl. Max Imdahl, Relationen zwischen Porträt und Individuum, in: Manfred Frank, Anselm Haverkamp, Individualität (= Poetik und Hermeneutik XIII), München 1988, S. 590 f.

[393] Imdahl, Porträt, Vgl. S. 590 f.

[394] Imdahl, Porträt, S. 588.

[395] „Unterschiedlich zum Foto schließt die Strenge der Komposition des Bildes dessen mögliches Anderssein, damit aber auch jedes mögliche andere Sich-Verhalten der Person aus." Imdahl, Porträt, S. 589.

[396] Hans Robert Jauss, Die Entdeckung des Individuums in der Porträtmalerei der Renaissance, in: Merkur. Deutsche Zeitschrift für europäisches Denken, 41. Jg., 1987, S. 338.

[397] „Es geht also darum, jede Ineinssetzung oder Verwechselbarkeit der Person mit ihrer Repräsentanz möglichst auszuschließen." Imdahl, Porträt, S. 591. So schreibt Imdahl über eine Zeichnung Giacomettis: „Nichts also ist dem anderen gleich, mit ihm in einszusetzen oder zu verwechseln, und man muß folgen, dass diese Zeichnung Giacomettis in vielfacher Hinsicht aktualisierten Unverwechselbarkeit dem dargestelltem Manne selbst, und zwar seiner Individualität zugute kommt. Gerade das macht die Individualität des Mannes aus, dass sie weder zu verwechseln noch zu vereinnahmen ist." Ebenda, S. 593.

„Nachdem das photographische Porträt das gemalte Bildnis durch dokumentarische Authentizität, die das Abbild einer Person mit dieser selbst verwechselbar machte, gleichsam überboten hatte, suchte die Porträtmalerei neue Legitimation. Sie fand sie in dem Verfahren, die Differenz zwischen dem Gesehenen und dem Vorgestelltem eigens zu thematisieren, um sichtbar zu machen, was in der naiven Ineinssetzung von Abbild und Person verschwunden war. Das Problem einer modernen Porträtkunst liegt hinfort darin, die Individualität des Porträtierten aus aller unmittelbaren Anschaulichkeit wieder freizusetzen, sie vor der Verwechslung mit ihrem Abbild gleichsam zu schützen. Damit ist die Verwechselbarkeit [...] nunmehr auf ihrem Gegenpol angesiedelt: nicht mehr die Verwechslung mit dem Andern seiner selbst willen wird nun zum Problem. Während das klassische Porträt das Individuum unverwechselbar machen wollte, indem es das Subjekt in sich selbst zentrierte, sucht es das moderne Porträt vor der Verwechslung mit seiner visuellen Repräsentation zu bewahren, mithin vor dem Identifiziertwerden mit einem vermeintlich substantiellen Selbst. Dieses ist nunmehr einer Dezentrierung des Subjekts anheimgefallen, die als Entfremdung, aber auch wieder als Möglichkeit neuer Erfahrung thematisiert werden kann.“[398]

Damit nähere sich das dargestellte Individuum seiner Erfahrbarkeit im tatsächlichen Leben und komme somit der Wahrnehmung des Betrachters in diesem Sinne entgegen. Diese sei nie absolut, sondern relativ und zeitweilig, sich jeder Festlegung verwehrend.[399]
Ähnlichkeit bestimme sich jeweils durch einen Gesamteindruck, der jedoch weder in Einzelheiten zu fixieren noch überhaupt absolut zu setzen sei. („Verweigerung endgültiger Ineinssetzung“[400]) Das Porträt

---

[398] Jauss, Entdeckung des Individuums, S. 336 f.

[399] Dazu zieht Imdahl wiederum Giacometti heran: „Seine Äußerung impliziert, daß die Lebendigkeit des Subjekts, also des Menschen, dicht verknüpft ist mit seiner wirklichen Erfahrbarkeit im Leben, und diese ist erstens Anblick, Erscheinung, das heißt Wahrnehmung jenseits aller körperlichen Greifbarkeit und jenseits aller Nachmessung oder kritischer Überprüfbarkeit der Form und sie ist zweitens Jeweiligkeit, das heißt Zeitbedingheit und Relativität, denn es gibt im lebendigen, wirklichen Wahrnehmen von lebendigen Menschen immer nur jeweilige, spontane, transitorische, nie absolute Erfahrungen. Giacomettis Äußerung impliziert aber auch, daß alles Entgültige und Überprüfbare nicht nur der Lebendigkeit der Wahrnehmung, sondern auch der des Wahrgenommenen widerspricht.“ Imdahl, Individualität, S. 595.

[400] „Wichtig ist es, ein Objekt zu schaffen, das möglichst ein ähnliches Gefühl vermittelt, wie beim Anblick des Subjektes.“ Giacometti zitiert in: Imdahl, Porträt, S. 594 f. Zitat

bilde sich jeweils durch die individuelle Vorstellung des Betrachters, dem in der Darstellung möglichst viel Raum gelassen werde. Mit anderen Worten: Erst die Subjektivität des Betrachters produziert das Porträt.

Interessanterweise verwendet Boehm den Begriff der Unverwechselbarkeit des Individuums bereits für das Renaissanceporträt, indem er die Tatsache der Parallelität von Modell und Porträt, bzw. – laut Imdahl – die Differenz zwischen Abbild und Person in Rechnung stellt. Dabei spielt auch hier der über die Anschauung sinnstiftende Betrachter eine wesentliche Rolle.

> „Was wir anschaulich tun, wenn wir einen Porträtierten als ihn selbst (ohne Vorkenntnis des Originals) wiedererkennen, läßt sich als eine Tätigkeit des Vergleichens bestimmen. Wir vergleichen freilich nicht ein Porträt-Ding mit einem Mensch-Ding, so wie wir einen Stuhl mit einem anderen im Hinblick auf ähnliche Eigenschaften vergleichen. Dargestellte Individualität sperrt sich einem solchen Verfahren. Sie ist jeweils unvergleichlich, sonst liefe sie Gefahr, verwechselt zu werden. [...] Dieses Vergleichen darf gerade nicht einzelne Eigenschaften isolieren. Eine Eigenschaft (das Aussehen z.B. von Auge, Bart, Nase für sich) führt zu Fehlschlüssen über die Person bzw. überhaupt nicht zu ihrer Identität. Wir wissen, daß Porträts – z.B. in der Photographie – gerade wegen ihrer Treue im Detail – mitunter unähnlich aussehen. Das Verwirrspiel, zu dem das Ähnlichkeitsproblem in der Porträtforschung führt, entstand, weil man die anschauliche Beschaffenheit eines dargestellten Individuums übersah, und es wie ein Ding unter Dingen behandelte. Individuen, auch dargestellte, sind überhaupt keine Gegenstände, an denen Eigenschaften vorkommen“[401]

Gerade die Deutungsvielfalt im Sinne einer Nichtfestlegbarkeit auf einen Aspekt hin mache die Autonomie eines Individuums aus.

> „Die Deutungsvielfalt eines dargestellten Individuums erscheint unerschöpflich. Nur wenn es auf bestimmte Inhalte *nicht* festlegbar ist, bewahrt es seine persönliche Autonomie.“[402]

---

nach E. Scheidegger (Hg.), Alberto Giacometti – Schriften, Fotos, Zeichnungen, Zürich 1958, S. 9

Vgl. auch Gombrich und Boehm.

[401] Boehm, Bildnis und Individuum, S. 34.

[402] Boehm, Bildnis und Individuum, S. 12.

Während Imdahl diese Deutungsvielfalt gerade als Charakteristikum einer dem Individuum gerecht werdenden Darstellung in der Moderne ansieht, hält Boehm das „Muster selbstbezogener Individualität" im 20. Jahrhundert für nicht mehr gegeben.[403]
An dieser Stelle muss betont werden, dass die künstlerische Deutung, wie sie sich im Porträt eines Menschen niederschlägt, stets die Variablen Modell, künstlerische Idee und Kunstwerk enthält und somit zwangsläufig eine große Vielfalt an Erscheinungsmöglichkeiten bedingt. Die zunehmende Variierbarkeit der Bildmittel in der Moderne ist ein Faktor, der diese Tatsache besonders offensichtlich macht.

## III.2. Porträt und Typus: Zum Problem von Individuum und Gattung

Die Definition von Ähnlichkeit unter dem Aspekt des Schöpferischen hat zur Folg – wir wiederholen das Ergebnis des vorigen Kapitel – dass automatisch eine Modifizierung des Modellbezuges im Übertragungsprozess durch den jeweiligen Künstler erfolgt. Das Porträt als eigenständige künstlerische Umsetzung des Modells stellt ist somit Teil einer unendlichen Reihe nebeneinanderstehender Darstellungsmöglichkeiten desselben und verschiedener Künstler. Hinsichtlich des anschaulichen Materials bedeutet dies, dass es für das Porträthafte schlechthin keine allgemeine, übertragbare Formel gibt, sondern diese über das jeweilige Werk erschlossen werden muss. Porträtspezifische Merkmale sind immer nur in Spannung zur jeweiligen besonderen künstlerischen Ausprägung möglich. Die Gattungsabgrenzung vollzieht sich also über die in den künstlerischen Möglichkeiten liegende Porträtabsicht.[404]
Auch im Werk von Schmidt-Rottluff muss es werkimmanente Faktoren geben, die ein Porträt als solches, d.h. in seiner künstlerischen Absicht auf einen Modellbezug hin, erkennen lassen. Die Definition von Ähnlichkeit und darüber hinaus von Porträt ist somit nur über das

---

[403] Boehm, Bildnis und Individuum, S. 13.

[404] „Porträt ist die als ähnlich beabsichtigte Darstellung eines bestimmten Menschen." Richard Delbrück, Antike Porträts (Tabulae in usum scholarum VI.), Bonn 1912, zitiert in: Hermann Deckert, Zum Begriff des Porträts, in: Marburger Jahrbuch für Kunstgeschichte, Bd. 5, 1929, S. 2.

Gesamtwerk Schmidt-Rottluffs möglich. Dieses steckt den Rahmen ab, innerhalb dessen sich Porträt vom Nichtporträthaften, von Figur oder Typ, unterscheidet.[405] Die anschließende Untersuchung arbeitet daher mit Vergleichen einzelner Werke untereinander, berücksichtigt die Relationen des Einzelwerkes zum Gesamtwerk Schmidt-Rottluffs und zu den Werken anderer Künstler.

Nimmt man das Gesamtwerk Schmidt-Rottluffs als Rahmen, so ergibt sich zwangsläufig eine Konzentration auf die Phase von 1915, in der Schmidt-Rottluff fast ausschließlich und mit großem Abstand die meisten Figurenbilder schuf.

### III.2.1. Das Besondere und das Allgemeine. Die Unterscheidung von Porträt und Typus im Werk Schmidt-Rottluffs

Dem Porträt eignet als Darstellungsform des Individuums der Charakter des Besonderen, der sich gegen die nicht individuell gemeinten Darstellungen von Menschen absetzt.[406] Diese Unterscheidung zwischen dem Besonderen und dem Allgemeinen ist auch im Werk Schmidt-Rottluffs beim Vergleich des Einzelwerks mit dem Gesamtwerk evident. Es können werkspezifische Konstanten herausgestellt werden, die – stilistisch von den einzelnen Malphasen geprägt – deutlich auf die Porträtabsicht hinweisen.

#### III.2.1.1. Die physiognomischen Merkmale

Es finden sich deutliche Unterschiede zwischen Dargestellten mit sehr sorgfältig und differenziert ausgestalteten Gesichtszügen und auf wenige Merkmale reduzierte Typen, auf die Schmidt-Rottluff häufig

---

[405] Die Unterscheidung zwischen Porträt und Allgemeinbild ist stets kontextabhängig. „Je detailreicher es ist, desto eher wird man dazu neigen, es als Porträt zu behandeln. Nichts hindert daran, daß ein und dasselbe Gebilde, welches nacheinander in zwei verschiedenen Umgebungen verwendet wird, einmal als Porträt, das andere Mal als Allgemeinbild fungiert." Scholz, Bild. Darstellung. Zeichen, S. 130. An dieser Stelle muss eingewendet werden, dass es auch qualitative Unterschiede gibt, die ein Porträt generell von einem Allgemeinbild scheiden, die nicht nur in ihrer Verwendung begründet liegen.

[406] So wird die Entwicklung des Porträts in der Neuzeit als Absetzung vom Allgemeinbild verstanden. (Buschor, Keller)

„So verstanden ist Individualität das Ergebnis eines, sich im Konflikt von Besonderheit und Allgemeinheit menschlicher Fixierung seiner Position als einer so eingenommenen Position bewußt werdenden Menschen." Gundolf Winter, Zwischen Individualität und Idealität, S. 45.

zurückgreift. So lässt sich in den Jahren 1914/15 mindestens achtmal derselbe Kopftypus bei Köpfen und Figurendarstellungen feststellen.[407] Wie wenig auch andere Kopftypen individuell gemeint sind, zeigt der *Kopf mit Halskette* von 1914, der bereits im Jahr zuvor auf mindestens drei Aktdarstellungen in Tusche erscheint und ein Jahr später als Radierung ebenfalls zu einer (diesmal halbfigurigen) Aktdarstellung erweitert wird.[408]

Die Differenziertheit der Darstellung gilt auch allgemein als Charakteristikum des Porträts:

> „Das individualisierende Porträt arbeitet viel stärker die Unterschiede einzelner Aspekte heraus und verwendet sie – nicht im Hinblick auf einen allgemeinen idealen Kanon, sondern im Hinblick auf diese einzige Person (die sich darin zeigt) – als eine Einheit zusammenfassend. Das Moment der Differenz ist in Idealbildnissen schwach entwickelt, ihre Harmonie

---

[407] - *Mädchenbildnis*, 1914, Öl auf Leinwand, 99 x 61 cm, Sammlung Buchheim (Abbildungsverzeichnis Nr. 66).
- *Mädchen mit rotem Kragen*, 1914/15, Öl auf Leinwand, 58 x 40 cm, Privatbesitz (Abbildungsverzeichnis Nr. 67).
- *Sitzende Frau*, 1915, 75 x 65 cm, verschollen. Abbildung in: Klaus-Peter Schuster (Hg.), Die Kunststadt München. Nationalsozialismus und „Entartete Kunst", München [3]1988, S. 145. (Abbildungsverzeichnis Nr. 68).
- *Grünes Mädchen*, 1915, Öl auf Leinwand, 85 x 76 cm, Staatliche Museen zu Berlin, Nationalgalerie (Abbildungsverzeichnis Nr. 69).
- *Frau bei der Toilette*, 1915, Öl auf Leinwand, 91 x 76,5 cm, Hamburger Kunsthalle (Abbildungsverzeichnis Nr. 70).
- *Mädchenkopf*, 1915, Öl auf Leinwand, 73 x 65 cm, verschollen (Abbildungsverzeichnis Nr. 71).
- *Frau mit Tasche*, 1915, Öl auf Leinwand, 95 x 87 cm, Tate Gallery, London (Abbildungsverzeichnis Nr. 72).
- *Handschuhanziehende*, 1915, Öl auf Leinwand, 84,5 x 76 cm, Sammlung Ströher, Darmstadt (Abbildungsverzeichnis Nr. 73).
- *Frau mit Tulpen*, 1915, Öl auf Leinwand, 95 x 76,5 cm, verbrannt bis auf ein Stück (Abbildungsverzeichnis Nr. 74).

[408] - *Kopf mit Halskette*, 1914, Holzschnitt, 36,3 x 29,5 cm, Schapire 131 (Abbildungsverzeichnis Nr. 75).
- *Sitzender Akt mit Halskette*, 1913, Tuschepinsel, 60 x 50,3 cm, Stedelijk Amsterdam (Abbildungsverzeichnis Nr. 76).
- *Weiblicher Akt*, 1915, Kaltnadel, 32 x 23,8 cm, Schapire 20 (Abbildungsverzeichnis Nr. 77).
- *Kniender weiblicher Akt*, 1913, Rohrfeder, 59,5 x 48 cm, Brücke-Museum Berlin (Abbildungsverzeichnis Nr. 78).
- *Zwei weibliche Akte am Strand*, Tuschepinsel, farbig laviert, 47,3 x 60 cm, Staatsgalerie Stuttgart (Abbildungsverzeichnis Nr. 79).

> kommt ohne großen Widerstand zustande. Die dem selbständigen Porträt eigene Vielfalt der physiognomischen Ausdruckswerte vereinfacht sich auf wenige Züge."[409]

Gerade die Abweichungen von der Norm des Typus stellen dabei das Besondere einer Person dar.[410]

### III.2.1.2. Die „Korrektur"

In Zusammenhang mit dem unterschiedlichen Grad der Ausdifferenzierung der Gesichtszüge in Abhebung von der Norm ist auch eine mit diesem Grad steigende Farbdichte bezüglich Pastosität und Dichte verschiedener Farbtöne zu beobachten. Diese resultiert aus den Farbschichten, die im Prozess mehrfacher Übermalung aufgetragen wurden. Offensichtlich bestand eine Sorgfalt in der Bezeichnung des intendierten Ausdrucks, an den sich Schmidt-Rottluff schrittweise herantastete. Diese Sorgfalt ist bei den weniger differenzierten Typen nicht feststellbar.[411]

Die „Korrektur" ist somit als Vorgang innerhalb des künstlerischen Schaffensprozesses zu verstehen,[412] der das künstlerische Schaffen als Prozess der Findung definiert,[413] im Sinne einer Entwicklung vom

---

[409] Boehm, Bildnis und Individuum, S. 117.

[410] Dies nennt Gombrich die Maske: „Die Maske steht stellvertretend für die großen Unterscheidungen, die Abweichungen von der Norm, die eine Person von der anderen abheben. Jede Abweichung dieser Art, die unsere Aufmerksamkeit auf sich zieht, kann uns als Etikett zur Wiedererkennung dienen und verspricht, uns die Mühe weiterer Nachforschungen zu ersparen. Denn in Wirklichkeit sind wir ursprünglich nicht für die Wahrnehmung des Ähnlichen, sondern für die Wahrnehmung des Unähnlichen programmiert – für die Abweichungen von der Norm, die hervorsticht und im Geist haften bleibt." Maske und Gesicht, S. 112.

[411] Vgl. die Gegenüberstellung der Köpfe der Porträts *Paul Rauert*, 1911, *Rosa Schapire*, 1915, *Lyonel Feininger*, 1915, *Paul Thiersch* mit dem Kopf der *Frau mit Tasche*, 1915 und dem des *Grünen Mädchens*, 1915.

[412] „All diese Dinge (=Materialien) muß man zu seinem Vorteil verwenden, beziehungsweise dort einsetzen, wo sie nötig sind. Dabei kommt es unwillkürlich auch zu Korrekturen. Bei mir entstehen sehr viele Bilder aus Korrekturen; ich fange sozusagen stets wieder von neuem an, bis ich auf eine Art Endpunkt komme." Willi Baumeister in einem Gespräch mit Kurt Wehlte, abgedruckte Tonbandaufnahme in Maltechnik 1955/2, wiederabgedruckt in: Kurt Wehlte, Werkstoffe und Techniken der Malerei, Ravensburg 1967, S. 35.

[413] „Wenn Picasso sagt: „Ich suche nicht, ich finde, meint er, glaube ich, für ihn sei es eine Selbstverständlichkeit geworden, dass Schaffen und Entdecken eins ist. Er plant

Allgemeinem zum Besonderen. Der Normalkopf dient dabei als Ausgangspunkt, in den individuelle Abweichungen eingetragen werden.[414] Gombrich beschreibt diesen Entstehungsprozess eines Porträts bei Picasso als schrittweises Herantasten in der Auseinandersetzung mit dem Modell:

> „Es handelt sich um ein Auswägen kompensatorischer Züge. Um einen Ausgleich für ihr Gesicht zu finden, das nicht eigentlich rund, sondern schmal ist, malt Picasso es blau – vielleicht wird die Blässe hier als Äquivalent für den Eindruck der Schlankheit gefunden. Aber auch Picasso konnte das genaue Gleichgewicht der Kompensation nicht ohne Ausprobieren finden; er prüfte eine Reihe von Papierformen. Was er suchte, war eben das – zumindest für ihn – Äquivalente. Wie man zu sagen pflegt, war dies eben so, wie er sie sah oder, wie wir statt dessen sagen sollten, wie er sie empfand. Er tastete nach der Lösung einer Gleichung zwischen Leben und Bild, und wie der konventionelle Porträtist versuchte auch er, sie durch das Spiel mit der Wechselwirkung zwischen Form und Ausdruck zu erreichen."[415]

Für das anschauliche Ergebnis des Bildaufbaus bedeutet dies jedoch, wie Boehm von der Struktur ausgehend kritisiert, nur wenig.[416] Diese allein gebe Aufschluss über den Porträtcharakter. Dennoch spielt der Entstehungsprozess, zumal wenn er sich deutlich im Bild niederschlägt, als Grundlage der fertigen Bilderscheinung eine wesentliche Rolle.

---

nicht, sondern sieht zu, wie die sonderbarsten Dinge unter seiner Hand entstehen zu einem Eigenleben." Gombrich, Kunst und Illusion, S. 389.

[414] Ernst H. Gombrich, Kunst und Illusion, S. 198.
„Für den Künstler der Neuzeit hingegen ist das Schema ein Ausgangspunkt für Korrekturen und Veränderungen, die es der Realität anpassen sollen, ein Hilfsmittel in seinem Ringen um das Einmalige, Besondere, Individuelle." Ebenda, S. 200.

[415] Ernst H. Gombrich, Maske und Gesicht, in: Ders., Bild und Auge. Neue Studien zur Psychologie der bildlichen Darstellung, Stuttgart 1984, S. 122.

[416] „Zweifellos erlaubt die Korrespondenz von Schema und Schemavariation den Vergleich dieser Person mit sich selbst in Gang zu bringen. Was das zeichnende Kind und der Künstler tun, wenn sie porträtieren, läßt sich analytisch zurückbuchstabieren bzw. auf die zugrunde liegenden Elemente befragen. Ein phänomengetreues Vorgehen wäre dies aber deswegen nicht, weil man sich die Lebendigkeit eines Dargestellten zwar durch Schemavariationen zustande gebracht, aber nicht ausgelegt denken kann. Wer ein Porträt betrachtet, möchte verstehen, was es bedeutet, weniger wissen, wie es zustande kommt." Gottfried Boehm, Bildnis und Individuum, S. 34 f.

### III.2.1.3. Das Porträtschema

„Denn das Porträt sagt nicht selbst, wer der Dargestellte ist, sondern nur das, daß es ein bestimmtes Individuum ist (und nicht ein Typus).“[417]

Im Werk Schmidt-Rottluffs finden sich viele auch dem Titel nach ausgewiesene Beispiele mit deutlich von der Tradition übernommenen Repräsentationsweisen.[418] Will man das Porträt anschaulich bestimmen, so ist die Gesamtstruktur heranzuziehen, die durch diese Schemata geprägt ist. Diese haben sich als adäquate Repräsentationsweisen eines Individuums im Zusammenhang mit bestimmten Sehkonventionen ausgebildet und etabliert und lassen dadurch die Absicht auf Repräsentation eines Individuums erkennbar werden. Dies bedeutet, dass sich bestimmte, das Porträt auszeichnende Normen und Schemata gattungsbestimmend auswirken und sich somit von der Darstellung eines Typus abheben.

- *Grünes Mädchen*, 1915, Öl auf Leinwand, 85 x 76 cm, Nationalgalerie Berlin (Abbildungsverzeichnis Nr. 69).
- *Rosa Schapire*, 1915, Öl auf Leinwand, 73 x 65 cm, Privatbesitz (Abbildungsverzeichnis Nr. 47).

Bei dem Gemälde *Grünes Mädchen* handelt es sich angeblich um eine Berliner Freundin des Malers.[419] Das wenig differenzierte Gesicht entspricht jedoch genau dem Typus, der sich auf fast allen Figurenbildern dieser Zeit in Malerei und Graphik wiederfindet.[420] Bei Schmidt-Rottluff äußert sich das Typhafte, wie gesehen, nicht in der ausgeprägten Charakteristik des Modells[421], sondern gerade in seiner „mangelnden Sorgfalt“, was die Ausgestaltung der physiognomischen Merkmale anbelangt, die offensichtlich nicht im Zentrum des Interesses stehen. Es ist erheblich weniger ausführlich und plastisch

---

417 Gadamer, Wahrheit und Methode, S. 139.

418 „Die Kategorie Porträt ist eine Bedeutungskategorie.“ [...] „Die besondere Art von Bedeutung ist Repräsentation.“ Deckert, Zum Begriff des Porträts, S. 5 und 6.

419 Die Identifizierung erfolgte durch Gerhard Wietek. Diese Auskunft erteilte uns freundlicherweise Herr Dr. Roland März von der Nationalgalerie Berlin.

420 Vgl. die mit *Kopf* betitelte Vorzeichnung. Abgebildet in Grohmann, Schmidt-Rottluff, S. 68. (Abbildungsverzeichnis Nr. 80).

421 Wie bei der Charakterstudie.

ausgestaltet und wirkt in den Formen weniger ausgeprägt und charakteristisch als das *Porträt Rosa Schapire.*
Nicht das Gesicht ist der Hauptaufmerksamkeitspunkt, sondern die Haltung. Diese bestimmt in ihrer schrägen Körperachse und den in rechtem Winkel darauf stoßenden Händen die Organisation des Bildes in Form eines schiefen Achsenkreuzes. In dieser Haltung ist eine Angleichung, Betonung und eventuell Korrektur der Formen erkennbar. Die erhobene linke Hand wird durch ihre parallele Wiederholung im Bogen der Lehne im Hintergrund betont, ebenso wie der gesamte linke Arm durch den hellen Streifen entlang des Konturs. Eine Formwiederholung erfährt auch der rechte Unterarm in Gestalt des rechten Pfostens, der zu ihm parallel verläuft. Auffallend ist die exakte Wiederholung des gesamten rechten Armes durch eine grüne Schattenbahn direkt anschließend am äußeren Kontur, so als sei dieser in seiner Stellung nochmals verschoben worden.
Das *Porträt Rosa Schapire* weist die meisten Übermalungen und somit die größte Pastosität am Kopf auf, wo sich alle Dichtegrade von lasierend bis deckend in ständiger Überlagerung finden. Dort sind nicht nur die stärksten Hell-Dunkel-Kontraste, sondern auch die lebhaftesten Farben und das größte Formenspiel anzutreffen.[422] Auch sind dort die Farbabstufungen nuancierter. Ebenso treten die erst sehr spät angelegten Helligkeitskontraste verstärkt im Gesicht auf. Besonders plastisch ist dabei die Nase gestaltet: Nur hier erscheinen pastose Flecken in Gelb und Orange. Dabei wird der Nasenknick farblich als Ansatz von Modellierung und Plastizität betont. Sind beim *Grünen Mädchen* die Arme hervorgehoben, so ist es hier der Kopf mit einer „Lichtaureole". Durch die Plastizität der Nase und den kleinen Bildausschnitt schiebt sich der Kopf weit nach vorne, die Nase befindet sich eigentlich schon außerhalb der Bildebene. Beim *Grünen Mädchen* dagegen ist das am weitesten Vorstoßende der Ellenbogen, die plastischen Werte im Gesicht sind dagegen sehr verhalten, die Gestaltung fast ausschließlich linear.

---

[422]Vgl. auch die besonders pastose Modulierung im Gesicht des *Bildnis Rosa Schapire* von 1911, das mehrere Schichten Übermalungen in komplementären Farben aufweist. (Abbildungsverzeichnis. Nr. 91).

### III.2.1.4. Der Handlungsbezug

In das Porträt ist somit der Aspekt der Haltung oder auch der Handlung miteinzubeziehen. Nach der Theorie von Gadamer, die von Boehm stark aufgegriffen wird, stört ein zu starker Handlungsbezug den Selbstbezug des Individuums. Handlung sei im Porträt nur als Vermögen des Dargestellten, als „Konjunktiv der Handlung“, des Modus des Verhaltens oder Reagierens, sprich als dessen Charakter darstellbar.[423] Dieser definiere sich somit als persönliches Verhältnis des Dargestellten zur Welt.[424] Aus der Person allein, d.h. aus dem Porträtschema heraus zu definieren, sei dieser nur im Konzentrat der Haltung und der transitorischen Affektenlage des Gesichts möglich.[425] Darin begründe sich auch seine Besonderheit.[426]

> „Die Grenzen sind zweifellos dann überschritten, wenn der Hauptton – auch einer einfigurigen Darstellung – auf dem frei entwickelten Handlungskonzept liegt, die Person als Protagonist eines Geschehens erscheint.“[427]

Besonders deutlich wird der überindividuelle Handlungsbezug, in den die Figuren als anonyme Protagonisten eingebettet sind, beim Genre. Indem das Verhalten der Dargestellten nicht auf sich selbst, sondern

---

[423] „Tizian hat in der ‚Donna allo Specchio' (Paris, Louvre, 1512-15), von der mehrere Varianten existieren, eine Frau gemalt, die sich durch ein selbstbezogenes Handeln – das über bloße Gestik hinausgeht, bemerkbar macht. Es sind kokettierende Armbewegungen, bei welchen die Hand zur spielerischen Beziehung der gelösten Haare geführt wird, während ein Cavalier links hinter ihrer linken Schulter einen Spiegel hält, während er sich selbst über die rechte Schulter der Frau zuneigt. Der uns bekannte Konjunktiv der Handlung beginnt sich in einen Indikativ umzuwenden, so unscheinbar ein Tun wie dieses seinem Handlungsgehalt nach sein mag.“ Boehm, Bildnis und Individuum, S. 131.

[424] Boehm, Bildnis und Individuum, S. 97.

[425] Hülsewig, Cézanne, S. 231.

[426] „Individualität meint insofern einen ‚innerlich' (in seinem Charakter) angelegten Wert eines Menschen, der ihm ‚persönlich' – wesenhaft zugehört, jedes modische Attribut und jedes Akzidens des Aussehens unterläuft. Dieser Wert prägt die Besonderheit des Einzelnen, der im Modus seines Verhaltens als persönlich-individuell, als gerade dieser Jemand, als er selbst, sich bestimmt.“ In Anlehnung an Boehm Hülsewig, Cézanne, S. 129.

[427] Boehm, Bildnis und Individuum, S. 31.

auf einen Handlungszusammenhang bezogen ist, sind diese nur Träger dieser Verweisfunktion und unterscheiden sich dadurch vom Porträt.[428]

> „Jedoch ist gerade die namenlose Allgemeingültigkeit ein entscheidendes Merkmal des Genrebildes. Das Porträt befasst sich mit dem Individuum, das Genre mit dem Typus."[429]

Zur Veranschaulichung unterschiedlicher Handlungsbezüge in individueller und nicht-individueller Ausprägung folgt die Besprechung zweier Bilder mit ähnlichem Handlungsmotiv, nämlich dem An- oder Ausziehen des Handschuhs: zunächst bei einem „selbständigen Porträt" Rembrandts und anschließend bei einem Bild Schmidt-Rottluffs.

- Rembrandt, *Jan Six*, 1654, Öl auf Leinwand, 112 x 102 cm, Sammlung Six, Amsterdam (Abbildungsverzeichnis Nr. 81).

Hierbei handelt es sich um ein ausgesprochenes Repräsentationsporträt, das eine Person der Amsterdamer Elite, dem reichen Regentenstand, darstellt.[430] Diese hält den angezogenen Handschuh mit der anderen entblößten Hand straff am Schaft. Schon allein die Tatsache, dass noch ein anderer Handschuh präsentiert wird, wirft die Frage auf, ob dieser noch nicht angezogen oder schon ausgezogen ist, beziehungsweise ob der nächste Schritt hinsichtlich des angezogenen Handschuhs ein Ausziehen oder ein Anziehen des anderen wäre. Eine Bewegungsmotivation ist jedoch nicht abzulesen, ja durch die Komposition sogar noch verunklärt:

---

[428] Dem Genrebild wird in der Literatur zumeist ein Mittlerstellung zwischen Porträt und Historienbild zugewiesen. „Die Genremalerei stellt Szenen des täglichen Lebens dar, in denen die menschliche Figuren als Typen behandelt und in anonymer Weise wiedergegeben sind. Wiederholbarkeit und Alltäglichkeit des dargestellten Ereignisses oder Zustands unterscheiden sie grundsätzlich vom Historienbild, das das einmalige Ereignis an seinem bestimmten Ort schildert. Anonymität der als Typen und nicht als Individuen dargestellten Figuren unterscheiden sie vom Bildnis und Gruppenbildnis." Herders Großer Enzyklopädie der Malerei, 1976, Bd. 3, S. 1015. Zitiert bei: Ulrich Schürmann, Die Darstellung des alten Menschen in der Genremalerei des 19. Jahrhunderts, Diss. Bonn 1992, S. 68. Dort auch weitere Erläuterungen zum Begriff (S. 68-70).

[429] Ute Immel, Die deutsche Genremalerei im 19. Jahrhundert, Diss. Heidelberg, 1967, S. 55.

[430] Jan Six wurde später Bürgermeister von Amsterdam.

Die behandschuhte Hand weist schräg nach unten, die entblößte hält den anderen Handschuh so in der Faust, dass dessen Enden zu beiden Seiten herabhängen. Dabei wird die Ansatzstelle der Hand am Schaft der behandschuhten Hand verdeckt. Dieser unabgeschlossene Zustand wird durch die Anordnung betont, in der die Elemente von Händen und Handschuhen in einen geschlossenen Kreis gebracht werden, wobei die beiden herabhängenden Enden des Handschuhs sich mit den Händen zu einem Rund zusammenschließen, das keine zielgerichtete Bewegung ablesbar macht. Vielmehr ist sowohl bei der aktivieren, zur Faust geballten Hand, als auch bei der herabhängenden eine Bewegung in beide Richtungen möglich. Dies um so mehr, als diese Form zwar in die Figur über Vertikal- und Horizontalbildungen eingebunden wird, aber nicht von ihnen motiviert ist. Alle Ansatzpunkte des Kreises verlaufen in die von Knopfreihen gebildeten Vertikalen des Körpers und werden darüber fixiert, d. h. gerade nicht bewegt. Bewegung ergibt sich allenfalls über den Kontrast zu den statischen Momenten.
Dafür spricht auch der rein formale Bezug zwischen Kopf und Händen, der in ein strenges Symmetrieverhältnis gebracht ist. Die runde Form entspricht etwa der des Kopfes, der wie über eine angedeutete Spiegelachse – durch die unterste bereits zugeknöpfte Stelle des Ärmels, die herabhängenden Quasten und die Spitze der kleinen umgeschlagenen Ecke des Mantels – in dieselbe Richtung geneigt ist. Auch der Kragen als heller Sockel des Kopfes hat seine Entsprechung in der von den weißen Manschetten und der Hand gebildeten Horizontalen. Der Porträtierte schenkt seiner Handhaltung keine Aufmerksamkeit, die wie ein Schild vor dem Körper präsentiert ist und als Raumschicht davor Distanz schafft. Auch der Mantel, der über die linke Schulter gehängt ist, hat die Statik eines Mauerabschnitts, zu der auch der steife abstehende Kragen beiträgt, hinter dem sich der Dargestellte fast verschanzt. Haltung und Wendung der Figur vermitteln so einen festen, nahezu unbeweglichen Eindruck, aus der fast alle Hinweise auf Dynamik herausgenommen sind.[431] Am

[431] Pächt nennt das Porträt von Six als ein Beispiel einer mehr oder minder lebenswahren Abbildung individueller Physiognomien, Wiedergabe der ruhenden Erscheinung der Modelle, die dem Künstler gesessen sind. Otto Pächt, Rembrandt, hrsg. v. Edwin Lachnit, München 1991, S. 65.

aktivsten erscheint die kreisende Bewegung von Händen und Handschuhen, die nicht zielgerichtet ist, aber ein Bewegungspotential über diese Bilddynamik verrät. Dieses Bewegungspotential, das durch das „Schwanken um eine Mittellage des Ausdrucks“ Belebungs- und Charakterisierungsimpulse erhält, ohne durch einen zu starken Handlungsbezug davon abgelenkt zu werden, bezeichnet Boehm als typisch für das selbständige Porträt.[432]

> „Im selbständigen Porträt sind alle oder alle dominierenden Handlungsaspekte mit der Person verschwunden. Sie haben jeden narrativen Eigenwert verloren, der geeignet sein könnte, die Person fremd zu bestimmen, zu subordinieren.“[433]

Hinzu kommt der direkte Blickkontakt mit dem Betrachter. Der Dargestellte präsentiert sich ihm, indem er ihn mit leicht schräggeneigtem Kopf ruhig anblickt.[434]

In den geschilderten Zusammenhängen entpuppt sich der Handlungsimpuls als noble Geste und somit als zusätzliche Auszeichnung eines Repräsentationsporträts.

> „Nur für das selbständige Porträt gilt der engste Zusammenhang zwischen dem, *was* einer tut (quantum) und dem, *wer* einer ist (quale).“[435]

An diese Überlegungen schließt sich ein Figurenbild Schmidt-Rottluffs mit starkem Handlungsbezug an.

- *Handschuhanziehende*, 1915, Öl auf Leinwand, 84,5 x 76 cm, Sammlung Ströher, Darmstadt (Abbildungsverzeichnis Nr. 73).

Köperhaltung und Kopf sind ganz auf die Tätigkeit des Handschuhanziehens ausgerichtet und in diese Tätigkeit versenkt. Dementsprechend liegt das Zentrum des Bildes, auf das auch die Organisation zuläuft, sich die Formbezüge treffen, hier in den Händen

---

[432] „Das Leben des Dargestellten ist nichts anderes als sein Schwanken um eine Mittellage des Ausdrucks, nichts anderes als der Beziehungsreichtum, den die Affektsignale zustande bringen.“ Boehm, Bildnis und Individuum, S. 97.

[433] „Zweifellos sind ruhige Handlungsvorgänge für Bildnisintention unabdingbar.“ Boehm, Bildnis und Individuum, S. 132.

[434] „Des Porträtierten Charakter, sein Gehabe, sein Blick sind in hohem Maße kommunikativ. Sie suchen den Kontakt mit dem Betrachter. Dessen Auge begegnet dem des Porträtierten, seiner Gebärde, der gesamten Haltung.“ Boehm, Bildnis und Individuum, S. 26.

[435] Boehm, Bildnis und Individuum, S. 92.

und nicht im Kopf, der mit gesenkten Augenlidern nach unten geneigt ist.
Die Tätigkeit des Handschuhanziehens ist hier klar durch die in einer bestimmten Richtung aneinander vorbeigeschobenen Hände ausgedrückt und wird – im Gegensatz zum Porträt von Jan Six – durch die Schulterhaltung motiviert und klar verfolgbar. Der lange großzügige Schwung der abfallenden Schulter verleiht der Aktionshand den nötigen Schub. Die hochgezogene Schulter hingegen staucht den Kontur bremsend in mehreren Kanten zusammen und arretiert so die passive behandschuhte Hand, die außerdem durch die perspektivische Verkürzung jäh in spitzem Winkel umknickt.[436] Dem Gegensatz der aktiven und der passiven Hand wird durch den Kontrast des schwarzen Handschuhs und der hellen ockerfarbenen Hand Nachdruck verliehen.
Auch die Organisation des Körpers wird von den Armen stark mitgetragen. Die durch Striche betonten Körperachsen münden, spitz zusammenlaufend, in Winkeln und Konturen der Hände, die das Achsenkreuz der Figur bilden. Die Waagerechte verläuft dabei durch Unterarm und Handrücken der entblößten Hand und hinter der behandschuhten Hand hindurch bis zur oberen Ärmelkante.
Desgleichen sind auch die Achsen des Körpers auf die Hände ausgerichtet. Die Achse des Oberkörpers verläuft durch die Fingerspitzen der behandschuhten Hand über genau die Falte, die auch in die Linie der Mittelachse des Unterkörpers mündet. Dieser Faltenknick gehört zu einer ganzen Reihe von parallelen Falten, die formal wiederum von den Fingern der entblößten Hand, die darauf zu ruhen scheint, aufgegriffen werden. Hand und Faltenzone nehmen somit genau die Breite des Ärmels ein und stellen so eine wesentliche Verbindung zum anderen Ärmel her, die sich stabilisierend auf die Waagerechte als Körperachse auswirkt. Die Zone verkörpert somit die formale Anbindung von Ärmel und Hand. Die rechtwinklig umknickende entblößte Hand bildet dabei sowohl die Waagerechte, als

---

436 „Die leichte Anstrengung, die es kostet den Handschuh anzulegen, drückt sich deutlich in der einen gesenkten, der anderen gehobenen Schulter aus, das Vorwärtsgehen in dem Vorschieben der Brust und des Unterkörpers, dessen Schmalheit dem transparenten Wesen der Gestalt entspricht.“ Wilhelm R. Valentiner, Schmidt-Rottluff (=Junge Kunst Bd. 16), Leipzig 1920, S. 7 f.

auch die Senkrechte, die etwas abweichend von der Körperachse die Gegenrichtungen der Hände veranschaulicht. Die Finger der entblößten Hand verlaufen in Breite und Kontur genau in den Ärmelbesatz des anderen Armes, während die behandschuhte Hand sich um diese Form herumbiegt und so eine Zwischenstellung zwischen Horizontale und Vertikale erreicht. Denselben Winkel bildet gegengleich der Kopf, dessen Wangenlinie in die Längsachse der Körper mündet, dessen Halbprofillinie in leichtem Konkav-Konvexschwung der des Handschuhs beinahe exakt entspricht. Die Formanalogie zwischen Handhaltung und Kopf wird hier nicht – wie im Porträt von Jan Six – als unabhängig voneinander bestehend, sondern als aufeinander Bezug nehmend gestaltet. Die Linien des Hutes hingegen streben wie die Achse des Unterkörpers wieder davon weg. Die farblich und in der Richtungstendenz dem Hut angeglichene behandschuhte Hand weist gegen das spiegelgleich ihr zugewendete Gesicht im Richtungszuge des Überstreifens des Handschuhs, was das Reibungsmoment mit der anderen Hand unterstützt. Hier, im Gegensatz zu der statischen Präsentierung der Handhaltung bei Jan Six, entsteht eine spannungsvolle Bezugnahme der Formorganisation zwischen Hand- und Kopfhaltung, des Aufeinanderzu- und Voneinanderwegstrebens, die – neben der Schulterhaltung – ein aktives Bezugnehmen der Figur auf ihre Tätigkeit ausdrückt.
Zusammen mit den niedergeschlagenen Augen entsteht der Eindruck eines kontemplativen Versinkens, geradezu einer Meditation über das Handschuhanziehen. Die Konzentration auf diesen Moment lässt die Szene, trotz des Fehlens des zweiten Handschuhs, der bei Jan Six noch abgebildet war, vollständig erscheinen. Nichts Überflüssiges stört die knappe und strenge Formkomposition. Dies bedeutet auch, dass sich der Handschuh nicht auf eine attributive Funktion in dem Sinne einer Beigabe oder zusätzlichen Auszeichnung wie beim Porträt von Jan Six beschränkt. Er ist vielmehr gezielt als zentrales Element der Bildkomposition eingesetzt und als solches weder nebensächlich, noch wegzulassen.[437]

---

[437]Dies spricht gegen die Ansicht von Grohmann: „Überall ist das Interesse auf die Figur konzentriert, alles übrige spielt keine Rolle und ist nicht mehr als ein Attribut der Dargestellten, die Handtasche, die Handschuhe." Auch die Handtasche der *Frau mit*

Derartig durch die Handlung bestimmt, ist die *Handschuhanziehende* weder als selbständiges Porträt im Sinne Boehms, noch innerhalb des Werkes von Schmidt-Rottluff angesichts der dort feststellbaren porträtspezifischen Konstanten als Porträt zu bezeichnen.[438]
Eine Unterscheidung zwischen Porträt und Genre, zwischen Selbstbezug und Handlungsbezug kann neben der Form auch über die Farbe getroffen werden.

- *Frau bei der Toilette*, 1915, Öl auf Leinwand, 91 x 76,5 cm, Kunsthalle Hamburg (Abbildungsverzeichnis Nr. 70).
Ohne besondere physiognomische Merkmale passt der Kopf in die Reihe der Kopftypen, vergleichbar dem *Grünen Mädchen* und der *Handschuhanziehenden*. Zudem ist dieser noch aus dem Zentrum gerückt, so dass er leicht angeschnitten wird. Das eigentliche Zentrum des Bildes besteht in der Handhaltung, die das Thema „Toilette" in einer zweckgerichteten Geste, dem Zurechtzupfen des Unterhemdes, ins Bild setzt. Der Effekt des Einbauschens wird dabei über die Bewegung der Hände aufeinander zu unterstützt, die dem sich verengenden Kontur des Hemdes erst Motivation verschaffen, ja diesen in ihrer Konstellation teilweise mitgestalten. Dabei bildet die rechte Hand den Gegenkontur zur anderen Seite des Ausschnitts und wirkt dabei statischer als die in den Stoff greifende linke Hand. Die Formkorrespondenzen des Bildes sind auf die Armhaltung bezogen, vor allem mit denen des Ausschnitts, der parallel zu den Oberarmen verläuft. Der Kopf hingegen wendet sich von Handlungszentrum und Betrachter ab, dem außerdem durch die verschlossenen Augen ein Blickkontakt verwehrt wird. Form und Stellung der Augen klingen versetzt in der Haltung der Hände wieder an und während sich die Augen mit dem Kopf seitlich aus dem Bild wenden, sind dafür die Hände erheblich zentraler und direkter als eigentliches Zentrum präsentiert.

---

*Tasche*, ebenfalls aus dem Jahre 1915 (Abbildungsverzeichnis Nr. 72)., hat ebenso wie die Kette ihre besondere kompositionelle Bedeutung.

[438] Dies betrifft im selben Jahre neben dem *Bildnis Rosa Schapire* das *Bildnis Paul Thiersch* und das *Bildnis Lyonel Feininger*. Wie in den Kapiteln über Form- und Farbthema noch gezeigt wird, liegt die Hauptaufmerksamkeit der Komposition beim Kopf von dem alles ausgeht bzw. auf den alles zuläuft.

Auch bei der farblichen Ausgestaltung erfährt das Gewand mehr Sorgfalt als das grün verschattete Gesicht, das zudem kaum Übermalungen aufweist.[439] Das Gelb der Arme und des Dekolletés ist viel ungetrübter und tritt in lebhaften Kontrast zu dem Blau und dem Türkis der Wäsche, die in den Farbschichtungen komplexer und abwechslungsreicher erscheint als das Gesicht. Das Rotbraun des Besatzes wie der Umgebung ergänzt das kühle Blaugrün zu einem bilddominanten Warm-Kalt-Klang, aus dem sich der braungrüne Kopf etwas zurückhält.

Nichts spräche dagegen, dieses Bild für sich allein betrachtet, trotz des eindeutigen Handlungsbezuges auch „Milly in Unterwäsche" zu nennen, denn die Präsenz der Figur wird durch die Handlung ja nicht verdrängt und weist in ihrer Tätigkeit eine große Intimität auf. Innerhalb des vorgegebenen Rahmens, dem Werk von Schmidt-Rottluff jedoch, ist dieses Bild nicht als selbständiges Porträt aufzufassen. Heißt es nun aber, dass nur das von Schmidt-Rottluff als Porträt Gemeinte individuell erscheinen darf? Wird das Porträthafte an bestimmten Schemata festgemacht, so muss man sich fragen, ob sich Individualität wirklich nur über diese äußert, ob bei den wahrscheinlich nach demselben Modell entstandenen Figurendarstellungen Individualität automatisch ausgeschlossen ist.

### III.2.2. Individualität und Porträtschema

Individualität als Selbstbezug gilt als Errungenschaft der Renaissance, in der sich auch die Gattung Porträt entwickelte.[440] Dieser Selbstbezug,

---

[439] Das Inkarnat ist aus lichtem Ocker gebildet, worüber teilweise lasierend Braun liegt und sehr dünn Gelb. Die grüne Schattierung kommt durch leichtes Überwischen mit Blau zustande. Demgegenüber besteht das Gewand aus Schichten von Deckweiß, Türkis, Gelb, Blau und Grün.

[440] 1504 erging der erste Ruf nach ästhetischer Autonomie von Pomponius Gauricus in *De Sculptura*. „Individualität (Selbstbeziehung) ist keine theoretische Angelegenheit, sondern das reale Signum der Moderne, ein Index, der allen kulturellen Prozessen zuzuordnen ist. Auch das Bildnis besaß ja in seinem Helden, dem Individuum, nicht nur ein künstlerisches Merkmal, sondern auch eine externe Beziehung. Es bezog sich auf Menschen von individuellem Rang und legte ihre Eigenart mit künstlerischen Mitteln weiter aus, machte sie sichtbar. Die Gleichung zwischen Bildnis und Individuum verweist auf Leitvorstellungen und Strukturen, die der Geschichte der Neuzeit ihr Gepräge gaben, mit all den Revisionen und Rekonstruktionen, denen sie unterworfen waren." Boehm, Bildnis und Individuum, S. 255.

das Fürsichstehen der Porträts ohne Unterordnung unter fremde Bezüge, ist laut Boehm ein wesentlicher, wenn nicht der wesentlichste Punkt zur Definition eines selbständigen Porträts[441]. Nur dieses liege in der Okkasionalität begründet.

> „Entscheidend für ihren Bestand als Individuum bleibt aber die Beachtung jener Grenze, an der sich der Selbstverweis des Porträtierten auf sich zum Fremdverweis, zur Subsumtion unter äußere Inhalte umakzentuiert.
> Woran lesen wir den Selbstbezug ab? Es ist ein okkassioneller Zug in der Physiognomie, etwas nicht völlig einlösbares, das uns daran hindert, das Gesicht einem Typus oder Schema einzugliedern. Von dort her kommt eine anschauliche Reflexivität in Gang, in der sich der Dargestellte darlegt. Das Erscheinungsbild behält einen Kern von Zufälligkeit, der im wörtlichen Sinne unvergleichlich und untypisch ist, d.h. nicht als Beispiel einer allgemeinen Regel verstanden werden kann. Das dargestellte Individuum enthält eine unauflösbare Prägung, die das Zentrum seiner Besonderung markiert. Von ihm aus und in Bezug darauf bauen sich durch Gesten, Blick, Gehabe, Kleidung und Haltung jene Züge auf, die der Besonderheit Charakter verleihen. Erst einen Solchen, an dem wir entdecken können, daß er über seine okkasionelle Prägung hinaus sich uns zuzuwenden vermag – in Blick, Geste, Haltung – werden wir wirklich einen *Jemand* und keinen *Niemand* nennen.“[442]

Der Verweis des Porträtierten auf sich selbst offenbare sich in der Bildstruktur.[443] Diese lasse das Individuum als solches ohne den

---

[441] „Das Bildnis kann man nur dann selbständig nennen, wenn der Dargestellte jene Brücken zur äußeren Welt abgebrochen hat, über die er sich sonst z.B. als Vertreter eines Berufes, Standes, Ideals nicht nur zeigte, sondern bestimmen lassen mußte.“ Boehm, Bildnis und Individuum, S. 24.

[442] Boehm, Bildnis und Individuum, S. 24.

[443] „Okkasionalität in dem hier gemeinten Sinne ist das [...] nur, wenn es im Sinnanspruch eines Werkes selber liegt, daß es auf ein bestimmtes Urbild verweist. Es ist dann nicht in das Belieben des Betrachters gestellt, ob ein Werk solche okkasionellen Momente hat oder nicht. Ein Porträt ist ein Porträt und wird es nicht erst durch die und für die, die in ihm den Porträtierten erkennen. Obwohl der Urbild-Bezug im Werke selbst liegt, ist es trotzdem richtig, ihn okkasionell zu nennen. Denn das Porträt sagt nicht selber, wer der Dargestellte ist, sondern nur das, daß es ein bestimmtes Individuum ist (und nicht ein Typus.) Wer es ist, kann man nur ‚erkennen', wenn der Dargestellte einem bekannt ist und nur wissen, wenn eine Beischrift oder die Beigabe einer Information es einem sagt. In jedem Falle liegt im Bilde selbst eine uneingelöste, aber grundsätzlich einlösbare Anweisung, die seine Bedeutung mit ausmacht. Die Okkasionalität gehört zu dem kernhaften Bedeutungsgehalt des ‚Bildes', unabhängig von ihrer Einlösung.“ Gadamer, Wahrheit und Methode, S. 139.

Vergleich mit dem Original im Sinne des bildimmanenten Ähnlichkeitsbegriffs als beabsichtigte Repräsentation wiedererkennen.

> „In jedem Falle liegt im Bildnis selbst eine uneingelöste, aber grundsätzlich einlösbare Anweisung, die seine Bedeutung mit ausmacht. Diese Okkasionalität gehört zu dem kernhaften Bedeutungsgehalt des ‚Bildes', unabhängig von ihrer Einlösung.
>
> Man erkennt das daran, daß ein Porträt einem auch als Porträt erscheint, wenn man den Porträtierten nicht kennt. Es ist dann etwas an dem Bilde gleichsam nicht einlösbar, eben das Gelegenheitliche. Aber was so nicht einlösbar ist, ist nicht etwa nicht da; es ist sogar auf eine vollkommen eindeutige Weise da."[444]

In der Bildstruktur liegt somit auch die Unterscheidung zwischen dem Individuum und dem Modell (hier verstanden als Vorlage, die nicht für sich selbst steht). Während das Individuum die Beziehung auf das Urbild enthalte, verweise das Modell auf etwas anderes, habe einen von der Darstellung des Urbildes unabhängigen Bildgehalt.

> „Das wird deutlich am Unterschiede zum Modell, das der Maler für ein Genrebild oder für eine Figurenkomposition benutzt. Im Porträt kommt die Individualität des Porträtierten zur Darstellung. Wirkt dagegen in einem Bilde das Modell als Individualität, etwa als eine interessante Type, die dem Maler vor den Pinsel gekommen ist, so ist das ein Einwand gegen das Bild; denn man sieht dann in dem Bilde nicht mehr das, was der Maler darstellt, sondern etwas von unverwandeltem Stoff. So zerstört es den Sinn eines Figurenbildes, wenn etwa in ihm das bekannte Modell eines Malers kenntlich wird. Denn ein Modell ist ein verschwindendes Schema. Der Bezug auf das Urbild, das dem Maler diente, muß im Bilde ausgelöscht sein.
>
> Das nennt man ja auch sonst ‚Modell': etwas, woran ein Anderes, das selbst nicht anschaubar ist, zur Anschauung kommt; etwa das Modell eines geplanten Hauses oder das Atommodell. Das Modell des Malers ist nicht als es selbst gemeint. Es dient nur dem Tragen von Gewändern oder der Veranschaulichung von Gebärden – wie eine verkleidete Puppe."[445]

---

[444] Gadamer, Wahrheit und Methode, S. 139.

[445] Gadamer, Wahrheit und Methode, S. 138.
„Ein Modell ist aber, wie das Wort sagt, ein Schema, das für Anderes steht. Solche Stellvertretung verträgt sich nicht mit der Darstellung eines Individuums. Das Charakteristische an der Person schiebt sich vor ihr Zentrum. Der Betrachter darf daraus schließen, mit keinem unvertretbaren Jemand konfrontiert zu sein, sondern mit einem,

Die Unterscheidung zwischen Porträt und Modell nimmt Bezug auf die Unterscheidung zwischen Bild und Abbild in Gadamers Abschnitt vorher. Demnach weist das Bild zwar einen wesensmäßigen Bezug auf das Urbild auf, besitzt aber in der Art der Darstellung eine eigene Wirklichkeit und einen eigenen Sinnanspruch, der nicht in der Abbildung beschränkt ist, sondern als Deutung des Malers der Unverwechselbarkeit des Individuums zugute kommt. Dagegen wird das Abbild als Mittel zum Zweck verstanden, das im möglichst genauen Treffen des Urbildes, bzw. der Merkmale, aufgrund deren es ausgewählt wurde, aufgeht. Das Modell einer bestimmten Type geht somit in seinem Abbild auf, ohne als Individuum gemeint zu sein.[446]
Der sog. „Selbstverweis" des Porträtierten, der dem Betrachter signalisiere, dass ein selbständiges Individuum per se sich präsentiert, scheint sich in Praxi, allen noch so feinsinnigen und weitläufig theoretisch untermauerten Interpretationsversuchen zum Trotz, am offensichtlichsten über das Porträtschema zu offenbaren. Dieses kennzeichnet, wie gesehen, auch im Werk Schmidt-Rottluffs deutlich das Porträt als solches, indem sich die Pose gegen die Freiheit der malerischen Mittel durchsetzt. Obzwar aus der Absicht, ein Individuum als solches zu präsentieren gewonnen, sind diese Schemata zunächst nicht anderes, als sich mit der Zeit ausgestaltete Konstanten, die dem Porträt als unkünstlerische Voraussetzung zugrundeliegen und somit der Seherwartung mühelos entsprechen. Als solches hat ein Schema nichts mit einem unfixierbaren Individuum zu tun. Erkannt wird zunächst nicht ein Individuum, sondern ein Porträt. Individualität aber ist, wie eingangs definiert, die Abweichung von der Norm.
Im Zusammenhang mit der Definition des selbständigen Porträts bei Boehm ergibt sich hier die Problematik, dass zu sehr eine Gleichung zwischen dem im Porträtschema veranschaulichten selbständigen Porträt und dem Individuum angestrebt wird. Verbinden sich Individualität und Darstellung über die Gesamtstruktur, stellt sich daher die Frage, ob Individualität nicht eine unabhängige Qualität ist, die durch ein Schema nur eingeengt wird.

---

der sein Aussehen für einen Anderen zur Verfügung stellte [...]" , Boehm, Bildnis und Individuum, S. 35.

[446] Vgl. Boehm, Bildnis und Individuum, S. 162.

Die anschauliche Besonderheit des selbständigen Porträts unterliegt dem theoretisiertem Konzept des über die Okkasionalität geäußerten Selbstbezugs, indem das als Porträt gemeinte über die reine Darstellung des Jeweiligen hinausgeht und über dem tatsächlichen Bilderlebnis steht.[447] Deshalb ist zu fragen, ob das über die Okkasionalität definierte selbständige Porträt wirklich als einziges Kriterium für Individualität anzusehen ist oder dieser nicht sogar im Wege steht, eine andere Weise von Fremdbestimmung darstellt als die, aus der es sich angeblich gelöst hat. In diese Richtung geht Jauss' Kritik an der Theorie Boehms.

> „Dagegen wäre einzuwenden, daß auch unselbständigen Formen der Bildniskunst ein hohes Maß an Individualität eigen sein kann, während andererseits das selbständige Porträt der Hochrenaissance seine prätendierte Autonomie um den Preis einer Idealisierung des Okkasionellen zu erkaufen pflegt, die immer noch mehr repräsentiert als nur den kontingenten Einzelnen."[448]

Es scheine paradox, dass sich Individualität im Bildnis zugleich zeige und verberge und darüber eine Wiedererkenntnis ohne Kenntnis der Person möglich sein solle. Damit sein ein hermeneutisches Problem aufgeworfen:

> „Wie kann eine konstitutive Unbestimmtheit des Porträtierten angenommen und gleichwohl an nur ihm eigentümlichen Zügen unverwechselbar beschrieben werden?"[449]

---

[447] „Okkasionalität besagt, daß die Bedeutung sich aus der Gelegenheit, in der sie gemeint wird, inhaltlich fortbestimmt, so daß sie mehr enthält als ohne diese Gelegenheit. So enthält das Porträt eine Bezeichnung auf den Dargestellten, in die man es nicht erst rückt, sondern die in der Darstellung selbst ausdrücklich gemeint ist und sie als Porträt charakterisiert.
Es bleibt dabei entscheidend, daß die gekennzeichnete Okkasionalität im Anspruch des Werkes selbst gelegen ist und ihm nicht etwa von seinem Interpreten erst aufgenötigt wird. Gerade deshalb finden solche Kunstformen wie das Porträt, bei denen das feststeht, in einer auf den Erlebnisbegriff gegründeten Ästhetik keinen rechten Platz. Ein Porträt etwa enthält in seinem eigenen Bildgehalt die Beziehung auf das Urbild. Damit ist nicht nur gemeint, daß das Bild tatsächlich nach diesem Urbild gemalt ist, sondern daß es dieses meint!" Gadamer, Wahrheit und Methode, S. 139.

[448] Jauss, Entdeckung des Individuums, S. 332.

[449] Jauss, Entdeckung des Individuums, S. 334. Dies bezieht sich auf Boehms Vorschlag der Darstellung von Individualität als Selbstbezug des Porträts durch die Mittelage des Ausdrucks: „Das Leben des Dargestellten ist nichts anders als sein Schwanken um eine

Sowohl Fragen nach den Unterscheidungsmöglichkeiten zwischen mehr oder weniger Individualität und nach dem Autonomieprinzip innerhalb des Verhältnisses von Bildnis und individueller Charaktermitte blieben damit unberücksichtigt.[450]

> „Boehm, der eingangs fordert, die Relation von Bild und Betrachter müsse die Grundlage einer Hermeneutik des Porträts werden, arbeitet in Praxi noch mit Kategorien der Repräsentation (Ähnlichkeit, mittlere Wägung des Ausdrucks, Potentialis des Handelns).“[451]

Das Problem liege in der Gewichtung und Wertung der Individualität stärkenden und mindernden Züge. Dies ist nicht gleichbedeutend mit der künstlerischen Absicht oder Identifizierung der Darstellung.[452] Die Gelegenheit der Darstellung (die Okkasionalität) würde, indem sie in als repräsentativ anerkannten und schematisierten Posen eingefroren wird, idealisiert. Diese sind zwar Zeichen des Selbstbewusstseins der

---

Mittellage des Ausdrucks, nichts anderes als der Beziehungsreichtum, den die Affektsignale zustande bringen.“

[450] Vgl. Jauss, Entdeckung des Individuums, S. 333.

[451] Jauss, Entdeckung des Individuums, S. 334.

[452] „Giorgiones La Vecchia zum Beispiel, für Boehm ein Typenporträt und noch keine um ihrer selbst willen gewürdigte Person, zeigt alle Attribute des Alters (faltige Haut, Haarsträhnen etc.), doch schon nicht mehr im vorgegebenen Muster aufgehend, sondern durch die Affekthaltung, den ‚persönlichen Blick' und zugleich durch den Selbstbezug der fragenden Gebärde der rechten Hand derart vermittelt und dem zugespitzten, vergänglichen Moment integriert, dass die hinzugefügte Devise *col tempo* zu besagen scheint: ‚So bin ich mit der Zeit geworden!' Die konventionelle Allegorie der Vergänglichkeit wird in der Konvergenz des ergriffenen Moments mit der auf sich selbst zeigenden Fragegebärde so sehr individualisiert, dass nicht mehr einzusehen ist, warum auf diesem Bildnis ‚Altern und Individualität noch nicht identische Gesichtspunkte' geworden sein sollen. Käme einem selb-ständigen Porträt wie zum Beispiel Tizians letztem Selbstbildnis, das ebenso viele selbstredende, aber im Unterschied zu *La Vecchia* durchweg verschönte Altersattribute aufweist, nur darum ein höherer Grad an Individualität zu, weil im einen Fall eine uns unbekannte, im anderen aber eine namhafte und höchst berühmte Persönlichkeit sich als Individualität inszeniert hat? Ist Tizian in seiner Darstellung *ex se* gewiß mehr als die Symbiose seiner Lebensrollen als Künstler, Patrizier, Philosoph (nicht zuletzt auch: ‚ein Lob oder eine Feier des Auges und des Lichtes'), so ist auch Giorgiones *La Vecchia* gewiß mehr als die immer schon bekannte Repräsentation des unentrinnbaren Alters und vergangener weiblicher Schönheit, nämlich das individuelle Altersgesicht einer beliebigen Person, das nun gerade in seiner Deformierung durch die Zeit einer Darstellung würdig geworden ist. Mit welchem Recht kann dann noch zwischen einem Mehr und einem Weniger an Individualität unterschieden werden?“ Jauss, Entdeckung des Individuums, S. 332 f.

dargestellten Person, erlauben aber kein selbstbewusstes, individuelles Handeln mehr und treten so in Konflikt mit ihrer Unverwechselbarkeit. Auch bei Schmidt-Rottluff sind die Porträts, wie andere Gattungen, rein über ihr Schema zu erkennen, das dem traditionellen Kanon entnommen ist. Aber gerade die Pose ist nicht dazu angetan, das Individuelle und den besonderen Charakter zu offenbaren. Man kann geradezu von einer Typisierung des Individuellen mittels standardisierter Darstellungsformen reden. Gerade durch die Repräsentationsweise des Individuums, seiner offensichtlichen Arrangiertheit, wird der Typ begünstigt. Dieses kann sein persönliches Handeln und seinen individuellen Bezug zur Welt höchstens trotz der Pose zu Geltung bringen. Repräsentation als Inszenario ist ein das Rohmaterial des vorgegebenen Menschen zwar miteinbeziehendes, aber gleichzeitig diesen übergreifendes Darstellungsmittel.[453]

- *Bildnis Rosa Schapire*, 1911, Öl auf Leinwand, 84 x 76 cm, Brücke-Museum Berlin (Abbildungsverzeichnis Nr. 46).

Auch in den Porträts im Werk Schmidt-Rottluffs konvergieren Individualität und Typus. Das *Bildnis Rosa Schapire* vertritt beispielsweise den Typus der Frau mit dem aufgestützten Arm, der in der Malerei der Gründerzeit stark vertreten war. Obgleich zur Steigerung der Variabilität der Darstellungsweise, d.h. der Individualität, eingeführt[454], unterstützt er doch den Anspruch auf Repräsentanz.[455]

> „So nachdrücklich man den bildungsbürgerlichen Bildnissen auch bescheinigte, sie zeigten den besonderen Menschen posenlos ehrlich, den

[453] Dazu zählt, sowohl in der traditionellen, als auch der modernen Kunst der Einsatz von Licht und Farbe zugunsten der Repräsentation.

[454] Angeblich war diese, wie andere Posen eine Erfindung des Malers Franz von Lenbach. „Der Maler hatte festgestellt, dass sich durch eine Steigerung der mimetischen Spur die ‚individualistische Erscheinung im Porträtfache äußerst variabel auswirken würde'". (Brief vom 14.8.78 an J.v.W., Privatbesitz). Siegfried Wiechmann, Franz von Lenbach und seine Zeit, Köln 1973, o. S. Text zu den Tafeln 209-246.

[455] „Zu Hochadel und Großbürgertum gehörten bestimmte Handbewegungen – verabredete Gesten – als Repräsentanz. Der Prolet konnte sie für sich nicht in Anspruch nehmen, denn seine Glieder waren schwer und ungelenk. Der angehobene Kopf mit leichter Unterstützung der Hand wurde in den Photostudien geübt [...] Die Gesten erscheinen in den Gemälden veredelt [...]." Wiechmann, Lenbach, o. S.

> jeweilig Einzigen, und so sehr die private Sphäre individuelles Agieren unterstrich, konvergierte Individualität letztlich gegen einen Typus, wie er sich als Resultat der Theorie und Praxis des im Bildungsbürgertum verankerten Bildnisschaffens herauskristallisierte."[456]

Auch das Requisit des Straußenfederhutes, der auf vielen Damenporträts auftaucht, diente zur Unterstreichung der Eleganz, war also etwas typisch Damenhaftes.[457] Die Leistung Schmidt-Rottluffs besteht vielmehr darin, *trotz* dieser Pose Individualität zu entwickeln und dem Charakter Spielraum zu lassen. Die Insignien der Damenhaftigkeit sind nämlich hinsichtlich des Charakters der Person uminterpretiert. Statt Eleganz vermitteln sie über Farbigkeit und Farbauftrag Burschikosität und Energie, fast männliches Auftreten, wie es Rosa Schapire bescheinigt wurde. Das Persönliche, Individuelle setzt sich so gegen das Schema durch.

Problematisch aber wird es, wenn die vermeintliche Porträtabsicht und die anschauliche Struktur nicht unbedingt übereinstimmen, sprich sich in der Relativität des künstlerischen Werkes zwischen Typ und Individuum bewegen. So gibt es bei Schmidt-Rottluff Werke, die abweichend von den eindeutig als Porträt gemeinten lediglich Typcharakter hätten, aber durchaus Qualitäten des Selbstverweises und

---

456 „Das machen die schon vorgestellten Bildnisse ebenso anschaulich wie eine Fotografie Perscheids und Alfred Hamachers Gemälde *Meine Frau*, zwei in der Auffassung identische und auf einen festen Typus gegründete Bildnisse." Kaufhold, S. 108. Bei den zitierten Werken handelt es sich um Nicola Perscheid, *Frauenbildnis*, Fotographie, 1907 oder früher; Abb. in: Ph. Mitteilungen, 44. Jg., 1907, S. 241 und Alfred Hamacher, *Meine Frau*, Gemälde, sign. u. dat., 1911; ausgestellt in der Grossen Berliner Kunstausstellung 1911; Abb. im Kat., 105. (Abbildungsverzeichnis Nr. 82 und 83).
„Frauenbildnisse dieses Typus (sitzend mit aufgestütztem Arm) malten u.a. Friedrich Aug. von Kaulbach (*Bildnis der Frau M*, 1892; Abb. in: Die Kunst für Alle, 9. Jg., 1898/94, n. 196) und A. Gustav Goldberg (*Damen-Porträt*, 1893 oder früher; Abb. in: Kat. der Münchner Jahresausstellung 1893, 95)." Kaufhold, S. 225, Anm. 280.

457 Der Straußenfederhut wurde oft in Lenbachs Repräsentationsbildnissen getragen. S. z.B. *Frau Baronin Franchetti*, abgebildet in: A. Rosenberg, Lenbach, Bielefeld und Leipzig 1911, S. 87. (Abbildungsverzeichnis Nr. 84).
Auch bei den „Fauves „und anderen „Brücke"-Künstlern taucht dieser auf. S. z. B. Kirchner, *Dodo mit großem Federhut*, 1911, Öl auf Leinwand, 80 x 69 cm, Milwaukee Art Center. (Abbildungsverzeichnis Nr. 85).
„Das Motiv der schönen Frau mit Hut kommt schon bei den französischen ‚Fauves' häufiger vor." Lucius Grisebach und Annette Meyer zu Eissen, Ernst Ludwig Kirchner 1880-1938, Ausstellungskatalog Berlin, München, Köln, Zürich, 1980, S. 160.

der darin begründeten Individualität aufweisen. Diese Grenzfälle sollen den Ansatz von Individualität bei Boehm problematisieren, indem deutlicher auf das Anschauliche verwiesen wird.

- *Mädchenbildnis*, 1915, Öl auf Leinwand, 99 x 61 cm, Buchheim Museum, Bernried (Abbildungsverzeichnis Nr. 66).
Hier begegnet man wieder dem bekannten Kopftypus, der aber von der Präsentationsform her als Kniestück ganz in der Tradition des Porträts steht. Dennoch erscheint das Bildnis nicht persönlicher als die Reihe Akte von 1914/15.[458] Die Präsentation im bekannten Porträtschema entspricht der Sehgewohnheit, die jedoch innerhalb des Oeuvres von Schmidt-Rottluff durch den „Standardkopf" in Frage gestellt wird.

- *Mädchenkopf*, 1915, Öl auf Leinwand, 73 x 65 cm, verschollen (Abbildungsverzeichnis Nr. 71).
Auch der *Mädchenkopf* weist denselben Kopftypus auf, der sich in vielen Holzschnitten und Gemälden durch eine von den differenzierten Porträts sich absetzende Uniformität auszeichnet. Dennoch bewirken hier der versunkene, in sich gekehrte Blick und die zum Kinn geführte Hand ein Insichruhen und selbstbewusstes Sichabschließen gegen äußere Zusammenhänge, dass man geneigt ist, der Darstellung Individualität (ganz im Sinne eines „Zentrums der Besonderung" nach Boehm) zuzusprechen.[459]
Problematisieren lässt sich das Verhältnis von Porträt und Individuum auch durch den Vergleich mit den sicher nicht porträthaft gemeinten Holzschnittköpfen.

- *Bildnis Bertie Rosenberg*, 1915, Öl auf Leinwand, 73 x 65 cm, verschollen (Abbildungsverzeichnis Nr. 87).
- *Frauenkopf*, 1915, Holzschnitt, 36,0x29,2 cm, Schapire 184

---

458 Vgl. *Sitzende*, Öl auf Leinwand, 84 x 76 cm. Abbildung in Valentiner, Schmidt-Rottluff. (Abbildungsverzeichnis Nr. 86). (Abbildungsverzeichnis Nr. 86).

459 „Stärker noch tritt das Individualisierende bei den Bildnisköpfen zutage. Der schöne Mädchenkopf [...] ist sicherlich Schmidt-Rottluffs anmutigstes und naturnächstes Bildnis [...]" Grohmann, Schmidt-Rottluff, S. 78.

Dem *Bildnis Bertie Rosenberg* kann ein Holzschnittkopf gegenüber gestellt werden, der zwar nicht direkt übernommen wurde, dazu weichen die Einzelheiten zu sehr ab, aber der durch Frisur, Gesichtsform und Anzahl der Merkmale, einen vergleichbaren Eindruck vermittelt.[460] Während sich der *Frauenkopf* mühelos in die Reihe der Kopftypen eingliedern lässt, hat man es beim Gemälde, nicht zuletzt wegen des Titels, eindeutig mit einem Porträt zu tun, was aber durch die Nähe zu dem Kopftypus problematisch erscheinen mag.[461]

> „Es interessierte ihn wenig oder kaum die individuelle Form als solche, er löst aus ihr das Typische heraus. Ihn reizte die Architektur des Kopfes: aus seinen großen Flächen führt er wie mit Quadern einen monumentalen Bau auf."[462]

Der Kopf wird ausgesprochen monolithisch präsentiert, wie auf einem Kissen, das von einer Boa verkörpert wird, die somit den Kopf vom Körper trennt. Eine Verbindung wird formal durch die Besatzstreifen des Kleides geleistet, die jeweils links und rechts ganz außen die Schräge und den Winkel der Wangenform aufnehmen und abgewandelt in die Mitte des Körpers führen. Betrachtet man die Gesamtkomposition, so präsentiert sich ein sehr statisches Gefüge tragender und lastender Teile (besonders ausgeprägt bei dem vertikal auf der Boa in rechtem Winkel aufstehendem Haar). Ein darüber hinaus etwas störrisches Gepräge verleiht der Kontrast der beschriebenen Kanten zu den dazwischen eingefügten Schwüngen. So wird das kantige Gesicht mittig von einem großzügigen Schwung beherrscht, ausgehend von der das große mandelförmige Auge betonend übergreifende Braue, die sich in der langen, sanft gebogenen Nase fortsetzt.[463] Unterstützt durch die Schlagschatten erhält das

---

[460] In sehr ähnlicher Form findet sich dieser Kopf auch auf Holzschnitten mit sicher nicht porträthafter Bedeutung wieder, z.B. in *Drei am Tisch*, Holzschnitt, 50 x 40 cm, Schapire 167 (Abbildungsverzeichnis Nr. 89).

[461] Das Bildnis Bertie Rosenberg entstand – laut Wietek – im Zusammenhang mit dem Porträt Rosa Schapires von 1915. Wietek, Dr. phil. Rosa Schapire, S. 120.

[462] Victor A. Dirksen, Kunsthalle zu Hamburg, Kleine Führer Nr. 21, 1921, Karl Schmidt-Rottluff, S. 11.

[463] „Als Hauptfaktor wirkt für ihn im Gesicht die schmale gebogene Nase, deren Schlagschatten in sanfter Kurve mit den Augenbrauen verbunden ist, eine der wenigen Rundungen in dem scharfgekantetem Kopf und daher von stärkster Wirkung." Dirksen, Karl Schmidt-Rottluff, S. 11. Einen ähnlichen Schwung zeichnet das Gesicht der

ohnehin übergroße Auge und somit der Blick eine ausgesprochene Intensität. Von sehr zierlichem und anmutigem Schwung sind die Lippen, die so besonders von dem herben Gepräge der Gesamterscheinung abstechen. Ebenso leicht gekurvt ist der untere Rand der Boa, deren oberer Abschluss wiederum als gerade Kante die Bildkonstruktion betont.
Derartige Subtilitäten fehlen dem Holzschnittkopf, der ansonsten sehr ähnliche Merkmale, wie das monolithische Aufruhen auf einem Kragen oder die Betonung eines Auges durch einen Braue und Nase verbindenden Schlagschatten aufweist.

- *Frau mit Tasche*, 1915, Öl auf Leinwand, 95,5 x 87,5 cm, Tate Gallery, London (Abbildungsverzeichnis Nr. 72).
- *Frauenkopf*, 1916, Holzschnitt, 260 x 182 cm, Schapire 191 (Abbildungsverzeichnis Nr. 90).

Der Holzschnittkopf von 1916 ist offensichtlich eine direkte Übernahme aus dem Gemälde *Frau mit Tasche*. Spricht man diesem im Vergleich mit den gleichzeitig entstandenen Porträts den Porträtcharakter ab, so muss dies auch auf den Kopf zutreffen.
Im Vergleich mit dem *Bildnis Bertie Rosenberg* ergeben sich hier die formalen Bezüge eher außerhalb des Gesichtes: So korrespondiert die seltsam spitz in eine Richtung gezogene Kette mit dem Ellenbogen des zum Kopf geführten Armes, das Kinn mit diesem und mit dem anderen Ellenbogen. Unterstützt wird letztere Verbindung durch die beiden Rechteckformen des Ausschnitts und der unter den Arm geklemmten Tasche. Deren herabfallender Bügel vollendet eine Diagonale, die ausgehend vom Ellenbogen durch zwei Stoffbäusche des Oberteils führt, und vermittelt gleichfalls als „Ecklösung" zum anderen Ellenbogen. Parallel dazu verläuft eine Diagonale vom letzten Bausch über eine Reihe kleinerer Bäusche in der Beuge des Ärmels. Ebenso nehmen die äußeren Zacken des kronenartigen Hutes auf die beiden wesentlichen sich kreuzenden Diagonalrichtungen Bezug. Auf dieses wesentlich in sich ausgeglichene Diagonalgerüst von Horizontalen und

---

ebenfalls 1915 entstandenen und leider verbrannten *Frau mit Tulpen* aus, dort jedoch in anderem Zusammenhang.

Vertikalen, die auf diese Weise diszipliniert und abgerundet werden, beziehen sich die physiognomischen Merkmale in ihrer Ausrichtung. Derartige Grenzfälle gibt es nicht nur in der den Gegenstand klar umreißenden Phase um 1915, sondern auch 1919, eine Phase, die nach dem Krieg als Neuanfang beschrieben wird.[464] Die Farbe selbst kann hier nicht mehr als Indiz für Abbildtreue genommen werden und somit auch nicht zur Unterscheidung von Porträt und Nicht-Porträt. Wie gesehen wechselt sie auch innerhalb der Porträts desselben Modells.[465] Ebenso gibt es kaum Stellen von Pastosität, die auf Übermalungen in Sinne der „Korrektur“ deuten. Des weiteren gibt die Form ihren festen Verband auf und gruppiert sich zu losen Motivgruppen. Hier dient v.a. das Porträtschema und die verstreuten physiognomischen Merkmale zur Bestimmung des Porträts.

- *Rosa Schapire*, 1919, Öl auf Leinwand, 101 x 87 cm, Tate Gallery, London (Abbildungsverzeichnis Nr. 49).
- *Kämmendes Mädchen*, 1919, Öl auf Leinwand, 90 x 76 cm, Brücke-Museum Berlin (Abbildungsverzeichnis Nr. 91).

So ist bei dem Porträt von Rosa Schapire die Farbdichte von Gesicht und Körper nahezu unterschiedslos, es bildet sich keine Konzentration an Stellen besonderer Aufmerksamkeit.

Ebenso wenig ist dies beim während einer Tätigkeit dargestellten *Kämmenden Mädchen* der Fall. Auch was die Farbigkeit anbelangt, ist dessen Gesicht nicht weniger detailliert als das Porträt. Dafür fehlen Details wie Schmuck oder nähere Angaben der Bekleidung. Anlass der Darstellung war wahrscheinlich die Tätigkeit der Person, vermutlich seine Frau Emy. (Von der Mund- und Nasenform her würde es in die Reihe ihrer Darstellungen passend, auch werden in ihrem Haar oft Kämme gezeigt.). Dennoch vermittelt die Intensität des Blickes, der so gar nicht in der Tätigkeit versunken ist, den Eindruck einer bestimmten Person.

---

[464] „Die Ergebnisse von 1915 sind nicht fortgeführt, Schmidt-Rottluff setzt an einer früheren Stelle wieder an, wo das Sinnbild den Ausschlag gab, nicht die Definition des Gegenstandes. Sein Interesse kreist nach 1918 um andere Werte als 1915 und die Frage nach der Wirklichkeit tritt hinter die Frage nach der Überwirklichkeit zurück“. Grohmann, Schmidt-Rottluff, S. 93.

[465] Bei den Porträts von Emy und den Selbstporträts.

Augenscheinlich gibt es bei Schmidt-Rottluff Diskrepanzen zwischen der anschaulichen Struktur und dem als Porträt zu Verstehenden, will man die Rolle des Betrachters nicht auf das Wiedererkennen von Porträtschemata beschränken. Ebenso scheinen sich bei der Unterscheidung von Individuum und Porträt die herausgestellten Kriterien in einigen Fällen zu überschneiden. Ganz zu lösen ist diese Problematik nicht und zeugt eigentlich nur davon, dass ein Werk als künstlerisches nicht nur mit bloßen Schemata, welcher Art auch immer, zu fassen ist. Gerade die Spannung macht seine Qualität aus.
Für den Verlauf der Untersuchung interessieren jedoch nur die Darstellungen, die innerhalb des Werkes von Schmidt-Rottluff eindeutig als Porträt zu identifizieren sind. Gerade hier äußert sich innerhalb der künstlerischen Bildeinheit die Spannung zwischen Schema und sich davon ablösender Bildgestaltung, über die Individualität, aber auch Ähnlichkeit und Charakter gefasst werden müssen.

## III.3. Das Verhältnis von Innen und Außen: Der Charakter

Eng mit dem Problem der Ähnlichkeit hängt auch das Problem der Darstellung des Charakters als innere Qualität des Individuums zusammen. Will man nicht ein Inneres hinter dem Äußeren verborgen sein lassen – was einer Unterscheidung zwischen körperlicher Erscheinung und seelischem Kern gleichkäme – muss man davon ausgehen, dass sich das Innere im Erscheinungsbild des Individuums widerspiegelt.[466]

> „Der dargestellte Charakter ist immer schon aufgefaßt: seelische Belebung und leibliches Aussehen fallen ineinander."[467]

Der Charakter ist somit untrennbar mit dem Individuum verbunden und somit nicht nur Bestandteil von dessen Ganzheit, Eigenständigkeit

---

[466] „Ich bin überzeugt, daß der Körper und die Seele nicht zwei ‚Teile' des Menschen sind, die ihn erst zusammensetzen und von denen der eine unmittelbar sinnlich gegeben ist, der andere erst erschlossen werden muß. Vielmehr, der Mensch ist eine lebendige Einheit, die erst durch eine nachträgliche Abstraktion in jenes beides zertrennt wird, und als diese Einheit nehmen wir ihn auch war." Simmel, Das Problem des Porträts, S. 99.

[467] Boehm, Bildnis und Individuum, S. 36.

und Besonderheit, sondern auch gerade von dessen Ausprägung. Kurz: Die Individualität einer Person bildet sich über ihren Charakter.[468]
Vor allem Georg Simmel widmete sich dieser Fragestellung: Hauptcharakterträger der menschlichen Gestalt sei das Gesicht, in dessen Züge sich der Charakter quasi eingegraben habe als sichtbare Spur der inneren Vorgänge.[469] Die so gestaltete ästhetische Beschaffenheit der Physiognomie ist damit das Grundgesetz für die künstlerische Form.[470] Die Darstellung des Charakters als anschauliche Beschaffenheit der Person ist somit keine zusätzliche Leistung, die etwa in der psychologischen oder interpretatorischen Leistung des Malers liegt, sondern ein und dasselbe Darstellungsproblem.[471] In diesem Sinne äußert sich Schmidt-Rottluff über die „Seelenmalerei“:

> „Ein Wort meines Freundes Leibl, den Sie mir so furchtbar gern zum Seelenmaler machen wollen, ist mir unter die Hände gekommen: ‚Wenn man einen Menschen sehr treu abschildert, dann kommt schon von selbst alles in das Bildnis hinein, was in diesem Menschen lebt.'“[472]
>
> „Das nun einmal angeschnittene Thema von der Seelenmalerei ist leider noch nicht ganz zur Ruhe zu bringen. Ich möchte vor allem nicht, dass Sie mich in meiner Weise, Malerei zu geben, als äusserlich fassen, wozu meine Bemerkung von der malerischen Aussenseite vielleicht führen könnte. Wenn ichs genau sagen sollte, könnte ich nur die angezogenen Worte Leibls gebrauchen.
>
> Es fällt mir eine Bemerkung ein, die ich früher mal gemacht habe, eben über den Zusammenhang zwischen Psyche und Körper: Jeder Mensch schafft sich sein Gesicht selber. Es ist natürlich auch für mich keine Frage, ob mich ein geistig entwickelter Mensch mehr interessiert als ein Urbild

---

[468] Der Begriff Individualität definiert sich vom Charakter her im Sinne der Vorstellung von Besonderheit. Ein besonderer, persönlicher, individueller Charakter mache die Individualität von jemandem aus. Vgl. Hülsewig, Cézanne, S. 128.

[469] Dies wird auch am Begriff Charakter ersichtlich, der im griechischen „das Eingeprägte“ bedeutet.

[470] Lohmann-Siems, Begriff und Interpretation des Porträts, S. 36.

[471] „Der dargestellte Charakter ist immer schon aufgefaßt: seelische Belebung und leibliches Aussehen fallen ineinander.“ Ebenda.

[472] Brief an Ernst Beyersdorff, Oldenburg, Dangast 2.7.1909. Zitiert bei Wietek, 1995, S. 131. Zum Zitat bemerkt dieser: „KSRs Zitat bezieht sich auf Leibl's überlieferten Ausspruch: ‚Man male den Menschen so wie er ist, da ist die Seele ohnehin dabei.'“ (S. 188)

der Stupidität oder gar die flache Physiognomie des nichtssagenden Durchschnitts.“[473]

Die Frage, wie sich ein Seelisches im Kunstwerk ausdrückt[474] ist nur mittels der Übertragung des jeweiligen Individuums in die Malerei zu beantworten. Das Ergebnis, die eigenständige künstlerische Einheit, ist so in der Lage, dieses Seelische mit ihren Mitteln widerzuspiegeln.

„Das Bildnis repräsentiert diese Totalität ausschließlich mit den Mitteln der Malerei, es stellt den ganzen Menschen dar, insofern er sich an seiner Oberfläche und auf der Fläche des Bildes als Erscheinung kundtut. Diese Autonomisierung des Sichtbaren, über welche die Porträtkunst verfügt, erschließt ihm einen, von der äußeren Wirklichkeit unabhängigen Bereich des Ausdrucks, mit eigenen Wahrheiten.“[475]

Diese durch das Bild gegebene Anschaulichkeit ist es, die das Seelische mit ausdrückt.[476] Keinesfalls jedoch ist das Äußere im Kunstwerk ein Symbol, das auf das Innere, den Charakter schließen lässt.[477]

---

[473]Brief an Ernst Beyersdorff, Oldenburg, Dangast 12.7.1909. Abgedruckt in: Wietek, Oldenburger Jahre, S. 131, Nr, 56.
Die Diskussion um die Seelenmalerei ist typisch für das erstarkte Interesse an der Erforschung der Psyche in dieser Zeit.
„Parallel zum wachsenden Interesse an der Erforschung der menschlichen Seele in Kunst und Wissenschaft des späten 19. Jahrhunderts, mit der als Signum der Moderne die Verlagerung der Aufmerksamkeit vom Äußeren auf das Innere verknüpft war, läßt sich auch zu einem Teil der Porträtkunst die Verwendung zum vertieften psychologischen Ausdruck beobachten.“ Merkel, Das plastische Porträt, S. 225.

[474]Grundfragestellung bei Hans W. Gruhle, Das Porträt. Eine Studie zur Einfühlung in den Ausdruck, Freiburg im Breisgau 1948.

[475]Boehm, Bildnis und Individuum, über Simmel, S. 42 f.

[476]„Denn diese Darstellung [des Menschen] ist eine sinnlich räumliche, eine bloße Ordnung von Farbigkeiten, die einen Sinn für uns nur dadurch bekommen, daß sie ein – allgemeines oder individualisiertes – Seelisches ausdrücken. Dieses Seelische aber zu wissen haben wir gar keinen anderen Beweisgrund und keinen anderen Hinweis als eben jene gegebene Anschaulichkeit.“ Simmel, Rembrandt, S. 16.

[477]Daß man die Beseeltheit des Porträts aus der Psychologie empirischer Assoziationen erklärt, ist der roheste Versuch innerhalb der bestehenden Tendenz: die innere Wirkung, die tatsächliche Bedeutung für den Beschauer, nicht in dem Kunstwerk wie es unmittelbar innerhalb seiner Grenzen dasteht, zu suchen, sondern es nur als Brücke und Hinweis auf etwas gleichsam hinter ihm Liegendes gelten zu lassen, auf eine im Beschauer zustande gebrachte Vorstellung, die noch anderes enthält, ja vielleicht überhaupt etwas anderes ist, als die auf sich selbst beschränkte, mit den Rahmen abschließende Schauung eben dieses Kunstwerks. Ist das Kunstwerk nur ein

Das tertium comparationis der beiden sich gegenüberstehenden eigenständigen Organismen bilde dabei, so Simmel, die Vereinheitlichungskraft der Seele, die zum einen den menschlichen Organismus, besonders die Physiognomie ordne, zum anderen die Vorgabe für das Porträt darstelle.[478] Die Einheit des Menschen, das gegenseitige Bedingtsein der Elemente des Organismus komme dabei durch die Einheit der Seele zustande.[479] Diese Einheit schlägt sich im Kunstwerk in der Farb-Formeinheit nieder[480]

> „Die Richtung aber, in der die bildende Kunst diese Einheit wiederherstellt, indem sie sich ihrer für ihre Zwecke bedient, ist dieser: sie benutzt sozusagen die Beseeltheit des Menschen, um für sein anschaulich künstlerisches Bild, das sie entwirft, jene Einheit, Zusammengefaßtheit, Gesetzlichkeit zu verstärktem, gesichertstem Eindruck zu bringen."[481]

Die in sich logische Gesamterscheinung vermittelt so die Plausibilität einer charakterlichen Einheit.[482] Die „innere Notwendigkeit" gestalte sich nicht nur durch die Vereinheitlichungs- kraft des Künstlers, sondern auch durch die der Seele des Individuums.

---

‚symbolisches Mittel, uns etwas vorstellen zu lassen, was seine gegebene Anschaulichkeit *nicht* vorstellt?'" Simmel, Rembrandt, S. 23.
„Die Warnung vor psychologischer Einfühlung – aus Anlaß von Bildnissen – kann nur ernst genommen werden. Freilich entzündet sie sich an einer Auffassung vom Porträt, die keine anschauliche Analyse bestätigt." Boehm, Bildnis und Individuum, S. 36 f.

478 „Die Seele ist das zusammenhaltende, ordnende Gesetz der Züge, die allein die malerische Realität sind – wie das Naturgesetz weder die Sache selbst ist, noch irgendwo außerhalb der Sache ist, sondern die Ordnung und die verständige Einheit und das gegenseitige Verhalten der Sachen ausmacht." Simmel, Das Problem des Porträts, S. 103.

479 Boehm betont den Subjekt-Objekt-Zusammenschluß bei Simmel, in der die Einheit des Lebens das immanente Moment der Dinge ausmacht. Boehm, Bildnis und Individuum., S. 42.

480 „Das aus der lebendigen Anschauung gewonnene Bildnis bleibt nicht bei der reinen Erfassung von Einzelbeobachtungen stehen, die als unverbundene Formen nebeneinander sich behaupten können. Erst indem sich nun ein geschlossener Kontur herausbricht, während aus der Summe eine Ganzes wird, stellt sich eine Einheit von Form und Geist her, [...]"Keller, S. 338.

481 Simmel, Das Problem des Porträts, S. 104.

482 „Aber nicht nur die besondere Verfassung seiner Existenz wird im Porträtierten wiedererkannt, sondern auch ihre besondere Plausibilität, worin sie sich zu einem Ganzen, dem des Charakters umschließt. Im Charakter liegt die anschauliche Wahrheit der Person. [...] Die Züge des Charakters, die dem Einzelnen ein Gesicht geben, lassen ihn nach eigenem Maß bedeutsam, lebenswahr oder authentisch erscheinen." Boehm, Bildnis und Individuum, S. 31.

> „Der Porträtierte ist der gedeutete Mensch, seine Konkretion rührt gerade aus der unauflöslichen Außen-Innen-Verschränkung, die als anschauliche Intention im Bildnis sichtbar wird.“[483]

Dem Charakter als die das Porträt bedingende seelische Struktur des Individuums steht die künstlerische Deutung als notwendig zu treffende Auswahl entgegen. Die völlig unterschiedlichen Repräsentationsmöglichkeiten des Individuums im Porträt sind ein sicheres Indiz dafür, dass sich die Totalität eines Individuums[484] nicht in einer einzigen Gestaltungsweise durchschlagen kann. Der Aussage Simmels „Jeder Augenblick des Lebens ist das ganze Leben“ entgegnet Jauss:

> „Kein Augenblick des Lebens, den der Maler im Bildnis ergreift, kann sein ganzes Lebens repräsentieren, weil kein Augenblick des Individuums seine ganze Individualität auszuschöpfen vermag, die sich in der geglückten Präsenz des Bildnisses sogleich wieder entzieht.“[485]

Den Bezug zur Ganzheit des Lebens stellt der Charakter im Bild als Potentialis des Handelns in der Ausprägung einer auf das jeweilige Individuum bezogenen Lebendigkeit – zu verstehen als Besonderheit der Verhaltensweise eines Individuums in der Welt – über besondere Darstellungsweisen her.[486] Die Bildeinheit ist somit durchaus in der Lage, den Porträtierten durch seine Repräsentationsform weit über einen Moment hinaus zu charakterisieren.

---

[483] Boehm, Bildnis und Individuum, S. 37.

[484] Hier sei noch einmal auf den Aufsatz von Croce verwiesen, der ein Individuum nur in einer unendlichen Reihe von Porträts für darstellbar hält.

[485] Jauss, Entdeckung des Individuums, S. 335.
Ebenso kritisiert Gruhle die Auffassung Simmels: „Aber in dem Versuch, die kennzeichnenden Unterschiede zwischen den genannten Porträts recht einleuchtend herauszuarbeiten, übertreibt er nicht nur, sondern erwähnt psychologische Kategorien, die nicht zutreffen. Noch niemals konnte ein Affekt bis aufs letzte genau anschaulich hingestellt werden. Noch niemals konnte man von einem Porträt alles erfassen, was der Dargestellte insgesamt fühlte.“ Gruhle, Das Porträt, S. 48.

[486] Vgl. Boehm, Bildnis und Individuum, S. 28 f.
Auch Benjamin definiert Charakter als Art und Weise des Menschen, zu reagieren. Walter Benjamin, Schicksal und Charakter, in: Ders., Illuminationen. Ausgewählte Schriften 1, Frankfurt/Main 1977, S. 42.

# IV Porträt und Bildeinheit
## IV.1. Bildeinheit und Charakterisierung

„Nichts verstehen diese Menschen. Meine Porträts von Gosebruch und Redslob unähnlich? Natürlich sind es keine Photos, das gehört nicht zur Kunst. Aber gerade bei diesen habe ich gelöst, was ich im Porträt erstrebe: Das Herausarbeiten des Charakters mit Form und Farbe. Meine neuen Mittel der Form geben diese Köpfe absolut. Den blonden Träumer Redslob mit Orange, Blau und Grün. Gosebruch den mystischen Denker und den sinnlichen Mann mit Blau und Rotviolett. Aber meine Kunst ist heute den Menschen noch genauso fremd wie damals 14. Keiner nimmt sich die Mühe, ein solches Bild mit gutem Willen anzuschauen, es zu fragen. Jeder will seine kleinliche Seele gespiegelt haben. Keiner gibt sich Mühe, die neuen Mittel zu untersuchen. Dabei sind doch diese das, was die Moderne überhaupt möglich machen."[487]
(Kirchner, Tagebucheintrag vom 9. Dezember 1926)

Für die Moderne erscheint die Begründung von Ähnlichkeit aus der bildimmanenten Eigengesetzlichkeit heraus besonders offensichtlich. Das „Herausarbeiten des Charakters mit Form und Farbe" unter Einsatz der „neuen Mittel" der Kunst meint hierbei die Charakterisierung eines Modells anhand der Zusammenstellung bestimmter absoluter Farbklänge zu einer Bildeinheit, die sich als eigenwertiger Faktor über das Modell hinaus verselbständigt. Damit wird jedoch nur eine allgemein für die Malerei geltende Tatsache offensichtlich. Die Bildeinheit als Farb- und Formzusammenhang eines Porträts ist, um es hier zusammenzufassen, stets von drei Faktoren geprägt. Zum einen richtet es sich nach dem Modell als Individuum

---

[487] Lothar Grisebach, E.L. Kirchners Davoser Tagebuch. Eine Darstellung des Malers und eine Sammlung seiner Schriften, Köln 1968, S. 135 f.
*Porträt Edwin Redslob*, 1924, Öl/Leinwand, 121x75,5 cm, Brücke-Museum Berlin (Abbildungsverzeichnis Nr. 92).
„Edwin Redslob, Reichskunstwart der Jahre 1920 bis 1933, Förderer und Sammler avantgardistischer Kunst in Berlin, kennt Kirchner schon einige Zeit, bevor dieser ein Porträt von ihm malt. Anlaß dazu ist der Besuch Redslobs bei Kirchner in der Schweiz." Magdalena M. Moeller. Meisterwerke des Expressionismus. Gemälde, Aquarelle, Zeichnungen und Druckgraphik aus dem Brücke-Museum Berlin, Stuttgart 1990, S. 216.
*Porträt Ernst Gosebruch*, 1926, Öl/Leinwand, 67x91 cm. Donald E. Gordon, Ernst Ludwig Kirchner. Mit einem kritischen Katalog sämtlicher Gemälde, München 1968, S. 399.

und spiegelt dessen Einheit als Organismus wieder, zum andern weist es in seiner Bezogenheit auf die Bildfläche eine eigene künstlerische Einheit auf. Diese wiederum ist drittens vom besonderen Stil des einzelnen Künstlers geprägt, dessen Repertoire Farben und Formen unterliegen. Besonders die Farbauswahl zur Wiedergabe eines bestimmten Natureindrucks, die Palette mit der er arbeitet, bildet somit als stilistische Konstante eine bildbestimmende Grundlage. Die darüber getroffene Unterscheidung zwischen der künstlerischen Eigengesetzlichkeit des Bildes und der Naturvorgabe, mit dem Begriff „Parallelität" gefasst, stellte dabei das künstlerische Farbrepertoire als Grundlage für den Schaffensprozess in den Vordergrund.[488]

### IV.1.1. Die Palette: Farbklang und Stimmung

Bei den Bildern Schmidt-Rottluffs wird der Eindruck einer bestimmten, immer wiederkehrenden Palette v.a. von der Zählbarkeit der Farben hervorgerufen, die sich auf wenige, oft unvermischte Sorten des handelsüblichen Sortiments beschränken.[489]

> „Ihren Ursprung hat die Palette aber nicht im Farbkasten, sondern in der Phantasie des Malers, so daß schon allein die Auswahl der Farben als schöpferisches Kriterium gelten darf. Stil in Verbindung mit farblicher Gesamtgestaltung des Kunstwerks ist so definiert der Niederschlag der schöpferischen Vorstellungskraft in der schon allein die Wahl der Farbe

---

[488] „Das Anlegen der Palette war offensichtlich dabei, für sich den Status von Malerei zu beanspruchen. Matisses Zeitgenossen Paul Klee und Wassily Kandinsky hatten bereits erkannt, daß das, was sich im Farbkasten oder auf der Palette abspielte, für den künstlerischen Schaffensprozeß wichtiger war, als das, was sich in der Natur im vorgeblichen Sujet abspielte." John Gage, Kulturgeschichte der Farbe. Von der Antike bis zur Gegenwart, Ravensburg 1994, Kap. 10: Die Palette als Mutter aller Farben, S. 188.
So schrieb auch Paul Klee in seinem Tagebuch 1910: „Wichtiger als die Natur und ihr Studium ist die Einstellung auf den Inhalt des Malkastens. Ich muß dereinst auf dem Farbklavier der nebeneinanderstehenden Aquarellnäpfe frei phantasieren können." Ebenda, S. 188.
In diesem Sinne äußerte sich auch van Gogh, Brief 429: "Darf ich darunter nicht kühnerweise verstehen, daß ein Maler gut daran tut, wenn er von der Farbe auf seiner Palette ausgeht, statt von den Farben der Natur?" Ebenda, S. 189.

[489] Dabei handelt es sich im wesentlichen um Zinnoberrot, Ultramarinblau, Resedagrün, Chromgelb, Kobaltblau, Messinggelb, Chromoxydgrün, Krapplackrot, Karmin, Kadmiumorange, Zitronengelb, Kadmiumgrün und Violett. Aufgezählt bei Buchheim, Brücke, S. 46.

> als solche, nicht erst ihre Verarbeitung im Bilde, als Ausdrucksform einer malerischen Vision, ja letztlich als ein Endergebnis schwer verfolgbarer innerer Schaffensvorgänge begriffen wird, wie dies auch für den Ton als Urelement der Musik gilt. So besehen, darf gewiß auch die einzelne Bildfarbe schon als eine Schöpfung gelten. Damit soll die Möglichkeit einer weitgehenden Übereinstimmung zwischen ihr und in der Natur vorgegebenen Farbe keineswegs geleugnet werden. Doch muß man sich darüber im klaren bleiben, daß diese Ähnlichkeit dann nie durch punktuelle ‚Abschrift' der Natur erreicht wird, sondern dadurch, daß gerade die gemalte Farbe der beobachteten aus dem Innern der schon präexistierenden Farbvorstellung des Malers in besonders auffälliger Weise entgegenkommt."[490]

Die Einsicht in die Eigengesetzlichkeit des Bildes beinhaltet auch die Einsicht in nicht ausschließlich gegenständlich zu begründende Bildphänomene. Für eine Malerei, die sich zwischen gegenständlicher Verpflichtung und künstlerischer Freiheit bewegt, wie die Schmidt-Rottluffs, muss gefragt werden, wie weit der Künstler seinen Stil treiben kann, ohne dass er den Gegenstand vernachlässigt.[491] Wie ist „Bildorganisation und Gegenstandsbestimmung auf der Grundlage der Buntfarben zu erproben"?[492]

> „Wie lassen sich aus den primär malerischen Mitteln (Farbe, Fläche, Pinselduktus) Bilder machen, die v.a. dazu geschaffen werden, aufgrund des Zurückdrängens gegenständlicher Differenzierung zum Ausdrucksmedium für Farben und malerischer Aktion zu werden?"[493]

In gegenständlicher Hinsicht steht das Prinzip der Farbgebung innerhalb des Gesamtzusammenhangs, der Farbklang, immer mehr vor

---

[490] Ernst Strauss, Zur Wesensbestimmung der Bildfarbe, in: Koloritgeschichtliche Untersuchungen, S. 14 f.

[491] „Wie viele Charakteristika der Gegenstände der sichtbaren Welt können bei der bildnerischen Gestaltung vernachlässigt werden, ohne im Bild den Gegenstand selbst zum Verschwinden zu bringen, da er ja als Schlüssel zum Verständnis des Bildes weiterhin gebraucht wird? Schmidt-Rottluff kommt zu dem Ergebnis, dass er auf jeden Fall allen individuellen Charakter der darzustellenden Gegenstände mehr und mehr außer acht lassen und von ihnen absehen kann, um dafür geschlossene Farbflächen und Farbblöcke zu gestalten, in denen der Farbauftrag und die Pinselführung variiert und ohne einheitliche Richtung ist." Gerhardus, Expressionismus, S. 67 f.

[492] Gerhardus, Expressionismus, S. 67.

[493] Gerhardus, Expressionismus, S. 67.

der farblichen Gestaltung einzelner Elemente.[494] Bildorganisation und Gegenstandsbestimmung beruhen auf der Grundlage der Buntfarben und ihrer Kontraste.

Die Porträts Schmidt-Rottluffs von 1911 beispielsweise, sind in ihrer Farbigkeit nicht nur übersteigert, sondern in der Farbwahl oftmals weit von der „gewussten Farbrichtigkeit" entfernt, so dass sich lediglich Rudimente davon erkennen lassen, die jedoch oft Ausgangspunkte der Farbharmonien darstellen. Betrachtet man die Bildnisse *Dr. Rosa Schapire* und *Simon Guttmann*, so steht bei letzterem das Blau des Anzugs gegen das Grün und Orange des Gesichts.[495] Dagegen dominiert beim Bildnis Schapires der Kontrast des in Rot gehaltenen Gesichts und Fußbodens zu dem grünen Kleid. Beim Bildnis *Dr. Paul Rauert* durchziehen die Farben Rot, Grün und Blau den schwarzen Anzug und binden so dessen farbliches Vorgegebensein in die Farbharmonie des Bildes, die mit Gelb in Gesicht, Händen und Hintergrund komplettiert wird.[496]

Im Vordergrund steht somit eindeutig der Farbkontrast, sei es der Komplementär- oder der Warm-Kalt-Kontrast, der bei der Bildgestaltung eher eine Rolle spielt, als das Richten nach dem vom Modell farbig Vorgegebenen. Gleichermaßen verhalten sich die Porträts anderer Stilstufen nach der jeweils vorherrschenden

---

[494] „Blau als Körperfarbe eines weiblichen Aktes z.B. etwa im Zusammenhang mit Grün, Violett und Rot bedeutet etwas anderes als nur die Tatsache, dass man den menschlichen Körper gewöhnlich nicht als einen blauen darstellt." Gerhardus, S. Expressionismus, S. 57 f. am Beispiel von Ernst Ludwig Kirchner.

[495] Das Bild ist leider verschollen, aber die Farbigkeit wird durch eine Beschreibung überliefert: „[...] das tiefe Blau des Anzugs, die gelben schwarzumrandeten Querstreifen, das Grün und Orange des Gesichts." Valentiner, Schmidt-Rottluff, S. 6.

[496] „Vgl. Delacroix' Rat, zu Beginn des Malakts von einer möglichst genau beobachteten Gegenstandsfarbe auszugehen, vorausgesetzt freilich, dass auf diese Weise nur eine Basis für eine Tonreihe gefunden werden soll, die in ihrer Zusammensetzung die farbige Tonqualität eines bestimmten Naturvorbildes zu vertreten hat: ‚Ce serait une bonne chose, en commencant, que d' établir la gamme d' un tableau par un objet clair, dont le ton et le valeur serait exactement pris sur nature: un mouchoir, une étoffé.' (Journal, 1850, Joubin, I, 413). So gesehen, kann die bewußt ‚getreue' Nachahmung einer vorgegebenen Naturfarbe sich durchaus als ein künstlerisch berechtigtes Verfahren erweisen." Strauss, Zur Wesensbestimmung der Bildfarbe, in: Koloritgeschichtliche Forschungen, S. 15, Anm. 6.

künstlerischen Gestaltungsweise, die sich in bestimmten Klangvorlieben und Anordnungsmodi äußert.
Wie ist innerhalb dieser, die übergegenständliche Bildeinheit in mehrfacher Hinsicht betonende Palette, eine Spezifizierung hinsichtlich des Modells, sprich, seine Charakterisierung möglich? Jedes Bild beinhaltet seine eigene Aussage, immer im Rahmen der jeweiligen Gestaltungsmöglichkeiten eines Künstlers. Palette in dieser Hinsicht meint also den farbigen Spielraum, innerhalb dessen sich die Ausdrucksmöglichkeiten eines Künstlers hinsichtlich des Sujets entfalten. Insofern ist innerhalb jeder Farbpalette aufgrund der in ihr liegenden Variabilität hinsichtlich des einzelnen Bildes Charakterisierung als jeweils unterschiedliche Kombination sogar zwangsläufig gegeben.[497]
Die Variationsmöglichkeiten der jeweiligen Palette liegen im Farbklang, also in Auswahl und Verteilung, die so über die Gesamtheit des Bildes zu unterschiedlichen Qualifizierungen des Bildinhaltes oder auch Charakterisierungen des Porträtierten fähig sind. Die Farben richten sich nach ihren Nachbarfarben, ihre Form und Proportion dienen dem Fassen der nötigen Menge der jeweiligen Farben, gemäß des künstlerischen Ausdruckswillens. Der daraus resultierende Farbklang ist Summe von Qualität und Ausbreitung der im Bild auftretenden Farben, die über ein bestimmtes Farb-Form-Verhältnis erzielte Farbwirkung und als solche notwendigerweise Ergebnis des

---

[497] Zu diesen zählen:
1) Umfang der malerischen Palette: Enge oder Weite, Anzahl der Farben
2) Qualität Farbmaterial: Wärme oder Kälte, Sättigungs- und Helligkeitsgrade
3) Zusammenstellung
- Beziehung der Farben in der Qualität: Einheit oder Kontrast, koloristische Tonart oder Intervalle, Farbdominanzen oder Gleichordnung
- in der Lokalisierung: Farbenverteilung auf der Bildfläche: geschlossen, zerstreut (Blickführung Betrachter)
4)Quantität: Menge, in der eine Farbe hingesetzt wird (Fleck oder Fläche) eigener Wirkungsakzent.
Vgl. Wilhelm Waetzold, Rez. Emil Utitz, Grundzüge der ästhetischen Farbenlehre, Stuttgart 1908, in: Zeitschrift für Ästhetik und Allgemeine Kunstwissenschaft, Bd. IV, 1. Heft, Stuttgart 1908, S. 285 f.

künstlerischen Ausdruckswillens in der Eigengesetzlichkeit des Bildes.[498]

„Demnach besteht die ‚Neuform', wie Kirchner sie nennt, in der Anpassung der Form an die zur Erzeugung eines bestimmten Ausdrucks nötigen Farbmengen, die wiederum in der Verbindung mit anderen Farbquantitäten ‚einen bestimmten Klang' erzeugen. Was in dieser Formulierung Kirchners auffällt, ist die eindeutige Dominanz der Farbe einerseits und ihre Einbindung in einen Farbklang andererseits, der das Erlebnis des Malers ausdrückt. D.h. nicht die einzelne Farbe und die durch ihre quantitative Ausdehnung beeinflußte Form, sondern die als ‚bestimmter Klang' sich äußernde Summe der im Bild auftretenden Farben bestimmt den Ausdruck."[499]

---

[498]Kirchner, 1921 als Louis de Marsalle, Über die Schweizer Arbeiten von E. L. Kirchner, in Grisebach, Davoser Tagebuch, S. 195: „Hand in Hand geht eine Steigerung der zeichnerischen Form und eine starke Veränderung der Proportionen. Die Änderung der Form und der Proportion sind nicht Willkür, sondern dienen dazu, den geistigen Ausdruck groß und eindringlich zu gestalten und die Farbe in der für den betreffenden Ausdruck nötigen Menge zu fassen. Auch die Farbe ist nicht die der Natur, sondern eine aus der Gestaltungsabsicht des Malers geborene. Sie schafft in Verbindung mit den anderen Farben des Bildes einen bestimmten Klang, der das Erlebnis des Malers ausdrückt. Für Form und Farbe ist die sichtbare Welt die Anregerin. Sie wird aber soweit umgestaltet, daß im Bild eine vollkommene Neuform entsteht."
Zum Verhältnis von Farbklang und Farbflächen vergleiche auch die Aussagen Schmidt-Rottluff von 1910 im Kapitel Realisation.
Zum Klang siehe auch Matisse: „Besonderes Merkmal: die Farbe war der Form gemäß. Die Form veränderte sich in Rücksicht auf die farbigen Nachbarschaften. Denn die Kraft der Aussage springt aus der farbigen Oberfläche im Ganzen." Zitiert in Buchheim, Brücke, S. 50.
Vgl. dazu Matisse, Notizen eines Malers, 1908: „Die Beziehung zwischen den Farbtönen muß sich in einer Weise einspielen, daß sie die Farben hervorhebt, anstatt sie zu zerstören. Eine neue Kombination von Farben wird der ersten folgen und meine Vorstellung als Ganzes wiedergeben. Ich bin gezwungen zu transponieren, und deshalb stellt man sich vor, mein Bild habe sich total verändert, wenn noch verschiedene Modifikationen des Rot und das Grün als Dominante ersetzt worden ist." In: Jack D. Flam (Hg.), Henri Matisse, Über Kunst, Zürich 1982, S. 73.
„Es gibt eine notwendige Proportion der Farbtöne, die mich veranlassen kann, die Form einer Figur zu verändern oder meine Komposition umzuarbeiten, solange ich diese Proportion nicht für alle Teile gefunden habe, so lange suche ich sie und fahre in meiner Arbeit fort. Dann kommt ein Moment, wo alle Teile einander vollkommen entsprechen, und von da an wäre es mir unmöglich, an mein Bild noch irgendwie zu rühren, ohne es vollständig neu schaffen zu müssen." Ebenda, S. 74.
[499]Honisch, Die Farbe bei Kirchner, in: Ernst Ludwig Kirchner, Berlin, München, Köln, Zürich, 1979, S. 27.

Der Farbklang eines Bildes wird auch als ‚Stimmung' bezeichnet in der die einzelnen Farben in Qualität und Quantität als Einklang aufeinander abgestimmt werden, vergleichbar etwa der musikalischen Stimmung eines Instrumentes.[500] Nolde spricht in diesem Sinne von der „Musik der Farbe".[501] Vor allem in der Moderne gilt dieser sich über die Naturvorlage im Bild einstimmende Klang, im Zuge der Befreiung der Bildfarbe in seiner Nuancierungsmöglichkeit gesteigert, als ein erstes Kriterium zur Charakterisierung als Äquivalenz für eine bestimmte Empfindung.[502]

Zur Analyse der Farbklänge bedarf es über die Farbqualitäten hinaus, wie sie von der Koloritforschung behandelt werden, eine Erweiterung. Nur unter Miteinbeziehung der Erscheinungsweise der einzelnen Farbtöne und ihre gegenseitige Beeinflussung innerhalb des Gesamtkolorits kann die Wirkung der Farbklänge richtig gedeutet und

---

[500] „Im 19. Jahrhundert wurde häufig der Vergleich zwischen der Funktion der Palette und einem Musikinstrument herangezogen: ‚Das Stimmen' einer Palette wurde mit dem Stimmen eines Musikinstruments verglichen." Gage, Kulturgeschichte der Farbe, S. 185. Vgl. dazu auch den Ausdruck „Farbharmonie". Anm. des Verfassers.

[501] „Ich liebe die Musik der Farben". Nolde, Jahre der Kämpfe, zitiert bei Hess, Dokumente, S. 70.

„Auch die Farben werden einander entgegengestellt: kalt und warm, hell und dunkel, matt und stark. Meistens aber doch, nach dem eine Farbe oder ein Akkord wie selbstverständlich angeschlagen war, bestimmte eine Farbe die andere, ganz gefühlsmäßig und gedankenlos tastend, in der ganzen herrlichen Farbenreihe der Palette, in reiner sinnlicher Hingabe und Gegenstandsfreude. Die Form war fast immer in wenigen Strukturlinien festgelegt, bevor die Farbe weiterbildend in sicherer Empfindung gestaltend sich auswirkte. Farben, das Material des Malers: Farben in ihrem Eigenleben, weinend und lachend, Traum und Glück, heiß und heilig, wie Liebeslieder und Erotik, wie Gesänge und herrliche Choräle! Farben sind Schwingungen wie Silberglockenklänge und Bronzegeläute, kündend Glück, Leidenschaft, Liebe, Seele, Blut und Tod." Ebenda.

[502] „Der Kunsthistoriker Heinrich Wölfflin hat diese Einsicht, ohne selbstverständlich von Gauguin und dessen Überlegungen zu wissen, im Jahr darauf verallgemeinert: ‚Jede Stimmung hat ihren bestimmten Ausdruck.' Diese Entdeckungen – oder richtiger: Wiederentdeckungen – gehören zu den wichtigsten Proklamationen des modernen Kunstwollens. 1890 griff Maurice Dennis sie auf, als er über ein Bild von Gauguin schrieb, der Eindruck des Betrachters beruhe nicht auf den wiedergegebenen Naturmotiven, er entspringe vielmehr der Darstellung selbst, den Formen und der Farbgebung, und 1895 definierte er den Symbolismus als die Überzeugung, dass es für jede Empfindung, jeden menschlichen Gedanken ein anschauliches, dekoratives Äquivalent, eine korrespondierende Schönheit gebe." Werner Hofmann, Von der Nachahmung zur Wirklichkeit. Die schöpferische Befreiung der Kunst 1890-1917, Köln [2]1974, S. 38 f.

herausgestellt werden. Dabei sind zu unterscheiden der Ausdruck der Farbe selbst, im Wahrnehmungskomplex von Farbe und Gegenstand und im Wahrnehmungskomplex des ganzen Bildes. Besonders die experimentelle Psychologie hat sich mit der Wahrnehmung der Farbe in ihrer Verflechtung zwischen dem Anteil des Betrachters und dem der Farbe beschäftigt. Obgleich der Farbeindruck subjektiven Schwankungen unterliegt[503], gehört der Ausdruckswert oder auch Charakter der Farbe ihr selbst an, ist als ihr objektiver Bestandteil anzunehmen.[504] Der Farbe eignet somit eine Qualität, die auf nichts

---

503 „Gegeben ist der physikalische Reiz und der Betrachter. Wir haben gesehen, daß dieser Reiz schon in Hinsicht der Farbigkeit selbst nicht gleichmäßig beurteilt wird, sondern daß sehr bald Abweichungen vorkommen, die desto größer sind, je ästhetischer das Verhalten der Beobachter ist. Wir haben ferner gesehen, daß in den dargebotenen Farben für den Beschauer nicht nur eine spezifische Farbigkeit, sondern auch ein bestimmtes, mehr oder weniger ausgestaltetes Wesen dieser Farbigkeit, ein Ausdruck gegeben ist. Auch er sieht natürlich nicht zum physikalisch gegebenen im festen Verhältnis.“ Allesch, Die Erscheinungsweisen der Farben, S. 97.
„Die ästhetisch zu beurteilende Farbe hat etwas Dinghaftes, sie wird zu einem Wesen mit Ausdruck und Lebendigkeit, sie ist im eigentlichen Sinne des Wortes gestaltet. Diese Gestaltung ist insofern eine völlig dichte, als der Zusammenhang zwischen den einzelnen in unserer Betrachtung unterscheidbaren Momenten der denkbar engste ist. Es ist ein Ineinander und Durcheinandergegebensein des Farbigen und Ausdrucksmäßigen, und wir sehen, daß bei der Ausreifung eines solchen Eindrucks dieser Prozeß durchaus nicht immer nur von der Seite der Farbigkeit her fortschreitet, sondern, daß auch eine wechselweise Entwicklung vorkommt, wie das auch sonst bei den lebendigen Dingen unserer Erlebniswelt die Regel ist.“ Allesch, Die Erscheinungsweise der Farben, S. 46.
„Jeder Einzelne hat ein gewisses Maß von Ergiebigkeit, jeder Beobachter hat ein gewisses Maß von Reaktionsfülle.“ Ebenda.

504 „Es ergibt sich nunmehr, dass die Heiterkeit der Farbe ein vollkommen eigenartiges Erlebnis ist – eine Eigenschaft, die dieser Farbe zukommt, ein Schimmer, der diese Farbe umkleidet, an ihr haftet, zu ihr gehört. Diese Heiterkeit der Farbe bildet in gewissem Sinne ein Bestandstück der Farbe neben ihrer Qualität und Intensität – ein Bestandstück, das wir Charakter der Farbe nennen.“ Moritz Geiger, Zum Problem der Stimmungseinfühlung (1911), in: Ders., Die Bedeutung der Kunst. Zugänge zu einer materialen Wertästhetik, hrsg. v. Klaus Berger und Wolfhart Henckmann, München 1976, S. 26.
Vgl. Sedlmayr: „Wir meinen nicht ein Gefühl, das in uns ist, sondern ein ‚Quale' der Farbe selbst. Man kann sehr wohl ernst gestimmt sein und doch behält die Farbe ihre Heiterkeit. Ganz im Gegensatz zu einem Gefühl tritt ein solcher Erlebnischarakter um so deutlicher hervor, je mehr die Aufmerksamkeit auf ihn gerichtet ist, auch dies ein Merkmal seiner Gegenständlichkeit.“ Sedlmayr, Rez. Allesch, S. 218.

außerhalb von ihr verweist und die unmittelbar als ihre Eigenschaft wahrgenommen wird.[505]

> „Jeder Farbe ist ein besonderer Ausdruckscharakter eigen, Goethe nannte ihn die ‚sinnlich-sittliche Wirkung' der Farben, und in aller Malerei wird dieser Ausdruckscharakter mitgestaltet."[506]

Dabei ist zu bedenken, dass die Ergebnisse der Farbpsychologie über die Farbwirkung in ihrer Wahrnehmungsbeziehung zwischen Subjekt und Objekt oft nur unter Verwendung reiner Farbe erzielt worden sind. In einem Gemälde ist Farbe fast nie ungebunden anzutreffen, vielmehr erschwert dessen komplexe Struktur eine Reglementierung.[507]Innerhalb dieser Bildeinheit erfährt die Farbe zwei Modifizierungen: zum einen in übergegenständlicher Hinsicht innerhalb des Gesamtkolorits, zum anderen bezüglich des Gegenstands, an den sie gebunden ist. Kurz: Entscheidend ist die Beobachtung der Relativität des Farbeindrucks, der somit für die Aussage des Bildes als dessen besondere koloristische Haltung bestimmend wird.

Hinsichtlich des Gesamtkolorits vollzieht sich jene koloristische Haltung über das Zusammenwirken und das sich gegenseitige Beeinflussen der Farben in Intervallen (Stärke und Größe der Abstände) und den daraus entstehenden Kontrasten.[508]

---

[505]Vgl. Walter Hess, Das Problem der Farbe, S. 153, Fußnote.

[506]Dittmann, Brücke, S. 44.
Johann Wolfgang Goethe, Zur Farbenlehre, hrsg. v. Manfred Wenzel, Frankfurt/Main 1991, sechste Abteilung: Sinnlich-sittliche Wirkung der Farbe. § 758.
§ 761: „Aus der Idee des Gegensatzes der Erscheinung, aus der Kenntnis, die wir von den besonderen Bestimmungen desselben erlangt haben, können wir schließen, daß die einzelnen Farbeindrücke nicht verwechselt werden können, daß sie spezifisch wirken, und entschieden spezifische Zustände dem lebendigen Organ hervorbringen müssen."
§ 762: „Eben auch so in dem Gemüt. Die Erfahrung lehrt uns, daß die einzelnen Farben besondere Gemütsstimmungen geben. [...]."

[507]„Die Ergebnisse der experimentellen Ästhetik, aus der Untersuchung elementarster Verhältnisse gewonnen, sind nur zum geringsten Teil und mit großer Vorsicht für die Analyse des sehr verwickelten Farberlebnisses von Kunstwerken nutzbar zu machen." So Waetzold, der sich in seinem Werk über das Porträt sehr mit der damals aktuellen Farbenpsychologie beschäftigte. Waetzold, Rez. Utitz, S. 277 f.

[508]„Denn die Stärke des einzelnen Farbkontrastes und der Wert, den dieser im farbigen Bildzusammenhang besitzt, entscheidet in erster Linie die koloristische Haltung eines Bildwerkes." Ernst Strauss, Untersuchungen zum Kolorit in der spätgotischen Malerei ca. 1460 bis ca. 1510 an Beispielen der schwäbischen, fränkischen und bayrischen Schule, in: Koloritgeschichtliche Untersuchungen, S. 287.

„In engem Zusammenhang mit der Intention der Farbe [ihrer Tendenz sich zu verändern][509] stehen die Veränderungen, die sie an anderen Farben verursacht oder durch sie erfährt, wo immer sie ihnen nahe zugeordnet wird. Die wechselseitige Beeinflussung der Farben, ihre sog. Induktionswirkung, beruht auf der phänomenalen Grundtatsache, daß eine Farbe bei Zusammenstellung mit einer oder mehreren anderen, im ‚Simultankontrast' zu ihnen, nie den gleichen Aspekt bietet, wie für sich allein gesehen; innerhalb einer bestimmten Variationsbreite vollziehen sich zwangsläufig Veränderungen mit ihr, die von einer kaum merklichen Nuancierung, bis zur Verschiebung noch einer anderen Qualität hin reichen können. [...] wesentlich erscheint an dieser Stelle unserer Überlegung allein, daß mit der Entdeckung der Induktionswirkung (durch den französischen Chemiker E. Chevreul um 1828) das Grundgesetz der *Relativität* jeder Farberscheinung, das im Hinblick auf den Helligkeitsgrad der Farbe schon seit Leonardo allgemein bekannt war, auch als bindend für ihre Buntqualität erkannt wurde."[510]

Das Gesamtkolorit wird auch durch die den Farben eigene Helligkeit mitbestimmt, das ihren Stellenwert festlegt.

„In ihm [dem Begriff der Eigenhelligkeit] liegt die visuelle Erfahrung zugrunde, daß jeder Farbe eine bestimmte Helligkeit zukommt, die ihr nicht durch ein von außen auftretendes Licht erst verliehen wird, sondern ihr selbst innewohnt, mit ihr also phänomenal schon gegeben ist.[511] [...]

---

V.a. die komplementären Intervalle sind immer schon ein wesentliches Mittel des Farbausgleichs gewesen. „Das Prinzip der komplementären Gegenüberstellung der Grundfarben ist vielleicht das einzige, das wir mit Bestimmtheit als durchgehend schon in den frühen Entwicklungsphasen jeder Malerei erkennen dürfen; beruht es doch auf der elementaren Forderung des Auges nach einer bestimmten Totalität des Eindrucks." Strauss, Spätgotische Malerei, S. 289.

509 „Diese Tendenz liegt im ‚Drängen der Farbe selbst', das J.v. Allesch [...] als ihre ‚Intention' bezeichnet und eingehender untersucht hat. Sie ist ein ‚ständiges, mehr oder weniger auffallendes Charakteristikum jedes Farbeindrucks' ... ‚Die Intention, blau oder rötlich zu sein, das Hindrängen in diese Richtungen ist manchmal so stark, daß der Grundcharakter fast verschwindet' ... ‚Die Intention umfaßt ... zugleich das Drängen des Eindrucks, sein Meinen, eine so bestimmte Farbigkeit ... zu sein. ... Es ist immer ein farbiges Quale, das die Intention gewissermaßen macht, freilich nicht nur dieses Quale allein".

Vgl. auch David Katz, Der Aufbau der Farbwelt, 1930, S. 119: „Die Intention der scheinbaren Farbe geht auf die eigentliche Farbe." Ebenda, Anm. 11.

510 Ernst Strauss, Zu den Anfängen des Helldunkels, in: Koloritgeschichtliche Untersuchungen, S. 52.

511 „Auf solchen Beobachtungen aufbauend, ist die Naturwissenschaft des späteren 19. Jahrhunderts zu der Theorie von der *spezifischen Helligkeit* der Farben gelangt, die von

> Die Eigenhelle der Farbe ist, in noch höherem Grade als ihre Buntheit, ein relativer Wert, der in einem gegebenen Farbenensemble durch Aufhellung oder Verdunkelung der einzelnen Komponenten verschoben werden kann, ohne daß jedoch die Buntheit dieser Komponenten als solche dadurch betroffen werden müßte."[512]

Das Problem der Farbanalyse besteht darin, dass sich das Gesamtkolorit eines Bildes nicht additiv nach Farbwerten und Kontrasten zusammensetzt, sondern vielfältige Beziehungen subtilster Nuancen eingeht. Die Untersuchung hat somit immer vom Bildganzen und dessen farbiger Struktur auszugehen, in die jedes einzelne Element in einem System gegenseitiger Beeinflussungen gebunden ist.[513]

> „Bei der genaueren Bestimmung der farbigen Simultankontraste und ihrer Bedeutung für die gesamte Bilderscheinung wird die Koloritforschung sich immer einem Dilemma gegenübersehen, das der experimentellen Farbforschung erspart bleibt. Denn dieses gelangt bei ihren Untersuchungen über die gegenseitige Reaktion der Farbe zu Ergebnissen erst dadurch, daß sie sie isoliert: alle ihre Befunde sind an der künstlich reduzierten, gewissermaßen im luftleeren Raum beobachteten Farbqualität gewonnen, viel seltener an Farbpaaren oder Farbgruppen, aber auch dann immer unter einschränkenden Erscheinungsbedingungen, wie sie jedes Experiment erfordert. Ein solches aussonderndes ‚additives' Erkenntnisverfahren aber muss dem Wesen des Bildes als einer organischen Einheit aufs äußerste widersprechen. So wenig wie aus einzelnen Farben ‚besteht' ein Bild aus farbigen Kontrasten, beide unterliegen einem höheren aesthetischen Wirkungsprinzip, das nur im Gesamtaspekt des Werkes sichtbar werden kann. Die *übergeordnete farbige Bildgestalt* ist es also, die im letzten Grunde der Wirkungsweise der Einzelfarbe, Art und Grad ihrer Buntheit, die formale Rolle der

---

der ‚Eigenhelle' der Farben ausdrücklich zu scheiden ist. Ihr zufolge lassen sich die Grundfarben im Zustand höchster Reinheit und Sättigung einer (absteigenden) Helligkeitsskala einfügen, die bei Gelb beginnt, über Orange, Rot, Grün, Blau zum Violett führt und durch Hinzunahme von Weiß und Schwarz an ihren Enden noch ergänzt werden kann. (Grundlegend ist die Untersuchung von Franz Hillebrand: Über die spezifische Helligkeit der Farben, in: Wiener Sitz- Ber. Meth.-Naturw. Klasse XCVIII, 1889." Anmerkung Strauss, Zur Wesensbestimmung der Bildfarbe, S. 21.

512 Strauss, Zur Wesensbestimmung der Bildfarbe, S. 21.

513 „Jede kunstgeschichtliche Kolorituntersuchung hat vom Bildganzen auszugehen und muß erst die Organisation der Farbe innerhalb des Bildganzen festlegen, ehe sie an Einzeluntersuchungen herantritt." Jantzen, Zeitschrift für Ästhetik und allgemeine Kunstwissenschaft, Bd. 9. 1914, S. 122.

farbigen Kontraste bestimmt und als erstes erkannt werden muß. Geht man von ihr aus, so erschließt sich das Gesamtkolorit eines Bildes als ein Spiel von Kräften, das sich verfolgen läßt an den subtilen Veränderungen, die der einzelne Farbwert, zunächst fixiert gesehen, beim Blick auf das Ganze erfährt. Er ist dann, als ob alle Farben einen latenten Spielraum um sich hätten, den sie erfüllen, um das koloristische Gefüge in einem schwebenden Gleichgewicht halten zu können."[514]

„Bei einem Gemälde wird das Niveau, von dem aus die Farbigkeit der Farben wahrgenommen wird, von dem sogenannten ‚Gesamtkolorit' (Palette) gebildet. Im Gesamtkolorit ist das Farbniveau festgelegt und damit haben auch Farbeindruck und Farbausdruck eine weitgehend verbindliche Festlegung erfahren, sind also nicht mehr wie bei der einzelnen freien Farbe den Schwankungen subjektiver Auffassungen unterworfen. Soweit die Gemäldefarben aber Gegenstandsfarben sind, ist ihr Ausdruckscharakter zusätzlich an den Einzelausdruck der dargestellten Gegenstände wie an den Gesamtausdruck des Bildes als Kunstwerk gebunden, da in den Gegenstandsfarben nicht die Farbe für sich beurteilt wird, sondern der ganze Komplex des betreffenden farbigen Gegenstandes."[515]

## IV.1.2. Farbe und Gegenstand

Übereinstimmend beobachteten Kunsthistoriker, Künstler und Farbpsychologen hinsichtlich der Wahrnehmung eine Wechselwirkung zwischen Farbe und Objekt: Die Beurteilung erfolgt nicht von der Farbigkeit, sondern vom Komplex des farbigen Gegenstandes her. Dies bedeutet, dass der Farbcharakter von seiner Bindung an den Gegenstand abhängig ist, er somit gegenständlich modifiziert wird. Damit besteht bezüglich der Objektivität im Sinne einer vorgegebenen Eigenschaft von Farbe und Gegenstand eine Koexistenz: eine Variabilität in der Wahrnehmung des Ausdruckswertes der Farbe je

---

[514] Strauss, Zur Wesenbestimmung der Bildfarbe, S. 19 f.

[515] Schöne rezipiert hier Allesch, in: Über das Licht in der Malerei, S. 240.
Wie sehr bereits eine einzige Farbe den Gesamteindruck einer Darstellung verändert, zeigt das Experiment mit dem auf gelbem Papier gedruckten Holzschnitt *Schiffe im Hafen* 1913, Holzschnitt, 282/287 x 322 cm, der vom Verfasser auch mit Rot, Grün, Blau und Weiß unterlegt wurde. (Abbildungsverzeichnis Nr. 93).

nach Gegenstand, wobei dieser wiederum auch die Farbe charakterisiert.[516]

„Ein als physikalische Farbe eindeutig festgelegtes Rot kann – wie das besonders die Experimente Josef von Allesch's gezeigt haben (Anm: Die ästhetische Erscheinungsweise der Farbe, Berlin 1925) –für den Betrachter ästhetisch so gut wie alles sein; es kann ebenso den Charakter des Feurigen, Prächtigen oder Heiteren, wie den des Machtvollen, Großartigen, Erhabenen und Geheimnisvollen oder auch den des Agressiven, Gefährlichen, Gräßlichen und noch manchen anderen annehmen. Ein physikalisch vollkommen festgelegtes Gelbgrün kann ebenso frisch, heiter, frühlingshaft wie ersterbend krank, verwesend ‚aussehen'. Erst unter einer bestimmten bedeutungsmäßigen Determination ( und Bedeutung wird, wie wir gesehen haben, immer gegenständlich vermittelt), wird dieser Charakter bestimmt oder doch innerhalb gewisser Grenzen bestimmt. Dann ist der rote Königsmantel feierlich oder prächtig, der rote Sonnenuntergang düster, das rote Blut furchtbar; (mit traditionell oder konventionell fixierten Farbbedeutungen hat dieses Phänomen nur sekundär etwas zu tun). Andererseits kann aber der bestimmte individuelle Charakter dieses einen Rot auch wieder die Bedeutungen, mit denen er sich verbindet, ausdrucksmäßig modifizieren. Der bestimmte künstlerische Charakter einer Farbe im Bild ergibt sich also weder aus der physikalischen Farbe allein, noch aus der (gegenständliche vermittelten) Bedeutung, sondern er bildet sich, jedesmal neu, aus einer Vermählung zwischen beiden."[517]

---

[516]Kandinsky: „Die Versicherung, dass das Objekt keine Rolle spiele in der Malerei beruht auf einem Irrtum...Ein Weiß, das in Verbindung mit einem Pferd erschient, ruft eine völlig andere Emotion hervor als das an einem Ei erscheinende oder das ganz selbständige Weiß." (Cahiers d' Art 1935, 1-4, S. 53.) Zitiert in Hess, Das Problem der Farbe, S. 161.

„Nur als Hintergrund eines bestimmten gegenständlichen Bildinhalts weckt jenes Gelb bei van Gogh die Suggestion des Gefühls eines Sonnenuntergangs; das gleiche Gelb würde in Verbindung mit einem Möbelstück oder als Haarfarbe in einem Porträt diesen Gefühlston nicht besitzen, sondern einen ganz anderen." Hess, das Problem der Farbe, S. 161 f.

„All dies bezieht sich nur erst auf den Charakter, der als bestimmte Eigenschaft der Farbe erlebt wird. Dann erst setzt die Reaktion des Gefühls ein, welches der erlebten Qualität zustimmend oder ablehnend antwortet und dieselbe Eigenschaft einmal als stark und freudig bezeichnet, ein andermal als rücksichtslos und brutal. Charakterisierungen, Wertvorstellungen und Erinnerungen und augenblickliche Stimmung wirken dabei mit." Hess, Das Problem der Farbe, S. 163.

[517]Sedlmayr, Die Revolution der modernen Kunst, S. 37 f.

Denecke hingegen sieht gerade durch die Ablösung von der gegenständlichen Bindung eine Differenzierung der inhaltlichen Auffassung des Gegenstandes bzw. seiner Charakterisierung gewährleistet. Die eigentliche Wirkung der Farbe sei durch ihre gegenständliche Bindung auf nur einen Aspekt eingeschränkt. Die Moderne erreiche über die Überwindung dieser Einschränkung durch die gegenständliche Festlegung eine stärkere Variationsbreite und spezifischere Ausprägung in den farblichen Charakterisierungsmöglichkeiten.[518] Der a-naturalistische Standpunkt habe zur Folge, dass Farbe nicht mehr zu Charakterisierung der Oberfläche eingesetzt sei, sondern sich nun den inneren Qualitäten zuwenden könne.[519]

> „Die Wirkung der Farben ist also nicht von vorneherein auf die menschlich seelische Sphäre in ihrer Deutung beschränkt. Sie kann je nach der Art des Gegenstandes entscheiden, in welcher Sphäre der durch die Farbe im Gemüt ausgelöste Zustand vorzustellen ist. Die Farbwirkung kann echte spezifisch auf einen Gegenstand bezogene Aussagen machen, ihn wirklich als Gegenstand in seinem eigensten Wesen charakterisieren. Und die Wirkung der Farben können durch die Beziehung auf einen

[518] „Die Farbe kann im Expressionismus wirksam aufs Gemüt werden, weil sei in ‚ihren allgemeinsten, elementarsten Erscheinungen, ohne Bezug auf die Beschaffenheit oder Form eines Materials' auftritt. Es entsteht eine ‚spezifische, in Zusammenstellungen in teils harmonische, teils charakteristische, oft auch unharmonische, immer aber entschiedene und bedeutende Wirkung [...]', die sich unmittelbar an das Sittliche anschließt." Denecke, Farbe im Expressionismus, S. 93.
„Im Expressionismus entfaltet die Farbe in elementarer Weise ihren Charakter. Der Eigencharakter kommt zur vollen Auswirkung aufs Gemüt. Er wird lediglich zur Darstellung gemütsmäßig gearteter und gefühlsmäßig aufnehmbarer Eigenschaften des Gegenstandes gewählt. Alle Nuancierungen und Variierungen des Farbcharakters charakterisieren diese gemütsmäßigen Eigenschaften des Gegenstandes, ebenso alle anderen Faktoren des Farbauftrages, die Anschauung, Intensität, Verhältnis zu anderen Farben. Während der Naturalismus den Eigencharakter zerstören muß zugunsten seines Darstellungszieles, muß der Expressionismus ihn elementar erhalten zugunsten seines Darstellungszieles. Hierin liegt der wesentliche Unterschied in der Wichtigkeit der Farbe als Phänomen für die beiden Weltanschauungen." Denecke, Farbe im Expressionismus, S. 97.

[519] Dies gilt auch in räumlicher Hinsicht: Die Farbe liegt nicht mehr auf der Oberfläche auf, sondern bildet als Substanzfarbe den Urstoff und somit das Innere des Gegenstandes.
„Dafür trägt das Zusammenwirken von intendierten unnatürlichen Farben zur geistigen Charakterisierung des Gegenstandes bei." Denecke, Farbe im Expressionismus, S. 77.

> Gegenstand vielfach fein nuanciert und näher präzisiert werden. Das ermöglicht dem Expressionismus eine unendliche Vielfalt an Inhalten.“[520]

Als Errungenschaft der Moderne gilt somit die Spezifizierung des Farbausdrucks, der sich nach dem besonderen auszudrückenden Bildinhalt richte und somit nur im jeweiligen Stil des Künstlers geborgen sei und nicht mehr in übergeordneten Farbgesetzlichkeiten.[521]

> „Der Farbklang der Komposition wird zum bildlichen Äquivalent, das Wesensbefindlichkeiten zum Ausdruck zu bringen vermag. Aus der Verselbständigung der malerischen Mittel aus jedem abbildlichen Bezug, aus der Befreiung der Farbe zur starken, oft reinbunten Wirkung, aus der extremsten Vereinfachung der Form bis zur aussagekräftigsten Grundform eines jeden Gegenstands und sei es das Gesicht des Menschen, entwickelt der Expressionismus einen Formenkanon, der im Bildnis die unanschaulich, unbewußte Seite der Person anschaulich werden läßt. Die Autonomie der Malerei gibt den Künstlern die Mittel an die Hand, mit denen über Farbklänge, Harmonien, Kontraste, Formbezüge, Ausdrucksenergien im Bild formulierbar werden, die der affektiven, emotionalen Gegenwart des Menschen entsprechen können. Die im Alltagsgesicht unanschauliche, unbewußte Seite der Person, die die affektiven Triebkräfte des ichs in sich sammelt, wird, in die Farb- und Formenergien des Bildes übersetzt, darstellbar.“[522]

Die intensiven Farben sind nach eigenen Harmonien oder sich steigernden Kontrasten zusammengesetzt und tragen somit auch zur Steigerung des Charakters bei. Dementsprechend äußert sich van Gogh:

---

520 Denecke, Farbe im Expressionismus, S. 99.

521 „Erst im 19. Jahrhundert, seit Delacroix etwa, wird es möglich, im zugespitzten farbigen Ausdruck einen ganz speziellen Darstellungsinhalt zu treffen, wobei natürlich die allgemeine, von den Inhalten relativ unabhängigen und ihnen übergeordnete Gesetzmäßigkeit verloren gehen muß. [...] Eine Spezifizierung des Farbausdrucks findet auch im Expressionismus statt [...].“ Dittmann, Grünewald, S. 165, Anm. 211.
Dittmann bezieht sich dabei auf Hetzer: „Jedes Bild der Epoche von 1500-1800, sei es nun Historie, Landschaft oder Stilleben, ist mit jedem anderen innerlich verbunden und verkündet auf seine Weise einunddieselbe Wahrheit; wohingegen im 19. Jahrhundert, etwa bei Delacroix, die Farbigkeit einer Landschaft und die eines Figurenbildes zwar durch den persönlichen Stil des Meisters geeint ist, aber nicht als Ausdruck einer allgemeinen gültigen Ordnung erscheint.“ Theodor Hetzer, Tizian. Geschichte seiner Farbe, S. 50.

522 Hülsewig-Johnen, Der Mensch der Mitte, S. 104.

> „Am leidenschaftlichsten – viel, viel mehr als alles übrige meines Handwerks – fesselt mich das Porträt, das moderne Porträt.
> Ich suche ihm durch die Farbe beizukommen, und ich bin gewiß nicht der einzige, der ihm auf diesem Weg beizukommen sucht. [...] Aber das suche ich nicht durch photographische Ähnlichkeit zu erreichen, sondern durch leidenschaftlichen Ausdruck, indem ich als Ausdrucksmittel und als Mittel von Steigerung des Charakters unser modernes Wissen von der Farbe und unser modernes Farbgefühl verwende.“[523]

In der Dynamik des Farbeindrucks, seiner Variabilität hinsichtlich Farbkomplex und Bildgegenstand, ergibt sich eine Verschmelzung objektiver und subjektiver Komponenten, gegenständlicher und übergegenständlicher Bezüge, mit der sich die immer auf die Bildeinheit bezogene Charakterisierung zwangsläufig auseinandersetzt.

### IV.1.3. Die Charakterisierung über die Bildeinheit: Formthema und Farbthema

Mit der Frage, wie die Verbindung eigengesetzlicher Bildeinheit und Spezifizierung bezüglich eines Modells zusammengehen kann, beschäftigt sich Hetzer am Beispiel von Tizian. Bildeinheit und Charakterisierung widersprechen sich nicht, sondern seien im künstlerischen Produkt des Bildes vereinigt, als darin ruhende Ordnung, in der alle Teile nach dem Prinzip der inneren Notwendigkeit sich gegenseitig bedingen und ein Ganzes bilden. Die gegebene Einheit

---

[523] van Gogh, Brief vom Juni 1890 aus Anvers sur Oise an seine Schwester Willemien. Abgedruckt in: Vincent van Gogh, Sämtliche Briefe, Bd. 5, hrsg. v. Fritz Erpel, Bornheim 1985, S. 915.
„Denn anstatt daß ich das, was ich vor mir habe, genau wiedergebe, bediene ich mich willkürlicher der Farbe, um mich stark auszudrücken. [...] Ich will das Bild eines Freundes, eines Künstlers machen, der große Träume träumt, der arbeitet, wie die Nachtigall singt, weil das eben seine Natur ist. Dieser Mann wird blond sein. Ich möchte in das Bild meine ganze Bewunderung malen, alle Liebe, die ich zu ihm habe.
Ich werde ihn also, wie er ist, malen, so getreu ich nur kann, um anzufangen.
Aber damit ist das Gemälde nicht fertig. Um es zu vollenden, werde ich willkürlich Kolorist. Ich übertreibe das Blond der Haare, ich komme zu Orangetönen, zum Chrom, zur hellen Zitronenfarbe.
Hinter dem Kopf male ich an Stelle der gewöhnlichen Mauer eines gemeinen Zimmers das Unendliche. Ich mache einen Grund von reichstem Blau, das kräftigste, das ich herausbringe. Und so bekommt der blonde leuchtende Kopf auf dem Hintergrund von reichem Blau eine mystische Wirkung wie der Stern im tiefen Azur.“ van Gogh, Brief an seinen Bruder Theo, 11. August 1888, abgedruckt in: Erpel, Vincent van Gogh, Bd. 4, S. 117.

des Menschen werde in eine Einheit des Bildes übersetzt – in ein autonomes System, ein neues Ganzes, das dessen Organismus widerspiegele. Darin stelle der Begriff der Ähnlichkeit eine Verbindung zwischen Modell und Bildeinheit her, indem er nicht primär auf das Modell bezogen sei, sondern auf die Fläche, als deren Teil und Funktion. Ähnlichkeit als reiner Bildwert bilde innerbildliche Entsprechungen in Form- und Farbwiederholungen, die zwar zunächst auf die Bildfläche bezogen seien, aber wiederum eine Übersetzung charakteristischer Besonderheiten des Modells darstellten, die sich so, von diesem abgeleitet, als bestimmte (und nicht irgendwelche beliebigen) Bildwerte niederschlagen. Es ergebe sich das Phänomen einer Besonderung des Dargestellten gerade über die Vereinheitlichung zum Bild.[524]

Diese innerbildlichen und dennoch auf das Modell bezogenen charakterisierende Anwendung von Farb- und Formähnlichkeiten fasst Hetzer in den Begriffen Farbthema und Formthema.

Dies verhilft sowohl der Form als auch der Farbe zur Möglichkeit der Charakterisierung des Dargestellten in gegenstandsgebundener und übergegenständlicher Manier.[525]

## IV 1.3.1. Das Formthema

„Tizians Ähnlichkeit dagegen verwirklicht sich nicht am Objekt, sondern in dessen bildmäßiger Verwandlung. Das Ähnlichkeitsmotiv wird zwar aus der Anschauung gewonnen und dient, wie wir es ausgeführt haben, in stärkstem Maße dazu, die Urform des Objektes zu stabilisieren, in dem Moment aber, wo es auf der Fläche steht, wird es nicht auf das Urbild bezogen, soweit es als Urbild gedacht ist; es wird nicht als dessen

---

[524] „[...] in einem autonomen System unendlich vieler Farbbeziehungen gestaltet Tizian das koloristische Kunstwerk. Indem er so verfährt, lockert er in gewissem Sinne die gegebene Einheit des Menschen, des Vorbildes, das er porträtiert hat, und setzt an die Stelle ein neues Ganzes, das aus lauter zueinander passenden, untereinander proportionierten, in sich höchst belebten und doch wieder ruhigen Teilflächen besteht; er vermittelt uns den Eindruck des Organischen durch eine Gestaltung, eine Einheit tektonischen und ornamentalen Charakters; auf diese Weise löst sich der Gegensatz zwischen Mensch und Bildfläche, der Mensch wird eins mit der Weite und dem Format des ganzen Gemäldes und damit unberührbar wie ein höheres Wesen.“ Hetzer, Tizians Bildnisse, S. 66.

[525] Der Begriff wurde anhand von Tizians Porträts entwickelt. Theodor Hetzer, Über Tizians Gesetzlichkeit, in: Jahrbuch für Kunstwissenschaft, 1928, S. 1-20.

Eigenschaft und Funktion empfunden, sondern als Teil und Funktion der Fläche."[526]

Das Formthema ergibt sich, indem eine charakteristische Form am Modell herausgegriffen und im Bildgefüge mehrmals wiederholt wird. Diese Grundmotive, aus denen heraus die Figur und die Figurenteile entwickelt werden, stellten somit die Urform des Dargestellten als dessen prägnante Erfassung dar.[527] Im Sinne der Bildeinheit werden Kopf und Körper, Figur und Umfeld aufeinander abgestimmt.[528] Ausgangspunkt der Formeinheit sei das Gesicht:

„Es gilt die Form des Kopfes, das Zueinander der Gesichtsteile, den charakteristischen Ausdruck zu treffen.. Dieser Reichtum an Form strahlt aus und überträgt sich auf die ganze Gestalt."[529]

Ebenso wie Kopf und Körper verbinden sich Figur und Umfeld zur Unverwechselbarkeit jedes Dargestellten bzw. seines Porträts, indem dieser in seinen eigenen, charakteristischen Grundformen erfasst werde, die im Medium des Bildes der übergreifenden Charakterisierung dienten. Die Totalität des Dargestellten sei identisch mit der Totalität des Bildes, wobei sich das Verbindende der Formwiederholung zum Bildganzen wiederum betonend auf die Charakterisierung auswirke.

Die von Hetzer für Tizian als Bildleib umschriebene Einheit des Bildes bezieht Boehm auf das Bildkonzept der Renaissance als neues humanistisches Ideal.

„Die vom Porträt erwartete Ähnlichkeit eines dargestellten Charakters mit sich selbst erfordert eine künstlerische Ausdrucksweise, die sich

---

[526]Hetzer, Tizians Gesetzlichkeit, S. 19.

[527]„Wahre Triumphe aber feiert das Prinzip der Ähnlichkeit, der Formwiederholung in den Porträts. Das Charakteristische der Tizianischen Porträts scheint dem Verfasser darin zu bestehen, daß sie alle dem Menschen in einem erhöhten Dasein zeigen, losgelöst von seiner Umgebung, nicht in Tätigkeit, nicht in die Zeit verstrickt, sondern in seinem unveränderlichen Wesen, in seiner Urform zur Schau stellt, wobei das ihm Eigentümliche mit einer unerhörten Prägnanz und Endgültigkeit jedesmal erfaßt ist." Hetzer, Tizians Gesetzlichkeit, S. 16.

[528]Hetzer, Theodor Hetzer, Tizians Bildnisse, in: Ders., Aufsätze und Vorträge Bd. 1, Leipzig 1957 (1945), S. 65.
„Tizian gewinnt die Prägnanz und jene Unverwechselbarkeit des porträtierten Menschen, von denen wir oben schrieben, dadurch, daß er Kopf und Körper in ähnlichen Formen aufeinander abstimmt." Ebenda.

[529]Hetzer, Tizians Bildnisse, S. 65 und S. 67.

> gleichfalls an einer organischen Verbindung des einzelnen Elementes mit dem Ganzen orientiert. Das Modell des Körpers, das Alberti verwendet hat (aus rhetorischer Erbschaft), ist nicht zufällig auch in der kunstgeschichtlichen Terminologie aufgegriffen worden, als es darum ging, die neue Bildkonzeption der Renaissance zu beschreiben, so im Begriff des ‚Bildleibes' (Hetzer). Vom Bildnis schließlich, welches den einzelnen Menschen isoliert, kann die Körpermetaphorik gar nicht ferngehalten werden."[530]

Als Beispiel für eine idealistische harmonische Einheit der Form dient ihm Raffael, der das innere Maß und die innere Logik durch wiederkehrende mathematische Grundformen, wie bei Tizian, am Porträtierten selbst entdeckte:

> „Immer aber messen sie sich dem jeweiligen, dem zufälligen Erscheinungsbild einer Person an und klären seine innere Logik. Raffael wendet damit kein formales Repertoire auf die Darstellung an, sondern er entdeckt es im Porträtierten und in der Bildform. Es ist eine innere Maßgerechtigkeit der Figur, die sich mit jeder ihrer Regungen verknüpft. Das Bildnis beweist sich als Brücke zwischen der bloßen Erscheinung eines Menschen und einer mathematischen Gegenstandswelt."[531]

Als vom Porträtierten abgeleitetes System berge die Bildeinheit in sich Individualität. Eine „zugleich höchst intelligible und natürliche Ordnung" schaffe eine Verbindung zwischen der „Jeweiligkeit der Person und einem Körperkanon."[532] Die übergreifenden Ordnungsstrukturen führten zu einer „ausdrucksmäßigen Gestimmtheit" der Erscheinung.[533]

---

[530] Boehm, Bildnis und Individuum, S. 80.

[531] Boehm, Bildnis und Individuum, S. 222.
„Ideell darf man das Moment nennen, weil es auf das Erscheinen von Ideen zielt: nämlich auf mathematische Grundformen wie Kreis, gespannte Kurve, Kugel, Ellipse. In vielfältigen Abwandlungen organisieren sie das Erscheinungsbild der Figur und geben ihr ein inneres Maß. Pyramide und Dreieck-Formen regeln den Figurenumriss, sie geben Binnenbeziehungen Spannung und Verbindung. Alle diese Muster aktivieren sich sowohl in bezug zur Bildfläche wie zum Körpervolumen. Sie stärken den Zusammenhang des Bildes mit dem Dargestellten. Immer aber messen sie sich dem jeweiligen, dem zufälligen Erscheinungsbild einer Person an und klären seine innere Logik." Ebenda.

[532] Boehm, Bildnis und Individuum, S. 224.

[533] So Winter über die Plastik Giovanni Chellini, von Antonio Rosellino, 1456. „[...] es ergibt sich aufgrund der strukturellen Abstimmung von Kopf und Büste gleichsam eine Korrespondenz der radikal unterschiedlichen Bereiche der Figur und von daher eine

### IV.1.3.2. Das Farbthema

> "Jetzt hat jedes Bild seine Farben, seine Zusammenstellungen, seine Dominanten, Tizian kommt [...] zur farbigen Bildindividualität."[534]

Die Charakterisierung über die Bildeinheit ist auch in der Geschlossenheit der farbigen Wirkung zu erreichen. Hetzer schreibt den Porträts Tizians ein jeweiliges, auf den Dargestellten bezogenes und somit charakteristisches Farbthema zu. Jedes Porträt besitze eine eigene koloristische Haltung, die nach dem bildimmanenten Gesetz der koloristischen Ähnlichkeit nach Farbklängen in Wiederholung, Ergänzung und Kontrast gebildet sei.[535] Wie bereits die Form, werde sie aus den farblichen Gegebenheiten des Modells gewonnen.

Die Farbwahl beziehe sich sowohl auf den Gegenstand als auch auf die übergegenständliche Bildeinheit. Der gegenständliche Bezug ergebe sich daraus, dass das Farbthema nicht in Außerachtlassung des Dargestellten, sondern aus der Anschauung anhand von dessen „koloristischen Material" entwickelt wurde. Der übergegenständliche Bezug in der Bildeinheit entspreche zwar einer Neubildung des Naturvorbilds in Auswahl und Zusammenstellung, beziehe sich aber dennoch darauf.[536] Die Besonderheit der Farb- und Formkomposition des Porträts, auch seines Hintergrundes, habe somit ihren Ursprung in der Besonderheit des Modells.

> „Die dargestellten Hintergründe sind bei Tizian ganz etwas anderes als bei anderen Malern; sie gehören wie eine Aura zu dem Dargestellten, und man wird finden, daß ihre bei jedem Porträt wechselnde Farbe meist aus der Farbe der Figur gewonnen ist, aus den Augen, dem Haar, dem Gewand, oder auch durch koloristischen Kontrast darauf bezogen."[537]

---

ausdrucksmäßige ‚Gestimmtheit' ihrer Erscheinung." Gundolf Winter, Individualität und Idealität, S. 120.

[534] Hetzer, Tizian, S. 118 f.

[535] „Es ist nun von der größten Bedeutung, daß auch das Kolorit Tizians dem Gesetz der Ähnlichkeit unterliegt, und wiederum lassen die Porträts besonders deutlich erkennen, wie das ganze Bild aus einem bestimmten Farbthema entwickelt wird in Übereinstimmung mit dem Charakter des Dargestellten." Hetzer, Tizians Gesetzlichkeit, S. 17.

[536] „Das Farbthema, zu welchem der Dargestellte Tizian anregt, wird durch Wiederholung und Kontrast maßgebend für das ganze Bild. Dadurch erhalten seine Menschen ihre beherrschende Stellung, von ihnen scheinen Kräfte auszugehen, die sich ihrer Umgebung mitteilen." Hetzer, Tizians Gesetzlichkeit, S. 17.

[537] Hetzer, Tizians Bildnisse, S. 57.

Die Gegenstandsfarbe ordne sich dem Gesamtkolorit unter, sei nicht identisch mit der Verteilung verschiedenfarbiger Gegenstände über die Fläche.[538] Farbklang als Ausdruck gehe zwar vom Gegenständlichen aus, setze sich aber zugleich darüber hinweg.[539] Ausdruck sei daher das über die reine Darstellung hinausgehende, aber nicht von ihr abgelöste sondern untrennbar mit ihr verbundene und sie charakterisierende Element.[540]

### IV.1.3.3. Das Übergegenständliche

Das für Tizian herausgearbeitete Prinzip von Farb- und Formthema basiert auf so allgemeinen Voraussetzungen, dass es auch für andere Epochen und Künstler nutzbar ist.

Zunächst erscheint allerdings die Theorie einer Vereinheitlichung und Charakterisierung des Dargestellten anhand von Form- und

„Die Farben der Figur wiederholen sich im Hintergrund. So hat jedes Porträts Tizians sein eigenes Formen- und Farbthema, und man wird nicht müde, den unerschöpflichen Reichtum und die Prägnanz des Ausdrucks zu bewundern." Hetzer, Tizians Gesetzlichkeit, S. 17 f.

„Diese Farbigkeit wird nun zum unmittelbaren Ausdruck und Träger des menschlich Grandiosen; sie gehört nicht zu Kleid und Schmuck des Dargestellten, sondern zu seinem Sein, und die Farbe eines Panzers oder eines Wamses ist in ihrer Substanz mit der Farbe des Menschen, seinem Inkarnat, seinen Augen und Haaren identisch." Ebenda, S. 73.

[538] Der „Gedanke, das Bild im ganzen, als eine allem gegenständlich übergeordnete und es in sich begreifende Einheit, farbig nach den Grundrichtungen zu gliedern. [...] Das einzelne Gegenständliche ist darüber nicht vernachlässigt, aber doch deutlich dem Ganzen, und zwar einem farbigen Ganzen untergeordnet." Hetzer, Tizian, S. 123 f.

[539] Ausdruck wird von mehreren Autoren als das Übergegenständliche betrachtet.

Bezüglich des Raumes spricht Novotny in Hinblick auf von Gogh von einer Übersteigerung der Zentralperspektive als Blickwinkelerweiterung zu einem gefühls- und ausdruckserfüllten Abbild des Wirklichkeitsraumes (S. 61) und der Ausdruckserfülltheit als Abweichung von der natürlichen Raumerscheinung (S. 137), in: Fritz Novotny, Cézanne und das Ende der wissenschaftlichen Perspektive.

Bezüglich der Form äußert sich Imdahl, indem er G. Albert Autier zitiert, dass ein Bild nicht den trügerischen Eindruck von Natur vermitteln solle, der auf den Beschauer wie die Natur selbst wirke. Ein Bild solle vielmehr expressiv sein, und gerade die Expression erlaube und erzwinge es, die natürlichen Gegenstandsformen zu übertreiben und zu deformieren. (S. 62) Des weiteren zieht er Maurice Denis heran, der die Naturferne des Ausdrucks betont, so dass die Ausdrucksfiguration über das unmittelbar Anschauliche hinausweise. (S. 82). In: Max Imdahl, Picassos Guernica, Frankfurt/Main 1985.

[540] Wölfflin verwendet die Begriffe Ausdruck und Charakter synonym. So in seiner Dissertation „Prolegomena zu einer Psychologie der Architektur".

Farbanalogien anhand der Gemälde Tizians – obgleich von richtigen Beobachtungen und daraus abgeleiteten Konstanten ausgehend – weniger zwingend, als es die Bezeichnung „Gesetzlichkeit“ ausdrückt.[541] Die Beobachtungen bewegen sich vielmehr auf dem schmalen Grad zwischen einfühlsamer, subtiler Beobachtung und etwas gezwungenem Sehenwollen. So ist das Anklingen der Kopfformen in den Körpern hinsichtlich Umriss und Binnenformen zwar nicht unbedingt von der Hand zu weisen, aber derartige Vorkommnisse sind innerhalb der Bildharmonie eine allgemeine künstlerische Größe und stellen nicht das Besondere am Fall Tizian heraus. Novotny betont daher unter Verweis auf Fritz Burger das Allgemeine der Feststellungen Hetzers.[542] Das Bild als Schöpfung, so Burger, bedinge die Ähnlichkeit der Bildteile als anschauliche Logik ihrer Grenzbeziehungen innerhalb der Bildeinheit. Diese sei gleichsam Niederschlag des einheitlichen Schöpferwillens und bedinge somit die sinnliche Vereinheitlichung und Inbeziehungsetzung der Erscheinungsbesonderheiten. Dieses allgemeine Prinzip wurde in dieser Arbeit bereits als „innere Notwendigkeit“ diskutiert.

> „Rein anschaulich gesprochen entsteht die Bildeinheit in allen Fällen nur durch die Grenzrelation der Farbflecke. [...] Die Form ist also kein Sonderproblem der Farbe gegenüber, denn sie ist die Grenze des Farbflecks und der Farbe zugleich. Aus diesen Grenzrelationen der Farbflecken entsteht das Räumliche und Körperliche im anschaulichen Sinn. Das was man zumeist als Gegensatz von Form und Farbe anspricht,

---

541 Dies wird ihm auch von der Kritik vorgeworfen, gegen die er später nochmals seine Theorie verteidigt: „Gehen wie nun in diesen Beobachtungen weiter, so werden wir feststellen, dass Tizian Gestalt, Geist und Leben des Dargestellten durch eine Form ausdrückt, die allgemeinen Flächenordnungen nahesteht. Ich habe schon vor Jahren auf das Phänomen der Formenähnlichkeit in Tizians Bildern überhaupt, besonders aber in seinen Bildnissen hingewiesen; in einem Aufsatz, der mehr Ablehnung als Zustimmung fand, weil die zu sehr betonte Mathematik auf Widerspruch stieß und als unkünstlerisch empfunden wurde. Aber gerade der Abschnitt über die Ähnlichkeit (im mathematischen Sinne) hätte am ersten einleuchten können.“ Hetzer, Tizians Bildnisse, S. 65.

542 „Fruchtbarer sind die in jenem Aufsatz unter dem Begriff der „Ähnlichkeit“ subsumierten Feststellungen, die freilich eine Beschreibung der spezifischen Eigenschaften vermissen lassen, durch welche sich solche Erscheinungen der Ähnlichkeitsbeziehung im Fall Tizians von den sehr allgemein vorkommenden Ausdrucksformen des Prinzips – die ‚Grenzrelationen' Fritz Burgers bedeuten seine erste Formulierung in der Kunstwissenschaft – unterscheiden.“ Novotny, Cézanne, S. 175, Anm. 38.

trifft nur einen Gegensatz im Interessengebiet des Schaffens, im Material, aber nicht im Prinzip des künstlerischen Denkens.
In der sinnlichen Vereinheitlichung der Gegenstandsmotive offenbart sich das persönliche Denken des Schaffenden und der geistige Inhalt des Geschaffenen. Darin allein begreifen wir die Natur des Bildes, seinen Stil. Ein Baum und ein Mensch sind im Leben zwei unvereinbare Wesenheiten, in der Kunst erhalten sie ihre Bezeichnung dadurch, daß sie den gleichen Schöpferwillen sichtbar machen durch die Analogie ihrer Erscheinungsbesonderheiten. Die Herstellung von sinnlichen Beziehungen mehrerer Gegenstände untereinander zum Zweck der Bildschöpfung bedingt eine Erweiterung oder Begrenzung des uns geläufigen Bildes von dem Gegenstand (Anm.: Kunstwissenschaftlich ausgedrückt muß es heißen: gegenüber der Gesichtsvorstellung des Betrachters); dem Inhalt wie dem Umfang nach, mithin eine Metamorphose, die der Nichtkünstler zumeist als Willkür oder Verirrung bezeichnet ohne ihre Entstehung und ihr Wesen zu begreifen. Indem der Baum und der Mensch ihrer Erscheinung nach die gleichen – im Sinn des naiven Realismus des Laien – Veränderungen (Anm.: wissenschaftlich könnte nicht von einer ‚Veränderung' des Gegenstandes, sondern nur von einem sinnlichen Aufbau gesprochen werden) durchmachen, offenbart sich in ihnen sichtbar der erkennende Wille des Schöpfers, sie werden gleich. In der Ähnlichkeit der Teile, in der anschaulichen Logik ihrer Grenzbeziehung liegt die Begründung für jede ‚Verzeichnung'. Denn man sucht nicht das Ding, sondern eine Welt in dem Ding."[543]

Das bei Tizian festgemachte Ornamentale als das Anti-Objektive innerhalb der Bildfläche hat in der Modernen seine Entsprechung im Elementaren, dem Entzug des Darstellungswertes zugunsten des Bildformalen.[544] Die Malerei im 19. Jahrhundert habe einen Grundzug:

---

[543] Fritz Burger, Cézanne und Hodler, Einführung in die Probleme der Malerei der Gegenwart, München 1918, S. 16 f.

[544] Der Begriff stammt von Fritz Novotny. Dieser sieht "[...] in den letzten Jahrzehnten des vorigen Jahrhunderts einen immer stärker werdenden Drang nach einer Gestaltung des Elementaren." So schreibt er über Cézanne: „Diese Darstellungsmittel, die formalen Gebilde, wirken nicht zu dem Eindruck einer abstrakten Formerfindung zusammen, sondern sie ergeben für jenes Schematische, das bis zu einem gewissen Grad die Wirkung von *dargestellten* Elementarformen (Wie den stereometrischen Grundkörpern, Kugel, Kegel usw.) und Erscheinungen schafft. Auch alle Umwertungen, die Cézanne an Umriß und Perspektive vornimmt, bedeuten einen Entzug an Darstellungswert zugunsten des Bildformalen, und es scheint, daß das Wesentliche dieser Umwertungen in jenen ‚Schwächungs' -prozessen beruht, in allen den Erscheinungen der

„es ist der Weg von der künstlerischen Veranschaulichung von Objekten zu den Elementen.“[545] Das Elementare weist dabei eine Tendenz zur Naturferne auf.[546] Jedoch ist es stets, wie das Ornamentale bei Hetzer, auf eine vorgegebene Wirklichkeit bezogen.

> „Das Problem dieser Gestaltung des Elementaren ist ein *Darstellungsproblem*, irgendeine Art von Absicht zu einer Wirklichkeit ist seine Voraussetzung. Das Elementare ist in diesem Zusammenhang nicht in dem weitesten Sinn der ‚reinen Form' zu verstehen [...]. Wir können also zu seinem Kriterium noch hinzufügen: so wie zu ihm ein Mindestmaß an naturfernen Darstellungsmitteln gehört, so auch ein gewisses Maß an Wirklichkeitsgehalt.“[547]

Neben Grundformen und Schematisierungen einer vereinfachenden Gestaltungsweise, welche „die den Einzelgebilden zugrundeliegenden geometrischen oder stereometrischen Formen in mehr oder weniger

---

Akzentverringerung, der Bewegungsverzögerung und Spannungsverminderung.“ Novotny, Cézanne, S. 111.

Das Phänomen der Bildfläche als künstlerisches Prinzip, auf die sich die Form- und Farbanalogien beziehen, sieht Novotny vor allem für die Moderne gewährleistet, die sich für ihn, parallel zum Elementaren, von einem „Prozeß der von der gesteigerten Bedeutung der malerischen Bildstruktur veranlaßten Abkehr von der Wirklichkeitserscheinung“ auszeichnet. Novotny, Cézanne, S. 183.

Vgl. dazu bei Hetzer das ornamentale Element als das Anti-Objektive. Hetzer, Tizians Gesetzlichkeit, S. 20.

„Die im Verlauf der Entwicklung der Malerei des neunzehnten Jahrhunderts für den Maler immer größer werdende Verbindlichkeit der Bildfläche, der ‚Idee der Fläche als des Urgrundes aller Malerei' [hier verweist Novotny auf Hetzer, Tizian, S. 47], ließ den ‚Gebilde'-Charakter des Bildes immer ausgeprägter werden. Die Darstellungswerte, im besonderen die konstitutiven Elemente des Illusionsraumes, wurden dadurch notgedrungen immer problematischer. Allerdings – und dies ist sehr wichtig – nicht *gleichgültiger.*“ Novotny, Cézanne, S. 182.

[545] Novotny, Cézanne, S. 145.

[546] „[...] ganz allgemein ist schon hier zu sagen, daß ein bestimmtes Maß an Naturferne der Wiedergabemittel allerdings Vorbedingung einer Elementargestaltung ist. Die Möglichkeiten bewegen sich aber in einem so weiten Spielraum, daß sie so Verschiedenes wie die malerische Projektionsform des Impressionismus und die Arten der abstrakten Malerei unseres Jahrhunderts umfassen. Trotzdem darf die Suche nach Veranschaulichung irgendwelcher Art des Elementaren in der älteren Kunst nicht einfach auf die Perioden einer naturfernen Darstellungsform gerichtet bleiben. Dazu ist die Unterscheidung in ‚naturnah' und ‚naturfern' doch viel zu grob.“ Fritz Novotny, Über das „Elementare“ in der Kunstgeschichte, in: Ders., Über das „Elementare“ in der Kunstgeschichte u.a. Aufsätze, Wien 1968, S. 22.

[547] Novotny, Das Elementare, S. 23.

starkem Maße hervortreten lässt“[548] zählt auch das Licht und die Atmosphäre zu den Elementarformen des Stofflichen, als „den Einzelwesen, Lebewesen oder toten Objekten, kurz allem individuellen Übergeordnetes oder Zugrundeliegendes.“
Dittmann definiert das Elementare über den Begriff Element allgemein als materielle und geistige Grundlage, Grundbestandteile und Prinzipien, die sich in der Kunst verflechten.[549]
Um es zusammenzufassen: Die Beobachtungen Hetzers zu Tizian sind von so allgemeiner künstlerischer Voraussetzung geprägt, dass sie, wenn auch in anderer Ausprägung auch für andere Künstler und Epochen – wie gesehen auch die Moderne – als grundlegende Methode fruchtbar gemacht werden können.[550]

## IV.2. Das Verhältnis von Figur und Umfeld als Einheitsbeziehung im Porträt und das Problem der Charakterisierung

> „Die Hintergrundsfolie läßt aber nicht nur die vor ihr befindlichen Gegenstände zur Geltung kommen, sie nimmt auch *positiven Anteil* an ihrer Charakterisierung. Dadurch, daß ein Ding nicht allein für sich da ist, sondern in Beziehungen räumlicher Natur zu allem um es herum steht, wird es in seiner Wirkung modifiziert. Das Urgesetz, daß alles im Bilde Erscheinende einander bedingt, zeigt sich auch hier. Die Wirkung, die von dem Gegenstande vor dem Hintergrund ausgeht, ist also nicht seine alleinige Leistung, sondern das Produkt aus ihm ‚an sich', d.h. aus seiner ‚Daseinsform' und der Umgebung. So wirkt ein Körper als solcher nur im Verhältnis zur Situation, in die er gesetzt wird: die begleitenden Linien, Formen, Farben, Räume arbeiten an seiner ‚Wirkungsform' mit.“[551]

Ein wesentliches Problem, das im letzten Kapitel bereits angesprochen wurde, stellt in der Porträtmalerei hinsichtlich der Bildeinheit als

---

[548] Lorenz Dittmann unter Berufung auf Novotny, Das „Elementare“ in der Malerei der Gegenwart, in: Europäische Malerei der Gegenwart. Spuren und Zeichen, Ausstellungskatalog Trier 1984, S. 24.

[549] „Gerade auf die Durchdringung, die Verflechtung geistiger und materieller Dimensionen des ‚Elementaren' kommt es in der Kunst an.“ Dittmann, Das Elementare, S. 25.

[550] So zieht Novotny bezüglich der Bildräumlichkeit Parallelen zwischen Cézanne und Hetzers Beobachtungen über Tizian. Novotny, Cézanne, S. 174 f.

[551] Waetzold, Die Kunst des Porträts, S. 230. Waetzold bezieht sich hier auf Hildebrand, Das Problem der Form in der bildenden Kunst.

eigenständige künstlerische Schöpfung das Verhältnis von Figur und Umfeld dar. Im gemalten Porträt entspricht nämlich – im Gegensatz zur Skulptur oder Plastik – die Grenze der Figur nie der Bildfläche, sprich der Grenze des Bildformats.[552] Die Bildfläche ist gleichzeitig Begrenzung und Erweiterung der Figur. Zum einen bestimmt sie deren Ausschnitt, zum anderen deren wie auch immer gestalteten Umraum und präsentiert somit rein quantitativ gleichzeitig weniger und auch mehr als das Individuum. Dabei spielt sowohl der Anteil der Fläche, der von der Figur eingenommen wird, als auch der Anteil, der von ihr gezeigt wird, eine Rolle. Der Umraum ist Teil der Gesamtstruktur des Kunstwerkes und somit zwangsläufig auf die Figur und diese wiederum umgekehrt auf ihn bezogen. Die Bildeinheit schließt Individuum und Umfeld zu einem neuen Unteilbaren zusammen.[553]

Im Porträt ist die Dualität der Seinssphären größer als beispielsweise in der Landschaft, wo alles „Natur" – also aus einem Stoff ist. Daher ist Landschaft ein Ausschnitt aus einer bereits bestehenden übergeordneten Einheit, während im Porträt Figur und Umgebung erst im Bild zu einer stofflichen und kompositionellen Einheit werden. Das bedeutet auch ein stärkeres Gegenüberverhältnis von Zentralfigur und Zuordnung in der Komposition. Bezüglich der Charakterisierung besteht die paradoxe Situation, dass der abgebildete Mensch innerhalb der künstlerischen Einheit des Bildes durch etwas mitcharakterisiert wird, was er selbst nicht ist.[554]

In dieser Vereinigung liegt aber nicht nur eine Verpflichtung, sondern auch eine Chance: der Umraum wird zur Charakterisierung mitgenutzt.[555] Charakterisierung über den Umraum kann in gegenständlicher Hinsicht über die zugeordneten Attribute oder den

---

[552] In der Skulptur (ausgenommen das Relief), ist die Grenze der Figur gleichzeitig die Grenze des Kunstwerks.

[553] Noch eklatanter ist die Situation beim Doppelbildnis. Dort werden zwei Individuen mir dem Grund in eine Bildeinheit vereinigt.

„Ist es ein Zufall, daß in der Kunstgeschichte Doppelbildnisse so selten sind und fast nie gelingen? Vielleicht ist es eine Unmöglichkeit, zwei in sich abgeschlossene Menschen auf einem Bild zu vereinen, weil jeder für sich ausschließliche Aufmerksamkeit beansprucht." Valentiner, Schmidt-Rottluff, S. 10.

[554] Eine Zwischenstellung nehmen die Kleidung und die Attribute des Dargestellten ein.

[555] In der Skulptur muß das die Skulptur Umgebende miteinbezogen werden. Vgl. Winter, Individualität und Idealität, S. 214.

zugeordneten Raum – Interieur oder Landschaft – geschehen, indem an der Figur selbst nicht Darstellbares zu ihrer zusätzlichen Auszeichnung herangezogen wird.[556] Von der Person ausgehend schaffen Haltung und Gestik der Person in ihrer Entfaltung im Umraum die Verbindung.[557]

> „Diese Funktion des Bildraums verschafft der Individualisierung der Person zusätzliche Epizentren."[558]

Die Porträts der „Brücke"-Künstler sind erwiesenermaßen in ihren Ateliers entstanden, eine Umgebung, die eigentlich nicht zur zusätzlichen Auszeichnung des Dargestellten dienen kann, abgesehen davon, dass sie sie als Freunde der Maler kennzeichnen.[559] So entstanden alle Porträts Schmidt-Rottluffs, an den Hintergründen deutlich erkennbar, in seinem Berliner Atelier, welches dieser seit seinem Umzug nach Berlin Ende Oktober 1911 bis zum Frühsommer 1933 in Friedenau, Niedstraße 14 bewohnte. Guttmann auf dem geschnitzten Schaukelstuhl[560], Thiersch vor den an der Wand gestapelten Leinwänden, Feininger vor dem Vorhang – von Schmidt-Rottluff aus applizierten Stoffen mit abstrakten Mustern selbst entworfen.[561] Die Vorhänge wurden von Schmidt-Rottluff als charakteristisch für sein Atelier beschrieben.[562] Schmidt-Rottluff hielt

---

[556] Diese Möglichkeit besteht laut Boehm seit der Renaissance:
„Erst Lorenzo Lotto erkennt die Möglichkeit, die Person mittels ihres Umraums zu deuten, sei es indem er zu einer Art äußerem Explikat innerer Zustände der Person wird – zur Außenwelt einer Innenwelt. Sei es, daß er der Person Eigenarten zurückspiegelt, die an ihrem körperlichen Erscheinungsbild nicht, oder nur anders zu verbildlichen wären." Boehm, Bildnis und Individuum, S. 167.

[557] Boehm, Bildnis und Individuum, S. 170 f.

[558] Boehm, Bildnis und Individuum, S. 171.
Als Gegensatz nennt er Holbeins Kaufmann von Gisze: bloßes Vielerlei oder Nebeneinander der Attribute.

[559] Zu den Ateliers s. Elisabeth Hipp, Atelier, in: Birgit Dülbajewa, Ulrich Bischoff, Die Brücke in Dresden, Köln 2001, S. 193 f.

[560] „Im Schaukelstuhl sitzt ein von vorn gesehener bartloser Mann mit vom Bildrand überschnittenen Beinen." Rosa Schapire, Karl Schmidt-Rottluffs graphisches Werk bis 1923, Berlin 1924, S. 31, Nr. 137.

[561] Ein Vergleichsbeispiel bildet der Vorhang, den Schmidt-Rottluff 1911 für Niemeyer anfertigte. Abgebildet bei Wietek, Oldenburger Jahre, S. 536.

[562] „Das Atelier befand sich unter dem Dach. Dort durfte nach feuerpolizeilicher Vorschrift nicht gewohnt werden, wohl aber durfte man sich dort aufhalten und arbeiten. Wir mußten deshalb den Eindruck vermeiden, daß es sich um Wohnräume handelte. Die notwendigen Möbel mußten tagsüber im Speicher verschwinden. So war der Raum mit

sich immer an das tatsächlich Vorgegebene und die Hintergründe sind ebenso wie die sich davor befindliche Person rein gegenständlich und als Vorgabe für die Bildgestaltung zu verstehen.[563] Die Hintergründe sind jedoch derart auf die Porträtierten bezogen, dass sie deren Gestaltung in Farbe und Form unterstützten, die wiederum eine bildübergreifende einheitliche Gestaltung bilden.[564]

## IV.3. Das Formthema im Werk Schmidt-Rottluffs

Im Werk von Schmidt-Rottluff gestaltet sich das Formthema in unterschiedlicher Weise je nach Stilphase, die so den Rahmen für die besondere Formausprägung bildet. Das von dem Porträtierten ausgehend entwickelte Formthema der Bildeinheit, das rückwirkend

---

Vorhängen dekoriert. Ein Vorhang hing vor der Eingangstür, ein weiterer vor der Ofenheizung. Beide Vorhänge waren Applikationen mit abstrakten Ornamenten und ohne Figuren. Einen Nebenraum verdeckte ein Vorhang mit ungegenständlicher Batik. Das Hauptstück war ein gestickter Wandbehang und zeigte eine sitzende Figur vor offenem Grund. Sie war aus dünnen Metallfolien appliziert und leuchtete farbig." Gespräch Schmidt-Rottluffs mit Karl-Heinz Gabler, Herbst 1970, in: Schmidt-Rottluff. Der Maler, S. 256 f.

[563] Die Requisiten und Räumlichkeiten sind so präzise, dass sich Schmidt-Rottluff ohne weiteres an das jeweilige Ambiente erinnern konnte. Der Sammler Hermann Gerlinger erkundigte sich z.B. einmal beim Künstler nach einem Bildhintergrund: „Die senkrechte Form rechts im Hintergrund konnte ich nicht deuten. Ich fragte ihn danach, wie ich vorher auch schon einige Kunsthistoriker, Kenner von Schmidt-Rottluffs Werk gefragt hatte. Diese hatten mir ‚von der Freiheit des Künstlers, die Komposition in ein Gleichgewicht zu bringen' oder ‚von der Notwendigkeit, durch das blaue Element einen Kontrapunkt für die Farbigkeit einzuführen' gesprochen. Diese Erklärungsversuche hatten mich nicht befriedigt, da ich aus anderen Beispielen wußte, daß sich Schmidt-Rottluff, wie übrigens weitgehend alle Brückekünstler an der Realität orientierte. ‚Na, das ist das Ofenrohr', sagte er lakonisch und erzählte, daß dies der Kachelofen im Flur seiner Wohnung in der Niedstraße gewesen sei." Hermann Gerlinger über das Bild *Afrikanische Schale*, 1926, in: Die Maler der „Brücke". Sammlung Hermann Gerlinger, hrsg. v. Heinz Spielmann, Stuttgart 1995, S. 409 f., Zitat, S. 410.

[564] Auch bei Tizian ist die farbliche Differenzierung der Hintergründe auf den jeweiligen Dargestellten bezogen, wobei bei stärkerer gegenständlicher Bindung der Farbe es für die Variabilität von Vorteil ist, wenn die Gründe neutral sind. „Es wird sicher kein Zufall sein, daß Tizian im Porträt den Hintergrund meist gegenstandslos läßt. Damit hat die Farbe freies Spiel." Hetzer, Tizians Bildnisse, S. 66.
„Und der gegenstandsfreie Hintergrund, den Tizian bevorzugt, mit seinem unbestimmten neutralen Ton, wie ist er in Wahrheit auf jedem Bilde ein anderer! Bald bräunlich, bald golden flimmernd, bald gräulich, dann ins Grünliche gehend, immer aber aus einer Farbe der Figur entwickelt, so daß er von der Macht der Person durchdrungen ist, als deren Atmosphäre und physisch–seelischem Wirkungsbereich er erscheint." Hetzer, Tizian Farbe, S. 122 f.

wiederum dessen besondere Charakterisierung ausmacht, hat dabei seinen Höhepunkt vor allem in der Phase von 1914/15, die formal stark von den Merkmalen des Holzschnitts geprägt ist, und der darin angelegten Abhängigkeit der Einzelformen vom Gesamtzusammenhang in Prägnanz und Proportion.
Als Beispiel bieten sich die Porträts des Dichters Simon Guttmann an, der sowohl von Schmidt-Rottluff als auch von Kirchner und Heckel mehrmals dargestellt wurde. Die Porträts entstanden aufgrund der identifizierbaren Hintergründe wahrscheinlich anlässlich dessen Besuche in den Berliner Ateliers der Künstler.[565] Diese spiegeln sich auch als Ambiente auf den Hintergründen der Bilder wider und bilden so die in das Porträt zu integrierenden Vorgaben. Am anschaulichsten wird dies in den Darstellungen Kirchners.

- *Bildnis Simon Guttmann*, 1911, Öl auf Leinwand, 80,6 x 64,8 cm, William Rockhill Nelson Gallery of Art and Mary Atkins Museum of Fine Arts, Kansas City, Missouri (Abbildungsverzeichnis Nr. 94).
-*Kopf Guttmann vor rundem Tisch und Figuren*, 1912, Holzschnitt, aquarelliert, 23,5 x 20,3 (Abbildungsverzeichnis Nr. 95).

> „Guttmann ist jedesmal in der Wohnung Kirchners in der Durlacher Straße 14 wiedergegeben, die mit exotischem Hauch eingerichtet war. So zeigt das Gemälde im Hintergrund japanische Schirme, die an der Decke des Wohnraums befestigt waren. Auf dem Holzschnitt erkennt man den runden Tisch mit der gestickten Decke, die durch ihr primitivistisches Muster auffällt. Auf der Decke eine geschnitzte Schale, im Hintergrund rechts zwei ebenfalls von Kirchner geschnitzte Figuren, die eine Konsole tragen.“[566]

---

[565] Wie im vorhergehenden Kapitel bemerkt, äußert sich Rosa Schapire im Verzeichnis der Graphik von Schmidt-Rottluff, es handele sich um einen Schaukelstuhl, auf dem der Porträtierte sitze. Vermutlich hat sie diesen, zumal dies nicht leicht erkennbar ist, als Inventar bei Schmidt-Rottluff gekannt.
Auch das Aquarell Heckels, *Wilhelm Simon Guttmann auf dem roten Sofa* von 1911, 36 x 44 cm ist sicherlich in einem vorgegebenen Ambiente entstanden. (Die Abbildung im Herbstkatalog der Galerie Nierendorf wurde mir dankenswerterweise von Herrn Claus Bärwald aufgetan und zugesandt). (Abbildungsverzeichnis Nr. 96).

[566] Magdalena M. Moeller, (Hg.), Ernst Ludwig Kirchner, Meisterwerke der Druckgraphik, Stuttgart 1990, S. 134.
Das *Bildnis Simon Guttmann* von Kirchner aus dem Jahre 1911, The Nelson-Atkins-Museum of Art, Kansas (Miss.) hat als Hintergrund einen Japanschirm, wie er

Wie sehr dabei der Dargestellte in einen stark vom Ambiente geprägten dominierenden Gesamtzusammenhang integriert wird, erweist sich vor allem am Holzschnitt, der die Einrichtung von Kirchners Atelier als ornamentales Grundmuster der Bildstruktur wiedergibt.

Die Halbfigur des Dargestellten ist mit fest auf die Brust gedrücktem Kinn so in sich zusammengerollt, dass er das Kreissegment des in die Bildfläche gekippten Tisches zunächst mitbildet und dann davon in noch engerem Bogen abweichend, dieses in knapper Entfernung nachvollzieht. Dabei neigt sich die Figur völlig in das Feld der Tischplatte, auf der eine großgemusterte Decke liegt, deren mit breiten Stegen getrennte Quadrate mit Aktfiguren gefüllt sind. Sowohl das Muster, als auch die auf dem Tisch befindliche Skulptur, ein eine Schale tragender sitzender weiblicher Akt, bilden eine enge Verflechtung mit dem Dargestellten zu einer die Bildfläche überziehenden Struktur. Der Schwung der Haarkalotte mündet zum einen in der Linie des Gesichtprofils, zum anderen schließt sie sich zum Gegenschwung mit dem Sockel der Skulptur zusammen. Die dunklen Stege der Decke verstreben Kopf und Körper rasterartig mit der Tischkante und dem linken Bildrand. So ist der Hinterkopf in einem von der Tischkante ausgehenden rechten Winkel eingebunden, der Schwung von Haarkalotte und Skulpturensockel wird auf derselben Höhe von einem weiteren kurzen Steg zum linken Bildrand geleitet. Weiter unten, am Ansatz des Halsausschnitts, setzt ebenfalls von der Tischkante ein Steg an, in dessen Verlängerung ein weiterer Steg auf der anderen Seite der Figur die obere Linie der Schulter aufnimmt und sie zum linken Bildrand weiterführt. Dort schließt vom unteren Rand

deshäufigeren als Requisit auf Bildern auftaucht. Vgl. Mädchen mit Japanschirm, um 1909, Öl auf Leinwand, 92,5 x 80,5 cm, Kunstsammlung Nordrhein-Westfalen, Düsseldorf, Erna mit Japanschirm, 1913, Öl auf Leinwand, 80 x 70 cm, Aargauische Kunstsammlung. (Abbildungsverzeichnis Nr. 97 und 98) .Solche Schirme waren im Atelier an der Decke aufgehängt. (Vgl. ein Photo von 1912, Abbildungsverzeichnis Nr. 93).Die Vorzeichnung *Junger Dichter (Simon Guttmann)*, 1911, Bleistift, 34,4 x 27 cm hingegen weist eine Skulptur oder die Applikation eines Wandvorhangs auf, wie sie für Kirchners Atelier typisch waren. (Abbildungsverzeichnis Nr 100). Vgl. ein Photo von Kirchners Atelier in Berlin von 1914, Abbildungsverzeichnis Nr. 101. Dort ist auch eine der bestickten Tischdecken abgebildet, wie sie als Hintergrund für den *Kopf Guttmann vor rundem Tisch und Figuren* dient.

ebenfalls ein Steg zum rechten Winkel an. In diesen Winkel kuschelt sich eine kleine Aktfigur, indem sie ihren Rücken an Guttmanns Oberarm zu reiben scheint. Der Rumpf einer anderen Figur stößt senkrecht von oben auf den Kopf des Dargestellten, der so, umgekehrt und überdimensioniert, auf ihren Schultern zu sitzen scheint. Mit ihren Gliedmaßen wiederum verbindet die Figur sich mit den Nahtstellen der Skulptur und der Tischkante. Zum rechten und zum oberen Bildrand vermitteln die geschnitzten Figuren der Konsole, deren geschwungene Elemente sich von der Tischkante fortbewegen. Bei der rechten durch den anschließenden Arm, bei der oberen die aufgeklappten Unterschenkel und die Linie des Rückens.
Schließlich dient das ornamental gestaltete Gesicht ebenfalls der Integration des Dargestellten in den Hintergrund. So ist der Kontur von der Augenbraue bis zum Kinn in elegantem Schwung durchgezogen, daran schließt sich das nicht weniger schön stilisierte Ohr an. Nase, Mund und Auge bilden ebenfalls sich in diese „Arabeske“ fügende Formen. Das rechte Auge, das sich tendenziell vom übrigen Gesicht zu separieren scheint, fügt sich schlüssig in das Ornament der Tischdecke.

- Erich Heckel, *Simon Guttmann*, Kohle, 65 x 55,3 cm, (Abbildungsverzeichnis Nr. 102).
Wie die Übereinstimmung der physiognomischen Merkmale (lange Nase, dicke Lippen, großes Ohr, leicht schrägstehende große Augen) mit Heckels Zeichnung zeigt, sind diese trotz der Stilisierung, deutlich dargestellt – jedoch in einer Ausprägung, die sich in einen bestimmten stilistisch geprägten Bildzusammenhang einpasst.

- *Bildnis S.G.*, 1911, Öl/Leinwand, 84 x 76 cm, verschollen (Abbildungsverzeichnis Nr. 103).
- *Bildnis Simon Guttmann*, 1913, Öl/Leinwand, 95 x 87 cm, zerstört (Abbildungsverzeichnis Nr. 104).
- *Bildnis G.*, 1914, Holzschnitt nach dem Gemälde von 1913, 50 x 39,5 cm, Schapire 137 (Abbildungsverzeichnis Nr. 105).

Wie sehr gerade bei den Beispielen Schmidt-Rottluffs die physiognomische Konstante als Ausgangspunkt der Bildstruktur gerade wegen ihrer stilistischen Prägung charakterisierend wirkt und

diese Charakterisierung über die Bildstruktur sich rückwirkend wieder auf die Person bezieht, soll anhand eines kurzen Vergleichs mit dem von Heckel angefertigten Porträt gezeigt werden.
Trotz der unterschiedlichen Darstellungsweise ergeben sich zur gegenseitigen Bestätigung klare physiognomische Übereinstimmungen: ein langgezogenes Gesicht, ein markantes Kinn, vorstehende Wangenknochen, große, leicht schrägstehende Augen, fleischige Lippen und große Ohren. Sowohl bei Heckel, als auch bei Schmidt-Rottluff gibt es Überbetonungen, um das Charakteristische noch zu steigern.
Dabei widmet Heckel seine Aufmerksamkeit eher der Ausbildung von Einzelheiten, während Schmidt-Rottluff verstärkt mit den Relationen innerhalb der Gesamtstruktur arbeitet. So ist die in der Heckelzeichnung enorme Länge des Gesichts bei Schmidt-Rottluff indirekt durch die Vertretung dieser Länge durch die Nase erzielt, die den anderen physiognomischen Merkmalen ihren Platz zuweist. Bereits auf der Stirn ansetzend, zieht sie sich quer über das ganze Gesicht, wobei sie ihr kurviger Verlauf noch zusätzlich streckt. Mit den Nasenflügeln zusammen pfeilartig ausgebildet, zeigt sie die Richtung einer Schubkraft an, die das Gesicht zusammenschiebt, so dass es nicht die großen Abstände zwischen Nase und Mund, Mund und Kinn der Darstellung Heckels aufweist. Die Augen sitzen fast auf den angedeuteten Wangenknochen, die gleichzeitig das untere Augenlid bilden, und der Mund weicht, vor der auf ihn zielenden Pfeilspitze verdrängt, ins Kinn herab.
Dieser im Gesicht angelegte Schub wirkt sich darüber hinaus auf den ganzen Körper aus, indem sich der gebogene Verlauf der Nase über die Krawatte bis in den rechten Unterschenkel fortsetzt. Der Kopf wird so zwischen die Schultern gedrückt, der Körper zusammengepfercht. Dergestalt kommt die dichtgedrängte Darstellungsform den Gesichtsmerkmalen der zusammengeschobenen Haltung zugute. Die geduckte Haltung, die den Kopf fast bis zu den Ohren im Rumpf versinken lässt, scheint ein Charakteristikum des Dargestellten zu sein, taucht sie doch bereits im leider verschollenen Gemälde von 1911

auf.[567] Im Vergleich dazu sitzt der Kopf bei Heckel in einer von dem aufgeschlagenen Kragen gebildeten Rahmenform wie in einer Einfassung, die ihn aus dem Gesamtzusammenhang separiert.

Die dem Großstadtintellektuellen zugeschriebene Nervosität lässt sich im Zusammenhang mit der Haltung gut anhand der zu Flächen und Linien reduzierten Gestaltungsweise nachvollziehen. Ständig im Umknicken begriffene Linien und Flächengrenzen in Kopf und Körper, die – von der Schraffur noch unterstützt – in gegenläufigen Diagonalen aufeinanderstoßen, bestätigen diesen Eindruck komprimierten Zusammengeschobenseins in der Art einer Ziehharmonika. Die daraus resultierenden Formverschiebungen bringen ein Derangement von Körper und Gesicht zum Ausdruck, die Lässigkeit aber auch Nervosität bedeutet. Abfolgen von ständig die Richtung wechselnden Diagonalen vermitteln dabei eine Unordnung, Unruhe und Instabilität, die den Dargestellten richtiggehend auf seinem Stuhl herumhampeln lassen. Dies umso mehr, als die labile Basis des runden unteren Abschlusses seines Körpers einem eindeutigen und stabilen Sitzverhältnis entgegenwirkt. Der Dargestellte ist in sich zusammengeduckt, um jeden Moment wieder aufspringen zu können, ein paar Schritte durchs Atelier zu laufen und an der Zigarette zu ziehen.

Dabei würde er jedoch die Bildkonstruktion sprengen, die ihn trotz allem in einer fest geschlossenen und in sich ausgewogenen Komposition einfängt und fixiert. Wesentliches Element ist dabei der Stuhl, dessen vertikale und horizontale Elemente parallel zu den Bildrändern eine Rahmenkonstruktion bilden, in die sich die Figur einpasst. Die Zickzackbänder der Rückenlehne nehmen dabei eine Zwischenstellung zwischen Diagonale und Vertikale ein, greifen an den Kanten der gegeneinander verschobenen Schultern an, bis zu deren Höhe sie gerade reichen und verbinden diese in ihrem vertikalen Verlauf mit der Oberkante der Rückenlehne. Als Zickzackbänder

---

[567] „Mit festen Strichen ist im Umriß die geduckte Haltung, das Sichzusammenschnellen und in sich Gesammelte des Dargestellten, der wie im Selbstvergessen laut vor sich hinzureden scheint, ausgedrückt." Valentiner, Schmidt-Rottluff, S. 20.
In diesem Zusammenhang kann auch die in sich zusammengerollte Form Guttmanns im Holzschnitt Kirchners als stilisiertes Charakteristikum, eben diese als typisch anzusehende Haltung, verstanden werden.

wirken sie gleichzeitig elastisch genug, um die Verschiebung der Schultern als veränderlich anzuzeigen. Die Seitenkante schließt zum linken Arm der Figur auf und klingt weiter unten nochmals in dem vertikal ausgerichteten oberen Daumenglied an, das sich in Verlängerung der Innenkante befindet. Die Hand selbst bildet die Kante und vermittelt durch die Biegung der Finger zur kurz angedeuteten Unterkante des Stuhls, die auf der anderen Seite der Figur noch einmal zum Vorschein kommt und am linken Rand abschließt. Die Armlehne des Stuhls hingegen nimmt wiederum Bezug auf die Diagonalen, indem sie die von Oberschenkel und Hüfte schräg nach oben geführte Linie aufgreift und sie in großem Bogen nach unten durch das untere Daumenglied in Richtung der Gesäßrundung führt.

Auch ohne Rahmenmotiv ist die Figur in sich ausgewogen, indem die Diagonalen sehr gewählt und bewusst in größtmöglicher Sparsamkeit ausgleichend eingesetzt werden. Ihre partielle Verwendung belässt es unter Verzicht auf symmetrische Vervollständigungen, bei wenigen Angaben. Diese Formreduzierung macht sich beispielsweise an der nur angedeuteten, zudem abgeschnittenen Krawatte und dem nur auf der einen Seite vorhandenen Revers bemerkbar. Diese auf Dingliches verweisenden Formen sind gleichzeitig stark in das diagonale Bezugsnetz eingespannt. Ebenso steht es mit dem Gesicht, wo sämtliche Diagonalbezüge des Körpers bereits angelegt sind. Das bei der Formreduzierung besonders auffällige Detail der Zigarette dient gleichzeitig als Attribut der Nervosität und der Charakterisierung der schlanken, sensiblen Finger, in die sie als nur geringfügig dünnere Form verflochten ist. Darüber hinaus ist es für die dichte Konstruktion der Linien und Flächen bezeichnend, dass dieses winzige Detail im wesentlichen für die Verankerung der Person am rechten unteren Bildrand verantwortlich ist, indem es anstelle des fehlenden Stuhlbeines leicht nach außen ausgestellt dessen Platz in Gestalt einer Stütze einnimmt, analog zum gegengleich positionierten Unterschenkel links. Die Sparsamkeit der Mittel wird durch das Mitrepräsentiertsein des Stuhls durch die Figur selbst auf den Punkt gebracht.

Die Pose des Porträtschemas ist somit durch die Formensprache des besonderen künstlerischen Stils zugunsten der Charakterisierung variiert. Dies geschieht vornehmlich über die den Dargestellten charakterisierende „Urform" (Hetzer) von Physiognomie und Pose, der Diagonale, die für sich genommen Bewegung und Kontrast ausdrückt.[568] Erst innerhalb des Bildzusammenhangs erfährt das eigentlich unausgeglichene Element seine Balance. Charakter, definiert als Besonderheit, als nur einem bestimmten Individuum zugehörig, kann sich so über das Porträtschema durchprägen.
Den Dargestellten charakterisierende Urformen, die Kopf, Körper, Gegenstand und Hintergrund zu einer Einheit zusammenschließen, sind im Werk Schmidt-Rottluffs in dieser Ausprägung besonders in den Jahren 1914/15 anzutreffen.

- *Bildnis Lyonel Feininger*, 1915, 90 x 76 cm, German. Nationalmuseum Nürnberg (Abbildungsverzeichnis Nr. 4).
Einen völlig anderen Charakter als Guttmann besitzt Feininger, der aufrecht mit gefalteten Händen geradezu brav dasitzt. Hier ist es die Orthogonale (z.T. auch als gleichschenkliges Dreieck ohne Basis oder als angespannter Bogen ausgeprägt), die Physiognomie und Körperhaltung über die Bildeinheit bestimmt, indem sie sich als Grundform wiederholt.[569] Man findet sie als Finger, Handgelenke, Arme, Schultern, Nasenflügel, Schläfe, Ohr, Auge, Weste, Kragen und Frisur (der Seitenscheitel als „durchhängender" rechter Winkel).
Die Pose hat ihren formalen Ursprung in der langen geraden Nase, an deren Form sich auch die Krawatte orientiert, so dass Kopf und Körper über die Formanalogie einheitlich geprägt werden. Die Auswirkung

---

[568] „Die Diagonale ist zum einen Ausdruck der Bewegung. Sie ist reiner Zustand der Bewegung, der Übergang von der Ruhe der Vertikalen zu der Ruhe der Horizontalen. Sie kann nicht für sich selbst bestehen, suggeriert die Grundrichtungen. [...] Die Diagonale ist schließlich kontrastierend und spannend. Während Horizontale und Vertikale die Rahmenrichtungen wiederholen, ist sie einmalig und im Gegensatz zum Rahmen." Theodor Hetzer, Tizians Gesetzlichkeit, S. 42.

[569] Valentiner spricht bei diesem Porträt von einer Einheit von Inhalt und Form durch die Einheit der Linie. Diese besteht für ihn in einer charakteristischen Wiederholung konkaver Formen. Valentiner, Schmidt-Rottluff, S. 7.

auf die Haltung ist hier keine stauchende, sondern eine straffende.[570] Die Krawatte bestimmte dabei die Vertikale des Körpers, die auf die Unterarme treffend eine orthogonale Verbindung bildet und somit Statik entwickelt.

Der Körper selbst ist in einer symmetrischen Dreieckskomposition ausgebildet, an die sich vorn und hinten ebenfalls dem gleichschenkligen Dreieck angenäherte Formen gleich einer Staffelung anschließen: die gefalteten Hände und die Vorhangöffnung – diese auch in deutlicher Analogie zur Nase – was durch dieselbe Farbgebung unterstützt wird. Die Vorhangöffnung ist dabei etwas aus der von der Figur gegebenen Achse verrückt, erscheint dafür aber in deutlicherem Bezug zum linken Armkontur. Sie wirkt sich dabei wie ein zweites Rückgrad aus, das die Haltung unterstützend, das die Person gerade rückt und sie nach vorne zieht.

Die Formanalogien kommen wie beim Porträt Guttmanns durch die sehr reduzierte Darstellung der Einzelheiten deutlich zur Geltung. So ist nur ein Revers gebildet, das sich außerdem nach oben hin auflöst, wobei seine obere Linie dieselbe Richtung wie der Nasenflügel aufweist. Vervollständigt wird der Eindruck durch ein Repertoire gestraffter runder Formen: Die Schulterlinie wird vom Kreismotiv des Vorhangs nachvollzogen, ebenso bilden die Frisur, die Ohrmuschel und der Sessel Kreissegmente.

Es ergibt sich hier ein völlig anderer Gesamteindruck als im Porträt Guttmanns: Die Grundform der Orthogonale, ganz im Gegenteil zur Diagonalen eine harmonische, ausgewogene und Statik signalisierende Form, und das symmetriebildende gleichschenklige Dreieck spiegeln

---

[570] Will Grohmann, Schmidt-Rottluff, S. 78. „Schmidt-Rottluff hat diesen ihm so entgegengesetzten Maler in seiner straffen, beinahe amerikanischen Haltung und seiner nervösen Sensibilität überraschend richtig erfaßt und sogar manches aus dem Formvorrat des Bauhausmalers (Weimarer Brücke-Bilder) in sein Bildnis herübergenommen, so wie man bei der Vorstellung eines Menschen seinen Namen im Duktus seiner Handschrift schreibt. Die Bogen seiner übereinandergelegten Hände, der Wechsel der konkaven und konvexen Volumina, das Gegeneinander von Geraden und Kurven berühren sich, wenn auch nur für Momente, mit dem Geist dieses Architekturmalers."
Hier ist vielleicht eher der Wille, diese Parallele zu ziehen, zum Ausdruck gekommen und die Interpretation erscheint dadurch etwas überzogen. Eine Erklärung des Formrepertoires läßt sich bereits aus dem Stil Schmidt-Rottluffs heraus finden.

den Charakter der Figur wieder, die somit Ruhe, Gleichgewicht, Ordnung und Disziplin ausstrahlt.

- *Bildnis Paul Thiersch*, 1915, 89 x 73 cm, Staatliche Galerie Moritzburg, Halle (Abbildungsverzeichnis Nr. 2).
Die die Figur bestimmende Bogenform ist hier direkt aus der Nase entwickelt, wobei der eingebogene Nasensattel ein besonderes physiognomisches Merkmal darstellt.[571] Diese Form wird nun zur Charakterisierung der Körperhaltung herangezogen, die stark von der ganz in der Form der Nase gehaltenen Krawatte geprägt wird. Der Körper sackt durch die scheinbar in die Höhlung des Revers rutschende Krawatte ein, die wie unter der Last des Kopfes einzuknicken scheint und hier statt Spannung ein Nachgeben vermittelt. Somit ist der Köper auch nicht aufgerichtet und gespannt, sondern eher breitgelagert, sich in Schulterlinie und Körperumriss dem Rechteck nähernd. Zudem scheint der Kopf langsam in die durch viele runde Bogen als weiche Masse gekennzeichneten Schultern zu sacken. Damit unterscheidet sich die Nasen-Krawattenanalogie von der Guttmanns, die ein aktives Nachuntendrücken der sich dagegen sperrenden Formen signalisiert, und von der Feiningers, dessen Kopf durch die Spannung der Krawatte eher nach oben zu schnellen scheint. Das Weiche, Lässige setzt sich in der ganzen Figur durch, die völlig aus abgerundeten Bögen gebildet ist. Alles Spitze ist weggelassen oder entschärft. (Sogar die Reversform ist eher gebogen als spitz). Im Vergleich mit Feininger wird deutlich, wie bei derselben formalen Vorgabe eines Anzuges eine völlig unterschiedliche Gestaltung im Sinne der Charakterisierung über die Bildeinheit vorgenommen wird.
Die Verbindung der Figur mit dem Bildfeld geschieht über die Rechteckform, die sich mit den gestaffelten Leinwänden in den Hintergrund fortsetzt. Diese Kontrastierung von Rund und Eckig gibt den runden Formen im Bildgefüge Halt und vermittelt sie zu den Bildrändern hin. Ebenso sind bei Feiniger im Sinne der Balance runde Formen gegen spitze gesetzt und ist Guttmann durch die Vertikale und die Horizontale im Bildgefüge verankert.

---

[571] S. das Kapitel Ähnlichkeit, in dem dies durch den Vergleich mit einem Photo und einer Beschreibung erwiesen werden konnte.

Die direkte Verbindung von Figur und Hintergrund wird dabei über die blaue Leinwand geleistet. (Die Oberkante schließt an Ohrspitze und Braue an, die rechte Kante an die Spitze der markantesten Ärmelfalte). Aber anders als bei Feininger verlaufen diese Elemente nicht in einer Reihe mit der Figur, sondern sind gegen deren Wendung gerichtet. Die Leinwände nehmen dabei das Breitgelagerte des in sich ruhenden Oberkörpers auf und betonen diesen.
Keinerlei Symmetrien bilden sich, sondern deren bewusstes Außerkraftsetzen ist kennzeichnend für den Dargestellten, ohne dass er jedoch die angespannte Nervosität Guttmanns aufweist. Vielmehr kennzeichnet ihn das Insichruhen, die Lockerheit und darin eine gewisse Nonchalance hinsichtlich „ordentlichen Sitzens".

Weitere Beispiele von leider nur noch in Reproduktionen erhaltenen verschollenen Bildnissen dieser Phase vervollständigen diesen Eindruck:

- *Bildnis Dr. Goldschmidt*, Öl auf Leinwand, 95 x 87 cm, verschollen (Abbildungsverzeichnis Nr. 106).[572]
Interessant ist der Vergleich mit dem Bildnis Paul Thiersch, da hier ebenfalls der Bogen das prägende Formmotiv ist. Wie bei den anderen Porträts ist das Formmotiv bereits im Gesicht angelegt und führt so zur formalen Verbindung von Kopf und Körper. Der Bogen findet sich bei Goldschmidt in den Haarwellen, Ohren, Augenbrauen, der Nase und dem Schnurbart wieder. Analog zur Krawatte ist die Nase ebenfalls nach außen gespannt. Statt des nach unten gekehrten Bogens, der den Eindruck eines lässigen Durchsacken hervorruft, verleiht der aufgestellte Bogen nun umgekehrt der dargestellten Person Spannung. So versinkt die Krawatte nicht im Körper, sondern stemmt sich ihm entgegen. Die Schulter des angehobenen Arms ist in Form des Bogens angezogen, der von der Stuhllehne wiederholt wird. Es bildet sich eine straffe Diagonale vom Revers bis zum Manschettenrand, die bei Thiersch eher durchhängt. Der größer gewählte Ausschnitt zeigt auch die Anspannung des Körpers in Zusammenhang mit dem Motiv der auf

---

[572] Goldschmidt wurde ebenfalls von Heckel porträtiert. Das 1913 entstandene Gemälde ist leider zerstört.

den übergeschlagenen Oberschenkel gestützten Arme. Die Formen sind, im Gegensatz zu Guttmanns hochgezogener Schulter in einem bewegten, ständig des Ausgleichs bedürfenden Formgefüge, angespannt und geordnet.

- *Bildnis E.F.*, 1914, Öl auf Leinwand, 73 x 65 cm, verschollen (Abbildungsverzeichnis Nr. 107).[573]
Dargestellt ist vermutlich Emy Frisch. Dafür sprechen auch die spitze Nase, die dünnen Lippen, das dunkle, nach hinten gestrichene Haar. Hier dominiert das Spitzwinklige der Nase, das überall im Bild wieder aufgegriffen wird. Fast schnippisch lugt der Kopf aus den winklig gefalteten Kleidern wie aus einer aufgeklappten Pappschachtel. Ebenso prismatisch gefaltet ist der Hintergrund gestaltet.

Diese Beispiele zeigen die Charakterisierungsmöglichkeit der Form über die Bildeinheit innerhalb der Werkphase Schmidt-Rottluffs von 1914 bis 15. Sie wäre ohne dessen künstlerische Entwicklung, in der die Ausprägung von Linie und Form durch das Mediums des Holzschnitts eine große Rolle spielt, nicht denkbar.
Im Vergleich dazu weisen die Porträts von 1911 zwar ebenfalls eine konsequente Komposition der Form auf, diese ist jedoch weniger überspitzt und viel mehr in die Farbpalette eingebunden und über den Farbkontrast gebildet. Das Formgerüst ist als Bildgrundlage zwar angelegt (Vorzeichnung mit Bleistift), aber nahezu völlig übergangen.

Im *Bildnis Guttmann* von 1911 (Abbildungsverzeichnis Nr. 103).ist die geduckte Haltung beispielsweise über den Gesamtkontur dargestellt und richtet sich dadurch direkter nach der Modellvorgabe als die Übersetzung in sich wiederholender Grundformen von 1914. Dies gilt auch für die Proportionen, die 1911 viel ausgewogener sind als 1914/15, besonders angesichts der Übersteigerung des Kopfes als kompositioneller Höhepunkt. Dennoch besteht auch hier stilistisch die

---

[573] Wie Thiem aufgrund einer Photographie aus dem Nachlass Schapires nachweist, datiert dieses Bild nicht , wie bei Grohmann angegeben aus dem Jahr 1915, sondern bereits aus dem Jahr 1914. S. Thiem, Emy Schmidt-Rottluff, S. 82 f.

Möglichkeit, die Dargestellten mittels eines aus ihnen selbst heraus entwickelten Formthemas zu charakterisieren.

- *Bildnis Rosa Schapire*, 1911, Öl auf Leinwand, 84 x 76 cm, Brücke-Museum Berlin (Abbildungsverzeichnis Nr. 46).
- Porträt *Dr. Paul Rauert*, 1911, Öl auf Leinwand, 84 x 66 cm Kunsthalle Hamburg (Abbildungsverzeichnis Nr. 10).

Das jeweilige Formthema ist in der Lage, die beiden Porträtierten in einem Gegensatz von Angespanntheit und Versunkenheit zu charakterisieren.

Bei Rosa Schapire reißt der nach oben gebogene Hut in großzügigem Schwung die Perspektivelinie mit, die sich in Armlehne und Bodenlinie zeigt und verleiht den in Formanalogie zu ihm stehenden Augen eine Betonung und dem Blick somit Angespanntheit und gleichzeitig Aufmerksamkeit. Das energische Aufstützen des Kopfes und der gerade Blick tun ihr übriges. Eine weitere Aktivierung erhält die Figur dadurch, dass sie nicht wie Rauert frontparallel präsentiert wird, sondern durch eine Diagonalstellung Bildtiefe als Aktionsraum eröffnet. Die Raumdiagonalen entwickeln sich über die parallel gesetzten Winkel von Arm, Schal und Buch auf der linken Seite und Stuhllehne auf der rechten Seite.

Im *Porträt Dr. Paul Rauert* hingegen wird die nach unten gerichtete Bogenform in ihrer Wiederholung in Kinn, Kragen und Krawatte betont. Zusammen mit den geschlossenen Lidern erscheint der Dargestellte passiv und versunken, wozu auch die gefalteten und abgelegten Hände beitragen, auf die als Waagerechte die Körperachse statisch trifft. Ohne Übersteigerungen ist die Formgestaltung zwar näher am Vorbild, weist aber keine die Urform betonende Ausprägung auf, die Kleidung, Attribute und Hintergrund in eine zwingend gleichförmige Einheit bindet.

- *Frau am Tisch* (Rosa Schapire), 1909, Aquarell, 66 x 50 cm, Brücke-Museum Berlin (Abbildungsverzeichnis Nr. 42).
- *Bildnis H.* (Erich Heckel), 1909, Aquarell und Tusche, 66 x 50 cm, Brücke-Museum Berlin (Abbildungsverzeichnis Nr. 30).

Noch verhaltener sind die Formanalogien bei den Porträtaquarellen von 1909. Das Prinzip einer ausgewogenen Komposition orientiert sich vielmehr an der Einpassung verschiedener Formen in der Bildfläche. So ist die *Frau am Tisch* in ein statisches Rastersystem von Vierecken eingepasst, das zum einen den Kopf rahmt, zum anderen den Körper graduell darin integriert. Dabei leitet der Arm vom Eckigen zum Runden über, indem der ausgestreckte Finger zur oberen Kante der eckigen Stuhllehne aufschließt und gleichzeitig zum angeschnittenen Oval des Körperumrisses übergeht. Die Rundform wiederholt sich im Innern des Körpers durch den Ärmel. Die Figur ist zwar Anlass, aber nicht Gegenstand der Bildkomposition.
Ähnlich verhält es sich im *Bildnis Erich Heckel* Kopf und der von der Jacke freigelassene Körperausschnitt bilden einen nahezu ausgewogenen sanduhrförmigen Umriss. Der Raum bis zu den Seitenrändern des Blattes wird von dem dunkelblauen Anzug ausgefüllt, wobei der schwungvoll ausholende gestikulierende Arm den größeren Abstand zum linken Bildrand überbrückt, an den er seitlich direkt stößt. Das Pendant der anderen Hand ruht auf dem unteren Bildrand, der über weite Strecken ebenfalls vom Blau des Anzugs gesäumt wird. Zum oberen Bildrand vermittelt der viereckige untere Ausschnitt des Fensters, vor dem sich in ähnlich breiter Lagerung die Stirn überschneidend befindet.
Das Formgerüst wird in der ausschließlich farbigen Bildstruktur dadurch gebildet, dass die besonders schweren Farben innerhalb der Strichbündelungen, dunkelblau bei Heckel, karminrot bei Schapire, konturbildend und kompositionsfestigend eingesetzt sind.[574]
In den Werken von 1919 sind die Formen weder direkte Ableitungen von der Naturvorgabe, noch sind sie Thema im Sinne eines klar erkennbaren Leitmotivs. Vielmehr überwiegt, bedingt durch die starke Zeichenhaftigkeit der Bildelemente, die Besonderheit der

---

[574]Besonders für die impressionistische Malerei wird dieses Verfahren der Bildkomposition innerhalb der ausschließlich farbigen Gestaltung betont: „Unter Farbgewicht ist dabei diejenige Bedeutungsschwere zu verstehen, die einem einzelnen Farbfleck oder einer Gruppe solcher Flecken zukommt. Sie ist in solcher Weise zu wählen und zu setzen, daß die schwereren unter ihnen, etwa die dunkleren tiefen, z.B. die Blau der Schatten, oder die stärksten Farbakzente ein tragendes Gerüst für den Bildaufbau ergeben [...].“ Badt, Van Gogh, S. 140.

Einzelformen, wie sich dies gut an der Asymmetrie der Gesichtsform – insbesondere der Augen – erkennen lässt[575]. Statt aus einer homogenen Konstruktion sich ähnelnder Formen ist die Person synthetisch aus selbständig ausgeprägten, aber immer nach vom Modell abgeleiteten und daher charakteristischen Formen zusammengesetzt. Diese sind auch keiner Hierarchie unterworfen, in der durch Proportionsverhältnis und Prägnanz besondere Formen als Vorgabe für das Leitmotiv im Vordergrund stehen. Die Entsprechungen sind vielmehr subtilerer Art, der Einfügung in ein Bildgefüge dienlich, das diese Einzelformen zusammenhält, die innerhalb des Gefüges charakterhaft aufblitzen.

- *Bildnis Rosa Schapire* 1915, Öl Auf Leinwand, 73 x 75 cm, Privatsammlung (Abbildungsverzeichnis Nr. 47).
- *Porträt Rosa Schapire*, 1919, Öl auf Leinwand, 101 x 87 cm, Tate Gallery, London (Abbildungsverzeichnis Nr. 49).

Während das Porträt Schapires von 1915 noch von Zacken und spitzen Bögen bestimmt wird, die sich überall in Gesicht und Kleidung wiederholen, ist vier Jahre später die Form variabler. So findet sich die lange, leicht gebogene Nase in einer Falte des Rüschenkragens wieder, der in dessen Verlauf weitere Male aufgenommen wird. Ebenso steht die kreisrunde Einfassung des rechten Auges in nahezu maßstabsgetreuer Übereinstimmung mit dem Rund der Brosche, passt sich das runde Kinn in einer Achse dazu ein. Die Umrisse der Frisur klingen in den Kragenformen wieder an. Auch hinsichtlich des Umraums sind teilweise Formanalogien zu finden, wie das Trapez des Tisches, das in kleinerer Form das des Körpers, von dessen Armhaltung gebildet, nachvollzieht. Ebenso wiederholt der Winkel des schräghängenden Bildes die Körperkontur. Gleichzeitig aber verbinden diese Gegenstände die Figur mit der Bildfläche und außerdem mit dem Raum, indem sie perspektivische Angaben machen. Lebendigkeit

---

[575] Seit 1918 ist im Werk Schmidt-Rottluffs eine zunehmende Differenzierung in der Darstellung der Augenpaare festzustellen. Eine Deutung versucht Andreas Hüneke. Zweierlei Augen. Ein Deutungsvorschlag, in: Magdalena M. Moeller (Hg.), Karl Schmidt-Rottluff. Druckgraphik, München 2001, S. 43-51. Die Unterscheidung zwischen Hell und Dunkel stehe für Tag und Nacht und diese als Sinnbild für Leben und Tod, wie sie bereits in der Romantik bestand und die in der Situation um 1918 für Schmidt-Rottluff wieder vordringlich geworden sei.

erhält das starre Trapez der Haltung durch die Kopfneigung, die einen entgegengesetzten Winkel zu Bild und Tisch aufweist. Hier ist nicht die Analogie einzelner Formen, sondern der bildflächenübergreifende Formkomplex maßgeblich.

- *Bildnis des Kunsthistorikers Wilhelm Niemeyer*, 1921, Öl auf Leinwand 100 x 91 cm, Nationalgalerie Berlin (Abbildungsverzeichnis Nr. 15).

Dieses Prinzip wird hier noch offensichtlicher. Die charakteristisch ausgeprägten Merkmale sind nur noch vereinzelt im Bild anzutreffen, dafür aber so akzentuiert, dass sie in der ansonsten großzügigen, detailarmen Bildeinheit sofort augenscheinlich werden: Mund Nase, Frisur und Gesichtskontur. Anklänge an die runde Form der Augen und den runden Schwung der Frisur sind im unteren Bereich zu finden, doch scheint diese eher noch von den runden Lehnen des Sessels inspiriert zu sein. Im Hintergrund orientiert sich der Rand des abgebildeten Gemäldes an der Kontur des linken Armes, ebenso wie der Arm der darin dargestellten Figur.

Formanalogien sind zwar zweifelsohne vorhanden, aber sie sind nicht mehr strickt von physiognomischen Merkmalen abzuleiten, noch bestimmen sie formthematisch den Aufbau des gesamten Bildes. Den physiognomischen Merkmalen wird vielmehr ihre Autonomie belassen, die sie innerhalb des Bildgefüges zu eigenständiger Wirkung kommen lässt.

Der Stil einer Werkphase als das jeweils vorherrschende künstlerische Prinzip steht als Unterscheidungsmerkmal zwar im Vordergrund, aber in ihr entfalten sich die Möglichkeiten zur Differenzierung, sprich Charakterisierung über die auf eine bestimmte Person bezogene Bildeinheit. In den Stilphasen jedoch, in denen die Form bei der Gestaltung der Bildeinheit nicht im Vordergrund steht, wird dies eher über das Farbthema erreicht.

## IV.4. Exkurs: Die Karikatur. Das Expressive und das Porträt

Besonders die Phase von 1914/15 mit der Überbetonung der Köpfe und der physiognomischen Merkmale rückt ganz in die Nähe des dem

Expressionismus unterstellten Karikaturhaften. Deshalb erscheint dieser kurze Exkurs notwendig um zu zeigen, wie wenig sich Karikatur von Kunst absetzt, wie die aus dem Prozess der Realisation erklärbaren Mittel auch hier dem Porträthaften zugute kommen und wie daher eine Charakterisierung gerade aus dem persönlichen Stil des Künstlers heraus erreicht wird.

> „Am Beginn des 20. Jahrhunderts werden diese Gegengewichte [Sinn für die Erhabenheit des Menschen] beseitigt werden und neben einer neuen Hochblüte einer erbarmungslosen und am Menschen innerlich verzweifelten Karikatur wird das Bild des entstellten Menschen – das sich den Künstlern mit unentrinnbarer Macht aufdrängt – sich unmaskiert zeigen in den Menschenbildern der modernen Kunst, die dem naiven Menschen als fürchterliche Karikaturen erscheinen, und die tatsächlich auch aus den gleichen dunklen Untergründen erzeugt werden wie jene.“[576]

In der Literatur wird wegen der Verwendung karikaturhafter Mittel in der modernen Kunst, besonders im Expressionismus, die Karikatur als deren Wegbereiter eingestuft [577] oder gar mit ihr auf eine Stufe gesetzt.[578]

---

[576] Sedlmayr, Verlust der Mitte, S. 119 f.

[577] So spricht Gombrich für die Moderne (seit Daumier) von einer Vereinigung von Kunst und Karikatur in seiner Vorbildstellung für den Expressionismus: „Ohne dieses Niederreißen der Schranken, die bis dahin die hohe Kunst von der Karikatur geschieden hatten, hätte um die Jahrhundertwende weder ein Munch seine unendlich tragischen, schmerzverzerrten Physiognomien schaffen können noch auch der Belgier Ensor jene unheimlich ausdrucksvollen Masken, die auf den deutschen Expressionismus eine so starke Wirkung übten.“ Das Experiment der Karikatur, in: Kunst und Illusion, S. 389.

[578] Einen Abriss der Literatur gibt Volker Adolphs: „In größtmöglicher Ausdehnung wurde der Begriff der Karikatur auch von der Kunstwissenschaft im Zusammenhang mit dem Expressionismus gebraucht; in ‚Kunst und Gesellschaft' nennt Herbert Read die Karikatur einen ‚Teil des Expressionismus' und verbindet diese Aussage mit der Feststellung, daß der Expressionismus ‚das Emotionale, das innere Erlebnis des Künstlers zum Ausdruck [bringt], meist auf Kosten der von der Außenwelt stammenden Eindrücke, die übertrieben oder mitunter bis zum Grotesken verzerrt dargestellt werden.' (Kunst und Gesellschaft, 3. Aufl. Wien und Frankfurt am Main 1956, S. 123.). Man mag hierin eine fragwürdige Verknüpfung erkennen, allerdings dient sie nicht als Argument gegen den Expressionismus. Diese andere Optik ist durchaus möglich: Arnold Gehlen erscheinen expressionistische Bilder nur als misslungene Karikaturen, weil er die ‚karikaturistische Deformation' auf den ‚Rahmen des Realmöglichen' und Wirklichkeitsgenauen begrenzt wissen will. Dort können Karikaturen allerdings ‚Kunstwerke großer Meisterschaft' sein (Zeit-Bilder: Zur Soziologie und Ästhetik der modernen Malerei, Frankfurt am Main u.a. 1960, S. 143.). In der Perspektive Hans Sedlmayrs verfällt dagegen die Karikatur grundsätzlich dem Verdikt; sie ist für Sedlmayr

> „Übertreibung, Überspitzung, Verzerrung von Vorbildern, zeichenhafte Verdichtung, lineare Reduktion, Konzentration und Abkürzung gehören zur Sprache der Karikatur und ebenso zur Entwicklung der abstrahierenden und expressiven Tendenzen der modernen Kunst...“[579]

Die zumeist nicht als hohe Kunst verstandene Karikatur dient dabei als negativer Maßstab für einen Verriss gerade der menschlichen Darstellung, „[...] denn vor allem der Expressionismus scheint etwas herabzusetzen und zu beschädigen, das als unantastbares Zentrum und höchstes Ziel göttlicher wie künstlerischer Schöpfung galt, die Gestalt des Menschen.“[580]

---

ihrem Wesen nach ‚Entstellung des Menschlichen', (Verlust der Mitte, Salzburg 1948, S. 119.) sie macht den Menschen ‚zu etwas Untermenschlichem [...], zur Fratze, zum Zerrbild, zur Mißgeburt, zum Tier, zur Bestie.' (Ebenda, S. 120.) Bestritten wird damit nicht die Verbindung des Menschenbildes der modernen Kunst mit der Karikatur, sondern daß beide im Blick auf bestimmte humane Wertvorstellungen überhaupt positive Kunstleistungen darstellen. Dieser Haltung gilt dann auch der Aufstieg der Karikatur im 19. Jahrhundert bloß als Symptom der Krankheit der modernen Kunst. Eine Auffassung, welche die Kunst an dem ‚Idealbild des schönen, großen, göttlichen Menschen.'(Ebenda, S. 119.) mißt, vermag die seit 1770 entstehende Kunst eben nur als Krankheitsverlauf zu begreifen und muß die Moderne schlichtweg als ‚gegen den Menschen überhaupt' (Ebenda, S. 152.) gerichtet verurteilen. Volker Adolphs, Stumpfe Waffen. Zum Verhältnis von Karikatur und moderner Kunst, in: Heinz Herbert Mann und Peter Gerlach (Hg.), Regel und Ausnahme. Festschrift für Hans Holländer, Aachen u.a. 1995, S. 231.

579 „Im Abkürzungsverfahren des Karikaturisten die elementare, reduzierte Formchiffre steckend, das Ausdrucksmittel eines neuen Kunstwollens, dessen Ziel die Verdichtung der Erscheinungswelt der Ausdrucksformel sein wird“ Werner Hofmann, Die Karikatur von Leonardo bis Picasso, Wien 1956, S. 54.
„Und so, wie man wenig vorher die frühesten Formen der Kunst mit der Karikatur gleichgesetzt hatte, so tat man es jetzt mit ihrer Spätform, dem Expressionismus. Da nunmehr das Häßliche nicht mehr als abstoßend, sondern als expressiv galt, proklamierte man die Karikatur in doppeltem Sinne als Vorläuferin: indes die hohe Kunst sich der Darstellung erhabener Inhalte zuwandte, hatte die Karikatur die Zonen es Gewöhnlichen, Häßlichen und Charakteristischen durchstreift; darüber hinaus hatte ihre abstrahierende, zum Schnörkel und zur linearen Chiffre neigenden Handschrift auch jener neuen Gestaltungstendenz vorgearbeitet, die der Kunst die Aufgabe zuwies, Wirklichkeit in Formzeichen umzusetzen.“ Hofmann, Die Karikatur, S. 10.

580 Volker Adolphs, Stumpfe Waffen, S. 229.
Die Entwürdigung des Menschenbildes ist Hauptthese in Sedlmayrs Werk Verlust der Mitte. Dies kennzeichne sowohl die moderne Kunst, als auch die Karikatur.“[...] sie [die Karikatur] ist ihrem Wesen nach Entstellung des Menschlichen und im Extremfall ‚Einbildung' des Höllischen – das sich aus lauter Gegenbildern des Menschlichen zusammensetzt – in das Menschliche.“ Sedlmayr, Verlust der Mitte, S. 118. Sedlmayrs Kapitel über Karikatur lautet bezeichnenderweise „Der entstellte Mensch“.

Erstes Mittel und bezeichnenderweise namensgebend für die Karikatur ist die Übertreibung.[581] Sie dient der Herausstellung besonderer Merkmale. Diese fallen am ehesten in einem möglichst klar gegliederten und einfachen Kontext auf. Daher erfordert die Übertreibung auch eine Vereinfachung der Darstellung zugunsten einer Reduzierung und Konzentrierung auf das Wesentliche und gewinnt dadurch größere Klarheit. Besonders eignet sich dafür die Abstraktion der Linie. die so der Vermittlung einer schnell und klar erfassbaren, linear prägnanten Bildidee dient.[582]

> „Als Formkonzentrat verstanden, ist die Karikatur, obzwar mit skizzenhafter Spontaneität versehen, das Ergebnis sorgfältig auswählender Überlegung.“[583]

Innerhalb der Bildeinheit bildet die Steigerung und Herausstellung bestimmter Körperformen ihre eigenen Ordnungen und Hierarchien, die sich auf die Proportionierung niederschlagen.[584]

Die im Zuge der Reduzierung vorgenommene Herausstellung des Wesentlichen innerhalb eines Gesamtgefüges ist auch die Grundlage der sog. „Hieroglyphe“, die sich ganz nach den Darstellungsabsichten des Künstlers richtet. Ein weiterer Schritt bei der Ausbildung von Prägnanzen nach dem Prinzip der Angemessenheit (deren Maßstab immer vom Künstler festgelegt wird) ist dabei die Übersteigerungen bezüglich Form und Proportion. Dieses Hinwegsetzen über die

---

[581] Von italienisch caricare, französisch charger, d. i. überladen, übertreiben. Brockhaus Konversations-Lexikon, Leipzig 1908, Bd. 10, S. 139.

[582] Vgl. Lexikon der Kunst, Bd. 2, Leipzig 1971, S. 544.

[583] Hofmann, Die Karikatur, S. 31.

[584] „In der Bildniskarikatur findet dieses Herausheben vor allem physiognomischer Formen ebenso als bloßes Kennzeichnendes, oft fast attributiv verwendetes Merkmal, wie als Mittel psychologischer Ausdeutung und Sinngebung die reichste Verwendung. Die Disproportionierung ist eines der wichtigsten Mittel der Karikatur.“ Frey, Kunst und Sinnbild, S. 170 f.

Gombrich erklärt die Tendenz zur Verzerrung und Übertreibung von hervorstehenden Merkmalen sowohl bei der Karikatur als auch im Expressionismus mit dem inneren Sinn: „Unser innerer Sinn für Dimensionen unterscheidet sich nämlich radikal von unserer visuellen Wahrnehmung von Proportionen. Der innere Sinn übertreibt immer [...] Kein Wunder also, daß der Karikaturist oder der Expressionist, der sich auf seinen inneren Sinn verläßt, zur Veränderung der Maßstäbe neigt. Er kann dies tun, ohne das Gefühl der Identität zu beeinträchtigen, sofern wir seine Reaktion vor demselben Bild teilen können.“

„natürlichen Gegebenheiten“ des Gegenstands wird, zumal im Expressionismus, mit Ausdruck gleichgesetzt. Ausdruck definiert sich dabei als Überschuss des zur Kennzeichnung des Gegenständlichen dienenden.[585] Das dem Künstler jeweils Wesentliche als besondere Form der Charakterisierung kann so in den Vordergrund gestellt werden.

Gerade auch für den Expressionismus wird die Verdichtung zur Ausdrucksformel oder Formchiffre relevant, mit dem Ziel, besondere Merkmale herauszustellen. Disproportionierungen werden dabei nicht nur in Kauf genommen, sondern als notwendige Konsequenz angesehen. So äußert sich Schmidt-Rottluff:

> „Ganz abgesehen davon, daß ich nicht auf dem Standpunkt der korrekten Zeichnung stehe, sondern der Meinung bin, dass es eine wahre und eine richtige Zeichnung gibt. Eine wahre, die gewisse Verhältnisse verschiebt und von der die richtige abweicht, dafür aber Gesehenes im Kern des Wesens gibt, und somit überzeugender und wahrer den Eindruck gibt.“[586]

> „Ich bin verschiedentlich zu einer Steigerung der Form gekommen, die zwar den naturwissenschaftlich gefundenen Proportionen widerspricht, die aber in ihren geistigen Bezeichnungen ausgeglichen und proportioniert ist. Köpfe habe ich im Verhältnis zu den anderen Körperformen ins Ungeheure gesteigert, als einen Sammelpunkt aller Psyche, allen Ausdrucks. Aber alle anderen Körperformen tendieren in ihren geistigen Bewegungen nach dem Kopfe, sammeln sich darin und so wächst die Form ganz von selbst ins große. Es ist nicht anders mit den Brüsten. Sie sind ein erotisches Moment. Aber ich möchte es loslösen von der Flüchtigkeit des Erlebnisses, gewissermaßen eine Beziehung herstellen zwischen dem kosmischen und dem irdischen Augenblick.“[587]

Ebenso äußert Kirchner über den von ihm geprägten Begriff der Hieroglyphe, dass für diese der Gesamtzusammenhang und die darin enthaltene Bedeutungshierarchie maßgeblich seien (im Sinne eines

---

[585] „Der bewußte Künstler aber, welcher mit dem Protokollieren des materiellen Gegenstands sich nicht begnügen kann, sucht unbedingt dem herzustellenden Gegenstand einen Ausdruck zu geben [...].“ Kandinsky, Über die Formfrage, S. 56.

[586] Brief Schmidt–Rottluffs an Ernst Beyersdorff, Oldenburg, Dangast, 20.9.1910. Zuletzt abgedruckt in Wietek, Oldenburger Jahre, S. 134.

[587] Brief Schmidt–Rottluffs an Gustav Schiefler, Hamburg, Berlin, Dezember 1913. Zuletzt abgedruckt in Wietek, Oldenburger Jahre, 147.

„Bedeutungsmaßstabs"), ganz nach der jeweiligen künstlerischen Absicht:

> „Mit der Veränderung der Einzelformen geht die Veränderung der Proportion Hand in Hand. Wie jene, so wird auch diese aus der Gesamtkomposition folgen. Daneben aber wird auch das besondere Interesse des Künstlers für einzelne Formen Einfluss auf die Gestaltung haben. So wird bei einer Figur, deren Kopf den Künstler besonders interessiert, dieser größer werden, während die anderen Teile verkümmern. So ordnen sich die Proportionen nach dem die Arbeit erzeugenden Gefühl, um dieses in kräftigster Weise darzustellen."[588]

Ganz entscheidend kollidiert die Gleichsetzung von Karikatur und moderner Kunst gerade beim Porträt dadurch, dass der Karikatur die Leistung zuerkannt wird, die wesentlichsten Merkmale herauszustellen und gleichzeitig der modernen Porträtkunst vorgeworfen wird, sie sei unähnlich. Entsprechend wird eine Relativierung des Ähnlichkeitsbegriffs zum einen von der Karikatur, zum anderen von der modernen Malerei abgeleitet.

Die Porträttheorie Gombrichs basiert auf einem neuen, von der Karikatur abgeleiteten Ähnlichkeitsbegriff von der Karikatur, die als „Spezialfall des Kriteriums einer geglückten Darstellung" bezeichnet wird.[589] Er leitet dabei den Eindruck von Ähnlichkeit aus einer Gesamtheit ab, die in keinem Punkte exakt mit dem Vorbild übereinstimmen muß, ja von dieser durch Übersteigerung sogar stark abweichen kann.[590] Dies entspricht dem Prinzip der Gleichheit in der Ungleichheit, dem Begriff der „Äquivalenz", der anstelle der Ähnlichkeit zum Tragen kommt.[591]

---

[588] Kirchner, L. de Marsalle: Über Kirchners Graphik, in, Grisebach, Davoser Tagebuch, S. 192.

[589] Gombrich, Kunst und Illusion, S. 378.

[590] „Im 17. Jahrhundert war die Karikatur als eine Methode des Porträtierens definiert worden, die auf maximale Ähnlichkeit einer Gesamtphysiognomie zielt, wobei alle einzelnen Bestandteile verändert werden dürfen." Gombrich, Maske und Gesicht, S. 105. Vgl. auch das Kapitel über Ähnlichkeit in dieser Arbeit.

[591] „Voraussetzung für die Erfindung der Porträtkarikatur ist die theoretische Unterscheidung zwischen Ähnlichkeit und Äquivalenz." Gombrich, Kunst und Illusion, S. 376.

Gombrich zitiert Filippo Baldinelli, Fachwörterbuch der Kunst 1681: „Maler und Bildhauer verstehen darunter eine Methode des Porträtierens, in welcher sie danach trachten, daß das Ganze der abgebildeten Person möglichst ähnlich sei, wobei sie jedoch aus Freude

„Dabei ist es wesentlich, daß diese Äquivalenz nicht so sehr auf einer Übereinstimmung der einzelnen Elemente beruht als auf der Gleichheit unserer Reaktionen auf gewisse Relationen und Verhältnisse, selbst wenn ihre Elemente nicht identisch sind.“[592]

Auch Boehm verwendet den Begriff der Äquivalenz im Sinne einer Entsprechung von Verschiedenem im Unähnlichen.[593] Hierbei geht es um die Unterscheidung zwischen Naturvorbild und bildlichem Medium als künstlerisches Phänomen.[594] Äquivalenz setzt die Andersartigkeit des bildlichen Mediums gegenüber der dargestellten Natur voraus.

„Diese Art der Repräsentation geschieht ohne direkte Ähnlichkeit, und sie vermag dennoch – benutzt man die Metapher einer Balkenwaage – bis aufs letzte Gramm direkt austariert werden. Auch auf der Waage wird das Unähnliche, Gewichte gegen Ware ausgewogen. Die Umschreibungen belegen die Kluft von der anschaulichen Welt vor uns und der Arbeit des Künstlers.“[595]

Es ist absolut unverständlich, warum Boehm, der Ähnlichkeit in der Renaissance rein bild-immanent erklärt, sie über die lebendige Einheit des Bildes definiert, Äquivalenzbeziehung nur für die Moderne gelten lässt. Die sich auf die Bildeinheit niederschlagende Einheit des Individuums sei Voraussetzung für Porträt und Karikatur.

„Das Geheimnis der gelungenen Karikatur, ebenso wie des geglückten Bildnisses, besteht nun darin, daß trotz der karikierenden Veränderungen, die Ganzheit des Individuums gewahrt bleibt.“[596]

---

am Scherz oder manchmal auch zum Spott die Fehler der Züge, die sei abbilden, unverhältnismäßig vergrößern und betonen, so daß das Porträt dann als Ganzes dem Modell gleicht, obwohl die einzelnen Teile verändert sind.“ Ebenda.

592 Gombrich, Kunst und Illusion, S. 378.

593 Gottfried Boehm, Paul Cézanne, Montagne Sainte-Victoire, Frankfurt Main 1988, S. 65.

594 Hierbei muß kritisch angemerkt werden, dass Boehm eine scharfe Trennung zwischen moderner und illusionistischer Malerei vornimmt. Er wendet den Begriff der Äquivalenz nämlich ausschließlich für die Moderne an, da dieser nur über die dort herrschenden nicht-mimetische Energien von Licht und Farbe gültig sei. Entgegen der illusionistischen Darstellung herrsche über die freien bildnerischen Mittel ein offener bildnerischer Prozess, der nicht mehr mit dem Begriff der Ähnlichkeit zu belegen sei.

595 Boehm, Cézanne, S. 65.

596 Boehm, Bildnis und Individuum, S. 262 f., Anm. 13.

Gerade diese zweifelt Simmel an. Er wirft der Karikatur vor, sie zerstöre die vorgegebene Einheit der Persönlichkeit.[597] Die Ausgewogenheit, die Balance der Züge, die das Porträt auszeichnen, ginge verloren, indem ein übersteigerter Einzelzug die Einheit des ich durchbreche.

> „Karikatur entsteht nun, wenn ein solches, irgendwie extremes Maß kein gleiches oder sonst aufzuwiegendes Maß anderer Elemente findet, sondern, um diese unbekümmert, zu einem Dauergebilde erstarrt und damit die ideell mitschwebende oder geforderte Einheit des Gesamtbildes zerstört. Nicht das einzelne Unmaß an für sich macht sie aus, sondern der Mangel jener Ausgleichung, in dem fortwährendem Zerstören und Wiederherstellen die Einheit der Gestalt und des Lebensprozesses sich vollzieht; sie entsteht als das Starr– und Definitivsein des Extremen, das als unversöhnt fixierte Verhältnis zwischen dem Teil und dem Ganzen.“[598]

Zwei Alternativen erlaubten eine karikaturhafte Darstellung, die die Einheit des Individuums wahren kann, ohne dass die Willkür des Karikaturisten zu deren Lasten durchschlage: die künstlerische Steigerung als Form der Stilisierung[599] und die Vorlage eines bereits karikaturhaft angelegten Seins.[600] Nur so schlage sich die Urform auch als Bildeinheit durch.

Dem ist entgegenzusetzen, dass die charakteristischen Züge des Darzustellenden, die in der Einheit des Individuums angelegt sind – damit zitieren wir Simmel selbst – in ihrer Herausstellung sowohl im Porträt als auch in der Karikatur überzeugen. Die ständig

---

[597] „Die Voraussetzung aller Karikatur ist das, was man die Einheit der Persönlichkeit nennt und was sich, in die Vielheit der Eigenschaften der Bewegung und der Erlebnisse auseinandergezogen, als deren bestimmte Proportionen untereinander darstellt.“ Georg Simmel, Über die Karikatur, in: Ders., Zur Philosophie der Kunst, Potsdam 1922, zuerst 1917, S. 90.

[598] Simmel, Karikatur, S. 90.

[599] „Hier liegt eine tiefe Bedeutung dessen, was man Stilisierung nennt: daß das dargestellte Leben als Ganzheit zu denjenigen Dimensionen umgebildet wurde, in die die ‚Exaggerierung' des einzelnen, jetzt thematischen Zuges sich einstellen kann, ohne die harmonische Einheit, die charakterologische Durchgängigkeit der Gesamterscheinung zu durchbrechen.“ Simmel, Karikatur, S. 91.

[600] „Nur wo der Wille der Karikaturisten nicht als Willkür empfunden wird, nur wo die Urform, die er schafft, schon innerlich geschauten Umriss der Karikierten in notwendiger Symbolik anschmiegt, so irreal sie, äußerlich genommen sei – nur da ist die Karikatur ‚treffend'; die künstlerische Karikatur überzeugt nur da, wo auch das Sein schon Karikatur ist, warum sollte sie sonst überzeugen.“ Simmel, Karikatur, S. 93.

durchschlagende Vorbildverpflichtung hat nichts mit reiner Willkür zu tun. Die Einheit stellt sich in der Karikatur trotz der Übersteigerung einzelner Charakteristika ein, selbst wenn diese so überhand nehmen, dass sie die ganze Gestalt vertreten. Stellvertretung wiederum ist auch – wie gesehen – ein Kriterium des Porträts.

Die Karikatur bedarf immer eines Vorbildes, das sie möglichst pointiert treffen muß, um es zu kritisieren und stellt somit eine besonders eindringliche Wirklichkeitsabbildung dar, da für den ursprünglichen Zweck das Wiedererkennen unerlässlich ist.

> „Als Zerrbild verstanden, bleibt sie stets einem Vorbild verpflichtet, setzt sie die anerkannte Regel voraus und bedarf des schönen Ideals, um überhaupt als Provokation, als Widerspruch spürbar zu werden. Darin steckt ein Paradoxon: indem die Karikatur mit dem Schönheitskanon bricht, das als ‚normal' anerkannte Vorbild entstellt und die Welt des Maßvollen disproportioniert, setzt sie einen subjektiven künstlerischen Befreiungsakt, zugleich aber verknüpft sie sich unlöslich mit dem Vorbild, das sie entthront."[601]

Gerade die Mittel der Steigerung, Verknappung und Disproportionierung, jedoch garantieren – immer innerhalb des künstlerischen Umsetzungsprozesses – eine treffend charakterisierende Ähnlichkeit. Die Karikatur stellt somit immer das Charakteristische heraus und führt damit – ganz im Sinne der Besonderung gegenüber dem Typ – hin zum Individuum.[602] Kunst als Sichtbarmachung rechtfertigt sowohl für die gelungene Karikatur als auch für das gelungene Porträt die Mittel. Die Herausstellung des Wesentlichen im Kunstwerk als künstlerisches Produkt ist niemals objektiv.

## IV.5. Das Farbthema im Werk Schmidt-Rottluffs

> „Insgesamt wird die Farbe zum bevorzugten Ausdrucksmittel. Er verwendet sie allerdings weniger dazu, um die stofflichen Qualitäten des

---

[601] Hofmann, Karikatur, S. 12.

[602] „Die Karikatur dagegen steigert bestimmte menschliche Eigenschaften und Züge. Sie führt nicht vom Individuellen weg, sondern gerade zu ihm hin, indem sie besondere, für den Menschen charakteristische Merkmale übertreibt. Sie hilft die Persönlichkeit zu begründen, während die Fratze das Persönliche in ein Allgemeines auflöst." Theodor Hetzer, Dürers Bildnisse, Aufsätze und Vorträge, Bd. 2, Leipzig 1957, S. 29 f.

> Gegenständlichen zu charakterisieren, als vielmehr zur Evokation einer besonderen Stimmung."[603]

Die jeweilige „Stimmung" des Bildes, zunächst verstanden als dessen besonderer Farbklang, ist, wie gesehen, von der gerade vorherrschenden Farbauswahl und -zusammenstellung, der Palette in einer bestimmten Malphase des Künstlers abhängig. Deren Vorgabe als zeitweilige koloristische Präferenz ist jedoch in sich variabel und einer besonderen Darstellung, d.h. dem jeweiligen Sujet im Einzelbild als einmalige Erscheinung entsprechend, angemessen. Die Besonderheit in der Ausgestaltung des Einzelbildes ergibt sich dabei durch die anhand der Gegebenheiten des Modells in der Eigengesetzlichkeit des Bildes entwickelte Form- und Farblogik. Unterschiedliche Verteilungen der jeweiligen Farbe in unterschiedlichen Dominanzen und Gruppierungen sowohl als Zusammenklang als auch als Kontrast machen jeweils eine besondere, nur diesem bestimmten Bild zugehörige koloristische Bildeinheit, das Farbthema aus. Dabei spielt der formale Zusammenhang, das Formthema, eine Rolle für die Summe und Ausbreitung der Farben, deren Qualität, aber eben auch Quantität, den besonderen Klang des Bildes gestalten. Betont werden muß jedoch, dass Form- und Farbthema sich nicht additiv zueinander verhalten und somit weder rein ergänzend noch separierbar sind. Vielmehr spielen beide, untrennbar durch den Prozess der Bildung zur Bildeinheit verschmolzen, in unterschiedlichen Ausprägungen und Verhältnissen ineinander und gestalten so als besondere Farb-Form-Einheit des jeweiligen Porträts dessen charakteristische Darstellung.

Am deutlichsten ist die Besonderheit des Porträtierten bei Schmidt-Rottluff innerhalb der Palette einer Phase durch die jeweils unterschiedliche Gestaltung des Inkarnats auszumachen. Gerade die besondere Gestaltung einer relativ unveränderlichen und daher festen Vorgabe durch eine deutliche Abwechslung in der Kombination unterschiedlicher Farben steht in klarem Gegensatz zur geringen Variationsbreite der Inkarnatsfarbe in der traditionellen Malerei.[604]

---

603 Zweite, Das Erleben transzendentaler Dinge im Irdischen, S. 12.

604 „Die Natur hat den menschlichen Körper seiner Farbe nach nicht ausgezeichnet. Auch die figurale Malerei mußte sich für die Farbe des Inkarnats in engen Grenzen

Dort differenziere sich Individualität als das Besondere des Dargestellten über die illusionierte Lebendigkeit.[605]
- *Frau am Tisch* (Rosa Schapire), 1909, Aquarell und Tusche, 66 x 50 cm, Brücke Museum Berlin (Abbildungsverzeichnis Nr. 42).
- *Bildnis H.* (Erich Heckel), 1909, Aquarell und Tusche, 66 x 50 cm, Brücke Museum Berlin (Abbildungsverzeichnis Nr. 30).
In der Phase von 1909 setzt sich das Bild vorzugsweise durch farbige Linienbündel zusammen. Eine ganz wesentliche Rolle bei der Unterscheidung der koloristischen Haltungen spielt für Schmidt-Rottluff der Warm-Kalt-Kontrast[606] als Verteilung von aktiven und passiven Impulsen.

---

halten. [...] Nicht mit der naturhaft gegebenen Farbe des menschlichen Leibes, dem Inkarnat, kann sich ein Künstler begnügen, wenn er zugleich der inneren Unendlichkeit der Farbwelt Rechnung tragen will." Dittmann, Zur Leiblichkeit der Farbe, in: Raimer Jochims, Bilder und Papierarbeiten. 1974-86, Klagenfurt 1987, S. 30.

[605] Hingegen sieht Boehm die Vermittlung von Individualität gerade in der traditionellen Malerei gewährleistet, indem deren Fähigkeit zur Illusionierung Lebendigkeit in seiner besonderen Ausdifferenzierung simuliere. „Sein Zauber beruhte ehedem darauf, daß es dem Künstler gelang, ein Stück lebendiger Haut zu simulieren, in der sich Frische des Eindrucks, virtuelle Lebensspannung, gelegentlich sogar die Lebensgeschichte der Person appellativ übermittelte. Die Bedingung dieser Suggestion war es stets, das *Faktum* Malerei vergessen zu machen, um das Actum der Individualität zu erzeugen. Die Inkarnatmalerei deutete die Grenzfläche zwischen Außen und Innen auf eine spezifische Weise. Ihr Ziel war es, im ausgebreiteten Äußeren und seiner Vielfalt die Identität des Individuums aufscheinen zu lassen. Je eigenschaftsreicher, differenzierter die Charakterologie, um so mehr Hinweise besitzt der Betrachter, um den visuellen Rückschluß vom sichtbaren Äußeren zum unsichtbaren Zentrum der Person zu vollziehen." Boehm, Zentrum oder Peripherie? Zu den Selbstbildnissen von Paul Cézanne, in: Herrlitz, Rittelmeyer (Hg.), Exakte Phantasie. Festschrift für Klaus Mollenhauer, München 1993, S. 29 f.
Es erscheint bedenklich, dass Individualität nur auf Kosten der Malerei erzeugbar sein soll, als ob diese sie nur behindere. Völlig außer Acht gelassen wird der künstlerische Stil, der die Unterscheidung in der Ausführung bedingt, und somit unterstellt, es gäbe nur eine gelungene Weise illusionistischer Malerei.

[606] Wie wichtig Schmidt-Rottluff der Warm-Kalt-Kontrast war, geht aus einem Gespräch mit dem Maler Curt Stoermer 1919 hervor. Dieser berichtet: „Wir sprachen darüber, was in der Kunst lehrbar sein könne. Viel war es nicht, was sich seiner Ansicht nach vermitteln läßt. Es wies darauf hin, daß das Bild auf Kontrastwirkungen aufgebaut ist, von denen es viele gebe. Sein Interesse galt vor allem den Farbkontrasten kalt und warm. Hier sah er Ansätze, die Arbeit eines anderen zu korrigieren, während man den Farbgeschmack nicht beeinflussen könne." Curt Stoermer, Begegnungen II, Karl Schmidt-Rottluff, in: Der Wagen. Ein Lübeckisches Jahrbuch, 1957, S. 154.

Im Bildnis Heckel vereinigt die Figur die Grundfarbentrias ergänzt durch Grün[607] in sich, wobei der Blau-Grün-Klang überwiegt, und eine gewisse Versunkenheit und Introvertiertheit zum Ausdruck bringt. Dunkelblaues Haar bekrönt eine blassgrün kühle Stirn, durch die ein roter Blitz zum rechten Auge zuckt und ganz ähnlich in dem ebenfalls roten Kontur der Nase wieder aufgegriffen wird. Auch die rotglühenden Wangen und der ebenfalls rote Mund vermitteln dem kontemplativ kühlen Grün-Blau-Klang kontrastierend aktivierende Impulse. Besonders pointiert erscheint der Rotakzent in der erhobenen, schwungvoll ausgreifenden Hand, das sich dort mit Gelb energiereich verbindet. Gesäumt wird die Hand kontrastierend von demselben matten Grün der Stirn, so dass sie sich von dem ebenfalls roten Grund deutlich abhebt. Dort wiederholt sich der Schwung im Duktus und verleiht der Dynamik der Geste farblich und formal Nachdruck. Der Warm-Kalt-Kontrast spitzt sich an der Stelle zu, wo die rote Hand auf die blaue Jacke trifft. Dabei entsteht der Gegensatz von aktiv und passiv nicht nur durch die Farben, sondern auch gerade im Zusammenhang mit der Form, indem das Rot spitz pfeilartig zusammenläuft und in das sich zu einer weiten Fläche breitende Blau zu tauchen scheint. Das Grün der Stirn hingegen mit seinem gelben Saum wird in Farbe und Form am oberen Bildrand durch die – eventuell ein Fenster meinende – Rechteckform wieder aufgegriffen und so das Breitgelagerte, sich Öffnende betont.
Die Figur der Frau am Tisch besteht dagegen fast ausschließlich aus den aktiven Farben Rot, Orange, Pink und Gelb, während Blau vorwiegend dem Umraum vorbehalten ist. Von der Geste her zwar verhaltener als Heckel, vermittelt sich die Energiegeladenheit Schapires durch die Farbe. Ganz besonders im Gesicht herrscht dabei ein tiefes Glühen in Rotabstufungen vor, das sich durch die

[607] „Dunkelblau und Purpurrot akzentuieren die Konturen des Gesichts, Grün und Gelb mehr die Körperoberflächen. Vom Antlitz aus sich entfaltend, gleichen sich die vier Hauptfarben in ihrer Bildfunktion dann einander an, im gemeinsamen Strömen, sich-Lockern, sich-Verdichten, die Blau-, Rot/Gelb- und Grün/Gelbkomplexe in freiem Gleichgewicht zueinander gefügt und an allen Stellen vom Weiß des Grundes lebendig durchwirkt. Vor allem dies Weiß hält alle Farben in einer gemeinsamen Bildebenen und verleiht dem Blatt eine von keinem anderen „Brücke"-Mitglied übertroffene Einheit und Kraft und dekorativer Schönheit." Dittmann, Brücke, S. 56.

kontrastierende Konturierung des kalten Blaus noch intensiviert. Der auf die Figur weisende Arm verfließt formal und farbig im roten Konturstreifen des Körpers. Dieser wiederholt sich im Kleinen farbanalog in dem des Ärmels und wird wiederum von der Stuhllehne aufgegriffen, die zum Hintergrund vermittelt. Ausgefüllt werden die Rotsäume durch ein Goldgelb, das dem eher düsteren Rotglühen des Gesichts mit den blau verschatteten Augen und der dunklen Umwölkung der Haare eine versöhnlich warme und helle Note hinzuverleiht, ebenso das Gelb der – wahrscheinlich auch hier ein Fenster meinenden – Rechteckform, das den Kopf in einer Art kastenförmigen Aureole umgibt. Formal erscheint die Figur statisch in ein kastenförmiges System eingefügt, vermittelt durch das in Untersicht gegebene, fast gebirgsartige Aufragen des Körpermassivs Ruhe, Monumentalität und Würde. Diese Statik jedoch ist nicht die der Introvertiertheit und Verhaltenheit, sondern die Figur wird farblich als energiegeladen, nach außen gerichtet, qualifiziert und so das Temperament als Wesensgrundlage in ihrer Potenz qualifiziert.
Über den Farbklang unterscheidet sich der passive, introvertierte Heckel von der aktiveren, extrovertierten Schapire. Dieselben Farben treten in unterschiedlichen Farb- und Formsituationen zu unterschiedlichen koloristischen Haltungen zusammen.

- *Bildnis Rosa Schapire*, 1911, 84 x 76 cm, Brücke Museum Berlin (Abbildungsverzeichnis Nr. 46).
- *Bildnis Dr. Paul Rauert*, 1911, 84 x 66 cm, Kunsthalle Hamburg (Abbildungsverzeichnis Nr. 10).

Das Lebendige der einzelnen Strichbündel weicht allmählich der Bildung von Farbflächen, die Farbkontraste stoßen unmittelbarer aufeinander.[608]
Im *Bildnis Rosa Schapire* unterstützt v.a. der Rot-Grün-Kontrast die bereits im Formthema angelegte aktive Haltung. Der in angespannten

[608] „Die Bildeinheit gibt sich dem Blick eher, voller als die Lebendigkeit der Farben im einzelnen, gibt sich unmittelbarer. Was bisher Ergebnis war, wird Ausgang der Gestaltung. [...] Es ist Ziel, die führenden Großwerte der Farbe unmittelbar zu Klangbildern zu binden, sie dem Auge mit einem Schlag in reiner Geschlossenheit als eine mächtige Farbfuge zu geben, die Farbenbewegungen ganz streng in die Einheit eines Blickes zu sammeln." Niemeyer, Schmidt-Rottluff, S. 65.

Bögen formal zum Betrachter gezogene Gestalt wird farblich dadurch Nachdruck verliehen, dass das aktive Zinnober des Hintergrundes sich nach vorne drängt und so den aufgestützten Arm mit in den Vordergrund bringt.[609] Demgegenüber steht kontrastierend das dagegen zurückweichende Grün des Körpers. Hier kommt die Raumwirkung der Farben selbst zur Geltung, indem die aktiveren, intensiveren und wärmeren Farben nach vorne streben. Innerhalb der Palette ergeben sich so verschieden große Spannungen, die sich auf die räumliche Wirkung niederschlagen.[610] Diese kann durchaus zur Unterstützung des Charakters eingesetzt werden.
Die Farbkontraste dienen auch der Herausbildung und Absetzung von Formen anstelle einer extra dafür ausgewiesenen Konturlinie. So ist das Gesicht ebenfalls in einem Rot-Grün-Kontrast gestaltet, in dem Grün zur deutlichen Modellierung gegen die in Rottönen gehaltenen Flächen gesetzt ist. Mund und Kinn sind mit Grün ausgeglichen, das Rot der Lippen ist teilweise übermalt, ebenso die Augenkonturen.
Farblich tritt das Gesicht vor die grüne Faust, auf die es sich stützt, wobei hier offensichtlich der Farbkontrast wichtiger war, als die Beibehaltung der Inkarnatsfarbe des Gesichts. Dieses setzt sich somit gegen das sie umgebende Grün ab. Dabei wird das Grün der Arme durch einen parallelen Streifen Gelb ergänzt, das sich wiederum gegen

---

[609] Vor allem Rot ist in der Lage, seinen eigenen Charakter innerhalb des Gesamtkolorits durchzusetzen: „Seine hohe Intensität sichert ihm eine führende Rolle unter den bunten Farben." Ernst Strauss, Untersuchungen zum Kolorit in der spätgotischen Malerei ca. 1460 bis ca. 1510 an Beispielen der schwäbischen, fränkischen und bayrischen Schule, in: Ders., Koloritgeschichtliche Untersuchungen, S. 268.

[610] Dies erkannte zuerst van den Bercken, Diss., S. 54: „Alle Farbkontraste sind raumschaffend."
„Je größer die allgemeine Differenz zwischen zwei aneinandergrenzenden Farben ist, um so mehr löst sich die einzelne Farbe heraus." Vgl. auch Denecke, S. 70: „Jeder Farbkontrast ist raumbildend, je größer der Farbkontrast, desto stärker sind die Raumspannungen der Farbe."
Auf van den Bercken beruft sich auch Strauss, in: Untersuchungen zum Kolorit in der spätgotischen Malerei. „Intensive Farben wirken den weniger intensiven gegenüber als vorspringend." (S. 296).
„Die wärmeren Farben haben eine stärkere Vordergrundtendez als die kalten." (Ebenda).
Eine weitere Rolle spielt die spezifische Helligkeit der Farben (vgl. S. 296) und der Grad ihrer Aktivität: „Bekanntlich werden die aktiven Farben wie Weiß, Gelb oder Rot stark hervortreten, während die passiven (Blau, Grün), sich im Raum zurückhalten." (S. 299)

das Rot des Bodens absetzt. Die Farbkomposition wird auch für den zweiten Arm beibehalten, wobei hier der rote Saum sich gegen das Grün des Kleides abgrenzt. Zwischen den Kontrasten vermitteln Zwischenfarben wie Schwarz, Braun und Ocke – auch das Grün ist selten rein, sondern tritt in verschiedenen Farbabstufungen auf. Neben das Prinzip des Kontrastes tritt das des Gleichklangs durch Abstufungen, die sich jedoch eher weniger im Inkarnat, als im Gewand abspielen, das verschiedene Grün- und Braunschattierungen aufweist.
Die geistige Tiefe der durch Haltung und Farbe sehr lebhaft geschilderten Frau wird durch die fast einheitlich schwarze Fläche des Hutes erreicht, dem die Augen in Form und Farbe entsprechen, denen so etwas Introvertiert-Reflexives verliehen wird. Motivisch unterstützt wird das Intellektuelle durch das Requisit des aufgeschlagenen Buches, dessen Seiten parallel zu dem ihn haltenden Arm verlaufen. Gleichzeitig aber durch die spitze Form ergibt sich ein Eindruck von Spannung und Wachsamkeit.
Einen in Farbe und Form verhalteneren Eindruck vermittelt das *Bildnis Dr. Paul Rauert*. Dort werden zwar für das Inkarnat dieselben Farben verwendet, aber in unterschiedlicher Verteilung und Dominanz. Vorherrschend sind Gelb, Grün und Orange. Gelb bildet hier die unterste Schicht, über die modellierend Orange und Grün eher abstufend als kontrastierend gesetzt sind. Die rechte Seite weist dabei statt des Gelb Ocker auf, was einer Abdunklung gemäß einer Beleuchtung von rechts gleichkommt. Die Modellierung ist erheblich kleinteiliger und sorgfältiger als beim Porträt Schapires. Pinkfarbige Linien kennzeichnen Augen, Nase, Mund und Kinn, die Nase ist von Orange nach Gelb und Grün modelliert, der Mund mit Orange, Rot und Grün.
Farblich treten Kopf, Hintergrund und Hände, auch durch die weißen Sockel von Kragen und Manschetten, gegen den dunklen Körper vor, weisen aber nicht das aktive Moment der Haltung wie das Porträt Schapires auf, sondern der Porträtierte ruht mit gefalteten Händen in sich geschlossen. Die niedergeschlagenen Augen sind grün verschattet. Auch im Zusammenhang mit dem Hintergrund, vor den der Dargestellte frontparallel geblendet ist, entsteht viel weniger Kontrast und Spannung als im Porträt Schapires. Der Aufteilung in rechteckige

Felder entspricht die Haltung von waagerechter, parallel zum Bildrand verlaufender Armhaltung und darauf treffender senkrechter Körperachse. Der Kopf hebt sich nicht spannungsvoll von seiner Umgebung ab, sondern geht farblich darin auf und ist somit wieder in deren Grund zurückgenommen. (Die Konturlinie des Ohrs weist beispielsweise dasselbe Gelb-Grün des Grundes auf.)
Im ganzen spürt man die Verhaltenheit des Auftragsporträts, besonders angesichts der viel freieren Gestaltung des ständig in Besitz des Künstlers verbleibenden Porträts Schapires.

Das Prinzip der kontrastierenden Starkfarbigkeit ist im Zusammenhang mit der Form und der Verteilung an Anordnung der Farben zu verschiedenen Aussagen fähig, gesteht jedem Dargestellten seine eigene koloristische Haltung zu.[611]

Die Porträtreihe der Jahre 1914/1915 zeichnet sich, obwohl allgemein die dominierende Rolle der Form über die sich dem Gegenstand anpassende Farbe hervorgehoben wird[612], durch deutliche, der Charakterisierung des Dargestellten dienende farbliche Besonderheiten aus, die über ihre Bezogenheit auf den einzelnen Gegenstand sich zu einem übergeordneten Farbthema im Zusammenspiel mit dem Formthema verbindet. Die Farbkontraste spielen dabei zwar immer noch einer große Rolle, sind aber zugunsten abgestufterer und abgestimmterer Farbklänge, bei denen Helligkeitskontraste zunehmend wichtig werden, zurückgenommen.[613] Die Subtilität des Farbklangs wird jedoch vor allem durch die spezifische Malweise, mehrere Farbschichten übereinander zusetzen, erreicht. Die unteren Farben können so durch die lasierend oder durchbrochen darrüberbefindlichen

---

[611] Im *Bildnis Guttmann* von 1911, leider verschollen, wird das Inkarnat mit Grün und Orange beschrieben: „[...] das tiefe Blau des Anzugs, die gelben schwarzumrandeten Querstreifen, das Grün und Orange des Gesichts." Valentiner, Schmidt-Rottluff, S. 6. (Abbildungsverzeichnis Nr. 103).

[612] „Die Definition des Körperlichen ist dabei vordringlicher als die Farbe, die jetzt mehr Ausdruck der Gegenstände ist als Ausdruck der subjektiven Empfindung." Grohmann, Schmidt-Rottluff, S. 78.

[613] „Das Bild ist nun Akkordgang. Einklänge schmiegen sich lückenlos zu großen Tonfolgen zusammen. So werden die Bilder innigst schwellender Farben [...]", Niemeyer, Schmidt-Rottluff, S. 66.

Flächen an die Bildoberfläche dringen und durchsetzen so im Sinne der Bildeinheit die groß angelegten Hauptfarben mit denen des wiederaufgegriffenen Gesamtkolorits.[614]

- *Bildnis Paul Thiersch*, 1915, Öl auf Leinwand, 89 x 73 cm, Staatl. Galerie Moritzburg, Halle (Abbildungsverzeichnis Nr. 2).
Hier spielt in einem nachweisbaren Fall das „koloristische Material" (Waetzold) in Gestalt der Haarfarbe des Dargestellten eine Rolle als vorgegebene Konstante innerhalb des Gesamtkolorits.[615] Der „blonde Schimmer" des Haares legt sich dabei aber nicht nur um das Haupt, sondern zieht sich über das ganze Gesicht, wird auch in Hintergrund wieder aufgenommen und verbindet sich so zum Dreiklang mit Rot und Blau. Das vorwiegend in Zinnober gehaltene Inkarnat setzt sich dabei kontrastierend ab. Das weiche, flaumige, kaum substantielle Haar ergänzt die Urform des leicht durchhängenden Bogens zum weichen Klang. (Einen ganz anderen Charakter hat das akkurat gescheitelte Haar Feiningers).
Auch das Gesamtkolorit als das auf den Dargestellten bezogene Farbthema unterstützt die im Formthema angelegte Charakterisierung der Haltung. Die Formanalogie von Nase und Krawatte, die bereits formal ein Einsacken des Körpers vermittelt, ist auch in der Farbanalogie betont. Der Warm-Kalt-Kontrast von Rot und Blau ist nicht nur für die Farbverteilung relevant, sondern die den Farben eigene Schwere, die „Farbgewichte", unterstützen die formal angelegte Haltung. Dabei ist voranzuschicken, dass die passiven Farben leichter erscheinen als die aktiven, ebenso die helleren leichter als die

---

[614] Am Beispiel des *Bildnis Dr. Fritz Goldschmidt* schreibt Niemeyer: „Dumpfe Klänge rufen sich zur Verschwisterung aus trüben Tiefen des Farbgrundes hervor. Einklänge schwelen aus Schwarz, Braun, Rot, aus Graugrün, Gelbgrün, Weißgrün wie aus Moor, grüner Schilfe blasse Rispen schwermütig stiegen. Die Hautfarben sind Blaßrot, Rot, Rotgrau. Aber diese schweben empor [...] Akkorde erzeugen eine ganz eigene Wucht des plastischen Körperscheins, innerlich geschwellt drängen diese Farbwölbungen hervor und geben der Bildgestalt höchste Daseinsmacht." Niemeyer, Schmidt-Rottluff, S. 66 f. (Abbildungsverzeichnis Nr. 106).

[615] „Das Haar war blond, ein heller Schimmer umgab sein Haupt: wie mit lauter kleinen Flammen, sagen die einen, wie ein Lichtschein, sagen die anderen." Rudolf Fahrner (Hg.), Paul Thiersch. Leben und Werk, Berlin 1970, S. 44.

dunkleren.[616] Das besonders schwer wirkende Zinnober findet sich primär im überdimensionierten, massigen Schädel, der schwer auf dem Körper lagert. Diesem Druck kann das luftige Blau des Hemdes nicht standhalten, das genauso wenig Widerstand wie formal die einknickende Krawatte bietet. Auch das rote Ende des Revers verstärkt den vom Rot markierten Zug nach unten. Das dunkle Braun des Anzugs wirkt ebenfalls lastend und drückt den breitgelagerten Körper, der sich in vielen Bögen zusammenpfercht, ebenfalls nach unten. Farblich und formal folgt auch der Hintergrund diesem Zug. Die ineinander verschachtelten Rechtecke der Leinwände sind nach den Farbgewichten so angeordnet, dass das leichte Blau zuunterst, das in seiner Lebhaftigkeit gewichtigere Gelb darüber und das dumpf lastende Braun zuoberst angeordnet ist, die Farben also von oben nach unten drücken. Gleichzeitig verklammern sie farblich die Figur mit dem Grund, so wie sie dies auch formal tun, indem jede der Hauptfarben nochmals aufgegriffen wird. Dabei sind die warmen Töne übergewichtig, das Blau herrscht nur in einer mittleren Zone des Bildes vor.

- *Bildnis Lyonel Feininger*, 1915, Öl auf Leinwand, 90 x 76 cm, German. Nationalmuseum, Nürnberg

Feininger ist dagegen von einem eher kühlen Farbthema geprägt, in dem Grün, Blau, Gelb und Braun dominieren. Dabei ist das Gelb im Gesicht auch noch anstatt mit Rot mit Grün gepaart, bzw. erhält durch die Beiordnung von Blau keinen warmen, sondern einen weniger kommoden, fast stechendem Klang, ein sich entziehendes „metaphysischem Gelb“, dem „ein fernes Blau“ im Hintergrund entspricht.[617] Die Kühle und Distanziertheit der Farbe verbindet sich

---

[616] „Grünewald verwendet nicht die spezifisch ‚leichten' Farben, – dies sind meist die passiven, besonders Blau , sondern die schweren, die vornehmlich im Bereich der aktiven Buntfarben liegen. Spezifisch schwer ist vor allem Zinnober; aber auch sehr dunkle und dichte Farben, etwa Schwarz, wirken schwer.“ Dittmann, Grünewald, S. 96. Er bezieht sich bezüglich der „Farbgewichte“ auf Ernst Strauss. (S. 160, Anm. 175). Dieser betont, dass „das Gewicht der Farbe weitgehend von ihrem Helligkeitsgrad abhängt. Sie wirkt umso leichter, je heller sie ist.“ Strauss, Zur Wesensbestimmung der Bildfarbe, S. 22.

[617] „[...] ein metaphysisch wirkendes Gelb im Gesicht, ein fernes Blau mit grünen Flecken im Grund [...]“ Valentiner, Schmidt-Rottluff, S. 7.

mit dem Formthema, den spitzen, angespannten Formen zu einem in sich zusammengenommenen, etwas reservierten Eindruck. Die aktiveren spitzen Formelemente erscheinen, farblich analog, in Gelb, während die eher horizontalen, großflächigen blau und grün gehalten sind. Die gelben Formen sorgen hintereinandergestaffelt auch für die einzige räumliche Spannung in Gestalt einer Raumdiagonale. Auch die gelben Sessellehnen bilden die Grundlage für ein aktives Moment, indem sie die darauf ruhenden Armen, auf die sie in starker Aufsicht gegeben als aufgestellte Bögen zulaufen, die nötige Stütze verleihen, da diese sonst durch das lastende Braun des Anzugs schwer nach unten drücken. Ansonsten überwiegen Farben luftiger Schwerelosigkeit. Die grünen Kreisornamente, segmentiert dargestellt, scheinen regelrecht im Vorhang zu schweben. Der grünlich entschwerte gelbe Kopf wird erfolgreich von den angespannten Formen des lastenden Brauns emporgestemmt.
Verglichen mit dem *Porträt Rauert*, dessen Gesicht dieselben Farben zuzüglich Orange aufweist, wird der Unterschied in Farbgestaltung und Bedeutung deutlich. Dort stellt nämlich Grün im Zusammenhang mit einer Beleuchtungssituation die verschatteten Stellen dar, in die sich farblich auch der Hintergrund einpasst, während sich Feininger deutlich gegen das Blau abhebt, den Kopf noch durch einen weißen Saum besonders separiert. Auch die an sich vergleichbare Haltung erweist sich als völlig konträr, da die gefalteten Hände Rauerts passiv abgelegt sind, während sich diejenigen Feiningers analog zur Körperhaltung vertikal zu einem Dreieck aufrichten.

- *Bildnis Rosa Schapire*, 1915, 73 x 65 cm, Privatbesitz (Abbildungsverzeichnis Nr. 47).

Die Feininger charakterisierende Farbkombination erreicht in anderer Zusammenstellung und in Verbindung mit einem anderen Formthema einen neuen Effekt. Gelb und Braun in verschiedenen Abstufungen modellieren das Gesicht in einem Klang, bei dem dasselbe intensive

---

Gerade Gelb besitzt die Fähigkeit, seinen Charakter hinsichtlich der ihm beigeordneten Farbe zu wandeln. „Es liegt in der hohen spezifischen Helligkeit [...] und großer Empfindlichkeit des Gelb, daß es durch seine Zusammenstellung mit anderen Farben in seiner Erscheinungsweise erheblich beeinträchtigt wird.“ Strauss, Spätgotische deutsche Malerei, S. 274.

Gelb nicht wie durch das Grün kalt, sondern warm gedämpft wird. Dem entgegen steht die Dunkelblau und Türkis gehaltene Kleidung sowie türkise Akzente in den Haaren und dem angrenzenden amorphen Hintergrund. Die von der Nase abgeleitete Zackenformen in Gesicht und Kleidung vermitteln eine Schärfe, die jedoch nichts Bedrohliches hat (weit weniger als der Holzschnitt nach dem Gemälde), da die warmen Farben den Eindruck in eine sympathische, gutartige Richtung modifizieren. (Im Aquarell von 1909 hingegen wurden die intensiven Farben durch die Formen modifiziert). Wird im *Porträt Lyonel Feininger* das Formthema durch die Farbe unterstützt, so erfolgt hier dessen farbliche Modifizierung.

Weitere Vergleichsbeispiele sind leider verschollen. Vom *Bildnis Dr. Fritz Goldschmidt* aus dem Jahre 1914 heißt es jedoch, dass das Inkarnat Blassrot, Rot und Rotgrau gewesen sei, eine weitere Variante des Farbthemas.[618]

Im Gegensatz dazu zeichnen sich die als Figurenbilder bezeichneten Gemälde dieser Phase durch ein fast identisches, wenig differenziertes Inkarnat aus. Wie an den Beispielen *Frau bei der Toilette*, *Frau mit Tasche* und *Grünes Mädchen* (Abbildungsverzeichnis Nr. 70, 72 und 69).ersichtlich wird, besteht das Inkarnat aus Ocker, Dunkelbraun und Gelb in unterschiedlicher Reihenfolge, teilweise mit leichter Färbung ins Grünliche, wenn es sich aus dem Gesamtkolorit ergibt.[619] Die Variabilität des Farbthemas steigert sich demnach in dem Maße, wie sich auch die Komplexität des Darzustellenden steigert, sprich dessen Individualität herausgestellt werden soll. Form- und Farbthema sind als Mittel zur Charakterisierung nicht nur in ihrer Komplexität, sondern auch in ihrer Bezogenheit auf das jeweilige Modell porträtspezifisch.

In der Phase ab 1919 sind Ableitungen über Farb- und Formzuordnungen nicht mehr in dem Maße möglich wie noch 1915, denn Farb- und Formkomplexe gehen eine sehr viel variablere und

---

[618] Niemeyer, Schmidt-Rottluff, S. 66 f.
Wir nehmen jedenfalls an, dass es sich bei dem als *Simon Goldschmidt* bezeichneten Bild, das auch statt auf 1914 auf 1915 datiert wird, um eben dieses handelt.

[619] Das Gemälde *Frau bei der Toilette* weist eine grünliche Färbung auf, da dort leicht mit Blau übergewischt wurde, das *Grüne Mädchen* ist im Gesicht durch mit Deckweiß versetztem Grün übergangen.

lockerere Verbindung ein, in der sie sich entsprechen können, oft aber auch voneinander abweichen. Für die einzelnen Farbflächen und Linien bedeutet dies, dass sie gegenseitig keine bindenden Vorgaben stellen, dass sie zusammenfallen könne, aber nicht müssen. Der Farbort ist nicht zwangsläufig identisch mit den vorgegebenen Formen. Ebenso gilt dies im Sinne der Gegenständlichkeit. „Jeder Wirklichkeitsbezug der Farben, Bezug auf Gewordenes, Sichtbares ist fern."[620] Das Farbthema ist somit viel indirekter auf die Form bezogen und viel schwieriger in seiner Bedeutung für die Darstellung bzw. Charakterisierung der Person auszumachen. Die Zusammensetzung aus wenigen Farben, meist den vier Grundfarben, Brauntöne, Orange und Schwarz, ergibt sich von Bild zu Bild jeweils neu und kann sich, wie auch die Form bei derselben Person, stark ändern.[621] Hier ist noch deutlicher die Individualität des Bildes eine Parallele zur Individualität der Person, wobei die ebenfalls stark variierende Form noch eindeutiger vom Modell abgeleitet ist und so stärker zwischen beidem vermittelt. Die Farbzonen ordnen sich bald den Personen und Gegenständen zu, bald wieder bilden sie diese übergreifende, sich verselbständigende Eigenformen.

- *Bildnis Rosa Schapire*, 1919, Öl auf Leinwand, 101 x 87 cm, Tate Gallery, London (Abbildungsverzeichnis Nr. 49).

Die Schräglage des Kopfes wird durch den blauen senkrechten Balken betont, der – vom Nasenrücken ausgehend sich keilartig verbreiternd über die Stirn bis zum Haaransatz verlaufend – die Mittelsenkrechte bildet. Gleichzeitig wird dadurch die lange gebogene Nasenform

---

[620] Niemeyer, Schmidt-Rottluff, S. 67. „[...] neue Einung der Gesetze von Einklang und Gegenklang. Beide sind in sich streng gewahrt und doch innig ineinander gewoben. Sie durchdringen und verschlingen sich kühn. Die Schwingung der Akkorde in den Einzelflächen ist offener. Die Tonglieder stehen einander ferner. Die Spannungen, die Töne gegen Töne halten, sie zugleich fordernd und einend, werden größer. [...] Die Töne werfen sich aus Abständen ineinander, rücken ineinander. So werden die Einklänge den Gegenklängen verwandt, wie sie sonst den großen Flächenbau machen. Die Gegensätze rinnen in zartesten Schwingungen ineinander. [...] Das Bild gleicht als buntes Farbenspiel, leuchtend erregt, den Werken der Frühzeit, die luftig, auflodernde Gegenfarben waren; aber es ist zugleich Akkordwerk."

[621] Vgl. die Porträts von Schmidt-Rottluffs Frau Emy und die Selbstporträts dieser Zeit. Es muß jedoch hinzugefügt werden, dass diese Vergleichsmöglichkeiten in früheren Phasen nicht bestanden.

hervorgehoben, indem der Farbstreifen dem linear angelegten Kontur folgt. Auch der Wangenknochen wird durch Farbzonen gebildet, indem die gelbe und die orange Fläche der rechten Gesichtshälfte in einem halbrunden Abschluss unterhalb des Auges aufeinandertreffen. Die eingesetzten Farbkontraste wirken so durch die Grade, wo sie aufeinanderstoßen, durchaus formbildend oder formbetonend. Auf der anderen Seite jedoch verschleifen sich die Formen durch übergreifende Farbzonen. So werden die Schultern der Figur in einer durchgehenden gelben und einer roten Zone mit dem Hintergrund verbunden. Die auffallende Teilung in eine dunkle und eine helle Seite des Gesichts setzt sich durch Hals und Dekolleté fort und steht in direktem Bezug zu dem Fenster, durch dessen motivischen Hinweis sich die Farbwerte als umgesetzte Helligkeitswerte herausstellen.
Der Farbklang des Inkarnates ist zwar der Ausgangspunkt des Gemäldes, da sich dort bereits alle vier Grundfarben finden (das Rot ins Lachs modifiziert), die sich von dort aus im Wechsel über die Bildfläche verteilen, stellt aber neben der kontrastierenden Herausstellung der Formen trotz oder auch wegen der Lebhaftigkeit der Starkfarbigkeit keine Charakterisierung dar, sondern ordnet sich eher der Bildeinheit unter. Wird bereits das Formthema kaum noch von einer, wie immer gearteten parallelen Analogie zum Modell sondern durch den bildflächenübergreifenden Formkomplex gestaltet, so trifft dies auch für das Farbthema zu.

- *Bildnis des Kunsthistorikers Wilhelm Niemeyer*, 1921, Öl auf Leinwand, 100 x 91 cm, Staatliche Museen zu Berlin, Nationalgalerie Berlin (Abbildungsverzeichnis Nr. 15).
Deutlicher noch als im *Porträt Schapire* von 1919 erfolgt die farbliche Bestimmung des Dargestellten von wenigen, über das ganze Bild verteilten, sich gegenseitig durchdringenden Farbklängen, wobei deutlich der Zusammenklang von Gelb, Blau und ihrer Mischfarbe Grün dominiert. Farbthema und Formthema treten zusammen und auseinander. Große Klammer ist dabei die Bildeinheit.
Zwar kommt auch hier das „koloristische Material" des Dargestellten mit zum Tragen (wie bereits erwähnt ist die an sich blonde Haartolle gelb wiedergegeben), aber das Farbthema ist zu einer viel

umfassenderen, allgemeineren Darstellung fähig als das Formthema und stellt sich auch in der Wahrnehmung anders dar.
Im Gegensatz zur vollständigen Präsentation der Grundfarben im *Bildnis Rosa Schapire* herrscht hier ein reduzierter Farbklang, der aber im Gelb-Blau-Kontrast und deren Mischung Grün dennoch ausgeglichen ist. Das vordringliche Gelb stößt durch die dunkleren Schichten hervor und lässt Blau und Grün zurück. Dies geschieht völlig unabhängig von der gegenständlichen Darstellung. Einzelne Teile von Körper, Kopf und Hintergrund ziehen sich zurück oder drängen nach vorne. (Sehr deutlich auch in der Unterscheidung der Augen zwischen Höhlung und Oberfläche). Dies ist eine Konsequenz davon, dass die farblichen Verbindungen über die einzelnen Elemente hinweglaufen – am deutlichsten ersichtlich bei Kinn und Hand, wobei die Hand das Gesicht mit nach vorne zieht.

Das Farbthema, verstanden als die im Zusammenhang mit dem Formthema auf das Motiv bezogenen koloristischen Variationsmöglichkeiten des Künstlers ist ein Produkt, das die Vorgaben eines bestimmten Stils und eines bestimmten Modells gleichermaßen berücksichtigt. Im Folgenden sollen die spezifischen Ausdrucksmöglichkeiten des Formthemas im Vergleich zum Farbthema im Werk Schmidt-Rottluffs herausgearbeitet werden..

### IV.6. Die Unterscheidung zwischen Farb- und Formthema: Der Vergleich von Malerei und Holzschnitt im Werk Schmidt-Rottluffs

Bisher unbehandelt ist die Frage nach den jeweiligen Eigenschaften von Farb- und Formthema, sprich die der Farbe und der Linie eigenen Gegebenheiten und ihrem Beitrag zur Porträtgestaltung.[622] Um diese Kriterien im Werk von Schmidt-Rottluff herauszuarbeiten bietet sich der Vergleich von Malerei und Graphik an; nicht nur, weil Schmidt-Rottluff ein mindestens genauso produktiver Graphiker wie Maler war, sondern auch, weil er, so wie die anderen „Brücke“-Künstler, häufiger dasselbe Motiv direkt von einer in die andere Technik umsetzte.[623]

[622] Die Form wird dabei als Produkt der Linie angesehen, ebenso wie das der Farbe.

[623] Beispiele zeugen von der Umsetzung von Malerei in den Holzschnitt und umgekehrt, in Lithographie und Stich und von Aquarell in den Holzschnitt.

Meistens handelt es sich dabei um die Übertragung eines Gemäldes in den Holzschnitt, das bevorzugte druckgraphische Mittel Schmidt-Rottluffs[624]. Umgekehrt ist er nur selten verfahren, obwohl – um es vorweg zu nehmen – stilistisch gesehen seine Malerei sehr vom Holzschnitt geprägt wurde.[625]
Der Blick richtet sich zum einen auf Übereinstimmungen der beiden Gestaltungsweisen, zum anderen aber vor allem auf die Unterschiede, die der jeweiligen Technik vorbehaltenen Ausdruckmöglichkeiten, unter Berücksichtigung der besonderen Werkentwicklung Schmidt-Rottluffs vor allem hinsichtlich der Linie. Die Unterschiede in den Gestaltungsmöglichkeiten schlagen sich auch auf das Porträt nieder und beleuchten die Frage nach Ähnlichkeit und Charakterisierung unter einem neuen Aspekt.

### IV.6.1. Das Wesen der Linie

Am Beginn der Betrachtungen stehen die besonderen Eigenschaften der Linie und deren Besonderheiten im expressionistischen Holzschnitt, der sich im Laufe der Werkentwicklung auf die Malerei niederschlägt.[626]

---

[624]Die dominierende Rolle, die der Holzschnitt im graphischen Schaffen Schmidt-Rottluffs spielt, lässt sich auf der Grundlage der Wietek'schen Katalogisierung zahlenmäßig wie folgt ausdrücken: 446 Holzschnitte, mehr als doppelt soviel wie Lithographien (121) und Stiche/Metalldrucke (96) zusammen. Bei den Stichen handelt es sich zumeist um Kaltnadel.
Ersichtlich wird die Reihenfolge der Umsetzung durch die zwangsläufige Seitenumkehrung im Holzschnitt.
Anbei verweise ich noch auf das Problem „Über das links und rechts im Bilde", nach dem gleichnamigen Aufsatz von Wölfflin (Münchner Jahrbuch, N. F. 1928, S. 213-224), mit dem sich auch Sedlmayr und Badt auseinander setzten. Der Kernthese Wölfflins „Aber das ist sicher, daß die rechte Bildhälfte einen anderen Stimmungswert hat als die linke" hält Badt entgegen, dass sich die großen Meister oft genug über diese Tatsache bei der Umkehrung ihres Motivs im Stich hinweggesetzt haben, ihnen allein der Zusammenhang wichtig war. Kurt Badt, Maler und Modell, Probleme der Interpretation. Eine Streitschrift gegen Sedlmayr, Köln 1961, S. 35, Anm. 16.

[625]Diesen Einfluss macht auch Kirchner für sein Werk geltend: „So kam er auf ungezwungene Weise durch die hier notwendige Vereinfachung zu einem klaren Stil in der Darstellung. Wir sehen in seinen Holzschnitten, die sein Schaffen beständig begleiten, die Formensprache der Bilder vorgebildet." Kirchner, L. de Marsalle, Über Kirchners Graphik, in: Grisebach, Davoser Tagebuch, S. 191.

[626]Ein anderer stilprägender Einfluss ging, wie in der Literatur oft erwähnt, von der Plastik der Primitiven aus. Angela Ziesche weist diesbezüglich auf Carl Einsteins

Die für die Realisation wesentlichen Faktoren der Auslese und Auswahl – bei den Farben mit dem Begriff der Palette zu fassen gesucht – werden von der Linie durch die ihr immanente Reduzierung und Abstrahierung erfüllt.[627] Denn die Linie ist die zugleich einfachste und abstrakteste Darstellungsweise, da sie einen Gegenstand, auch in seiner Körperlichkeit, nur durch seinen Umriss vertreten kann – eine Möglichkeit, die in der Natur selbst ausgeschlossen ist.[628] „Sie stellt dar, was sie selbst nicht ist."[629] Innerhalb der Bildstruktur äußert sich dies im ambivalenten Charakter der Linie: sowohl trennend als Formabgrenzung, als auch verbindend als Synthese zu einer Gesamtkomposition.[630] Dies kann zu einem ständigen Wechsel der Linie bezüglich ihrer Zuständigkeit führen.[631]
Auf der anderen Seite aber erleichtert die mit der Linie in Verbindung gebrachte Reduzierung auch die Wahrnehmung, für die alles klar

---

vielrezipiertes Buch „Negerplastik", erschienen Leipzig 1915, hin, das Schmidt-Rottluff wahrscheinlich gekannt hat. (S. 89-91) Ebenso ist in diesem Zusammenhang die Sammlung afrikanischer Plastik Schmidt-Rottluffs zu erwähnen. Wir begnügen uns hier mit diesen Hinweisen, da aus dieser Richtung keine weiteren Aufschlüsse für unsere Fragestellung zu erwarten sind.

627 Vgl. dazu die vielen Künstleräußerungen bei Emil Utitz, Grundzüge der ästhetischen Farbenlehre, Stuttgart 1908, S. 91-93.

628 In zahlreichen Künstleräußerungen wiederholt sich die Erkenntnis, dass die Linie in der Natur selbst nicht vorkomme und somit abstrahiere.

629 Boehm, Die Dialektik der ästhetischen Grenze. Überlegungen zur gegenwärtigen Ästhetik im Anschluss an Josef Albers, in: Neue Hefte für Philosophie, H. 5, 1973, S. 122.
„Die Linie ist gegenüber dem, was sie ab– und einteilt und dadurch sichtbar macht, das Verschwindende, Negative." Ebenda.

630 „Die Linie stellt den optischen Abstraktionsprozess für Flächenaufteilung dar. Sie trennt oder verbindet, je nachdem, ob sie dieser oder jener Seite positiv oder negativ zugerechnet wird." Arthur Engelbert, Die Linie in der Zeichnung. Klee-Pollock-Twombly, Diss. Bochum 1985, S. 11.
„Die Bedeutungsstruktur der Linie besteht aus Negativität (Abgrenzung) und Synthesis. Von den Seitenfeldern her gesehen ist die Linie jeweils Begrenzung im Sinne des Umrisses oder Endes, an ihr selbst aber ist sie *Übergang*." Boehm, Die Dialektik der ästhetischen Grenze, S. 122.

631 Dies führt bis hin zum Kipp-Effekt, in der Gestaltungspsychologie binokulare Tiefenumkehr genannt, d.h. das Changieren einzelner Linien, die den gleichen Flächenabschnitt räumlich oder flächig, positiv oder negativ betonen können, was so zu ständigen Umkehreffekten führt. Vgl. Engelbert, S. 48-54.

Herausgestellte zuerst in Erscheinung tritt.[632] Innerhalb der Komposition fördert dies die prägnante Herausstellung des zu Betonenden, in Form einer vom Hauptmotiv – auch hinsichtlich des Gestaltungsprozesses – ausgehenden Hierarchiebildung mit dem Wesentlichen im Zentrum.[633]

> „Wie auch immer das thematische Material beschaffen sein mag, es enthält den Keim, von dem aus die Zeichnung gestaltet ist. Sein grundlegendes und den Ausdruck bestimmendes Potential ist von größter Bedeutung."[634]

Die Ausprägung der Linie unterliegt auch den medienspezifischen Voraussetzungen, sprich, Besonderheiten von Material und Herstellungsprozess. Der bei Kirchner als „mühsam" beschriebene Holzschnitt (Davoser Tagebuch) birgt in seiner Technik eine wesentliche Voraussetzung für seine Stilausprägung. Die Grundlage bildet das sich gegen den Schnitt sperrende Langholz, das mit groben Werkzeugen bearbeitet wurde, was in einem sehr derben, kantigen und prägnant knappen Erscheinungsbild resultierte.[635] Der Maler Curt Stoermer, der Schmidt-Rottluff 1919 in Hohwacht antraf, wo dieser den Sommer verbrachte, erinnert sich:

> „Seine Technik des Holzschnitts war besonders instruktiv. Von anderen Malern kannte ich die von ihnen benötigte Einrichtung mit einem besonderen Tisch in abgeblendetes Licht gerichtet, mit vielen Messern und Geräten. Die Holzstöcke waren immer von ausgewähltem Edelholz, manchmal auch verleimtes und poliertes Hirnholz. Die Vorarbeiten mit

---

[632] „Für die Wahrnehmung gilt die Grundregel der größten Einfachheit. Jene Bedeutung wird zuerst angenommen, die am einfachsten erkannt wird. [...] Der Künstler wird durch sein ‚Weglassen' immer klarer, präziser; nicht umgekehrt." Walter Koschatzky, Die Kunst der Zeichnung. Technik, Geschichte, Meisterwerke, München [6]1987, S. 207.
„Die erste Phase der Wahrnehmung ist eine Grenzlinie, die um den wahrzunehmenden Gegenstand gezogen wird." James Joyce, Ein Porträt des Künstlers als junger Mann, Frankfurt/Main 1982, S. 239.

[633] „Alle gut strukturierten Zeichnungen beginnen mit einer besonders gestalteten Form oder Formsequenz. Dies kann jede Art von Form überall im Bild sein; aber es ist wichtig, sie sofort wiederzuerkennen; sie ist der Schlüssel des ganzen Werkes. Und es ist in der Regel der zuerst angelegte Bildgegenstand." Philip Rawson, Drawing, Philadelphia [2]1987, S. 220.

[634] Rawson, Drawing, S. 225.

[635] Der Zusammenhang von Technik, auch im handwerklichen Sinne, und Stilausprägung ist einer der zentralen Punkte in der Dissertation von Roters: Eberhard Roters, Der Holzschnitt der „Brücke", Diss. Berlin 1956.

> Entwurf und Übertragung waren entsprechend erheblich. Das alles gab es bei Schmidt-Rottluff nicht. Der Dorftischler hobelte ihm ein paar astreine Tannenbretter. Auf diesen entwarf er vor der Natur die Zeichnung und hob sie mit dem Taschenmesser aus der Platte heraus."[636]

Außerdem spielt der aus dem Medium resultierende krasse Schwarz-Weiß-Kontrast eine große Rolle, der stärkste überhaupt wahrnehmbare Gegensatz.[637] Schwarz und Weiß ergeben sich bei der Formbildung notwendig auseinander, das eine die Negation des anderen darstellend, und verzahnen sich so zu einem festen Positiv-Negativ-Gefüge. Diesen Kontrast setzte Schmidt-Rottluff ganz bewusst im Holzschnitt ein, während er die Farbe als Ausdrucksmittel fast völlig den Gemälden und Aquarellen vorbehielt.[638]

### IV.6.2. Der Vergleich zwischen Malerei und Holzschnitt

Diese offensichtliche Unterscheidung soll im folgenden untersucht werden. Dabei biete sich der direkte Vergleich bei der Umsetzung desselben Motivs in beide Techniken an.

- *Allee*, 1911, Öl auf Leinwand, Öl auf Leinwand, 87,5 x 95 cm, Landesmuseum Oldenburg (Abbildungsverzeichnis Nr. 108).
- *Allee*, 1911, Holzschnitt, 39,6 x 50 cm, Schapire 59 (Abbildungsverzeichnis Nr. 109).

Dem Entstehungsprozess gemäß, nach dem zuerst das Gemälde und nach diesem der Holzschnitt entstand, geht die Beschreibung zunächst auf das Gemälde als Vorlage und somit Ausgangspunkt des Holzschnitts ein.

---

636 Stoermer, Schmidt-Rottluff, S. 158.

637 Der Wahrnehmungspsychologe Adolphe Bernays: „Die Basis unseres Sehens bildet offenbar die Polarität Schwarz/Weiß, deren Qualitäten von uns in strengstem Sinne als zueinander polar, d.h. als zusammengefügter Gegensatz empfunden werden." Adolphe Bernays, Versuch einer Farbenordnung, in: Vierteljahresschrift der Naturforschenden Gesellschaft in Zürich, Jg. 2, 1937, S. 169.
„Auf die positiven Qualitäten (=Farben) hin betrachtet, sind Schwarz und Weiß die schroffsten Gegensätze, die wir uns im Bereich des Gesichtssinnes vorstellen können." Ebenda, S. 170.

638 Damit erweist er sich als radikalster der „Brücke"-Künstler, die insgesamt früher und häufiger als er den Farbholzschnitt anwandten. Erst um 1925, als der Holzschnitt insgesamt zugunsten des Aquarells als bevorzugte Graphik zurückzutreten begann, entstanden vermehrt auch einige Farbholzschnitte, die davor nur vereinzelt, unter Hinzuziehung von einer, höchstens zwei Farben entstanden.

> „Der Sommer des Jahres 1911 brachte ganz Deutschland eine der längsten Hitze- und Trockenperioden. Die dadurch bedingten Änderungen im farbigen Erscheinungsbild der Natur fanden in den nach der Norwegenreise in Dangast gemalten Bildern Schmidt-Rottluffs ihren Niederschlag.“[639]

Die vorherrschenden Farben der *Allee* werden indirekt über eine Briefstelle übermittelt und stehen im Zusammenhang mit der Entstehungszeit des Bildes während der Hitzeperiode im Sommer 1911. „Dangast sieht ganz trostlos aus, wie November ...und alles Gras rotgelb.“[640]

Das Farbthema entwickelt sich aus dem vorgegebenen „koloristischen Material“, das – wenn auch übersteigert – teilweise aufgenommen wird: einmal zu einem übergreifenden, die Atmosphäre der besonderen Klimasituation schildernden Gesamtkolorit, zum anderen zu einer auf Kontrast und Ausgleich bedachten, aus Farb- und Formthema geprägten Bildstruktur.

So erreicht das Gras, wie in der Briefstelle erwähnt, alle Stadien der Trockenheit von Grün, über Gelb bis Rot. Gleichzeitig aber hebt der Komplementärkontrast Rot-Grün die Farben anstelle einer neutralfarbigen linearen Grenzziehung voneinander ab und nimmt so eine graphische Bestimmung des Weges vor, die aber wiederum in dem fast arabeskenhaften Schwung der nahezu reinfarbig nebeneinandergesetzten Farbbahnen innerhalb des Bildgefüges eine ins Ornamentale gesteigerte Eigenständigkeit erreicht.

Des weiteren haben diese Farben teil am Gesamtkolorit, das in Zusammenklang und Kontrast das Farbthema verkörpert. Der als herbstlich beschriebene schwüle Farbklang des Bildes in seiner Gesamtheit, besonders der dominierende Gelb-Ockerton in Kombination mit dem Rot, weist deutliche Analogien zu der damaligen Klimasituation auf: brütende Hitze, dunstige schwüle Atmosphäre, eine Wolke wie eine Hitzglocke. In der Kontrastierung warmer und kalter Farben werden die Hitze und in negativer Unterstützung die

---

[639] Wietek, Oldenburger Jahre, S. 189, Anm. zu Brief Nr. 88.

[640] Brief Schmidt-Rottluff an Martha Rauert, vom 18. August 1911. Abgedruckt in Wietek, Oldenburger Jahre, S. 138, Nr. 88.

Kühle zum Ausdruck gebracht, die wiederum kontrastreich das Bildgerüst unterstützen.
So gestaltet sich das Hauptmotiv Allee als eine Konzentration von Hitze und Kältekontrast, Gegenstandsbezug und farbkompositioneller Gestaltung: Im innersten Kern, wo der meiste Schatten herrscht, befindet sich als kälteste Farbe Blau in Form von Strichen, die gleichzeitig Baumstämme andeuten. Zugleich dient das Blau zur Angabe von Schattendunkel, zu dem das Grün der Bäume als farblicher Gegenstandsbezug stößt. Dagegen steht die rote Seite als direkt von der Sonne beschienener Hitzepol, der sich außerdem komplementär absetzt. Um die rote Fläche ist eine grüne Linie gezogen, um die blaue eine rote (bzw. diese tritt als Rest einer übermalten Fläche hervor). Die Komplementär- und die Warm-Kalt-Kontraste dienen sowohl der Formabgrenzung, die so völlig über die Farbkontraste erreicht wird, als auch dem Formzusammenschluss über den Farbausgleich, vor allem bezüglich des Rots.
Besonders in dieser Phase bedeutet aufgrund des Bestrebens, alles aus der Farbe heraus zu gestalten, die Teilhabe der farbigen Linie am Gesamtkolorit bzw. Farbthema eine besondere Verschmelzung mit dem Formthema. Die das Formgerüst bildende Linie ist rot und als Teil des Gesamtkolorits fast durchgängig sichtbar gelassen.[641] Als rotglühender Saum der Motive beteiligt sie sich am Farbthema. Die farbige Linie vereint so in sich farbliche und lineare Bezüge. „Die Linie bedingt nur die besondere Erscheinungsform der Farbe.“[642]
Ihr linearer Verlauf dient der Bildkonstruktion und der motivischen Unterscheidung von Allee und Weg während ihre Farbigkeit den koloristischen Beziehungen zugute kommt, die sich innerhalb der Bildkonstruktion abspielen. Sie hat somit Teil am Gesamtkolorit und

---

[641] Das der Bildorganisation zugrundeliegende Liniengerüst ist in einer dünnen, kaum sichtbaren Bleistiftvorzeichnung auf die Grundierung gelegt und hat so nicht an der Bildwirkung teil. Für die Aquarelltechnik s. Thiem: „Das spontane Aquarell – wie bei Nolde – kommt selten vor. Fast immer liegt eine unauffällige Skizzierung in Blei oder schwarzer Kreide zugrunde – und fast immer wird auch schwarze Tusche eingesetzt – in Feder oder Pinsel, prinzipiell am Ende des Werkprozesses, um die verfließenden Formen zu konturieren, oder als Kontrast; was nicht ausschließt, daß das Schwarz noch einmal übergangen wird.“ Retrospektive, S. 214. Der Einsatz von Tusche in Gestalt schwarzer Linien tritt jedoch erst später auf.

[642] Engelbert, Linie, S. 12.

dessen Aufteilung im Bild.[643] Auch in gegenständlicher Hinsicht ist sie ambivalent. Die Wolke erhält z.B. einen ockerfarbigen Rand, der ihre Form bildet, farblich aber nicht zur Gegenstandsbezeichnung, sondern zur Gesamtstimmung innerhalb des Bildes beiträgt.
Die Linie schwankt also sowohl bezüglich Form als auch Farbe zwischen formunabhängigen und formbezeichnenden Eigenschaften. Sie beteiligt sich an einem Formgebilde eigenständiger ornamentaler Farb- und Formschönheit, am farblichen Gegenstandsbezug – hinsichtlich des Farbthemas verschiedene Seinsstadien der Hitzeeinwirkung –, der in seiner Übersteigerung zur übergegenständlichen Farbkomposition beiträgt, die aber wiederum Teil des darzustellenden Farbthemas ist.
Das Hauptmotiv als kompositionelles Zentrum und Höhepunkt wird innerhalb dieser Verzahnung von Farb- und Formthema herausgestellt. Die Wahrnehmung wird motivisch, durch den Duktus und, damit zusammenhängend, durch die Farbmaterialität gesteuert:
Die Weglinien leiten ähnlich Gleisen, die in einen dunklen Tunnel führen und von ihm geschluckt werden, ins Zentrum, der dunkelsten und massivsten Zone, in der sich die meisten Farbschichten überlagern und sich die dichteste Abfolge von Farbkontrasten befindet. Dort sind auch die einzigen Ansätze von Modellierung innerhalb des Bildes auszumachen. Es bildet sich so eine Hierarchie in der Farbkonzentration sowohl in der Abfolge der Töne als auch ganz konkret materiell heraus: von einem dünnen weiträumigen Auftrag zu einer Verdichtung durch Übermalungen und Farbabfolgen. Die Herausstellung des Hauptmotivs in dieser Phase ist vergleichbar mit dem als „Korrektur“ bezeichneten Phänomen des Porträts.[644]
Der im selben Jahr nach dem Motiv des Gemäldes entstandene Holzschnitt besitzt in seiner Reduzierung auf den Schwarz-Weiß-Kontrast die Farbigkeit als Ausdrucksmöglichkeit nicht mehr. Der

[643] In dieser Zeit tritt Schwarz, wenn überhaupt, niemals als Kontur, sondern nur als Gegenstandsfarbe auf. Vgl. z.B. Tannen vor weißem Haus, 1911, Öl/Leinwand, 79 x 84,5 cm, Neue Nationalgalerie. Dort dominiert die rote Linie, die auch die schwarzen Formen einfasst.
[644] Vgl. das *Bildnis Rosa Schapire*, 1911. (Abbildungsverzeichnis Nr. 46).

Vergleich dient deshalb zur Herausstellung der der Linie als formales Element vorbehaltene Ausdruckmöglichkeit.
Die durch Farbe angelegten Konturen sind weitestgehend übernommen. Dafür reduzieren sich die Farbformen in Zusammenfassungen zu Schwarz- oder Weißflächen (am deutlichsten bei der schwarzen Fläche der Baumgruppe, die auf dem Gemälde eine Zusammenstellung mehrerer Farbflächen darstellte, wobei beim Holzschnitt auch noch die Wolkenformation miteinbezogen ist). Der Farbausgleich reduziert sich zum Schwarz-Weiß-Ausgleich. Der Weg differenziert sich nun deutlicher in Weißfläche und schwarze Linie. Dem Formthema kommt die dadurch entstehende Prägnanz der Formen und Linien zugute. Die im Bild zu einem Farbkonglomerat verschmelzende Allee klärt sich hier zu formal stärker ausgeprägten und voneinander unterscheidbaren Details: Die Baumstämme sind deutlicher sichtbar, die Wegspuren klar als nicht von der Baumgruppe geschluckt, sondern durch sie hindurchführend gekennzeichnet.
Auf der anderen Seite führt die Reduzierung auf den Schwarz-Weiß-Kontrast als einziges Unterscheidungskriterium der Bildgestaltung notwendigerweise zu Überschneidungen. Die Linie übernimmt dabei sowohl gegenstandsbezeichnende Funktionen, sei es als Gegenstand selbst oder als Kontur, gleichzeitig aber auch Aufgaben der übergreifenden Bildstruktur.
Betrachtet man die Aufgabe der Linie Flächen zu verbinden oder zu separieren, muß es bei der Verteilung von Linie und Fläche auf Schwarz und Weiß zu Übergängen kommen: oft ist es nur ein schmaler Grat zwischen Kontur und Gegenstand. So bedeutet Schwarz hier als Fläche Baum, Baumstamm und Schatten, als Linie Wegabgrenzung. Die wegbegrenzenden Linien sind dabei teilweise genauso dick wie Schattenlinien oder Baumstämme. Weiß hingegen bedeutet als Fläche Himmel und Weg, als Linie Abgrenzung. (Wo der Kontur der Fläche sich nicht abheben kann, interveniert Weiß quasi als Negativlinie.) Die Mehrfachbesetzung der Bildelemente und -faktoren ist hier durch nur zwei Alternativen viel ausgeprägter als bei der farblichen Festlegung durch die Palette.[645]

---

[645]Eine weitere Dimension in der Polarität von Schwarz und Weiß, auf die jedoch nicht näher eingegangen werden soll, ist die Tatsache, dass Weiß eher aktiv und Schwarz

Dies wirkt sich auch auf die Herausstellung des Hauptmotivs aus. Die Massivität der Farbüberlagerungen und -alternierungen des Hauptmotivs wird zum einen durch die ausladende Schwarzfläche als quantitative Hauptfläche des Bildes, zum anderen durch die dichteste Sequenz von Schwarz- und Weiß- Flächen ersetzt.
Das die besondere Atmosphäre schildernde, aus dem Gesamtkolorit resultierende Farbthema ist im Holzschnitt nicht darstellbar. Die einzige Möglichkeit, eine der im Bild farblich vermittelten Bedeutungen zu übernehmen, besteht in der Äquivalenzsetzung von Schwarz und Weiß mit Licht und Schatten. Die Kulmination dieses Kontrastes besteht in der Abfolge von Licht und Schattenbahnen im Innern der Allee, die der Abfolge von Baumstämmen lose zugeordnet und so in einen kausalen Zusammenhang gesetzt ist. Hitze und Kühle sind somit indirekt über die aus der Sonneneinwirkung resultierenden scharfen Schlagschatten ausgedrückt. Dabei bleibt es aber dem Betrachter überlassen, ob er eine Winterlandschaft oder Sommerlandschaft zu sehen glaubt. Die Darstellung einer spätsommerlichen Hitze bleibt dieser Technik versagt.
Betrachtet man die besondere Formausprägung der Linie, so ist der vorherrschende Eindruck der einer aus dem Jugendstil stammenden Schönlinigkeit, der den arabeskenhaften Schwung im Gemälde noch pointierter ins Bild setzt und zum Hauptgegenstand macht. Der äquivalent zum Gemälde ornamentalen Eigenständigkeit des Wegschwungs antwortet der Gegenschwung des schwarzen Baumgruppengebildes als Negativarabeske. Beide verzahnen sich im Gittermuster und bilden zusammen eine bildbeherrschende Flächendekoration, die im Gemälde auf den Weg beschränkt ist.
Die hauptsächlichen Ausdruckswerte im Sinne einer vom Motiv abgeleiteten Interpretation des Bildes zugunsten von dessen Charakterisierung sind in dieser Phase der Farbe vorbehalten.
In der Werkentwicklung Schmidt-Rottluffs erfährt die Form eine Steigerung. Die Farbe Schwarz entwickelt sich in der Malerei zur Konturfarbe und verleiht den Formen im Gesamtkolorit strukturelle

---

eher passiv wirkt, was der kontrastierenden Absetzung der Bildelemente eine zusätzliche Qualität verleiht.

Festigung. Extra ausgewiesene Linien führen so zu eine weiteren Präzisierung und Ausdifferenzierung.

- *Das rote Haus*, 1913, Öl auf Leinwand, 75 x 90 cm, Kunsthalle Bremen (Abbildungsverzeichnis Nr. 110).
- *Haus mit Pappeln*, 1913, Holzschnitt, 23,9/23,5 x 21/25 cm, Schapire 118 (Abbildungsverzeichnis Nr. 111).
Das Rot des Hauses bestimmt auch die Stimmung des Gemäldes, indem sich die Rottonigkeit über das ganze Bild verteilt und im Zusammenklang mit dem aureolenhaften Gelb und den steilen Diagonalen des Bildgerüstes das Motiv dramatisch steigert.
Sowohl im Gemälde als auch im Holzschnitt sind nun Modellierungen auszumachen. Verbinden sich im Gemälde einzelne Strichlagen zu sich farblich abstufenden Flächen, erfahren die Formen im Holzschnitt ebenfalls eine Binnengliederung in Gestalt der sog. Kammschraffuren (Dach, Himmel) oder den Blattrippen andeutenden, zackig auslaufenden Weißflächen, die quasi als überdimensionales Blatt, als Kürzel im Sinne eines pars pro toto[646], allgemein für Vegetation stehen. Diese Vegetationskürzel sind analog dazu im Gemälde in Grün gestaltet.

- *Boote am Wasser*, 1913, Öl/Leinwand, 76 x 91 cm, Karl Ernst Osthaus Museum, Hagen (Abbildungsverzeichnis Nr. 112).[647]
- *Bucht an der Nehrung*, Holzschnitt, 1913, 270 /75 x 33,4 cm, Schapire 121 (Abbildungsverzeichnis Nr. 113).
Auch hier hat das Grün im Gemälde eine Entsprechung in der zu einer großen Blattform ausgebildeten Formchiffre. (Farb-Form-Äquivalente finden sich auch bei Boot, Wasser, Baumstamm, Sand). Die Ausdifferenzierung der Form bedeutet deren Besonderung als

---

[646] Die pars pro toto Darstellung eines Bildelementes „ermöglicht damit eine auf ein bestimmtes Merkmal konzentrierte Gegenstandsbezeichnung, die im konkreten Anblick des Gegenstandes und von dessen konventioneller Bedeutung her gar nicht zu rechtfertigen ist." Imdahl, Cézanne-Braque-Picasso. Zum Verhältnis zwischen Bildautonomie und Gegenstandssehen, in: Ders., Bildautonomie und Wirklichkeit, Mittenwald 1981, S. 30.

[647] Bei der eigentlichen Vorlage handelt es sich um das sehr ähnlich gestaltete Gemälde *Fischerkähne auf dem Haff*, Folkwang Museum Essen.

Charakteristikum innerhalb des Gesamtzusammenhangs und damit zugleich wiederum eine Einengung der Bedeutungsmöglichkeiten. Umgekehrt formuliert: Die Reduzierung der Form auf eine bestimmte Bedeutung macht erst die Charakterisierung aus.

Die Formdifferenzierung dient auch der Hervorhebung des Hauptmotivs. Den in dichterer Abfolge wechselnden Farbflächen entsprechen in ihrer Hell-Dunkel-Abfolge die gedrängten Übergänge der Formen und Linien in positiver und negativer Ausprägung im Holzschnitt. Ausgesprochene Linien aber finden sich nur am Hauptmotiv, dem Haus und den Bäumen (insbesondere der Stämme). Auch beim Gemälde fällt auf, dass gerade diese Elemente mit schwarzen Linien in ihrer Kontur nachgezogen sind (dem einzigen Schwarz des ganzen Bildes), was ihnen eine besondere dinghafte Prägnanz und innerhalb des Gesamtgefüges auch eine besondere Betonung verleiht.

Der Holzschnitt entwickelt gerade bei der Übernahme dieses Hauptmotivs eine besondere Präzision und Dichte von Informationszeichen, die so als besonders konkrete Stellen sofort erkannt werden und ins Auge springen, während die übrigen Bildelemente (Vegetation) zusammengerafft zu einem schmaleren Format erscheinen. Auch die besondere Ausschmückung der Dachtraufe mit einer Zierleiste dient der Hervorhebung.

Die Betonung des Hauptmotivs ist im Holzschnitt noch gesteigert durch die Reduzierung des Beiwerks zugunsten eben dieses Hauptmotivs, das jetzt, relativ zur Gesamtfläche gesehen, den Hauptanteil beansprucht. Darüber hinaus leistet die (nur im Holzschnitt mögliche) Abwandlung des Bildformates in eine Trapezform, eine zusätzliche Steigerung des Motivs. Deren seitliche Schrägen spitzen den Zug der Diagonalen nach oben hin zu und verleihen dem Motiv eine monumentalisierende Unteransichtigkeit. Die Aureole wird hier durch Kammschraffuren ersetzt, die wie Strahlen den oberen Bildrand säumen, als Abglanz des Motivs. Steile Bilddiagonalen und scharfe Knicke verleihen der Linie im Zusammenhang mit dem besonderen Bildformat eine Übersteigerung und Dramatisierung, die über die bloße Darstellung des Motivs hinausgeht. Als Mittel der

Ausdruckssteigerung erreicht sie auch in der Malerei eine größere Berechtigung neben der Farbe.

Allmählich setzt sich die Linie, wie im Holzschnitt angelegt, zur Definierung des Gegenstandes und zur Steigerung des Ausdrucks auch in der Malerei durch. Sie ist eigenes Element zur Besonderung des Bildgerüstes.[648]
Einen ersten Höhepunkt der Übernahme der Stilprinzipien des Holzschnittes bildet die Phase von 1914/15, die gleichzeitig den Höhepunkt der Figuren- und Porträtdarstellung Schmidt-Rottluffs darstellt. Die Betrachtung des Jahres 1915 erfährt besondere Aufmerksamkeit, da die Figurenbilder und Porträts fast das ausschließliche Bildthema in der Malerei bilden[649]. Auch der Holzschnitt widmet sich vor allem dem Kopf.[650] Gleichzeitig setzt sich die sich ankündigende Prägnanz der Linie als Kontur und tragendes Strukturgerüst und die Übersteigerung der Form noch weiter fort.[651]

---

[648]Bis zum Jahre 1908 lehnte Schmidt-Rottluff die Konturlinie prinzipiell ab. Ansatzpunkte für das Nachziehen der Konturen mit Schwarz finden sich schon früher, aber diese verlieren sich farblich noch im Gesamtgefüge und haben nicht diese Dominanz verleihende Rolle. S. z.B. *Lofthus*, 1911, Öl auf Leinwand, 87 x 96 cm, Hamburger Kunsthalle (Abbildungsverzeichnis Nr. 114).
Die Heraushebung von Gegenständen oder Figuren mittels schwarzer Konturierung findet sich dann v.a. in den Akten am Ende des Jahres 1912 und darauffolgenden Jahr zugunsten einer klaren Trennung zwischen Gegenstand und Grund. Vgl. *Stilleben (Masken)*, 1913, Öl auf Leinwand, 76,5 x 91 cm, Kunsthalle Bremen (Abbildungsverzeichnis Nr. 115). Alle Konturen dort sind sorgfältig schwarz nachgezogen. Dies gilt ebenso für die Konturen der *Akte in Landschaft (Drei badende Frauen)*, 1913, Öl auf Leinwand, 65 x 73 cm, Privatbesitz (Abbildungsverzeichnis Nr. 116).

[649]1915 entstanden insgesamt 15 Figurenbilder und Porträts neben nur 3 anderer Gattungen.

[650]Insgesamt 11 Darstellungen neben 7 anderen. 1914 entstanden sogar 23 Köpfe. Auch in den darauffolgenden Jahren bis zum Ende des Holzschnittes behält das Kopfthema die dominierende Stellung während beim Gemälde allmählich wieder die Landschaft vordringt.

[651]Im März des Jahres 1915, zwei Monate vor seiner Einberufung, schreibt Schmidt-Rottluff an Ernst Beyersdorff: „Ich habe jetzt den Druck, noch möglichst starkes zu schaffen, der Krieg hat mir richtig das Vergangene weggefegt, alles kommt mir matt vor und ich sehe die Dinge plötzlich in ihrer furchtbaren Gewalt. Ich habe nie die Kunst gemocht, die schöner Augenreiz war und sonst nichts und doch merke ich elementar, dass man zu *noch stärkeren Formen* greifen muß, so stark, dass sie der Wucht eines

Hingegen verliert die Farbe an Kontrastbildung und Expressivität, indem sich mehr Zwischentöne einschalten. Dafür übernimmt sie nun Aufgaben der Gegenstandsbezeichnung durch die Angabe von Modellierung und Beleuchtung.

- *Bildnis Rosa Schapire*, 1915, Öl auf Leinwand, 73 x 65 cm, Privatbesitz (Abbildungsverzeichnis Nr. 47).
- *Bildnis R.S.*, 1915, Holzschnitt, 36 x 29 cm, Schapire 183 (Abbildungsverzeichnis Nr. 48).

Im Gegensatz zum Gemälde von 1911 stellt sich hier die Farbe völlig in den der Dienst der Herausstellung der Gesichtszüge, die in das lineare Gründgerüst verwoben sind. Das Gerüst wird dabei mit Oberfläche ausgefüllt, hauptsächlich durch die Angabe von Schatten, der die Reaktion eines Gegenstandes auf einfallendes Licht suggeriert und materiefestigend und körperbildend wirkt.[652]

Gleichzeitig bedient sich die Farbe der Methoden des Holzschnitts, um über das Konstruktive dieses Mediums eine Unterstützung von Form und Linie zu erreichen: Es wird wie dort ein Hell-Dunkel-Kontrast als Organisationsprinzip eingesetzt, der sich über die Gegenständlichkeiten und auch den damit verbundenen plastischen Wirkungen hinwegsetzt. So schließen sich die Wangenformen zu einer symmetrischen Dunkelfläche zusammen und pervertieren damit die Schattenbildung, ebenso die Lichtaureole, die wiederum den dunklen Hintergrund von dem ebenso dunklen Haar absetzt. Mitten in der Schattenfläche findet sich außerdem die doppelte Konturlinie, indem direkt neben der dunklen noch eine helle durch Aussparung gesetzt wird. Mit Hilfe der Dunkelfläche entsteht eine Verklammerung aus einer durch die Verschmelzung von Augenbrauen und Nasenrücken gebildeten Linie über die Nasenlippenkerbe zum Mund und die symmetrische Form der Nasolabialfalten.

Beim Holzschnitt stellen sich diese Formen noch schärfer heraus. Eigendunkel und Schatten stufen sich nicht mehr ab, sondern

---

solchen Völkerwahnsinns standhalten." (Hervorhebung vom Verfasser). Abgedruckt in: Wietek, Oldenburger Jahre, S. 148, Nr. 127.

[652] „[...] je nachdem man aber das Licht als beleuchtend oder als ausstrahlend und leuchtend auffaßt, verdichtet und lockert sich auch die Oberfläche." Dittmann, Grünewald, S. 95.

verschmelzen zu großen, die Einzelformen übergreifenden Schwarzflächen. Ebenso haben die weißen Schraffuren sowohl auf den Gegenstand bezogene als auch diesen übergreifende Aufgaben: Sie setzen innerhalb der schwarzen Formen Zäsuren, geben sowohl Tiefen an als auch, prismatisch gebrochen Körperlichkeit, aber konterkarieren diese gleichzeitig zugunsten des übergegenständlichen Hell-Dunkel-Ausgleichs v.a. im Nasenbereich.
Die Herausstellung der charakteristischen Gesichtszüge erfolgt gegen die Plastizität, indem sich die Formentsprechungen gegenseitig betonen. Die Linien erscheinen verstärkt, die Formwiederholungen schärfer herausgestellt. Augen und Mundform werden so in ihrer charakteristischen Ausprägung unterstützt und vor allem die Nase herausgestellt, die wie ein Habichtsschnabel nach vorne stößt.
Dasselbe Prinzip, was sich im Kleinen findet gilt, auch im Großen: Nicht zuletzt bewirkt die Reduzierung auf den Kopf, der bis an den Rand vorgerückt ist und somit das Bildformat zu sprengen droht, dessen vorderste Ebene weit aus dem Bild zu ragen scheint (der Halsrand, der den „Sockel" für den Kopf bildet, steht auf dem Bildrand auf), mit Unterstützung des Schwarz-Weiß-Kontrastes nächste Nähe und somit gegenüber Tiefenunschärfen eine Überpräsenz, die die Tendenzen der Formen noch unterstützt: Der Kopf rückt in seiner Dimension und auch seiner Schärfe ganz nahe an den Betrachter heran. Der Habichtschnabel durchstößt geradezu die Bildebene und verleiht der Dargestellten eine Impulsivität und Direktheit, die im Bild, trotz der Überproportionierung des Kopfes, durch die Hinzunahme des Brustausschnitts und der Tonigkeit der Farbe gedämpft und auf Distanz gebracht ist.

### IV.6.3. Die Charakterisierung über die Linie

Wie der Vergleich zwischen Holzschnitt und Malerei zeigt, kommt die Linie vor allem der Gegenstandsbezeichnung zugute und dient somit auch der Herausstellung der charakteristischen Züge des Dargestellten (s. Formthema). Die sich so durchschlagenden physiognomischen

Merkmale als Konstante des Dargestellten[653] dienen gerade in ihrer Übersteigerung und Hervorhebung des Wesentlichen im Gesamtzusammenhang der Charakterisierung der Person. Die physiognomische Konstante präsentiert sich als die eigene Ausdrucksform.
In der Folgezeit verkompliziert sich das Liniengefüge immer weiter durch die noch mehr in Richtung geometrischer Formen stilisierten Linien - und Flächenverbände. Diese sind derart verschachtelt, dass sich Formen nur noch als Verdichtung über ihre Synthese im Gesamtzusammenhang bilden, in den sie so unablösbar verwoben sind.

- *Bildnis Wilhelm Niemeyer* (II), 1922, Öl auf Leinwand, verschollen (Abbildungsverzeichnis Nr. 13).
- *Bildnis Niemeyer*, 1922, Holzschnitt, 50 x 39,7 cm, Schapire 270 (Abbildungsverzeichnis Nr. 12).

Vorherrschend ist der Eindruck einer Negativzeichnung, in der das Weiß des herausgeschnittenen Holzspans innerhalb einer schwarzen Fläche formbildend wirkt.
Die physiognomischen Konstanten sind nunmehr Teil von sich formierenden Strichgruppen, die im Gesamtzusammenhang teils modellierend, teils zu eigenständigen Mustern eingesetzt sind. Dabei gibt es keine geschlossene Form, sondern die Linien beziehen sich im Gesamtzusammenhang aufeinander, wobei einzelne charakteristische Ausprägungen zeichenhaften Charakter haben. Damit sind weniger die Augenformationen gemeint, die in sich als Zeichen fungieren, sondern einzelne Linien für Nase, Mund, Nasolabialfalte, Wangenknochen, Augenbraue, Ohr etc. In scheinbar zufälliger Verteilung vermitteln sie so einzelne Impulse der Charakterisierung und Identifizierung, die sich zum Gesamteindruck zusammenstellen. Dies bedeutet eine Minimalreduzierung der Form durch einen partiellen Umriss, die nur innerhalb des Gesamtgefüges verständlich ist, das sie mitträgt und von dem sie mitgetragen wird. Wesentliches Charakteristikum ist dabei die Frisur mit ihrem „Flämmchen“, das das Gesicht bekrönend abschließt.

---

[653] Zur physiognomischen Konstanz s. Gombrich, Maske und Gesicht. Er versteht darunter die zur Wiedererkennbarkeit von Identität in der Veränderung beitragenden Faktoren. (S. 106).

Wie der Vergleich mit der Schwarz-Weiß-Abbildung des verschollenen Gemäldes zeigt, sind dort über die Linie dieselben Merkmale herausgestellt. Die Farbe vermittelt auch in dieser Phase etwas ganz anderes, wie an einem anderen Porträt desselben Modells deutlich wird.

- *Bildnis des Kunsthistorikers Wilhelm Niemeyer*, 1921, Öl auf Leinwand, 100 x 90 cm, Staatliche Museen zu Berlin, Neue Nationalgalerie (Abbildungsverzeichnis Nr. 125.
Für den Gegenstandsbezug gibt es auch hier wieder akzentuierend eingesetzte Linien, die sich v.a. im Bereich des Gesichtes zu einer besonderen Zeichendichte versammeln. Sie bilden so partiell einen festigenden Rahmen für die Farbe, die zu starker Eigenwertigkeit tendiert und sich nur mühsam in den vorgegebenen Grenzen hält, über die sie auch manchmal hinausläuft.
In einem besonderen Fall richtet sie sich sogar farblich nach dem dargestellten Gegenstand, nämlich beim Hauptcharakteristikum, der Haarfrisur, aber das Gelb fügt sich zugleich formübergreifend zu einem gewaltigen Blau-Gelb-Klang als Hauptstimmungswert des Bildes. Die Farben entwickeln ein zur Inszenierung des Dargestellten über den formalen Zusammenhang hinausgehendes Eigenleben.

## IV.7. Die Unterscheidung von Farbe und Form als Ausdrucksmittel

> „Es liegt in der Natur der Farbe, dass sie zur Ganzheit und zum Gefühlsmäßigen drängt; daher sie immer dann ihre großen Tage hat, wenn in der Kunst das Vielfältige der äußeren Eindrücke in einem starken seelischen Erlebnis sich sammelt und vereinheitlicht.“[654]

Hinsichtlich des Bildgehaltes ist die Farbe ebenso wie die Form in der Lage, sowohl auf den Gegenstand als auch auf die Bildeinheit Bezug zu nehmen. Wie aus dem Vergleich von Malerei und Holzschnitt jedoch hervorgeht, dient trotz der nahezu untrennbaren Verschmelzung von Form- und Farbthema eher die Form zur Definition des

[654] Hetzer, Tizian, S. 25.

Gegenstands[655]. Die Farbe hingegen, erheblich weniger gebunden, neigt eher dazu, sich auszubreiten und über den Gegenstand hinweg Bezügen in der Bildeinheit zugunsten einer „Stimmung“ zu erzeugen. Dieser Unterschied begründet sich in der Wesensverschiedenheit von Form und Farbe, die sich auch auf das Porträt auswirken. Die in ihrer Fähigkeit zur Reduzierung, im Sinne der knappestmöglichen Darstellung, zur Präzision neigende Linie ist der Wiedererkennung des Dargestellten dienlicher als die Farbe, die dessen „koloristisches Material“ (Waetzold) im Porträt zwar berücksichtigen kann, aber zur Identifizierung nicht erforderlich ist[656], ja sogar weggelassen werden kann.[657] Tatsächlich ist der Bezug der Farbe auf das Urbild viel weniger offensichtlich als bei der Form, da die Farbe Variations- und Erscheinungsmöglichkeiten bis hin zur motivischen Ungebundenheit besitzt. Kurz, Die Farbe besitzt in ihrer Wirkungsweise eine viel höhere „Allgemeinheitsstufe“ als die Form.[658] In der Tat kann sich gerade die Farbe durch ihre Fähigkeit, ihren eigenen Ausdruck zu entfalten, sich über den gegenständlichen Farbenträger hinwegsetzen. In diesen elementaren Wirkungen schließt sich die Farbe über den Gegenstand hinaus zur optischen Totalität zusammen, verlebendigt und

---

[655] „In der Entwicklung der Malerei spiegelt sich deutlich jene ontologische Prämisse, die seit Descartes in der Unterscheidung primärer und sekundärer Sinnesqualitäten greifbar wird. Danach ist das Gerüst der Gegenstände schon deshalb von vorrangiger Bedeutung, weil es allein messbare Qualitäten enthält. Diesen Aspekt unterstrich auch die Geometrie der perspektivischen Bildkonstruktion. Demgegenüber besitzen die Sinnesqualitäten, die es mit Farbe, Licht, Stoffqualitäten wie Glanz, optische Fühlbarkeit etc. zu tun haben, nur einen komplettierenden Stellenwert. Sie illuminieren, was in seiner anschaulichen Existenz nur mit anderen Mitteln gesichert wurde. Dieser Grundgedanke über den Bau des Wirklichen war in der Kunst wirksam, aber nicht unbestritten, wie die lange Debatte disegno versus colore zeigt.“ Boehm, Das neue Bild der Natur. Nach dem Ende der Landschaftsmalerei, S. 109, Anm. 3.

[656] Imdahls Definition des wiedererkennenden Sehens definiert sich beispielsweise ausschließlich über die Form, sprich Bildstruktur, in: Cézanne-Braque-Picasso. Zum Verhältnis zwischen Bildautonomie und Gegenstandssehen, in: Max Imdahl, Bildautonomie und Wirklichkeit, Mittenwald 1981, S. 9-50.

[657] „Ein Weglassen der farbigen Qualitäten in der Vorstellung scheint also auf kein wesentliches Attribut der Dinge Verzicht zu leisten [...]“ Waetzold, Die Kunst des Porträts, S. 135.
Wie aus dem Kapitel über die Ähnlichkeit hervorging, reichten zur Identifizierung der Dargestellten ausschließlich Schwarzweißphotos.

[658] Den Begriff prägte Prof. Lorenz Dittmann anlässlich meines Kolloquiums am 2.7.97.

rhythmisiert das Bild. In der Wahrnehmung ist sie veränderlicher als die Form.

> „Das ist es, was wir das Potentielle der Farbe nennen; sie entsteht und verwirklicht sich vor unseren Augen, sie bestimmt sich durch Bewegung aus dem Unbestimmten zur intensiven Erscheinung.“[659]

Die bisher als Farbklang bezeichnete Ausgewogenheit der Farben in der Bildfläche hat ihr Erklärung über die Totalität: Das nach Harmonie strebende Auge fordert den Farbausgleich im Sinne von Harmonie und Kontrast.[660]

> „Denn die Farbe ist subjektiver als die Form, unmittelbarer Ausdruck schöpferischer Einheit und daher aus dem Ganzen eines Bildes nicht zu lösen.“[661]

Ähnlichkeit als direkte Entsprechung ist über das Wesen der Farbe fast kaum zu erreichen. Auch auf dem Gebiet der Semiotik, die sich verstärkt mit Zeichenanalogien beschäftigt, wird Farbigkeit einem Ähnlichkeitsverhältnis nicht unbedingt zuträglich.

> „Schließlich brauchen die Farben im Bild natürlich überhaupt nicht für Farben des Gegenstands zu stehen. Sie können vielen anderen Zwecken dienen, darstellenden und nicht darstellenden.“[662]

Diese Unterscheidung zwischen Linie bzw. Form und Farbe fasst Waetzold in die Unterscheidung zwischen Griffel- und Pinselporträt.[663] Die Präzision der Linie erleichtere, wie gesehen, die Wahrnehmung und führe auch allgemein zu einer größeren Unterschiedsempfindlichkeit bei Formen als bei Farbe bereits in der

---

[659] Hetzer, Tizian, S. 53.
„Es ist gerade die Farbe, die zur Konstitution einer optischen Totalität befähigt, mehr als die bloße Form.“ Dittmann, Funktionen der Farbe, S. 14.

[660] „Das Auge erbaut aus Farbe, Licht und Dunkel die sichtbare Welt, und in solchem Bezug der äußeren Natur zur inneren, zur produktiven Kraft des Auges selbst, sah Goethe auch die Totalität der Farben gewährleistet.“ Ebenda.
Goethe Farbenlehre:
„Wird nun die Farbentotalität von außen dem Auge als Objekt gebracht, so ist sie ihm erfreulich, weil ihm die Summe seiner eigenen Tätigkeit als Realität entgegen kommt.“ (§ 808).
„Überhaupt zeigt uns die Natur kein allgemeines Phänomen, wo die Farbentotalität völlig beisammen wäre.“ (§ 815)

[661] Hetzer, Tizian, S. 181 f.

[662] Scholz, Bild Darstellung, Zeichen, S. 52.

[663] So lautet ein Kapitel in „Die Kunst des Porträts“. (S. 133 ff.).

Vorstellung. Eine Charakterisierung sei somit nur über die Form möglich.[664]

> „So beherrschen weit mehr Formen, d.h. Grenzsetzungen, als Farben unser Vorstellungs- und Wahrnehmungsleben. Daher orientiert sich aber auch unsere Fähigkeit, eine Erscheinung *wiederzuerkennen,* sicherer und häufiger an Formen – als an Farbvorstellungen. diese Erfahrung weist dem *graphischen Porträt* seine Stellung an. Seine starke Charakterisierungsfähigkeit beruht darauf, daß es vorwiegend Elemente der Vorstellungsbilder enthält.“[665]

Die Vorteile des Griffelporträts gegenüber dem Pinselporträt im Blick auf die Fähigkeit zur Charakterisierung bringt Waetzold auf die Punkte, die im Vergleich von Holzschnitt und Malerei bei Schmidt-Rottluff herausgearbeitet wurden: Vereinfachung, Auswahl von Elementen, Steigerung der Wirkungsmöglichkeit und Wahrscheinlichkeit, Abbreviatur von Wirklichkeit und gleichzeitig ihre Konzentration.[666] Im Gegensatz zur Charakterisierungsfähigkeit der Form spricht Waetzold der Farbe nur idealisierende Fähigkeiten hinsichtlich einer harmonisierenden Gesamterscheinung zu. „Die Farbe idealisiert, die Form charakterisiert.“[667] Waetzold definiert in seinem Urteil jedoch etwas kurzsichtig den Charakter lediglich als gegenständliches und daher an die Form gebundenes Prädikat. Folglich

---

[664] „In unserem Vorstellungsleben haben die ‚linearen' Elemente den Vorrang vor den ‚farbigen'. – Auch die Erinnerung an ein individuelles menschliches Gesicht hält, soweit sie überhaupt die Sichtbarkeiten aus ihren Verflechtungen mit dem Gegenstand anderer Sinnesgebiete herauszulösen vermag – die Außen- und die Innenformen, Kontur und Binnenzeichnung schärfer und länger fest, als koloristische Differenzen und Mannigfaltigkeiten.“ Waetzold, Die Kunst des Porträts, S. 134.

[665] Waetzold, Die Kunst des Porträts, S. 134.

[666] Vgl. Waetzold, die Kunst des Porträts, S. 134.

[667] „Während das Griffelbildnis gerade die charakteristischen und in ihnen zugleich die charaktervollen Züge der menschlichen Erscheinung, v.a. des Gesichtes betont, birgt das Pinselporträt in sich die Gefahr einer Abschwächung, und zwar nicht nur der äußeren Bildung, sondern auch des psychologischen Ausdruckes infolge der ausgleichenden *harmonisierenden Kraft* der *Farbe*. Die starke dekorative Fähigkeit alles Farbigen macht sich im Bildnis fühlbar, indem sie auf die objektive Menschendarstellung eine verschönernde Wirkung ausübt, das Individuell-Ausdrucksvolle umbiegt nach der Seite der wohlgefälligen Gesamterscheinung hin. Die Farbe idealisiert, die Form charakterisiert.“ Waetzold, Die Kunst des Porträts, S. 135.

bezeichnet er Farbe durch ihre Tendenz zur gegenstandsabgehobenen Bildwirkung als eher porträtfeindlich.[668]
Die Unterscheidung von formaler Gegenstandgebundenheit und farblicher Ablösung vom Gegenstand findet ihre Entsprechung in der Zuordnung des übergegenständlichen Seelischen an die Farbe.[669]

> „[...] sie spielt eine erste Rolle unter den Ausdrucksfaktoren seelischer Zustände"[670]

> „Gibt doch die Stimmungskraft der Farbe Möglichkeiten einer Bereicherung und Steigerung der Augenerlebnisse nach der affektiven Seite hin; die Stimmungswerte der Farbe verleihen der Koloristik über ihren anschaulichen Charakter hinaus den der Seelenhaftigkeit. So wird die Farbe nicht nur ein Mittel, eine Sichtbarkeit darzustellen oder einen sinnlichen Reiz auszuüben, sondern auch ein Ausdrucksfaktor für Gemütsvorgänge, für rein seelische Erlebnisse."[671]

---

[668] „Je mehr die formalen Elemente koloristischen gegenüber zurückgedrängt werden, um so mehr pflegt also im allgemeinen der rein porträtmäßige Eindruck eines Bildnisses sich zu verflüchtigen, die Bildwirkung in jedem Sinne Bedeutung zu erhalten." Waetzold, Die Kunst des Porträts, S. 139.
In der Tat scheint sich bei Schmidt-Rottluff die farbige Einheit sich eher nach einzelnen Werkphasen als nach dem Motiv richten und vor einer speziellen thematischen Gebundenheit zu dominieren, wobei das „koloristische Material" unterschiedlich stark berücksichtigt wird. Dennoch wurde ja bereits die Besonderheit des Farbthemas hinsichtlich der Charakterisierung des Dargestellten hingewiesen.

[669] Der Wölfflinschüler Wilhelm Waetzold (auch bei Dilthey und Simmel u.a.), der die Wölfflinschen Prinzipien der Formästhetik und Kunstpsychologie aufnimmt, widmete sich auch der experimentellen Farbenpsychologie und bezieht seinem Buch „Die Kunst des Porträts" auch die Bereiche Farbwirkung, Farberlebnis und Farbpsychologie mit ein.
Zu der Tendenz dieser Zeit, die Psychologie in die Farbbetrachtung miteinzubeziehen, vgl. auch Emil Utitz, Grundzüge der ästhetischen Farbenlehre, Stuttgart 1908. Dieses Buch basiert auf der Notwendigkeit einer Verbindung von Philosophie und Psychologie. (S. 3). „Jede ästhetische Wirkung ist natürlich stets irgendein psychologisches Erlebnis!" Ebenda.

[670] Waetzold, Die Kunst des Porträts, S. 139.

[671] Waetzold, Rez. Emil Utitz, Grundzüge der ästhetischen Farbenlehre, Stuttgart 1908, in: Zeitschrift für Ästhetik und Allgemeine Kunstwissenschaft, Bd. IV, 1. Heft, Stuttgart 1909, S. 282 f.
Vgl. auch Simmel: „Ist die Form etwa als Logik der Erscheinung zu bezeichnen, so bedeutet die Farbe eher deren psychologischen und metaphysischen Charakter [...]." Simmel, Rembrandt, S. 60.

Farbe als Träger seelischer Inhalte kann somit über das Physiognomische hinausgehende Funktionen übernehmen.[672] Dass diese nicht auf den Charakter der Farbe festlegbar sind, sondern auch, beispielsweise durch den gegenständlichen Bezug, wie ihn Waetzold für die Farbe bestreitet, modifiziert und in ihrer Wirkung verändert werden, wurde bereits erwähnt.[673] Vielmehr ist zu untersuchen, inwieweit das prinzipiell immer auf den Darzustellenden bezogene Farbthema im Porträt hinsichtlich der besonderen Wesenheiten und Wirkungsweisen der Farbe qualifiziert wird.

> „Die Farbe ist das stärkste Mittel der bildenden Kunst, auf das Gemüt zu wirken, es zu gewinnen und in ihren Bann zu ziehen; [...]“[674]

### IV.7.1. Farbthema und Stimmung

Wirkung beinhaltet immer den Bezug zum Betrachter. Die Wirkung der Farbe als Erscheinungsdimension eines zu betrachtenden Objekts ist, wie gesehen, sehr subjektiv und schwankend, weniger präzisierbar als die der Form. Um diese Wirkung der Farbe innerhalb des Farbklangs zu erfassen, bietet sich der Begriff der Stimmung an. Gerade die Farbe und licht – worauf im Zusammenhang mit der Palette bereits eingegangen wurde und worauf wir später noch einmal zurückkommen werden – gelten durch die ihnen innewohnende Tendenz Form bzw. Gegenstand als Einheit zu übergreifen, als Stimmungsträger.

> „Denn gerade Farbstimmung und Beleuchtung sind die bevorzugten Träger von Gefühlswerten, die sehr mannigfaltigen geistigen und

---

[672] „Die besondere Bedeutung der Farbe für die Bildniskunst liegt aber weniger im Eintreten für andere gleichwertige Ausdrucksfaktoren, als vielmehr im Aussprechen der Stimmungen, die niemals auf anderem Wege, also auch nicht durch das Gesicht, für das Kunstwerk Leben gewinnen würde.“ Ebenda, S. 151.

[673] Deshalb ist auch zu bestreiten, dass Farben auf bestimmte, lediglich zeitlich durch die Empfindungsweise einer bestimmten Epoche modifizierte, Stimmungen festlegbar seien. „Die Farbe ist der untrügliche Ausdruck unserer Stimmung, weil eben alle Farben für uns einen unmittelbaren Stimmungsgehalt besitzen. ‚In der Farbe kann man nicht lügen‘ (Wölfflin). Mit jeder Wandlung der Gesinnung wandelt sich infolgedessen auch die Farbenempfindung. Farbbewegung und Gesinnungsbewegung gehen nebeneinander her.“ Waetzold, Die Kunst des Porträts, S. 141.

[674] Hetzer, Tizian, S. 188.

> seelischen Bedürfnisse entsprechen. Von hier strahlt immer etwas auf die noch so sachlich gemeinte Feststellung optischer Eindrücke aus.“[675]

In bezug auf Schmidt-Rottluff soll der Vergleich eines farblich eindeutig auf eine bestimmte Stimmung bezogenen Gemäldes mit dem nach ihm geschaffenen Holzschnitt das Phänomen veranschaulichen.

- *Russisches Dorf bei Nacht*, 1919, Öl auf Leinwand, 87 x 95 cm, Wolfgang Wittrock, Düsseldorf (Abbildungsverzeichnis Nr. 117.
- *Russische Landschaft mit Sonne*, 1919, Holzschnitt, 49 x 59,8 cm, Schapire 237 (Abbildungsverzeichnis Nr. 118).

Im Gemälde ist die nächtliche Stimmung farblich durch das Aufscheinen eines rot-gelben Licht- und Wärmeklangs in blauer Nachtkühle und braunen Schatten als Verteilern der Dunkelheit ausgedrückt. Im Holzschnitt dagegen ist stattdessen eine Tagsituation dargestellt, allein erkennbar durch das Zeichen der gleißenden Sonne, die für Helle und Wärme steht.

Die im Gemälde über die Farbe geleistete Stimmungsqualität ist über das Schwarz-Weiß-Medium des Holzschnitts nicht zu erreichen. Ganz im Zeichen der Form stehend, muß dort ein besonderes Symbol Hinweis geben, in der sich die Stimmung abstrahiert sammelt. Diese Abhängigkeit von Zeichen wird bei dessen Unklarheit oder gar völligem Fehlen noch deutlicher. In diesem Fall ist eine Verwechslung von Tag und Nachtsituation möglich.[676] Umgekehrt wäre eine anderer Farbklang durchaus in der Lage, die Nachtstimmung des Bildes in eine Tagstimmung zu verwandeln. Erscheint im Gemälde ein Gestirn, so ist dieses nur eine Ergänzung zur Stimmung, die vom Gesamtkolorit getragen wird, nicht aber stimmungsprägend. So beschreibt Lorenz Dittmann am Beispiel der *Urwaldlandschaft*, 1919, Öl auf Leinwand,

---

[675] Lehmann, Physiognomie der Landschaft, S. 191.
„Erst durch das Ferment der Stimmung , deren Träger vornehmlich die Farbe ist, kommt im anschaulich empfindenden Subjekt jene Totalität zusammen, die in der ästhetisch vermittelten Landschaft als Natur im Sinne der philosophischen Theorie aufscheint.“ Wedewer, Landschaftsmalerei, S. 32.

[676] Vgl. *Hohwachter Bucht im Mondschein*, 1919, Holzschnitt, 49,5 x 39,6 cm, Schapire 247 (Abbildungsverzeichnis Nr. 119). Der Mondschein, auf den im Titel hingewiesen wird, ist erst durch das Zeichen des Monds und die davon ausgehenden Strahlen zu erschließen, wäre ohne Titel jedoch auch als Sonne denkbar und würde so eine Tagsituation suggerieren..

77 x 99 cm, Saarlandmuseum Saarbrücken (Abbildungsverzeichnis Nr. 120)., dass die im Zeichen der Sonne versammelten Farben keine stimmungsgebende Eigenschaft haben:

> „Ganz rechts oben die Formel für Sonne, braunrote Zacken um einen kaltweißen, kaltblau umrandeten Kreis! Kein Leben, keine Wärme kann diese Sonne spenden. Das Brennende, Schwüle ist Charakter der Farbe selbst. Hemmung, Ausweglosigkeit, optische Verstörung als Inbegriff einer ‚Urwaldlandschaft'."[677]

Auch für die Porträts von Schmidt-Rottluff bestehen stimmungshafte Bildbeschreibungen, die sich v.a. auf die Farbgebung stützen.

- *Emybildnis*, 1919, Öl auf Leinwand, 73,7 x 66,0 cm, North Carolina Museum of Art, Detroit (Abbildungsverzeichnis Nr. 33).

> „Und so drücken auch die Farben: das Gelb und Orange des Gesichtes, das Blaugrün und Braun des Gewandes den Kampf zwischen Vision und Wirklichkeit, zwischen Jenseits und Diesseits aus, aber es ist, als verheiße der rote Flammenschein, der die Gestalt umgibt, den Sieg des Geistigen."[678]

In einem besonderen Fall liefert ein Brief als das Bild begleitende Interpretation des Dargestellten selber eine deutliche Bezugnahme auf die Stimmung als Aussagegehalt des Bildes, vermittelt über die Wirkung, die sie auf ihn hatte.

- *Bildnis des Kunsthistorikers Wilhelm Niemeyer*, Öl/Leinwand, 100 x 90 cm, Staatliche Museen zu Berlin, Neue Nationalgalerie

Das Bild prägt ein formübergreifender, gewaltiger Blau-Gelb-Klang zur Inszenierung des Dargestellten. Dieser selbst beschreibt in einem Brief an Schmidt-Rottluff die „Stimmung" des Bildes:

> „Sie wollten den geistig-erregten und geistig wirkenden Menschen in mir, den Denker und Belehrer, Überzeuger und Anfeuerer fassen [...] Aber Linien und Farbe, ihre Aussagen über die Lebenserscheinungen, haben in sich eine Wahrheit, die sich gegen Ihre bewußten Stimmungen und augenblicklichen Einstellungen kehren kann. In Farben und Formen liegt eine Tiefe und Deutlichkeit, die unheimlich ist, und so zwangen diese inneren Kräfte ihrer Kunst und ihres Wesens Sie, auszusprechen, daß diese Art des denkerisch, grübelnden und mit dem Wort wirkenden Menschen

---

[677] Dittmann, Brücke, S. 126.

[678] Valentiner, Schmidt-Rottluff, S. 10.

Ihnen innerlich fremd und tief zuwider ist. Es wurde ein spitzer und scharfer Robulist [=Wortverdreher] ein Jongleur der Begriffe und Worte, ein lauernder Begriffsfechter, ein sich selbst genießender Klügling und Eiferer, das alles natürlich nur ein leiser Mißklang in einer herrlichen Schöpfung der Farbe. [...] Erst als ich das Bild bei Heller wiedersah, erschrak ich tief darüber, da? Sie mich so sahen. Ich habe auch – das versichere ich Ihnen mit meinem Wort – mich nicht etwa gekränkt gefühlt durch diese Beleuchtung im Bildnis, durch diese Auffassung meiner Art. So wichtig und feierlich nahm ich mich nicht und ich wußte ja, daß dies Bild nur einen Zug von mir gab [...] Also mich beeinflußte das Bild nicht an sich, aber als Zeugnis davon, wie Sie mich fühlten, stimme mich sehr nachdenklich.“[679]

Hier sind verschiedene Arten von Stimmungen gemäß einer Verteilung auf innen und außen, Subjekt und Objekt erwähnt, die sich in eine Kette Modell - Maler - Bild - Betrachter reihen lassen. Auf den Prozess der Realisation übertragen bedeutet dies eine Aufteilung von Stimmung in folgende Faktoren:

- die Stimmung des Malers angesichts des Modells
- die sich im Bildes niederschlagende Stimmung als Wirkung des Werkes
- die Stimmung des Betrachters hinsichtlich der Wirkung, die das Bild auf ihn hat

Als eigene Definition kann als Ergebnis der bisherigen Untersuchung bisher festgehalten werden: Stimmung ist die Einheitsbeziehung zwischen Natur bzw. Modell, Maler und Betrachter als Konstrukt des Bildes vornehmlich im Bereich der Farbe. Damit sind auch die drei verschiedenen Standpunkte, die Modell, Künstler und Betrachter gegenüber dem Porträt einnehmen, in ihrer Abhängigkeit erkannt und zusammengebracht:

„Drei psychologisch verschiedene Standpunkte lassen sich dem Bildnis gegenüber einnehmen. Man kann das Porträt betrachten: erstens unter dem Gesichtswinkel dessen, der abgebildet wird, vom Modell aus; zweitens mit den Augen des Abbildenden, also unter künstlerischen Gesichtspunkten, und drittens als unbeteiligter Bildbeschauer, von der Seite des Publikums aus. [...]. Ist doch selbst ein Einzelproblem, z.B. das der Ähnlichkeit nur

---

[679] Brief Niemeyers an Schmidt-Rottluff vom 5.3.1922, abgedruckt in: Gerhard Wietek, Franz Radziwill - Wilhelm Niemeyer. Dokumente einer Freundschaft, Oldenburg 1990, S. 188 f.

lösbar, sobald man es hin und her wendet und dreimal fragt: als Porträtierter: was heißt ‚getroffen' sein, als Porträtist: was heißt ‚getroffen' haben, und vor dem Porträt: was heißt ‚getroffen' finden?"[680]

---

[680] Waetzold, Die Kunst des Porträts, S. 1.
Vgl. auch die davon abgeleitete Einteilung bei Winter in den objektbezogenen Aspekt (Modell), den kunstbezogenen Aspekt (Künstler) und den subjektbezogenen Aspekt (Betrachter) „Die einfache Aufzählung der Aspekte macht bereits deutlich, daß diese nicht einfach voneinander isoliert betrachtet bzw. erfahrbar werden können." Winter, Individualität und Idealität, S. 11.

# V. Der Naturbezug

## V.1. Das „Kunstwerk als gültige Aussage über die erlebbare Natur".[681]

„Nicht zufällig ist es die Farbe, das fragilste, flüchtigste aller Gestaltungsmittel, in dem ein tieferer Naturbezug am genauesten sich bekundet. In Farbe, Licht und Dunkel eröffnet sich ein Naturbezug, das heißt als ein *Wechselbezug* von Subjekt und Natur, von ‚innerem' und ‚äußerem' Licht."[682]

Die Eigenschaft der Farbe, als Erscheinungsdimension eines Objektes eine besondere Wirkung im Betrachter hervorzurufen, stellt einen Wechselbezug von Subjekt und Natur her. Dabei liegt diesem und den folgenden Kapiteln die Ausgangsthese zugrunde, dass sich der im Kunstwerk äußernde Naturbezug vor allem in der Farbe bzw. in deren besonderen Erscheinungsweise begründet. Die Frage lautet: Wie wird Farbe erlebt und welche Auswirkungen hat dies für die Bildwirkung? Dies bedeutet eine Ausdehnung der Bildeinheit auf eine komplexe Erlebnisbeziehung von Mensch und Natur und schließlich auf Mensch und Kunstwerk. Dem Begriff der Stimmung als Träger der Einheit, unter Miteinbeziehung der Empfindung über das Gesamtkolorit hinausgehend, kommt hierbei eine besondere Rolle zu, die sich in bestimmter Hinsicht auch auf das Kunstwerk übertragen lässt.
Diese Auffassung von Farbe soll in Absetzung von ihrer naturnachahmenden Rolle herausgestellt werden. Diese Unterscheidung liegt in zwei stets konträr gebrauchten Naturmodellen begründet: der „natura naturata" und der „natura naturans", die hervorgebrachte und die hervorbringende Natur.[683] Mit dieser polaren Auffassung des Naturbegriffs geht auch eine unterschiedliche

---

[681] Dittmann, Werk und Natur. Erörterungen unter dem Aspekt der Farbgestaltung in der Malerei, in: Kunstgeschichte – aber wie? Zehn Themen und Beispiele, hrsg. v. der Fachschaft Kunstgeschichte München, Berlin 1989, S. 110. In diesem Aufsatz setzt sich Dittmann mit der Fragestellung dieses Abschnitts anhand mehrerer Künstler auseinander. Sein zweiter wesentlicher Aufsatz zu diesem Thema ist „Zum Sinn der Farbgestaltung im 19. Jahrhundert", op. cit.

[682] Dittmann, Werk und Natur, S. 136.

[683] Beide Begriffe gehen auf neuplatonisches Gedankengut zurück.

Auffassung über die Aufgabe der Farbe einher. Betrachtet man unter dem Aspekt der natura naturata, dem die Mimesis vertretenden Prinzip, Natur als vom Subjekt Mensch getrenntes und diesem gegenüberliegendes Objekt, stellt dem entgegen die unter dem Begriff der natura naturans als Einheit angesehene Natur eine Verschmelzung von Subjekt und Objekt dar. Gefragt ist dort nach dem In-der-Welt-Sein des Menschen, wie es sich im Kunstwerk bekundet und vom Betrachter erfahren wird. Insofern lässt sich der Naturbezug hinsichtlich der Farbgestaltung in ein unterschiedliches Verhältnis von Subjekt und Objekt fassen, der sich in unterschiedlichen Funktionen der Farbe, mit den Begriffen „Darstellungswert“ und „Eigenwert“ beschrieben, niederschlägt.[684]

### V.1.2. Natur und Farbe: Darstellungswert und Eigenwert

> „Auch die Bewertung und Gestaltung der Farbe bezeugt den menschlichen Bezug zur Wirklichkeit, genauer, zur Wirklichkeit der Natur.“[685]

Mit Darstellungswert wird die Beziehung zwischen der Farbe und dem von ihr bezeichneten Objekt beschrieben und somit die Natur als Gegenüber definiert. Angesichts des Begriffs der nachschaffenden Natur, natura naturata, erfährt der Künstler die Natur als ihm gegenüberliegend und nimmt deren Gesamtheit oder auch Einzelheiten gemäß dem Prinzip der Mimesis nachahmend zum Vorbild. Dementsprechend steht die Farbe im Dienst der Nachahmung, was von Jantzen unter den Begriff „Darstellungswert“ gefasst wird.[686] Dieser wird besonders für die traditionelle Malerei als wesentlich angesehen. Der Farbe wird somit eine dienende Rolle zugewiesen, die sie in dem Maße erfüllt, wie sie dem Naturvorbild entspricht.[687]

---

[684] Die Begriffe stellt Hans Jantzen in seinem Aufsatz „Über Prinzipien der Farbengebung in der Malerei“ dar, in: Über den gotischen Kirchenraum u.a. Aufsätze, Berlin 1951, S. 61-67.

[685] Dittmann, Farbgestaltung im 19. Jahrhundert, S. 110.

[686] „Von Darstellungswerten der Farbe spreche ich, insofern Farbe nur als Anweisung auf den Farbenträger angesehen wird, und zwar die anweisende Funktion hier im weitesten Umfange gedacht, je nachdem wir aus der Farbe allein auf Bedeutung, Stofflichkeit des Gegenstandes, seine Stellung im Raume, seine Beziehung zu anderen Dingen und so fort schließen.“ Jantzen, Prinzipien der Farbengebung, S. 61.

[687] Es wurde in dieser Arbeit bereits kritisiert, dass es eine farbliche Übereinstimmung zwischen der Farbe der Natur und derjenigen im Kunstwerk nicht geben kann. ( S. das

„Solange die Malerei als abbildende Kunst angesehen wurde, war es die Farbe als Elementarphänomen der sichtbaren Welt, die in der Vorstellung des Künstlers (und Betrachters) einen absoluten, unanfechtbaren Rang einnahm. Ihr Wert als Darstellungsmittel der Malerei musste sich nach dem Grad ihrer Übereinstimmung mit der allein als vorbildlich erachteten Farbgegebenheit der Natur bemessen und daher schon als ein bedingter erscheinen. Im Zustande einer noch ungestalteten Materie aber konnte ihr nur eine dienende Rolle zuerkannt werden.
Mit dem Schwinden der Idee einer naturnachahmenden Funktion der Malerei mußte eine solche Farb-Hierarchie ihren Sinn verlieren. Auch ließ sie sich mit der seit dem späten 19. Jahrhundert reifenden Erkenntnis der Eigenwerte und Eigensprache der malerischen Gestaltungsmittel nicht mehr in Einklang bringen. Immer deutlicher sollte sich zeigen, wie lange der Glaube an sie einer tieferen Einsicht in die künstlerischen Möglichkeiten des Kolorits und in seine Bedeutung für die Bildgestalt im Wege gestanden hatte.“[688]

Mit dem Eigenwert hingegen verlagert sich der Schwerpunkt auf das Subjekt. Die Natur wird nicht mehr als Gegenüber, sondern als Integral empfunden.

„[...] in ihr [der Farbe] symbolisiert sich die wirkende Natur, und alles Einzelne, Beobachtende, Imitative wird von dieser größeren, gewaltigeren und umfassenderen Vorstellung getragen.“[689]

Der Eigenwert der Farbe kommt beim zweiten Naturbegriff zur Geltung, der den durch die Mimesis vertretenen Subjekt-Objekt-Gegensatz, die Natur als Gegenüber des Menschen, überwindet. Wesentlicher Zug ist somit die Einheit von Natur und Mensch, der stets im Bezug zu seiner Umwelt gesehen wird, zu der er in einer Erlebnisbeziehung steht. Demgemäß erhält Farbe eine ontologische Auslegung: sie wird als Bestandteil der Welt und als Grundlage der sinnlichen Wahrnehmung definiert.[690] Mit anderen Worten: Über die

---

Kapitel über die Ähnlichkeit). Naturnachahmung lässt sich so höchstens als Näherungswert fassen.

688 Ernst Strauss, Zur Wesenbestimmung der Bildfarbe, in: Koloritgeschichtliche Untersuchungen S. 13.

689 Hetzer, Tizian, S. 117.

690 So schreibt Goethe, dass Farbe, Licht und Dunkel Grundelemente sind, die die optische Wahrnehmung erst ermöglichen. (Vorwort zur Farbenlehre).

Erscheinung der Farbe als Offenbarung der Natur verbinden sich über die Wahrnehmung Subjekt und Objekt, innere und äußere Natur.[691]

> „,Natur' aber wird hier verstanden als eine Dimension, an der wir selbst teilhaben, von der wir uns nicht distanzieren können, die unsere konkrete leibliche Existenz und deren Weltbezug ermöglicht. Damit erhält auch die Frage nach der Farbgestaltung einen anderen Sinn. Nicht nach ,Darstellungswerten' im Hinblick auf einzeldingliche Farbträger wird gefragt, sondern nach Licht, Dunkel und Farbe als Ermöglichung unseres Sehens wie als Elementen der sichtbaren Welt."[692]

Dies umfasst auch den Gesichtspunkt der Leiblichkeit, der in seiner Verschränkung von Außen- und Innenerfahrung ebenfalls ein Wechselverhältnis von Subjekt und Objekt bekundet. Eine leibanaloge Gestaltung bezieht sich somit auf die innere Erfahrung des Leibes und die dadurch notwenig gewordene Gesetzlichkeit künstlerischer Umsetzung.[693] Natur als Ganzheit, Ursprünglichkeit und Grundlage aller Existenz gesehen, betrifft somit auch den Künstler, der sich mitten in der Natur als Teil von ihr befindet, diese erlebt und von seinem Standpunkt aus deutet und somit gleich der Natur Neues aus sich heraus schafft.[694] So in die Nähe des Schöpfungsprozesses gebracht wird der dynamische Pozess der schaffenden Natur betont.[695]

---

691 Vgl. Dittmann, Farbgestaltung im 19. Jahrhundert, S. 109.
Der Begriff der „inneren Natur" ist vieldeutig. „Er steht in erster Linie für die Sphäre der menschlichen Empfindungen, Affekte, Triebe und Bedürfnisse, sofern diese als Manifestation naturgegebener Anlagen angesehen werden können." Jörg Zimmermann, Zur Geschichte des ästhetischen Naturbegriffs, in: Ders., Das Naturbild des Menschen, S. 134.

692 Dittmann, Werk und Natur, S. 110.

693 „Farbe ist selbst Materie. Leibhaft, leibanalog aber kann sie nur erscheinen, wenn sie als gewachsen, von einem Innen heraus nach eigenen Gesetzen erfaßt und künstlerisch realisiert wird." Dittmann, Leiblichkeit der Farbe, S. 30.

694 „Die Zwiesprache mit der Natur bleibt für den Künstler conditio sine qua non. Der Künstler ist Mensch, selber Natur und ein Stück Natur im Raume der Natur." Klee, Wege des Naturstudiums (1923), in: Christian Geelhaar (Hg.), Paul Klee. Schriften, Rezensionen und Aufsätze, Köln 1976, S. 24.
„Da der geniehaft produzierende Künstler wie die Natur gleichsam über nie versiegende Ressourcen verfügt, vermag er ständig Neues hervorzubringen. Der Akt dieses autonomen Schaffens kommt einer Erfindung gleich." Norbert Schneider, Geschichte der Ästhetik von der Aufklärung bis zur Postmoderne, Stuttgart 1996, S. 13.

695 „Eine Vorstufe dieser Identifikation von innerer und äußerer Natur bildet die Genieästhetik, die das Schaffen des Künstlers teleologisch als Analogon eines der Natur als solcher immanenten inneren Bildungstriebs versteht: natura naturans, die sich selbst

Der dem Begriff natura naturans immanente Bildungsprozess vereinigt im Kunstwerk die innere und äußere Natur über den Künstler. Die subjektive Komponente der natura naturans lässt sich mit dem endogenen Erklärungsmodell der Expressionstheorie als Gegenpol zur Nachahmungstheorie in Einklang bringen[696]: Quelle und Movens des künstlerischen Schaffens liegen im Innern des Künstlers, in seinen Empfindungen oder seiner selbstreflektorischen Intellektualität. Dies entspricht dem Modell des autonom schaffenden Künstlers, der die Wirklichkeit in seinen Werken nicht reproduziert, sondern selbständig hervorbringt.[697]

Die Polarisation zwischen Nachahmung und Ausdruck begann bereits in der Romantik mit der Infragestellung der Mimesis bei gleichzeitiger Betonung der subjektiven Bedeutung von Ausdruck.[698] Polarisierend wird demzufolge auch das dem künstlerischen Ausdruck verschriebene Modell Grundlage zur Betrachtung der Moderne, wie es sich auch in den meisten avantgardistischen Kunsttheorien als das Prinzip der modernen Kunst schlechthin widerspiegelt.[699] Dementsprechend erscheint Farbe als Elementarkraft in einer das Gegenständliche als Gegenüber übergreifenden Gestaltungsweise, dem „Eigenwert"[700] oder

---

die Regel gibt, deren Werke daher nicht mechanisch konstruiert, sondern organisch entfaltet werden." Zimmermann, ästhetischer Naturbegriff, S. 134.

696 „Während das Expressionsmodell eine stark subjektivistische Färbung hat, ist bei dem Ansatz der Mimesis die Orientierung eher objektivistisch, denn ihr Hauptaxiom ist bzw. war das ‚Ars-imitatur-naturam-Prinzip'. Es sind also exogene Faktoren, die bei ihr ausschlaggebend sind. Die Natur, die äußere Realität, gilt hier als Lehrmeisterin, die Kunst steht zu ihr in einem dienenden Verhältnis." Schneider, Ästhetik, S. 14.

697 Vgl. Schneider, Ästhetik, S. 12-13.

698 „Das Nachahmungspostulat verfiel spätestens seit der Romantik dem Verdikt sklavischer Abhängigkeit von der Natur, wobei der Vorwurf lautet, dass Mimesis eine bloße Wiederholung des bereits vorhandenen sei." Schneider, Ästhetik, S. 15.

699 Vgl. Schneider, Ästhetik, S. 13 f.

700 „So spreche ich also von Eigenwerten der Farbe, insofern Farbe losgelöst von jedem Farbenträger gesehen wird." Jantzen, Prinzipien der Farbengebung, S. 61.

„Alles, was Farbe nach ihrem rein sinnlichen Eindruck für das Auge wirkungsvoll oder reizvoll macht, bestimmt in diesem Sinne den Charakter der Eigenwerte. Das Wesen der Farbe als Eigenwert spricht sich also am wirkungsvollsten in der Elementarkraft der Farbe aus, in allen den Momenten, die den allgemeinsten, elementarsten, rohen Eindruck der Farbe fördern. Dahin gehören Intensität, die an reine und gesättigte Qualitäten gebunden sind, große einfache Fleckenform. die eine gewisse quantitative Ausbreitung der Farbe erlaubt, ferner Homogenität des Farbenkörpers, insofern damit

auch „Ausdruckswert“, der den Eigenwert noch zugunsten des zu erzielenden Ausdrucks übersteigert.[701]

### V.1.3. Natur und Malerei: Die Landschaft

Zwar gilt uns Natur und deren Darstellung als allgemeiner Schlüssel zu Verständnis und Interpretation des Kunstwerks, aber in der methodischen Vorgehensweise wird zur deutlicheren Veranschaulichung zunächst die Gattung der Landschaftsmalerei als direkte Thematisierung der Natur betrachtet. Auch in der Forschung ist der Umsetzungsprozess von Natur in Malerei primär Gegenstand der Untersuchungen über die Landschaftsmalerei, wo die Natur als deren vornehmlicher Bildgegenstand fungiert.[702] Betrachtet man nun Landschaftsmalerei als direkten künstlerischen Niederschlag von Naturanschauung, so gilt die Frage der Forschung bezüglich der Moderne, wie sich in einer der Nachahmung abholden Kunst Natur überhaupt noch präsentieren kann.[703] Die Moderne fällt nämlich aus dem stark von der Mimesis geprägten Entwicklungsmodell der Landschaftsmalerei heraus, da diese – wie auch das Porträt – als Errungenschaft der Neuzeit ab dem 19. Jahrhundert wieder in Frage gestellt und vom „Ende der Landschaftsmalerei“ gesprochen wird.[704]

---

die Brillanz oder Kraft der Farbe erreicht werden kann, und schließlich, nicht zuletzt, die Zusammenstellung mit solchen Farben, die die eigene Schönheit stärken durch Verwandtschaft oder Kontrast.“ Ebenda, S. 62.

[701] „Der Ausdruckswert verlangt eine gewisse Zugespitztheit der farbigen Wirkung. Der Eigenwert der Farbe muß angespannt, muß übersteigert werden, damit die ‚sinnlich-sittlichen’ Wirkungen der Farbe in der darstellenden Malerei mit ihrer ganzen Kraft zur Wirkung kommen können.“ Dittmann, Grünewald, S. 97.

[702] „Denn die Art des Naturverhältnisses, wie sie sich vornehmlich in der Landschaftsmalerei darstellt, macht einen Aspekt des Weltbezuges überhaupt sichtbar.“ Dittmann, Farbgestaltung im 19. Jahrhundert, S. 95.

[703] Vgl. hier v.a. Hülsewig-Johnen, die diese Sicht auch für das Porträt hat. „Vor der Folie der Tradition von Landschaft und ihrer bildlichen Darstellung, die den Inhalt des Begriffs bestimmt und die Bildform geprägt hat, stellt sich nun die Frage, in welchem Verhältnis die Anschauungsmomente expressionistischer Naturdarstellung zur traditionellen Landschaftsmalerei stehen und darüber hinaus, welches Verhältnis zur Erfahrung von Natur sich im Bild manifestiert [...].“ Jutta Hülsewig-Johnen, Seelenlandschaft – Zur Naturdarstellung des Expressionismus, in: O meine Zeit, Bielefeld 1985, S. 54 f.

[704] Vgl. dazu v.a. Gottfried Boehm, Das neue Bild der Natur. Nach dem Ende der Landschaftsmalerei, in: Manfred Smuda (Hg.), Landschaft, Frankfurt/Main 1986, S. 87-110 und Ders., Das neue Bild der Natur. Zum Naturverständnis der Moderne, in: 6

Im Vergleich mit der traditionellen Malerei wird geschlossen, dass im Zuge der Subjektivierung mit der Infragestellung einer illusionistischen, aus der Nachahmung der außerbildlichen Wirklichkeit resultierenden Darstellung das Sichzurechtfinden des Betrachters in der Landschaftsdarstellung nicht mehr gewährleistet ist. Statt des objektiven Gegenübers werde nun, nicht zuletzt mit Blick auf die Ergebnisse der zeitgenössischen Wissenschaften, das Innere relevant. Über Schmidt-Rottluff heißt es:

> „Die objektive Ordnung der Natur war plötzlich kein Gegenüber mehr, das Abbild der Natur wurde zum Abbild des menschlichen Geistes und ließ sich kaum anders als sinnbildlich mitteilen. Der Künstler wurde auf eine letzte Innenwelt zurückgeworfen, und im Kunstwerk bleib ein Rest von Erlebnis, der in der Gestalt nicht zu begleichen war."[705]

Mit dem Wegfall des verpflichtenden Gegenübers rücke das persönliche Ausdrucksstreben des Künstlers in den Vordergrund. Der subjektive Einsatz der Farbe, ihr Eigenwert, verhindere einen Verweis über sich hinaus, so dass Landschaft bestenfalls als restlicher Bezug zur realen Erscheinung, als ikonographisches Relikt, bestehe. Autonomie, Abstraktion, Reduktion oder subjektive Phantasie ließen darauf deuten, dass eine „vorbildlich gedachte Natur nicht mehr zum Maßstab der künstlerischen Arbeit erhoben" werde: „Die Kunst ist Schöpfung unseres Geistes, zu der die Natur nur die Gelegenheit gegeben hat."[706] Die reale Erscheinung der Landschaft, gleichsam das

---

Beiträge zur kunsthistorischen Forschung, hrsg. von der Fachschaft Kunstgeschichte Saarbrücken 1991, S. 6-14.

[705] Grohmann, Schmidt-Rottluff, S. 27.
„Einem Eisberg – so hörten wir's – sei der Mensch vergleichbar, der nur zu einem Teil in das Tageslicht des Bewußtseins hineinrage, unten und in seiner Masse aber gesteuert und bewegt würde durch dunkle Ströme des Unbewußten. Da kam auch schon der Gedanke hoch, dass jener Dualismus, jenes Gegenüber von Mensch und Natur – die Prämisse des humanistischen Menschenbildes! – gar nicht existiere und daß der Mensch nur Teil einer Natur sei, mit der er in seinen vegetativen und unbewußten Schichten durchaus kommuniziere und dass aus jenen, ich möchte sagen ‚orphischen' Schichten Mitteilungen herauftreten und im Bewußtsein relevant werden könnten. ‚Parallel zur Natur', ‚Wie die Natur' – das waren Worte, die aus dieser [ ...] Vorstellung kamen und die moderne Ästhetik bewegten." Werner Haftmann, Über das moderne Bild, in: Skizzenbuch zur Kultur der Gegenwart. Reden und Aufsätze, München 1960, S. 117 f.

[706] Maurice Denis, Theorie des Äquivalents oder des Symbols, zitiert bei Hess, Das Problem der Farbe, S. 60.

Objekt, habe somit als Gegenüber fast keine Geltung mehr.[707] Das Naturverhältnis drücke sich in der Moderne nicht mehr in der Gattung Landschaft aus.

> „Die Kunst überholte die Natur, sie befreite sie von fremden Diensten, sie gelangte zu sich und ihren eigenen Möglichkeiten. So ließe sich diese künstlerische Tendenz der Moderne umschreiben."[708]

Hier spielt zu sehr die Gleichsetzung von Natur und Illusionierung eine Rolle. Wie bereits dargelegt, ist der Prozess der Realisation eine Grundvoraussetzung der Malerei schlechthin. Das Resultat des Bildes steht als organisierte optische Einheit bewusst neben der Natur und stellt ihr gegenüber zwangsläufig eine Auswahl und Abstraktion dar. Erhellung über das Verhältnis der Modernen zur Natur soll der Entstehungsprozess von der Natur zur Landschaftsmalerei als allgemeines psychisches Phänomen bringen. Zwar nur der traditionellen Malerei zugrunde gelegt, bildet der Kern dieser Theorie die Verschränkung von Subjekt und Objekt als grundlegende Bedingung einer Wahrnehmungsbeziehung überhaupt. Als Voraussetzung gilt die Leistung des Betrachters, der die Landschaft als in sich geschlossene Einheit aus der Natur erst über den Schritt der auswählenden und zusammensetzenden Wahrnehmung, also der geistigen Gestaltung, herausbilden muß.[709]

---

[707] „Schrittweise wird in den Bildern die Subjektivität zum Thema wie der Gegenstand selbst. Noch spielt zwar prototypisch – bei Gauguin, von Gogh oder Cézanne die ‚natürliche Erfahrung' eine wichtige Rolle, doch tritt daneben der Anteil der Subjektivität immer prägnanter hervor; die impliziert – wir beziehen uns auf Cézanne – eine fortschreitende Auflösung des Gegenstandes. In eben dem Maße, wie die Gegenständlichkeit ihren definierten Kontur verliert, gewinnt die Gesetzlichkeit unmittelbar des Bildes selbst, analog wiederum zur wissenschaftlichen Theorie – an Autonomie, Unabhängigkeit vom Gegenstand der ‚natürlichen Erfahrung'. Fraglos erkennen wir in den Bildern Cézannes den Mont St.-Victoire, aber der Bezug auf seine reale Erscheinung ist der Gesetzlichkeit des Bildes untergeordnet." Rolf Wedewer, Landschaft als vermittelte Theorie, in: Manfred Smuda (Hg.), Landschaft, Frankfurt/Main 1986, S. 122.

[708] Boehm, Das neue Bild der Natur. Zum Naturverständnis der Moderne, S. 6.

[709] „Landschaftsmalerei als Gattung gilt als Folge einer zunehmenden Betrachtung der Wahrnehmung und der Rolle des Betrachters in der Kunst." Vgl. Marc. E. Blanchard, Landschaftsmalerei als Bildgattung und der Diskurs der Kunstgeschichte, in: Manfred Smuda (Hg.), Landschaft, Frankfurt/Main 1986, S. 75.

> „Landschaft ist Natur, gesehen durch einen Filter von Ideen, Wertungen, Stimmungen im weitesten Sinne, die ihren Ursprung nicht im Außen, nicht im Objekt haben.“[710]

Ein Kunstwerk zeichnet sich so durch eine Eigengesetzlichkeit künstlerischer Gestaltung aus dem Lebenszusammenhang heraus aus, als „Ergebnis einer Deutung, die mit menschlichen Sichtweisen korrespondiert.“[711]

> „Denn das Verständnis unseres ganzen Problems hängt an dem Motiv: das Kunstwerk Landschaft entsteht als die steigende Fortsetzung und Reinigung des Prozesses, in dem uns allen aus dem bloßen Eindruck einzelner Naturdinge die Landschaft – im Sinne des gewöhnlichen Sprachgebrauchs – erwächst. Eben das, was der Künstler tut, dass er aus der chaotischen Strömung und Endlosigkeit der unmittelbar gegebenen Welt ein Stück herausgrenzt, es als eine Einheit fasst und formt, die nun ihren Sinn in sich selbst findet und die weltverbindenden Fäden abgeschnitten und in den eigenen Mittelpunkt zurückgeknüpft hat – eben dies tun wir in niederem, weniger prinzipiellen Maße, in fragmentarischer, grenzunsicherer Art, sobald wir statt einer Wiese und eines Hauses und eines Baches und eines Wolkenzuges nun eine ‚Landschaft' schauen.“[712]

Die ordnende Sicht zur ästhetischen Einheit Landschaft ist somit Vorstufe zum Kunstwerk, das in seiner Abgeschlossenheit eine Fixierung einer persönlichen Naturanschauung bildet. Landschaft stellt so nur einen Ausschnitt der Existenzgesamtheit Natur dar, der diese zwar noch enthält, aber in sich eine neue, eigenständige Einheit

---

Vgl. auch Ritter: „Natur als Landschaft ist Frucht und Ergebnis des theoretischen Geistes.“ Joachim Ritter, Landschaft. Zur Funktion des Ästhetischen in der modernen Gesellschaft, in: Ders., Subjektivität. Sechs Aufsätze, Frankfurt/Main 1974, S. 146.

[710] Herbert Lehmann, Die Physiognomie der Landschaft, in: Studium Generale, 3. Jg., 1950, Heft 4/5, S. 186.

„Die Natur vor uns, dieses Insgesamt (‚Kosmos') aus Pflanzen, Tieren, Gewässern, Landstrichen und Ozeanen (von sich aus entstanden, vom Mensch nicht gemacht), ist als sehr viel weniger ‚natürlich', d. h. selbstverständlich, als es scheint. Sie ist, wie immer wir sie verstehen, von unserem Bewußtsein aufgefaßt und bestimmt.“ Boehm, Das neue Bild der Natur, Zum Naturverständnis der Moderne, S. 7.

[711] Boehm, Das neue Bild der Natur. Zum Naturverständnis der Moderne, S. 7.

[712] Georg Simmel, Philosophie der Landschaft (1913), in: Ders., Brücke und Tür. Essays des Philosophen zur Geschichte, Religion, Kunst und Gesellschaft, hrsg., von Michael Landmann, Stuttgart 1956, S. 144.

„Wo wir wirklich Landschaft und nicht mehr eine Summe einzelner Naturgegenstände sehen, haben wir ein Kunstwerk in statu nascendi.“ Ebenda, S. 147.

repräsentiere. Diese Art der Zusammensetzung einer gedeuteten Auswahl aus einer ungeordneten Mannigfaltigkeit ist Voraussetzung für die Schaffung des Kunstwerkes:

> „[...] denn wenn sie [die Gestaltungsarten] in Eigengesetzlichkeit und gelöst von der dienenden Verwebung in das Leben ein Objekt für sich formen, das nur ihr Produkt ist, so ist dies eben ein ‚Kunstwerk'".[713]

Die Einheit der Landschaft wird dabei über die besondere Struktur des Subjektes gebildet, für die sich der Naturbezug im Naturerlebnis niederschlägt. Dadurch ergibt sich ein Dualismus: Der Teil eines Ganzen wird selbst zu einem selbständigen geistigen Ganzen. Die Zusammenstellung zum Ganzen, der Zusammenschluss eines Mannigfaltigen, erfolgt über das sich Bewusstwerden der Wahrnehmung und der deutenden Auswahl des sich über seine Fähigkeit zur Handlung auszeichnenden Subjektes, dem sich die Welt über seinen Standpunkt erschließt.

Auf die Problematik von Subjekt und Objekt gebracht bedeutet dies ein Selbstverständnis des Betrachters als autonomes Gegenüber der Natur, ein Subjekt und Objekt scheidendes Distanzverhältnis. Diese Differenzierung wird als Entwicklungsstufe des menschlichen Geistes zu Beginn der Neuzeit angesehen.[714] Die Ausbildung des Subjekts als selbständiges, der Natur gegenüberstehendes Individuum ermögliche erst den Blick auf die Natur. Landschaft definiert sich so als Produkt einer Distanznahme:[715]

---

[713]Ebenda, S. 146 f. Der Künstler unterscheidet sich dabei vom normalen Betrachter durch seine geschultere und prinzipiellere Art. „Dies scheint mir die geistige Tat zu sein, mit der der Mensch einen Erscheinungskreis in die Kategorie ‚Landschaft' hineinformt: eine in sich geschlossene Anschauung als selbstgenügsame Einheit empfunden, dennoch verflochten in ein unendlich weiter Erstrecktes, weiter Flutendes, eingefaßt in Grenzen, die für das darunter, in anderer Schicht wohnende Gefühl des göttlichen Einen, des Naturganzen nicht bestehen." Simmel, Philosophie der Landschaft, S. 142.

[714]„Das Zeitalter der Renaissance wird allgemein als ein signifikanter Einschnitt in der Gesamtheit des ästhetischen Verhältnisses zur Natur angesehen." Zimmermann, Ästhetischer Naturbegriff, S. 126. („Wohl zum ersten Mal von Jacob Burkhardt in dem Abschnitt ‚Entdeckung der landschaftlichen Schönheit', in seiner Abhandlung über ‚Kultur der Renaissance in Italien' (1860)." Ebenda, S. 149, Anm. 26).

[715]„Landschaftsmalerei ist nur dort möglich, wo der Mensch die Natur als sein Gegenüber erfährt. [...] Wer in der Natur steht, malt keine Landschaften." Lützeler, Vom Wesen der Landschaftsmalerei, in: Studium Generale, 3. Jg., 1950. H. 4/5, S. 215.

> „Die Individualisierung der inneren und äußeren Daseinsform, die Auflösung der ursprünglichen Gesamtheiten zu Verbundenheiten zu differenzierten Eigenbeständen – diese große Formel der nachmittelalterlichen Welt hat uns auch aus der Natur erst die Landschaft heraussehen lassen.“[716]

Dies beinhaltet auch den Aspekt der Entfremdung aus einer ursprünglichen Integration von Mensch und Natur. Dem damit ausgedrückten Subjekt-Objekt-Gegensatz entspricht der Wahrnehmung der Natur als Gegenüber, der natura naturata und somit der Mimesis. Für die Moderne wird nun aufgrund des vorausgesetzten Fehlens dieser mimetischen Komponente und somit des ausschnitthaften Gegenübers ein anderes Bildverständnis zugrundegelegt.[717] Ist die Distanz des Subjekts zum Objekt aufgehoben, wird Natur als allumfassendes, ursprüngliches Integral, als erst noch zu formendes Urmaterial angesehen – angesichts der Individualisierung des Menschen als Gegenüber in der Neuzeit ein Rückschritt.

Betrachtet man aber nun die Beziehung von Subjekt und Objekt als generelles Moment von Anschauung und Wahrnehmung, die Welt als dem Einzelnen individuell erscheinendes,[718] so ist es grundsätzlich falsch, eine Trennung jemals vorzunehmen. Der Mensch ist immer ein Erlebender und eine Distanz zur Natur niemals absolut.

> „Hingegen gehört es zum tiefsten Wesen unserer Welt, dass sie stets die Welt eines ichs ist; das Subjekt kann schlechterdings nicht aus ihr herausgelöst werden, ohne dass sie aufhörte, in dem Sinne ‚Welt' zu sein, wie wir dieses Wort verstehen. Im Begriff der Welt – ganz allgemein

---

[716] Simmel, Philosophie der Landschaft, S. 143.

[717] „Die Entstehung des neuen Bildes mitten aus der Landschaftsmalerei, die Veränderung des alten Gedankens der Natur: als Ausschnitt erfaßt und darin als Einheit gedeutet, gilt es zu verfolgen. Die weitreichenden Veränderungen im Bildverständnis entsprechen einer veränderten Naturerfahrung, legen sie aus, geben ihr bildliche Präsenz.“ Boehm, Das neue Bild der Natur nach dem Ende der Landschaftsmalerei, S. 88.

[718] „Mit der Einsicht, dass jedes Lebewesen mit dem ihm mitgeteilten Apparat der Sinne in eine ganz bestimmte und nur ihm angemessene Umwelt eingehängt ist, die ihm natürlich als ‚Welt' erscheint, daß der jeweilige Apparat der Sinne und ‚Umwelt' so innig einander zugeordnet sind, daß ihr Zusammenwirken allein das Existenzfeld des Lebewesens herstellt, mit dieser experimentell erhärteten Einsicht ist klar geworden, daß es so viele Existenzfelder wie Lebewesen gibt [...].“ Haftmann, Der moderne Malerei, S. 16.

gesprochen: des Objekts – steckt schon diese Wendung zum Subjekt. Man kann sich denken, dass es eine Welt gegeben habe, bevor ein Auge da war, das sie erschaute. Aber die erschaute Welt ist eben stets eine vom *Subjekt erschaute*. Die, völlig unvorstellbare, Welt der Dinge an sich wäre gänzlich unabhängig von irgend einem Subjekt. In die Welt der Erscheinungen jedoch, der einzigen, die wir kennen, treten die Dinge nur dann ein, wenn sie Objekte der Wahrnehmungsakte eines Ichs werden."[719]

## V.1.4. Die Stimmung als Verbindung von Subjekt und Objekt

Die Verbindung von Subjekt und Objekt, Mensch und Natur im Wahrnehmungsprozess geschieht über die Stimmung.[720]

> „In der Stimmung erleben wir eine Korrespondenz der Welt in uns mit der Welt außer uns."[721]

Der Mensch als Teil der Welt trägt diese in sich und ist wiederum von ihr umgeben, so dass sich diesem über die Stimmung als Befindlichkeit des Ichs die Welt erschließt und auslegt.

> „Jede Stimmung erschließt uns selbst und in eins damit unsere Befindlichkeit in der Welt, immer ist die Welt zugleich in ihrer Bedeutsamkeit für den Menschen und nicht allein in sich erkannt."[722]

Stimmung gilt als ursprüngliche Erfahrung eines In-der-Welt-Seins im Sinne einer Verbindung von innerer und äußerer Natur, als das Dasein färbende seelische Grundverfassung.[723] Als Weise des In-der-Welt-

---

[719] Georg Marzynski, Die Methode des Expressionismus. Studien zu seiner Psychologie, Leipzig, S. 28.
„Stehen Welt und Ich in wesensnotwendiger Korrelation, und ist die Welt, das Reich der Objekte, stets eine dem Subjekt zugekehrte Welt, so nimmt sie auch irgendwie an der Individualität des Subjekts teil. Wie ich es auch wende. Die Welt vor mir bleibt stets *meine* Welt, daran ändert auch die Tatsache nichts, daß an dieser ‚gleichen' Welt noch andere Individuen teilhaben. Die Welt wird stets von der Subjektivität getragen, und damit strömt auch die Individualität des Subjekts in die Welt ein. Es ist mein Ich und meine Welt, die in der Einheit des übersubjektiven Individuums zusammenfließen." Ebenda, S. 29.

[720] Der Begriff bildete sich in der Romantik und wurde vor allem um 1900 unter dem starken Einfluss der Psychologie angewandt. In starkem Zusammenhang steht auch die Wendung zum Subjekt.

[721] Smuda, Natur, S. 61.

[722] Heinrich Lützeler, Vom Wesen der Landschaftsmalerei, in: Studium Generale, 3. Jg., 1950, Heft 4/5, S. 216.

[723] So Heidegger in „Sein und Zeit" (1927), Tübingen $^{8}$1957 und der sich stark auf ihn beziehende Otto Friedrich Bollnow, Vom Wesen der Stimmungen (1941-43), Frankfurt/Main, $^{3}$1956.

Seins umschließt Stimmung sowohl das Subjekt als auch die Welt, hat in Welt und Dasein die gleiche Existenzweise. Ontologisch gesehen kommt ihr somit die primäre Entdeckung der Welt und die Charakterisierung des Da-Seins zu.[724]

„Diese Schicht der immer vorhandenen Stimmungen bildet den tragenden Untergrund aus dem sich das gesamte sonstige Seelenleben entwickelt und von dem es in seinem Wesen durchgehend bestehen bleibt. Durch eine bestimmte Grundstimmung werden bestimmte Erlebnisse möglich gemacht und andere wiederum von vorneherein ausgeschlossen, weil sie sich mit dem Rahmen dieser Stimmungen nicht vertragen. Durch diese

---

„Daß Stimmungen verdorben werden und umschlagen können, sagt nur, daß das Dasein je schon immer gestimmt ist." Heidegger, Sein und Zeit, S. 134.
„Es gibt grundsätzlich keinen Zustand des menschlichen Lebens, der nicht schon in bestimmter Weise gestimmt wäre." Bollnow, Das Wesen der Stimmungen, S. 54.
Stimmung wird somit definiert als seelisches Leben, als unterste Grundlage der Lebensgefühle und gehört daher als notwendiger und unentbehrlicher Bestandteil zum ursprünglichen Wesen des Menschen.
Dies besagt auch die Einfühlungstheorie von Lipps, eine auf psychologische Erfahrung gegründete Ästhetik. Theodor Lipps, Grundlegung der Ästhetik, Bd. 1, (zuerst1903), Leipzig 1923, Einleitung, S. 1: „Aufgabe der Ästhetik ist es, die Wirkung, die ein Objekt im Betrachter hervorbringt, zu analysieren, zu beschreiben, zu begrenzen und verständlich zu machen. [...] Diese Aufgabe ist eine psychologische. Die Ästhetik ist also eine psychologische Disziplin."
„Was ist Stimmung? Ich antworte: Stimmung ist – nicht an sich ein Gefühl – sondern es ist eine Zuständlichkeit meiner, ich bin so und so gestimmt." Lipps, Ästhetik, S. 219.
„Die Bedeutung, die Theodor Lipps ‚Ästhetik' um die Jahrhundertwende (und noch bis in die zwanziger Jahre) gehabt hat, läßt sich heute kaum noch ermessen. Sein Schlüsselbegriff der ‚Einfühlung' hat über die Erörterung ästhetischer Fragen hinaus als elementare psychologische Kategorie in den Alltag gewirkt." Schneider, Ästhetik, S. 134.
Mit Lützeler ist hier zu kritisieren, dass die Ästhetiken um 1900, darunter die von Lipps „mit erschreckend wenig konkreten Kunstwerken als Beispielen auskommen". (S. 806.) Sie „errichten riesige Gedankengebäude auf einer äußerst schmalen Basis der Kunsterfahrung." (S. 807). Beide Zitate in: Heinrich Lützeler, Kunsterfahrung und Kunstwissenschaft. Systematische und Entwicklungsgeschichtliche Darstellung und Dokumentation des Umgangs mit der bildenden Kunst, Bd. 2, Freiburg, München 1975.
Insofern sei hier auf Lipps nur zur theoretischen Untermauerung verwiesen.
Ebenfalls kritisch zu sehen ist die Übertragung des Begriffs der „Einfühlung" auf die Kunst in der stark von Lipps beeinflussten Dissertation Worringers „Abstraktion und Einfühlung". Dieser polarisiert zwischen einer in der sog. „klassischen Kunst" herrschenden Einfühlung, die über das Verwandt-Organische der Illusionierung gefördert wird und der von der Abstraktion beherrschten Moderne. Beides aber sind Kategorien die m.E. nicht zu trennen sind.

[724] Vgl. Heidegger, Sein und Zeit, S. 136 ff.

> Grundstimmungen werden einzelne Erlebnisse in eine ganz bestimmte Richtung abgeleitet."[725]

Dies schlägt sich auch auf die Wahrnehmung nieder: „Die Stimmungen bedingen also von vorneherein, wie die Welt und das Leben dem Menschen erscheinen."[726]

Diesen Grundbedingungen menschlicher Auffassungsweise bedeuten für die Landschaft folgendes: Über die Stimmung verbinden sich Betrachter und Betrachtetes zu einer Einheit und die Welt wird somit zur individuell angeschauten und leiblich erfahrenen. Der Zusammenschluss von Anschauung und Anschaulichem[727] entspricht der Verbindung von Subjekt und Objekt, indem die geistige Struktur und Befindlichkeit des Einzelnen über die Wahrnehmung mit dem visuell Vorgegebenen korreliert. Die Einheit der Landschaft als geistiger Akt kommt so über die seelische Einheit von Menschen und Natur zustande.

> „Der erhebliche Träger dieser Einheit ist wohl das, was man die ‚Stimmung' der Landschaft nennt. Denn wie wir unter Stimmung eines Menschen das Einheitliche verstehen, das dauernd oder für jetzt die Gesamtheit seiner seelischen Einzelinhalte färbt, nicht selbst etwas Einzelnes, oft auch nicht an einem Einzelnen angebbar haftend, und doch das Allgemeine, worin all dies Einzelne jetzt sich trifft – so durchdringt die Stimmung der Landschaft all ihre einzelnen Elemente, oft ohne dass man ein einzelnes für sie haftbar machen könnte; in einer schon bezeichnenden Weise hat ein jedes an ihr teil, aber sie besteht weder außerhalb dieser Beiträge, noch ist sie aus ihnen zusammengesetzt."[728]

---

[725] Bollnow, Vom Wesen der Stimmungen, S. 54.

[726] Bollnow, Vom Wesen der Stimmungen, S. 55.

[727] „Stimmung haftet nicht am Einzelnen, sie schließt nicht die gegenstandsbedeutsame Form der Dinge in ihrem Problemgehalt auf, sie ist selbst nichts Einzelnes, ‚Innerliches' – sondern sie ist die Einheitsbeziehung der einzelnen Elemente der Landschaft, jeder Teil ist in ihr erfaßt und geordnet, und zwar hingeordnet auf die Anschauung, die erst diese Beziehung als einen einheitlichen Kreislauf vollendet. Stimmung bezieht uns in ihr Wesen ein, spricht uns in einer Farbe, einer Nuance an und schließt Anschauung und Anschauliches in horizonthafter Einheit zusammen." Boehm, Studien zur Perspektivität. Philosophie und Kunst in der frühen Neuzeit, Diss. Heidelberg 1969, S. 64.

[728] Simmel, Philosophie der Landschaft, S. 149.
Grundvoraussetzung für diese Überlegung ist bei Simmel die Einheit des Lebens, in dem Leib und Seele, Objektives und Geistiges in einem sich gegenseitig bedingenden Beziehungsgeflecht stehen.

Für die Landschaft als geistige Einheit bedeutet dies, dass Akt ihrer Schöpfung und die Art ihrer Erscheinung unmittelbar zusammenhängen.

„So wird die Einheit, die die Landschaft als solche zustande bringt, und die Stimmung, die uns aus ihr entgegenschlägt und mit der wir sie umgreifen, nur nachträglich Zerlegungen eines und desselben seelischen Aktes."[729]

„Diese Stimmung findet sich in mir; sie ist Teil meiner Stimmung. Aber sie kommt aus der Natur, in welcher diese Lebenselemente walten und herrschen. Und so scheint die Stimmung in der Natur zu liegen; ich finde sie in der unmittelbaren Betrachtung an jene Elemente gebunden."[730]

Neben der subjektiven Komponente spielt die objektive eine ebenso große Rolle. Als visuelle Vorlage, quasi als Ausgangsprodukt des geistigen Schöpfungsaktes hat die Landschaft in spe in ihrer besonderen Ausprägung Teil an der jeweiligen Qualität von Stimmung, die sich folglich mit der Änderung dieser Vorgabe ebenfalls ändert. Stimmung ist somit auch objektspezifisch.

„Vielmehr, die hier gemeinte Stimmung einer Landschaft ist durchaus nur die Stimmung *eben dieser* Landschaft und kann niemals die einer anderen sein, obgleich man beide vielleicht unter den Allgemeinbegriff, zum Beispiel des Melancholischen, fassen kann. Solche begrifflich typischen Stimmungen freilich mag man von der zuvor fertig gewordenen Landschaft aussagen; aber die Stimmung, die ihr unmittelbar eigen ist, und die mit der Änderung jeder Linie eine andere würde, diese ist ihr eingeboren, ist mit dem Entstehen ihrer Formeinheit untrennbar verwachsen."[731]

---

„Man spricht damit nicht etwa der Landschaft eine Seele zu, sondern meint das Gemeinsame, Mensch und Welt umgreifendes Durchzogensein von einem bestimmten Stimmungsgehalt. Die Stimmung kommt also nicht einem isolierten ‚Innenleben' des Menschen zu, sondern der Mensch ist einbezogen in das Ganze der Landschaft, welches wiederum nichts losgelöst bestehendes ist, sondern in eigentümlicher Weise auf den Mensch rückbezogen ist." Bollnow, Vom Wesen der Stimmungen, S. 39 f.

729 Simmel, Philosophie der Landschaft, S. 150.

730 Lipps, Ästhetik, Bd. 1, S. 222.

731 Simmel, Philosophie der Landschaft, S. 151.
Gerade über die Besonderheit der jeweiligen Landschaft gestaltet sich der geistige Schöpfungsakt als etwas jeweils Neues, nicht Übertragbares und somit demselben Vorgang der Subjekt-Objekt-Verbindung zugehörig.
„Indem Stimmung also zwar das Allgemeine, das heißt das an keinem Einzelelement Haftende eben dieser Landschaft, aber nicht das Allgemeine vieler Landschaften bedeutet, darf man sie und das Werden dieser Landschaft überhaupt, das heißt die

Stimmung als Grundbefindlichkeit des Menschen und in seiner Beeinflussung der Sicht der Welt auf diese abfärbend, schlägt im Objekt als gestimmter Eindruck auf den Menschen zurück.

### V.1.4.1. Stimmung und Ausdruck

Hinsichtlich des künstlerischen Realisationsprozesses drückt sich so das In-der-Welt-Sein des Künstlers im Kunstwerk über die Farbe aus.

> „In der künstlerischen Stimmung begegnen wir einem Seelentum, das gewissermaßen Farbe bekannt hat."[732]

Wie bei jedem Menschen auch manifestiert sich auch die Befindlichkeit des Künstlers zur Welt in der Grundhaltung seiner Stimmung. Da nun der Künstler besondere Fähigkeiten in Reinheit und Kraft der formenden Anschauung besitzt, kann er den Stimmungsgehalt im Kunstwerk auswerten, verdichten und somit auch klären. Die künstlerische Formung wäre somit Ausbildung eines eindeutigen Verhältnisses zur Welt durch Stimmungsverdichtung. Die ästhetische Klärung über das Bild erleichtert in seiner Komposition und Abgeschlossenheit die Wahrnehmung, indem es die geistige Einheit bereits liefert.

Insofern verträgt sich die sich so äußernde Verbindung zur Welt mit der bereits benannten Eigengesetzlichkeit des Bildes. Diese ist so nichts anderes, als das sich im Werk niederschlagende geistige

---

Einheitsformung all ihrer Einzelelemente, als einen und denselben Akt bezeichnen, als sprächen nur die mannigfaltigen Energien unserer Seele, die anschauenden und die fühlenden, eine jede in ihrem Tone unisono eines und dasselbe Wort aus." Simmel, Philosophie der Landschaft, S. 152.

Demgegenüber betont Lipps eher das subjektive Moment, das Sicheinfühlen des Betrachters als stimmungsbestimmend. Stimmung beziehe sich nicht direkt auf landschaftliche Gegebenheiten, sondern umwebe sie mit einem begleitenden Bewußtsein. Stimmung hafte somit der Charakter der Vagheit an als ein undefinierbares, unanalysierbares, unbestimmtes, fließendes, schwebendes, unsagbares Etwas, ein allgemeiner Pulsschlag des Lebens im Ganzen der Landschaft. Vgl. Lipps, Ästhetik, Bd. 1, S. 219-223.

„Die besondere ästhetische Bedeutung dieser Stimmungen liegt darin, dass ich in ihnen in besonderer Weise nicht ganz, d. h., so umfassend, nicht als den in bestimmter Richtung Tätigen oder sich Betätigenden in das Objekt einfühle." Ebenda, S. 223.

[732] Fritz Kaufmann, Die Bedeutung der künstlerischen Stimmung, in: Ders. Das Reich des Schönen. Bausteine zu einer Philosophie der Kunst, zuerst 1929 in Festschrift Husserl, hrsg. v. Hans Georg Gadamer, Stuttgart 1960, S. 96. Die folgende Passage nimmt stark Bezug auf ihn.

Einheitsprodukt: abgeschlossen in sich selbst und als eigene künstlerische Welt in sich stimmig und vollendet und dennoch resultierend aus der Befindlichkeit des Künstlers zur Welt, die so für jeden anschaulich wird.[733]

> „Denn im Eingehen in die zur Einstimmigkeit stabilisierten Werkbezüge, in denen sich die Stimmung des Künstlers einheitlich klärt, fixiert und verselbständigt, wird ja diese Stimmung kommuniziert."[734]

Der Betrachter hat über seine grundlegende Teilhabe an der Welt dieselben Grundbefindlichkeiten wie der Künstler, eine gemeinsame Situation des Daseins. Daher ist der Betrachter in der Lage, das Kunstwerk zu erleben, obwohl dieses eigentlich die persönlichen Befindlichkeiten eines anderen ausdrückt.[735]

> „Künstlerische Verwirklichung heißt ins Werk setzen der Stimmung, Auswirkung der Art, wie uns ein Eindruck angeht."[736]

Künstlerischer Ausdruck läßt sich als Verbindung von Subjekt und Objekt definieren: Innerhalb der Realisation – und nicht anderes meint „ins Werk setzen der Stimmung"[737] – ist Ausdruck die Objektivierung von Geistigem, indem sich künstlerische Stimmung über die Ausdrucksmittel, hier im Gemälde die Farbe, veranschaulicht, als Ausdruck niederschlägt. Ausdruck stellt somit zugleich die geistige Komponente und die wahrnehmbare Verkörperung des Ausgedrückten dar. Im Gegensatz zur im Subjekt verankerten Stimmung verlagert sich hier der Schwerpunkt auf die Objektseite.[738]

---

[733] Die Möglichkeit einer Diskrepanz zwischen künstlerischer Intention und der tatsächlichen Auffassung des Betrachters ist bei dieser Sichtweise ausgeschlossen. Die auf reiner Anschaulichkeit basierende Werkanalyse Schmidt-Rottluffs versucht die Intention des Künstlers an den sichtbaren Kriterien festzumachen. Jedoch liegen Reiz und Crux des Faches Kunstgeschichte in der Subjektivität. Es muß darauf vertraut werden, dass sich in einem „geglückten Kunstwerk" dessen Inhalt als künstlerische Aussage in deutlicher Weise offenbart.

[734] Kaufmann, Künstlerische Stimmung, S. 116.

[735] „Wie kann uns das Kunstwerk betreffen, das doch die Befindlichkeit eines anderen Daseins stimmungsmäßig erhellt?" Kaufmann, Künstlerische Stimmung, S. 114.

[736] Kaufmann, Künstlerische Stimmung, S. 108.

[737] Kaufmann fährt fort: „Das meint im Grunde wohl Cézannes ständige Rede vom Realisieren." Künstlerische Stimmung, S. 108.

[738] Diesen Hinweis gab mir Prof. Lorenz Dittmann als Erklärung dafür, dass der Begriff „Ausdruck" erheblich älter sei, als der im Zusammenhang mit dem Subjekt stehende der „Stimmung".

> „Wir bezeichnen die Wirkung, die wir empfangen, als *Eindruck*. Und diesen Eindruck fassen wir als *Ausdruck* des Objekts.“[739]

Umgekehrt schlägt sich der Ausdruck auf den Betrachter als Subjekt im Eindruck nieder.

> „Danach wäre vom Ausdruck immer dann die Rede, wenn das Subjekt einer Erscheinung (=Wer oder Was = *Ausdrucks-Subjekt*) in einem Worin oder Wodurch (=Medium des Ausdruck-Subjekts = *Ausdrucks-Medium*) erscheint, d.h. jemandem sichtbar, wahrnehm- bar, erfaßbar, zugänglich ist oder wird.“[740]

In diesem Sinne definiert auch Schmidt-Rottluff Ausdruck als die Objektivierung des von ihm Gesehenen und Gefühlten[741], als: Verdichtung seiner Empfindungen angesichts der Natur in die anschauliche Einheit des Werkes aus Farbe und Form[742]:

> „Sie [die Kunst] ist der Ausdruck mächtigsten Lebensgefühls, sie fesselt die gewaltigsten Empfindungen, die die Vision dem Künstler gibt, die uns himmelhoch hinauftragen, wo der Mensch für Augenblicke an seinem Menschsein trunken wird. –Ich möchte meinen Bildern diese Gefühlswelt der Vision – des Sehens - geben, die ich vor und von der Natur habe. Visionen können nur dem Einzelnen zuteil werden; erst wenn sie Form haben, können andere ihre Bannkraft spüren.“[743]

Subjekt und Objekt sind im Kunstwerk weder als Eindruck noch als Ausdruck zu trennen, da jede Kunst subjektive Auslegung letztendlich

---

739 Wölfflin, Prolegomena, S. 13.

740 Robert Kirchhoff, Zur Geschichte des Ausdrucksbegriffs, in: Ders., Ausdruckspsychologie (=Handbuch der Psychologie, Bd. 5), Göttingen 1965, S. 11.

741 „[...] nur die unerklärliche Sehnsucht, das zu fassen, was ich sehe und fühle, und dafür den reinsten Ausdruck zu finden.“ Schmidt-Rottluff, Das neue Programm, in: Kunst und Künstler, Jg. 1, 1914, S. 308.

742 So erklärt sich auch der Einsatz intensiver Farben Schmidt-Rottluffs.
„Die ersten Dinge, die ich aus mir herausmalte, zeigten von Anfang an eine starke Reaktion auf Farbe. Das Spiel von Farben, das das Auge über der sinnlichen Welt sah, in ungebrochener Helligkeit, das bannte mich. Es waren unbestimmte Gefühle, die wachgerufen wurden, eigentlich ein Zittern *aller* Empfindungen, keine *eine* starke Empfindung.“ Chemnitzer Tageblatt, abgedruckt in: Wietek, Oldenburger Jahre, S. 225.
Auch in Briefen schildert Schmidt-Rottluff Landschaften als intensives Farberlebnis. Dabei wird die Farbigkeit durch Stärke der Empfindung reguliert.
„Je stärker meine Empfindungen wurden, um so stärker wurde die Farbe, um so tiefer und mächtiger.“ Alle Zitate in: Chemnitzer Tageblatt, 28.4.1911. Abgedruckt in: Wietek, Oldenburger Jahre, S. 225.

743 Chemnitzer Tageblatt, Abgedruckt in: Wietek, Oldenburger Jahre, S. 226 f.

Natur bedeutet. Insofern bildet jedes Bild auch eine eigenständige Einheit. Der Unterschied liegt lediglich in der Gewichtung. Dies entspricht auch der Anwendung der Farbe in ihrer Spannung zwischen Eigenwert und Darstellungswert.[744]
Eine Unterscheidung von Tradition und Moderne kann nur insofern vorgenommen werden, als dass sich der Schwerpunkt vom Objekt auf das Subjekt verlagert, jedoch ohne die Beziehung zwischen beiden aufzuheben:

> „Die frühere Kunst gehörte der Objektseite an, ihre Werke sind aber, im Vergleich mit den Naturobjekten, subjektivierte Objekte. Der Expressionismus hingegen gehörte der Subjektseite an, seine Werke sind Objektivationen des Subjekts. Alle Kunst steht auf der Wasserscheide zwischen Subjekt und Objekt, aber die frühere Kunst strömte dem Objekt zu, wie die jetzige dem Subjekt."[745]

Für unser Problem bedeutet dies: das Subjekt definiert sich stets zugleich als Teil der Natur und als besonderes Wahrnehmungszentrum, das seinen eigenen Standpunkt entwickelt. Dies betrifft sowohl den Betrachter allgemein, als auch den Künstler und damit auch den, notwendigerweise stets subjektiven Niederschlag auf die Darstellung im Kunstwerk. Der Unterschied liegt dabei in der Stärke der Betonung des Subjektes. Denn in der Moderne gibt es immer auch ein Gegenüber, eine Miteinbeziehung der Objektseite, die sich in der Struktur der Bilder zeigt und durch diese von der gesehenen Natur zeugt. Die so geprägte Landschaft schlägt sich in der Darstellung nieder, so dass die Landschaftsmalerei als Darstellung des In-der-Welt-Seins eines bestimmten Menschen fungieren kann. Noch krasser formuliert: In der Landschaftsdarstellung ist immer der Weltbezug bzw. der Naturbezug des jeweiligen Künstlers als Voraussetzung enthalten.[746] Definiert man Landschaft so als geistiges Produkt eines

---

[744] Diesem Spannungsverhältnis widmet sich auch Jantzen: „Wie weit kann eine Farbe als Darstellungswert wirken bei bestimmter Forderung an den Eigenwert dieser Farbe? Oder umgekehrt: Wenn von einer Farbe bestimmte Darstellungswerte gefordert werden, wie weit vermag sich dann noch der Eigenwert dieser Farbe Geltung verschaffen?" Jantzen, Prinzipien der Farbengebung, S. 61 f.

[745] Marzynski, Expressionismus, S. 34.

[746] „Die Naturdarstellung bleibt sich diesbezüglich über Zeiten und Kultur hinweg, wie Kunst überhaupt, im Ansatz prinzipiell als Bedeutungsträger gleich." Götz Pochat, Das

individuellen Erlebnisses, ergibt sich zwangsläufig aus einer Vielfalt verschiedener Naturanschauungen auch eine Vielfalt von Landschaftsdarstellungen[747] im Sinne von „Bildfindungen“.[748] Die jeweiligen Gestaltungsmittel ändern sich mit dieser. Landschaft ist so immer eine durch den Künstler vermittelte und damit subjektive Aussage über den Menschen und die Natur.[749]
In diesem Sinne äußert sich auch Schmidt-Rottluff:

> „Immer wieder muß die Welt neu gesehen, neu gedeutet werden und Jeder muß seinen Teil dazu beitragen [...].“[750]

---

Bild der Landschaft, in: Heinz Herbert Mann, Peter Gerlach (Hg.), Regel und Ausnahme, Festschrift für Hans Holländer, Aachen, Leipzig, Paris 1995, S. 182.

[747] „Wenn das Sehen von Landschaft sich auf eine Natur bezieht, die sich unter dem theoretischen Blick und unter praktischem Gesichtspunkt jeweils anders konstituiert, so muß Natur als Landschaft ein Subjekt zum Korrelat haben, da sie die Möglichkeit, Natur als Landschaft zu sehen, immer erst verwirklichen muß. Natur als Landschaft ist ebenso wenig ein ‚gegebener‘ Gegenstand wie Natur als Gegenstand von Theorie oder Praxis. Zum Sehen von Natur als Landschaft gehört korrelativ ein Subjekt, das Natur in einem konstitutiven Akt des Sehens zur Landschaft macht. Was Goethe vom Künstler sagt, gilt in bezug auf die Landschaft allgemein: ‚Der Künstler will zur Welt durch ein Ganzes sprechen; dieses Ganze aber findet er nicht in der Natur, sondern es ist die Frucht seines eigenen Geistes.‘ [...] Die Landschaft hat so ‚nur im Auge des Betrachters Realität...‘ (Schelling...) und Simmel spricht von der ‚Kategorie Landschaft‘[...]. Das hat den präzisen Sinn, daß in einer besonderen individuellen und gesellschaftlich vermittelten Synthesis die Mannigfaltigkeit der Naturanschauung ästhetisch als Landschaft konstituiert wird.“ Reiner Piepmeyer, Das Ende der ästhetischen Kategorie Landschaft, S. 15.

[748] Pochat, Das Bild der Landschaft, S. 176. „Ob unter der Bezeichnung des ‚Realismus‘ eines Courbet oder des ‚Expressionismus‘ eines Kirchner – um eine Umwandlung der Natur *á travers un témperament* handelt es sich in beiden Fällen, um *Bildfindungen* angesichts der Natur, die je nach Veranlagung, Annäherungsart, Technik des jeweiligen Künstlers völlig verschieden ausfallen und nachträglich, zwecks historischer Einordnung, mit verschiedenen Etiketten, die Rahmenthema, Stilrichtung, persönliche Ausdrucksqualität und vermutete Intention betreffen, versehen werden.“

[749] Vgl. Pochat, Das Bild der Landschaft, S. 182.

[750] Brief Schmidt-Rottluffs an Erwin Hinrichs, 19. Jan. 1951, abgedruckt in: Schmidt–Rottluff Retrospektive, S. 100. „Der Farbauftrag ist bei van Gogh ein völlig anderer als etwa bei Munch – bei beiden war es dementsprechend, was Jeder wollte und so werden Sie sich eben auch um ihren eigenen Ausdruck mühen!“
Vgl. dazu Willy Baumeister: „Die Natur bietet keinen gleichbleibenden Eindruck. Er hängt von den Malern ab.“ In: Das Unbekannte in der Kunst, Köln 1960, S. 34.

## V.2. Landschaftsmalerei: Naturbezug und Farbe

> „Landschaft ist ein ‚Stück Natur', nicht existent ohne das Objektiv-Gegebene, den Menschen Umgreifende; aber zugleich erschließt sie sich nur dem subjektiven Erleben und gewinnt darin ihre Einheit."[751]

Der mit Realisation beschriebene Prozess der Bildwerdung, der besonders seit dem 19. Jahrhundert in der künstlerischen Diskussion stand, stellt als subjektive Umsetzung des objektiv Wahrgenommenen durchaus eine Grundbedingung jedes Kunstwerks, nicht nur der Moderne dar. Da die Natur als allumfassendes Integral, mit dem sich der Mensch als Erkennender und Erlebender auseinandersetzt, Ausgangspunkt sowohl für den Prozess der Landschaftsbildung als bewusstes Wahrnehmen, als auch für deren Fixierung in der Landschaftsmalerei ist, besteht somit ein urtümliches Subjekt-Objekt-Verhältnis in der Naturanschauung. Dies hat zur Folge, dass eine Trennung zwischen einer objektiven Seite, des der Nachahmung verpflichteten natura naturata Prinzips verhafteten und einer subjektiven Seite, des dem Ausdruck als Objektivierung des Geistes zuzuordnenden natura naturans Prinzips, sich von vorneherein ausschließt. Daher entsteht auch für die Ausdrucksmittel Farbe und Form eine notwendige Verbindung der nachahmenden und expressiven Komponente innerhalb der Bildeinheit, in der sie sich zwischen den beiden Polen des Gegenständlichen und des Übergegenständlichen, des Subjektiven und des Objektiven in Harmonie und Spannung bewegen.
Die Gestaltungsweise des Künstlers kündet somit von seiner Bezüglichkeit zur Welt, seiner besonderen Art des In-der-Welt-Seins, die gleichzeitig das zeitgenössische Weltbild widerspiegelt. Naturbezug ist somit gleichzusetzen mit der jeweiligen Sichtweise von Welt und ihrer Deutung, wie sie sich im Bilde niederschlägt. In ihrer Ausgestaltung gibt Farbe somit jeweils eine, im Rahmen der Möglichkeiten des einzelnen Künstlers und seiner Zeit individuelle Sicht der Natur wieder, die von den objektiven Kriterien der Vorgabe stets mitbestimmt ist.[752] Eine „neuere facettenreichere Deutung der

---

[751] Dittmann, Farbgestaltung im 19. Jahrhundert, S. 95.

[752] Eine „neue facettenreiche Deutung der Natur" ist so strenggenommen eine allgemeine Prämisse und keine Besonderheit der Moderne, wie Boehm dies sieht. (So die Grundthese in: Das neue Bild der Natur. Zum Naturverständnis der Moderne.).

Natur“ ist so strenggenommen eine allgemeine Prämisse und keine Besonderheit der Moderne, wie Boehm dies sieht. Landschaft als besondere Hinsicht hat noch in der Moderne viel mit traditioneller Sichtweise zu tun, auch im Werk von Schmidt-Rottluff.

Aufgabe dieses Kapitels ist der Versuch, den Naturbezug Schmidt-Rottluffs anhand der Farbe als deren Niederschlag im Gemälde herauszuarbeiten. Das Erlebnis der Landschaft trifft sich somit mit dem Erlebnis der Farbe im Landschaftsgemälde. Anders formuliert: Die Auswirkung der Farbe auf die Bildwirkung macht den künstlerischen Naturbezug erlebbar.
Herausgearbeitet werden soll der Naturbezug der Farbe über den Korrelationspunkt der psychischen Erfahrbarkeit – bzw. des Subjekt-Objekt-Bezuges oder der Leiblichkeit – die auch Stimmung und Raum als Widerspiegelung der seelischen Einheit von Mensch und Natur kennzeichnen.[753] In dieses Feld fällt auch die Frage nach dem Verhältnis der Bildgründe, dem Verhältnis der Dinge zueinander, ihre Plastizität und, wesentlich für die Überleitung zum Porträt, das Verhältnis von Figur und Grund.

### V.2.1. Die Verbindung von Farbe, Raum und Weltgefühl

Einer der wichtigsten Faktoren für die ästhetische Erfahrung von Landschaft ist die Raumbildung. „Ohne Raum keine Landschaft.“[754] Über sie ist die Verbindung von Subjekt und Objekt bei der Wahrnehmung besonders gut greifbar. In der Forschung jedoch wird oftmals die raumillusionierende Perspektive als alleingültiger objektiver Maßstab angesehen. Dies zieht für die Betrachtung der Moderne nach sich, dass die Perspektive im Zuge der Befreiung der Bildfarbe zugunsten der Fläche in den Hintergrund gedrängt wird. Die

---

Landschaft als besondere Hinsicht oder Weise hat auch in der Moderne noch viel mit traditioneller Sichtweise zu tun, wie dies auch auf Schmidt-Rottluff zutrifft.

[753] Die Ausgestaltung der Farbe hat zwangsläufig immer eine besondere Wirkung bezüglich des Bildraumes zur Folge. „Jede grundsätzliche Entscheidung über die Behandlung der Farbe enthält schon eine Entscheidung über den Bildraum.“ Hess, Das Problem der Farbe, S. 168.

[754] Lehmann, Physiognomie der Landschaft, S. 183.

Perspektive als wesentlicher Bestandteil der Raumillusion gilt zusammen mit dieser als überholt.
Ein Hauptcharakteristikum der Farbe im Expressionismus ist, wie gesehen, ihre Verabsolutierung als reine Farbe, indem Farbstoff und -pigmente auf der Fläche nahezu ungehindert zum Ausdruck kommen.[755] In Verbindung mit der gegenständlichen Darstellung müssen sämtliche illusionierenden Qualitäten so durch die Farbe selbst verkörpert werden.
Die sich über den deutlich sichtbaren Schaffensprozess des Bildes als materielle Erscheinung gegenüber der Darstellung in den Vordergrund drängende Farbe betone die Leinwand als Bildfläche.[756] So auf eine Ebene gebracht vereinigen sich in der Materialität der Farbe, Ding und Umraum, Vorder- und Hintergrund.[757] Das In-der-Welt-Sein definiere sich so als das Im-Urstoff-Farbe-Sein. Natur stelle sich somit als Integral alles Individuellen im Sinne von Einheit als materielle Gleichheit alles Seienden dar.

> „Natur ist das Integral einer Welteinheit, die nicht eine Verschiedenheit der Individualitäten, gemäß ihrer Erscheinung in der Welt artikuliert, was als die bildnerische Individuation zu verstehen wäre, aus der Gattungen sich entfalten konnten, sondern eine durchgängige bruchlose

---

[755] „Es ist der gleiche Vorgang, den wir bei der Loslösung der Farbe aus ihren komplexen Funktionen zu kennzeichnen hatten. Die Farben und ihre elementaren Beziehungen werden ‚befreit' von der Durchdringung mit anderen Aufgaben und Werten und diese letzteren als außerkünstlerische Belastung des ‚eigentlichen Künstlerischen' an der Farbe bezeichnet. Ebenso wird der Flächenwert der Bildgegenstände aus dem Wirkungskomplex isoliert und befreit von außerkünstlerischen Belastungen! Zur autonomen Farbe gehört das Elementare der autonomen Bildfläche." Hess. Das Problem der Farbe, S. 168 f.

[756] So z.B. Boehm, Hülsewig-Johnen, Buchhein, Grohmann, Denecke etc.
Maurice Denis, Theories 1: „Man erinnere sich, dass ein Bild, bevor es ein Schlachtroß, eine nackte Frau oder irgendeine Anekdote ist, seinem Wesen nach eine ebene Fläche ist, bedeckt mit Farben in einer bestimmten Ordnung (une surface plane recouverte des couleurs, en un certain ordere assemblées)". Zitiert bei Hess, Problem der Farbe, S. 60.

[757] In der Entwicklung der Malerei des 19. Jahrhunderts komme es zu einer immer größer werdenden Verbindlichkeit der Bildfläche, der Idee der Fläche als des Urgrundes aller Malerei im Zuge des immer ausgeprägteren „Gebilde"- Charakter des Bildes. Novotny, Cézanne, S. 182.
„[...] gesteigerte Abstraktion führt aber auch dann zur gleichmäßigen Musterung der Bildfläche und völligen Angleichung von Figur und Grund." Frederik Adama von Scheltema, Das Problem des Grundes in der Geschichte der Kunst, in: Geistige Welt, Jg. 1, Heft 4, 1947, S. 24.

> Intertextualität der Gesamtheit des Seienden der Welt vorstellt, und alles Seiende aus diesem Kontext hinaus als gleichgültig erweist."[758]

Werden somit die gegenständlichen, der Oberflächenbildung zugute kommenden Faktoren negiert, gilt die Aufmerksamkeit im Expressionismus der übergegenständlichen geistigen Dimension der Farbe. Niemeyer sieht daher in seinem programmatisch für diese Sichtweise stehenden Aufsatz „Vom Geist der Fläche"[759] Farbe in flächenhafter Auftragsweise als Gleichnis eines neuen Weltgefühls an. Nach der Abkehr von der akademischen Darstellung von Körpern im Raum erzeuge Farbe selbständig Raum. Damit berge nun das Bild als „in sich lebende Farbebene" Raum als Inhalt der Farbe.[760] Farbe wird somit als betont sinnliches Element gesehen, die ein direktes und somit distanzloses Raumerlebnis über die Einheit des Farbraums ermögliche, in dem sich das Sein der Dinge in der Farbe angleiche.

> „Reine Farbenfläche, geschlossene Farbenebene, das bedeutet nun ein Zweifaches! Einmal, aussagend: Entfaltung, Steigerung der unmittelbaren Farbenlebendigkeit, sodann, verneinend: Ausschaltung des meßbaren Raumes, der äußeren Raumtiefe aus dem Seherlebnis des Bildes. Nicht so, dass diese Werte dem Bilde fehlen! Aber sie sind nur mittelbar da, als Erwirkung der Farbe, als eine geschmolzene, einverleibt der Farbe, von ihr

---

[758] Hülsewig, Cézanne, S. 82.
Gleiches meint die Autorin auch zum Bildnis des Expressionismus: „Farbe wird im Sinne ihrer materiellen Identität, meist in reinbunter Stärke als Farb-Stoff ins Bild gebracht, der Eigenwert hat, indem er nichts außer dem eigenen Farb-Sein mehr bezeichnet, nicht mehr im Sinne von Transitorik, fremde Stofflichkeit andeutet, nicht mehr Haut, Haar, Himmel meint. Die anschauliche Präsenz des Farbstoffs definiert das Bild zugleich als Fläche, weil die Illusion räumlicher Tiefe an der Faktizität des Farbflecks auf der Leinwand scheitert. Das Bild entsteht als flächiges Gefüge diverser Lokalfarben, die jedoch in der Qualität ihres Farb-Seins nicht mehr voneinander geschieden sind, alle im gleichen Rang farbintensiver optischer Präsenz stehen, in der gleichen Bildebene." Hülsewig-Johnen, Gesichter wie von schwimmendem Schaum, S. 17.

[759] Niemeyer, Vom Geist der Fläche. Eine Rede über die Malerei der Gegenwart. Gesprochen am Abend der Eröffnung des Kunstbundes Hamburg von Wilhelm Niemeyer, in: Kündung 1, 1921, Märzheft, S. 36-40.

[760] „Jede Wahrnehmung besagt es, jede tiefere Prüfung bestätigt es, dass die jüngste Malerei entschlossen von dem abgeht, was als Perspektive, richtige Raumdarstellung, volle Körperrundung anderen Malarten höchster Wert war.", Niemeyer, Vom Geist der Fläche, S. 36.
Niemeyer betrachtet dabei Fläche und Raum als Protagonisten zweier Bildauffassungen, wodurch seine Bezeichnungen von denen des Verfassers abweichen. Tatsächlich meint er mit Fläche die Raumhaftigkeit der Farbe an sich.

> erzeugt und getragen. In älterer Malerei findet die Farbe Teile des Bildraumes, in der gegenwärtigen Malerei ist umgekehrt der Raum Inhalt der Farbe. Dort erwirkt der Raum die Farbe, hier die Farbe den Raum. Dort nämlich erzeugt die Darstellung der Dinge im Bild gemäß ihren Raumbeziehungen den Zusammenhang der Farben, hier gibt das Farbenspiel nur Anweisungen auf Körperlichkeit und Abstände der Dinge im Bild gemäß ihren Raumbeziehungen den Zusammenhang der Farben. Das Bild ist eine geschlossene, in sich lebende Farbenebene. Nicht Ebene mathematischen Begriffs freilich, sondern Ebene sinnlichen Lebens, innerer Bewegtheit der Flächenteile, der Farbstriche, Kleinflächen, Farbengegensätzen."[761]

Im Expressionismus entwickle sich ein neues kosmisches Weltgefühl im Gegensatz zur Renaissance[762] über Materialität und Fläche, die die dargestellten Dinge zu einem gemeinsamen Sein zusammenschmelzen. Der geistige Gehalt des neuen Raumes bestimme sich durch die Nähe zum Betrachter, die den in der Perspektive konstruierten Abstand und die Isolierung der Dinge zu einem gemeinsamen Sein zusammenschmelzen. Über die Anschauung entwickle sich eine farbimmanente Tiefe, die den Betrachter in das Bild führt und somit der Verbindung von Subjekt und Objekt über die Anschauung gerecht wird: „Die Raumwelt geht ein in die Innerlichkeit des Schauens."[763]

> „Heißt nämlich reine Farbfläche Ausschaltung des Raumes im Bild, so entfällt damit auch alles, was am Raum geistig-sittliche Wesenheit ist. Raum aber ist, so begriffen, Abstand, Scheidung der Dinge von einander! Raum ist die Sonderung des Seins in Dinge, ist die Kluft und Ferne zwischen den Erscheinungen des Seins! Raum macht die Einzelwesen, indem er das Wesen vereinzelt! Wird also der Raum aufgehoben, so entschmilzt diese Sonderung der Dinge von einander, sie treten einander näher, ihre Benachbarung wird inniger, ihr Dasein schmilzt zusammen. Von den gesonderten Trägern der Gesichtswirklichkeit bleibt nur übrig und tritt rein heraus das ihnen Gemeinsame: ihr Farbensein miteinander. Und ihr Farbensein ist nun Gleichnis ihrer tiefsten Gemeinsamkeit, ihres Letzt-Eigenen: des Seins an sich! Das Sein der Dingwelt als solches, ein

---

[761] Niemeyer, Vom Geist der Fläche, S. 36.

[762] „Der Raum zwischen den Einzelnen, den ihr Sein vom Sein der anderen absondert, wird gemindert, wird ausgeschaltet, ganz so wie der Raum zwischen den Dingen im Bild gemindert und ausgeschaltet wird." Niemeyer, Vom Geist der Fläche, S. 38.

[763] Niemeyer, Vom Geist der Fläche, S. 39.

mystischer Begriff, gewinnt Gestalt, wird sinnlich schaubar. [...] Schwindet nun aber der Raum zwischen den Dingen im Bilde, so entfällt auch der Raum zwischen uns, den Betrachtern und dem Inhalt des Bildes. Denn immer ist Bildraum nur Fortsetzung des Blickraums auf das Bild, die Bildbühne nur Auswirkung, Fortschwingung der Bühne, auf die hinauf, von uns fort, wir die Schaufläche verlegt haben. Ist aber zwischen uns und dem Bilde kein Raum, kein innerer geistiger Abstand, so gehört das Bild als Farbfläche eng zu uns, zu unserem unmittelbaren Lebensraum. Das raumlose Bild ist uns also seelisch näher, als das tiefenhafte; es gehört uns, unserem Lebensgefühl enger an, spricht voll zu uns mit der geheimnisvollen Macht seiner Farbe. Die Bilddinge sind inniger in uns, wir sind tiefer, sind ganz im Bildgefühl. Alles ist Nähe, seelische Gegenständlichkeit. Gradwegige, nicht mittelbar über die Einzelinhalte der vielgegliederten, vielbestimmten Außenwelt geht unser Gefühl zur Wesenheit des Bildes. Das Farbenleben rührt uns an als tiefes Gleichnis von Sein, seelisch begriffenem Sein. Nicht zu Einzelvorstellungen von Welt führt uns die Farbenfläche, sondern gibt uns in das Auge unsere eigene tiefste Bewußtheit von Welt, unser seelisches Seinswissen als Glück der Farbe. Ist uns so die Flächen-Natur der expressionistischen Malerei als ein Geisteswert erkenntlich geworden, Zeugnis und Niederschlag eines bestimmten Lebensgefühls und Weltverhältnis im einfachen Dingsehen, so können wir nun den ferneren Weg unserer Betrachtung betreten, der uns die malerische Schauensart des Expressionismus aufweisen soll als Gleichnis des neuen Weltgefühls unserer Epoche überhaupt."[764]

### V.2.1.1. Der Raum als Psychisches: Der „gelebte Raum"

Der Aspekt des In-der-Welt-Seins betrifft den subjektiven Gehalt der Raumstruktur als „anthropologisches Fundament bildkünstlerischer Raumgestaltung".[765]

Wie die Landschaft selbst ist auch der sie konstituierende Raum ein psychisches Phänomen. Raum in der Malerei ist somit stets ein erlebter, auf den Leib bezogener. Eine Verbindung von Raum, Farbe und Stimmung in dieser Hinsicht wird dabei als Erlebnisverbindung von der experimentellen Psychologie und von der Ontologie behandelt.

---

[764] Niemeyer, Vom Geist der Fläche, S. 37.

[765] Dittmann, Farbgestaltung im 19. Jahrhundert, S. 98.

Raum als Erlebnis ist stets auf den Mensch als Zentrum bezogen, wiederum von ihm bestimmt und somit relativiert.

> „Mit dem Begriff der ‚Gemäßheit des Gegebenen' in Beziehung auf ein Erlebnissubjekt und dessen Resonanz auf die Raumcharaktere ist wohl eine der wichtigsten Bedingungen für eine ästhetische Erfahrung der Natur genannt."[766]

Der Begriff des „gelebten Raumes" stammt wie der der Flächenfarbe aus der Wahrnehmungspsychologie[767] und gilt als Raum des In-der-Welt-Seins des Menschen. Er ist auf den Menschen als erlebendes Subjekt bezogen und wird von ihm bestimmt, ist im Gegensatz zum messbaren objektiven Raum relativ und individuell.

> „Zwischen dem lebendigen Selbst und seinem Raum besteht ein konkretes Sinnverhältnis, denn das lebendige Selbst und der gelebte Raum stehen zueinander im Verhältnis der Verwirklichung."[768]

Der Raum des In-der-Welt-Seins definiert sich so durch die Position des Betrachters inmitten der ihn umgebenden Natur.[769] Von sich aus bestimmt er jedes Mal die Relationen (Nähe, Ferne, Vordergrund, Hintergrund, Horizont und Perspektive).[770] Sieht man Landschaftsmalerei als Übertragung des vom Künstler angesichts der Natur Empfundenen, ist der gelebte Raum Grundlage der

---

[766] Smuda, Natur, S. 50.

[767] „Das Problem wurde am Anfang der 30er Jahre aufgegriffen. [...]." Alexander Gosztonyi, Der Raum. Geschichte seiner Probleme in Philosophie und Wissenschaften, Bd. 2, München 1976, S. 944.

[768] Graf Karlfried von Dürckheim, Untersuchungen zum gelebten Raum, in: Neue Psychologische Studien 6, 1931, S. 473, Zitiert bei Smuda, Natur, S. 48.

[769] „Zur ästhetischen Erfahrung des Raums, der uns umgebenden Natur, gelangen wir, wenn wir ihn als ‚gelebten' oder ‚erlebten Raum' begreifen." Smuda, Natur, S. 48.

[770] „Da der Leib mein Orientierungszentrum ist, gibt es für mich allererst so etwas wie Nähe und Ferne, Vordergrund und Hintergrund und ich bin in der Lage, das Dort der Gegenstände in diese Beziehung anzubringen und als Raum der Landschaft zu konstituieren." Smuda, Natur, S. 47 f.

„Meine Position in der Mitte *meines* Raums und der diesen Raum umschließenden Horizontlinie bedingen sich gegenseitig; denn innerhalb des Horizonts nehme ich die Gegenstände im Raum perspektivisch wahr, indem sie durch meinen Leib, auf meinen jeweiligen Standort, den ich im Raum einnehme, bezogen sind, und der Horizont gibt der Perspektive einen festen Bezug." Smuda, Natur, S. 48.

Landschaftsmalerei[771] sowie aller Widerspiegelung raumhafter Empfindungen in der Malerei.[772]

Laut Minkowsky ist der Mensch ein räumliches Wesen, das im Raum lebt und handelt, dessen Leben sich im Raum ausbreitet. Demzufolge befindet er sich im Raum und gleichzeitig erlebt er den Raum, so dass nicht nur der Mensch im Raum, sondern der Raum auch in ihm ist. (Dürckheim) [773] Leib und Umwelt bedingen sich gegenseitig, Innen- und Außenwelt verschmelzen.

> „Der gelebte Raum ist also immer auch etwas Psychisches; es ist nicht identisch mit dem von den Sinnen dargebotenen, in der Wahrnehmung erfaßten oder durch die Bewegung erfahrenen Raum, auch wenn der gelebte Raum von diesen natürlich abhängt. Der gelebte Raum hat eine eigenständige Wirklichkeit."[774]

Im gelebten Raum gibt es Distanz zwar als qualitativen Unterschied, aber das Phänomen ist ein schwankendes, das sich zwischen endlicher und unendlicher Dimension bewegt, wobei die Bestimmung durch den Menschen getroffen, bzw., nach dessen physischer Wertigkeit gefühlt werden. (Nähe und Ferne sind charakteristische Gefühlsmomente im psychischen Raum des Menschen, der bestimmte Gefühlsmomente mit

---

[771] „Er ist inhomogen und qualitativ differenziert, gegliedert in Oben/Unten, Nah/Fern, Vorne/Hinten, Links/Rechts. Er ist der Raum, den sich die Landschaftsmalerei zur Grundlage ihrer Darstellung nimmt, allerdings nicht in bloßer Wiederholung des unmittelbar Gegebenen, sondern in der Formung: der Steigerung oder Dämpfung, der Rhythmisierung der wesentlichen Momente" Dittmann, Farbgestaltung im 19. Jahrhundert, S. 96.

[772] Der „gelebte Raum" ist auch als der für die „Brücke" relevante bezeichnet worden: „Die Raumstruktur der ‚Brücke'-Künstler mit ihrer Bewahrung des ‚Vorne' und ‚Hinten', wobei sie die Spannung dieser Raumtendenzen nur steigern, sind die ‚konservativeren': in eben demselben Maße ist ihre Kunst stärker leibbezogen, denn diese Raumdimensionen sind nach wie vor solche des ‚gelebten Raumes'." Dittmann, Brücke, S. 47.

[773] „Erleben meint die Aktualisierung leiblicher Bezüge, wobei Innen- und Außenwelt in eine Verschränkung treten. Ein Leib hat sein Dasein in der Aktualisierung von Leibbezügen und erweist sich darin zugleich als räumlich." Girke, Der Raum in der italienischen und niederländischen Malerei des 15. und 16. Jahrhunderts, Diss. Frankfurt/Main, Bern, New York, Nancy 1984, S. 45.
„Da unser Leib das Schema der Welt in sich trägt, kommt es in der ästhetischen Erfahrung der Natur zu einem Zwiegespräch der Welt in uns mit der Welt außer uns." Smuda, Natur, S. 52.

[774] Gosztonyi, Der Raum, S. 944.

Raumstellen verkoppelt.) Distanz ist hier also ein Phänomen jenseits von objektiver Messbarkeit und Fixierbarkeit.[775]
Der gelebte Raum beinhaltet diesbezüglich zwei Phänomene. Zum einen den Anschauungsraum, der von einem individuellen Standpunkt aus erlebend entfaltete Raum, in dem sich alle Raumwerte dazu relativ bestimmen, wie Ferne, Horizontlage und Perspektive[776], und zum anderen, von diesem unterschieden, der Gefühlsraum, dessen wesentliche Dimension die unbestimmte Tiefe als räumliches Erlebnis ist.[777]

> „Die Qualität der Tiefe erweist sich als wesensmäßig verbunden mit unserem Dasein im Raume. Der Raum, als objektiver Raum von Dingen gedacht, hat keine Tiefe. Tiefe hat der Raum nur insofern, als er das Worin unseres Daseins ist. [...] Der gelebte und erlebte Raum unterscheidet sich von dem objektiven Raum dadurch, dass jede Richtung in ihm tiefenhaft ist. [...] Der breitenhafte objektive Raum ist dagegen wie aus der Vogelperspektive ‚von außen' betrachteter Raum."[778]

### V.2.1.2. Raum und Stimmung: Die Räumlichkeit der Gefühle

> „Das Seelische im Raum oder die Seele des Raumes ist ‚Stimmung'".[779]

---

[775] „Die *Distanzen* werden nicht auf Grund von Messungen ermittelt, sondern je nach psychischer Wertigkeit ‚gefühlt'.". Gosztonyi, Der Raum, S. 950.

[776] „Der Anschauungsraum ist ein Richtungsraum, in dem Fernen, Horizontlage und Perspektive eine wichtige Rolle spielen." Elisabeth Ströker, Philosophische Untersuchungen zum Raum, Frankfurt/Main, 1965, S. 95, zitiert in: Girke, Der Raum, S. 391, Anm. 66.

[777] „Die Bedeutung des gelebten Raumes liegt darin, ‚dass eine ‚tiefere Schicht' aufgewiesen werden konnte, die die Basis des ursprünglichen – man könnte sagen: eines ‚urtümlichen' – Raumerlebnisses darstellt. Diese tiefere Schicht ‚liegt' aber nicht ‚im Raum', sondern ‚in' dem ihn erlebenden Menschen. Es ist die Welt des Fühlens und Erfühlens, in der der Mensch – wiederum in einem spezifischen Sinne – mit der Welt, mit dem Raum ‚eins' ist, bzw. sich mit ihm eins fühlt. [...] Der Raum ‚durchdringt' ihn und dies bedeutet, daß er in erster Linie den Raum nur *psychisch* erlebt; und der Mensch ‚erstreckt sich' ‚unmittelbar' ‚in' den Raum: *psychisch* und nicht durch Wahrnehmung, Bewegung oder durch raumermittelnde bzw. raumerzeugende Intentionalität des Bewußtseins oder des Willens." Gosztonyi, Der Raum, S. 969 f.

[778] Gölz, zitiert bei Dittmann, Farbgestaltung im 19. Jahrhundert, S. 97. Ebenda: Merleau-Ponty: Tiefe als „existentiellste" Dimension.

[779] Schmitz, bei Gosztonyi, Der Raum, S. 967.
„Schmitz entwarf die Lehre von der Räumlichkeit der Gefühle, die aus der Analyse des leiblichen Befindens gewonnen sind. Gefühle sind demnach keine alleinige Angelegenheit der Subjektivität, sondern vermitteln auch affektives Betroffensein.

„Es gibt keine ‚reinen' Gefühle in dem Sinne, dass sie vom Leibe abgelöst vorkommen könnten, und da der Mensch sich und damit seine Gefühle immer auch in einer Räumlichkeit – wie sie immer auch sei – erlebt, sind seine Gefühle – selbst die bloßen Stimmungen – raumbezogen oder werden sogar in einer Art Räumlichkeit – ‚raumhaft' – erfahren."[780]

Dieser Gefühlsraum besitzt die Tiefendimension der Gefühle.[781] Darin reichen die Stimmungen in die ursprüngliche Einheit von Subjekt und Objekt zurück, in die allumfassende Natur.

„Die Welt ist in der Stimmung noch nicht gegenständlich geworden, wie nachher in den späteren Formen des Bewußtseins, v.a. im Erkennen, sondern die Stimmungen haben, noch ganz in der ungeschiedenen Einheit von Selbst und Welt, beides in einer gemeinsamen Stimmungsfärbung durchwaltend."[782]

### V.2.1.3. Raum, Stimmung und Farbe: Die Flächenfarbe

Die Eigenschaften des gelebten Raums als Gefühlsraum, die unbestimmbare Distanz und Tiefe, stimmen genau mit der Erscheinungsweise der Flächenfarbe überein. Katz, der die grundlegende Untersuchung verfaßte,[783] war sich der Überschneidung von Raum und Farbe auf dem Gebiet der experimentellen Psychologie durchaus bewusst. Dementsprechend hängt die Erforschung der

---

Wesentlich dabei ist die Dialektik zwischen Raum und Körper." Vgl. Girke, Der Raum, S. 51.

[780] Gosztonyi, Der Raum, S. 968 f.

[781] „Der ‚Gefühlsraum' entspricht dem ‚unartikulierten Weiteraum' im Falle von ‚Stimmungen'. Von der ungegliederten Weite hebt sich [...] die Enge des Leibes ab, aber sie wird ‚von keiner gliedernden Richtung der Gefühle durchzogen.' Die Übergänge zu größerer oder geringerer ‚Tiefe' der Gefühle ermöglicht eine ‚erste Tiefenstaffelung der Weite'. Durch diese ‚Tiefendimension' der Gefühle besitzt der Gefühlsraum einen Überschuß über den leiblichen Raum." Gosztonyi nach Schmitz, Der Raum, S. 967 f.
Darin hebt sich der Weitraum oder Gefühlsraum vom Anschauungsraum ab. „Im Weiteraum gibt es reine Weite und einen absoluten Ort, der sich unvermittelt aus ihr abhebt, aber keine relativen Orte, Lagen oder Abstände und keine Richtungen." Gosztonyi nach Schmitz, Der Raum, S. 961.

[782] Bollnow, vom Wesen der Stimmungen, S. 39.
[Binswanger] „bezeichnet die Umwelt, die den Menschen noch nicht gegenständlich gegenübersteht, sondern mit der er sich unmittelbar gefühlsmäßig verbunden fühlt und vorn der er sich selbst noch gar nicht unterscheidet, als ‚gestimmter Raum' [...]." Ebenda, S. 41.

[783] David Katz, Die Erscheinungsweise der Farben und ihre Beeinflussung durch die individuelle Erfahrung, Göttingen 1911.

Beeinflussung des Farbsehens durch Erfahrungsmotive auch mit Problemen der Erscheinungsweisen der Farben im Raume, ihrer Lokalisation und Raumausfüllung zusammen.[784] Die räumlichen Charakteristika der Flächenfarbe lassen sich durch die Begriffe der unbestimmten Lokalisation und Tiefe bestimmen.[785]

> „Ich sehe hiernach gar keine Möglichkeit, die Unbestimmtheit der Lokalisation anders denn als eine ganz spezifische Art der Anordnung im Raume, für unsere Flächenfarben nach der Tiefe des Raumes, zu bezeichnen.“[786]

Flächenfarbe ist die Erscheinungsweise der Farbe, die Raum als Psychisches verkörpert. Die Flächenfarbe löst sich optisch von der Oberfläche des Gegenstandes und vermittelt Raum daher nicht als Gegenüber wie im illusionistischen Tiefenraum, sondern integriert den erlebenden Betrachter in einem expressiven Raum.

> „Jede Oberflächenfarbe bedeutet also zugleich eine farbige Qualität eines Objektes. Demgegenüber verbindet sich mit einer Flächenfarbe nicht im gleichen Sinne der Eindruck, dass sie eine Gegenständlichkeit andeutet. Es kommt ihr eine andere Bedeutung zu; sie erscheint nun als ‚ebenes oder raumfüllendes Quale' [...].“[787]

Die Erstreckung des Raumes ist entgegen der perspektivisch distanzierten Anordnung nicht auf einen fixierten Standpunkt bezogen,

---

784 „Die Zwitterstellung, welche sich hiernach für das Problem ‚Erscheinungsweisen von Farben' ergibt und die schon äußerlich dadurch zum Ausdruck kommt, daß dahingehörende Beobachtungen einmal mehr anhangsleise Betrachtungen über Farbempfindungen, ein anderes mal über Raumwahrnehmungen angegliedert worden sind, ist natürlich der Förderung der hier zu lösenden Fragen selbst nicht vorteilhaft gewesen. Unsere ersten Untersuchungen sollen in diesem Grenzgebiet zwischen Raum und Farbe stattfinden.“ Katz, Die Erscheinungsweise der Farbe, S. 5.

785 „Die ‚unbestimmte Lokalisation' der Flächenfarbe bedeutet auch eine *positive* Bestimmung, die sich auf die Art der Anordnung ihrer Farbenfläche nach der Tiefe des Raumes bezieht. [...] Die unbestimmte Lokalisation ist in jedem Augenblick eine Konstante, aber wie ihr Name sagt, eben positiv unbestimmt [...] und [...] ‚nicht der Willkür des Betachters unterworfen' [...].“ Katz, Die Erscheinungsweise der Farben, S. 11.
Der Begriff Flächenfarbe ist dabei leicht missverständlich, da er nicht die Erscheinung der Farbe als Fläche meint, sondern entgegen der Oberfläche eine diese negierende Tendenz. „Die Flächenfarbe aber tritt [...] immer in einer Bildstruktur auf, die die Fläche negiert, also im Mittelalter und häufig in der modernen Malerei.“ Dittmann, Grünewald, S. 145, Anm. 47.

786 Katz, Die Erscheinungsweisen der Farben, S. 12.

787 Katz, Die Erscheinungsweisen der Farben, S. 13 f.

sondern aufgrund der Homogenität der Farbe von sich aus räumlich nicht festgelegt und relativiert sich über den Betrachter. Das Erlebnis einer schwankenden Tiefe trifft sowohl Vollraum (Körper) als auch Leerraum und gleicht diese an.

> „Der Raum, dessen Substanz mit der der Dinge identisch ist, ist dem Betrachter an allen Stellen gleich nah. Der Beobachter steht dem Raum nicht gegenüber, sondern befindet sich gleichsam im selben Raum mit den Dingen und überall zugleich.“[788]

> „Die Flächenfarbe ist demgegenüber innerhalb der allgemeinen ‚ästhetischen' Erscheinungsweise im Kunstwerk die spezifisch ‚expressive' Erscheinung der Farben. Sie fordert nicht das reine ‚Gegenüberverhältnis' [...Schöne], sondern eher das Verhältnis der Identifikation.“[789]

Die Tiefe hat in der Flächenfarbe wie beim Weiteraum, bzw. beim Gefühlsraum ebenfalls psychische Dimensionen.[790] Sie ist so imstande, nicht nur den Betrachter in den Raum hineinzunehmen, sondern ihn auch damit zu erfüllen.[791] Dieses körperliche Erlebnis von Farbe, das Gefühl des Erfülltseins ist mit der Stimmung vergleichbar.

---

[788]Denecke, Farbe im Expressionismus, S. 80. Sie belegt das Phänomen der Flächenfarbe mit dem Ausdruck „Substanz- oder Innenfarbe“. „Da die Substanz das reine Innen meint, ist sie nicht von Standort oder Sehschärfe des Betrachters abhängig, kann sie es nicht sein. Die Farbe kann also im ganzen Bild in der gleichen Intensität auftauchen, und wird dann überall gleich nah wirken.“ Ebenda, S. 37.

[789]Lorenz Dittmann, Die Farbe bei Grünewald, S. 119.

[790]„Unter Substanz verstehen wir die unmateriellen Eigenschaften eines Gegenstandes, wie geistige, seelische, physische Kräfte.“ Denecke, Farbe im Expressionismus, S. 43. „Wir sehen in dem Verhalten der Daseinsform der Substanz eine Verwandtschaft mit dem Verhalten bzw. der Existenzform unseres Gefühlslebens.“

[791]Dieses Hineinziehen des Betrachters ins Bild war die dezidierte Absicht bei Kandinsky: „Kandinsky will den Betrachter ‚zur selbstvergessenen Auflösung im Bild zwingen', er will ihn hineinziehen ins Bild wie in eine Straße, die man bisher vom Fenster aus betrachtet hat. Die Mittel dazu deutet er nur an, es sind v.a. die Fähigkeiten der Farbe, bald ganz materiell mit dem Grund sich zu verbinden, bald ganz schwebend zu erschienen, vorzutreten und zurückzuweichen und mit den Eigenschaften der Bildelemente sowie der freien und gebundenen Linien in mannigfaltige Beziehung zu treten.“ Hess, Das Problem der Farbe, S. 177.

„Es ist aber [...] nur die Flächenfarbe, die sich zu dieser Eindringlichkeit – im Wortsinne –, dieser gleichsam körperlichen Besitzergreifung des Betrachtenden ausgestalten kann.“[792]

### V.2.1.3.1. Gegenstimme: Die Materialität

Schöne, der ausführlich die Literatur zu den Erscheinungsweisen der Farben referiert, bezieht die Farbe in der Malerei generell primär auf die Oberflächenfarbe in ihrer Gestalt als Materie auf den Malgrund. Dabei bezieht er sich auch auf van den Bercken: keine Farbe ohne Formgrundlage.[793]

Die Prämisse für ihn ist der Objektcharakter jedes Bildes. In jeder Malerei gäbe es eine zweifache Oberflächenfarbe, nämlich die real an der Oberfläche des Bildes und die illusionistisch an der Oberfläche der dargestellten Dinge haftende. Beides integriere sich in der optischen Ebene.[794] Dort treten die materiellen Farbwirkungen (Farbmaterie und Leinwand) und die illusionistischen im Sinne von Eigenwert und Darstellungswert zueinander in Spannungen, was gleichzeitig die Spannung zwischen der ebenen Bildoberfläche und dem illusionistischen Bildtiefenraum zur Folge habe. Die dynamischen Energien erzeugten dabei eine ideale Bildfläche, die die Tendenz habe, sich von der Bildfläche abzulösen.[795] Nur über dieses Phänomen sei

---

[792] Dittmann, Die Farbe bei Grünewald, zitiert Werner, Über das körperliche Erlebnis der Farben: „Der Schauende selbst ist von Farbe erfüllt; er selbst ist rot, ist grün, ist innerlich ‚erleuchtet‘ in spezifischer Weise.“ S. 99.
Vgl. dazu den Stimmungsbegriff: „Der Stimmungscharakter einer Landschaft haftet nicht an ihr, wie die Oberflächenfarbe an einem Ding. Sie ist damit umkleidet und durchsogen und sucht uns selbst darein zu ziehen.“ Kaufmann, Künstlerische Stimmung, 97.

[793] Erich van den Bercken, Über einige Grundprobleme der Geschichte des Kolorismus in der Malerei, Münchner Jahrbuch der bildenden Kunst, N.F., V, 1928, S. 312: „Wir selbst glauben, daß es eine solche ‚abstrakte Farbe‘, eine ‚Flächenfarbe‘, wie sie D. Katz nennen würde, in der Malerei überhaupt nicht gibt; denn schon die Begrenzung der Bildfläche durch den Rahmen schafft ebenso wie Malgrund und Technik Bedingungen, die die Farbe ‚gestalten‘, die aus der ‚Flächenfarbe‘ eine ‚Oberflächenfarbe‘ (nach der Terminologie von Katz) machen.“ Zitiert in: Schöne, Über das Licht in der Malerei, S. 245.

[794] Schöne, Über das Licht in der Malerei, S 255.

[795] Ausgehend von Riegl (holländisches Gruppenporträt) bezeichnet die optische Ebene die Gesamtwirkung der Potenzen der malerischen Mittel per se in ihrem ständigen Wandel (Integrationsebene der inneren Kräfte des Kunstwerks) . Schöne, Über das Licht in der Malerei, S. 246.

eine flächenfarbige Erscheinungsweise der Farbe möglich. Aus der Oberflächenfarbe bilde sich als ästhetische Erscheinungsweise die Flächenfarbe durch den Wandel im Bewusstseinsprozess, indem sich der Farbeindruck als immaterielle Farbe von der materiellen Bindung an die Oberfläche der Leinwand löse. Die Aufnahme erfolge im dynamischen Wechsel von wirklichkeitsentschlossenem und wirklichkeitsverlorenem Blick. Aus dem Darstellungswert der Farbe als Gegenstandsoberfläche werde somit ihr Eigenwert frei. Dabei verschiebe sich das Verhältnis im 19. und 20. Jahrhundert von der Oberfläche der dargestellten Gegenstände zur Oberflächenfarbe der Bildleinwand, indem sich die Oberfläche mehr auf die Farbfläche als Struktur auf der Leinwand, weniger auf die dargestellten Gegenstände beziehe.

> „Die Gegenstands- und Raumwelt der Malerei des 20. Jahrhundert ist dagegen keine in diesem Sinne reale mehr, sondern eine Welt von Gegenstands*zeichen* und Raum*zeichen* (was auch für die abstrakte Malerei gilt). Die Gegenstandszeichen haben als solche natürlich auch eine weit weniger konkrete ‚Oberfläche' als die Gegenstände der früheren Malerei, so dass der Bezug auf sie der Farbe in entsprechend geringerem Maße den Charakter der Oberflächenfarbe verleiht. Die eigene Kraft der Farbe kann deshalb in noch ganz anderem Umfang als in der Malerei des 19. Jahrhunderts frei werden."[796]

Sicher prägt die Materialität der Farbe die Bilderscheinung stark mit, aber gerade deshalb muß sie differenziert werden. Schöne jedoch berücksichtigt die Differenzierung der Oberflächengestaltung und die daraus resultierende unterschiedliche Erscheinungsweise in ihrer Ablösung der Materialität durch die starke Verallgemeinerung nicht, sondern bringt alles auf den gemeinsamen Nenner der unbestimmten Lokalisation im Phänomen der optischen Ebene. Die künstlerische Handschrift prägt sich – entgegen der Meinung Schönes – nicht nur als Oberflächenfarbe aus, sondern legt den Grund zu unterschiedlichen

---

Die Definition von Jantzen lautet folgendermaßen: „Das Zugleich aller im Bildraum imaginierten Tiefenwerte im Nebeneinander der zweidimensionalen Bildebene, einerlei, ob es sich um Linien, Körper, Farben oder Helligkeit handelt." (briefliche Mitteilung), Schöne, Über das Licht in der Malerei, S. 247, Anm. 432.

[796] Schöne, Über das Licht in der Malerei, S. 255.

Graden von Gegenständlichkeit und darüber zu unterschiedlichen Erscheinungsweisen der Farbe innerhalb eines einzigen Bildes.
Die besondere Spannung zwischen gegenständlicher und übergegenständlicher Bildgestaltung gerade im Expressionismus drückt sich auch in der Raumbildung aus. Das gleichzeitige Vorhandensein traditioneller illusionistischer Raumbildungen wie Horizont und Perspektive führen zu einer spannungsvollen Synthese der beiden Naturmodelle natura naturans und natura naturata.[797]

### V.2.2. Der Naturbezug im Werk Schmidt-Rottluffs: Zwischen Illusion und Farbraum

Zur Erläuterung und Problematisierung des besonderen Raum- und Naturverständnisses sei ein Gemälde aus der typischen ersten expressionistischen Phase, dem „dynamischen ‚Brücke'-Stil" und „farbigen Flächenstil" in der besonderen Erscheinungsweise der Flächenfarbe herangezogen.

- *Deichdurchbruch*, 1910, Öl auf Leinwand, 76 x 84 cm, Brücke-Museum Berlin (Abbildungsverzeichnis Nr. 121).

In der Forschung wird dieses Werk allgemein als Schlüsselbild für den typischen Flächenstil Schmidt-Rottluffs angesehen. Durch seine, jetzt neu auftretende, große Flächenausdehnung ist dieses Bild zur Demonstration des Verhältnisses von Flächenfarbe und Raum, der Spannung zwischen motivisch gebundener und der Malfläche verhafteter Farbgebung, besonders gut geeignet.

> „Das Gemälde *Deichdurchbruch* kann als Schlüsselbild bezeichnet werden. Es markiert den Durchbruch zu Schmidt-Rottluffs Individualstil, vermittelt zwischen seinem Impressionismus und seinem beginnenden Expressionismus. Der Künstler steht hier am Anfang seiner ersten Reifezeit. Die bisher mehr unbewusst angewendete Gesetzlichkeit der

---

[797] Novotny, der sich sehr um das Verhältnis von gegenständlichen und übergegenständlichen Bezügen in der Moderne kümmert, stellt das Spannungsverhältnis der noch vorhandenen Raumbezüge und der Farberscheinung bei Cézanne dar, („seltsame Zwischenstellung, schwebender Bedeutungsgehalt der Perspektivgestaltung") „Diese ersten Bestimmungen des Bildraumgerüstes auf der leeren Malfläche sind hier, so sehr ihre Rolle als Folie für die künstlerisch dominierende, und auch raumbildende Bedeutung der Farbe durchaus erkennbar ist, doch nicht auf diese Rolle beschränkt." Novotny, Cézanne, S. 5.

> Farben und ihrer Kontraste weiß er nun bewusst einzusetzen. Überhaupt avanciert die Farbe nun zum bildbestimmenden Faktor. Farbformen und Farbflächen entstehen als neues Konzept der Bildorganisation. Auch wird die Farbe jetzt verdünnt aufgetragen, was die Ausbildung des Flächenstils zusätzlich unterstützt. Details werden der großzügigen Bildstruktur und der raschen Pinselschrift geopfert."[798]

Die Spannung zwischen gegenständlichem Bezug und der künstlerischen zum Eigenwert hin tendierenden Gestaltung ergibt sich zunächst dadurch, dass trotz der geschilderten Malweise das Motiv klar ausgeprägt und meistens sogar identifizierbar ist.[799]

---

[798] Magdalena M. Moeller, Evmarie Schmidt, Schmidt-Rottluff. Der Maler, S. 58.
Vgl. auch Thiem: „'Nomen est omen': dieses Gemälde ist der entscheidende Durchbruch zu Schmidt-Rottluffs dynamischem Flächenstil und damit zur künstlerischen Autonomie, die er sich allein in der Einsamkeit des Fischerdorfes Dangast eroberte." Gunther Thiem, Retrospektive, S. 229.
Dieser großflächige Auftrag wurde erst durch die Verdünnung der Farbe mit Benzin möglich, der auch der schnellen, spontanen Malweise zugute kam und ist somit zunächst technisch bedingt:
„Jeder Zeitverlust durch technische Manipulation und handwerklich sorgsamen Bildaufbau hätte die Spontaneität der Malweise zum Erlahmen bringen und die schöpferische [...] Hitze erkalten lassen müssen. Die jungen Maler versuchten deshalb, eine Technik auszubilden, welche die unmittelbare Heftigkeit des Ausdrucks nicht hemmte und flächigeres Arbeiten möglich machte als die Malweise van Goghs. [...]
Mit der erwähnten Technik der Malerei mit benzinverdünnten Farben auf saugenden Gründen fanden die Brückemaler ein geeignetes Mittel, der Farbe Leuchtkraft und Transparenz zu geben, ein schnelles Arbeitstempo durchzuhalten [...]" Buchheim, Brücke, S. 48 f.
Vgl. dazu auch Vogt, Heckel, S. 25 f: „Es liegt auf der Hand, daß die teure, zähflüssige und daher nur langsam zu vermalende Tuben-Ölfarbe nicht das geeignete Mittel für die jungen Künstler war, ihre Bildeinfälle spontan und handschriftlich niederzubringen. [...] Es gab dabei Versuche, die Ölfarben stark zu verdünnen oder sogar mit Benzin zu vermalen, um größere Bildflächen schneller mit Farbe bedecken zu können. Anfangs geschah das noch beinahe aquarellhaft. Wir finden in den Gemälden immer wieder freigelassene Leinwand, die die Ungeduld des Schaffensvorgangs zeigen."
Ist Flächenfarbe als technisches Mittel überhaupt zu einer Bildaussage fähig? Da die Technik aber das Mittel für die angestrebte Malweise darstellt, kann davon ausgegangen werden, dass diese Malweise auch dem Ausdruckswillen unterliegt. Die flächenfarbige Erscheinungsweise ist somit Resultat einer Suche nach dem richtigen Ausdrucksmittel.

[799] „So eindeutig hier jedoch künstlerischer Wille über die Naturwirklichkeit triumphiert, so wenig darf übersehen werden, dass ihre Grundstrukturen auch weiterhin erkennbar bleiben und dass selbst dieses Motiv genau lokalisierbar ist. Es handelt sich um den nunmehrigen Restdeich von Ellenserdammsiel mit dem darauf befindlichen ehemaligen Zollhaus." Wietek, Oldenburger Jahre, 1995, S. 375. Auch viele andere Landschaftsausschnitte Schmidt-Rottluffs können von Wietek identifiziert werden.

Die wenigen, ausgesprochen intensiven Farben sind in kontrastreichen Spannungen über das Bild verteilt. Hier ist zweierlei Verpflichtung zu beobachten: sowohl dem Motiv, als auch der übergeordneten Farbkomposition des ganzen Bildes im Sinne der Kontrastwirkung gegenüber: so wird das Rot an den Wegen vor allem durch das dazu im Komplementärkontrast stehende Grün gesäumt, das wiederum auch Gras darstellt, wie auch die Bäume, die in etwas dunklerem Grün gehalten sind. Auch das Hausdach könnte tatsächlich einem Ziegeldach nach rot gestaltet sein, darüber hinaus dient es als Rotakzent, um diese Farbe von den Wegen in die zangenartig geformten Wolken überzuleiten, die den Bewegungszug in den Himmel vollenden und in einer Horizontalen parallel zu Geländer und Hügelkamm ausläuft bzw. ansetzt. Die Bildkomposition ist somit von einer großen gekurvten Bewegung bestimmt.

Dieser Bewegungszug oder Bildrhythmus begründet auch das Spannungsverhältnis zwischen Eigenwert und Darstellungswert der Farbgebung als Folge ihrer Ausrichtung auf die Farb- und Formkomposition der Fläche.

Innerhalb dieser Bewegung erhalten auch die beiden Spaziergänger ihre farbliche und räumliche Zuordnung. Sie sind zunächst durch eine Vertikalverbindung zu dem Deichdurchbruch fixiert, indem sie jeweils der offenen und der geschlossenen Seite zugeordnet werden und wirken daher eher statisch eingebunden. Der gelbe Energiesaum einer Düne greift bei der linken Figur am Kopf an, läuft entlang ihrer oberen Kontur und übergibt an einen weiteren Hügelsaum, der zusammen mit dem unteren Grenzstreifen der Sogbewegung zielstrebig in die Gesamtbewegung einläuft.[800] Die Ableitung der Spaziergänger vom Statischen zum Bewegten legt ihre Bewegungsrichtung somit fest.

Des weiteren werden sie in ihrer Anteilhabe in der Farbkomposition als Farbakzentträger und –verteiler eingesetzt. Sie greifen das Karminrot und Blau ihrer Umgebung wieder auf und führen es in die zinnoberfarbene Fläche ein. Die blau gestalteten Schatten tragen dafür Sorge, dass die Himmelsfarbe auch im irdischen Bereich Vertretung und somit farbkompositorischen Ausgleich hat.

---

[800] Auch die sichtbare Pinselführung des roten Grundes vollzieht diesen Bewegungszug.

Ebenso bewirkt der durch den Deichdurchbruch geschaffene Einschnitt eine Präsenz des Himmels im irdischen Bereich. In Anbetracht der Rotfarbigkeit der Wolkenzüge lässt sich von einer Farbkreuzung sprechen, die beiden Bereichen zwar ihre farblichen Dominanzen belässt, aber im Zuge der Bildeinheit auch jeweils die des anderen Bereichs in sich birgt.
Innerhalb der Farbgestaltung gibt es keinerlei raumillusionierende Mittel, sondern die nahezu gleichbleibende Farbintensität und Konsistenz wirkt der räumlichen Festlegung entgegen.
Die motivische Bindung des Blaus an den Himmel legt, als durchgängig gedacht, diesen in Gestalt von Durchblicken durch Bäume und Deichdurchbruch als ein Dahinter fest. Gleichzeitig aber liegt das Blau in seiner Erscheinungsweise auf derselben Ebene wie die rote Fläche. Ebenso ergeht es den motivisch in die Tiefe geführten Wegen, die zugleich wieder in die große Fläche zurückgebunden werden.
Neben der durch die Perspektive erzeugten Raumillusion steht die Raumwirkung der Farben selbst in der Entfaltung ihrer Eigenwerte. Ein Mittel sind dabei Farbangleichung und Farbkontrast, über die sich der Eindruck zwischen Zweidimensionalität und Dreidimensionalität wandelt. Raum bildet sich, indem die Farben gegeneinander vor- oder zurücktreten, mal Oberfläche und mal Tiefe erzeugen. Je größer der Farbkontrast bezüglich des Komplementären, der Helligkeit, Deckfähigkeit oder Temperatur ist, desto größer auch die räumliche Entwicklung. Aus demselben Prinzip ziehen sich wiederum Farben derselben Qualität auf ein Niveau zusammen.

> „Die Farben gleicher Qualität und Erscheinung werden vom Auge – auch bei größerer Entfernung voneinander – auf ein Niveau zusammengezogen, so dass ein flächiger Zusammenhang latent besteht und ablesbar bleibt. Dies geschieht unabhängig von ihrer ding- oder körperbezeichnenden Aufgabe, sowie entgegen den formalperspektivischen Anweisungen. Die Rückführbarkeit zur Flächengestaltung bezieht nie die gesamte Bildfläche ein, sondern nur Teile von ihr. Umgekehrt zeigt sich die Gegenführung von Farb- und Dingort in der Trennung und Lösung von darstellerisch zusammengehörigen Teilen.“[801]

---

[801] „Ihre räumliche Wirkung drückt sich darin aus, daß die jeweilige Raumschicht von einer Farbschicht bestimmt ist oder anders ausgedrückt: der Farbort benennt den

Dieses Raumphänomen beschreibt das Ablösen des Eigenwerts vom Darstellungswert. Sieht man die illusionsräumliche Darstellung in Darstellungswerten geschildert, so kommen die davon freiwerdenden Eigenwerte der Farbe zugute, die sich in der Bildung neuer Konstellationen abheben.[802] Diese Freiheit der Farbe gegenüber illusionsräumlicher und gegenständlicher Bindung eignet dabei v.a. der Erscheinungsweise der Flächenfarbe, die so der Farbigkeit zu eigener Räumlichkeit in Kontrast und Angleichung verhilft.[803] Besonders aber vereinigt sie das Spektrum zwischen gegenständlicher und übergegenständlicher Bilderscheinung in sich und bestimmt so das besondere räumliche Spannungsverhältnis entscheidend mit.[804]

---

Raumort. Farbigkeit und Raumtiefe stehen in einem direkten Abhängigkeitsverhältnis." Schütz, Munch, S. 226.

802 Dieses Polarität bezüglich der Raumbildung sah bereits Jantzen. Als wesentliche Aufgabe der naturnachahmenden Kunst gilt die „Schilderung der Dinge der Umwelt im Raumzusammenhang. Von diesem Gesichtspunkt aus kommt aber für die Malerei Farbe nur als Darstellungswert in Betracht, und damit befindet sie sich zu allen Forderungen, die Farbe als Eigenwert stellt, im Gegensatz [...].

Malerei als Farbenkomposition sucht das Auge auf die Beziehungen mehrerer in einer Fläche liegenden Farbwerte einzustellen, während sie in der Absicht auf Raumdarstellung die Verteilung der Werte über verschiedene Raumzonen und gebunden an räumlich geschiedene Farbenträger kenntlich zu machen strebt. Eine Absicht muß prinzipiell die andere stören. Während Farbe als Eigenwert die prinzipielle Forderung stellt, als zweidimensionaler Bildinhalt, innerhalb der Rahmenfläche gewertet zu werden, beruht der Darstellungswert der Farbe (mit Rücksicht auf Raumdarstellung) gerade auf der Möglichkeit, Farbe über *verschiedene* Raumzonen zu verteilen und die Beziehung auf die zweidimensionale Fläche aufzuheben." Jantzen, Prinzipien der Farbengebung, S. 63.

803 „Die flächenfarbige Erscheinungsweise begünstigt wiederum die räumliche Freiheit der Farben. Weil die räumliche Lokalisation bei flächenfarbiger Erscheinung weniger festgelegt ist als in der Erscheinungsweise der Oberflächenfarbe, werden die der Farbe innewohnenden Möglichkeiten viel freier entbunden. Die Farbe kann nämlich nur dort auftreten, wo sie ihrem farbigen Raumwert nach ihren Ort hat und ist nicht auf den Raumort festgelegt, den die gegenständliche Oberfläche des Farbträgers einnimmt. Sie kann den weiten Raumspannungen, die von den übermäßigen Farb- und Intensitätskontrasten erzeugt werden, unbehindert folgen. So kann aus den Farben selbst ein Raum entstehen, der in vielem unabhängig ist vom Gegenstandsraum." Dittmann, Grünewald, S. 67.

804 „Die besondere Dynamik der farbigen Raumspannungen aber kommt erst da zur Geltung, wo Farbort und Gegenstandsort nicht in Übereinstimmung stehen." Dittmann, Grünewald, S. 68 f.

„Die Flächenfarbe ist die Mitte der farbigen Erscheinungsweise, sie kann sich einmal mehr zum Oberflächenhaften, das andere Mal mehr zum Raumhaften, Unbegrenzten hin verändern.“[805]

Am deutlichsten äußert sich dieses Phänomen in der großen roten bilddominierenden Fläche, wo sich die Flächenfarbe ungehindert entfalten kann. Das weit ausgebreitete Rot bestimmt und strukturiert die Bildkomposition, indem es hinsichtlich der Gegenständlichkeit zwischen Befreiung und Konkretion wechselt. Sich in einer ungegliederten Fläche frei bewegend, mündet es in Wege, die zwischen Hügeln verschwinden und kanalisiert sich so zu Komponenten des oberen gegenständlichen Bereichs des Bildes, der sich – auch im Sinne von Modellierung – zu angelegter Landschaft domestiziert. (Nicht zuletzt zu dem künstlich erzeugten Deichdurchbruch). Die Andeutung von Fluchtlinien zur Öffnung des Durchbruchs hin entwickeln einen enormen Tiefenzug der roten Fläche, innerhalb dessen sich die beiden Figuren, in ihrer Ansichtsseite nicht bestimmbar, je nach Lesart des Bildes davon weg oder mit ihm bewegen.

Die Flexibilität der Flächenfarbe zwischen gegenständlicher und übergegenständlicher Bindung sperrt sich durch ihre lockere Konsistenz gegen jegliche Oberflächendifferenzierung in stofflicher, räumlicher oder beleuchtungsartiger Hinsicht.[806] Das Rot drängt in die Fläche und wird gleichzeitig in das perspektivische Gerüst gezwungen. Dabei ist die Farbfläche nicht homogen und glatt, sondern weist verschiedene Dichtegrade, in die auch der Duktus hineinspielt, bis zur völligen Durchlässigkeit auf den weißen Grund auf.

Innerhalb des Gestaltungsprozesses entspricht diese einem Ineinander von Linie und Fläche. Zur Gliederung des Bildes ist zunächst ein Liniengerüst anlegt, das das daraufhin bildfüllende Rot in Bahnen lenkt. Zu sehr von der Dominanz des Rots gefährdete Bildgerüststellen werden im nachhinein verstärkend mit Schwarz nachgezogen. Quasi als Scharnierstelle dienen die beiden Spaziergänger, die sich von dem

---

[805] Dittmann, Grünewald, S. 99.

[806] „Diese ‚Flächenfarbe' ist im Gegensatz zur ‚Oberflächenfarbe' von lockerer Konsistenz und der genauen Fixierung im Raum entzogen.“ Dittmann, Brücke, S. 45.

gegenständlicheren Bereich in den amorphen oder umgekehrt bewegen.

Das Rot dringt in seiner Aktivität vor die grünen Hügel, die darin zu versinken scheinen, gleichzeitig heben diese sich wiederum in ihrer Plastizität ab. Die Fläche wechselt in einem positiv-negativ-Effekt hin und her.

Über die Flächenfarbe entsteht so eine Spannung zwischen illusionsräumlicher Distanz und unauslotbarem Farbraum, der in der Mitte des Bildes Tiefe entstehen lässt, die in Vorder- und Hintergrund wieder vergegenständlicht wird und illusionsräumliche Dimensionen entwickelt. Die Aufgabe, einen innerbildlichen Perspektivraum zu bilden, wird dabei primär von der Linie übernommen, die auch vornehmlich für die Gegenstandsdefinition verantwortlich ist. Raumillusion tritt somit als „Formraum" auf, zu dem sich die Farbe spannungsmäßig zwischen Anpassung und Ablösung verhält.

Diese Flexibilität führt auch zu Ambiguitäten räumlicher und stofflicher Art.

Die Figuren, deren Position und Maßstab innerhalb des unsteten Grundes nicht festliegt, haben in der Tiefenhaftigkeit der Flächenfarbe keinen festen Stand mehr und scheinen darin zu schweben. Um sie herum ist der Grund etwas heller, noch aufgelöster, während Schatten sich zu Tiefen auftun, in die sich die Figuren versenken können. Desgleichen wandelt sich auch ihre Körperlichkeit zwischen angedeuteter Oberflächenmodellierung und Auflösung.

> „Wenn die Farbe nicht auf der Oberfläche aufliegt, so gehört sie offenbar zum Stoff des Gegenstands, zur eigentlichen Substanz, bildet sie mit. Da, wo die Farbe rein auftritt, entsteht der Eindruck, man blicke in den Gegenstand hinein [...]. Wenn [...] die Farbe als Innenfarbe, als Substanz aufgefaßt werden muß, hat sie, auch wo sie rein homogen erscheint, raumausfüllende Fähigkeit."[807]

Das Verhältnis von Himmel und Erde ist durch die gleiche Farbigkeit und Materialität ein angeglichenes, das den Himmel nicht von der Erde trennt, sondern beide ihre Tiefe entwickeln lässt. Das Rot der Wolken unterscheidet sich z.B. nicht von dem Rot der Erde.

[807] Denecke, S. 32. der Begriff „Innenfarbe" entspricht hinsichtlich der Tiefenentwicklung dem der „Flächenfarbe".

Bilde sind farblich durch Zwischentöne modifiziert, der Himmel durch Weiß und Dunkelblau, die Erde durch Karmin und Ocker, immer wieder durch kleine Stellen des freigelassenen weißen Grundes durchsetzt. Der mit mehreren Blautönen gestaltete Himmel erscheint sogar fast noch dichter als die annähernd homogene Erdfläche, die Wolkenformation in ihrer Formdifferenzierung sogar eher dem gegenständlichen Bereich zugehörig.
Die Tiefe wird durch die Farbe gemäß des Warm-Kalt-Kontrastes weiter qualifiziert.[808] Hinsichtlich der Farbcharaktere wirkt das Rot warm umfassend, dominierend, während das Blau eine kühle, ferne Unendlichkeit ausstrahlt.[809] Dennoch entwickelt sich keine atmosphärische Ferne, schon gar nicht die Illusion einer Tiefenunschärfe. Die klar abgegrenzten starkfarbigen Farbflächen entwickeln ihren Charakter allein aus sich heraus.
Die Grenze des Bildes liegt hinsichtlich des Gegenständlichkeitsgrades nicht zwischen Himmel und Erde, d.h. in der Horizontlinie, sondern führt genau mitten durch das Bild, innerhalb des irdischen Bereichs durch die Mitte der beiden Figuren. (Abb. 163 und 164) Dabei liegt die gegenständlichere Zone – ganz im Gegensatz zu den weiträumigen Himmelszonen der niederländischen Landschaftsmalerei beispielsweise – oben.
Damit vollzieht sich innerhalb des Rots auch eine Zweiteilung des Bildes. Der obere Bereich stellt eine Ausdifferenzierung und Konzentration von gegenstandsbezeichnenden Formen dar: das namensgebende Motiv (Deichdurchbruch) ganz in die rechte obere Ecke gerückt, mit Karmin und Zinnober modelliert, die Hügel und Wege, die zu einer Anhöhe mit einem Haus, das von Bäumen umstellt ist, führen. Erst durch die obere Hälfte wird die untere überhaupt verständlich.
Die Zweiteilung des Bildes in eine eher gegenständliche und eine eher ungegenständliche Hälfte lässt sich auch materiell festmachen. Die

---

[808] Vgl. Weiteraum, der von Sensationen erfüllte Gefühlsraum.

[809] „Eine besondere Bedeutung für die Raumwirkung hat der Gegensatz der warmen und kalten Farben. Warme Farben haben Vordergrundstendenz, kalten Farben treten zurück." Erich van den Bercken, Untersuchungen zur Geschichte der Farbengebung der venezianischen Malerei, Teil I, Porchheim 1914, S. 53.

Konkretisierung des Gegenstandes geschieht immer durch die Modellierung, die eine Überlagerung mehrerer Farbschichten nach sich zieht, während die Flächenfarbe von Himmel und Erde eher dünne, weitläufige und farbig abgestufte Schichtungen aufweist.[810]
Die Aufgabe der Horizontlinie, die im gegenständlichen Bereich des Bildes aufgeht, ist vielmehr eine kompositionell festigende innerhalb des Bildganzen. Sie trifft sich darin mit der parallel zu ihr im unteren Bereich verlaufenden Linie der Düne. Diese ist, zusammen mit den vor ihr abgehenden Schräglinien (zunächst Gegenständlichkeit andeutend), der untere Abschluss und die Barriere der ungehemmt auszufließen drohenden Flächenfarbe und somit nötig für den optischen Sockel des sonst ungleichgewichtig kopflastigen Bildes. In der Gesamtkomposition verbindet sie sich mit dem Horizont zu einem seitlich angeschnittenem Oval. Eine weitere Stabilisierung erhält das Bild durch die Andeutung eines Horizontal-Vertikal-Gefüges am Deichdurchbruch (Durchbruch, Mast und Brücke).[811]
Die Rolle des Horizonts als gleichgeordnetes kompositionelles Element innerhalb des Bildgerüstes zeigt sich auch darin, dass er durchaus weggelassen werden kann, wenn sich eine ausreichend ausgewogene Komposition (bei Schmidt-Rottluff immer anzutreffen) auch ohne ihn ergibt.[812] Dennoch ist eine körperliche Befindlichkeit wie oben und unten im Sinne des gelebten Raumes stets gegeben, der Horizont in den Bildern immer mitzudenken. Der Anklang eines menschlichen Befindlichkeitsverhältnisses ist Anzeichen für das schauende Subjekt, dessen Situation des reinen Gegenübers jedoch

---

[810] Vgl. dazu das mit „Korrektur" benannte Phänomen der Porträts. Auch bei der Landschaft ist das gegenständlich Bedeutsame in mehreren Farblagen konkretisiert.

[811] Die horizontale Verspannung der Bilder wird oft als Anker gegen das Wegfließen der Farbe eingesetzt und durch die Betonung vertikaler Bildelemente zur Festigung von Motiv und Bildfläche ergänzt. Költzsch, Expressionismus, S. 140.
Dittmann spricht hinsichtlich Cézanne von der Bedeutung des Horizontes als Kompositionslinie: Der Horizont wird zur festgefügten Ruheachse des Raums, der den anderen Bildelementen Halt vermittelt. Lorenz Dittmann, Zur Kunst Cézannes, in: Martin Gosebruch (Hg.), Festschrift Kurt Badt zum 70. Geburtstag, Berlin 1961, S. 207.

[812] Vgl. zum Beispiel die Gemälde *Lofthus*, 1911, 87 x 96 cm, Hamburger Kunsthalle (Abbildungsverzeichnis Nr. 114) in starker Aufsicht, oder *Drei rote Akte*, 1913, 98 x 106,5 cm, Staatliche Museen zu Berlin, Neue Nationalgalerie (Abbildungsverzeichnis Nr. 12). in starker Untersicht. Oftmals ist der Horizont auch so verstellt, dass der Himmel nur noch als Ausschnitt erscheint.

ständig in Frage gestellt wird. Derart lässt sich der Farbraum beschreiben:

> „Bei diesem geht die Raumvorstellung aus der gegenseitigen Relation von bildhaft, jedoch ungegenständlich angeordneten Farben hervor. Es handelt sich dabei nicht mehr um den Raum, den wir gewohnt sind zu sehen. Die herkömmlichen Begriffe scheinen aufgehoben. Die Farben stecken für das Auge Raum ab, umhüllen ihn oder grenzen ihn auf irgendeine Weise ab, bedingt durch ihren Eigenwert, ihren Flächencharakter und ihre Interaktion mit und gegeneinander.“[813]

### V.2.2.1. Der Horizont

Die Rolle des Horizontes in *Deichdurchbruch* ist symptomatisch für das besondere Raumverständnis zwischen gegenständlich illusionistischer und übergegenständlich farbimmanenter Erscheinung. Der Horizont gilt als Phänomen der Distanz und der Grenze[814] Als solches kann sein Vorhandensein in einer farbimmanenten alles umfassenden Räumlichkeit Aufschluss über das besondere Verhältnis beider Raumformen geben sowie über die besondere Auffassung der beiden Sphären von Himmel und Erde hinsichtlich des Grades ihrer Trennung. Horizont als Bestandteil des illusionistischen Raumes bedeutet Distanz, Nachahmung eines tatsächlichen Gegenübers, wodurch er dem Modell der natura naturata zugehörig ist.

> „[...]er erfaßt die Natur als eine Bühne, zu der ganz wesentlich Distanz gehört. Der Horizont repräsentiert immer ein Moment dargestellter Entfernung. Zugleich besagt er, dass der Mensch aus der Natur ausgeschlossen ist, *vor* ihr, außerhalb ihrer (als Betrachter) verharrt. Er ist nicht *Teil* der Natur.“[815]

Horizont als Grenze bedeutet ein Voneinanderabsetzen zweier unterschiedlicher Sphären. Gemäß der empirischen Raumanschauung

---

[813] Schütz, Munch, S. 225.

[814] Horizont von grch. horizein = begrenzen. „ist die Bezeichnung für die perspektivischen Darstellungen durch das Auge des Betrachters gelegt gedachte waagerechte Ebene [...], bzw. für den Kreis, der auf dem scheinbar darauf ruhenden Himmelsgewölbe abgrenzt, wobei der Beobachter im Mittelpunkt dieses Kreises steht (scheinbarer Horizont).“ Lexikon der Kunst, Bd. 2, Leipzig 1972, S. 335.

[815] Boehm, Das neue Bild der Natur. Zum Naturverständnis der Moderne, S. 8.

bilden Himmel und Erde ein Gegenspiel von Unendlichkeit und Endlichkeit, Nähe und Ferne.[816]

> „Die ‚räumliche Struktur der Welt' kann angeschaut und begriffen werden als Widerspiel von endlicher und unendlicher Sphäre. Die Einheit des Weltraums als Einheit und Sonderung des Endlichen und Unendlichen zeigt sich im Verhältnis von irdischer Sphäre und Himmel. ‚Der Himmel wäre die Gestalt, in der das Unendliche in der Wirklichkeit vorkommt, die irdische Sphäre andererseits wäre die absolute endliche Totalität'[...].“[817]

Für die Moderne besteht die These, dass sich die beiden Sphären angleichen und somit eine Näherung des eigentlich Distanz signalisierenden Elementes Horizont eintrete. „Je weniger wir Natur unter Vorzeichen des Horizontes sehen, desto näher rückt sie uns.“[818]

> „Die Auflösung des Horizontes befreit die Natur von einem ihr auferlegten, in sie hineingesehenen Korsett, welches sie fixiert, zu einem Gegenstand [...] fürs Auge macht. [...] Moderne Naturbilder [...] begreifen Natur als etwas Veränderliches, Prozeßhaftes, welches die feste Achse zwischen dem Blick und dem Horizont versprengt.“[819]

Die Angleichung in Erscheinungsweise und Wertigkeit der Farbe hebt mit dem Horizont auch die Trennung der Erscheinungsweise von Himmel und Erde auf, es kommt zu räumlichen Ambivalenzen.

> „Himmel und Erde sind aus demselben farbigen Stoff, haben dieselbe Schwere, dieselbe Dichte. Das bedeutet Entschwerung der Erde, Verdichtung des Himmels.“[820]

---

[816] Vgl. Dittmann, Cézanne, S. 208.
„Empirische Unendlichkeit ist uns gegeben in der Erscheinung des Himmels und seinem Verhältnis zur Erde als dem Endlichen. (Voss, S. 56). Im Horizont grenzen diese beiden Sphären aneinander.“ Lorenz Dittmann, Zur Kunst Cézannes, in: Martin Gosebruch (Hg.), Festschrift Kurt Badt zum 70. Geburtstag, Berlin 1961, S. 207. Zitat aus: Hans Voss, Transzendenz und Raumanschauung, Frankfurt a.M. 1940. „Der Horizont aber ist eine Grenze, über die der Blick schon hinaus ist (Voss, S. 28), denn im ‚Bewußtsein der Schranke liegt das Darüberhinaussein.' (Hegel).“ zitiert in: Dittmann, Cézanne, S. 207. „Der Himmel ist ein allgemein geistiges und existentielles Phänomen und seinem Begriff nach nicht auf die optische Darstellung des irdischen Raumes eingeschränkt. Denn er bezeichnet überhaupt eine Grenze des Wissens und Anschauens, das sich *als* Erlichtung eines Unbekannten und Unentschlossenen weiß [...].“ Voss, S. 148, zitiert in: Dittmann, Cézanne, Anm. 78, S. 207 f.

[817] Voss, S. 127, zitiert in: Dittmann, Farbgestaltung im 19. Jahrhundert, S. 96.

[818] Boehm, Das neue Bild der Natur. Zum Naturverständnis der Moderne, S. 8.

[819] Boehm, Das neue Bild der Natur. Zum Naturverständnis der Moderne, S. 8.

[820] Dittmann, Farbgestaltung im 19. Jahrhundert, S. 97.

Die der Himmelsfarbe adäquate Erscheinungsweise der Farbe ist die Flächenfarbe, die, wie schön zu sehen war, auch im irdischen Bereich auftritt.[821]
Im *Deichdurchbruch* ist der Horizont zwar nicht aufgelöst, aber im Wechsel zwischen Raumillusion und sich davon ablösenden Farbraum ist seine raumbildende Wirkung mal mehr oder weniger begünstigt. Die Eigenschaften der Flächenfarbe vermitteln unter dem Gesichtpunkt des Anschauungsraums eine Unbetretbarkeit des Raumes, eine Unklarheit der Raumbezüge, sprich eine räumliche Ambivalenz. Die ihrer Schwere und Festigkeit entbehrende Erde ist auch für den Betrachter ein unsicherer Grund. Dieser erhält keinen Zugang zu der Landschaft im Bild. Kein Weg öffnet sich ihm, sondern eine Barriere stellt sich ihm entgegen, bei deren Überwindung er in einen grundlosen Raum versänke, ebenso haltlos wie die beiden Figuren. Keine Situation, in der er sich räumlich zurechtfindet, sondern deren Verunklärung. Die zuerst erblickte Landschaft entzieht sich wieder vom Illusionsraum in den Farbraum.

> „Die Standfläche des Menschen, der Grund, auf dem er steht, handelt, sich orientiert, ist unsicher geworden. Die Welt ist nicht mehr fest."[822]

Farbraum und Körperraum gleichen sich an, unterstützt durch den vergleichsweise unnatürlichen Charakter der Farbe. „Die Landschaft wird unbetretbar, die Dinge unwirklich."[823] Entgegen der Erfahrung erfolgt keine Scheidung von Himmel und Erde in endliche und unendliche, schwere und leichte Sphäre, sondern Himmel und Erde gehen auf in der homogenisierenden Erscheinungsweise der unauslotbaren Tiefe und damit zugleich umschließender Nähe.[824]

---

[821] „Der blaue oder gleichmäßig bewölkte Himmel bietet, ohne dass man besondere Vorkehrungen treffen muß, Gelegenheit, sich das Wesen der Flächenfarbe an ihm zur Anschauung zu bringen. [...] Der Himmel bietet den Eindruck einer sehr ausgedehnten Flächenfarbe, wenn man, auf einer großen freien Wiese liegend, den Blick auf ihn richtet." Katz, Die Erscheinungsweise der Farben, S. 10.

[822] Költzsch, Expressionismus, S. 140.

[823] Dittmann, Farbgestaltung im 19. Jahrhundert, S. 103.

[824] „Der Beschauerbezug eines in der Mitte eingetieften Farbraumes besteht darin, daß der Betrachter, der zurücksinkenden Farbe in das Bild hinein folgend, von den seitlichen Farben umgeben wird. Die Farben befinden sich ihm nicht mehr nur gegenüber, er ist vielmehr eingetreten in den vibrierenden Farbraum. Die Farben umgeben ihn und

Entsprechend der Sehgewohnheit schwankt der Eindruck zwischen Nähe und Ferne, die niemals gleichzeitig wahrnehmbar sind, aber dennoch sich gegenseitig bedingen und in diesem Fall in der Potenz der Bildwirkung vereinigt sind und als solche ein Kriterium von Landschaft bilden:[825]

> „Landschaft tritt dem Menschen erst voll ins Bewußtsein, als er beim Anblick der Natur das Nah und Fern im Gefühl erlebt."[826]

Der Betrachter taucht in beide Sphären (Himmel und Erde) gleichermaßen ein und wird von ihnen umschlossen. Die Großflächigkeit ist dabei zusammen mit der Flächenfarbe wesentlich für den Effekt der Stimmung. Gleichzeitig aber wird er durch die motivische Gegenständlichkeit wieder auf Distanz gebracht, sieht sich Ansätzen von Perspektive gegenüber, die sich zu landschaftlich vertrauten Zügen formen, *vor* denen er sich von außen schauend befindet.[827] Stets mitempfunden wird dabei aber die Reibung oder Spannung durch die expressive Farbgebung, die sich in ihrer stark emotionalen Herausforderung einer beschaulichen Betrachtung widersetzt. Die daraus resultierenden Spannungen zwischen dinglicher und farblicher Präsenz steigern die räumliche Bewegungsenergie.

Über die Anschauung wechselt das Verhältnis von Subjekt und Objekt zu einer mehr subjekt- und einer mehr objektbetonten Einstellung. Dementsprechend changiert auch die Erscheinungsweise der Farbe zwischen Flächen und Oberflächenfarbe, gegenstandbezogener oder gesamtkompositorischer Farbgebung, Darstellungswert und Eigenwert/bzw. Ausdruckswert und bewirkt so eine Steigerung der Eindrücke, die der Betrachter in ständig wechselnden Befindlichkeiten zwischen einem Davor und einem Darinnen erfährt.[828]

---

fordern ihn zur Anteilnahme auf, bringen ihn in die innigste Versenkung in das Darstellungsthema, dessen Ausdruck sie sind." Dittmann, Grünewald, S. 72.

825 Badt, Die Kunst Cézannes: „[...] es ist unmöglich, Nahes und Fernes zugleich zu beobachten." S. 55.

826 Badt, Die Kunst Cézannes, S. 57.

827 Dies entspricht der Definition des „qualifizierten Raums" von Dagobert Frey als inhaltlich bestimmt und gegenständlich erfüllt. Dagobert Frey, Gotik und Renaissance, Augsburg 1929, S. 58 f. Zitiert in: Dittmann, Grünewald, S. 73.

828 „[...] dies kommt zustande durch die erwähnten Spannungen zum Gegenstandsraum und dessen Diskontinuität im allgemeinen und durch die räumlichen Relationen zu den Nachbarfarben." Dittmann, Grünewald, S. 75 f. Das Schwanken ist nämlich nicht in der

Farberscheinung, Raumwirkung und Ausdruck bedingen sich gegenseitig.

> „So kann es nun geschehen, dass die Labilität, die dauernde Veränderlichkeit des Raumeindruckes, die aus der raumdynamischen Funktion der Farbe entsteht, auf die Farben selbst wieder zurückwirft und sich in ihrer Beweglichkeit steigert und damit auch in der Eindringlichkeit ihrer Wirkung auf den Betrachter, also in ihrer Expressivität. Die Raumspannungen *entfalten* sich, sie sind nicht von vorneherein da, sondern sind ein Geschehen, ein Vorgang im Farbeindruck – und dies dient wieder der Ausdruckskraft der Farbe.“[829]

Die typische Spannung zwischen gegenständlicher und übergegenständlicher Gestaltungsweise bei Schmidt-Rottluff verbindet somit die beiden Modelle des Naturverhältnisses in Richtung einer subjektiv expressiven Gewichtung. Trotz der Betonung einer Angleichung in der Farbigkeit und einer Zurückdrängung der perspektivischen Raumerscheinungen sind diese immer noch vorhanden und wesentlicher Bestandteil des ausdrucksvollen Spannungsverhältnisses zwischen Farbraum und Gegenstandsraum.[830]

> „Alle diese Ausformungen räumlich-farbiger Ausdruckswirkungen aber bleiben in einer dezidierten Weise auf den Standort des Betrachters bezogen, auch wenn sie ihn zu erschüttern versuchen. Und eben deshalb sind sie expressiv.“[831]

---

Flächenfarbe selbst begründet, sondern in Spannungen der vielfältigen Raumbezüge. Vgl. ebenda.

[829] Dittmann, Grünewald, S. 76.

[830] „[...] die Lösung der Farben vom Farbenträger, um die farbigen Ausdrucksqualitäten rein zu entfalten. Diese Lösung kann im Expressionismus immer nur eine partielle sein, da diese ja im Prinzip der Gegenstandsdarstellung verpflichtet bliebt, Jedoch gerade aus diesem doppeltem Impuls: der farbigen Setzung und Auflösung von dargestellter Gegenständlichkeit können besondere Spannungselemente entfaltet werden.“ Dittmann, Brücke, S. 45.
Dies betrifft v.a. die Veränderlichkeit der Flächenfarbe. „V.a. dient auch die flächenfarbige Erscheinungsweise dem farbigen Ausdruckswert. [...] Denn die Flächenfarbe ist die spezifisch *expressive* Erscheinungsweise der Farbe.“ Dittmann, Grünewald, S. 97.
„Die von Allesch hervorgehobene Veränderlichkeit der Farben wirkt expressiv.“ Dittmann, Grünewald, S. 98.

[831] Dittmann, Brücke, S. 45.
Dies relativiert die Sicht Boehms, dass in der Moderne die Distanz aufgehoben sei.

Die Landschaft in *Deichdurchbruch* ist das Produkt des Bildfindungsprozesses während der Dauer der Anschauung analog zur Bildung aus der allumfassenden Natur. Das ursprüngliche Naturerlebnis des Umgebenseins spielt ständig in die Wahrnehmung mit hinein, lässt die präsentierte Landschaft sich in einen ursprünglichen Naturzustand zurückbegeben. Der Betrachter nimmt zunächst Landschaft wahr, die bildkonstituierenden Momente sind in gegenständlicher Hinsicht zu stark, als dass eine solche Assoziation nicht sofort erfolgen würde. Die Erscheinungsweise der Farbe als Darstellungswert oder Oberflächenfarbe vermittelt diesen Eindruck. Aber der Farbstoff, aus dem die Landschaft gebildet ist, ist in seiner Ausgestaltungskraft so deutlich spürbar, dass der künstlerische Prozess der Bildung ein wesentliches Moment der Bildwirkung ist:[832] Farbstoff als Urstoff der natura naturans, aus der Landschaft durch den Künstler und den diesen Prozess nachvollziehenden Betrachter erst gebildet wird. Ausdruck wird über die Veränderlichkeit des Farbeindrucks gefördert, die Empfindung gegenüber der reinen Anschauung dadurch gesteigert.[833]

> „Das künstlerische Experiment der Moderne besteht darin, die Gleichung Auge-Wirklichkeit, bzw. Bild-Natur als *offen* zu verstehen. Das setzt voraus, dass wir den Gedanken verabschieden, Bilder seien Abbilder von etwas, das bereits vorliegt. Wenn Natur ‚nicht feststeht' (ganz wörtlich genommen), dann kann sich der Maler gestaltend daran ‚nicht festhalten'. Die Natur als ‚Prozeß der Schöpfung' deutet sich ihm als ‚Prozeß der Bildfindung', den der Maler nach eigener Ansicht in Gang setzt. Worin die Analogie Werk-Wirklichkeit jeweils besteht, ist von Fall zu Fall festzustellen."[834]

### V.2.2.2. Die Perspektive

Ebenso wie der Horizont als distanzbildendes Element wird die Perspektive, die in der Forschung allgemein als Errungenschaft der

---

[832] Kandinsky: Werkschöpfung ist Weltschöpfung, zitiert in: Boehm, Das neue Bild der Natur. Zum Naturverständnis der Moderne, S. 11.

[833] Die Erlebnisunmittelbarkeit entzündet sich an dem Ausdrucksgehalt der Farbe. „Je fragmentarischer die Reize, desto stärker sind die empfindungsmäßigen gegenüber den wahrnehmungsmäßigen Erlebnissen." Dittmann, Grünewald, S. 98.

[834] Boehm, Das neue Bild der Natur. Zum Naturverständnis der Moderne, S. 9.

Neuzeit gilt, zur Unterscheidung zwischen einer nachahmenden illusionistischen, den Betrachter zur Voraussetzung habenden, und einer davon abweichenden Naturdarstellung herangezogen.

> „Die Bezüglichkeit von Anschauung und Bild, die sich in der perspektivischen Theorie konstituiert, hat ihre geschichtliche Verwirklichung auf dem Boden der neuzeitlichen Kunst gefunden und macht deren spezifische Wahrheit aus. Der perspektivische Gegenstandsentwurf muß als Weltentwurf erfasst werden, der auf eine ganz neue Weise das Fundament der Erfahrung ist. Im Bezug von Anschauung und Fluchtgebilde ist eine Einheit gegeben, deren Begründung aus dem Selbstsein und der Explikation seiner Strukturen erfolgt, nämlich im Entwurf eines Horizontes. Darin ist der Mensch als dessen Kern immer schon mitgedacht [...] Die ontologische Grundlage dieser Kunst ist die Korrelation von Anschauung und Gegenstandswelt und die dabei mögliche Neutralitätsmodifikation; in ihr findet der Sinn des künstlerischen Tuns von nun an seine Grenze (insofern es in perfektem Abbilden-Wollen untergeht) und seine Bestimmung (insofern die Theorie der Anschauung den ästhetischen Sinn der Kunst sichtet)."[835]

Das zugrundeliegende Raummodell ist der Anschauungsraum, der zwar immer, als dem „gelebten Raum" untergeordnet, auf den Menschen bezogen ist, aber diesem uneindringlich gegenüberliegt, dessen Dingwelt als Objekt erscheinen läßt.[836] Historisch wird dies mit der Selbstdefinition des Individuums in der Neuzeit erklärt, das eine selbstbewusste Distanzierung zur Natur als Umgebung vornimmt, indem es seinen eigenen Standpunkt entwickelt, von dem aus

---

[835] Gottfried Boehm, Studien zur Perspektivität. Philosophie und Kunst in der frühen Neuzeit, Diss. Heidelberg 1969, S. 85.

[836] „Mit dem Anschauungsraum ist [...] im folgenden stets gemeint der Raum der sinnlich-leibhaftig gegebenen, aber kategorial mitbestimmten Dinge und Dingverhältnisse, näherhin der perspektivisch und horizontal begrenzte Raum, der bezogen ist auf das anschauende Leibsubjekt als Zentrum." Ströker, S. 1. „Der Leib rückt vollends an seine Peripherie, steht nicht mehr ‚inmitten' der Dinge, sondern hat sie in ausschließlicher Gegenüberstellung." Er gibt sich hier eine Dingwelt „als nur noch *vor-*stellig, die ihrem Gegenüber ihre pure Objekteigenschaft enthüllt." Ströker, S. 104, 135, 141, 202 zitiert bei Dittmann, Farbgestaltung im 19. Jahrhundert, S. 98.
„Ich trage die perspektivische Verfassung des Raumes, indem ich anschaue, immer mit mir. In meinen perspektivischen Tiefenraum kann ich nie eintreten, er bleibt je meiner." Boehm, Perspektivität, S. 82.

Landschaft erfahren wird. Aus dem ursprünglichen Naturerlebnis entsteht ein „perspektivisches Weltbild“.[837]
Die Entwicklung setzt zunächst mit einer Änderung der Sehgewohnheit ein, und schlägt sich dann in geometrisierender Nachahmung auf das Gemälde nieder. Dieses wird über die Konstruktion der Perspektive zum theoretisierten und abstrahierten Weltentwurf, dessen Gesetzmäßigkeiten den Raum beherrschbar machten.[838]

> „Das ‚Betrachten' als Akt menschlicher Lebendigkeit ist seinem ontologischen Charakter nach fremd gegenüber jener Einheit der Natur als ein Ganzes, die strenggenommen nie Stücke und Teile hat, die sie durch Grenzen gegeneinander absetzen, sondern lebendig gliedern. Natur als Landschaft gewinnt ihr Leben von der Einheit der Anschauung her, diese ist losgelöst von jenem geschlossenen Eigenleben der Natur, die weltverbindenden Fäden sind abgeschnitten und ‚in den eigenen Mittelpunkt zurückgeknüpft'.“[839]

---

837 „Die Entwicklung des perspektivischen Sehens ist ein allgemeiner Vorgang, der das Verhalten des Menschen zum Raum grundsätzlich neu gestaltet, so daß man vom Entstehen eines ‚perspektivischen Weltbildes' sprechen kann. [...] Das perspektivische Sehen der den Menschen umgebenden Wirklichkeit ist auf den Betrachter bezogen. Grundlegend ist die Sehpyramide, die sich in der theoretischen Konstruktion bildet durch die von den Augen des Betrachters ausgehenden Strahlenlinien, die sich im betrachteten Objekt treffen.“ Rainer Piepmeyer, Das Ende der ästhetischen Kategorie Landschaft, in: Westfälische Forschungen, Mitteilungen des Provinzialinstituts für westfälische Landes- und Volksforschung des Landesverbandes Westfalen-Lippe, Münster 1980, S. 15.
„Die abstrakte Beziehungseinheit Augenpunkt-Fluchtgebilde ist weltlos, aber raumschaffend, in ihr ist das ursprüngliche In-der-Welt-Sein des Daseins ausgeräumt.“ Boehm, Perspektivität, S. 80.

838 Zur Perspektive als theoretische Konstruktion s. Panofsky, Die Perspektive als symbolische Form. „Doch es ist längst, v.a. in den Untersuchungen von Erwin Panofsky dargelegt worden, daß der zentralperspektivische Raum als rationale, mathematische Konstruktion in seinen Voraussetzungen durchaus vom tatsächlichen subjektiven Seheindruck, von der Struktur des ‚psychologischen Raumes' abstrahiert. Die Zentralperspektive ist deshalb nur ein, wenn auch unseren Sehgewohnheiten nahegekommener Darstellungsmodus des Raumes. Diese Feststellung relativiert den in der Zentralperspektive erhobenen Anspruch, Bedingung der korrekten Wiedergabe der Wirklichkeit zu sein [...]“ Volker Adolphs, Stumpfe Waffen, S. 237.
„In den Prozeß der Ausbildung der Landschaftsmalerei gehört die Perspektive, durch welche die Beherrschung des Raumes und seiner Gesetzmäßigkeit ermöglicht wurde, die die notwendige ‚certezze' (L. Pacioli) beizubringen wußte.“ Boehm, Perspektivität, S. 62.

839 Boehm, Perspektivität, S. 63.

Zwischen dem Mensch als Mittelpunkt des Raums und die Dinge spannte sich die Distanz, die den Dingen einen messbaren, nicht durch den Menschen bestimmten Ort zuweist, eine rein metrische Wissenschaft des Raumes, über den sich die Anschauung theoretisiert.[840]

Für Boehm stellt die Perspektive somit ein wesentliches, wenn nicht das wesentliche Moment zur Scheidung der beiden Naturansichten von natura naturata und natura naturans dar.[841] „Die ‚Ausräumung' des In-der-Welt-Seins in der Perspektive"[842] gilt als Entwicklungsmodell eines ursprünglichen „In-der-Welt-Seins" zur perspektivischen Anschauung. In der Neuzeit entwickle sich das perspektivische Weltbild als neues Verhalten des Menschen zum Raum. In der Moderne dagegen kehre das natura naturans Modell der allumfassenden, noch nicht festgelegten Natur wieder.[843] Der perspektivlose Raum kenne weder Abschattungen, Verkürzungen noch inhomogene Anordnungen, er wende sich gegen eine fixierende Konstruktion auf einen Standpunkt hin.[844]

Hier offenbart sich die Trennung, die zwischen mimetischer und a-mimetischer Kunst gezogen wird. Ausgangspunkt ist mehr oder weniger das Identitätsverhältnis zwischen Malerei und Naturvorgabe. Über den Wegfall eines verbindlichen perspektivischen Systems als

---

840 „In der perspektivischen Konstruktion in der ihr inhärenten Anschauung wird der Raum als die Beziehung eines Hier (Augenpunkt) zu einem Dort (Fluchtgebilde) *aufgespannt.* Das In-der-Welt-Sein des Daseins wird ‚ausgeräumt', was so verstanden werden muß, daß sich eine Distanz zwischen die umweltlichen Verweise schiebt, die das ‚Um' in eine nicht daseinsmäßige Tiefenbeziehung innerweltlicher Art verwandelt. Der Raum spannt sich als Zwischenraum aus, die Verweisung der Umwelt haben noch ein vorübergehendes Residuum im Charakter der Tastbarkeit, und in der Perspektive als perfekter Abbildungstechnik schließlich völlig, wird das Ding zu einem Stellengebilde im Raum." Boehm, Perspektivität., S. 79 f.

841 Gottfried Boehm, Perspektivität, IV. Abschnitt: Die Perspektive und das Problem der Welt, § 14, Die Räumlichkeit des Daseins und die Bestimmung des Raums, S. 76 f.

842 So lautet das Kapitel in der Dissertation von Boehm, Perspektivität, § 15, S. 78-86.

843 Vgl. Boehm, Das Neue Bild der Natur. Zum Naturverständnis der Moderne, S. 9.

844 „Die im Dasein liegende wesenhafte Tendenz auf Nähe muß als Existential verstanden werden, sie ist darin vom bloßen Abstand, nicht daseinsmäßig Seienden, zu unterscheiden. Die Bestimmung, ob etwas im Modus der Nähe weilt, bzw. angenähert werden muß, ist keine Sache metrischer Skalen und Maße" Boehm, Perspektivität, S. 77.

Festlegung des Betrachterstandpunktes[845] und die darauf ausgelegte räumliche Anordnung, entferne sich die Darstellung von der Wirklichkeit.[846] Die Dinge seien so nicht nur fixiert und auf Distanz gebracht, sondern in ihrer Daseinsart auf bloße Sehdinge in ihrer Vorhandenheit reduziert, wohingegen sie sich im Verhältnis des In-der-Welt-Seins viel flexibler nach der jeweiligen Position des Betrachters richteten wie es im ursprünglichen Naturerlebnis der Fall war.

> „Die Näherung ist nicht orientiert auf das körperhafte Ich-Ding, sondern auf das besorgende In-der-Welt-Sein, d.h. das, was in diesem je zunächst begegnet. Die Räumlichkeit des Daseins wird daher auch nicht bestimmt durch Angaben der Stelle, an der ein Körperding vorhanden ist."[847]

Auf die Farbe bezogen schwindet mit der zunehmenden Deutlichkeit des Materialcharakters das Maß der Gegenständlichkeit und somit der Raumillusion. Die Leistung des Betrachters aus dem Material Gegenständliches zu sehen, wird somit erschwert.[848]

Novotny kritisiert, dass die Untersuchung der Perspektive zu sehr als absoluter Maßstab im Mittelpunkt der Forschungen stand, weniger die Ambivalenzen, die sich auch in der traditionellen Malerei dabei ergeben:

> „Das komplizierte Ineinandergreifen verschiedener Bildwerte in Raumgestaltungen dieser Art, Umbiegungen und Verschleierungen der mathematisch-perspektivischen Gegebenheiten, von Erfordernissen des thematischen Ausdrucks oder der Komposition verursacht – dies alles wurde seltener zum Gegenstand eingehender Analyse gemacht."[849]

Herauszustellen ist, dass der Mensch als raumhaftes Wesen selbst immer das Subjekt ist, von dem aus sich Raum erschließt, sei es als

---

[845] „Die im Bilde festgelegte Distanz ist unüberbrückbar, die Gegenstände in der Einzigartigkeit der künstlerischen Absicht für immer festgelegt. Bilder dieser Art fordern im Betrachter die Einnahme eines Standpunktes, dessen Lage nicht beliebig manipulierbar ist, soll eine adäquate Auffassung möglich sein." Boehm, Perspektivität, S. 84.

[846] „Wirklichkeit und Dargestelltes kongruieren, sie können anschaulich nicht mehr differenziert werden." Boehm, Perspektivität, S. 86.

[847] Boehm, Perspektivität, S. 77.

[848] Vgl. Boehm, Perspektivität, S. 84.

[849] Novotny, Cézanne, S. 179.

distanziertes Gegenüber oder als Umgebung.[850] Von dieser doppelten Veranlagung her ist ein restloses Aufgehen der Befindlichkeit in der einen oder anderen Raumauffassung anzuzweifeln. Gerade in der Kunst als deren Niederschlag ist der Betrachter durch das dynamische Farberlebnis nie ganz festgelegt, wie dies bereits beim Deichdurchbruch herausgestellt wurde. Noch augenfälliger wird dies bei Bildern Schmidt-Rottluffs, bei denen ein perspektivisches Gerüst kompositionsbestimmend ist.

### V.2.2.2.1. Die Perspektive in der Werkentwicklung Schmidt-Rottluffs

Die grundlegende Frage lautet: Wie verträgt sich die expressionistische Raumbildung mit der illusionistischen Perspektive? Wenn Perspektive als das gegenüberstehende, objektive abbildende Prinzip zu werten ist, das mit den Darstellungswerten der Farbe zu gestalten wäre, wie verträgt sich dieses mit den Eigen- und Ausdruckswerten, die ja – wie dargestellt – in jedem Bild auftreten, und ganz besonders mit dem Phänomen der Flächenfarbe?

Der fluchtende Weg ist bei Schmidt-Rottluff von 1907 bis 1911 ein ständig wiederkehrendes Motiv und eignet sich gut zur Betrachtung der Perspektive innerhalb der Werkentwicklung.[851] An einer Gruppe von Gemälden, die einen ausgeprägten Tiefenzug als Hauptgliederungsmittel aufweisen, soll die Verbindung von Raum, Farbe und Stimmung explizit auf ihre Beziehung zu den primär linear ausgerichteten Komponenten Perspektive und Horizont untersucht werden. Wie eingangs angedeutet, gibt die Entwicklung der Farb- aber auch Formbehandlung eine Veränderung des Verhältnisses vor.

---

850 „Wir bilden Raum im Raume und sind zugleich Schöpfer und Geschöpf, natura naturans und natura naturata." Kurt Riezler, Traktat vom Schönen. Zur Ontologie der Kunst, Frankfurt/Main 1965, S. 172.

851 „Mit seinem ersten Dangaster Hauptwerk ‚Windiger Tag' von 1907 [...] hatte Schmidt-Rottluff erstmalig ein Bildmotiv gestaltet, dass sich zu einem Generalthema seiner früheren Landschaften entwickeln sollte und dem er fortan alle ihm innewohnenden Ausdrucksmöglichkeiten zu entreißen suchte. An ihm läßt sich der Wandel seiner künstlerischen Entwicklung besonders gut verfolgen [...]" Wietek, Oldenburger Jahre, S. 316.

- *Windiger Tag*, 1907, Öl auf Leinwand, 70 x 91 cm, Hamburger Kunsthalle (Abbildungsverzeichnis Nr. 1123).
Die landschaftliche Situation eines in die Bildmitte fluchtenden, von Bäumen gesäumten Weges tritt hier mit der schweren, das Bild gestaltenden Pastosität der Farbe in Widerstreit. Farblich lassen sich zunächst klar ersichtliche Bezüge auf das optisch Vorgegebene ausmachen. So erklärt sich die Teilung des Weges in eine rote und eine gelbe Bahn aus der früheren Beschaffenheit der Wege in dieser Gegend aus Klinker und Sand.[852] Ebenso deutlich abgeleitet ist das Grün des Grases und das der Bäume. Sämtliche dieser Farben sind auch abseits von ihren Zentren überall im Bild verteilt. So bildet sich aus dem „Lokalkolorit“ ein Klang von Rot, Gelb und Grün, komplettiert durch das Blau von Wolken und Schatten.
Die starke Fluchtung wird durch die immer kürzer werdenden Abstände der quer laufenden Schattenschwellen gesteigert, die schließlich in einem blauen Farbfleck, als Spitze der von ihr gebildeten langgezogenen Dreiecksform auslaufend mündet. Die Abfolge der Schwellen verdichtet sich Richtung Fluchtpunkt und hat eine zunehmende Konzentration der Farbe Blau zur Folge, die sich so additiv zu dem Phänomen Ferne zusammensetzt.[853] Die Intensität der Farben selbst bleibt auch in der Ferne ungebrochen, vermischt sich nur durch ihre zunehmende Kleinteiligkeit. Auch bezüglich der gleichbleibend starken Pastosität der Farbe wird illusionistische Tiefe verleugnet. Das Bild verschmilzt zu einem dichtgebauten Gefüge kurzer Pinselstriche, das stoffliche Differenzierung und deren Verhältnis im Raum nicht zulässt. Alles erscheint gleich nah, auch die Fluchtung wird durch die schwere Materialität an die Oberfläche projiziert.
Dies schlägt sich vor allem auf die Teilung in eine himmlische und eine irdische Sphäre nieder, die zwar deutlich auszumachen ist, aber in der gleichen Schwere ihrer Materialität keine Unterscheidung in Nähe

---

[852] „Dargestellt ist eine jener baumbestandenen Landstraßen, die noch immer die endlos scheinende Weite des nordwestdeutschen Küstengebietes gliedernd durchziehen, damals aus dem rotgeklinkerten Fahrweg und dem sandigen Sommerweg bestehend, auf dem das Vieh entlanggetrieben wurde.“ Wietek, Oldenburger Jahre, S. 255.
[853] Über die Bedeutung der Farbe Blau für die Darstellung der Ferne s. den Abschnitt „Exkurs über die Ferne“, in: Badt, Die Kunst Cézannes, S. 55-60.

und Ferne vornimmt, sondern vielmehr über die Farbgebung geleistet wird: Während die Landschaft weitestgehend aus unvermischten Farben komponiert ist, zeichnet sich der Himmel durch die Aufhellung mit Weiß als deutlich hellere und luftigere Zone aus, aus deren weiß-gelbem Strichwerk sich blaukernige mit etwas rot vermischte Wolkengebilde herausbilden. Dabei kontrastiert der Himmel stark zu den sich zu großen Dunkelzonen formierenden Baumgruppen – besonders in der Mitte bei der lichthaltigsten Gelbzone – und schafft so eine Gegenlichtsituation, die der böig wirbelnden Witterung eine gewisse Dramatik verleiht.[854]

Im irdischen Bereich setzen sich die Dunkelakzente in den Schatten fort. Eine Verbindung zum Himmel besteht nur über die Wolken, die sich in derselben Farbkonstellation in den Schattenbahnen und -feldern wiederfinden. Der Effekt besteht in einer Rivalität zwischen der Beleuchtungssituation und der Flächengliederung, wobei der Schattenwurf nicht durch die Gegenlichtsituation motiviert ist.

Verbindungen anderer Art sind über den Duktus durch Formangleichungen und Übergänge geleistet. Besonders deutlich wird dies an der Verschmelzung von Bäumen und Wolken durch die gleichen gebauscht zerfetzten Strichformationen. Beide Elemente sind derselben Urgewalt, dem Wind unterworfen, wobei ein deutlicher Richtungsbezug angegeben ist, durch die nach links weggerissenen Formfetzen und auch durch den die rechte Baumgruppe zu einer Gesamtbewegung verbindenden, nach links gebogenen Baumstamm. Die Gestaltung des Bodens, in die die Bäume horizontal eingegliedert werden, bleibt dazu statisch, fast rasterhaft. Weniger die Form in ihrer Oberflächenbeschaffenheit wird charakterisiert, sondern ihre Fähigkeit, auf die Gewalt des Windes zu reagieren. Dabei unterscheiden sich

---

[854] Zur Gegenlichtsituation vergleiche das Gemälde *Das Blaue Haus*, 1907, Öl auf Leinwand, 74 x 70,2 cm, Hamburger Kunsthalle (Abbildungsverzeichnis Nr. 124).aus demselben Jahr, wo diese noch konzentrierter auftritt, hier jedoch mit stärker angleichender Wirkung: „Das einfallende Gegenlicht taucht seine Einfahrtsseite in blaue Schatten, während die Sonne ein farbiges Flächenornament über alles breitet, den Dachwalm und Platz vor dem Haus leuchtend rot erscheinen läßt und Erde wie Himmel mit goldgelbem Licht und leuchtenden Schatten überflimmert. Ein kostbarer Farbenschmelz hat sich über das Bild gelegt und verleiht ihm seine eigene Wirkung." Wietek, Oldenburger Jahre, S. 257. Hier ergibt sich eine farbliche Angleichung zwischen dem Rot des Daches und Rot als energiereicher Lichtansammlung.

Grundtendenzen: Buschiges Blattwerk, gebauschte Wolken, elastisch dünne Stämme, dagegen unempfindlicher holprig fester Boden. Die dichte Oberfläche erscheint so in sich bewegt und charakterisiert.[855] Farben und Flächen sind so modelliert, dass sich der Rhythmus vom Detail auf die Gesamtkomposition überträgt.[856]
Die Unterscheidung der Seinssphären ist noch nicht aufgehoben, aber durch die Bewegungsübergänge von den Bäumen zu den Wolken wird im Sinne der Vereinheitlichung durch die Naturgewalt bereits eingegriffen. Über den Duktus wird ein natürlicher Rhythmus, d.h. ein dem Naturrhythmus nachempfundener, erzielt. Für die Oberfläche bedeutet dies eine zweifache Beschaffenheit, nämlich einmal als die deutliche Oberfläche des Bildes selbst, von dem Stil des Künstlers bestimmt und dann als ihre Gestaltung in Nachahmung der Naturgewalt. Schmidt-Rottluff äußert sich im selben Jahr in einem Brief an Schiefler: „Der Rhythmus, das Rauschen der Farben ist das, was mich immer bannt und beschäftigt.“[857]

Nachweislich hat sich Schmidt-Rottluff bei Nolde inspirieren lassen, den er wegen seiner „Farbenstürme“ bewunderte.[858] Für diesen stellt

---

[855] So auch Wietek, Oldenburger Jahre, S. 255: „Alles in dieser windgepeitschten Landschaft scheint in Bewegung geraten: die schnell dahinziehenden, zerfetzten Wolken, die der Sonne immer wieder einen Durchlaß gewähren, die hart gezausten Bäume mit ihren lang über den Weg geisternden Schatten und die bewachsene, wie die brach liegende Erde, über der Licht und Wärme unruhig flimmern.“

[856] Zweite, Das Erleben transzendentaler Dinge im Irdischen, S. 33.
Beim *Deichdurchbruch* ist es umgekehrt: über die Gesamtbewegung ordnen sich die Einzelheiten ein.

[857] Brief Schmidt-Rottluffs an Gustav Schiefler, Mitte Mai 1907. Abgedruckt in: Wietek, Oldenburger Jahre, S. 119, Nr. 2.

[858] Anerkennend äußert er im Schreiben vom 4. Februar 1906, als er Nolde die Mitgliedschaft bei der „Brücke“ antrug: „[...] wir haben ihnen damit den Zoll an ihre Farbenstürme entrichten wollen.“
Schmidt-Rottluff hielt sich 1906 in Guderup auf Ahlsen für etwa drei Monate bei Nolde auf dessen Einladung hin auf. Dort entstand, sehr vergleichbar mit den Blumenbildern Noldes, beispielsweise *Der Garten*, Moeller, Schmidt-Rottluff. Der Maler, S. 10f. (1906 Öl auf Holz, 84 x 65 cm, German. Nationalmuseum, Nürnberg, (Abbildungsverzeichnis Nr. 125).
„Nolde malte zur gleichen Zeit seiner ersten Blumen- und Gartenbilder, ebenfalls in leuchtenden Farben mit pastosem Auftrag. Wie sich Nolde hier stilistisch von der Ausdrucksvehemenz des 16 Jahre jüngeren Schmidt-Rottluff mitreißen ließ, so hat

die Farbpaste eine ähnlich den Naturstoffen zu formende Materie dar.[859] Gleich einer Naturgewalt bildet er so verschiedene Oberflächen in ihren Bewegungen. „Ich will so gern, dass mein Werk aus dem Material herauswachse.“[860]

> „Ich wollte im Malen immer so gern, dass die Farben durch mich als Maler auf der Leinwand sich so folgerichtig auswirkten, wie die Natur selbst ihre Gebilde schafft, wie Erz und Kristallisierung sich bilden, wie Moos und Algen wachsen, wie unter den Strahlen der Sonne die Blume sich entfaltet und blühen muß. – Das Material, die Farben, waren mir wie Freundschaft oder Liebe, das beides sich ausleben will, in allerschönster Form. – Den Pinselstrich im Bild, die Handschrift sah ich gern. Ganz nahe gesehen sollte ich an Struktur und Reiz der Farben gleiche sinnliche Freude erleben wie in einiger Entfernung am Bild.“[861]

Der Künstler schafft gleich der Natur Neues aus sich heraus, wie dies für das der natura naturans zugeordnete Expressionsmodell relevant ist. Er betont das Einssein mit der Natur als ursprünglichen Zustand, wiedergegeben als Urzustände der Natur.[862]

- Emil Nolde, *Anna Wieds Garten*, 1908, Öl auf Leinwand, 60x50 cm, Privatbesitz (Abbildungsverzeichnis Nr. 1126).

Im Farbmaterial geht alles auf: Ding und Natur, Vordergrund und Hintergrund. Der Mensch ist in den Zusammenhang des naturhaft Seienden eingebunden. Das Bilden der Form aus der Farbe steht der Raumillusion materiell und farblich zunächst entgegen. Dennoch differenzieren sich die Oberflächen, indem Richtung und Form der Pinselstriche die Gestalt angeben und die Farbe so materiell und in

---

Schmidt-Rottluff seinerseits von Nolde Anregungen aufgenommen.“ Magdalena M. Moeller, Karl Schmidt-Rottluff, München 1997, S. 16.

859 „Am überzeugendsten wirken Noldes Landschaftsbilder, in denen sich ein ursprüngliches Naturgefühl auf eindringliche und ohne Schwierigkeiten nacherlebbare Weise ausdrückt. Er malt die Natur in ihren dramatischen Zuständen: brandige Himmel über weißen Mühlen, sturmgejagte Wolken über aufgewühltem Schilf, den Glutball der sinkenden Sonne über der weiten Marschlandschaft, die geheimnisvolle Stunde zwischen Tag und Nacht.“ Buchheim, Brücke, S. 328.

860 Nolde, Briefe, zitiert in: Hess, Dokumente, S. 69.

861 Nolde, Jahre der Kämpfe, Zitiert in: Dittmann, Farbgestaltung und Farbtheorie in der abendländischen Malerei. Eine Einführung, Darmstadt 1978, S. 362.

862 „Die Urmenschen leben in der Natur, sind eins mit ihr und Teil vom ganzen All [...].“Nolde, Briefe, zitiert in: Hess, Dokumente, S. 68.

ihrem bestimmten Farbton direkt an den Gegenstand binden. Tiefe wird dabei durch die Abstufung in der Deutlichkeit der Farbgebung mit dem Effekt der Unschärfe erzielt. Die sich motivisch ergebende Raumtiefe wird durch die gleichmäßig starke Intensivierung der Farbe wieder aufgehoben.[863] Reste von Atmosphäreschilderung gehen in Farbkontrasten auf.

> „Den Hintergrund bilden atmosphäreschildernde farbige Pinseltypen. Die Farbwahl entspricht der Natur. Die Farben sind aber eindeutiger im Charakter, weil die Oberflächenstruktur durch das Relief des Farbmaterials und nicht durch Tonvarianten der Farbe einsteht, und weil die Schatten nicht unfarbig sind. Die Farben sind auch ungetrübt durch Luftschichten, im Vorder- und Hintergrund fast gleich rein. Sie beginnen sich leise trotz der geringeren Flächenausdehnung nach den Farbgesetzen zu steigern."[864]

Die vom Gegenstand abgeleitete Farbigkeit schließt sich zu einem bildflächenübergreifen– den, sich verselbständigenden, eine Stimmung evozierenden Farbthema zusammen.[865]

1908 und 1909 war für Schmidt-Rottluff eine Phase des Übergangs und des Suchens.[866] Es entstanden daher wenige Gemälde, dafür viele Aquarelle, die aber von der Malweise her den Gemälden entsprechen und zum Vergleich herangezogen werden können.[867] Es lässt sich dabei

---

[863] „Es ist farbig gesehen deshalb nur ein geringer Unterschied zu den kleinen Farbtupfen des Hintergrundes, die in der gleichen ungetrübten Intensität gegeben sind wie vorne." Denecke, Farbe im Expressionismus, S. 48.

[864] Denecke, Farbe im Expressionismus, S. 49.

[865] „Diese Intensivierung der Farben wird für den Bildeindruck ebenso wichtig wie das gegenständliche Motiv. Wir erleben nicht nur durch die Charakterisierung einer Fülle verschiedener Blumen, die wir benennen können und von denen wir wissen, daß sie im Sommer blühen, die sommerliche Darstellung. Auch das lebhaft bunte Bild ihrer Farben strömt von sich aus eine Frische und Lebendigkeit aus, die an ähnliche Erlebnisse erinnert." Denecke, S. 48.
„Diese Schwingen, Vibrieren der Farbschichten wird zu einem Konstituens der Malerei des 20. Jahrhunderts." Dittmann, Farbgestaltung im 19. Jahrhundert, S. 22.

[866] Brief Schmidt-Rottluff an Luise Schiefler vom 25. September 1908:
„Meine malerischen Anschauungen haben sich dieses Jahr in einer Weise geändert und einen neuen Weg genommen, von dem ich selbst nicht weiß, wohin er eigentlich führen soll. Mit dieser Verwandlung war aber auch verbunden, daß ich wenig gemalt habe und das wenige tastend und suchend." Wietek, Oldenburger Jahre, S. 126.

[867] „Zunächst läßt das Aquarell keinen Zweifel darüber aufkommen, daß es dem Ölbild gegenüber als gleichberechtigt angesehen werden will. Diesen Anspruch hat Schmidt-Rottluff seit 1909 in allen seinen, auch äußerlich größer gewordenen, Aquarellen

eine Entwicklung zu größerer Geschlossenheit von Form und Farbe weg von der Pastosität zu großzügigerer, summarischerer Linienführung beobachten[868] und eine zunehmende Entfernung von der gegenständlichen Bindung der Farben.

- *Kühler Morgen*, (Weg im Herbst), 1909, Aquarell und Tusche, 49,5 x 65,5 cm, Brücke-Museum Berlin (Abbildungsverzeichnis Nr. 127).
Die Farbe wird hier noch vorwiegend atmosphäreschildernd eingesetzt. Die Aufteilung in kalte Farben des Hintergrundes und warme Farben des Vordergrundes, wobei blaue Linien graduell vermitteln, lassen Nähe und Ferne allein durch die Farbwerte anklingen sowie den Dunst und die frische Kühle des Morgens.[869] Die Luftperspektive unterstützt dabei die starke perspektivische Fluchtung des Weges. Atmosphäre, nicht zu verwechseln mit Stimmung, gibt quasi die „Oberfläche" der Landschaft wieder, nämlich in dem Sinne, wie sie auf Gegebenheiten wie Tiefe, Lichtsituation und Witterung reagiert. Eine atmosphärische Verhüllung der Farben steht ihrem Eigenwert entgegen.[870]

---

konsequent verwirklicht und damit den Rang von Material und Technik gegenüber Form und Gestaltung auf den 2. Platz verwiesen." Wietek, Oldenburger Jahre, S. 316.
„Unglücklicherweise sind heute fast alle seine 1909 geschaffenen Gemälde vernichtet, entweder 1910 durch den Brand im Gasthof Krake, wo Schmidt-Rottluff sein Wohnatelier eingerichtet hatte – etwa 80 Gemälde verbrannten –, oder durch Verlust im Zweiten Weltkrieg. [...] Erhalten haben sich dagegen circa 20 Aquarelle, die somit für eine Stilanalyse berücksichtigt werden müssen. Es trat gleichwertig an die Seite der Malerei und folgte den gleichen stilistischen Tendenzen." Moeller, Schmidt-Rottluff. Der Maler, S. 12.

[868] „Die Linien werden summarischer, großzügiger gegeben, Teile der Leinwand bleiben erstmals unberührt, so daß das durchschimmernde Weiß der Leinwand die Intensität der Farben erhöht." Moeller, Schmidt-Rottluff. Der Maler, S. 11.

[869] „Wo sein Pinsel – wie beim ‚Windigen Tag' besonders gut zu erkennen – früher unzählige Male angesetzt werden mußte, um im Zueinander und Übereinander sich drängender Farben Licht, Atmosphäre und Bewegung zu erzeugen, genügen jetzt wenige, mit lapidarer Sicherheit gezogene Pinselzüge, um ein adäquates Ergebnis herauszubringen: Blau für Himmel und Ferne, Rot und Braun für Erde und Nähe und auf dem Boden, sowie den Bäumen dazu ein verscheidendes Grün, in das sich die Farben des Herbstes mischen." Wietek, Oldenburger Jahre, S. 316.

[870] „Unterdrückung der Stofflichkeit und Lockerung des Farbgefüges allein lassen noch keine Flächenfarbe entstehen. Sie bildet sich erst dann, wenn dies geschieht ohne eine atmosphärische Verhüllung der Farben." Dittmann, Grünewald, S. 145, Anm. 47.
Im atmosphäreschildernden Impressionismus fallen Bilderscheinung und Gegenstandserscheinung noch ineinander. Fritz Schmalenbach, Impressionismus.

- *Landschaft aus Dangast*, 1909, Aquarell, 37,5 x 54 cm, Privatbesitz (Abbildungsverzeichnis Nr. 128).

Auch bei dem Aquarell *Landschaft aus Dangast* ist das Kolorit den naturgegebenen Farben der Motivvorlage angenähert. So trifft man auf dieselbe Wegaufteilung wie bei „Windiger Tag“: roter Klinker, gelber Sand, grünes Gras, blaue Schatten. Ansatzweise findet sich auch die Charakterisierung durch Umriss und Struktur in der Linie wieder: der luftige Himmel, das buschige Laub, die architektonisch statische Villa, als identifizierbares Motiv.[871]

Ein Anklang von Atmosphäre erscheint im Blau des Horizontstreifens als Angabe von Ferne in der Luftperspektive. Dort verbindet sich der sehr luftig, nur mit wenigen Strichen dünn aufgetragener Farbe auf weißem Grund gestaltete Himmel mit dem irdischen Bereich, wo sich farblich Busch, Baum und Villa integrieren. Dasselbe Blau des Horizontes wird in die Landschaft hineingetragen, wo es plötzlich völlig entgegen einer Luftperspektive in starker Kontrastierung zu Gelb, Rot und Grün in unverminderter Intensität die Landschaft durchzieht. Zwar noch von der natürlichen Lichtsituation als Schattenwurf abzuleiten, verselbständigt es sich flächengliedernd innerhalb der Farbkomposition. Die von den Bäumen geworfene Schatten werden so zu eigenständigen, das Bild belebenden, kontrastfarbigen Formen (z.B. blaue Ellipse auf Gelb).

---

Versuch einer Systematisierung, in: Studien über Malerei und Malereigeschichte, Berlin 1972, S. 19.

[871] Die Villa und ganz besonders ihr Turm als „kurioses Wahrzeichen des Ortes“ ist häufige Motivvorlage bei Schmidt-Rottluff.

Wietek, Oldenburger Jahre, S. 397: Ein Turm, „der nicht mehr war, als eine zweigeschossige, umbaute Treppe mit umlaufendem Gitterbalkon, welcher dem Besitzer die Möglichkeit gab, über die Bäume des Parks zum Meer zu schauen.“ Vgl. auch die Graphik. Abbildung ebenda, S. 48: „Der inmitten der Parkanlagen liegende Gebäudekomplex wurde Ende des 19. Jahrhunderts vom ‚Particulier‘ Wilhelm Wobick erworben und mit einem zweigeschossigen hölzernen Turm versehen, von dessen umlaufender Balustrade man auf das 200 Meter entfernte Meer sehen konnte, Für Schmidt-Rottluff stellte der 1922 abgebrochene Turm ein Hauptmotiv der Dangaster Zeit dar, an dem sich sein Stilwandel deutlich ablesen läßt.“ (Abbildung der Ansichtskarte Abbildungsverzeichnis Nr. 131).

Vgl. auch *Villa mit Turm*, 1912, Öl auf Leinwand, 85 x 76,5 cm, Kunsthalle Mannheim (Abbildungsverzeichnis Nr. 131), wo das Motiv trotz der formalen und farblichen Übersteigerung dieser Phase noch deutlich erkennbar ist.

Auch der stark fluchtende Weg weist keine Modifizierung im Sinne einer Tiefenunschärfe auf, sondern wird ganz im Gegenteil zur Spitze hin kräftiger und prägnanter. Der rote Saum bindet diese Figur zu einem Dreieck, das sich entgegen einer Perspektive in die Fläche stellt. Die Farbgebung ist somit nicht mehr in die angegebene Ferne miteinbezogen, sondern löst sich von dieser in Richtung Flächenbezug. Einheit ist hier nicht über eine einheitliche Atmosphäreschilderung erreicht, sondern über den sogenannten „Lichtgrund“[872]. Der von den Farbstrichbündeln nicht bedeckte weiße Grund lockert das Farbgefüge auf, vermittelt zugleich Licht und Weite, den Raum in seiner Lichterfülltheit.

- *Dangaster Landschaft*, 1910, Öl auf Leinwand, 76 x 84 cm, Stedelijk Museum Amsterdam (Abbildungsverzeichnis Nr. 130).
Die partielle Aufgabe des von dem Naturmotiv vorgegebenen Kolorits zugunsten eines übergegenständlichen, bildübergreifenden Gesamtkolorits setzt sich in der Umsetzung desselben Motivs ein Jahr später fort. Die Perspektive als raumschaffendes Element gerät immer mehr in Spannung zu den planimetrischen Bezügen und den Farbraumbildungen. Zunächst ist die Perspektive der raum- und auch flächengliedernde Faktor. Nicht nur der Weg mündet stark verkürzt in einen Fluchtpunkt, auch die Mauer und die Bodenlinie der Villa schließen sich dieser Bewegung an. Die gesamte Landschaft fächert sich in einem System zusammenlaufender Diagonalen auf. Der eigentlich rotgeklinkerte Teil des Weges erscheint nun nicht mehr rot, sondern blau, von roten Linien nur noch umsäumt. In seiner ungeminderten Farbintensität stellt er eine farbliche, aber auch formale Korrespondenz zum Himmel als entgegengesetzte Dreiecksform dar und wirkt so entgegen des Motivs in die Fläche. Der verstellte Horizont lässt die Himmelszone als keilförmigen Formausschnitt übrig. Dieser Keil ist, vergleichbar dem Aquarell, der Gegenpol zur Wegfluchtung, so dass vom oberen und unteren Bildrand das Blau

[872] „Dieser Begriff bezeichnet ein zweidimensionales Phänomen. [...] Diese Lichtscheibe ist jedoch nicht nach hinten abschließend. Gleich einer Glasplatte lässt sie den Blick weiter nach hinten in die Tiefe eindringen. Da es dort keine Markierungen irgendwelcher Art gibt, an denen sich das Auge orientieren könnte, bleibt der Lichtgrund doppelt deutbar: als Fläche und als unendliche Tiefe.“ Schütz, Munch, S. 295, Anm. 235.

spitz in die Bildfläche hineingeführt wird, deren Hauptteil ein grüner Vegetationsgürtel bildet. Diese farbige Angleichung im Sinne einer dem Motiv übergeordneten Farbkomposition wird durch die größere Freiheit in der Wahl des Farbtons ermöglicht.[873] Hinzu kommt, dass das Blau des Himmels und das Blau des Weges auch in der Materieschilderung kaum noch charakterisiert und damit unterschieden ist: zwei ineinandergreifende Blautöne, die im Himmel zackig, im Weg eher längsgestreckt laufen, der Himmel nur wenig lichter als der Weg. Dieser wechselt durch das Blau und auch das Grün, das ihn wiederum mit der Landschaft verbindet, zwischen dem Bildvordergrund und dem Bildhintergrund, ebenso wie der Himmel.

Die Bewegung des Fluchtens wird durch die unvermindert starke Farbgebung wieder nach vorne geführt, ebenso durch die durchgängig gestaltete Grünfläche, deren Modellierung zwar die Assoziation von Vegetation erweckt, aber in ihrer gleichmäßigen Großzügigkeit bereits die Fläche anklingen lässt, die über das Motiv des Baumes links in den Vordergrund getragen wird.

Die Komposition zielt deutlicher auf die Kontrastierung von Farbflächen hin als beim Aquarell: so sind der größte Komplementärkontrast rot-grün und der Warm-Kalt-Kontrast rot-blau direkt miteinander konfrontiert. Die Farbflächen sind dabei so gestaltet, dass immer zwei oder drei Grün- bzw. Blautöne zusammenliegen. Auch das Mittelmotiv, die Villa, ist entgegen der Tiefeneintrübung farblich prägnant herausgehoben, wobei das Weiß und das Orange in der übrigen Farbkomposition auch nicht mehr aufgegriffen werden.[874]

Insgesamt macht sich eine Festigung der Formen auf wenige prägnante Elemente bemerkbar. Die Elemente sind als pars pro toto der Naturvorgabe zusammengefasst: ein Baum, ein Busch, eine Mauer, ein

---

[873] 1910 ist Blau zwar noch die vorherrschende, aber nicht mehr einzige Farbe des Himmels. Im Jahr drauf gibt es bereits viele Ausnahmen.

[874] Wie am Original ersichtlich wurde, ist der Sockel der Villa in deckendem Weiß angelegt.

„Der Maler hat sie auf einen rechteckigen Sockel gestellt, dessen ungebrochenes Weiß gegen alle Regeln der Farbperspektive aus dem Dunkel des Bildes herausleuchtet und ihm einen unerwarteten Akzent verleiht.“ Wietek, Oldenburger Jahre, S. 383.

Landhaus, eine zur „Höhle“ summierte Baumgruppe in die der Weg mündet.[875]
Über den farblichen Zusammenschluss zu Flächen innerhalb der Komposition wird gleichzeitig eine Trennung der in sich stärker geschlossenen Formen voneinander erreicht. Für das Verhältnis von Himmel und Erde bedeutet dies, dass sie zwar über das Bildgefüge hinsichtlich Farbe, Form und Materialität stärker miteinander verzahnt sind, aber über den Formzusammenschluss stärker geschieden.
Die Erscheinungsweise der Farbflächen wechselt nicht nur zwischen Materieschilderung und Flächeneinbindung, sondern bildet auch ihre eigene Räumlichkeit durch die übereinander lagernden Farbschichten, deren durchbrochener Auftrag die Sicht in die Tiefe bis hin zum ockerfarbenen Ton des Grundes staffelt.[876]

- *Allee*, Öl auf Leinwand, 87,5 x 95 cm, Landesmuseum Oldenburg (Abbildungsverzeichnis Nr. 108).

Mit zunehmender Ausbildung der Flächenfarbe bauen sich Spannungen zwischen Farbraum und Raumillusion auf. Das Motiv des fluchtenden Weges ist zugunsten der Zusammenfassung auf ein Motiv im Flächenzusammenhang abgemildert. Der Weg verläuft mittig auf das Hauptmotiv zu, entwickelt dabei kaum Diagonalen und wird von der mit ihm verschmelzenden Baumgruppe unter Verdeckung des Fluchtpunktes geschluckt. Über die sich den Konturen der

---

[875] Der Weg der Zusammenfassung ist gut auf der Postkartenzeichnung *Weg mit Turmhaus* von 1910, Tusche und Wachskreide, 9 x 14 cm, Städt. Kunstsammlungen Chemnitz (Abbildungsverzeichnis Nr. 129). zu erkennen, die motivisch zwischen Aquarell und Gemälde steht. Dort findet sich auch der Zusammenschluss von Himmel und Horizontstreifen zu einer Blauzone. „Bildaufbau und Grundfarben stimmen bis in Einzelheiten überein, nur wird das Turmgebäude hier näher herangerückt, seine schwarze Silhouette wächst dem oberen Bildrand dominierender entgegen und die farbigen Zonen des Bildfeldes heben sich in der Zeichnung entschiedener voneinander ab. In diesem Punkt ist sie wiederum stärker mit der Gemäldefassung von 1910 verwandt [...], deren so ungewöhnlich weiß herausleuchtender Sockel sich als ausgesparte Fläche ebenso deutlich darbietet, wie die mit dem Tuschpinsel ausgeführte stärkere Konturierung.“ Wietek, Oldenburger Jahre, S. 443.

[876] Wie am Original ersichtlich, ist das Bild durch übereinandergelegte, lose zusammengefügte Farbflächen gestaltet, die meist vom Transparenten ins Deckende gemalt sind, wobei sich meist zwei bis drei nahe zusammenliegende Töne zu einer Farbfläche verbinden.

Baumgruppe anpassende Wolke verbindet sich auch die Zone des Himmels mit dem Zentralmotiv.
Auch hier gibt es keine Tiefenangaben durch eine Veränderung der Farbigkeit, sondern die formale Andeutung der Fluchtung wird farblich negiert. Lediglich die Prägnanz der durchlaufenden Linien ist durch die Übermalung des Grüns durch Ocker und das allmähliche Geschlucktwerden des Rots von anderen Streifen nach hinten etwas zurückgenommen. Es ergibt sich so ein ständiges Wechselspiel zwischen Perspektive und Fläche, wobei sich besonders die Motive Wolke und Weg auf die räumliche Situation des Hauptmotivs niederschlagen.
Die Wolke, eine einfach gelb eingefasste Fläche des unbemalten Grundes, liegt entweder hinter oder über der Baumgruppe und würde dann im letzteren Fall, von ihr durchstoßen, sich wie ein Ring um sie legen. Besonders der Weg bildet eine Scharnierstelle zwischen Fläche und Perspektive. Er veranlasst eine Zweiteilung des Bildes bezüglich räumlicher und flächiger Komponenten in eine linke und rechte Seite. Links entfaltet sich der Weg in raumgreifendem Schwung und greift auch auf Mauer und Baumgruppe über, reißt diese mit und kippt sie fast in die haltlose rechte Fläche. Der Schwung wird nur durch die dort vorherrschend horizontalen und vertikalen Elemente aufgefangen. Der Weg knickt in einer beinahe rechtwinklig zu nennenden Weise um und stößt mit seinem äußersten Saum direkt auf den Baumstamm der Baumgruppe. Über diese Senkrechte klappt die viel weniger modellierte Baumgruppe in die Fläche und definiert auch die angrenzende Gelbzone in planimetrischer Bezugsetzung von Wegsaum und Horizontlinie als Fläche. Raum und Flächenbezug wandeln sich also einmal mehr zum Raum und einmal mehr zur Fläche hin.
Derart sind verschiedene Bildaufteilungen möglich, die Hauptmotiv, Weg und Boden gegeneinander und auseinander schieben. Der Himmel schwankt zwischen der Orientierung am voluminösen Hauptmotiv und der flächenparallelen Bewegung zur Fläche rechts. Der Busch rechts ist zugleich perspektivisch in eine Reihe gestellt und gleichzeitig mit der Baumgruppe zu einer Form verschmolzen. Der dem Betrachter durch den Weg angebotene Standpunkt wird ständig wieder verunsichert.

Die helle Partie trifft wie ein Strahl auf die dunkle, wobei hier jetzt der Schatten als Eigenfarbe des Gegenstandes und nicht als Niederschlag auf dem Boden gestaltet ist (wie noch in der nach diesem Motiv entstandenen Graphik). In Verbindung mit dem Wolkensaum dahinter vermittelt sich dem Bild etwas Explosives.
Ein Farbraum entsteht v.a. in den grünen und gelben Flächen, die jetzt sehr transparent, vergleichbar dem *Deichdurchbruch* aufgetragen sind.[877] Hier kommt das Element der Flächenfarbe v.a. durch dessen ungehinderte Ausbreitung völlig zum Tragen. Auch das Hauptmotiv trägt trotz seiner Modellierungsansätze und der dichtesten Farbfolge des Bildes flächenfarbige Tiefen in sich. Das Rot hingegen wirkt eher als Linie, denn als Fläche oder Raum. Zum einen bildet es schon von der Bildanlage her das Bildgerüst[878] zum andern ist, wie im Vergleich mit der Graphik erläutert, ihr Farbwert kompositorisch und das Bildthema charakterisierend eingesetzt. So etwas wie die Atmosphäre eines heißluftig flimmernden, trockenen Sommertages wird rein über die Farbe in Verbindung mit dem Motiv erreicht. (So erscheint auch die Wolke als Dunstglocke).

In der weiteren Entwicklung des Werkes von Schmidt-Rottluff tritt die „regelgerechte" Perspektive als Raumdefinierung zurück. Entweder überwiegt der Flächenbezug oder die Übersteigerung. Die Form als Ausdrucksträger tritt neben die Farbe und löst sich allmählich von der den natürlichen Seheindruck wiedergebenden Darstellung. Auch die Trennung zwischen Himmel und Erde hebt sich zugunsten der Bildeinheit weiter auf. Im Jahre 1913 erreicht die Landschaft im Werk von Schmidt-Rottluff einen neuen Höhepunkt.[879]

---

[877]Die Farbe ist ausgesprochen mager auf den durchscheinenden Kreidegrund aufgetragen. Grüne Spritzer auf der rechten Bildseite zeugen von der Flüssigkeit der Farbe.

[878]Die Vorzeichnung mit Bleistift auf dem Kreidegrund wurde von roten Linien nachgezogen. Dann wurde das Bild „ausgemalt".

[879]„Von Ende Mai 1913 an hielt sich Schmidt-Rottluff drei Monate in Nidden auf, etwa 30 Gemälde entstanden, überwiegend Landschaften." Gerhard Wietek, Karl Schmidt-Rottluff. Bilder aus Nidden 1913, Stuttgart 1963, S. 6.

- *Das rote Haus*, 1913, Öl auf Leinwand, 75 x 90 cm, Kunsthalle Bremen (Abbildungsverzeichnis Nr. 110).
Die Einheit der expressiv verzogenen Bildstruktur steht gegenüber der nicht völlig geklärten Perspektive spannungsvoll im Vordergrund. Farblich schließen sich in der Fläche die Bildgründe über Farbkontrast und Farbübereinstimmung sowie über den Hell–Dunkel–Kontrast wechselweise zusammen. Die über die ganze Fläche verteilte Rottonigkeit, die sich mit dem aureolenhaften Gelb zu einem explosiven Farbklang verbindet, steigert zusammen mit den steilen Diagonalen das Bildmotiv dramatisch.
Der über das ganze Bild verteilte Rot-Grün-Kontrast sowie die von Gelb und Dunkelgrün dominierten Hell–Dunkel–Kontrast bestimmen dessen Erscheinung. Das Rot und das Gelbgrün streben in ihrem Ausdruckswert als aktivere Farben nach vorne und schließen sich jeweils auf einer Ebene zusammen. Durch das wechselnde Zusammenschließen und Auseinanderdriften der Zonen wandelt sich auch die räumliche Situation des Hauses. Im Sinne einer Staffelung befindet es sich in der Zone hinter den Bäumen und der Vegetation, farblich geht es mit den Bäumen vor ihm zusammen und wird formal von der Zone davor abgefangen. Der Hügelkamm rechts scheint mit dem Haus abzuschließen, während auf der linken Seite sich das Grün der Zone unterhalb des Hauses mit der Zone dahinter verbindet und das Haus so weiter in den Vordergrund rückt. Auch die sehr dunkle Vegetation links entwickelt Tiefe im Sinne eines Repoussoirs. Desgleichen verklammern die Bäume farblich und räumlich die Bildgründe. Farblich stellen sie eine Vereinigung des dominierenden Rot-Grün-Kontrastes dar und verbinden die Farbe des Himmels, die sie in ihre Blattkrone aufnehmen, mit dem Vordergrund. Da sie sich deutlich vor dem Haus befinden, wird dieses somit nach hinten geschoben. Ebenso bildet der Busch links eine Verklammerung, indem er das Rot in den Himmel transportiert. Haus und Bäume bilden wiederum eine durchgängige rote Zone, die sich gegen das Gelbgrün des Himmels nach vorne absetzt.
Auch die räumliche Beziehung der Bildgegenstände untereinander ist durch die fehlende Angabe genauer Standorte nicht eindeutig. Der Busch links wächst vom Bildrand her ins Bild hinein, ohne dass eine

klare Standfläche angegeben wäre. Ebenso entwickelt sich das Buschwerk rechts aus dem Farbraum. Die Bäume ragen aus dem Bauschwerk und sind dadurch nicht deutlich fixiert. Die Definierung des Hauses als Kubus, perspektivisch durch Schrägen vermittelt, ist rechts wieder verstellt.

Unterstützt werden die räumlichen Ambiguitäten durch die Farbe. Ihre Erscheinungsweise wechselt zwischen Farbschichtenstaffelung – v.a. bei der Vegetation rechts und der diagonalen Staffelung Richtung Haus – und der Flächenfarbe des Hügels im Vordergrund, der den Untergrund des Hauses entmaterialisiert. Durch die Übersteigerung der Diagonalen droht mit der Flächenfarbe ein Abkippen des Hauses. Der gelbe Lichtsaum am rechten Hügelkamm schafft nicht nur eine Gegenlichtsituation, sondern das Licht scheint auch von hinten durch den Hügel zu dringen und diesen aufzulösen. Das Absinken links wird durch die Schräglage der Horizontlinie des Hanges unterstützt.

Das Grün des Himmels scheint im Hügel unterhalb des Hauses wieder durchzuscheinen und trägt so zur Verunsicherung von dessen Standfläche bei. Gleichzeitig wird dieses durch die planimetrischen Bezüge der Farbkomposition wieder abgefangen, indem die dunklen Säume und Büsche der Vegetationszone das Haus an den Ecken unterfassen und mit den Bildrändern verankern und es so vor dem Abrutschen bewahren.

Die Diagonalen schließlich schaffen nicht so sehr Raumtiefe, sondern sind eher Dreh- und Angelpunkt der Bildaufteilung im übergeordneten System des Bildes. Über sie ordnet sich die Vegetation in sich zuspitzende Schrägen. Rechts und links auf das Haus zuführend, in roten Linien angelegt und von den dunklen Grünsäumen der Vegetation nachvollzogen, deuten sie einen den Hügel hinaufführenden Weg an, der im Holzschnitt nach demselben Motiv deutlicher ersichtlich ist. Die Bewegung läuft in leichtem Rechtsschwung zur rechten Hausecke. Ebenso führt die Diagonale des Hügelkamms rechts dorthin, wie die untere Kante des Hauses. Es teilt sich eine Dreieckszone rechts vorne ab, der Himmel rechts läuft in einer Spitze dagegen. Über den Rechtsschwung gliedern sich die Hügelkämme und als Parallele dazu Dachtraufe und Dachfirst des Hauses. Der linke der beiden Bäume ist der Gipfelpunkt des zipfelartigen Anhebens der Landschaft, in der der bildfestigende rechte Winkel fast völlig fehlt. Gleichzeitig aber wird das Haus entgegen einer Stabilisierung in den Schwung der gebogenen Dunkellinie miteinbezogen, ebenso die Bäume, die vom Haus wegstreben, als höchster Punkt des Schwunges. Der Betrachter wird mit dem Schwung der Diagonalen in das Bild gerissen. Gleichzeitig löst sich der Boden vor ihm auf und er scheint unterhalb des Hauses hindurch zur hinteren Zone zu dringen.

Die Perspektive im Werk Schmidt-Rottluffs ist Bestandteil der vielfältigen Bezüge zwischen Farbe und Raum innerhalb der Bildeinheit. Der dynamische Eindruck der Farbe entsteht nicht nur durch den ständigen Wandel zwischen Eigenwert und Darstellungswert innerhalb des Gesamtkolorits und deren innerbildlichen Bezügen, sondern – v.a. durch die flexible Flächenfarbe – zwischen Oberflächenbildung und Farbraum. Dies korrespondiert mit den Empfindungen von Distanz angesichts des Anschauungsraums und Nähe bzw. Tiefe angesichts des Gefühlsraums. Die Perspektive, durch die Festlegung eines Betrachterstandpunktes als wesentliche Komponente des Anschauungsraums, kommt somit unterschiedlich stark zur Geltung, die Modelle der natura naturata und der natura naturans wechseln im Eindruck zwischen einem davor und darinnen, so dass weder die Position des Betrachters noch die der Bildgegenstände zueinander festgelegt ist.

In der Werkentwicklung gerät die Perspektive immer mehr in Spannung zu den planimetrischen Bezügen und Farbraumbildungen, bedingt durch den immer größeren Eigenwert der Farben. Dabei wechseln die Qualitäten der Farbe von pastoser Farboberfläche, die die Materialbeschaffenheit des Dargestellten nachahmt (*Windiger Tag*) zu luziden Farbflächen unterschiedlicher Konsistenz, die auch unterschiedliche Befindlichkeiten im Raum zur Folge haben. Bildet sich zu Beginn das Spannungsverhältnis eher zwischen den raumillusionistischen, atmosphärebildenden Komponenten und der Bildplanimetrie als Oberfläche aus (*Kühler Morgen, Landschaft in Dangast* und *Landschaft aus Dangast*), so wandelt sich mit der Vertretung des Bildlichts durch den Eigenwert der Farbe und der Fähigkeiten der nun auftretenden Flächenfarbe Farbräume zu bilden, das Spannungsverhältnis allmählich über den Gegensatz lineare perspektivische Bildanlage und Farberscheinung (*Allee*) bis hin zu alle räumlichen Bezüge in Frage stellenden Ambiguitäten (*Das rote Haus*). Die Bilder Schmidt-Rottluffs sind jedoch in keinem Falle perspektivlos, selbst dort nicht, wo keine raumbildenden Diagonalen auftreten. Stets klingt das Gefühl einer Distanz an, die das Bild durchaus im konventionellem Sinne als Landschaftsausschnitt mit Oberflächenbildung erfahren lässt. Der Betrachterstandpunkt wird zwar ständig in Frage gestellt, bleibt aber letztendlich bestehen.

### V.2.2.3. Das Verhältnis von Figur und Grund als Weltbezug

In der weiteren Werkentwicklung Schmidt-Rottluffs tritt das Thema Landschaft immer mehr in den Hintergrund. Statt dessen gilt sein Interesse nun dem Figurenbild, das ab 1913 in Form von Akten in der Natur auftaucht[880] und 1914 zur einzigen Form von Landschaftsdarstellung, im Sinne von Umgebung oder Ambiente wird. Neben anderen Bildgattungen wird es dann in der Phase ab 1919 wieder aufgegriffen.[881] Die Frage nach dem Raum wandelt sich so in die Frage nach dem Verhältnis von Figur und Grund und ergänzt somit die Frage nach der Beziehung zwischen Betrachter und Bild um die Frage nach der Beziehung zwischen Figur und Umgebung innerhalb des Bildes. Raum definiert sich über das Verhältnis zur Figur und

---

[880] Ein einziges Beispiel findet sich mit der *Sitzenden im Grünen*, 1910, Öl auf Leinwand, 83,5 x 76 cm, Sammlung Gerlinger, Staatliche Museen Moritzburg Halle (Abbildungsverzeichnis Nr. 133). „Bei Schmidt-Rottluff handelt es sich um die früheste Thematisierung des in der Landschaft aufgehenden Menschen. Das Modell spielt dabei eine untergeordnete Rolle, wahrscheinlich ist es die Schwester Gertrud." Retrospektive, 229.
„In Farbklang und Pinselduktus sind Mensch und Natur eng ineinander verwoben; die Landschaft mit ihren Blumen und Bäumen legt sich wie ein zugehöriger Teppich um die Frauengestalt in der hellgrünen Bluse und dem dunkelblau-schwarz karierten Kleid. Das Violett der Arme und des Gesichtsschattens korrespondiert, sich abhebend, mit den Rottönen des Hintergrundes." Heinz Spielmann, Die Maler der „Brücke". Sammlung Hermann Gerlinger, Stuttgart 1995, S. 221.

[881] „Realisieren konnte er seine Ziele v.a. in den Landschaften, die bis 1913 nur selten menschliche Gestalten beleben. Zeugnisse von Zivilisation, die sich von Ausnahmen abgesehen ohnehin fast ausschließlich in einer ländlichen Sphäre lokalisieren lassen, sind bis in diese Zeit häufig unter einer reicheren Vegetation verborgen, rücken in den Hintergrund oder akzentuieren ihn allenfalls." Zweite, Das Erleben transzendentaler Dinge im Irdischen, S. 35.

umgekehrt. Die über Form und Farbe vermittelten Raumwerte werden zum einen stark von der Figur als Ausgangpunkt beeinflusst, wirken sich zum anderen aber auch auf die Figur aus, indem sie diese zur Gesamtwirkung des Bildes ergänzen und somit zu deren Wirkung beitragen.[882]

> „Im Verhältnis von Figur und Bildgrund symbolisiert sich ein Verhältnis von Subjekt und Welt. Die Totalisierungsfunktion des Grundes wird maßgebend von der Farbe getragen."[883]

Die in der Forschung für die moderne Landschaftsmalerei konstatierte Abweichung von der traditionellen illusionsräumlichen Perspektive und des von ihr konstruierten Anschauungsraums schlägt sich auch auf die Darstellung von Dingen oder Figuren im Raum nieder.[884] Dabei wird die der Perspektive zugrundegelegte Individualisierung des Betrachters in der Neuzeit auf das Individuum im Bild selbst bezogen, das zum einen von einer einheitlichen Anschauung geprägten Raum gestellt ist und zum anderen sich als selbstbewusstes Gegenüber von seiner Umwelt absetzt. Die Separierung von Subjekt und Objekt wird somit mit ins Bild genommen. Der Mensch wird durch die Perspektive auf die Welt bezogen und gleichzeitig von ihr als eigenständig von seinem Umraum abgesetzt. Raumillusion und Körperillusion treten wie bei der Landschaftsmalerei zusammen.

---

882 Vgl. den Exkurs zur Bildeinheit Figur und Umfeld.
„Bei der Ursprünglichkeit und Stärke unserer Raumgefühle und ihrer Wirkung auf den Gesamtorganismus, wird die Übertragung von Raumstimmungen auf den Menschen [...] eine der wichtigsten psycholgischen Leistungen des Untergrundes sein." Waetzold, Die Kunst des Porträts, S. 231.

883 Dittmann, Funktionen der Farbe, S. 23.

884 „Wie können Dinge und Figuren ohne das tradierte Schema der Raumdarstellung dargestellt werden? Das ist natürlich nicht bloß ein formales, sozusagen darstellungsgeometrisches Problem. Es ist bekannt, daß die Zentralperspektive die Maßnahme war, die Raumdarstellung (und Raumwahrnehmung) nach objektivierten Regeln auf ein einzelnes Subjekt zu beziehen. Die Perspektive organisierte Sehen und Darstellen radikal vom Sehenden und seinem Standort aus. Dinge und Figuren werden in ihn hineingestellt, mit der Verschiebung des Sehenden verändern die Dinge ihren relativen Standort. In der Landschaftsmalerei werden entsprechende Regeln für die Darstellung der Ferne in der Luftperspektive gefunden: Abnahme der Farbintensitäten und der Kontraste in zunehmender Entfernung." Oskar Bätschmann, Entfernung der Natur. Landschaftsmalerei 1750-1920, Köln 1989, S. 172. Bätschmann bezieht sich hierbei auf Cézanne.

Dabei ergibt sich die Situation, dass bezüglich des Raumes eine Vereinheitlichung im Sinne der Einpassung in ein stimmiges perspektivisches System erfolgt, während hingegen für das Figur-Grund-Verhältniss eine Differenzierung der Stofflichkeit im Sinne einer Emanzipation bzw. Individualisierung angenommen wird. Die Bestimmtheit der Dinge durch ihr räumliches Verhältnis, auch in bezug auf die Beleuchtung, und ihre Stofflichkeit sorgen für ein klares Verhältnis zu Raum und Grund und erscheinen gleichzeitig in der Charakterisierung ihrer Oberfläche als ein dem Betrachter gegenüberstehendes, selbständiges Objekt.
Auf dieser Grundlage interpretiert Adama von Scheltema in seiner Abhandlung über den Bildgrund das Verhältnis von Figur und Grund als einheitlicher Weltbezug und versteht die gleichzeitig angenommene Separierung als Autonomie menschlicher Persönlichkeit. Gemeinsamer Nenner zwischen der Autonomie der Person und des Bezugssystems der Perspektive ist die Verweltlichung der menschlichen Sichtweise und damit verbunden die Eigenschaft der Welt als Daseinsgrund.

> „Erst in der Malerei der Neuzeit erscheint der Hintergrund der Figur als Daseinsgrund und Wirkungsfeld der leidend und handelnd auf die Welt bezogenen geistigen Persönlichkeiten. Die jetzt einheitlich und regelrichtig durchgeführte Perspektive ist ein Beweis, daß die Figur oder die Figurengruppe in einheitlichem Zusammenhang mit dem Weltgrund erfaßt und mitsamt dem ihr zugehörigen Raum auf den gleichen, ganz in das Diesseits verlegten Unendlichkeitspunkt bezogen wird. Diese Verweltlichung des Grundes – und des vorher in Gott ruhenden Unendlichkeitsbegriffes – braucht noch nicht zu einer gegenständlichen Ausdeutung zu führen. Bei den großen deutschen Porträtisten des 16. Jahrhunderts kann der ganze Nachdruck zunächst auf die erkannte Autonomie der menschlichen Persönlichkeit gelegt werden, sei es, daß wir diese persönliche Freiheit im Sinne der Humanisten verstehen, oder als die ‚Freiheit eines Christenmenschen', der des Umgangs mit Leuten und der Werktätigkeit nicht bedarf, um zu seinem Seelenheil zu gelangen."[885]

Eine weitere Komponente in diesem Zusammenhang ist, dass Mensch und Ding nicht nur in stofflich differenzierender Weise als etwas jeweils anderes definiert werden, sondern auch hieratisch die

[885] Frederic Adama von Scheltema, Das Problem des Grundes in der Geschichte der Kunst, S. 21.

Gegenstände, auf den Menschen als Handlungsfähigen bezogen, zu diesem als einheitliches Handlungs- und Bezugssystem in einem dienenden Verhältnis stehen. Der Mensch setzt sich selbstbewusst von der Dingwelt ab.

> „Holbeins Bildnisse mit nur leicht differenziertem blauen Hintergrund geben ein eindringliches Beispiel für die in der frühen Neuzeit allgemein übliche klare Unterscheidung zwischen Figur und Grund, Mensch und Umwelt. Auch wenn der Hintergrund ausführlich als der natürliche Lebens- und Wirkungsraum des Menschen charakterisiert wird, ist die Beziehung zwischen beiden Elementen als reine Gegensätzlichkeit zu bezeichnen. Als ein fertiges, in sich beschlossenes Ich fühlt sich der Mensch allem Nicht-Ich entgegengesetzt. Als seiendes Subjekt weiß er sich von der Objektwelt als dem bloß Gegenständlichen, ihm Gegenüberstehendem getrennt. ‚Figur ist Figur und Grund ist Grund', sagt Wölfflin [...]“[886]

Von dieser Warte aus führt die allgemein für die Moderne seit dem Impressionismus angenommene Verselbständigung der Farbe vom Gegenstand, zu einer Angleichung von Figur, Ding und Grund, einer Angleichung der Seinsphären in der Farbmaterialität und gar zum Vorwurf der Verdinglichung des Menschen.[887] Der offensichtliche Materialcharakter, wieder in Abhebung einer mimetischen Darstellung, verweigere sich einer Absetzung des Menschen, der in die Farbwelt zurückgebunden werde.[888] Die Besonderung des Menschen vom Grund als das der Welt gegenüberstehende selbstbewusste Individuum sei nicht mehr gegeben, „aller Grund ist zugleich Figur, alle Figur zugleich Grund.“[889]

---

[886] Adama von Scheltema, Das Problem des Grundes, S. 22.

[887] Siehe dazu oben Sedlmayr sowie Hamann, Kapitel „Das Problem des modernen Porträts“.

[888] „Auch im Bild steht dieses Eins-Sein vor Augen: Figur und Umraum sind faktisch aus gleichem Material beschaffen – Farbe.“ Hülsewig-Johnen, Selbst-Verwirklichung, S. 20.

[889] Adama von Scheltema, Das Problem des Grundes, S. 23 f. „Wesentlich aber zur Beurteilung des modernen Impressionisten ist die Tatsache, daß in der simultanen, unmittelbar vor der Natur vollzogenen, nur die farbige Oberflächenbeschaffenheit erfassenden Weltschau sämtliche hier angedeuteten Polaritäten ausdrücklich verneint werden und daß namentlich eine Unterscheidung zwischen Figur und Grund infolge der fortschreitenden gegenseitigen Angleichung nicht mehr möglich wird. Es mag da viele Übergänge und Ausnahmen geben, aber besonders in der Landschaftsmalerei der Pleinaristen und im Pointillismus der Neo-Impressionisten ist die Tendenz unverkennbar:

„Das anthropoide Formschema kann Aspekte eines willentlich Sich-Verhaltens zur Welt, eines menschlichen Fühlens, Denkens, Empfindens, von Innerlichkeit nicht transponieren, die Polarität von Mensch und Ding, Subjekt und Objekt ist aufgehoben im Gleichordnungsprinzip des Farbstoffs. Die Statuarik der Figuren, die Härte der Formsetzung, das Starre, Reglose, das zwar Posen reflektiert, aber durch den Entzug von Verweisen auf jegliche Organik (Hegel) aus dem Formschema, nicht mehr auf Bewegung verweist, schließt Aspekte eines Handelnkönnens aus der Bildwelt aus. Das expressionistische Bild sieht den Menschen nicht imstande, seine Welt zu ‚behandeln', sondern in statischen Gesetztsein gebunden in ihre Gesetzmäßigkeit."[890]

Besonders im Expressionismus werde die Grundbedingung der Separierung von Figur und Grund, der Niederschlag äußerer Vorbildlichkeit durch die Angleichung der Oberflächenbeschaffenheit in der Malfläche zugunsten des dahinterliegenden Geistigen gesehen.[891]

„[...] in dem Grade, wie die schöpferische Beziehung zu der Naturwirklichkeit vermieden wird, schreitet der Expressionismus zu einer vielheitlichen, linearen, dazu ausgesprochen flächenhaften Gestaltung, d.h. zu einer Umkehrung der gesamten neuzeitlichen Kunstentwicklung. [...]Schon bei van Goghs Porträts fragt man sich, wie der undifferenzierte helle Grund zu der scharf konturierten Figur gemeint sein kann. Geht der Künstler noch vom Natureindruck aus, so kann auch die traditionelle Beziehung zwischen Figur und Grund wieder gelten; gesteigerte Abstraktion führt aber auch zu gleichmäßiger Musterung der Bildfläche und völliger Angleichung von Figur und Grund."[892]

Diese Umkehrung der Entwicklung meint die weiter oben angesprochene Wendung vom Modell der natura naturata wieder zum

---

die Relation zwischen Figur und Grund wird zur Identität und indem die Welt sich in ein gegenstandsloses Gewoge leuchtender Atome verwandelt, ist aller Grund zugleich Figur, alle Figur zugleich Grund."

„Entscheidende Angleichung von Figur und Grund bringt erst, im 19. Jahrhundert, die impressionistische Malerei. [...] Im gleichen Zuge aber werden die Farben selbst ‚grundlos', verlieren ihre innere Festigkeit, ihre Undurchdringlichkeit, und der Raumaufbau wird labil" Dittmann, Farbgestaltung im 19. Jahrhundert, S. 22.

890 Hülsewig-Johnen, Gesichter wie von schwimmendem Schaum, S. 20.

891 Die „expressionistische Kunstdoktrin in ihrer Abwendung von der Natur, ihrer Sehnsucht nach dem absoluten Geistigen und ihrer beflissenen Betonung des Natur-Geist-Dualismus, was eine dem frühen Mittelalter verwandte Geisteshaltung verrät." Adama von Scheltema, Das Problem des Grundes, S. 25.

892 Adama von Scheltema, Das Problem des Grundes, S. 24.

Modell der natura naturans als einem pantheistischen Naturverständnis, die das Einssein von Mensch und Natur ausdrücke.
Dies scheint bei Schmidt-Rottluff v.a. bei den Akten von 1913 der Fall zu sein, wo die Erde die Figur umschließt, ein Horizont oft gar nicht erst auftritt. Die Erscheinungsweise der Farbe als Flächenfarbe in Grund, Vegetation und Figur trägt zu diesem Erlebnis des gegenseitigen Durchdrungenseins bei, das oft einer pantheistischen Einstellung zugrunde gelegt wird.[893]
Trotz dieser farblichen Einbindung in die Natur kommt es zur deutlichen Abgrenzung der Körper mittels der Linie. Auf der anderen Seite ist in der neuzeitlichen Kunst die Trennung zwischen Figur und Grund durch die Erscheinungsweise der Farbe keine absolute. Das Gegensätzliche von Figur und Grund wird durch die Totalisierungs- und Verlebendigungsfunktion der Farbe übergriffen und so Verbindungspunkte zwischen Figur und Grund geschaffen.

- Hans Holbein d.J., *Bildnis des Kaufmanns Georg Gisze*, 1532, Öl auf Leinwand, 96,3 x 85,7 cm, Staatliche Sammlungen Preußischer Kulturbesitz Berlin (Abbildungsverzeichnis Nr. 134)
Ganz im Sinne der zusammengefassten Forschung sieht Hülsewig den Porträtierten als Individuum im Sinne eines handelnden Subjekts charakterisiert. Die Individualität des Mannes begründe sich in seiner Fähigkeit des Handelns, wie dies ganz aktiv in dem Öffnen des Briefes anschaulich werde. Durch den Bezug von Haltung und Raum auf den Betrachter werde ein gemeinsamer Weltbezug deutlich, der durch das Prinzip der Imitatio als Nachbildung einer dem Betrachter aus eigener

---

[893] „Gestalten und Formen sind breite wuchtige, doch locker luftige, von weich schwingenden Umrissen geltende Flächen: Rote Frauen in rotem Luftgrund zwischen grünem Buschwuchs der Dünen, weiße Leiber auf dunklem Meerblau über weißen Schaumbahnen, Schaumzacken. Schwer, erdhaft, stoffhaft, ganz Körper, ganz Umriß im Luftraum sind diese Gesichte aus Nidden. Die einfache Tatsache des Seins der Körper im Raum, des Wuchses Gestalt in die weite Erde, das wird ergriffen." Niemeyer, Schmidt-Rottluff, S. 66.
Tatsächlich passt sich von der Vorgehensweise her die Vegetation den Figuren an, indem sie die freigelassenen Flächen ausfüllt. Die Bei den *Akten in Landschaft* (Abbildungsverzeichnis Nr. 12).ist zu erkennen, dass die Landschaft kompositorisch von den Figuren aus gestaltet und bestimmt wurde. Wie an den Übermalungsstellen deutlich erkennbar ist, wurden zunächst die Figuren rot, dann das Blattwerk grün gestaltet.

Erfahrung bekannten Situation erst ermöglicht werde.[894] Darin unterscheiden sich auch hierarchisch das handelnde Subjekt und die auf ihn bezogene, ihm dienend untergeordnete Dingwelt.

> „Die (bildtranszendent wirksame) Fiktion der Welt-Bezogenheit, bzw. des lebendig aktiven Menschen in der Welt, überspielt stilllebenhafte Individuations- und Isolationstendenzen auf der Ebene der Dinge unter dem höherwertigen Blickpunkt der Illusion des Gebrauchskontextes. Nicht vorrangig Eigengültigkeit der Dinge wird artikuliert, sondern eher das Dienstverhältnis, in dem sie zum Menschen stehen. Die seinem Selbstverständnis entsprechende Hierarchie zwischen dem Menschen und seiner Umwelt ist ins Bild eingebracht."[895]

Die Verselbständigung der Farbe zum Eigenwert und zur Flächenfarbe treten jedoch auch in der traditionellen Malerei in einer bildvereinheitlichenden Wirkung auf.

> „Von vorneherein ist festzuhalten, daß das Problem des Grundes fast ausschließlich ein Problem der Farb- und der Helldunkelgestaltung ist, das im Bildgrund formale Qualifikation von sekundärer Bedeutung ist. (Auch die Linearperspektive erfaßt ja nur die Beziehung von Gegenständen.) Somit kommen hier Fragen der Farbkontraste und der farbigen Erscheinungsweise ins Spiel."[896]

Die Farbe in den Bildgründen stiftet die Verhältnisse von Einzeldinglichem und Ungegenständlichem oder Übergegenständlichem mittels ihrer Eigenschaft zur Verlebendigung und Totalisierung, sprich ihres dynamischen Gefüges und der Farbenordnungen.[897]

Die Trennung zwischen Figur und Grund und die perspektivische Vereinheitlichung ist gar nicht so eindeutig, wie es theoretisch

---

[894] „Das Porträt ähnelt auch immer dem Verhältnis zur Welt, das wir von uns selbst her kennen." Boehm, Bildnis und Individuum, S. 31.

[895] Hülsewig, Cézanne, S. 88.
„In jener Distanz des erkennenden (und nutzenden) Subjekts zum erkennenden (und genutzten),Welt-Objekt' formuliert sich menschliches Welt-Verständnis. Das ‚aktive Leben' des Menschen erscheint denkbar immer erst als ein anthropozentrisch-dominantes, bewußt handelndes Welt-Beherrschen. Humanitas muß sich *äußern* im Wissen und Verstehen jener Distanz von Subjekt und Objekt. So heißt ‚imitatio' hier, die Vertikale einer Über-Unter-Ordnung von Mensch und Dingwelt im Bild aufzurufen. Objekt steht zum Subjekt im Verhältnis der Subordination." Hülsewig, Cézanne, S. 89.

[896] Dittmann, Funktionen der Farbe, S. 18.

[897] Dittmann, Funktionen der Farbe, S. 12.

angenommen wird. Vielmehr entstehen auch hier sowohl räumliche Ambivalenzen und Angleichungen. Es ergibt sich eine uneinheitliche Raumsituation zugunsten von Separierung und Besonderung: sowohl Figur als auch Grund sind so von scheidenden aber genauso gut auch verbindenden, oberflächenbildenden und auflösenden Tendenzen der Farbe geprägt. Unterschiedliche Erscheinungsweisen der Farben und gegenstandübergreifende Farbzusammenbildung und Kontraste prägen das Bild: „das Schwarz in Mantel und Mütze homogen, von aller Lichtwirkung frei, in höchstem Gegensatz dazu das lichtoffene, ins Weißlichrosa ausbrechend, einen Seidenstoff genau bezeichnendes Karminrot. Ähnlich stillebenhaft-oberflächenbestimmt sind die Farben der Gegenstände aus Metall, Glas, Leder, Papier usf.“[898] Gegenstände, wie die Figur, haben ihre eigene Präsenz, sind in ihrer Stofflichkeit scharf voneinander und dem Grund abgegrenzt (Besonders gilt dies für die auf dem Tisch befindlichen Gegenstände). Die eigentlich flächenfarbige Erscheinungsweise des Grundes dagegen wandelt sich erst durch die angegebene Holzvertäfelung mit den Regalen und den darin eingefügten Gegenständen sowie deren Schattenwurf und dem der Figur, der sich andererseits jedoch nicht exakt nach den jeweiligen Gegenständen richtet, zur Oberfläche.[899]

> „Wände und Regale sind hier in einem durchgehenden milden Laubgrün gehalten, der komplementären Ergänzung zum Karminrot der Ärmel. Im Vergleich zur genauen Stoffcharakteristik der Seidenärmel nähert sich das Grün der Wände einer gegenstandsfreien Farbe. Diesem Eindruck dienen auch die nur sehr allgemein gehaltenen Schlagschatten. So wirft die Figur des Kaufmanns einen etwa ellipsenförmigen Schlagschatten, ohne den Unterteilungen von Körper und Haupt zu folgen.“[900]

Die Figur selbst tritt scharf durch die Umrissbildung hervor, ist aber gleichzeitig in das Diffuse des Grundes durch Licht und Schatten eingebunden. Vor allem die roten Partien des Gewandes weisen eine

---

[898] Dittmann, Farbgestaltung und Farbtheorie, S. 132 f.

[899] Bei nichtgestalteten Bildgründen Holbeins ist der Charakter der Flächenfarbe ungetrübt: „Im Bildgrund aber verliert die Farbe das Stoffbildende, den Charakter der Oberflächenfarbe, und nimmt die Erscheinungsweise der gegenstandsfreien Flächenfarbe an, und nur so, durch Bezugsetzung und Unterscheidung in der Erscheinungsweise, kann der Grund zum ungegenständlichen Kraftfeld der Figur werden“. Dittmann, Funktionen der Farbe, S. 19.

[900] Dittmann, Funktionen der Farbe, S. 19.

dem Grund sehr ähnliche flächenfarbige Erscheinung auf. Darüber hinaus treten die Farbigkeiten des Gewandes wieder in der Tischecke vor ihr auf. Die Figur verbindet sich also wechselweise mit Vordergrund und Hintergrund.
Die räumliche Situation ist insgesamt sehr flach gehalten, es ergeben sich planimetrische Bezüge der Anordnung von Gegenständen und Figur, so vor allem die entlang des Umrisses der Figur im Hintergrund angebrachten Gegenstände und die die Ärmel und Tischkanten nachvollziehende Dreiecksfiguration der Gegenstände im Vordergrund. Auch farblich gibt es flächenhafte, die Raumpläne übergreifenden Bezüge. Deutliche Weißakzente verbinden Hintergrund, Figur und Vordergrund miteinander. Darüber hinaus klärt sich die Räumlichkeit nicht völlig, ist nur an verschiedenen Stellen angedeutet. Ungelöst ist so das Verhältnis der Figur zur Ecksituation. Tisch und Gegenstände im Vordergrund haben eine unbestimmte Distanz zu den Gegenständen im Hintergrund. Räumlichkeit bildet sich über rechts, den Schräglinien der Regale und über links, dem Tisch, aber sie schließt sich nicht zu einer Einheit zusammen. Die über die Stellung und Wendung der Figur zum Grund entwickelte Raumtiefe ist ebenfalls nicht sehr ausgeprägt, die räumliche Beziehung zwischen den hängenden Gegenständen und der Figur nicht festgelegt und verschieden interpretierbar. (Am offensichtlichsten tritt dies am Beispiel der Kugel zutage.)
Der Gebrauchscharakter der Gegenstände relativiert sich über die höchst artifizielle Anordnung um die Figur. Nichts liegt zufällig herum, als ob es gerade benutzt worden wäre, wenn auch Indizien wie Lesezeichen oder das Geöffnetsein von Kiste und Schatulle den Charakter des Benutztwerdens herausstellen und die minutiöse Darstellung auch das Funktionieren hervorhebt. Gerade aber die kunstfertige Schilderung und Anordnung stellt sie in ihrer Gelungenheit als in sich geschlossenes Einzelkunstwerk in einem unbeeinträchtigten Wirkungsbereich in gebührendem Abstand zum nächsten Gegenstand heraus. Eine Reduzierung allein auf den Nutzwert lässt sich anschaulich nicht halten. Ebenso erweist sich der Raum als höchst artifizielle, nicht mit tatsächlichen Verhältnissen

vergleichbare Konstruktion, der farblich gesehen eine strikte Trennung zwischen Figur und Grund wenigstens teilweise aufhebt.
Eine einheitliche Raumsituation, auch im Sinne einer perspektivischen Darstellung, ist in diesem neuzeitlichen Porträt nicht gegeben. Das Bild ist als künstlerisches Produkt höchst artifiziell in farbliche und formale Flächenbezügen konstruiert und weist allein deshalb kein einheitliches Raumgefüge auf. Vielmehr ergibt sich in der Anschauung ein ständiger Wechsel zwischen distanzheischender und dabei in ihrer Präzision nächste Nähe suggerierender Oberflächengestaltung und flächenfarbigen Farbraumbildungen, sowie Unstimmigkeiten und Übergänge in der Raumillusionierung.[901] Illusionierung ist auch in der traditionellen Malerei kein absoluter Maßstab.
So gesehen wird das Modell des Individuums der Neuzeit in einem zu purifizierten und idealisierten Schema auf die Betrachtung der Malerei übertragen. Es bilden sich zwar aus dem Anschaulichen heraus illusionistische Züge, aber diese werden zu pauschal unter Vernachlässigung der tatsächlichen Erscheinungsweise autorisiert.

### V.2.2.3.1. Das Verhältnis von Figur und Grund im Werk Schmidt-Rottluffs

Das Verhältnis von Figur und Grund im Werk Schmidt-Rottluffs soll anhand zweier Beispiele aus den Jahren 1914 und 1919 herausgestellt werden. Juni bis August 1914 hielt sich Schmidt-Rottluff in Hohwacht an der Ostseeküste auf und sein Hauptthema waren bekleidete Frauen am Strand. Stilprägend sind nun vor allem Form und Linie, die sich vom Holzschnitt ableiten, der 1914-1916 einen Höhepunkt im Schaffen Schmidt-Rottluffs erreicht. Die dadurch erzielten Formprägnanzen wirken sich auf den Bildbau aus. (Vgl. das „Formthema“ bei den Porträts dieser Zeit). Dabei geht die Komposition von den Figuren aus, deren Formen sich auf das Ambiente dergestalt bestimmend niederschlagen, dass dieses in Formangleichung reagiert. Auch eigentlich raumillusionistische

---

[901] „'Nahsicht', aber ohne Helldunkel, bestimmt die Farbgebung des jüngeren Holbein, durchsetzt hier von flächigen Bereichen in Schwarz und Grün, die sich diesem Prinzip nicht fügen. In solchen verhaltenen Spannungen scheinen Bilddinge und Figur wie in angespannter Aufmerksamkeit, Erwartung zu verharren.“ Dittmann, Farbgestaltung und Farbtheorie, S. 133.

Angaben wie perspektivische Fluchtung und Horizont passen sich in dieses auf die Figuren bezogene Formschema ein.

> „Seit 1914 sind es bekleidete Frauen, deren winklige Umrisse eine engere Verknüpfung mit dem landschaftlichen Ambiente erlauben."[902]

- *Freundinnen*, 1914, Öl auf Leinwand, 85 x 101 cm, Kunsthalle Emden (Abbildungsverzeichnis Nr. 135).

Dargestellt sind zwei Frauen, die eine hell, die andere dunkel, in einer Landschaft. Die Komposition erfolgt nach den Gesetzen der Ausgewogenheit auf der Fläche und wird von Figuren und Landschaftselementen gleichermaßen ausgefüllt. Ausgehend von den Figuren wird in der Landschaft das in den Figuren angelegte Formthema wieder aufgegriffen.

Es ergibt sich ein Verhältnis von Gegenstand und Negativfläche, wobei zu den Gegenständen ebenfalls die beiden Wege zu zählen sind, die sich in nahezu eigenständiger sichelartiger Form auf der Fläche darbieten. Die Horizontlinie verflicht sich dabei mit einigen Figurenlinien, indem sie auf die Schultern der dunklen Frau und die Taille der helleren Bezug nimmt, wobei letztere in der Fläche wie in den Horizont eingehängt wirkt. Ebenfalls auf der Fläche ergeben sich Formwiederholungen, die anhand der Zuordnung zu den beiden Frauen links und rechts eine lose Symmetrie bewirken. So nehmen die Büsche in den beiden oberen Ecken zu der ihnen je benachbarten Frau formalen Bezug: links schließt ein gezackter Zweig zur genauso gebildeten Schulter in einer Linie auf, während rechts die Frisur der Anderen in einer Reihe zangenartig geformter Zweige aufgegriffen wird. Auch ihre prägnante hochgezogene Schulter findet sich seitenverkehrt auf gleicher Höhe in der Vegetation wieder. Auch die beiden Wege beschreiben die jeweilige Grundform der Frauen: links in schlankerer gestreckter Form, rechts hingegen in gestauchter und gebogener, was besonders durch den nach hinten ausschwingenden Rock bewirkt wird.[903]

---

[902] Zweite, Das Erleben transzendentaler Dinge im Irdischen, S. 17.

[903] Die Formwiederholungen sind auch in anderen Gemälden dieses Motivs prägnant. *Frauen am Meer*, 1914, Öl auf Leinwand, 87 x 101 cm, Kaiser Wilhelm Museum, Krefeld (Abbildungsverzeichnis Nr. 136): Der zu spitz zulaufenden Bögen aufgestauchte

Die einzige Überschneidung der „Gegenstände“ besteht zwischen der helleren Frau und dem Weg hinter ihr. Bei der anderen Frau ist ein davor oder dahinter des ihr wiederum zugeordneten linken Weges nicht so klar bestimmbar. Perspektiven sind in dieser Anordnung nicht auszumachen. Selbst die Wege, noch vor wenigen Jahren für Schmidt-Rottluff ein probates Mittel, erfahren in ihrer am oberen und unteren Ende zusammenlaufenden Form keinen Tiefenzug.
Auch was die Farbgebung anbelangt, so treten primär flächenhafte Bezüge auf. Frauen und Umraum sind durch horizontal verlaufende Farbangleichungen miteinander verbunden: So findet sich in der oberen Zone das Blau der Haare auch im Himmel wieder. Es folgt ein gelber Streifen von Himmel und Bluse der helleren Frau, während sich das Gelb bei der Dunkleren etwas tiefer durch die Bluse schleicht. Darunter verläuft eine Reihe partiell auftretendes Orangegelb unterhalb des linken oberen Busches über die Arme der linken Frau, dem Zwischenraum beider Frauen, Bluse und Arme der rechten Frau und den Bereich unterhalb des oberen rechten Busches. Auch vertikal sind die Figuren in das Farbgefüge eingespannt. Sie tragen die Farben des Himmels in sich und vermitteln sie so auch dem irdischen Bereich. Des weiteren enthalten sie auch fast alle übrigen Farben des Bildes außer einigen Grüntönen.
Die Farbgebung selbst lehnt sich den Naturgegebenheiten weitestgehend an, übersteigert diese jedoch und fügt sie zu bestimmten, nur dieses Bild betreffenden Farbklängen, die weniger kontrastreich nun Abstufungen und Brechungen enthalten. Die Farbe entwickelt dabei in ihren mal transparent, mal partiell deckenden Schichten eine ihr immanente Tiefenräumlichkeit, die das

---

Gewandsaum der hockenden Gestalt wird durch die in sich gerollte Zickzacklinie gebildetes Buschwerk hinter ihr wieder aufgenommen, ebenso die gelbliche Tönung. Die Schulterlinien spiegeln sich im Hügel wider. In diesen ist auch die zweite Figur eingebunden, indem die von ihren hinter den Körper gelegten Ellenbogen und ihrer Brust angedeutete Linie von zwei parallel laufenden Hügellinien beidseitig begleitet wird. Die Brustlinie wiederum wird von dem Oberschenkel der Hockenden wiederholt. Der Meeresspiegel verläuft durch den Halsansatz der einen und durch die Augen der anderen.
Im Gemälde *Frau am Meer*, 1914, Öl auf Leinwand, 84 x 76 cm, Sammlung C.K., Schweiz (Abbildungsverzeichnis Nr. 137) mündet der Horizont in die Unterlippe und setzt sich in der Kinnlinie fort. Die Linien der Figur werden in denen der Düne wieder aufgegriffen.

Gesamtkolorit untergründig mitbestimmt, darin auch die Körper einbindet und auflöst. Die Knopfreihe der hellen Frau schwimmt quasi im Farbraum des Rockes. Damit tritt der Farbraum in Spannung zur Oberfläche, die sich in Modellierungsansätzen an der Kleidung, besonders der gelben Bluse, den Gesichtern durch Andeutung von Schatten, den Haaren mit Glanzeffekten und den Wegen, die vom Hellen ins Dunklere verlaufen zeigt, aber immer wieder in die Bewegung der Farbe selbst umschlägt. Dieselbe Unbestimmtheit der Farbe bezüglich Oberfläche und Raum ist es auch, die den Figuren keine sichere Standfläche zumisst, vielmehr scheinen sie im Farbraum, entmaterialisiert und schwerelos zu schweben.[904] Der Wandlungsfähigkeit zwischen Oberfläche und Farbraum wie auch zwischen Körperhaftigkeit und Entmaterialisierung ist eine Eigenschaft der Flächenfarbe, die für den Eindruck des Schwebens somit verantwortlich ist.

„Die Körper werden durch die Flächenfarbe entschwert, sie schweben.“[905]

Zur Auflösung von Figur und Grund trägt auch das Weiß des Grundes und das lichthafte Gelb bei, das aus der Tiefe durch die ihm vorgelagerten dunkleren Schichten dringt. Die Frauen sind mit geschlossenen Augen und gesenktem Kopf ganz in sich versunken, quasi in die Tiefe ihres eigenen Farbraums.[906]

Zwar ist die kleinere rechte Frau eindeutig hinter der Linken, aber das Verhältnis zwischen beiden ist nicht bestimmt, sondern sie bewegen sich ständig zueinander und voneinander weg. Die vordere Dunklere wirkt massiver und schwerer als die lichthaftere Hellere, deren aktiveres Gelb aber in den Vordergrund drängt. Desgleichen ist ihr Verhältnis zu den Büschen und Wegen ambivalent. Selbst die einzige Überschneidung von Frau und Weg rechts erweist sich einer klaren räumlichen Zuordnung nicht als dienlich, die Frau kann sogar ebenso aus dem farblich sich öffnenden Grund hervorschreiten.

---

[904] Niemeyer beschreibt einen „schwebenden Gang“ und eine „luftene Bahn des Weges“ Vgl. Niemeyer, Schmidt-Rottluff, S. 66.

[905] Dittmann, Grünewald, S. 96.
Dies gilt ebenso für die Standfläche: „Bisweilen kommt der Eindruck des Schwebens v.a. dadurch zustande, daß die Standfläche unfest erscheint.“ Ebenda.

[906] Bezeichnenderweise nennt Grohmann die Gemäldegruppe der Frauen am Strand „Meditierende Frauen“.

Innerhalb des Schwebens sind die Frauen durch leichte Bewegungsimpulse der Formen gesteuert: diese gehen vor allem von der helleren aktiveren Frau aus, die zum einen von den zupackenwollenden Sicheln an den Rand gezogen wird, zum anderen von der gespannten Sichel des Weges eher abgestoßen, während ihr abnormal langer rechter Arm einen Zug entlang ihrer Rockkante in Richtung des Rocksaumes der anderen entwickelt, der elastisch vom Horizont, in den sie eingehängt ist, abgefedert wird. Ihre Freundin, auch durch die zusammengeführten Arme ganz in sich geschlossen, erscheint wesentlich weniger bewegt, was auch der weniger gespannte, ihr nur lose zugeordnete Weg vermittelt. Der Formübergang zum oberen Busch scheint eher ein Festhalten zu sein, damit sie nicht völlig unmotiviert im Farbraum herumdriftet. Die Verortung wird durch Formbezüge und Maßstab geleistet. Der Raum wird zum „Bewegungserlebnis seiner Insassen."[907]
Dem Betrachter bieten sich die Frauen in Näherung und Distanzierung an, wobei ein Halt nur über den die Köpfe überschneidenden Rand gegeben ist, über den die Frauen fast im Sinne einer Isokephalie in einer Flächenanbindung zurückgehalten werden.

Symptomatisch für die beschriebene Farbwirkung ist das in der Literatur für diese Phase des Werkes Aufkommen des Wortes „Stimmung", das auch wieder für die Phase ab 1919 verwendet wird. Dazu führt hier das Eintauchen der Szene in einen Gelbklang, der das Bild von hinten mystisch durchdringt, gleichwohl der Lichtstreif am Horizont eine natürliche Beleuchtungssituation suggeriert. Des weiteren schafft die Minderung der Farbkontraste zugunsten von Übergängen und Zwischentönen, ein „neues Farbenspiel aus Einklängen"[908], die sich außerdem, aufgrund der sich überlagernden, zumeist transparenten Schichten, gegenseitig durchdringen.[909]

---

[907] Dittmann, Grünewald, S. 73.

[908] Niemeyer, Schmidt-Rottluff, S. 66.

[909] „Zarte, blasse Zwischentöne malen die Stimmung weiter aus, die von ausdrucksschweren Formen eindringlich angegeben wird." Valentiner, Schmidt-Rottluff, S. 6.

„Und nun werden am Atem der Luftfernen die Farbeinklänge in ganz neuer Weise zart, hauchig, gehaltig. Sie saugen das wehende Leben der Weiten in sich. Neue Farbenfügungen, abgelegene Tonstimmungen kommen auf. Seltsam, wehmütige, einsame Klänge ertönen. Halbe Süßigkeiten, zerbrochene Freudigkeiten sind in den Farbengebinden. Im Bild der *Freundinnen*, das für uns die Form von 1914 vertritt, schwellen solche fahl-süßen, halb-wehmütigen Akkorde aus rötlichem Braun über Ocker und Rosa zu gelblichem Weiß. Die Kleider der Frauen gehen aus Schwarzgrün zu Oliv und siechem Grüngrau. Blasse Himbeerfarben und Lehmfarben schwingen auf als luftene Bahn des Weges. Süchtig rote Gebüsche zacken Säume in den schwebenden Glanz gelber Himmel. Eine sinnende Stille, eine feine Seinsangst ist in der Stimmung: die tönt der Weg, der den Hügel überwölbt und luftig niedergeht wie ein Bach den Wehr, die klingt der schwebende Gang der Frauen, wie sie den Hang im Fall der Schritte hinabgleiten.“[910]

Stimmung wird hier beschrieben als farbig-räumlicher Effekt. Das Phänomen der Flächenfarbe löst Grund, Körper und Schwerehaftigkeit auf, verhindert die Entscheidung zwischen Gegenüber von Gegenständen, wie sie in der prägnanten Form zunächst gegeben zu sein scheinen und dient einem schwebenden Versunkensein im Reich der Farbe gleichwohl von Figuren und Gegenständen, als auch dem Betrachter. Ebenso wie beim Holbeinporträt bestimmen die Figuren als Zentrum die Anordnung der übrigen Gegenstände. Die Spannungen zwischen Figur und Grund und die darin enthaltene räumliche Ambivalenz sind sicherlich größer als beim *Kaufmann Georg Gisze*, aber eine Polarisation zwischen einem Gegenüberverhältnis und einem Ineinssein mit der Natur im Sinne einer humanistisch idealisierten Individualisierung und eines der Moderne unterstellten Pantheismus widerspricht den Anschauungstatsachen beider Gemälde.

Im Sommer 1919, nach der Zäsur durch den Ersten Weltkrieg, entstanden in Hohwacht neben Landschaften auch wieder „meditierende Frauen“ nach denselben Modellen von 1914.[911] Die

---

[910] Niemeyer, Schmidt-Rottluff, S. 66.

[911] „Ein innig-vertrautes Verhältnis bestand zwischen ihm und den Frauen. [=Frau und Schwester, die ihn in Hohwacht besuchten] Sie waren die Modelle: Frauen am Strande, in den Dünen, der Aktbilder am Meer, der porträthaften Frauenbilder mit irgendeiner fraulichen Geste. Verborgen in den Dünen begann ein unermüdliches Schaffen. [...] Der

Figuren sind nun in eine ausgestaltetere Landschaft eingebunden, die auch mehr Raum beansprucht.[912] Der Ausdruckswert der Farbe tritt insofern in den Vordergrund, als dass die farbliche Gebundenheit nicht nur hinsichtlich der Oberflächengestaltung, sondern auch hinsichtlich der Kennzeichnung des Gegenstands fast völlig aufgegeben wird. Vielmehr dominiert durch den sehr dünnflüssigen Auftrag die Erscheinung transparenter, starkfarbig leuchtender Immaterialität, was in der Forschung dazu führte, das Geistige als das unter der Oberfläche liegende in dieser Malphase bei Schmidt-Rottluff zu betonen.

> „Ganz gelöst, ganz luftartig ist diese Farbe, bei leuchtender Kraft, glühender Vielfältigkeit. Es ist eine gleichsam nackt aus dem Geburtsgrund des Metaphysischen tretende Farbe. Die Schwebungen dieser Farbe sind offen, bloßgelegt, als ob eine stoffliche Haut entschwunden wäre, die bislang noch immer das geistige Sein der Farben umschloß."[913]

> „Der Künstler hat seine eigene Welt nun völlig ausgeformt und sieht die Natur in den stark persönlichen, geistigen Farben und Formen, aus denen diese Welt gebildet ist. Indem er danach strebte, die wirkende Kraft, den Begriff hinter der rohen Materie zu entdecken, hat er für sich und damit auch für die, die ihm zu folgen vermögen, die höchste Anschauung gefunden, aus der heraus er die Natur mit ihrem jenseitigen Gehalt überzeugend darzustellen vermag."[914]

Auch die Formen wandeln sich. Sie sind zwar den vorgegebenen Verhältnissen der Natur noch deutlich entlehnt, aber in der Gestaltung teilweise so eigenwillig, dass sich diese nur als eine größere Abstraktion des Vorbildes sowie über den Formzusammenhang des ganzen Bildes erschließt. Die Verselbständigung von Farbe und Form

---

Strom des Lebendigen, welcher ihm zufloß aus der Liebe, aus Land, Meer und dem Licht, das alles setzte sich um in elementarische Malerei. Es kamen noch mehr Gäste: Seine Modelle vermehrten sich um seine Biographin Dr. Rosa Schapire." Störmer, Karl Schmidt-Rottluff, S. 157.

[912] „Zwischen Mensch und Natur ist kein Gegensatz, und die Welt der Landschaft, die den Himmel mit einschließt, läßt dem Kreatürlichen Platz zum Atmen. Stießen die Frauen 1914 an den Bildrand und füllten die Fläche nach allen Seiten, so ordnen sie sich 1919 in den Entwurf einer vollständigen Welt ein, in der Raum für Mensch und Haus, Küste und Baum ist und für das Gestirn der Dämmerung." Grohmann, Schmidt-Rottluff, 98.

[913] Niemeyer, Schmidt-Rottluff, S. 67.

[914] Valentiner, Schmidt-Rottluff, S. 8.

zugunsten der Bildaussage erreicht in dieser Phase ihren Höhepunkt[915] ohne allerdings die gegenständliche Vorgabe zu verlassen, die für das besondere expressive Spannungsverhältnis Voraussetzung ist.

- *Mondschein*, 1919, Öl auf Leinwand, 87,0 x 101,0 cm, Sammlung Gerlinger, Staatliche Museen Moritzburg Halle (Abbildungsverzeichnis Nr. 138).

> „Sein Stil nahm eine entschiedene Wendung zum Flächenhaften, zu starker Kontrastierung komplementärer Farbe. Der Einfluss der Lokalfarbe, der koloristischen Eigenschaften der Naturdinge, der Atmosphäre auf sein Bild war nur gering. Die Naturdinge mußten sich einer völligen Neuwertung unterziehen, wenn sie in seinen Arbeitsgang eintraten. [...]. Immer war Gesehenes Anlaß seiner Bilder, niemals etwas Erdachtes oder, wie die Maler sagen, ‚Geknobeltes'. Es war dieses freundlich-enge Leben mit Frau und Schwester in einer heiteren, unverdorbenen Landschaft alles, dessen er zur Anregung bedurfte. Aber dieses produktive Sehen ging durch alle Tageszeiten bis in das geheimnisvoll Nächtliche und kam zu Ergebnissen wie diese ‚Frau im Mondschein' aus sanften gegenläufigen Kurven geschnitten, die in der Sichel des Mondes letzte Erfüllung finden, wo Haus und Strohdiemen ein neues mythisches Dasein jenseits ihres Nutzwertes erhalten."[916]

Die Bildgliederung ist weitgehend von einer Formangleichung bestimmt, die großzügig die Gesamtform der menschlichen Gestalt in der Bildfläche wiederholt. Der konkav-konvex-Schwung, aus der Sichel des Mondes ableitbar, bestimmt auch mehrere, horizontal die Figur kreuzende Linienzüge der Landschaft: den oberen Saum des ockerfarbenen Streifens, ferner die beiden Büsche links und rechts der Figur, wobei der obere mit dem Schwung konsequenterweise seinen Bogen nach oben richtet und so eine Umkehrung seines Gegenparts darstellt. Ferner kann man sich den Schwung auch in den oberen Abschluss der orangen Zone verlängert denken, wo ihn ein Teil der Horizontlinie mitbildet. Dazu kontrastieren zackige Elemente: die Zickzackreihe der Hausdächer und die Büsche, die mit beide Formen in sich vereinen. Ebenso tut dies die Mondsichel mit ihrem

---

[915] Abgesehen von der kuboexpressionistischen Experimentierphase von 1912, bei der Schmidt-Rottluff merkte, dass er zu sehr vom Gegenstand abweicht.

[916] Störmer, Schmidt-Rottluff, S. 158 f.

ausgezackten Lichthof, der als Negativform eine Fortsetzung der beiden übereinanderfolgenden Büsche bildet, so dass sich die Vegetationsform auch in den Himmel fortsetzt.
Bildbestimmend ist der Charakter der Farben des Gesamtkolorits, weniger die Bezogenheit auf den Gegenstand. Zwei Schuppen werden mit der angrenzenden Vegetation zu einer Grünzone zusammengefasst, die Landschaft gliedert sich in verschiedenfarbige Zonen. Schließlich ist auch der Mond eingebunden, dessen Gegenständlichkeit sich kaum von denen der übrigen Bildgegenstände inklusive Figur unterscheidet. Dieser ist er so nahe gerückt, dass sie fast wie auf gleicher Ebene erscheinen, würde ihr Kopf den orangen Lichthof nicht leicht überschneiden. Das Orange wird in der Landschaft wieder aufgegriffen, wenn auch nicht als Widerschein eines sich ausbreitenden Mondlichtes, sondern an bestimmte Flächen gebunden. Lediglich Haus und Busch scheinen in ihrer Modellierung in ungleichmäßige Beleuchtung getaucht. Eher leuchten die Farben aus sich selbst heraus, wozu der durch den sehr dünnen Auftrag der Farben durchschimmernde helle Grund beiträgt.[917]

> „Vor allem ist es auch die flächenfarbige Erscheinungsweise, die das Beleuchtetwerden zum Leuchten macht. Eine Beleuchtungswirkung setzt nämlich immer eine gewisse Widerständigkeit, eine Oberflächenfestigkeit des beleuchteten Gegenstands voraus. Ist die Oberfläche aber locker, so wird das Licht in das Beleuchtungsobjekt aufgenommen und leuchtet aus ihm hervor.“[918]

Besonders hell gestaltet sich der Boden unter der Figur, so dass zusammen mit dem fehlenden Motiv der Füße sich Standfläche und Standmotiv auflösen und so die Figur im Grundlosen schwebt.[919]

---

917 „Leuchten ist Intensitätssteigerung der Flächenfarbe.“ Dittmann, Grünewald, S. 43. „Zur Wirkung des Leuchtens gehört aber eine gewisse Lockerheit der Farbmaterie, wie die Flächenfarbe sie zeigt.“ Ebenda.
„Das Leuchten kommt aus den Farben selbst. Es ist aber nicht die Wirkung des normalen Farblichtes, der spezifischen Helligkeit der Farben. Die Farben brechen vielmehr ins Leuchten aus: Leuchten ist überschüssiges Licht. Es kann nur zustandekommen durch Steigerung der Intensität einer Farbe: Leuchten ist Intensitätssteigerung.“ Ebenda.

918 Dittmann, Grünewald, S. 55.

919 „Wie ein Traum, der sich fest ins Gehirn eingebrannt hat, ganz Geist, ganz Gefühl, von beängstigender Körperlichkeit und doch unwirklich wie der Gedanke, rauscht es vorbei, keinem Geschlechte angehörig – denn im Traum verwischen sich die

„Ganz ähnlich gewinnt er im gleichen Jahr auf dem Bilde ‚Mondschein' aus den Bogenlinien, mit denen sich seine Bodenwellen und Gebüsche wölben, das schöne Motiv der Sichelform. Aus zwei sich ineinanderschiebenden Sicheln lässt er die Gestalt, nein, den Schatten einer durch die Landschaft huschenden Frau entstehen, ein Phantom, bei dem wir die fehlenden Füße und die stumpf gebliebene Hand nicht weiter beachten. Über der in weiches Blau, in lichtes Braun und helles Grün gehüllter Erde schimmert am Himmelszelt in einer bernsteinfarbigen Wolke die Mondscheibe olivengrün mit gelbem Rand, und es ist zaubervoll, wie rein aus der Stimmung dieses poetischen Bildes, in dem alles leicht und schwebend ist, die nur angedeutete, attributslose Frau uns unmerklich zur Mondgöttin selber, zur heiligen Sichel, zur silbernen Silene wird."[920]

Dies aber verschafft ihr eine besondere Art von Räumlichkeit. Ihre Besonderung kommt durch das einzige Weiß (im unteren Bereich mit Blau etwas vermalt) und dem einzigen Dunkelbraun des Bildes, in ihrem Zusammentreffen der stärkste Helldunkelkontrast, zustande. Ansonsten konfrontieren sich der Rot-Grün-Kontrast in der Mittelzone, der Blau-Rot-Kontrast als Warm-Kalt-Kontrast im oberen Bereich und dazwischen sorgen Ocker- und Brauntöne für den Bunt-Unbunt-Kontrast.

Die der Moderne unterstellte Aufhebung der Raumillusion schlägt sich auch auf das Verhältnis von Figur und Grund nieder. Die Negation von Raum- und Dingillusion bzw. Perspektive und Stofflichkeit habe eine Angleichung von Figur und Grund zur Folge, die kein Sichbehaupten des Menschen seiner Umwelt gegenüber ausdrücke, die sich als Wirkungsfeld unterordne, sondern eine ursprüngliche Einheit von Mensch und Natur. Der selbstbewusste, sich von der Natur separierende Betrachter, der sich in der Neuzeit ausbilde, werde in der Moderne zu einer von der Natur umfangenen Kreatur, die ihre Umwelt nur über die Empfindung erfahre. Speziell im Expressionismus führt dies zur Annahme eines Natur-Geist-Dualismus, indem die keinen mimetischen Prämissen mehr unterworfene Natur das Ungegenständliche und somit Geistige verkörpere.

---

Geschlechter – in dem geheimnisvollen Zwischenreich webend, in dem der Verstand des Tages schläft und das Unterbewußtsein hell wie das Meeresleuchten in der Nacht erstrahlt." Valentiner bezüglich des Bildes *Abend am Meer*, Schmidt-Rottluff, S. 10.

[920] Ernst Gosebruch, Schmidt-Rottluff, in: Genius, München, Heft 2, 1920, S. 10.

Jedoch haben die Bildanalysen gezeigt, dass eine derartige Trennung zwischen Tradition und Moderne nicht haltbar ist. Räumliche Spannungen und Ambivalenzen, besonders über die Erscheinungsweise der Farbe, bilden stets die besondere Wirkung der noch der Gegenständlichkeit verpflichteten Malerei. Figur und Grund weisen immer Komponenten der Anbindung und Absetzung auf, lediglich die Ponderation verschiebt sich. Über die zunehmende Tendenz der Farbe zum Eigenwert durch die Farbigkeit und durch die Verkörperung von Raum in Licht werden besondere Spannungsmomente zum immer noch vorhandenen Gegenstandsraum erzielt. Die Figuren schwanken zwischen Einbindung und Absetzung von der Natur, einer Distanznahme und einer Integration.

### V.2.2.4. Das Licht: Ein Exkurs zu Atmosphäre, Stimmung und Gestirn

Die Darstellung des Mondes als den Lichthof gleich mitumfassende Chiffre ist quasi zeichenhafter Hinweis auf den Bildtitel „Mondschein“. Dem entgegen steht das gleichbleibend starkfarbige Gesamtkolorit, das sich keiner atmosphärehaften Beleuchtungssituation unterwirft, sondern eigene charakterisierende Qualitäten ausbildet.[921] Das Farbthema gestaltet vielmehr, entgegen dem durch die Form Angezeigten, den warmen Gesamtklang eines lauen Sonnentages und gibt somit eher Hinweis auf die Jahreszeit, übersetzt das Laue, warm Umhüllende einer Sommernacht in eine von der Beleuchtung unabhängige Darstellungsweise.[922]

> „Angeregt ist es durch eine der hellen, norddeutschen Sommernächte, die bereits die Maler der Romantik und die dänischen Maler aus dem ersten Drittel des 19. Jahrhunderts inspirierten. Daß das Mondlicht für Schmidt-Rottluff gerade während der Sommerwochen 1919 ein besonderes Erlebnis war, belegen mehrere Gemälde dieser Zeit; es sollte

[921] Vergleiche dazu das Gemälde *Urwaldlandschaft* desselben Jahres: „Ganz rechts oben die Formel für Sonne: braunrote Zacken um einen kaltweißen, kaltblau umrandeten Kreis! Kein Leben, keine Wärme kann diese Sonne spenden. Das Brennende, Schwüle ist Charakter der Farben selbst.“ Dittmann, Brücke, S. 126.

[922] „Es sind Mondscheinbilder, die wir hier schauen. Aber diese Nachtbilder haben die Farbenklarheit des [...] Sonnenmittags.“ Niemeyer, Schmidt-Rottluff, S. 68.

auch später immer wieder das Thema von Bildern werden. Aus dem sonoren, warmen Farbklang des Bildes spricht deutlich die Jahreszeit."[923]

Die Tatsache, dass die Atmosphäre nicht nachgeahmt, sondern in eine eigene, beleuchtungsunabhängige Farbgesetzlichkeit umgesetzt wird, hat zur Folge, dass Helligkeit und Dunkelheiten Werte der Farben selbst sind, wie dies bereits benannt wurde.

In der Entwicklung der Darstellung des Bildlichtes bei Schmidt-Rottluff erzeugt die Lichtwirkung bei den noch impressionistisch anmutenden Bildern eine einheitliche Beleuchtung der Oberfläche, die in ihrer Reaktion in gebrochener Farbgebung, Aufhellung und Verschattung erscheint.[924] Die Farben sind Produkt des Lichtes, wie dies zum Teil noch im Gemälde *Windiger Tag* von 1907 zu erkennen ist.[925] Aus dieser Lichtwirkung treten die Farben allmählich hervor und bestimmen das Bildlicht durch den ihnen eigene Lichtgehalt, die spezifische Helligkeit.[926] Das Bildlicht geht zunehmend in Farbe auf, ist in deren Eigenwert enthalten.[927] Für das Gesamtkolorit bedeutet

---

[923]Zitat Heinz Spielmann, in: Die Maler der „Brücke", Sammlung Hermann Gerlinger, hrsg. v. Heinz Spielmann, Schleswig-Holsteinisches Landesmuseum, Stuttgart 1995, S. 389. Das Verhältnis des Expressionismus zur Romantik ganz besonders hinsichtlich des Begriffs der Stimmung bedarf einer genaueren Untersuchung, die an dieser Stelle nicht erfolgen kann.

[924]Zur vereinheitlichenden impressionistischen Lichtdarstellung s. Badt: „Indem sie die Sonne in hoher, wenn auch selbstverständlich einer dem 19. Jahrhundert gemäßen Auffassung verbanden, gelang es ihnen, die *verbindende* Kraft der Sonne an den in ihrem Lichte stehenden Dinge selbst in der Wahrheit darzustellen, die Macht des Lebens, welche die Dinge zwar in ihre natürliche Subexistenz hervortreibt, die nun aber die Vereinzelung der Individuation der gewachsenen Dinge wieder überwindet, indem sie ihre starren Formen in unfeste, unbestimmte umfärbt und erweicht und sie ständig wandelt." Kurt Badt, Die Farbenlehre Van Goghs, Köln 1981, S. 134.

[925]Desweiteren erscheinen in dieser Zeit Licht durch aufgesetztes Weiß.

[926]„[...] jedem Farbton entspricht im Zustand maximaler Sättigung eine bestimmte Helligkeit." Franz Hillebrand, Über die spezifische Helligkeit der Farben, Sitzungsbericht der Wiener Akademie, Mathematisch-naturwissenschaftliche Klasse, Bd. XLVIII, Abteilg. III, Wien 1889, zitiert bei Schütz, S. 184, Anm. 183.
„Sie ist, bei satter Farbe, dem Farbcharakter stets untergeordnet, also phänomenal gleichsam eine Funktion der Farbe." Schöne, Über das Licht in der Malerei, S. 201.
„Die einzelnen Buntfarben ‚haben' von Natur aus verschieden viel ‚Licht'." Schöne, Über das Licht in der Malerei, S. 201.

[927]„[...] das bisher von außen motivierbare Bildlicht zieht sich seit dem Neoimpressionismus mehr und mehr in die Eigenwerte der Farbe zurück, aus der es nun unmittelbar, als eine Art gebundenes Eigenlicht zur Sprache kommt. So entsteht ‚spezifische Farblicht' der modernen Malerei [...]." Rez. Strauss, Schöne, Über das Licht

dies, dass sich das Bildlicht aus der „Totalität der Eigenhelligkeit sämtlicher Bildfarben" zusammensetzt.[928]
Gerade die früheren Bilder Schmidt-Rottluffs zeichnen sich, da mit oftmals unvermischten Farben gestaltet, durch eine gleichmäßige mittlere Helligkeit aus, in der zumeist nur der Farbkontrast, seltener der Kontrast zwischen Helligkeit und Dunkelheit zum Tragen kommt. Dazu tritt das Weiß des Grundes, mehr oder weniger absichtlich vom Farbauftrag freigelassen oder sogar bewusst ausgespart, und zunehmend das Schwarz der Linie. Später stuft sich die Palette in Zwischentönen ab, wird der Effekt der Eigenhelle kontrastreicher eingesetzt, auch Schattenbildung tritt auf, wenn auch nicht konsequent in einer einheitlichen Beleuchtungssituation und in eindeutiger Oberflächenbildung. Vielmehr entfalten Schatten, wo sie noch auftreten, ihre eigene, von der Farbkomposition des Bildes abhängige Farbigkeit, sind von den innerhalb des Gesamtkolorits gleichwertig gewordenen Farben Schwarz und Weiß zumeist unabhängig.[929]
Eigenwert und Darstellungswert des Bildlichts können also ineinander

---

in der Malerei, zuerst Zeitschrift für Kunstgeschichte, Jg. 19, 1956, hier: Koloritgeschichtliche Untersuchungen, München 1983, S. 39.

[928] Dies nennt Strauss das koloristische Prinzip: „Dominiert im Gesamteindruck einer Malerei offensichtlich die Buntkomponente der Farben, so stehen diese, unabhängig von ihrem Buntheitsgrad, ihrer Anzahl, Ausbreitung und Lage, über das ganze Bild hin in Kontrasten zusammen, deren Stärkegrad sich nach der Größe der Abstände zwischen den einzelnen Buntheiten bemißt, die selbst wiederum durch kleinere Stufen von Buntheit unterteilt oder miteinander verbunden werden. Jeder dieser Buntheiten kommt ein durch die Kontrastgrenze oder Konturlinie deutlich definierter Bezirk im Bildfeld zu. Das Bildlicht geht in diesem Falle aus der Totalität der Eigenhelligkeit sämtlicher Bildfarben hervor." Strauss, Zur Wesensbestimmung der Bildfarbe, S. 24.

[929] „Es gibt kein Beleuchtungslicht mehr, sondern Licht und Schatten sind zur Farbe geworden, desgleichen gehören Schwarz und Weiß zur Farbenskala und drücken nicht mehr Licht und Finsternis aus." Schöne, Über das Licht in der Malerei, S. 200.

übergehen.[930] Die Abhängigkeit des Lichtes von der Farbe aufgreifend, spricht Schöne vom „spezifischen Farblicht“ der modernen Malerei.[931]

> „Die Farbe ist nicht mehr, wie in der gesamten abendländischen Malerei vom Mittelalter bis zum Impressionismus, eine Funktion des Lichtes-, sondern umgekehrt: das Licht ist zu einer Funktion der Farbe geworden.“[932]

Die Sonne und auch der Mond treten schon sehr früh als Bildgegenstand, quasi verkörpert, bei Schmidt-Rottluff auf.[933] Die ersten Beispiele finden sich 1910 sowohl in Malerei als auch in der Graphik, wobei hier die Form noch ausnahmslos ein schlichtes Rund in Ableitung der natürlichen Erscheinungsform bildet.[934] Auch farblich beginnen sich die Gestirne von einer dem Naturvorbild abgeleiteten farblichen Qualifizierung zugunsten von Gesetzlichkeiten innerhalb des Gesamtkolorits wie Kontrast oder Harmonie zu wandeln.[935]

---

[930] S. auch die Kritik Sedlmayrs an Schönes historischer Aufspaltung beider Werte: „Der jeweilige Eigenwert des Bildlichts und der Darstellungswert des Bildlichts müssen aber immer zusammen gesehen werden. Ihr wechselndes Verhältnis ist die Variable in der Geschichte des Bildlichts.“ Hans Sedlmayr, Über Farbe, Licht und Dunkel (=Hefte des kunsthistorischen Seminars der Universität München) München 1959, S. 38. Eigenwertigkeit ist für Sedlmayr, gemäß seine Definition des anschaulichen Charakters immer das Künstlerische und nie das Physikalische. Vgl. S. 47.

[931] „Dieses Licht ist nicht als Eigenlicht zu bezeichnen, da es nicht sich selbst, sondern der Farbe eignet. Es ist auch kein farbiges Licht im Sinne von ‚gefärbtem Licht', sondern es hat als Funktion der ‚Naturfarben' Naturlicht-Charakter. Seine Besonderheit dem Bildlicht des 19. Jahrhunderts gegenüber liegt offensichtlich nicht so sehr in seiner Art, sondern in seiner Abhängigkeit von der Farbe. Um sie zu kennzeichnen, wollen wir es *‚spezifisches Farblicht'* nennen.“ Schöne, Über das Licht in der Malerei, S. 210.

[932] Schöne, Über das Licht in der Malerei, S. 200.

[933] „Seit 1910 kehrt die Sonne in immer neuer Gestaltung in Schmidt-Rottluffs Werk wieder, als Quell allen Lichts, als Spenderin aller Wärme, als Born aller Kraft, als Ursprung alles Lebens, der Erde nahe, im gleichen Raume mit ihr kreisend.“ Rosa Schapire, Karl Schmidt-Rottluffs graphisches Werk bis 1923, Berlin, S. 8.

[934] Vgl. *Nachmittagssonne*, 1910, Öl auf Leinwand, 76 x 84 cm, verschollen (Abbildungsverzeichnis Nr. 139). „In der Schwarz-Weiß-Abbildung ist oben links hinter den Bäumen ein kreisförmiges Gebilde zu erkennen, bei dem es sich um die im Bildtitel angesprochene Sonne handelt – eines der führenden Beispiele dafür, wie Schmidt-Rottluff die Gestirne ‚verkörpert' und Sonne, Mond und Sterne als kosmische Sinnbilder zu begreifen sucht.“ Wietek, 1995, S. 396.
Die Kreisform findet sich auch auf Zeichnungen und Holzschnitten.

[935] Als Beispiel sei hier *Aufgehender Mond*, 1911/12, Öl auf Leinwand, 88,5 x 96 cm, verschollen, genannt (Abbildungsverzeichnis Nr. 140). So erhält der orangefarbene

Das Verschwinden der Atmosphäre als vereinheitlichender aber auch die Dinge innerhalb einer Raumsituation qualifizierender und unterscheidender Faktor führt, wie gesehen, zu einer Angleichung von Himmel und Erde und darin erscheinenden Dingen. Indem nun das Gestirn ebenso wie die übrigen Bildgegenstände als Zeichen präsent wird, hat es auch dieselbe unvermindert prägnante Erscheinungsweise. Mit der zunehmenden Ausgestaltung der Form zur „Hieroglyphe" erhalten auch Sonne und Mond ihre innerhalb des jeweiligen Bildgefüges spezifische Gestalt und damit nicht nur dinglichen Charakter, sondern auch dieselbe Sphäre und Nähe der irdischen Gegenstände.[936] Somit kann es nicht mehr der Kennzeichnung des ohnehin materiell dem Boden gleichkommenden Himmels als der Erde entrückt dienen.[937]

- *Aufgehender Mond*, 1920, Öl auf Leinwand, 89 x 75 cm, Georg-Kolbe-Museum, Berlin (Abbildungsverzeichnis Nr. 140).
Die räumliche Ambivalenz schlägt sich auch auf den Mond als gleichberechtigten Bildgegenstand nieder. Entgegen einer einheitlichen Ferne setzt er sich im Bild mit verschiedenen Elementen sich zusammenschließend oder davon abrückend auseinander. Bereits die Verbindung des Mondes zu seinem Lichthof ist farblich nicht homogen sondern unterstützt die zeichenhafte Ausbildung. Die intensiv orange Kugel tritt stark in den Vordergrund und lässt den grünen, sich kontrastreich davon absetzenden Lichthof hinter sich. Dieser wiederum hebt sich stark von der dunklen Umrandung ab, die ihm, breiter als eine bloße Kontur, einen vom Blau des Himmels gesonderten Bereich zuweist. Eine atmosphärische Verbindung zum Himmel ist somit ausgeschlossen, vielmehr bewegt sich der Lichthof farblich davor oder

---

Mond eine grüne Umrandung, wobei sich das Grün wieder im Himmel und das Orange in der Gestaltung der Erde findet.

[936] Über die Schwere der Gestirne von van Gogh s. Badt: „Und zwar hat er sie nicht als Lichtphänomene oder Lichtspender dargestellt, sondern als Objekte irdischer und wie diese farbig gewordene Schwere." Badt, Van Gogh, S. 154 f.

[937] „Zur Kennzeichnung des Himmels als der dem irdischen entgegengesetzten Sphäre kann das Gestirn dienen. ‚Das Gestirn ist aus dem Bereich der Schwere ausgeschlossen [...]'" Dittmann, Farbgestaltung im 19. Jahrhundert, S. 97. Er zitiert Hans Voss, Transzendenz und Raumanschauung, Frankfurt/Main 1940.

dahinter, je nachdem, welche Farbschichten man betrachtend zusammenfasst.

Bezüglich der Beleuchtungssituation herrscht vornehmlich die Eigenhelle der Farben vor, wobei jedoch der Lichthof mit dem um den Mond gelegten Weiß direkt zu reagieren scheint. Dieser wird jedoch wiederum durch die schwarze Einfassung in einer zackigen Form fixiert, die sich gegen den Himmel einflusslos abgrenzt und auch auf der Erde keinen Widerschein hat, sieht man einmal von dem Spiegelbild im Fluss ab. Der Mond befindet sich genau über der Nahtstelle der beiden Ufer links und rechts des Flusslaufes. Da deren Farbgebung frei von aller räumlichen Angabe ist, driften sie zu- und auseinander und bewegen den Mond in seiner freibeweglichen Dinglichkeit mit. Wird durch das intensive Orange und das lebhafte Grün bereits mit dem Mond ein nach vorne dringender Akzent gesetzt, so sorgt das klar im Vordergrund angesiedelte Spiegelbild mit folglich denselben Farben dafür, dass durch diese farbliche Korrespondenz der Vorstoß des Mondes in die vorderste Bildebene eine Unterstützung erhält.

> „Und Karl Schmidt-Rottluff wußte als Bildner der Farbe, Kraft reiner Ahnung, das neue Verhältnis, in dem nun wieder Erde und Sonne zueinander stehen, als er im Gemälde und im Holzschnitt immer wieder [...] den lichten Sonnenkörper nah, wieder als Nachbarn, als Zubehör, als Teil unserer Erde liebesgroß sah und gestaltete. Kein Maler der Renaissance hätte die volle Sonne malen können. Ihr Licht war im Raum des Bildes, sie selbst konnte dieser Raum nie aufnehmen, sie war fern im abgerückten Selbstraum der Autonomie, dem menschlichen Bildraum entwandelt. Nun kehrt sie in diesen tiefsinnigen Gesichten der Farbe und der Zeichnung wieder: in der Wirklichkeit unseres Gefühls Teil des Erdaugenblicks, Teil der Erde, segnend, Quell alles Seins, Born aller Kraft, Atem aller Schönheit, eins mit uns in dem Geistraum, der uns und alle Dinge aneinander bindet.“[938]

---

[938]Niemeyer, Vom Geist der Fläche, S. 40.
Die Gestaltung von Nähe sieht Badt als Gegenreaktion zum Impressionismus: „Der Impressionismus war neben der Kunst des Lichtes auch die Kunst der atmosphärisch sich zeigenden Ferne. Er hat jene Malerei hervorgebracht, in der wir uns bei den Dingen in ihrer Unerreichbarkeit aufhalten und sie damit in neuen Sichten zu sehen gelernt haben. Es mag dieser Zug sein, der sich immer mehr steigernd, zu jener Unerträglichkeit geführt hat, die die gewaltsame Reaktion des Expressionismus und aller folgenden

Die prägnante Nähe der Bildzeichen – besonders des Gestirns – entgegen einer raumillusionistischen Brechung, prononciert den Faktor der bildlichen Übersetzung von Natur.[939] Zu diesem Eindruck trägt auch die Unwirklichkeit der Lichtsituation bei, die keine ausgewiesene Quelle mehr besitzt, da das Gestirn als Bestandteil der Bildgegenstände und des sich verselbständigenden Gesamtkolorits dieser Aufgabe enthoben ist.[940]

- *Junger Wald und Sonne (Sonne mit Wald)*, 1920, Öl auf Leinwand, 76,5 x 90,5 cm, Sammlung Gerlinger, Staatliche Museen Moritzburg Halle (Abbildungsverzeichnis Nr. 141).

> „Stämme, Zweige, Dünen und Buschwerk werden auf chiffrehafte Grundformen reduziert und die von schwarzen Konturen umrandeten Farben auf das leuchtende Rot der Dünen, das Gelb des Himmels, das Grün des Bodens. Die blaue, von einem schwarzen Schatten umfangene Sonne erscheint nicht als Quelle des schwefligen Lichtes; vielmehr schwebt sie wie ein Körper vor dem aufleuchtenden Himmel, umgeben von wenigen dunkeln Strahlen. Die Unwirklichkeit der Landschaft resultiert daraus, dass das Licht von einer anderen Quelle als der Sonne zu kommen scheint."[941]

## V.3. Die „fremde Natur" in der Landschaftsmalerei Schmidt-Rottluffs. Die Frage nach dem Untraditionellen

> „Ich versuche diese erste, noch nicht kunstartige Wirkung einzufangen in unser Sprachbewußtsein und finde dafür das Wort: *Befremdung*. Die

---

Kunststile gegen den Impressionismus als Ort der Darstellung der Dinge hervorgebracht hat. Man wollte um jeden Preis der sich entziehenden, in den Dunst der unsichtbar entgleitenden Dinge wieder habhaft werden und auf neue Weise die Erderstreckung in die Ferne überwinden. Damit aber brach eine neue Ära der Kunst an, welche den Raum von dem Bezug zu Himmel, Erde, Licht und Luft löste und die Dinge anderen, den Menschen innewohnenden Lebensmächten überantwortete." Kurt Badt, Raumphantasie und Raumillusion, Köln 1963, S. 130.

939 „Gewiß ist all das aus der Atmosphäre der Ostseeküste entstanden, aber das einzelne Bild ist kein Landschaftsporträt. Es ist symbolhaft umgesetzt in eine kühle Distanz." Störmer, Schmidt-Rottluff, S. 158.

940 „Die Bildfarben haben also großen Einfluß auf die Art des Bildlichts und zwar geht dieser Einfluß entscheidend von dem aus, was wir Gesamtkolorit des Bildes nennen. Daraus folgt: wenn das Gesamtkolorit kein ‚naturalistisches' ist, kann auch das ‚Bildlicht' kein natürliches sein." Schöne, Über das Licht in der Malerei, S. 249.

941 Spielmann, Sammlung Gerlinger, S. 393.

> Bilder, die diesen Kunstsaal mit einem Gestirnring farbenmächtiger Gesichte umgürten, machen auf jeden Betrachter den Eindruck ungewöhnlicher Besonderheit und bei allen, denen die Art des Künstlers neu ist, wird dieser Eindruck zweifellos ein Eindruck der *Befremdung* sein. Diese Malereien drängen sich dem Auge mit einer höchsten Gewalt auf. Der Bau ihrer Farbenflächen ist in seltsamer Art zugleich einfach und voll. Die Gefüge der Linien sind großartig, kantenmächtig. Die Haltung der Gestalten alltagsfremd, schwer von Seele gleichsam. So trennt zunächst ein Abstand den Betrachter und den Kreis dieser Werke."[942]

Die für das letzte Kapitel herangezogene Betonung der seelischen Nähe und Innigkeit des Bildes durch die Farbe, die Niemeyer in seinem Aufsatz „Vom Geist der Fläche" hervorhob, scheint auf den ersten Blick dem Eindruck der Befremdung zu widersprechen. Gemeint ist hier jedoch die Entfremdung aus dem Alltäglichen, dem Vertrauten. Die Spannung zwischen dem offensichtlichen Anklang an die traditionelle Darstellungsweise und der reinen Erscheinung der Bildmittel in den Landschaftsbildern erzeugt eine Verfremdung der gewohnten Anschauung im Sinne der letztendlichen Nichterfüllung einer geweckten Seherwartung. Wie gesehen, steigern sich die übergegenständlichen Momente bei Schmidt-Rottluff zu einem Eindruck, der einen Kontrast zu den auf den Standpunkt des Betrachters bezugnehmenden Momenten erzeugt. Farbe, Form und die darüber vermittelten Erscheinungen Raum und Licht entfalten ein Eigenleben, das sich von einer illusionierenden Indienstnahme teilweise stark ablöst. Sie sind somit in der Lage, ihre eigenen Charaktere zu entfalten, sich zu spannungsvoll gegenständlich-übergegenständlichen Themen zusammenzuschließen.[943] Die

---

[942]Niemeyer, Schmidt-Rottluff, S. 56. Die Hervorhebungen stammen vom Verfasser. Nicht geteilt werden kann jedoch die Ansicht Niemeyers, dass die jeweils zeitgenössische Kunst immer etwas Befremdliches habe: „Wollten wir so die Geschichte durchgehen, immer würden wir mit den Zeitgenossen die verwandten Kunstformen als Befremdung fühlen." Ebenda. Wir sprechen hier vielmehr von bestimmten Kriterien der Bildgestaltung, die diesen Eindruck erzeugen.

[943]Vgl. Dazu Hans Dieter Huber, Irritationen des Sehens. Farbe bei Karl Schmidt-Rottluff, in: Andrea Wandschneider, Karl Schmidt-Rottluff. Werke aus den Kunstsammlungen Chemnitz, Ausstellungskatalog Chemnitz, Paderborn, Frankfurt Main 2002, S. 66: „Die farblichen und formalen Experimente, die Schmidt-Rottluff in kurzer zeitlicher Folge realisiert, sind direkt auf das Sehen hin ausgerichtet. Sie beabsichtigen

Befindlichkeit des Betrachters zum Bild gerät so in ein dynamisches Wechselverhältnis zwischen Ferne und Nähe, Oberfläche und Innerem, zwischen „ästhetischer Vergegenwärtigung und Entrückung, Verfremdung".[944] Vor allem die nahezu ungetrübte „koloristisch-homogene Farbe"[945] erzeugt eine sich aus der Illusion einer vertrauten Umgebung in die reine Erscheinung entziehende Bildwirkung.

> „Eine in reiner Farbigkeit gestaltete Darstellung versetzt das Dargestellte in den Zustand reiner Phänomenalität. Daran bricht sich jeder pure Illusionismus, denn wir leben nicht in einer Welt von Phänomenen. Das Phänomen ist das Entzogene, das Ungreifbare.
> Darin trifft sich die reine Farbe mit dem Charakter der „fremden Landschaft". In beiden bekundet sich ein analoges Verhältnis zur Natur und zur Wirklichkeit überhaupt."[946]

Farbe hat in ihrer reinen Erscheinung die Möglichkeit, ihren Ausdruckswert freizusetzen und damit eine eigene inhaltliche Komponente zu entwickeln. Sie kann sich zum extremsten Gegensatz einer illusionistischen Naturdarstellung entwickeln und so dazu in Spannung treten.[947] In ihrer Erscheinungsweise als Eigenwert eignet ihr

---

eine Irritation des Beobachters, durch den Widerstand, den die Oberfläche des Bildes seinem Blick entgegensetzt."

[944] Dittmann, Farbgestaltung im 19. Jahrhundert, S. 112.

[945] Vgl. Dittmann, Befreiung der Bildfarbe, S. 92.
Der Einsatz vom Eigenwert der Farbe sieht Dittmann als ein wesentliches Mittel zur Verfremdung der Landschaft. Der „Entzug der Landschaft [geschieht] mit den Mitteln der bildnerischen Gestaltung selbst. Unter ihnen steht die Farbe mit an erster Stelle." Dittmann, Farbgestaltung im 19. Jahrhundert, S. 111.

[946] Dittmann, Farbgestaltung im 19. Jahrhundert, S. 111.
Ähnlich nennt Boehm die hervortretende Materialität der Farbe (die Bildtextur) in Konkurrenz zum gemeinten Sujet im Rahmen einer Dualität zwischen gegenständlichem und sich davon ablösendem Charakter des Bildes, der „doppelten Optik", „Erscheinung": „Damit kommt ein neuer Bezug zur äußeren Natur ins Spiel. Das Sujet verschwindet zwar nicht, aber seine Gegenständlichkeit ist eher Anlas als Darstellungsziel des Bildes. Das Sichvordrängen der malerischen Mittel [...] gibt dem Bild den Charakter der Erscheinung." Boehm, Das Bild der Natur nach dem Ende der Landschaftsmalerei, S. 89.

[947] „Denn anders als in der naturhaft gebundenen Landschaftsdarstellung bietet das bildnerische Gestaltungsmittel Farbe die Möglichkeit, sich selbst zum Gegenstand, zum autonomen Thema zu setzen – und eben damit wieder zum bloßen Ding oder zum reinen Empfindungsauslöser zu werden. Die totale Befreiung der Bildfarbe führt über die Farbe als Erscheinung hinweg zum farbigen Ding oder zur Farbe als Empfindungsdimension, wo sie etwa wie bei Barnett Newman, das Gefühl der Erhabenheit hervorrufen soll." Dittmann, Farbgestaltung im 19. Jahrhundert, S. 112.

auch eine eigene räumliche Entfaltung und Lichthaftigkeit, die „spezifische Helligkeit", die – als kein an dem empirischen Erscheinungsbild der Natur orientiertes Lichtverhältnis – ein weiteres Kriterium der Fremdheit darstellt.[948]

> „Farbe, die nicht mehr, wie im Helldunkel, ihren ontischen Grund, nämlich das Licht und seine Verhüllung, das Dunkel aus sich selbst erst entstehen läßt und damit die ontischen Verhältnisse umkehrt–, eine solche Farbe repräsentiert eine andere Welt, eine Welt, die nicht die Grundstrukturen unseres In-der-Welt-Seins mitdarstellt, eine Welt, in der sich nicht wohnen läßt wie in den Helldunkelregionen der neuzeitlichen Malerei, eine unbetretbare, eine fremde Welt. Eine Welt, die wir als unvermittelter, plötzlicher Einbruch einer fremden Macht erfahren, in dem das gegenständlich Vertraute verwandelt wird."[949]

---

„Farbe, die ‚gesetzmäßige Natur in bezug auf den Sinn des Auges', ist zugleich, ‚in ihren allgemeinsten elementarsten Erscheinungen', unabhängig von einem gegenständlichen Farbenträger, des höchsten ‚sinnlich-sittlichen' Ausdrucks fähig – diese Spannweite begründet den Rang der Farbe als eines künstlerischen Gestaltungsmittels. Daraus wird verständlich, daß gerade in der Farbe die Malerei den Status ihrer Autonomie vollenden konnte, einer Autonomie jenseits aller Beliebigkeit und Willkür, jenseits auch eines unverbindlichen Ästhetizismus – ein Ärgernis aller Ideologien, die Kunst nur als eine servile, als Funktion eines anderen, akzeptieren wollen." Dittmann, Befreiung der Bildfarbe, S. 95.

[948]Die künstlerische Ersetzung des Lichts und des Dunkels durch die Farben erscheint als Umkehrung der ontischen Verhältnisse. Vgl. Dittmann, Farbgestaltung im 19. Jahrhundert, S. 110. „Gleichzeitig aber ist diese farbige Welt eine bloß erscheinende, nicht eine als seiend dargestellte. Farbe ist eine reine Erscheinung. Licht und Dunkel haben einen anderen ontischen Charakter." Ebenda, S. 111.
Vgl. dazu auch Strauss, Zur Wesensbestimmung der Bildfarbe, S. 15: „Die Farben der sichtbaren Dinge zeigen sich nie als mehr oder weniger ausgesprochene Buntwerte allein, wie sie sich durch lexikalische Farbnamen bezeichnen lassen. Denn ihre Erscheinung ist unmöglich vom Licht zu trennen, das den Sehraum erfüllt und sie in diesem erst sichtbar macht, zugleich aber auch in ihm mitgesehen wird. Hier ergibt sich eine besondere Problematik aus dem paradoxen Sachverhalt, daß das natürliche Licht sich mit den Farben eint als ein seinen Erscheinungsmerkmalen nach von ihnen geschiedenes, ja sogar ihnen wesenfremdes Phänomen."
Dieses wesensfremde Phänomen wird als Eigenhelle, die Mitrepräsentation des Lichtes durch die Farbe, offensichtlich.

[949]Dittmann, Farbgestaltung im 19. Jahrhundert, S. 111.
Gleichwohl ist auch die Helldunkelmalerei eine dem natürlichen Erscheinungsbild der Natur nicht entsprechende Maßnahme, die aber der Entstehung der Farbe aus dem Licht gerecht wird: „Die Helldunkelmalerei versuchte beides zu fassen, Farbe und Licht-Dunkel, kann dies aber nicht gleichzeitig an allen Bildstellen tun, sondern getrennt nach farb- und helldunkel – akzentuierten Partien. Sie vermag damit und im Verein mit einer speziellen Erscheinungsweise der Farben die Genesis der Farben im Spannungsbogen

Neben der Farbe löst die sog. „Hieroglyphe", die zwar das Gegenständliche zum Ausgang nimmt, aber dennoch davon abgehoben ihre besondere Gestalt bildet und so das Abstrahierende der Linie von der Naturerscheinung in den Vordergrund drängt, die Dinge von ihrer Erscheinungssphäre und lässt sie entgegen Beleuchtung und Raumillusion eine fast unvermindert gleichbleibende Schärfe und Präsenz aufweisen.

> „Im Zusammenhang mit der sich verselbständigenden Farbe entfalten die Dinge ihre eigene Dimension und entwickeln analog zur Farbe eine Nähe zum Betrachter, eine diesen in das Bild entrückende – aber dabei dessen Standort verunsichernde – Nähe zu den Bilddingen, in eine ‚Nähe', die freilich die räumlichen Orte ambivalent werden läßt."[950]

Hält man sich die Entstehung der Landschaft als geistige Einheit und somit einer Verflechtung von Subjekt und Objekt über die Wahrnehmung nochmals vor Augen[951], so ist die Natur als Allumfassendes Grundvoraussetzung für das geistige Produkt Landschaft. Ein Landschaftsgemälde bildet so einen kleinen Kosmos in Repräsentation und Veranschaulichung des großen als Gesamtheit der Welt und ist somit deren ästhetische Vergegenwärtigung. Erhält Natur aber ihr eigenes Gepräge, ist sie als Wohn- und Arbeitsbereich des Menschen bereits qualifiziert, d.h. auf bestimmte Bereiche reduziert und dadurch kulturell festgelegt und definiert, ist die ästhetische Vergegenwärtigung aus dem Eindruck der Natur als Ganzes nicht mehr gewährleistet. Die in ihrer Anschaulichkeit auf Teilaspekte bereits festgelegte Natur schafft eine Distanz zum Betrachter, die dieser erst wieder überwinden muß. Dies ist nur angesichts der freien ungenutzten, der „fremden" Natur möglich, in die sich der Betrachter, aus seiner heimatlichen Umgebung heraus erst begeben muß, um an ihr als in-der-Welt-Befindlicher teilzuhaben („Transcesus"). Dieser Prozess der Vernutzung der Natur habe auch

---

aus Licht und Finsternis mit darzustellen, – eine Genesis, die das empirische Erscheinungsbild der Natur nicht zeigt." Dittmann, Werk und Natur, S. 123.

[950] Dittmann, Farbgestaltung im 19. Jahrhundert, S. 115.

[951] „Landschaft ist Natur, die im Anblick für einen fühlenden und empfindenden Betrachter ästhetisch gegenwärtig ist [...]" Ritter, Landschaft, S. 150.

durch die Wissenschaften in der Neuzeit stattgefunden.[952] Die Ausbildung der Landschaft deutet sich in diesem Zusammenhang als Reaktion der Ästhetik auf eine Verobjektivierung durch die Wissenschaften und die damit zusammenhängende technische bedingte Ausbeutung der Natur. Die verlorene Ganzheit der Natur durch die Aufspaltung in Teilbereiche muß nun durch die Landschaftsmalerei als eigener Kosmos vergegenwärtigt werden, als „Darstellung der Weltordnung“.[953] Landschaftsmalerei als der sichtbare Niederschlag der über die Anschauung aus der Natur gebildeten Landschaft[954] fülle nun das in der Neuzeit entstandene Desiderat aus.[955]

> „Die Anschauung des Ganzen setzt voraus, daß in dem ‚Kreis der Objekte‘, wie sie ‚von der Phantasie entblößt, der reinen Objektivität wissenschaftlicher Naturbeschreibung‘ angehören, die ‚innere Welt‘ hinzutritt, die dem ‚Reflex des durch die äußeren Sinne empfangenen Bildes auf das Gefühl und die dichterisch gestimmte Einbildungskraft‘ entspringt. Die ästhetische Natur als Landschaft hat so im Gegenspiel gegen die dem metaphysischen Begriff entzogene Objektwelt der Naturwissenschaft die Funktion übernommen, in ‚anschaulichen‘, aus der Innerlichkeit entspringenden Bildern das Naturganze und den

---

[952] „Die allmähliche Verdrängung des metaphysischen durch den wissenschaftlichen Naturbegriff ist als ‚Mechanisierung des Weltbildes‘ bezeichnet und beschrieben worden. Zimmermann, Ästhetischer Naturbegriff, S. 129.

[953] Boehm, Perspektivität, S. 64.
„Die künstlerische Anschauung als sinnliche erreicht einen eigenen Grad der Perfektion, die ihre philosophische Behandlung als Lehre von der cognito sensitive, d.h. als Ästhetik möglich macht. Die Natur wird als Landschaft ästhetisch erfahren, ihre Wirklichkeit als Einklang mit der Weltordnung gibt auch dem ästhetischen Akt eine besondere Auszeichnung. Die künstlerische Anschauung ist der Ursprungsort der Ästhetik.“ Ebenda, S. 64 f.

[954] „Das Landschaftsgemälde kommt der ästhetischen Einstellung zweifellos entschieden entgegen. Es stellt Landschaft das und gibt sie mir überhaupt nur als imaginären Gegenstand.“ Smuda, Landschaft, S. 64.

[955] „Die Ausbildung der Ästhetik erfolgt als Gegenbewegung gegen die Verselbständigung und Versachlichung der Natur in den Naturwissenschaften, deren sicherer Gang die Totalität der Welt den Darstellungsautgaben der Ästhetik überantwortete. Die Wissenschaft läßt unbestimmt, daß die Natur ‚ganze‘, daß sie ein geordneter Kosmos ist, daß in ihr Himmel und Erde in anschaulicher Eintracht zusammengehören.“ Boehm, Perspektivität, S. 65.

‚harmonischen Einklang im Kosmos zu vermitteln und ästhetisch für den Menschen gegenwärtig zu halten'."[956]

Auch die sog. realistischen Landschaften stellen ja kein objektives Gegenüber dar, sondern vermitteln Raum in seiner Erfahrbarkeit. Der subjektive Gehalt der Raumstruktur steht somit der objektiven naturwissenschaftlichen Raumauffassung entgegen und weist ein anthropologisches Fundament bildkünstlerischer Raumgestaltung auf, das als Struktur unseres räumlichen In-der-Welt-Seins unserer Befindlichkeit entgegenkommt.[957] Damit steht die ästhetische Vergegenwärtigung von Natur in der Landschaftsmalerei in Widerspruch zu der gleichzeitigen verobjektivierenden Inanspruchnahme durch die Wissenschaften, der sie sich ganz bewusst als ästhetische Vergegenwärtigung einer umfassenden Natur im Einklang mit dem Menschen entgegensetzt.[958] Dies bedeutet eine deutliche Betonung von Landschaft als geistiges Produkt und als solches der inneren Welt des Naturerlebenden. Landschaftsmalerei drückt stets auch einen inneren Gehalt aus. Dieser jedoch wird in der

---

[956] Ritter, Landschaft, S. 153 in bezug auf Humbold, Kosmos. Entwurf einer physischen Erdbeschreibung, 2 Bde., Stuttgart o. J.
„Im Element des Empfindens und der ästhetischen Produktion bezeugen Dichtung und Bild, was ohne ihre Vermittlung entgleitet und entschwindet. Was damit ästhetisch geschieht, hat daher nicht in der in sich verschlossenen Subjektivität, sondern in der Notwendigkeit den Grund, ein sonst nicht mehr Gesagtes und Gesehenes zum Schein zu bringen, es zu vergegenwärtigen." Ritter, Landschaft, S. 155.
„So wird die Notwendigkeit ästhetisch vermittelter Wahrheit aus dem Verhältnis zur ‚kopernikanischen', aus dem Zusammenhang des Daseins und seiner Anschauung gelösten ‚objektiven' Natur der Naturwissenschaft begründet. Was in der Wissenschaft ungesagt bleiben muß, ist die Gegenwart der ‚ganzen Natur', als der Himmel und die Erde, die zum Erdenleben des Menschen als seine sinnlich anschauende Naturwelt angehören." Ritter, Landschaft, S. 157.

[957] Dittmann, Farbgestaltung im 19. Jahrhundert, S. 97 f.
„Das bedeutet, daß die sogenannte ‚sachgetreue' realistische Landschaft des holländischen 17. Jahrhunderts sich nicht mit der Abschilderung von Objekten und deren Bezüge begnügte, sondern in eins damit die Art unseres In-der-Welt-Seins aufzeigt, soweit sie sich in räumlicher Anschauung fassen läßt. Eben darin sind diese Landschaften ‚realistisch' (wenn man so will), daß sie die Struktur unseres räumlichen In-der-Welt-Seins mitdarstellen" Ebenda, S. 97.

[958] „In der geschichtlichen Zeit, in welcher die Natur ihre Kräfte und Stoffe zum ‚Objekt der Naturwissenschaft' und der auf diese gegründeten technischen Nutzung und Ausbeutung wurden, übernehmen es Dichtung und Bildkunst, die gleiche Natur – nicht weniger universal in ihrer Beziehung auf den empfindenden Menschen aufzufassen und ‚ästhetisch' zu vergegenwärtigen." Ritter, Landschaft, S. 153 f.

Moderne als „Seelenlandschaft“[959] zu stark in den Vordergrund gestellt.

Hülsewig-Johnen, die an dem Grundmodell eines Identitätsverhältnisses zwischen Natur und traditioneller illusionistischer Malerei festhält, betrachtet die Moderne nur als davon abweichend. So unterscheidet sie strikt zwischen einem Distanzverhältnis von Mensch und Natur in der Tradition und einer Nähe in der Moderne. Dabei hält sie zwar Landschaft als psychisches Phänomen für ein grundlegendes Kriterium, findet aber den subjektiven Eingriff des Malers speziell im Expressionismus als zu durchgreifend.[960]

> „Die neue Konsequenz der subjektiv-inneren Konstitution von Landschaft in der Bildsprache des Expressionismus ist nun jedoch, dass sie überhaupt kein Bild natürlich-vegetativen Seins mehr vermittelt. Natur verliert ihre Identität. In der expressionistischen Bildwelt ist Natur im Sinne der Wortbedeutung als das Gewachsene, außermenschlich gewordene nicht mehr präsent. Das Bild von Natur in solchem Sinne verschwindet gänzlich, wird nicht mehr nur in Versatzstücken eines Formrepertoires zum Bildideal einer ästhetisch gesehenen Landschaft umgebaut, sondern vom subjektiven Ich absorbiert.“[961]

Die Fremdheit der Natur wird auch hier für das sich in der Neuzeit entwickelnde Distanzverhältnis in Gestalt einer kulturellen Vernutzung in Anspruch genommen. Die sich entwickelnde ästhetische Distanz in der Neuzeit aus einer ursprünglichen Einheit des Menschen mit der Natur im Sinne eines Lebens- und Arbeitsbereiches wird jedoch anhand von Rilke belegt, der eigentlich als Anwalt für die moderne Kunst steht.[962] Natur entwickle sich in der Neuzeit zum einem Gegenüber des Betrachters.[963] Diese Distanz sei in der Darstellung der

---

959 Jutta Hülsewig-Johnen, Seelenlandschaft – Zur Naturdarstellung des Expressionismus, in: O meine Zeit, Ausstellungskatalog Bielefeld 1985, S. 50-61.

960 „Landschaft steht also nicht erst seit der expressionistischen Bildkunst in konstitutiven Zusammenhang mit dem menschlichen Inneren: den Naturraum als Landschaft zu sehen ist immer schon geistige Leistung des Menschen.“ Hülsewig-Johnen, Seelenlandschaft, S. 57.

961 Hülsewig-Johnen, Seelenlandschaft, S. 58.

962 Vgl. Dittmann, Farbgestaltung im 19. Jahrhundert, S. 110 f.

963 Diese Sichtweise deckt sich mit der Definition des Individuums als Emanzipation aus seiner Umwelt in Ausbildung eines Gegenüberverhältnisses.

Moderne aufgehoben. Durch die sich niederschlagende Subjektivität des Künstlers wandele sich Landschaft als das Produkt des Gegenübers als Fernes und Fremdes, als aus der Distanz zu Betrachtendes und zu Genießendes zu einem geistig inneren und dadurch vertrautem Bild. Landschaft sei nicht mehr ein dem Betrachter gegenübergesetztes Anderes, sondern gehe in ihm auf.[964]

> „In der Absorption durch das Geistig-Innere des subjektiven Ichs ist Natur nicht mehr das distanzierte Außen, sondern wird dem Seinhorizont des Ich selbst zugehörig, das zugleich in reziproker Wirkung die Distanz zur Schau von Natur als Landschaft verliert, indem es immer das eigene Selbst nurmehr sieht.“[965]

Dabei ergebe sich aber eine nichtauflösbare Spannung des subjektiven inneren Bildes und seine Umsetzung in der Darstellung, die zum einen den Unterschied zwischen Natur und Malerei pointiere und zum anderen das Kriterium der Fremdheit auflöse. Ihre anhand der Bildanalyse aufgestellte These des Unbetretbaren der modernen Landschaft kehrt sich jedoch gegen ihr eigenes theoretisches Argumentationsgebilde. Ein aus der Anschauung heraus unvertrautes Landschaftsbild kann nicht über ein theoretisches Postulat (das der Subjektivität in der Moderne) in ein geistig vertrautes umgewandelt werden. Ausgangspunkt der Beurteilung eines Bildes von Schmidt-Rottluff bildet dabei eine falsch beurteilte Räumlichkeit, die angeblich undifferenzierte farbintensive Flächigkeit:

> „Das Bildgefüge bietet keine Möglichkeit mehr einer räumlichen Orientierung gemäß den Erfahrungen im Umgang mit der Außenwelt, ist

---

[964] „Die Bildwelt entsteht aus der willkürlicheren Farbformsetzung des subjektiven Ichs, nicht mehr entlang der anschaulichen Identität der Naturform. Die Naturdarstellung des Expressionismus postuliert Natur als subjektiv Gemachtes, nicht mehr als außermenschliches Gewordenes. Mit dieser Überwindung ist das Bild von Landschaft generell ihre ‚Anschauung' notwendig aufgegeben. In der Absorption durch das subjektive Ich und der Einkleidung der Naturerfahrung in den Horizont von Erleben und Ausdrucksweise, ohne Rest dessen, was noch bewundertes Rätsel bleiben könnte, verliert Natur die Qualität des Andersseins, hört auf, das Fremde und Ferne zu sein, wird jedenfalls nicht als solches gesehen.“ Hülsewig-Johnen, Seelenlandschaft, S. 58.

[965] Hülsewig-Johnen, Seelenlandschaft, S. 58. Sie zitiert Hegel, Ästhetik 1, 41: „So verändert der Mensch die Natur, indem er ihr das Siegel seines Inneren aufdrückt und in ihr seine eigenen Bestimmungen wiederfindet [...] Der Mensch tut dies, um als freies Subjekt auch der Außenwelt ihre spröde Fremdheit zu nehmen und in der Gestalt der Dinge nur eine äußere Realität seiner selbst zu genießen.“

absolut gesetzt, das heißt es gilt in seiner bildmäßigen Wirkung ohne den Vergleich mit einer außerbildlichen Wirklichkeit. Das Verhältnis zu ihrer Gegenständlichkeit bestimmt sich nicht mehr nach den Kriterien von Abbildlichkeit oder Nachahmung, sondern der Gegenstand dient nurmehr zur Organisation von Farbe im Bild, bleibt allein als Grundmuster der Farbflächenorganisation der Bildwelt gegenwärtig. In diesem Zusammenhang steht die Vorstellung von Verfremdung und Verzerrung der außenweltlichen Gegebenheiten in der Bildwelt, wobei allerdings die Suche nach außen-gemäßer Richtigkeit fälschlicherweise unterschoben wird, die die Bildintention nicht mehr trägt. In gleicher Weise aber trägt sie nicht mehr die Intention auf Darstellung landschaftlicher Identität, natürlich-vegetativer Existenz.“[966]

Die Annahme von Farbflächen verhindert einen Schluss auf die Distanzaufhebung über den Farbraum der Flächenfarbe.[967] Eine Erklärung einer neuen Vertrautheit über das Innere geschieht aus der Theorie und nicht aus der Erscheinungsweise der Farbe heraus. Damit schlägt sich die Problematik einer Trennung zwischen Tradition und Moderne, ausgehend von bestimmten theoretischen Vor-Urteilen, deutlich durch. Die Unterordnung von Subjektivität und mangelndem Naturbezug durch fehlende Illusionierung unter das Kriterium der Vertrautheit kehrt sich so in eine unvereinbare Polarisation.

Unsere Frage jedoch richtet sich an das „Befremdende“ in der modernen Landschaftsmalerei. Die Erklärung liegt – um dies vorwegzunehmen – in der konsequenten Reaktion der Malerei gegen die Vernutzung der Natur. Ritter setzt eine neue Phase der Landschaftsdarstellung bereits im 19. Jahrhundert an, in dem die Natur durch die Malerei so vereinnahmt sei, dass sie vertraut werde und somit das Fremde verliere.

---

[966] Zu Karl Schmidt-Rottluff, *Landschaft mit Feldern*, 1911, Öl auf Leinwand, 87 x 95 cm, Museum Folkwang Essen (Abbildungsverzeichnis Nr. 143). Hülsewig-Johnen, Seelenlandschaft, S. 55.

[967] „Dabei ist der Ausdruck ‚Flächenfarbe' verwirrend, denn dank ihrer räumlichen Unbestimmtheit negiert sie weiterhin den Zusammenschluß in der künstlerischen Bildebene. Die Rede von ‚Flächigkeit' expressionistischer Bilder geht in die Irre, sie berücksichtigt nicht die räumliche Freiheit expressiver Farben und begibt sich so der Möglichkeit, den Unterschied zu einer konsequent die künstlerischen Bildfläche wahrenden und gleichwohl starkfarbiger Gestaltungsweise, wie der von Henri Matisse, benennen zu können.“ Dittmann, Brücke, S. 45.

> „In solchem Fortbestehen verlieren notwendig die angeeigneten Landschaften jede ästhetische Funktion, gerade weil sie noch erkennbar die Zeichen ihrer ästhetischen Herkunft tragen. Sie werden daher zum Gegenspieler, gegen den sich die ästhetische Landschaft – die erworbene Vertrautheit mit der Natur negierend – durchsetzen muß.“[968]

Sind in der Malerei die einmal entdeckten Formen als Sehgewohnheit etabliert, so legt sich die Sicht der Natur in ihrer einmal gefundenen ästhetischen Repräsentation fest, die dadurch ebenso vertraut wie festgefahren ist.[969] Zwar öffnet „jedes Genie [...] die Augen der Mitmenschen für einen neuen Aspekt der Natur, konstituiert neue landschaftliche Werte, die vorher verborgen waren“[970], aber gleichzeitig hat es Schwierigkeiten, sich von übernommenen Bildern und Vorstellungen freizumachen.[971] Die Natur domestiziert sich allmählich in der Landschaftsmalerei zu Klischees.[972] Um neue künstlerische Aussagen zu finden, muß sich aus dieser ästhetischen

---

[968] Ritter, Landschaft, S. 184, Anm. 57.

[969] Vgl. Dittmann, Farbgestaltung im 19. Jahrhundert, S. 110. Dittmann beruft sich dabei auf Ritter.
Die prägende Rolle der Landschaftsmalerei für die Auffassung und Wahrnehmung von Landschaft ist des öfteren betont worden:
So schreibt Lehmann, dass das Kunstwerk in seinem abgeschlossenen Charakter die ästhetische Wahrnehmung begünstige und dass unser Landschaftssehen von der ästhetischen Erfahrung im Umgang mit der Landschaftsmalerei entscheidend mitgeprägt sei.
Ebenso betont Smuda, die ästhetische Einstellung zur Landschaft habe auf die ästhetische Einstellung der Natur gegenüber und auf unsere bildhafte Konstitution von Landschaft abgefärbt. S. 64.
Noch radikaler schreibt Gombrich, die Landschaftsmalerei habe erst die ästhetische Einstellung der Natur gegenüber ermöglicht. Gombrich, Die Kunsttheorie der Renaissance und die Entstehung der Landschaftsmalerei, in: Ders., Die Kunst der Renaissance, Bd. 1, Norm und Form, Stuttgart 1985, S. 152. Zitiert in: Smuda, Natur, S. 65.

[970] Lehmann, Physiognomie der Landschaft, S. 186.

[971] Lehmann, Physiognomie der Landschaft, S. 186.
„Goethe selbst hat bei sich die Neigung konstatiert, mit den Augen der verschiedenen Maler zu sehen, deren künstlerische Erkenntnisse ihm eine Handhabe boten, das aus der Natur herauszuholen, was er suchte.“ Ebenda.

[972] Vgl. Zimmermann, Ästhetischer Naturbegriff, S. 144.

Vertrautheit gelöst werden, eine ursprünglich als fremd empfundene Natur sich in der Landschaft widerspiegeln.[973]

> „Diese *inhaltliche* Funktion des Ästhetischen macht begreiflich, warum mit der gesellschaftlichen Aneignung der durch Bildkunst und Dichtung erschlossenen Landschaft zwar einerseits die Lebenswelt der Gesellschaft um die Dimension eines freien, genießenden Verhältnisses zur Natur erweitert wird, zugleich aber die dann vertraut gewordenen und eingebürgerten Landschaften aus der Sphäre ästhetischer Repräsentation heraustreten müssen. Ihre Sichtbarkeit, ihr Aussehen wie ihre sprachliche Darstellung bleiben auch nach ihrer gesellschaftlichen Aneignung fest auf die Form fixiert, in welcher sie einmal ästhetisch entdeckt wurden. Das schließt aber zugleich ein, dass ihre fortbestehende, ursprünglich ästhetisch vermittelte Gegebenheit nicht mehr das Ungesagte und Ungesehene der Natur selbst zum Scheinen zu bringen vermag."[974]

Die Funktion der Landschaft bestehe in der „Vergegenwärtigung der *fremden* Natur" (Rilke) und habe somit eine Entwöhnung von der voreingenommenen Sicht der heimischen Natur als Voraussetzung.[975] Die radikale Fremdheit von Natur sei nur durch Unverständlichkeit ausdrückbar.[976] „Dem Dasein von Natur scheint keine Sprache mehr angemessen zu sein."[977]

> „Rilkes Bemerkungen zur Landschaft lassen beispielhaft erkennen, warum ‚Fremdheit' zur Kategorie der ästhetischen Vergegenwärtigung der Natur werden muß, nachdem einmal Landschaften aus ihrer ursprünglichen ästhetischen Funktion entlassen – in die Welt der Gesellschaft eingegangen sind. Die Möglichkeiten, Natur in ihrer Fremdheit zu vergegenwärtigen, sind nun Thema nachromantischer Kunst geworden. Was äußerlich als bloße Negation der klassischen und romantischen

---

[973] Dittmann, Farbgestaltung im 19. Jahrhundert, S. 110. Er beruft sich dabei auf die beiden Essays von Rilke „Von der Landschaft" (1902) und „Worpswede" (1903).

[974] Ritter, Landschaft, S. 184, Anm. 57.
Vgl. auch Zimmermann, Ästhetischer Naturbegriff, S. 145: „Der Inkommensurabilität von Natur soll eine inkommensurable künstlerische Sprache entsprechen, die sich den Bedingungen öffentlicher Kommunikation von der Allgemeingültigkeit begrifflicher Bedeutung entzieht."

[975] „Daher enthält für Rilke das ästhetische Verhältnis zur Natur als Landschaft den Sinn, daß gerade die Vertrautheit der heimischen Natur aufgegeben und als die fremde Natur gesehen wird, deren Leben nicht unser ist und die an uns nicht teilnimmt." Ritter, Landschaft, S. 184 f. Anm. 59.

[976] Zimmermann, Ästhetischer Naturbegriff, S. 145, in bezug auf Rilke.

[977] Zimmermann, Ästhetischer Naturbegriff, S. 145.

> Landschaft erscheinen kann, hat in Wahrheit die Aufgabe übernommen, da, wo Landschaften zum Lebenselement der Gesellschaft geworden sind, im Verhältnis zur Natur die Funktion des Ästhetischen zu erfüllen, die zuerst mit der Entdeckung der Natur als Landschaft in die Geschichte getreten ist."[978]

Wedewer dehnt Ritters Theorie auf Veränderungen in der Kunst seit dem letzten Drittel des 19. Jahrhunderts aus, indem er den „Transcesus" in die freie Natur in Bezug zu den Erscheinungsformen moderner Landschaftsmalerei setzt. Diese widme sich der Darstellung des Unzugänglichen und nicht des Verlorenen der Natur durch die Übertragung in einen „bildimmanenten transcesus", der Theorie des Bildes. Diese veranschauliche somit das Fremde der Natur in einer, der natürlichen Erfahrung entgegenkommenden Gegenständlichkeit übergreifenden Gesetzlichkeit des Bildes.

Eine ästhetische Aufhebung des Unterschieds zwischen freier und angeeigneter Natur, eine Zweiteilung von Natur und Kultur gebe es in der Moderne nicht mehr. Vielmehr sei das sinnlich Wahrgenommene in der Theorie des Bildes übergriffen. Eine Brücke zwischen Ritters Theorie und der Moderne schlägt Wedewer über den Begriff der Vergegenwärtigung, die nicht nur als ästhetische Vergegenwärtigung von Vergangenem und Verlorenem, sondern auch als die Veranschaulichung von etwas direkt und unmittelbar nicht Zugänglichem gefasst werden könne.[979] Die Landschaftsmalerei gleiche sich somit der aktuellen, stark psychologisch geprägten Wissenschaft mit der Erforschung und Verobjektivierung des Inneren des Menschen an[980], müsse also auch kein Gegenbild mehr entwerfen. Die Entdeckung des Inneren, die Miteinbeziehung des wahrnehmenden Subjekts in die Wissenschaft, schaffe somit eine Parallele zur Kunst, die ebenfalls vom subjektiven Faktor stark geprägt sei.[981]

---

[978] Ritter, Landschaft, S. 185, Anm. 59.

[979] Wedewer, Landschaft, S. 126 f.

[980] S. das Kapitel zur Methode.

[981] „Die Landschaften der Landschaftsmalerei sind, wie analog die klassische Physik, auf natürliche Erfahrungen gegründet und mithin ‚gegenstandsbezogen', insofern das Subjekt jeweils die konstitutive Grundlage der Be-Deutung des Objekts bildet. In der klassischen Physik wird das ‚forschende' oder wie Szilasi bildhaft sagt, ‚Das sich zurechtfinden wollende Subjekt ausgeklammert.' Die moderne Physik dagegen beachtet

„Die Vorstellung von der Natur als einer Ganzheit, von der ‚wahren' Natur, steht damit nicht länger in einem rückständigen Widerspruch zu der Überlegung der Wissenschaft."[982]

Die die Landschaft als geistiges und daher subjektives Produkt betonende Deutung schiebe sich als das Unvertraute, Fremde in Gestalt der deutlich gewordenen Übersetzung der Natur vor deren Abbildhaftigkeit.

„Tatsächlich verweisen Rilkes Bemerkungen – zumindest in ihrer Konsequenz – darauf, daß der in der Realität der Verhältnisse nicht mehr realisierbare transcesus in das Bild selbst, das heißt in die Art und Weise seiner Formulierung hineingenommen werden muß, als Aufhebung dieser ‚Vertrautheit der heimischen Natur.' [...] Die auch für Bilder konstitutive Dialektik der Erfahrung ist ja gleichbedeutend mit einem jeweiligen ‚Vorstoß' über die Grenzen des Vertrauten hinaus. Die konstitutive, auf die Realität der Verhältnisse bezogene Unvertrautheit nicht angeeigneter Landschaften findet ihre Entsprechung also in der das sinnliche Wahrgenommene, das Vertraute übergreifenden ‚Theorie des Bildes'. Anders formuliert: Landschaft als vermittelte Theorie, erscheinend in den Landschaften der Landschaftsmalerei, setzt den – immanenten – transcesus immer schon voraus. Seine Realisierung ist die Bedingung der Möglichkeit des ‚Bildes'. Im Bilde der Landschaftsmalerei erscheint, wie zuvor definiert, Landschaft stets und notwendig immer schon als eine bedeutete und in diesem Sinne als eine ‚unvertraute' – durch intentionale Veränderungen der Ähnlichkeitsrelationen, die in der abstrakten Kunst schließlich radikal aufgegeben werden.
In den ‚modernen' Bildern der Landschaftsmalerei gewinnt die ästhetische Funktion von Landschaft als ‚freier Natur' somit Unabhängigkeit gegenüber der Tatsächlichkeit der Verhältnisse."[983]

---

die Subjektivität, aber eben nicht als transzendentales Fundament, sondern von der Theorie her, insofern die Subjektivität selbst als Beobachter-Schema fungiert. In der modernen Physik selbst ‚wird nun gerade die Möglichkeit eröffnet, diese Subjektivität ebenso wie den Gegenstand zu thematisieren.'" Wedewer, Landschaft, S. 122.
„Wie den Physiker interessiert auch den modernen Künstler, auf seine Weise dieses Schema des Ineinandergreifens von Wahrnehmung, Subjektivität und anschaulichem Begriff und damit letztlich die Hegelsche Verschränkung von Erkennen und Wirklichkeit." Wedewer, Landschaft, S. 123.

[982] Wedewer, Landschaft, S. 124.

[983] Wedwer, Landschaft, S. 129 f.

Das dem Blick Unzugängliche, das sich hinter der Erscheinung Verbergende in Angleichung an die Wissenschaften lässt sich am Wandel der Farbgestaltung festmachen:

> „Es gehört mit zum Sinn der Farbgestaltung im 19. Jahrhundert, daß dort die Farbe als künstlerisches Mittel übereinstimmt mit ihrem im Ontischen angelegten Charakter als Erscheinung. Das Sichtbare wird als Erscheinung bejaht und bewahrt, und das zu einem Zeitpunkt, da die Naturwissenschaften die Erscheinungsdimension des Seienden für unwesentlich erklärt hatten. Das Zurückgehen hinter die Erscheinung in der Kunst des 20. Jahrhunderts, ihr Anspruch, Unsichtbares sichtbar zu machen, bedeutet unter diesem Blickwinkel Angleichung an die Wissenschaften.“[984]

Die Erscheinung des Gegenstands ist, wie gesehen, ein Oberflächenphänomen, das auf dessen räumliche Situation Bezug nimmt, ihn darauf reagieren, eben „erscheinen“ lässt. Diese Fähigkeiten eignen dem Darstellungswert der Farbe, bzw. der Erscheinungsweise der Oberflächenfarbe. Die Fähigkeit, hinter diese Erscheinung zurückzugehen in ein Inneres, ist Eigenschaft der Flächenfarbe, von Denecke bezeichnenderweise auch „Innenfarbe“ genannt.

Die Erscheinungsweise der Farbe als Flächenfarbe, wie sie sich auch im Werk Schmidt-Rottluffs in großem Ausmaß entfaltet, korrespondiert somit mit einem neuen Bezugssystem zur Welt, dem „Sich-Hineinverfügen“ als Konsequenz der Entdeckung einer ‚erweiterten', unter den Oberflächen durchscheinenden Natur.[985] Die

---

[984] Dittmann, Farbgestaltung im 19. Jahrhundert, S. 112.
Vgl. auch Hülsewig-Johnen, Seelenlandschaft, S. 59. Hier ist die Anbindung an die Wissenschaft mit einer völligen Aufklärung und Vernutzung der Landschaft in Zusammenhang gebracht als neue Art des ursprünglichen In-der-Welt-Seins des Menschen.

[985] „Es ist die alles umstürzende Wahrheit, daß unser altes, klassisches dualistisches Bezugssystem, in dem der Mensch einer auf ihn zugeordneten und dadurch das Organon seiner leiblich-seelischen Struktur erkennbaren Wirklichkeit gegenübersteht und in ihm die Mitte hat, daß also dieses klassische Bezugssystem nicht mehr zählt, daß das menschliche Existenzfeld nur einen winzigen Ausschnitt aus einem riesigen, sich vom menschlichen Bezugsfeld her gesehenen absolut figurierten Wirklichkeitsfeld darstellt und dass nur jeweils im Hineinverfügen in die Bezugssysteme, in denen sich jeweils die einzelnen Wirklichkeitsstücke figurieren, die Ahnung einer größeren Wirklichkeit, Vollständigkeit und Wahrheit aufzukommen vermag. Aus dem herrscherlichen, registrierenden Gegenüber des Menschen zur Wirklichkeit, ist ein Sich-

Flächenfarbe erzeugt so das ursprüngliche Erlebnis des Umgebenseins von der Natur, indem sie die Landschaft als deutlich Neugeschaffenes, in der Gegenstände ihres Nutzwertes enteignet werden erschienen lässt, in die der Betrachter aus seiner Distanz über den Farbraum in das Bild hineingenommen wird. Die Dingnähe trifft sich hier mit der Farbe. Das In-der-Welt-Sein des Betrachters als Charakteristikum des sog. „gelebten Raums" wird nicht nur über die traditionelle Illusionierung einer gewohnten und betretbaren Landschaftsdarstellung gewährleistet, in Gestalt des gegenständlich qualifizierten Anschauungsraums. Die sich über den Farbraum veranschaulichende Naturdarstellung ist in der Lage, ein den Betrachter umfassendes Integral zu bilden, das als ungegenständlicher Gefühlsraum dem In-der-Welt-Sein eine viel ursprünglichere, Mensch und Natur, bzw. Subjekt und Objekt umschließende Bedeutung als „ungegliederte Einheit von Selbst und Welt"[986] beimisst. Er bezeichnet eine „Umwelt, die dem Menschen noch nicht individuell gegenständlich gegenübersteht, sondern mit der er sich unmittelbar gefühlsmäßig verbunden fühlt und von der er sich selbst noch gar nicht unterscheidet."[987]

Die Ablehnung traditioneller Gestaltungsweise seitens der „Brücke" lässt sich so auch als Ablehnung der in ihrer ästhetischen Auslegung vernutzten und ausgereizten Naturdarstellung ansehen, die der Ursprünglichkeit des Naturerlebnisses nicht mehr gerecht wurde. Zwar vollzogen die Maler zum Teil noch den „transcesus" in die fremde

---

Hineinverfügen geworden. Das genau aber trägt den künstlerischen Ausdruck unserer Epoche, wie es auch ihren wissenschaftlichen Ausdruck trägt. Das Sich-Hineinverfügen – das ist die Methode, mit der der moderne Mensch sich müht, sich mit der neuen erweiterten Wirklichkeitsvorstellung in Einklang zu bringen. Durch sie setzt er sich in einen neuen Bezug zu den Konstanten unseres Daseins – zur Natur, zum Menschen, zum Kosmos.

Daß die zeitgenössische Malerei die Oberflächenbilder der Natur nicht mehr produziert, heißt keineswegs, daß sie sich vom Erlebnis der Natur selbst abgewandt hat. Sie hat sich nur hineinverfügt! Sie hat eine erweiterte, unter den Oberflächen durchscheinende Natur entdeckt und sich zu dieser in Bezug gesetzt!" Werner Haftmann, Zu den Inhalten der modernen Kunst, in: Skizzenbuch zur Kultur der Gegenwart. Reden und Aufsätze, München 1960, S. 131.

[986] Bollnow, Das Wesen der Stimmungen, S. 40.

[987] Bollnow, Das Wesen der Stimmungen, S. 40. Bollnow bezieht sich hier auf Binswanger, der den Gefühlsraum „gestimmter Raum" nennt.

Natur, indem sie möglichst unbevölkerte Landstriche aufsuchten, bezogen aber – wie den Menschen – gleichzeitig auch Anzeichen der Zivilisation in ihre Gestaltungsweise der Welt als Werdender mit ein.[988]

> „Immer eindringlicher erscheinen die Landschaften als Gegenwelt zur Welt der rationalen, willentlichen, technischen Verfügbarkeit. Landschaften, und zwar mehr und mehr fremde, ferne, sich-entziehende, stehen für die Dimension des Aus-sich-selbst-Seienden, der Physis, gegen die Welt der Menschenherrschaft, in der alles zum zuhandenen Gegenstand, zum Objekt der Bedürfnisbefriedigung, des Kosmos erniedrigt wird. Landschaft steht für jene Natur, die nicht der operativen Erkenntnis, der Ausbeutung preisgegeben werden will. Landschaft steht überhaupt für ein gewaltloses Verhältnis zur Natur.
> Nach einer ähnlichen Hinsicht dürfte auch der Sinn der Farbgestaltung, der Gestaltung der reinen Farbe heraus, zu interpretieren sein. Auch hier zeigt sich eine ähnliche Wechselbeziehung von ästhetischer Vergegenwärtigung und Entrückung, Verfremdung. Bezeichnend ist die paradoxe Situation, daß das Aus-sich-Seiende nur im Status der einen Phänomenalität darstellbar ist."[989]

Der Zwiespalt zwischen Nähe und Fremdheit der Landschaft begründet sich in der Erscheinung der reinen Farbe. In ihrer Phänomenalität verweigert sie sich illusionierender und daher vertrauter Indienstnahme und löst dabei zunächst das Gefühl der Befremdung aus, damit aber im nächsten Zug auch das Distanzverhältnis des Anschauungsraums. Die Befremdung über die Erscheinungsweise der reinen Farbe ist quasi Voraussetzung für die neue Näherung der fremden Landschaft in ihrer Veranschaulichung der fremden und zugleich nahen und umfassenden Natur. Dem Betrachter steht somit die Möglichkeit einer persönlichen Welterfahrung offen. Das Bild kommt der Natur entgegen.

> „Es ist fraglich, ob die Natur überhaupt ‚aussieht'. Es ist fraglich, ob die Welt einen feststehenden Aspekt bietet. Es könnte sein, daß die Augen ein Netzwerk ins Dunkel auswerfen, das eine dem Menschen faßbare Welt

---

[988] „Freilich legen die ‚Brücke'-Maler mit solchen Bildern eine Spur, die Jahrzehnte später wieder aufgenommen wird, als Malgestus und Malspur nicht mehr allein als subjektive Entäußerung des Künstlers, sondern als Zugang zur Deutung der Welt als Prozess verstanden. Das Verständnis für eine solche Weltsicht ist bei den ‚Brücke'-Künstlern angelegt." Költzsch, Expressionismus, S. 140.

[989] Dittmann, Farbgestaltung im 19. Jahrhundert, S. 111 f.

durch den Menschen selbst entstehen läßt. Die objektive Substanz der Welt ist für den Menschen sinnengemäß nicht faßbar. Malerei ist Kanon der Sicht.“[990]

[990] Willi Baumeister, Das Unbekannte in der Kunst, Köln 1960.

## VI. Ergebnis: Das „fremde Porträt" im Werk Schmidt-Rottluffs

Die anhand der Landschaftsmalerei gewonnenen Erkenntnisse über den Naturbezug Schmidt-Rottluffs müssen abschließend auf die Porträtmalerei übertragen werden.
Vom Menschen als Zentrum ausgehend, bilden sich dessen Relationen zur Welt jeweils neu, erhält Raum als erfahrene Welt in der Ganzheit des Daseins jeweils eine neue Facette. Der dynamische Prozess zwischen gegenüberliegender Oberfläche und umschließender Nähe, dem Anschauungsraum und dem stimmungshaften Gefühlsraum, entspricht dem Prinzip einer sich ständig neuschaffenden Landschaft aus dem ursprünglichen Naturerlebnis, sprich, der Entstehung der Landschaft als Prozess. Die ästhetisch unvernutzte Natur klingt als fremde, persönlich erst zu erschließende Landschaft an.
Auch im Porträt ist die Farbe Erscheinungsdimension, diesmal eines Menschen, der sich darüber dem Betrachter zuwendet und erschließt. Gerade die Flächenfarbe ist durch ihre Fähigkeit, einen seelisch erlebbaren Farbraum auszubilden, in der Lage, über Farb- und Formthema hinaus Aufschlüsse über den Charakter als das Innere des Dargestellten zu geben. Raum ist hier nicht nur Umraum, sondern auch Innenraum des Körpers.

### VI.1. Landschaft und Porträt: Unterschiede und Gemeinsamkeiten

Wie bereits einleitend beobachtet, fallen beim Vergleich der Gattungen im Werk Schmidt-Rottluffs zunächst die Gemeinsamkeiten einer Malphase über Farbstruktur und Palette auf.
Über die prinzipielle Vergleichbarkeit von Landschaft und Porträt als Gattung sind die Meinungen in der Forschung geteilt.[991] Sieht man nur das dem Porträt so gern zugemessene Kriterium der Abbildtreue, so fände sich dieses im „Landschaftsporträt" wieder[992], das durch die

---

[991] „Denn einerseits wird im Diskurs über die Landschaftsmalerei der Eindruck erweckt, die Landschaft sei in der Tat eine Bildgattung, wie das Stilleben oder das Porträt. Andererseits aber gilt, Landschaft als Sujet seit etwas ganz anderes als Stilleben oder Porträt." Marc E. Blanchard, Landschaftsmalerei als Bildgattung und der Diskurs der Kunstgeschichte, in: Manfred Smuda (Hg.), Landschaft, Frankfurt/Main 1986, S. 71.

[992] Vgl. dazu Novotny über die Abbildtreue von Landschaften in: Cézanne, S. 13-17. Er verwendet dabei Vokabeln wie Porträttreue, Porträtgehalt, Porträtähnlichkeit.

Zuordenbarkeit zu einer real vorgegebenen Motivvorlage bestimmt wird. Da jedoch in dieser Arbeit der Vergleich mit Außerbildlichem als maßgeblich abgelehnt wird, ist das oft herangezogene bildimmanent definierbare Kriterium der Individualität, im Zusammenhang mit der Bildentstehung (Realisation) und der Entstehung von Gattungen überhaupt, das wesentlichere.
Die Entwicklung der Gattungen sei – auch hinsichtlich der wissenschaftlichen Verobjektivierung der Natur – Folge einer zunehmenden Betonung der Wahrnehmung und der Rolle des Betrachters in der Kunst, also die Entstehung eines Gegenüberverhältnisses. Als gemeinsamer Faktor gilt daher innerhalb des Entstehungsprozesses der Gattungen zu Beginn der Neuzeit allgemein das Kriterium der Individualität. Über die Ausbildung eines sich von seiner Umgebung absetzenden selbstbewussten Individuums entstehe ein Betrachterstandpunkt, von dem aus Gattungen als verschiedene „Hinsichten der Natur“ (Boehm) gebildet werden. Gattungen sind, so gesehen, selbständige Gebilde mit unterschiedenen Inhalten, die sich als individuelles Gegenüber des Menschen entwickelt haben[993]: „Individualisierte Gattungen verankern sich in einer, wie auch immer, individualisiert begriffenen Welt.“[994] Sie können somit als „künstlerisch individualisierte Natur“ gelten.[995] Künstlerisch individualisiert sich Landschaft über die Bildeinheit, wie auch für das Porträt Individualität aus dem in sich geschlossenen Bildganzen interpretiert wurde.

> „Diese Korrelation von ‚landschaftlichem Auge' und ‚Landschaft' bedeutet nun kunstgeschichtlich folgendes. Aus dem mittelalterlichen

---

[993] „Für Landschaft und Porträt ist ein verwandtes Prinzip der Individualisierung bildbestimmend.“ Boehm, Bildnis und Individuum, S. 253. Während sich in der Landschaft das Gegenüber von ich und draußen konstituiere, sei für das Porträt das Gegenüber von ich und du maßgeblich. Ebenda.

[994] Boehm, Bildnis und Individuum, S. 256.

[995] „Dem neuen Bedürfnis, einen Ausschnitt gesehener Natur zum Thema zu setzen, verbündet sich die Fähigkeit, darin einen Sinn darzulegen, den *Teil* als *Einheit* zu fassen. Dieser Prozess der Stilisierung leitet das Auge des Betrachters, ermöglicht ihm, die Beschränkung der jeweiligen Naturansicht doch als ein Bild zu lesen, in dem sich das Dargestellte und die Formstruktur gegenseitig individualisieren. Das Landschaftsbild zeigt künstlerisch individualisierte Natur. In ihm ist das Dilemma zwischen der Kontingenz einer begrenzten Sicht auf Natur und dem Ordnungscharakter von Natur geschlichtet.“ Boehm, Bildnis und Individuum, S. 253.

> Goldgrund tritt nicht nur die Landschaft hervor, sondern auch das Porträt als Bild des individuell gesehenen Menschen. Dies ist der Ausdruck eines neuen Bewußtseins seiner selbst, das Voraussetzung ist, daß der so sich seiner selbst bewußte Mensch überhaupt Landschaft zu sehen vermag. Landschaft und Porträt sind aufeinander bezogen und Ereignisse desselben Entwicklungszusammenhangs. Die Leistung des Individuums für die Konstitution von Landschaft führt zur Konstitution des Individuums."[996]

Unterschiede werden jedoch für die Umsetzung des jeweiligen Gegenübers in das Bild gesehen, die davon ausgeht, dass das Individuum bereits eine eigene Einheit darstellt. Der Prozess der Landschaftsbildung unterscheide sich vom Prozess der Porträtbildung durch die Tatsache, dass der Porträtierte selbst bereits als eigenes Zentrum organisiert und individualisiert sei. Der Mensch als Organismus bilde somit eine eigene Konfiguration, die als Grundlage der Bildstruktur der Einheit des Kunstwerks bereits annähere. Unterschiedliche Gruppierungen und Akzentverschiebungen seien in erheblich kleinerem Rahmen möglich als bei der Landschaft.

> „Das Menschengebilde aber bestimmte dies alles von sich aus, es hat durch seine eigene Kraft die Synthese um das eigene Zentrum vollzogen und grenzt sich damit selbst unabweichlich ab. Es nähert sich deshalb schon in seiner natürlichen Konfiguration irgendwie dem Kunstwerk, und dies mag die Ursache sein, weshalb für den minder geübten Blick die Photographie einer Person immerhin noch eher mit der ihres Porträts verwechselt werden mag, als eine Landschaftsphotographie mit der Reproduktion eines Landschaftsgemäldes. Die Neuformung der menschlichen Erscheinung im Kunstwerk ist ja nicht diskutabel: allein sie folgt sozusagen unmittelbar von der Gegebenheit dieser Erscheinung her, während vor dem Landschaftsgemälde noch eine Zwischenstufe steht: die Formung der Naturlelemente zu der ‚Landschaft' im gewöhnlichen Sinne, zu der schon künstlerische Kategorien mitwirken mußten, die insoweit also auf dem Wege zum Kunstwerk liegen, seine Vorform darstellt. Die Normen ihres Zustandekommens können daher vom Kunstwerk her

---

[996] Rainer Piepmeier, Das Ende der ästhetischen Kategorie Landschaft, S. 15. „Porträt und Landschaft entstehen in der nachmittelalterlichen Kunst gleichzeitig." Lützeler, Vom Wesen der Landschaftsmalerei, S. 218. „In der Kunst um 1500 verbindet sich das ausgesprochene Porträt des Menschen gern mit dem ausgesprochenen Porträt der Landschaft." Lützeler, Vom Wesen der Landschaftsmalerei, S. 219.

begriffen werden, welches dieser Normen reine autonome gewordene Auswirkung ist."[997]

Innerhalb des menschlichen Organismus' präzisiere sich das menschlichen Zentrum auf den Kopf. (Dieser genügt bezeichnenderweise schon im Porträt als Repräsentation eines Menschen). Formal zeichne er sich durch seine halbinselartige Stellung gegenüber dem Körper aus. Des weiteren sei er geistiges Zentrum und die Ordnungskraft des Geistes schlage sich am ehesten in den Gesichtszügen nieder; „so ist die Seele, die hinter den Gesichtszügen und doch in ihnen anschaubar wohnt, eben die Wechselwirkung, das Aufeinanderhinweisen der einzelnen Züge."[998] Entstehe die Einheit der Landschaft erst durch die „Vereinheitlichungskraft der Seele"[999] des Betrachters, so sei die seelische Einheit im Menschen bereits gegeben und müsse nicht mehr als Zwischenstufe zum Kunstwerk in der Betrachtung hergestellt werden.

Bei der der Landschaft zugrundeliegenden Natur sind die Hauptaufmerksamkeitsstellen nicht, wie beim Menschen, der die Konzentration auf bestimmte Ausdruckszentren lenkt, schon ausgebildet. Vielmehr ist Natur ist unübersehbar.[1000] Ihr Zentrum muß vom Betrachter jeweils neu bestimmt werden. Mit jedem Schritt bildet sich aus der ihn umgebenden Natur ein jeweils neuer Ausschnitt, der

---

[997] Simmel, Philosophie der Landschaft, S. 147 f.
Simmel spricht sogar von dem „Widerstand" des Menschenbildes „gegen die künstlerische Formung". Ebenda, S. 147. Hier scheint der alte Vorwurf gegen das Porträt als unkünstlerische Gattung anzuklingen. Das Porträt beschränke durch die Verpflichtung, dem Vorbild möglichst genau zu entsprechen, den Künstler in seinen Möglichkeiten. Vgl. dazu auch die Einleitung.

[998] Simmel, Die ästhetische Bedeutung des Gesichts, S. 155.
Auch Schmidt-Rottluff sieht den Kopf als „Zentrum aller Psyche", weswegen er ihn in seiner Besonderheit übersteigert. Dort ist auch der Ausgang für das den Porträtierten charakterisierende Farb- und Formthema angelegt.

[999] Simmel, Philosophie der Landschaft, S. 150.

[1000] „Wir pflegen bei den Menschen, vieles aus ihren Händen zu schließen und alles aus ihren Gesichtern, in welchen, wie auf einem Zifferblatt, die Stunden sichtbar sind, die ihre Seele tragen und wiegen. Die Landschaft aber steht ohne Hände da und hat kein Gesicht – oder aber sie ist ganz Gesicht und wirkt durch die Größe und Unübersehbarkeit ihrer Züge furchtbar und niederdrückend auf den Menschen [...]." Rilke Worpswede, S. 10.

per se noch zum Kunstwerk, der künstlerischen Organisation und Komposition umgeformt werden muß.[1001]

Mit dem Menschen wird der Betrachter direkt konfrontiert, mehr als mit der Natur, die er eher schweifend betrachtet. Die Gegenübersituation ist in der künstlerischen Umsetzung m Porträt direkter, mit der zentralen, Aufmerksamkeit heischenden Stellung des Gesichts. Dieses gebietet zunächst Einhalt, bevor der Blick weiter auf Körper und Umraum gleitet. Im Landschaftsgemälde kann das Zentrum sogar leer sein, denke man sich das durch den Fluchpunkt markierte Ziel eines Weges.

In der Landschaftsmalerei Schmidt-Rottluffs wird der Betrachter entweder durch den perspektivischen Tiefenzug geleitet, wobei das Zentrum dann oft ausgespart ist oder sein Blick fällt zunächst auf ein Hauptmotiv, das jedoch weniger Aufmerksamkeit beansprucht als das Porträt, da es stärker in die Landschaft eingebunden ist und so ein schnelleres Abschweifen ermöglicht. Dementsprechend ist auch die Farbe in der Landschaft zumeist weitläufiger verteilt als beim Porträt, wo gerade der Kopf als konkretestes Gegenüber auch die größte Materialität erfährt. (Dafür wurde der Begriff „Korrektur“ verwendet.). Um so größer ist beim Porträt auch der Eindruck des Besonderen, der Eindruck, dass hier ein bestimmter Mensch dargestellt ist, der sich selbständig gegenüber einer Vereinnahmung behauptet. Die Flächenfarbe, die das Versinken ins Bild erlaubt, weicht bei den Köpfen Schmidt-Rottluffs einer Oberflächenbetonung, die eher Distanz fordert und das Gegenüber thematisiert.

---

[1001] Bernhard Waldenfels, Gänge durch die Landschaft, in: Manfred Smuda (Hg.), Landschaft, Frankfurt/Main 1986, S. 37 f. „Wo ist das Zentrum einer Landschaft? Die Frage ist so einfach nicht zu beantworten. Es gibt Markierungszeichen wie Hausberge, Kirchtürme oder Wolkenkratzer, doch Zentrierungen und Marketierungen ändern sich mit der wechselnden Bedeutsamkeit besonderer Lebensbereiche. Wir haben einmal Simultanitäten verschiedener Zentren innerhalb einer relativ *homogenen* Ordnung. [...] Zum anderen birgt es eine Simultanität von Zentrierungen, die *heterogene* Ordnungen entstehen lassen. Eine Umwelt läßt sich verschiedenartig organisieren und strukturieren, ja nach den Relevanzkriterien, die ins Spiel kommen [...] Der Weg von der Zentrierung zur Dezentralisierung wird unterbrochen durch eine Polyzentrik, d.h. durch eine simultane Gegenwart, in der verschiedene Kreise sich überlagern.“

## VI.2. Der Charakter

Auch der Charakter, als die innere, die Besonderheit des Wesens ausmachende Qualität, zeige sich im Menschen direkter als bei der Landschaft.[1002]

Der Charakter einer Landschaft ergibt sich aus dem gegenständlich Vorgefundenen, der Objektseite, deren Besonderheit durch Prägnanzen und dominierende Züge, ohne jedoch additiv zusammgesetzt zu sein. Vielmehr ist Landschaft eine durch den Betrachter gebildete individuelle Ganzheit, die zwar von der geographisch fassbaren Außenwelt abhängig, aber doch mit ihr nicht einfach identisch ist.[1003]

> „Auch die spezifische Werthaltigkeit jener Ganzheit, die wir Landschaft nennen, ist weder von der Objektseite, noch von der psychischen allein zu verstehen."[1004]

Diese Ganzheit kann verschiedene, objektspezifische Qualitäten haben, die als der der Landschaft eigentümliche ganzheitliche Prägung eine besondere Empfindung hervorruft. Der Charakter einer Landschaft ist somit ein von Subjekt und Objekt untrennbares Produkt. Inneres und Äußeres werden aber nicht, wie beim Porträt, schon durch das äußere Erscheinungsbild selbst, als sich äußernde Einheit von Seele und Körper gebildet, sondern verstärkt durch die psychische Synthese des Betrachters. Dessen Leistung hinsichtlich der Bildung von Landschaft ist für deren Charakterbildung maßgeblicher als beim Menschen, wo der Charakter bereits vorliegt und sich im Äußeren spiegelt. Das Seelische verobjektiviert sich sozusagen am Menschen und ist nicht erst Zugabe des Betrachters.

Im Kunstwerk jedoch weist das Porträt gerade durch die Zentrierung des Menschen auf einen Organismus eine größere Syntheseleistung anderer Art auf. Im Gegensatz zur Einheit der Landschaft als repräsentativen Ausschnitt der Natur, setzt sich der Mensch seinem Wesen nach zunächst von seinem Umraum ab und muß über die

---

[1002] „Zu allen Zeiten hat man, sofern man überhaupt über das Wesen der Landschaft nachzudenken gewillt war, darunter mehr verstanden als die bloße Summe der einzelnen Sinneseindrücke, die ein zufälliger Ausschnitt der Natur in uns weckt. Man fand sich in der Landschaft vor eine werthaltige Totalität gestellt und hat füglich von ihrem ‚Charakter' gesprochen." Lehmann, Physiognomie der Landschaft, S. 188.

[1003] Vgl. Lehmann, Physiognomie der Landschaft, S. 184.

[1004] Lehmann, Physiognomie der Landschaft, S. 185.

künstlerische Umsetzung in ein, wie immer gestaltetes einheitliches Bildsystem integriert werden. Im Porträt wirkt zusätzlich zum Raums der Körper: „Der Leib ist unmittelbarer Träger des Seelischen, der ihn formende Farbstoff ist sprechend, antlitzhaft, ist Kundgabe psychischer Gehalte.“[1005] Der sich über die Einheit des Individuums äußernde Charakter wird so vom Dargestellten ausgehend über das ganze Bildfeld ausgebreitet, das sich rückwirkend wiederum bereichernd auf den Dargestellten bezieht, wie dies bei Farb- und Formthema ersichtlich wurde. Dabei gestaltet vor allem die Farbe als eigentlich Umfassendes, Selbständiges den Raum als physisch-seelischen Wirkungsbereich der Person (Hetzer).
Des weiteren präsentiert sich das Individuum selbst als alles andere als einheitlich, sondern verhält sich zum Raum und zu seinem Gegenüber in einer Fülle von Möglichkeiten, die seine Lebendigkeit ausmachen. Diese Lebendigkeit relativiert die Überschaubarkeit des menschlichen Organismus’. Die optische Vorgabe des Menschen, sprich des vielfältigen Individuums, ist keineswegs leicht fassbar, sondern tritt durch ein komplexes Beziehungsgeflecht in einen Dialog zum Betrachter, so dass die ruhige Distanznahme, die bei der Anschauung der Landschaft noch gegeben ist, aufgehoben wird. Dies bedeutet eine Näherung entgegen derjenigen Distanz, die durch das selbstbewusste, gesonderte Gegenüber vorliegt.

> „Denn dieses angebliche Sichtbare ist ein buntes Gemenge des wirklich Gesehenen mit Ergänzungen äußerer und innerer Art, mit Gefühlsreaktionen, Schätzungen, Verknüpftheiten mit Bewegungen und Umgebungen, dazu kommt der Wechsel in Standpunkt und Anteilnahme des Betrachters, kommen die praktischen Interessen, die sich zwischen Mensch und Mensch knüpfen – kurz, der Mensch ist dem Menschen ein fluktuierender Komplex von Eindrücken aller Sinne und seelischer Assoziationen, von Sympathien und Antipathien, von Urteilen und Vorurteilen, Erinnerungen und Hoffnungen.“[1006]

Hier ist Charakter als Lebendigkeit, als Handlungsmöglichkeit in der Variationsbreite eines Individuums anzusehen.[1007] Dies korrespondiert

---

[1005] Dittmann, Grünewald, S. 97.

[1006] Simmel, Das Problem des Porträts, S. 96.

[1007] „Denn nur, wenn diese Beziehung zwischen ‚Innen’ und ‚Außen’ der Person, die sich im Bildnis zeigt, mit keiner wiederkehrenden Regel, keiner objektiven Ordnung und

mit den Ausgestaltungsmöglichkeiten der Flächenfarbe und ihrer Wendung von der Oberfläche buchstäblich in das Innere der Darstellung und dem ihr anhaftenden Ausdruckswert in seiner Spannung zwischen Gegenständlichem und Übergegenständlichem zusammen mit der Intensität der Farben.[1008] „Der Wandel der Farberscheinung macht den Darstellungswert zu einer Begleitgröße des Ausdruckswertes.“[1009] Dabei steigert die Flexibilität der Flächenfarbe die Spannungen zu den gegenständlichen Bezügen – zusammen mit der Form oder gegen sie – und somit die expressiven Tendenzen. Der Dargestellte erhält so eine seelische Dimension und Tiefe, die sowohl in der Entfaltung der Farbe im Umraum, als auch im Körperraum erreicht wird.[1010]

> „Die Flächenfarbe, die als Farbmaterie die Körper erfüllt und in verhaltener Weise die Oberfläche bezeichnet, vermag gleichzeitig wegen der in der Farbe beschlossenen Ausdrucksmöglichkeiten das Seelische des Erscheinenden zu offenbaren. sie wird zur Wesensfarbe des Dargestellten.“[1011]

---

keinem Begriff zusammenfällt, bleibt erhalten, was wir die Lebendigkeit der Person nennen. Sie ist keine Eigenschaft des Porträtierten, auf die er auch verzichten könnte, sondern ein fundamentaler Ausweis seiner selbständigen Existenz. Das ‚Leben' des Dargestellten ist nicht anderes als sein Schwanken um eine Mittellage des Ausdrucks, nichts anders als der Beziehungsreichtum, den die Affektsignale zustande bringen.“ Boehm, Bildnis und Individuum, S. 33 f.

[1008] Vgl. den Begriff „Innenfarbe“ bei Denecke.

[1009] Schütz, Munch, S. 260.

[1010] „Daher ist es auch der an ihrer Qualität und Erscheinungsweise selbst erlebte Ausdruckscharakter der Farbe, der das Seelische des Dargestellten enthüllt. Es haftet ihm wesensmäßig an. Meistens vereint die Figur alle oder zumindest die wichtigsten Farben auf sich. Gerade bei ihr steigern sich Eigenfarbe und Lichtquelle zu höchster Ausdruckskraft. Der menschliche Körper ist der Träger des Seelischen und die ihn schaffenden Farben vermitteln die psychischen Gehalte.“ Schütz, Munch, Grünewald, S. 97.
Auch der Landschaft wird geistige Tiefe über das Stimmungsvolle von Farbe und Beleuchtung beigemessen. „Beides zusammen, Farben und Beleuchtung bzw. landschaftliche Atmosphäre sind der Träger der eigentlich malerischen Werte und damit in hohem Maße des Stimmungsgehaltes der Landschaft.“ Lehmann, Physiognomie der Landschaft, S. 191. „Denn gerade Farbstimmung und Beleuchtung sind die bevorzugten Träger von Gefühlswerten, die sehr mannigfaltigen geistigen und seelischen Bedürfnissen entsprechen.“ Ebenda.

[1011] Dittmann, Grünewald, S. 97.

Die Überbetonung des Kopfes durch Materialität, Dichte der Farbabfolgen und zeitweilig auch der Dimension als „Zentrum aller Psyche“ im Werk Schmidt-Rottluffs legt den Schluss nahe, dass das Geistige über diese Betonung hinaus primär über die Flächenfarbe von Körper und Umraum evoziert wird und über die Stimmung der Bildeinheit wiederum den Kopf miteinbezieht.
Dennoch ist es falsch, vom Reingeistigen der Farbe und Fläche zu reden. Schmidt-Rottluff achtet sorgfältig darauf, auch trennende, die Figur – besonders den Kopf – von der Umgebung abhebende und dadurch betonende Mittel wie Farbkontrast, Linie und Hell-Dunkel-Kontrast einzusetzen und somit das Moment des Gegenständlichen und des Gegenübers zu stärken. Ganz allgemein kann man auch sagen, dass die Ausgestaltung der plastischen Werte bei der Figur immer stärker sind als bei der Landschaft.
Die Flächenfarbe wird dabei von Farb- und Formthema hinsichtlich des Bildgegenstandes modifiziert. Diese sind, auch als übergreifende Bezüge im Bildganzen durch die besondere Weise ihres Einsatzes in der Lage, einen bestimmten Inhalt, im Porträt die Charakterisierung, auszudrücken, der sich in besonderer Weise auf den Dargestellten bezieht, auch gerade dadurch, dass die gegenständlichen Bezüge im selben Zuge mitgestaltet werden.

### VI.2.1. Der Charakter und das Lebendige im Werk Schmidt-Rottluff

Diese Verbindung von Farb- und Formthema als Charakterisierung des Dargestellten und ihre Beziehung zur Gestaltung des Seelischen und Lebendigen soll nun am Werk von Schmidt-Rottluff erläutert werde. Dazu kommen wir zunächst auf das Bildnis Niemeyer zurück, das wir in den Zusammenhang von Stimmung als Einheitsbeziehung von Modell, Künstler und Betrachter im Eindruck des Bildes brachten.

-*Bildnis des Kunsthistorikers Wilhelm Niemeyer*, 1921, Öl auf Leinwand, 100 x 91 cm, Staatliche Museen zu Berlin, Neue Nationalgalerie (Abbildungsverzeichnis Nr. 15).
Die vom Porträtierten festgestellte „Tiefe“ und „Deutlichkeit“ in Farben und Formen des Bildes, der leise „Missklang“ und die vor

allem durch die Art des Bildlichts ausgedrückte Wichtigkeit und Feierlichkeit kommt durch eine ganz bestimmte Malweise zustande.
Momente von Oberfläche finden sich nur im Gesicht, besonders im sich stark vorwölbenden rechten Auges (mit Weiß vermischtes Orange und Braun). Demgegenüber bildet das andere Auge als modellierte Höhlung eine Negativform. Das Verhältnis von Innen und Außen wird so quasi zeichenhaft vergegenständlicht.
Eine weiter Dimension von Tiefe bewirkt hier die Flächenfarbe. Über die Höhlung des Auges hinaus schafft die transparente Konsistenz des Blaus – auch der Wange und des daran anschließenden Hintergrunds – Tiefe. Auf der Seite des sich vorwölbenden Auges sind die oberflächenbildenden Modellierungen ausgeprägter und bilden im Kontrast zu der verschatteten, nach innen weisenden Seite das positive Gegenstück. Dieser Kontrast zwischen Dunkelheiten und Helligkeiten greift auf das ganze Bild über, ohne dabei das fast ausschließlich durch Linien wiedergegebene Porträtschema zu berücksichtigen. Es ergibt sich hier nahezu der Effekt eines Glasbildes, indem die unterste gelbe Schicht wie eine Beleuchtung von hinten durch die transparenten dunkleren Farbschichten zu dringen scheint und dem Dargestellten diese wichtige, feierliche Note verleiht, die Niemeyer bemerkte.
Das Gesamt des Bildes präsentiert so ein ständiges Wechseln von Innen und Außen, Distanz und Tiefe. Oberfläche und Körper werden aufgelöst bzw. ausgehöhlt, Modellierungsansätze sofort wieder negiert. Es bilden sich Farbräume, die die Körperkonturen wie eine leere Hülle zurücklassen, den Betrachter von einem Anschauungsraum in einen gestimmten Raum überführen. Oberflächenbildung stellt sich nur im Gesicht ein, das zum einen mit einer linearen Angabedichte in Gestalt der physiognomischen Merkmale ausgestattet ist, zum anderen mit die Gesichtzüge ausbildenden aufeinandertreffenden Farbkanten der deckenderen Farbschichten, die gleichzeitig wiederum das Gesicht in einzelne Segmente zerlegen. Der Körper, ohne jeglichen plastischen Kern scheint geradezu nach unten auszulaufen und findet gerade noch formalen Halt durch die Lehnen, auf die sich die Arme stützen. Diese sind in warmem Rotbraun gehaltenen, und somit innerhalb des Blau-Grün-Gelb-Klangs in ihrer Besonderheit als sperriges Moment

herausgehoben, so dass sich der Halt auch über den Farbkontrast vermittelt.
Der nahezu mystische Hauptklang des Bildes, zusammen mit der Substanzauflösung durch die transparente Flächenfarbe, und der irrealen Beleuchtungssituation, deren Motivation nicht in einer erkennbaren Lichtquelle liegt, verleihen der Erscheinung etwas Gespenstiges.
Das Verhältnis zwischen Farbe und Form wechselt im Bild ständig zwischen Abgrenzung und Verschleifung. Der Dargestellte geht in den Umraum ein und setzt sich in einzelnen Momenten wider davon ab. Besonders die Körperkontur hebt sich vor allem durch das kontrastierende Aufeinanderstoßen von hellen und dunklen Farben sehr sorgfältig ab und lässt so das Porträtschema anklingen, rückt den Dargestellten wieder auf Distanz.

Die Erscheinungsweise der Flächenfarbe hat sich im Werk Schmidt-Rottluffs jedoch erst herausgebildet. Ähnliche Ambivalenzen wie die eben beschriebenen, sind jedoch auch schon in sich anderer Malweisen bedienenden früheren Stilphasen anzutreffen. Generell geht die Komposition der Form der der Farbe voraus. Für das Porträtschema, das primär von der Linie gebildet wird, bedeutet dies, dass es als erster Eindruck auch dem Maler dient, bevor er es in farblicher Hinsicht variiert. Für das ambivalente Verhältnis von Distanz und Nähe spricht auch, dass die Konturen oftmals später nochmals nachgezogen oder durch Kontraste verstärkt wurden, so als ob Schmidt-Rottluff das prekäre Verhältnis genau austarieren wollte.

- *Frau am Tisch (Rosa Schapire)*, 1909, Aquarell und Tusche, 66 x 50 cm, Brücke-Museum Berlin (Abb. 217) (Abbildungsverzeichnis Nr. 42).
- *Bildnis H. (Erich Heckel)*, 1909, Aquarell und Tusche, 66 x 50 cm, Brücke-Museum Berlin (Abb. 218) (Abbildungsverzeichnis Nr. 30).

In der durch Farbflecken und Strichbündel gekennzeichneten Phase ist der Wandel der räumlichen Erscheinung zwischen Fläche und Dreidimensionalität nicht durch die Flexibilität der Farbe selbst, sondern durch den überall sichtbaren weißen Grund des Papiers

verursacht, auf dem sich die Farbformationen bewegen und ihrer Kleinteiligkeit unruhig vibrieren. Mal schließen sie sich auf einer Ebene, als gemeinsam auf dem Grund liegend, zusammen, mal verhalten sie sich nach dem Gesetz des Farbortes, das Farben nahe bringt oder auseinanderrückt, mal scheinen sie sich dabei nach dem Darstellungsgegenstand zu richten, mal davon abzuweichen.
Dabei scheint die vom weißen Blatt ausgehende größte Helle wie eine Beleuchtung von hinten („Lichtgrund“) verschieden stark durch die Farben durchzuschlagen, ihnen mehr oder weniger Leuchtkraft zu verleihen.
Im Unterschied zur weitläufigeren Flächenfarbe entsteht hier weniger der Eindruck, in die Farbe hinein, als *zwischen* den Farbteilchen *hindurch* auf den weißen Grund zu blicken. Die Durchlässigkeit wird hierbei weniger von der Konsistenz der Farbe als von ihren Zwischenräumen geleistet, die den Blick auf den dahinterliegenden Grund freigeben.
Differenzierungen bilden sich über Farbqualitäten und Farbdichte aus. Leichte Modellierungsansätze tauchen auf und gehen wieder in die allgemeine Farbbewegung über. Die gegenständlich konkreteste Stelle ist jeweils, wie bereits angesprochen, der Kopf, bei dem die Farbe als Kontur eingesetzt wird. Dabei ergibt sich das Phänomen, dass die farbliche Angleichung an den Körper die physiognomischen Merkmale gleich einer Maske zurückzulassen scheint. Besonders deutlich wird dies im *Bildnis H.*, wo das Dunkelblau die Aufgabe des Bildgerüsts übernimmt, findet sich aber in ähnlicher Form auch bei Rosa Schapire. Dagegen ist gerade der Körper ausgesprochen unplastisch. In der Mitte, zwischen der Jacke Heckels, findet sich gerade die von den Farben her luftigste und hellste Stelle. Diese ist nicht geeignet, der Figur Halt zu verleihen, was vom rahmenden Dunkelblau der Jacke übernommen wird. Bei Schapire hingegen trägt die brodelnd gelbrote Glut des Körpers ebenfalls eher zu dessen Entmaterialisierung bei. Die Vis-a-vis Situation, durch die sich durchsetzenden Konturlinien gebildet, wird durch das Farbenspiel wieder aufgehoben.
Die Möglichkeit des Handelns ist bei Schapire eher ein impulsives, explodierendes im Gegensatz zu Heckel, dessen Handbewegung eher

als ein jäher, spontaner Moment aus einer ansonsten eher zurückhaltenden Grundhaltung heraus erscheint.

Im Gegensatz zur Flächenfarbe wird die Flexibilität und Tiefenentwicklung nicht aus der Erscheinungsweise der Farbe heraus erzeugt, sondern durch den Grund, auf dem sich die zumeist additiv zu losen Bündeln gefügten Farbstriche locker zueinander bewegen können, Farbort und Raumort gegeneinander verschieben. Ihre Erscheinungsweise selbst ändert sich nicht. Der unruhig flirrende Eindruck umfasst den Betrachter nicht in einer einheitlichen Stimmung, die, wie im *Bildnis Niemeyer* sich je nach Seheinstellung sich in einem einzigen Schritt erhaben von dem gegenständlichen Schema absetzt, um dann sein Eigenleben zu entwickeln, sondern er wird von „Irritationsmomenten" geradezu überhäuft und ist ständig zu einer neuen Seheinstellung gezwungen.

- *Bildnis Rosa Schapire*, 1911, Öl auf Leinwand, Brücke-Museum Berlin, 84 x 76 cm (Abbildungsverzeichnis Nr. 46).
Die Phase, in der dieses Porträt entstand, zeichnet sich durch die große Variabilität der Farbe in ihren Erscheinungsweisen aus. Vor allem die Flächenfarbe hat hier die Mitte zwischen den mehr oberflächenhaften und den mehr eigenwertigen Effekten.
Das Weiß des Grundes schlägt, bedingt durch den lockeren Auftrag der Farbe zwar ebenfalls hin und wieder durch, weist aber bei weitem nicht die Durchgängigkeit auf, wie bei den Aquarellen zwei Jahre früher und spielt daher für die Bildwirkung eine weit geringere Rolle. Vielmehr wird hier die Ausgestaltung der Farbe selbst relevant. Der pastosen Gestaltung des Gesichts, das mit mehreren dicken Farbstrichen nach außen „gebaut" ist und geradezu modellierte Plastizität erreicht, steht die Gestaltung von Körper und Umraum entgegen, die v.a. im Körper in sehr dünnen, den Blick nach innen freigebenden Farbschichten, angelegt sind und somit das sich zum Betrachter öffnende Bildgerüst, bzw. Haltung der Person unterstützt. Der Körper verflacht und entkörperlicht sich zum unteren Rand hin zusehends und verunklärt die Sitzposition.

Die rote Fläche des Hintergrundes hingegen ist sehr homogen dicht gestaltet und bildet ein Kontrastmoment gegen die sich zwar in der Haltung dagegen nach vorne absetzende Figur, die sich aber durch die dünnflüssige Konsistenz der Körperfarben dagegen nach innen zurückzieht. Modellierungen, wie die des Gewandes oder des Armes schwanken so zwischen Oberfläche und Farbraum.
Die über Form- und Farbthema hervorgehobenen Spannungsmomente, die der Dargestellten ihre große Lebhaftigkeit und Impulsivität verleihen, wird durch die Erscheinungsweise der Farben unterstützt. So sind die Kompletmärkontraste auch durch ihre materielle Konsistenz gegeneinandergesetzt: das Rot der Fläche trifft auf das von transparenten Grün- und Ockertönen gestaltete Gewand. Dieses stößt wiederum auf das pastose, hauptsächlich in Rot gehaltene Gesicht. Den Armen kommt eine Mittlerstellung zwischen ihrer formalen Wichtigkeit zur Unterstützung der Pose, und ihrer sich öffnenden Transparenz hinsichtlich der Lebendigkeit der Farbgestaltung zu.

- *Porträt Dr. Paul Rauert*, 1911, Öl auf Leinwand, 84 x 66 cm, Kunsthalle Hamburg (Abbildungsverzeichnis Nr. 10).
Auch hier weicht der Körper gegenüber dem Gesicht extrem zurück. Dieses besteht aus einer lasierenden Grundlage, auf die pastose, mit Weiß vermischte Schichten gesetzt sind. Der schwarze Anzug entpuppt sich als Ineinanderspiel schwarzer transparenter Schichten, die mit bunten Streifen durchsetzt sind. Der Körper entwickelt dabei viel mehr Farbraum als der Grund, dessen Farben deckender eingesetzt sind, und gegenüber deren starker Erscheinung auf der Oberfläche er Tiefe entwickelt. Im Unterschied zum *Bildnis Rosa Schapire* zeichnet sich die Pose durch den primär schwarz gehaltenen Anzug stärker ab und dominiert zunächst auch stärker als dies bei den zarten Grün- und Ockertönen des Kleides von Schapire der Fall ist, wo die Pose eher durch die lebhaften Farben des Umraumes akzentuiert und verlebendigt wird. Die Lebendigkeit des Farbenspiels innerhalb des Anzugs von Rauert, aus dessen Dunkel bunte Striche hervortreten, ist dabei untergründiger und verhaltener.
Die innerhalb derselben Variabilität der Erscheinungsweise der Farbe getroffene Unterscheidung der beiden Porträts deckt sich nicht nur mit

den anhand von Form- und Farbthema gewonnenen Beobachtungen, sondern wird von ihnen unterstützt, indem sich die Phänomene gegenseitig modifizieren und steigern.
Das aktivere Moment bei Schapire entsteht durch die intensiven Komplementärkontraste. Diese charakterisieren sowohl die Physiognomie als auch die energische, dem Betrachter entgegenkommende Haltung. Dadurch erhalten die Spannungsmomente der wechselnden räumlichen Beziehungen eine erheblich aktivere Note als dieselben Momente der Farbentwicklung in dem durch Farb- und Formthema erheblich verhaltener angelegten *Porträt Rauert*.

Die Flexibilität der Flächenfarbe richtet sich also stets nach dem Dargestellten, beziehungsweise nach dem von ihm ausgehend ausgebildeten Form und Farbschema.
Dies gilt auch für die Phase von 1915.

- *Bildnis Rosa Schapire*, 1915, Öl auf Leinwand, 73 x 65 cm, Privatbesitz (Abbildungsverzeichnis Nr. 47).
Durch den knappen, sich auf den Kopf beschränkenden Ausschnitt rückt die Dargestellte am nächsten von den Bildnissen in dieser Phase an den Betrachter heran, vermittelt so eine größere Direktheit und Impulsivität. Direktheit ist hier als starkes, plastischen Gegenüber gestaltet, wohingegen der Körper zurückbleibt. Das bedeutet zugleich eine Forderung von Distanz, die dem Betrachter abverlangt wird. Er wird von der aus dem Bild stoßenden habichtschnabelartigen Nase geradezu in Schach gehalten. Dabei ist der Kopf nahezu in seine Umgebung eingemauert, indem er von einem kästchenartigen System von Farbflecken umgeben ist, was dabei zugleich wieder die Kontur des Kopfes heraushebt, und somit das Porträtschema unterstützt, also wiederum zur Distanzierung beiträgt.
Das inzwischen ausgefeilte Prinzip der Farbschichtungen, weg von direkten Farbkontrasten hin zu Abstufungen mit Zwischentönen erlaubt eine größere Subtilität, und mehr Möglichkeiten der Entwicklung und der gegenseitigen Beeinflussung der Farben. Die Oberfläche wird statt durch große Flächen jeweils von verschiedenen

Farbschichten auf unterschiedlichen Niveaus gemeinsam gebildet, was eine größere innere Bewegtheit durch die Steigerung der Impulse in Bildung und Auflösung von Formen, diffizilem Wechsel zwischen Oberfläche und Tiefe hervorruft. Dabei gehen verdünnte und pastose Farbschichten ineinander über, meist in der Reihenfolge von dünnem hin zu dickem Farbauftrag. Das Prinzip der Abstufung wird dabei auch im pastosen Bereich durchgehalten. Vor allem im Gesicht liegen so verschiedene Braun-, Ocker-, Orange- und Gelbschichten auf der Oberfläche beieinander. Unterstütz wird dieser gegenständliche Moment durch das dicke schwarze Liniengerüst, das die Formen klar ausbildet. Die sehr spät festgelegten Helligkeitsunterschiede (als oberste Schicht definierbar), festigen das prägnante Schema, dass trotz der durch den Ausschnitt vermittelten Direktheit mittels einer stark oberflächenhaften Erscheinung Distanz aufbaut.

- *Bildnis Paul Thiersch*, 1915, Öl auf Leinwand, 89 x 73 cm, Staatliche Galerie Moritzburg, Halle (Abbildungsverzeichnis Nr. 2).

Der größere Ausschnitt im Bildnis Thiersch räumt mehr Möglichkeiten zur Differenzierung der Erscheinungsweise der Farben ein, da die auch hier pastoseste Stelle des Kopfes weit weniger Raum einnimmt. Der Brustausschnitt des Körpers hat durch die meistens in weichen Rundungen aufgetragenen, sich überlagernden transparenten Farbschichten eine derart wolkiger Konsistenz, dass er richtiggehend der dicken, schwarzen Konturen zum Zusammenhalt zu bedürfen scheint. Die luftige, weiche Gestaltung entspricht der auch schon besonders im Formthema ausgedrückten Lässigkeit durch die Dominanz des Bogens. Der massige Schädel scheint von teigig-träger Konsistenz, in viel weicherer Modellierung als die scharfen, nahezu geometrisierten Formen Schapires.

Der gelbe Flaum des Kopfes gleicht sich in Materialität und Farbe der aufgestellten Leinwand des Hintergrundes in gleicher Höhe an und verliert so an Plastizität und Substanz. Nur der vordere Teil des Gesichts mit Augen-, Nasen- und Mundpartie hebt sich wie eine Maske nach vorne ab. Eine kleine helle Stelle oben um Kopf, bedeutet ebenfalls einen kleinen Akzent, der diesen Teil des Kopfes mehr in den Vordergrund rückt.

Trotz des distanzierten Ausschnitts, erscheint Thiersch nachgiebiger, indem er weit weniger abweisende Oberfläche bildet, den Betrachter mehr in sein Innenleben eindringen lässt. Einen besonderen Impulse erhält der Wechsel zwischen Vorne und Hinten, Innen und Außen durch die sich öffnenden Gründe der Leinwände, die in ihrer Position ständig zu alternieren scheinen, ohne sich durch das lineare Gerüst, das sie in ihrem Gestaffeltsein fixieren möchte, ernsthaft zurückhalten zu lassen.

- *Bildnis Lyonel Feininger*, 1915, Öl auf Leinwand, 90 x 76 cm, German. Nationalmuseum, Nürnberg (Abbildungsverzeichnis Nr. 4).
Zu dem disziplinierten Eindruck, den Feininger vermittelt, verhelfen wieder ganz andere Oberflächen und Tiefenbildungen. Statt weichen Modulationen heben scharfe Schlagschatten die markigen, geraden Konturen von Nase und Wange hervor. Der Anzug wirkt erheblich substanzieller, obgleich er ebenfalls aus sich überlagernden Schichten besteht. Dabei erweist sich das Schwarz als oberste Schichte als unterschiedlich durchlässig, so dass die darunterliegenden Farben, v.a. das Gelb, an nur einigen Stellen, dafür aber fast grell nach außen dringen und die oberste Schicht als nicht körperhaft entlarven. Tiefe scheint, ebenfalls sehr diszipliniert, nur an bewusst dafür vorgesehenen Stellen sichtbar zu werden. Das Starre der Haltung dominiert.
Hier gibt es kein weiches Sichverbinden mit dem Grund, sondern ganz im Gegenteil werden der Kopf und zum Teil auch der Körper durch eine konturbegleitende substantielle Schicht Weiß abgegrenzt.
Bewegt erscheint Feininger weniger durch die Farbbewegung des eigenen Körpers, wie Thiersch, als durch die seiner Umgebung. Auch hier wechseln die Elemente des Hintergrundes. Der Vorhangspalt wirkt dabei dinglicher als der zwar zum Teil anmodellierte, aber in vielen Schichten wolkige Vorhang, auf dem auch die grünen Kreissegmente nicht fixiert erscheinen und nur durch die Formanalogie in ihrer Position bestätigt werden umgekehrt, aber den daran angelehnten Körperumriss ebenfalls mitbewegen. Der ebenfalls keine feste Oberfläche bildende Boden lässt Feininger in seiner unbewegt starren Haltung wie in einem Bootchen umhertrudeln.

- *Bildnis Rosa Schapire*, 1919, Öl auf Leinwand, 101 x 87 cm, Tate Gallery, London (Abbildungsverzeichnis Nr. 49).
In diese Phase dominiert die Flächenfarbe fast völlig. Nahezu unterschiedslos in ihrer lasierenden Konsistenz scheint sich die sehr dünnflüssige Farbe in die Formen zu gießen. Dabei fällt auf, dass der Kopf nicht die distanzbildende Oberfläche aufweist, wie bei den Porträts zuvor. Innen und außen differiert hier über den Form- und Farbzusammenhang, wie dies besonders durch die stark unterschiedliche Ausbildung der Augen ersichtlich wird. Zwar ist die Grundform, ein oberer Lidbogen mit daran hängender fast kreisrunder Pupille, identisch, aber das rechte Auge erfährt eine farbliche Differenzierung, indem das Oberlid mit Lachsrot, das Auge selbst mit Grün ausgemalt ist, dessen Kante somit den unteren Lidbogen bildet. Kurz darunter wird die Rundung nochmals wiederholt, indem die Gelbfläche der oberen Gesichtspartie in eben dieser Form auf die lachrosa Fläche der Wange stößt. Zusammen mit der Braue, die wiederum den Bogen des Oberlides weiter oben nachvollzieht, scheint das Auge kreisrund umrahmt, und dadurch besonders hervorgehoben. Diese Differenziertheit weist das linke Auge nicht auf. Dieses ist in eine nahezu homogene abgedunkelte lachsrosa Fläche eingebettet und erschient so eher nach innen gerichtet, als das in der helleren, bunteren Hälfte extrovertierte rechte Auge.

Ein Bild desselben Jahres *Kämmendes Mädchen* ( Brücke-Museum-Berlin, Abb. 259-260) macht das Phänomen des partiellen sich nach Innenwendens noch deutlicher. Über das vorgezogene Haar bildet sich ein verschatteter Raum, der die Figur in sich abgrenzt und in die Tiefe nimmt. In diesen Dunkelraum ist auch die daran angrenzende linke Gesichtshälfte mithineingenommen, die ebenso abgedunkelt erscheint wie das Auge, das hier blau und nicht – wie auf der rechten helleren, nach außen gewandten Seite – weiß erscheint. Diese Tiefe erreicht die Figur nur an dieser Stelle, während ansonsten die Transparenz der Flächenfarbe einen gleichmäßig luziden Farbraum präsentiert.
Dieses Verhältnis von Innen und Außen durch die Unterscheidung der beiden Gesichtshälften wird im *Bildnis Niemeyer*, wie gesehen, noch

gesteigert.[1012] War es zunächst die Pastosität des Kopfes, der somit die meiste Plastizität und somit auch Distanz entwickelt, die als erstes Indiz von Individualität im Werk von Schmidt-Rottluff hervorgehoben wurde, ist das Spannungsverhältnis zwischen Kopf, Körper und Umgebung in den Kopf selbst mit hineingenommen. Das Seelische, das in den Entfaltungsmöglichkeiten der Farbe liegt, kann nun auch den Kopf vergeistigen, dem die Erscheinungsweise der Flächenfarbe nicht mehr vorenthalten ist. Spannungsmomente zwischen Oberfläche und Tiefe werden nun fast nicht mehr durch die Pastosität der Farbe mitverursacht. Hier ist es die Spannung zwischen Liniengerüst und sich darin mehr oder weniger verbindlich ausbreitenden Farbe, die den Körper in seiner Wandelbarkeit zwischen Innen und Außen erscheinen lässt und die zeitliche Dimension der Betrachtung miteinbezieht.

### VI.2.2. Charakter und Individualität als Entfaltungsmöglichkeit

„Das Anschaulichwerden des Visionären, die Entwicklung des Realen ist ein *Vorgang*. Die Farbwirkungen *entfalten* sich. Leuchten und Beleuchtung schlagen ineinander über. Die Raumspannungen steigern sich und mit ihnen das Dynamische der Farben. Farb- und Farbbezüge durchflechten sich in einer sukzessiven Ordnung. Die Farbmaterie *wird* zum Ausdruck des Seelischen. Die Farbe ist in der flächenfarbigen Erscheinungsweise in sich selbst bewegt. Dies und ihre Einstellung in eine Fülle von dynamischen, labilen Relationen ermöglicht es, daß die Farbe vor unseren Augen sich *ausgestaltet*. Die bereichert sich während unserer Versenkung in die Farbwirkung. Die Farbe ist in der Mannigfaltigkeit ihrer Funktionen nicht einfach vorhanden, sondern sie reift zur ganzen Fülle ihrer Wirkungsmöglichkeiten erst während der Betrachtung aus. Deshalb ist auch die Spannung zwischen Darstellungswert und Ausdruckswert eine zeitliche: die Realität entwickelt sich, verwandelt sich, das Visionäre *wird* vor unseren Augen anschaulich. Die Nähe, Eindringlichkeit, Ausdrucksstärke der Farbe, die Art der Raumgestaltung verursachen, daß der Betrachter in dieses Geschehen der Verwandlung

[1012] Zur Unterschiedlichkeit der Augen s. auch Andreas Hüneke, Zweierlei Augen. Ein Deutungsvorschlag, in: Magdalena M. Moeller (Hg.), Karl Schmidt-Rottluff. Druckgraphik, München 2001, S. 43-51. Er sieht darin ein Menschheitsproblem des Künstlers, das ihm um 1919 besonders wichtig war. Wie schon in der Romantik sei dadurch die Thematik Tag und Nacht, Licht und Dunkel, Leben und Tod angesprochen.

> mithereingenommen wird. Er selbst soll diese Verwandlung nachvollziehen"[1013]

Der Betrachter erfährt durch die Ausgestaltung der Farbe eine große Erlebnisummittelbarkeit, die ihn zwischen schauender Wahrnehmung und Empfindung wandeln lässt. Die Wirkungs- und Entfaltungsmöglichkeiten der Farbe werden mit den Entfaltungsmöglichkeiten des Individuums als in persönlicher Weise handelndes und reagierendes Wesen gleichgesetzt und als Charakter definiert. Die Lebendigkeit des Dargestellten als beseeltes Wesen äußert sich während der Anschauung als Möglichkeit der Veränderung durch die Übergänge vom Gegenständlichen zum Übergegenständlichen.[1014]

> „Individualität bestimmt sich nicht durch äußere Formen – die Allein vollständig oder unvollständig sein könnten –, sondern tritt allererst aus einem optischen Handlungszusammenhang als Ergebnis einer Interaktion, als Wirkungspotential, demnach als etwas Spirituelles hervor."[1015]

Das Ausdruckspotential als Inhalt der Farbe entfaltet sich an der dargestellten Person. Als solcher ist Ausdruck eine farbimmanente Bewegung – wie bei der Flächenfarbe geschildert – der zunächst nichts mit der äußerlich dargestellten Haltung zu tun hat, sondern nur das Potential entwickelt. Die Bildbewegung geht nicht aus der Bewegung der Figur hervor, sondern ist überfigürlich, ein „aktives Nichtbewegen", in dem sich der „Ausdruck eines Empfindens" sowie das „Verhältnis zur Umgebung" zeigt.[1016]

---

[1013] Dittmann, Grünewald, S. 100.

[1014] „Es ist aber gerade dieses Zwischen, zwischen Aufsteigen und Abfallen, zwischen Form und Formlosem, zwischen Ordnung und Chaos, welches die Charakterisierung von Leben als Möglichkeit von Veränderung bei letztlich Unveränderlichem ausmacht, mithin das organische Prinzip." Winter, Idealität und Individualität, S. 225, Anm. 25. Winter bezieht sich auf H. Plessner, Die Stufen des Organischen und der Mensch. Einleitung in die philosophische Anthropologie, Berlin-Leipzig, 1928.
„Körperliche Dinge der Anschauung, an welchen eine prinzipiell divergente Außen-Innenbeziehung auftritt, heißen *lebendig*." Plessner, S. 89, zitiert bei Winter, S. 225, Anm. 26.

[1015] Winter, Idealität und Individualität, S. 76.

[1016] Schütz, Munch, Sie zitiert Frederik Buytendijk, Algemene Theorie der menschlijke Houding en Beweging, Antwerpen 1948, dt. Berlin-Göttingen-Heidelberg 1956, S. 81.

„[...] der Ausdruck, der seinen Bedeutungsgehalt in sich selbst trägt, ist auf unser So-Sein-in-der-Welt bezogen, [...].“[1017]

Dies ist jedoch nicht zu verwechseln mit der Pose des Porträtschemas, die allen übergeordneten Handlungsbezügen entgegensteht, wie dies in der Hermeneutik mit „Selbstverweis“ benannt wurde. Diese steht ja, wie gezeigt, dem Ausdruck gerade entgegen. Gemeint ist vielmehr das über dieses Schema Hinausgehende und dieses Verlebendigende, das die Erscheinung des Porträtierten in seiner individuellen Lebendigkeit plausibel macht. Individualität ist von dem sich selbstbewusst absetzenden Gegenüber zu modifizieren in ein Subjekt, dessen Facetten sich erst bei Näherung entfalten.

Ontologisch wird das Porträt von Riezler unter dem Gesichtspunkt der Ganzheit des Daseins diskutiert. Aussehen, Charakter und Dasein durchdringen sich gegenseitig und äußern sich im Kunstwerk als „Anblick des Seins im Ganzen“[1018]. Der Charakter ist somit mehr als die Darstellung nur eines „treffenden“ Momentes, stellvertretend für alle anderen; er ist „Inbegriff sich zeigender Möglichkeiten“.[1019]

„Der Maler sucht mehr: diesen Menschen, wie er immer ist, aber vielleicht niemals in einem und demselben Augenblick ‚aussieht‘. Das ‚Aussehen‘ auf dem Bilde, in einer bestimmten Haltung, Kleidung, Umgebung erzählt uns die Haltung dieses Menschen in allen Lagen, ja seine ganze Geschichte: keine Begebenheiten, wohl aber die Weise seines Seins und Wirkens, wie er seine Welt tönt und färbt, erwärmt und bewegt, in die Nähe zwingt oder in die Ferne verweist. Wir heißen das ‚seinen Charakter‘. Aber was ‚ist‘ dieser Charakter? Ein Inbegriff sich bewegender Möglichkeiten. Aber diese Möglichkeiten sind Weisen des Daseins, ineinander verschränkt. Da ist also eine doppelte ‚Transparenz‘: die Transparenz des ‚Charakters‘ im Aussehen; die Transparenz des ‚Daseins‘ im Charakter. Das Durchscheinende ist wiederum durchscheinend. Das zweite Durchscheinende ist nicht mehr das Sonderwesen dieses Menschen unter anderen, sondern ‚Eidos‘, Anblick

---

[1017] Ebenda, Buytendijk., S. 82.

[1018] Kurt Riezler, Traktat vom Schönen, Zur Ontologie der Kunst, Frankfurt/Main 1935, S. 188.

[1019] Riezler, Traktat vom Schönen, S. 226.

> des Seins im Ganzen. In solcher Transparenz lebt dieser Mensch, wenn er auch ein ganz anderer ist , als wir, unser aller Leben."[1020]

Der Gesamteindruck spiegelt Charakter als Besonderheit innerhalb der allgemeinen Seinsweise wider.[1021] Die Universalität des Daseins ist die Grundlage, in die der Mensch mit Kopf und Gewand, Farbe und Licht gestellt ist.[1022] Das Ganze des Daseins ist somit immer mitgestaltet, verbirgt und zeigt sich in immer neuen Variationen des Bildes und ist immer spezifisch auf einen bestimmten Menschen ausgerichtet.

> „Da ist nicht nur eine äußere Ähnlichkeit zur inneren geworden - auf dem Wege von der äußeren, zur inneren Ähnlichkeit ist die Wahrheit des Seienden Wahrheit des Daseins geworden."[1023]

Das jeweilige Porträt zeigt das auf den Porträtierten bezogene Ganze in einer einmaligen, unwiederholbaren Erscheinung. Das Dasein umfasst ebenso den Maler und vereinigt auch dessen Dasein in der Erscheinung des Porträts.[1024]

Auch der Charakter ist somit aus dem Ganzen des Seins heraus erklärbar als das Wirkende, das in seiner Besonderheit in die Erscheinung drängt. Das Ganze des Seins erscheint in einem Charakter

---

[1020] Riezler, Traktat vom Schönen, S. 187 f.

[1021] Vgl. auch Gombrich, der die Ähnlichkeit als Korrespondenz von Gesamteindrücken benennt.

[1022] „Der Künstler malt Kopf und Gewand und Spiel von Farbe und Licht und stellt den Menschen in das Ganze des Daseins, das er in seinem Mangel nicht minder, wie in seinem Haben ist. Von diesem Ganzen ist des Menschen Besonderheit nur eine Weise seiner Verborgenheit und Sichtbarkeit – eine je andere eines Selbigen für Innocenz X. wie für die Mona Lisa. Die letzte Transparenz, das Wunder des Guten, ist jenes Selbige in der Besonderheit der einmalig unwiederholbaren Erscheinung." Riezler, Traktat vom Schönen, S. 226.

[1023] Riezler, Traktat vom Schönen, S. 226.

[1024] „In dieser Wahrheit [des Daseins] aber sind auf eine sehr merkwürdige Weise zwei Besonderheiten – ‚Individualitäten' als ‚Eide', Sonderanblicke des Ganzen, in der Erscheinung geeint: der dargestellte und darstellende Mensch, das Modell und der Künstler. Desselben Menschen Bild, aus des Velasquez oder des Rembrandt Hand – verschiedener Menschen Bilder aus einer Hand. Das Eidos des Künstlers, seine Art zu sehen – das Eidos des Dargestellten, seine Art zu sein: das erste spricht sich im zweiten aus als Eidos des Seins im Ganzen; als ebensolches erscheint das zweite durch das erste." Riezler, Traktat vom Schönen, S. 226.

unter einem besonderen Aspekt. Die Besonderheit dieses Aspekts zeigt sich als Aspekt des Ganzen.[1025]
Die Universalität es Daseins, in die der Mensch gestellt ist, entspricht der ursprünglichen allumfassenden Natur. Stimmung als ursprüngliche Erfahrung des In-der-Welt-Seins wird dem Betrachter über den gestimmten Raum vermittelt, wie er sich in der Flächenfarbe ausbildet und gegen den gegenständlich motivierten Anschauungsraum wirkt. Die Entdeckung des Menschen wird erst durch die „Verfremdung" der Pose möglich, die eine Erscheinung bewirkt, die nicht sofort freilegbar und zufriedenstellend ist. Die über Festhalten an einmal entwickelten und vertraut gewordenen Präsentationsschemata entstandene Bequemlichkeit im Erschließen von Porträts, wird durch die auftretenden Spannungen und Ambivalenzen irritiert, die über die Präsentation zum Ausdruck kommende Distanz durch die Befremdung der Malweise wieder aufgehoben. In der Malerei vergegenwärtigt sich über die deutlich gewordene Übersetzung das nicht mehr Anschauliche.

## V.3. Das Fremde als das Inkommensurable im Werk Schmidt-Rottluffs

Die Tatsache, dass es sich bei der Farbe der Natur um ein „inkommensurable Größe" handelt, hat vor allem die Moderne Rechnung getragen.[1026] Dies entspricht in der Landschaftsmalerei einer

---

[1025] Riezler veranschaulicht dies am Beziehungsgeflecht der Tragödie, die als Ganzheit dem Charakter unter verschiedenen Aspekten dienlich ist „Der Dichter schildert im Wandel der Begebenheiten einen Charakter – er tut dies um des Ganzen des Seins willen. das in diesem Charakter unter einem besonderen Aspekt erscheint. Es zeigt diesen Charakter im Wandel der Begebenheiten, Schicksale, Situationen als ein Wirkendes, das in seiner Begebenheit selbst, an anderen Charakteren andere Aspekte, vom Großen aus auch das Kleine, vom Kleinen aus auch das Große.
Dasselbe Ganze wandelt die Weise seines Erscheinens – in jedem Einzelnen auf andere Weise sichtbar als dasselbe Verborgene. Da bestaunen wir dann in einer Tragödie Shakespeares die innere Wahrheit der Scheinwelt seines Theaters – als Breite Fülle, Dichte eines Kosmos aller Daseinsmächte. Das ist das Gefüge des Seins, erschienend je als Ganzes in jedem Einzelnen, in Charakteren und Begebenheiten in einem je anderen Aspekte – als Eines im Wandel je ein anderes und doch ein Selbiges." Riezler, Traktat vom Schönen, S. 226 f.

[1026] „Die Farbe der sichtbaren Welt gilt heute dem Maler als eine inkommensurabel Größe." Strauss, Zur Wesensbestimmung der Bildfarbe, S. 13.

Darstellung der inkommensurablen Natur, die in der Malerei nicht eindeutig festzulegen ist. Die Illusionierung, soweit sie überhaupt als oberstes Kriterium gelten kann[1027], weicht vor einem noch nicht fertig verarbeiteten „Natur-Bild" zurück, das zwar immer noch das geistige Produkt Landschaft kompositionell veranschaulicht, dieses jedoch in seinem Nichtabgeschlossensein als sich Befremdendes, zur Erschließung Herausforderndes betont. Der Effekt der Befremdung resultiert dabei aus der ästhetischen Vergegenwärtigung der Malmittel in ihrer eigenen Phänomenalität, die sich nicht in die des Landschaftsbildes einfügt.

Das zu überwindende vertraute und festgefahrene Schema der Landschaftsmalerei hat für das Bild des Menschen seine Entsprechung in der Pose, die, wie gesehen, das Individuum in ein gewohntes und daher schnell abzuhandelndes Raster einzwänge, falls die künstlerische Gestaltung sich nicht darüber hinwegsetzte, bzw. spannungsvoll dagegen anginge. Das zuerst als Porträt erfasste Schema gestaltet sich v.a. durch die Farbe aus zu einem Eindruck von Lebendigkeit im Sinne von Wandlungsfähigkeit, das dem Facettenreichtum des Individuums im Besonderen durch die Flexibilität der Farbe in der Moderne Rechnung trägt. Mit anderen Worten, dem Inkommensurablen des Individuums entspricht auch hier das Inkommensurable der Farbe. Der im Werden begriffene Mensch kommt nie zu einem Abschluss und entspricht so dem Kriterium der Nichtfestlegbarkeit des Individuums. Dies entspricht der Eigenschaft als Flächenfarbe, zwischen Oberfläche und Innerem des Dargestellten zu wechseln und so den Eindruck geistiger Dimensionen zu vermitteln, die den Betrachter gefühlsmäßig in Anspruch nehmen, ihn von der Betrachtung des Gegenständlichen weg in ein stimmungshaftes Erlebnis überführen.

Kann Stimmung jedoch auch etwas persönliches, individuelles sein? Der Modellbezug manifestiert sich dabei, indem er die Stimmung zugunsten eines bestimmten Individuums modifiziert, bzw. spezifiziert, auf zweierlei Weise. Neben der Besonderung in gegenständlicher und materieller Hinsicht („Korrektur"), die als

[1027] Wie gesehen, stehen auch in der traditionellen Malerei die das Bild als künstlerisches Produkt betonende Eigenschaften auf einem nicht minder zu bewerteten Rang. Vgl. Hetzer.

distanzschaffende Oberfläche den Aspekt des Individuums als selbstbewusstes Gegenüber betonen, spielt das persönliche, auf einen Dargestellten zugeschnittene Farb- und Formthema eine Rolle, das die Art und Weise der Ausgestaltung der Farbe stark mitbestimmt, indem sie sie in einen bestimmten Bezug setzt, der ein *bestimmtes* Individuum präsentiert.. Der Charakter als besondere Entfaltungsmöglichkeit eines Individuums kann sich eben nur in bestimmten, von eben diesem Individuum vorgegebenen Grenzen entfalten

Ähnlichkeit, will man diese Wort überhaupt noch verwenden, konstituiert sich aus der Schöpferkraft des Malers, die sich bei Schmidt-Rottluff besonders über den sichtbaren Prozess der Verarbeitung der Farbe in ihrer eigenen, sich ständig wieder von gegenständlicher Modifizierung lösender Präsenz als Urstoff der Malerei offenbart. Dieser Prozess schafft auch das Individuum nach dem Empfinden des Malers neu, bestimmt jedoch als Ausgang des Prozesses die besondere Ausgestaltung mit. Insofern beinhaltet jedes Porträt seinen „Urbildbezug“ (Gadamer) und steht in „eigengesetzlicher Kongruenz“ (Hülsewig) zu seinem Vorbild. Der Betrachter wird angeleitet, sich ebenfalls als Schöpfer am Bild zu beteiligen und diesem, im Rahmen seiner Möglichkeiten, ständig neue Facetten abzugewinnen. Kunst eröffnet diese Möglichkeit durch ihre Offenbarung als Schein.

„Da kann das Scheinhafte selbst, insofern es im ontischen Sinne unwahr ist, Erscheinung werden eines höheren Wahren.“[1028]

[1028] Riezler, Traktat vom Schönen, S. 187.

## Abbildungsverzeichnis

Aus Kostengründen muss auf die Veröffentlichung des Bildmaterials leider verzichtet werden. Die Nummern hinter den im Texte erwähnten Beispielen verweisen auf publizierte Abbildungen.
Falls nicht anders vermerkt, stammen die Werke von Karl Schmidt-Rottluff.

1 Ernst Ludwig Kirchner, *Drei alte Frauen*, 1925/26, Photographie und Gemälde, Abbildung in: Gerhard Kolberg (Hg.), Die Expressionisten. Vom Aufbruch bis zur Verfemung, Köln 1996, S. 181, Abb. 3.

2 *Bildnis Paul Thiersch*, 1915, Öl auf Leinwand, 89 x 73 cm, Staatliche Galerie Moritzburg Halle, Abbildung in: Karl Brix, Karl Schmidt-Rottluff, Leipzig 1972, Nr. 24.

3 *Paul Thiersch*, Porträtphotographie, 1922, Abbildung in: Rudolf Farner (Hg.), Paul Thiersch, Leben und Werk, Berlin 1970, Abb. Nr. 9.

4 *Bildnis Lyonel Feininger*, 1915, Öl auf Leinwand, 90 x 76 cm, Germanisches Nationalmuseum, Nürnberg, Abbildung in: Magdalena M. Moeller, Hans-Werner Schmidt (Hg.), Schmidt-Rottluff. Der Maler, Ausstellungskatalog Düsseldorf, Chemnitz, Berlin, Stuttgart 1992, S. 107, Nr. 46.

5 *Lyonel Feininger*, Porträtphotographie, 1922, Abbildung in: Lyonel Feininger. 1871-1956, Haus der Kunst, München, Kunsthaus Zürich 1973, S. 20.

6 Lyonel Feininger, *Selbstporträt*, 1915, Öl auf Leinwand, 100 x 80 cm, Sarah Campbell Blaffer Foundation, Houston, Abbildung in: Roland März (Hg.), Lyonel Feininger. Von Gelmroda nach Manhattan. Retrospektive der Gemälde, Berlin 1998, S. 88, Nr. 33.

7 *Bildnis E. R. (Emma Ritter)*, 1915, Radierung, 21,0 x 16,7 cm, Schapire 15, Abbildung in: Gerhard Wietek, Schmidt-Rottluff. Die Graphik, München 1971, S. 136, Nr. 94.

8 Emma Ritter zusammen mit ihrer Mutter und ihrer Schwester, Photographie, Abbildung in: Gerhard Wietek, Schmidt-Rottluff. Oldenburger Jahre. 1907-1912, Mainz 1995, S. 59.
9 Emma Ritter, Porträtphotographie, Abbildung in: Wietek, Oldenburger Jahre, S. 73.
10 *Porträt Dr. Paul Rauert*, 1911, Öl auf Leinwand, 84 x 66 cm, Hamburger Kunsthalle, Abbildung in: Hanna Hohl, Die Brücke in der Hamburger Kunsthalle, Osnabrück 1991, S. 61, Nr. 59.
11 Paul Rauert mit Frau und Kind, Photographie, Abbildung in: Wietek, Oldenburger Jahre, S. 40.
12 *Bildnis Niemeyer*, 1922, Holzschnitt, 50 x 39,7 cm, Schapire 270, Abbildung in: Wietek, Graphik, S. 160, Nr. 114.
13 *Bildnis Wilhelm Niemeyer*, 1922, Öl auf Leinwand, verschollen, Abbildung in: Wietek, Schmidt-Rottluff in Hamburg und Schleswig-Holstein, Neumünster 1984, S. 221.
14 Wilhelm Niemeyer, Porträtphotographie, 1920, Abbildung in: Gerhard Wietek, Karl Schmidt-Rottluff. Plastik und Kunsthandwerk. Werkverzeichnis, München 2001, S. 15, Nr. 4.
15 *Bildnis des Kunsthistorikers Wilhelm Niemeyer*, 1921, Öl auf Leinwand, 100 x 90 cm, Staatliche Museen zu Berlin, Neue Nationalgalerie, Abbildung in: Schmidt-Rottluff. Der Maler, S. 125, Nr. 57.
16 Franz Radziwill, *Porträt Wilhelm Niemeyer*, 1924, Öl auf Leinwand, verschollen, Farbreproduktion in der Zeitschrift Elite, 1924, Abbildung in: Gerhard Wietek, Franz Radziwill-Wilhelm Niemeyer, Dokumente einer Freundschaft, Oldenburg 1990, S. 374.
17 *Bildnis Friedrich Schreiber Weigand*, 1924, Holzschnitt, 50 x 39 cm, Rathenau 6, Abbildung in: Leopold Reidemeister, Der Holzstock als Kunstwerk, Karl Schmidt-Rottluff, Holzstöcke von 1905 bis 1930, (= Brücke-Archiv Heft 13/14), Tafel 75.
18 Friedrich Schreiber Weigand, Porträtphotographie, Abbildung in: Gabriele Juppe, Stephan Pfalzer, Der Verein „Kunsthütte“ zu Chemnitz, in: Mitteilungen des Chemnitzer Geschichtsvereins, Chemnitz, N. F. 1, Jg. 62, 1992, S. 72.

19 Erich Heckel, *Bildnisstudie (Dr. Wallerstein)*, 1912, Wachskreidezeichnung, 67,6 x 51,1 cm, Abbildung in: Karlheinz Gabler, Erich Heckel und sein Kreis. Dokumente, Photos, Briefe, Schriften, Stuttgart, Zürich 1983, S. 98, Nr. 38.

20 Erich Heckel, *Bildnis Dr. Wallerstein*, 1913, Öl auf Leinwand, 80 x 70 cm, zerstört, Abbildung in Paul Vogt, Erich Heckel, Recklinghausen 1968, S. 125.

21 *Lesende (Else Lasker Schüler)*, 1912, Öl auf Leinwand, 102 x 76 cm, Sammlung Gerlinger, Staatliche Galerie Moritzburg Halle, Abbildung in: Gunther Thiem, Armin Zweite (Hg.), Schmidt-Rottluff. Retrospektive, Ausstellungskatalog Bremen, München 1989, Nr. 43.

22 Else Lasker-Schüler, Porträtphotographie, Abbildung in: Expressionisten, die Avantgarde in Deutschland, Ausstellungskatalog Staatliche Museen Berlin Nationalgalerie, Kupferstichkabinett, Berlin 1986, S. 435.

23 Else Lasker-Schüler, Porträtphotographie 1912, Abbildung in: Schmidt-Rottluff. Retrospektive, S. 52.

24 *Der Prinz von Theben*, Zeichnung, Abbildung in: Der Sturm. Wochenzeitschrift für Kultur und Künste, Jg. 1912, Berlin, Januar 1912, Nr. 95, S. 759.

25 *Lektüre*, 1912, Öl auf Leinwand, 84 x 76 cm, verschollen, Abbildung in: Wietek, Oldenburger Jahre, S. 550.

26 *Der Holzschneider (Lampenlicht)*, 1906/07, Öl auf Pappe, 71 x 102,5 cm, Städtische Kunstsammlungen Chemnitz, Abbildung in: Schmidt-Rottluff. Der Maler, S. 51, Nr. 12.

27 *Mann im Sonnenlicht*, 1907, Öl auf Leinwand, 65 x 50 cm, Chemnitz, Privatbesitz, Abbildung in: Wietek, Oldenburger Jahre, S. 262, Nr. 8.

28 *Erich Heckel in gelber Öljacke*, 1908, Öl auf Leinwand, 86 x 70,5 cm, verschollen, Abbildung in: Wietek, Oldenburger Jahre, S. 573.

29 *Bildnis H.*, 1909, Lithographie, 45 x 35,5 cm, Schapire 56, Abbildung in: Susanne Anna, Karl Schmidt-Rottluff, Malerei und Graphik Bestandskatalog I der Sammlung Malerei und Plastik und des graphischen ‚Kabinetts der Städtischen Kunstsammlungen Chemnitz, Chemnitz 1993, S. 226, Nr. 202.

30 *Bildnis H.*, 1909, Aquarell und Tusche, 66 x 50 cm, Brücke-Museum Berlin, Abbildung in: Schmidt-Rottluff. Retrospektive, Nr. 12.

31 *Erich Heckel*, Porträtphotographie, Abbildung in: Gabler, Heckel, S. 16.

32 *Emybildnis*, 1919, Holzschnitt, 49,7 x 39,4 cm, Schapire 252, Abbildung in: Wietek, Graphik, S. 159, Nr. 113.

33 *Emybildnis*, 1919, Öl Auf Leinwand, 73,7 x 66,0 cm, North Carolina Museum of Art, Postkarte, Schwarz-Weiß-Abbildung in: Wilhelm R. Valentiner, Schmidt-Rottluff (= Junge Kunst, Bd. 16), Leipzig 1920, Tafel 49.

34 *Du und Ich*, 1919, Öl auf Leinwand, 87 x 101 cm, Sammlung Gerlinger, Staatliche Galerie Moritzburg Halle, Abbildung in: Schmidt-Rottluff. Retrospektive, Nr. 73.

35 *Doppelbildnis (Selbstbildnis mit Frau)*, 1919, Öl auf Leinwand, 90 x 76 cm, Staatsgalerie moderner Kunst, München, Abbildung in: Wietek, Schmidt-Rottluff in Hamburg und Schleswig-Holstein, S. 204, Nr. 76.

36 *Emybildnis*, 1921, Kaltnadel, 40,0 x 32,4 cm, Schapire 48, Abbildung in: Anna, Bestandskatalog Chemnitz, S. 245, Nr. 228.

37 *Emy Schmidt-Rottluff*, um 1936, Porträtphotographie, Abbildung in: Schmidt-Rottluff Retrospektive, S. 95.

38 *Kopf*, 1919, Holzschnitt, 49,5 x 39,7 cm, Schapire 256, Abbildung in Will Grohmann, Karl Schmidt-Rottluff, Stuttgart 1956, S. 101.

39 *Frau in rotem Kleid*, 1920, Öl auf Leinwand, 100,5 x 86,7 cm, Buchheim Museum, Bernried, Abbildung in: Diethild Buchheim (Hg.), Expressionisten. Sammlung Buchheim, Feldafing 1981, Nr. 253.

40 *Bildnis Valentiner I*, Holzschnitt, 52,9 x 39,4 cm, Schapire 297, Abbildung in: Schmidt-Rottluff. Retrospektive, S. 270, Nr. 257.

41 *Bildnis Valentiner II*, Holzschnitt, 50,4 x 39,2 cm, Schapire 298, Abbildung in: Grohmann, Schmidt-Rottluff, S. 129.

42 *Frau am Tisch (Rosa Schapire)*, 1909, Aquarell und Tusche, Brücke-Museum Berlin, Abbildung in: Schmidt-Rottluff. Retrospektive, Nr. 11.

43 *Bildnis R.S.*, 1909, Holzschnitt, 39 x 30 cm, Schapire 6, Abbildung in: Wietek, Oldenburger Jahre, S. 350, Nr. 91.

44 *Rosa Schapire,* 1919 in Hohwacht, Ausschnitt einer Photographie, Abbildung in: Ausstellungskatalog Schmidt-Rottluff, Galerie Nierendorf, Berlin 1984, S. 10.

45 *Astern*, 1909, Aquarell und Tusche, 43 x 61 cm, Privatbesitz, Abbildung in: Wietek, Oldenburger Jahre, S. 331, Nr. 75.

46 *Bildnis Rosa Schapire*, 1911, Öl auf Leinwand, 84 x 76 cm, Brücke-Museum Berlin, Abbildung in: Schmidt-Rottluff. Retrospektive, Nr. 29.

47 *Bildnis Rosa Schapire*, 1915, Öl auf Leinwand, 73 x 65 cm, Privatbesitz, Abbildung in: Wietek, Schmidt-Rottluff in Hamburg und Schleswig Holstein, S. 140, Nr. 12.

48 *Rosa Schapire*, 1915, Holzschnitt, 36 x 29 cm, Schapire 183, Abbildung in: Wietek, Graphik, S. 154, Nr. 108.

49 *Rosa Schapire*, 1919, Öl auf Leinwand, 101 x 87 cm, Tate Gallery, London, Abbildung in: Ulrich Luckhard, Uwe M. Schneede (Hg.), Private Schätze. Über das Sammeln von Kunst in Hamburg bis 1933, Ausstellungskatalog Hamburger Kunsthalle, Hamburg 2001, S. 193.

50 *Frauenkopf*, 1922, Lithographie, 43,5 x 27,4 cm, Schapire 98, Abbildung in: Gerhard Wietek, Dr. Phil. Rosa Schapire, in: Jahrbuch der Hamburger Kunstsammlungen, Bd. 9, 1969, S. 147, Nr. 32.

51 *Frauenkopf R. S.*, 1923, Holzschnitt, 50,2 x 39,9 cm, Schapire 283, Abbildung in: Wietek, Graphik, S. 161, Nr. 115.

52 Emil Nolde, Frau mit dunklem Haar 190. , Radierung, Schiefler 86, Abbildung in: Wietek, Dr. Phil. Rosa Schapire, S. 153, Nr. 43.

53 Emil Nolde, *Fräulein Dr. Sch.*, 1907, Radierung, Schiefler 87, Abbildung in: Wietek, Dr. phil. Rosa Schapire, S. 143, Nr. 32.

54 Walter Grammaté, *Rosa Schapire*, 1920, Öl Auf Leinwand, 74 x 67 cm, Staatliche Museen zu Berlin, Neue Nationalgalerie, Abbildung in Jutta Hülsewig-Johnen (Hg.) O Mensch. Das Bildnis des Expressionismus, Bielefeld 1994, S. 199.

55 Franz Radziwill, *Rosa Schapire*, 1922, Aquarell, Abbildung in: Wietek, Dr. phil. Rosa Schapire, S. 49, Nr. 36.

56 Franz Radziwill, *Rosa Schapire*, 1925, Bleistift und Tuschezeichnung, Abbildung in: Wietek, Dr. phil. Rosa Schapire, S. 49, Nr. 37.

57 Gretchen Wohlwill, *Rosa Schapire*, um 1929, Bleistiftzeichnung, Abbildung in: Wietek, Dr. phil. Rosa Schapire, S. 150, Nr. 38.

58 Alma del Banco, *Rosa Schapire*, um 1919, Bleistiftzeichnung, Abbildung in: Wietek, Dr. phil. Rosa Schapire, S. 150, Nr. 39.

59 Harry Reus-Löwenstein, *Rosa Schapire*, 1930, Federzeichnung, Abbildung in: Wietek, Dr. phil. Rosa Schapire, S. 150, Nr. 40.

60 Rolf Nesch, *Rosa Schapire*, 1931, Kaltnadel, Abbildung in: Wietek, Dr. phil. Rosa Schapire, S. 151, Nr. 42.

61 *Bildnis O. M.*, 1914, Holzschnitt, 36,1 x 29,1 cm, Schapire 162, Abbildung in: Wietek, Graphik, S. 153, Nr. 107.

62 Ernst Ludwig Kirchner, *Otto Mueller mit Pfeife*, 1913, Öl auf Leinwand, 60 x 50,6 cm, Brücke-Museum Berlin, Abbildung in: Magdalena M. Moeller, Roland Scotti (Hg.), Ernst Ludwig Kirchner. Gemälde, Aquarelle, Zeichnungen und Druckgraphik, München 1998, S. 96, Nr. 11.

63 Ernst Ludwig Kirchner, *Porträt Otto Mueller*, 1915, Farbholzschnitt, 35,5/36,2 x 30 cm, Abbildung in: Fancis Curey, Antony Griffiths, The Print in Germany 1800-1933. The Age of Expressionism, London 1983[2], Titelbild.

64 Lithographie 39,3 x 29,8 cm, Abbildung in: Magdalena M. Moeller (Hg.), Otto Mueller. Gemälde, Aquarelle, Pastelle und Druckgraphik aus dem Brücke-Museum Berlin, München 1996, Nr. 31b.

65 Otto Mueller, Ausschnitt einer Porträtphotographie, Abbildung in: Ausstellungskatalog Otto Mueller, Galerie Nierendorf, Berlin 1990, S. 2.

66 *Mädchenbildnis*, 1914, Öl auf Leinwand, 99 x 61 cm, Buchheim Museum, Bernried, Abbildung in: Expressionisten. Sammlung Buchheim, Nr. 251.

67 *Mädchen mit rotem Kragen*, 1914715, Öl auf Leinwand, 56 x 40 cm. Privatbesitz.

68 *Sitzende Frau*, 1915, Öl auf Leinwand, verschollen, Abbildung in: Klaus-Peter Schuster (Hg.), Die Kunststadt München. Nationalsozialismus und „Entartete Kunst", München [3]1988, S. 145.

69 *Grünes Mädchen*, 1915, Öl auf Leinwand, 85 x 76 cm, Staatliche Museen zu Berlin, Neue Nationalgalerie, Abbildung in: Schmidt-Rottluff. Der Maler, S. 101, Nr. 42.

70 *Frau bei der Toilette*, 1915, Öl auf Leinwand, 91 x 76,5 cm, Hamburger Kunsthalle. Abbildung in: Schmidt-Rottluff. Der Maler, S. 103, Nr. 43.

71 *Mädchenkopf*, 1915, Öl auf Leinwand, 73 x 65 cm, verschollen, Abbildung in: Grohmann, Schmidt-Rottluff, S. 261.

72 *Frau mit Tasche*, 1915, Öl auf Leinwand, 95 x 87 cm, Tate Gallery, London, Abbildung in: Schmidt-Rottluff. Der Maler, S. 104, Nr. 44.

73 *Handschuhanziehende*, 1915, Öl auf Leinwand, 84,5 x 76 cm, Sammlung Ströher, Darmstadt, Abbildung in: Schmidt-Rottluff. Der Maler, S. 105, Nr., 45.

74 *Frau mit Tulpen*, 1915, Öl auf Leinwand, 84,5 x 76 cm, verbrannt bis auf eine Stück, Abbildung in: Grohmann, Schmidt-Rottluff, S. 261.

75 *Kopf mit Halskette*, 1914, Holzschnitt, 36,3, x 29,5 cm, Schapire 131, Abbildung in: Wietek, Graphik, S. 150, Nr. 104.

76 *Sitzender Akt mit Halskette*, 1913, Pinselzeichnung, 60 x 50,3 cm, Stedelijk Museum Amsterdam, Abbildung in: Schmidt-Rottluff. Retrospektive, S. 247, Nr. 141.

77 *Weiblicher Akt*, 1915, Kaltnadel, 32 x 23,8 cm, Schapire 20, Abbildung in: Gunther Thiem, Karl Schmidt-Rottluff. Gemälde, Aquarelle, Graphik, Ausstellungskatalog Kunstverein Hannover 1963, S. 100, Nr. 60.

78 *Kniender weiblicher Akt*, 1913, Rohrfederzeichnung, 59,5 x 48 cm, Brücke-Museum Berlin, Abbildung in: Schmidt-Rottluff. Retrospektive, S. 247, Nr. 143.
79 *Zwei weibliche Akte am Strand*, 1913, Pinselzeichnung, farbig aviert, 47,3 x 60 cm, Staatsgalerie Stuttgart, Abbildung in: Schmidt-Rottluff, Retrospektive, S. 245, Nr. 136.
80 *Kopf*, Pinselzeichnung, Abbildung in: Grohmann, Schmidt-Rottluff, S. 68.
81 Rembrandt, *Jan Six*, 1654, Öl auf Leinwand, 112 x 102 cm, Sammlung Six, Amsterdam, Abbildung in: Otto Pächt, Rembrandt, München 1991, Nr. 50.
82 Nicola Perscheid, *Frauenbildnis*, Fotographie, 1907 oder früher, Abbildung in: Enno Kaufhold, Bilder des Übergangs. Zur Mediengeschichte von Photographie und Malerei in Deutschland um 1900, Marburg 1986, S. 108.
83 Alfred Hamacher, *Meine Frau*, Gemälde, 1911, Abbildung in Kaufhold, S. 108.
84 Franz von Lenbach, *Frau Baronin Franchetti*, Abbildung in. A. Rosenberg, Lenbach, Bielefeld und Leipzig, 1911, S. 87.
85 Ernst Ludwig Kirchner, *Dodo mit großem Federhut*, 1911, Öl auf Leinwand, 80 x 69 cm, Milwaukee Art Center, Abbildung in: Lucius Griesebach, Ernst Ludwig Kirchner 1880-1938, Köln 1995, S. 65.
86 *Sitzende*, Öl auf Leinwand, 84 x 76 cm, Abbildung in: Wilhelm R. Valentiner, Schmidt-Rottluff, (=Junge Kunst Bd. 16), Leipzig 1920, Frontispiz.
87 *Bildnis Bertie Rosenberg*, 1915, Öl auf Leinwand, 73 x 65 cm, verschollen, Abbildung in Wietek 1984, S. 197.
88 *Frauenkopf*, 1915, Holzschnitt, 36 x 29,2 cm, Schapire 184, Abbildung in: Grohmann, Schmidt-Rottluff, S. 70.
89 *Drei am Tisch*, 1915, Holzschnitt, 50 x 40 cm, Schapire 167, Abbildung in: Wietek, Graphik, S. 80, Nr. 50.
90 *Frauenkopf*, 1916, Holzschnitt, 26 x 18,2 cm, Schapire 191, Abbildung in: Wietek, Graphik, S. 155, Nr. 109

91 *Kämmendes Mädchen*, 1919, Öl auf Leinwand, 90 x 76 cm, Brücke-Museum Berlin, Abbildung in: Schmidt-Rottluff. Der Maler, S. 111, Nr. 48.

92 Ernst Ludwig Kirchner, *Porträt Edwin Redslob*, 1924, Öl auf Leinwand, 121 x 75,5 cm, Brücke-Museum Berlin, Magdalena M. Moeller, Scotti (Hg.), Kirchner 1998, S. 110, Nr. 85.

93 *Schiffe im Hafen*, 1913, Holzschnitt auf gelbem Papier, 28,2/28,7 x 32,2 cm, Abbildung in: Wietek, Graphik, S. 97, Nr. 63.

94 Ernst Ludwig Kirchner, *Bildnis Simon Guttmann*, 1911, Öl auf Leinwand, 80,6 x 64,8 cm, William Rockhill Nelson Gallery of Art and Mary Atkins Museum of Fine Arts, Kansas City (Missouri), Abbildung in: Schirmer's Visuelle Bibliothek, Ernst Ludwig Kirchner. Gemälde 1908-1920, München 1991, Nr. 14.

95 Ernst Ludwig Kirchner, *Kopf Guttmann vor rundem Tisch und Figuren*, 1912, Holzschnitt, aquarelliert, 23,5 x 20,3 cm, Abbildung in: Magdalena M. Moeller (Hg.), Ernst Ludwig Kirchner. Meisterwerke der Druckgraphik, Stuttgart 1990, S. 135, Nr. 60.

96 Erich Heckel, *Wilhelm Simon Guttmann auf dem roten Sofa*, 1911, Aquarell, 36 x 44 cm, Abbildung im Herbstkatalog der Galerie Nierendorf, Berlin.

97 Ernst Ludwig Kirchner, *Mädchen unter Japanschirm*, um 1909, 92,5 x 80,5 cm, Kunstsammlungen Nordrhein-Westfalen, Düsseldorf, Abbildung in: Grisebach, Kirchner, S. 37.

98 Ernst Ludwig Kirchner, *Erna mit Japanschirm*, 1913, Öl auf Leinwand, 80 x 70 cm, Aargauische Kunstsammlung.

99 Erna und Ernst Ludwig Kirchner im MUIM-Institut, 1912, Photographie, Abbildung in: Karlheinz Gabler, E. L. Kirchner. Dokumente. Fotos. Schriften. Briefe, Aschaffenburg 1980, S. 93.

100 Ernst Ludwig Kirchner, *Junger Dichter (Simon Guttmann)*, 1911, Bleistiftzeichnung, 34,4 x 27 cm, Abbildung in: Magdalena M. Möller (Hg.), Ernst Ludwig Kirchner. Aquarelle und Zeichnungen. Die Sammlung Karlheinz Gabler, München 1999, S. 73, Nr. 23.

101 Kirchners Berliner Atelier in der Körnerstr., 1914, Photographie, Abbildung in Gabler, Kirchner, S. 139.

102 Erich Heckel, *Simon Guttmann*, Kohlezeichnung, 65 x 55,3 cm, Abbildung in: Gabler, Heckel, S. 122, Nr. 50.
103 *Bildnis S.G.*, 1911, Öl auf Leinwand, 84 x 76 cm, verschollen, Abbildung in: Grohmann, Schmidt-Rottluff, S. 257.
104 *Bildnis Simon Guttmann*, 1913, Öl auf Leinwand, 95 x 87 cm, zerstört, Abbildung in: Grohmann, Schmidt-Rottluff, S. 257.
105 *Bildnis G.*, 1914, Holzschnitt, 50 x 39,5 cm, Schapire 137, Abbildung in: Wietek, Graphik, S. 151, Nr. 105.
106 *Bildnis Dr. Goldschmidt*, Öl auf Leinwand, 95 x 87 cm, verschollen, Abbildung in: Grohmann, Schmidt-Rottluff, S. 291.
107 *Bildnis E. F.*, 1914, Öl auf Leinwand, 73 x 65 cm, verschollen, Abbildung in: Grohmann, Schmidt-Rottluff, S. 261.
108 *Allee*, 1911, Öl auf Leinwand, 87,5 x 95 cm, Landesmuseum Oldenburg, Abbildung in: Schmidt-Rottluff. Der Maler, S. 66, Nr. 21.
109 *Allee*, 1911, Holzschnitt, 39,6 x 50 cm, Schapire 59, Abbildung in: Wietek, Graphik, S. 69, Nr. 41.
110 *Das rote Haus*, 1913, Öl auf Leinwand, 75 x 90 cm, Kunsthalle Bremen, Abbildung in: Schmidt-Rottluff. Retrospektive, Nr. 52..
111 *Haus mit Pappeln*, 1913, Holzschnitt, 23,9/23,5 x 21/25 cm, Schapire 118, Abbildung in: Wietek, Graphik, S. 96, Nr. 62.
112 *Boote am Wasser*, 1913, Öl auf Leinwand, 76 x 91 cm, Karl Ernst Osthaus Museum, Hagen, Abbildung in: Schmidt-Rottluff. Der Maler, S. 95, Nr. 38.
113 *Bucht an der Nehrung*, Holzschnitt, 1913, 270/75 x 33,4 cm, Schapire 121, Abbildung in: Schmidt-Rottluff. Retrospektive, S. 242, Nr. 123.
114 *Lofthus*, 1911, Öl auf Leinwand, 87 x 96 cm, Hamburger Kunsthalle, Abbildung in: Hohl, Hamburger Kunsthalle, S. 45, Nr. 42.
115 *Stilleben (Masken)*, 1913, Öl auf Leinwand, 65 x 73 cm, Kunsthalle Bremen, Abbildung in: Schmidt-Rottluff. Retrospektive, Nr. 48.
116 *Akte in Landschaft (Drei badende Frauen)*, 1913, Öl auf Leinwand, 65 x 73 cm, Privatbesitz, Abbildung in: Wietek, Schmidt-Rottluff in Hamburg und Schleswig-Holstein, S. 138.

117 *Russisches Dorf bei Nacht*, 1919, Öl auf Leinwand, 87 x 95 cm, Wolfgang Wittrock, Düsseldorf, Abbildung in: Schmidt-Rottluff. Retrospektive, Nr. 65.
118 *Russische Landschaft mit Sonne*, 1919, Holzschnitt, 49 x 59,8 cm, Schapire 237, Abbildung in: Wietek, Graphik, S. 184, Nr. 130.
119 *Hohwachter Bucht im Mondschein*, 1919, Holzschnitt, 49,5 x 39,6 cm, Schapire 247, Abbildung in: Wietek, Graphik, S. 188, Nr. 134.
120 *Urwaldlandschaft*, 1919, Öl auf Leinwand, 77 x 99 cm, Saarlandmuseum Saarbrücken, Abbildung in: Schmidt-Rottluff. Retrospektive, Nr. 66.
121 *Deichdurchbruch*, 1910, Öl auf Leinwand, 76 x 84 cm, Brücke-Museum Berlin, Abbildung in: Schmidt-Rottluff, Retrospektive, Nr. 24.
122 *Drei Akte*, 1913, Öl auf Leinwand, 98 x 106,5 cm, Staatliche Museen zu Berlin, Neue Nationalgalerie, Abbildung in: Schmidt-Rottluff. Retrospektive, Nr. 56.
123 *Windiger Tag*, 1907, Öl auf Leinwand, 70 x 91 cm, Hamburger Kunsthalle, Abbildung in: Wietek, Oldenburger Jahre, S. 255, Nr. 1.
124 *Das blaue Haus*, 1907, Öl auf Leinwand, 74 x 70,2 cm, Hamburger Kunsthalle, Abbildung in: Wietek, Oldenburger Jahre, S. 257, Nr. 3.
125 *Der Garten*, 1906, Öl auf Holz, 84 x 65 cm, Germanisches Nationalmuseum, Nürnberg, Abbildung in: Schmidt-Rottluff. Der Maler, S. 43, Nr. 7.
126 Emil Nolde, *Anna Wieds Garten*, 1908, Öl auf Leinwand, 60 x 50 cm, Privatbesitz, Abbildung in: Martin Urban, Emil Nolde. Werkverzeichnis der Gemälde, Bd. 1, 1895-1914, München 1987, S. 223.
127 *Kühler Morgen (Weg im Herbst)*, 1909, Aquarell und Tuschepinsel, 49,5 x 65,5 cm, Brücke-Museum Berlin, Abbildung in: Schmidt-Rottluff. Retrospektive, Nr. 15.

128 *Landschaft aus Dangast*, 1909, Aquarell, 37,5 x 54 cm, Privatbesitz, Abbildung in: Schmidt-Rottluff. Retrospektive, Nr. 16.
129 *Weg mit Turmhaus*, 1910, Tusche und Wachskreide auf Postkarte, 9 x 14 cm, Städtische Kunstsammlungen Chemnitz, Abbildung in: Wietek, Oldenburger Jahre, S. 443, Nr. 182.
130 *Dangaster Landschaft*, 1910, Öl auf Leinwand, 76 x 84 cm, Stedelijk Museum Amsterdam, Abbildung in: Wietek, Oldenburger Jahre, S. 383, Nr. 122.
131 *Villa mit Turm*, Ansichtskarte, Abbildung in: Wietek, Oldenburger Jahre, S. 48.
132 *Villa mit Turm*, 1912, Öl auf Leinwand, 85 x 76,5 cm, Kunsthalle Mannheim, Abbildung in: Schmidt-Rottluff. Retrospektive, Nr. 42.
133 *Sitzende im Grünen*, 1910, Öl auf Leinwand, 83,5 x 76 cm, Sammlung Gerlinger, Staatliche Museen Moritzburg Halle, Abbildung in: Schmidt-Rottluff. Retrospektive, Nr. 22.
134 Holbein d.J., *Bildnis des Kaufmanns Georg Gisze*, 1532, Öl auf Leinwand, 96,3 x 85,7 cm Staatliche Sammlungen Preußischer Kulturbesitz Berlin, Oskar Bätschmann, Pascal Griener, Hans Holbein, Köln 1977, S. 182, Nr. 240.
135 *Freundinnen*, 1914, Öl auf Leinwand, 85 x 101 cm, Kunsthalle Emden, Abbildung in: Schmidt-Rottluff, Retrospektive, Nr. 61.
136 *Frauen am Meer*, 1914, Öl auf Leinwand, 87 x 101 cm, Kaiser Wilhelm Museum, Krefeld, Abbildung in: Schmidt-Rottluff. Retrospektive, Nr. 60.
137 *Frau am Meer*, 1914, Öl auf Leinwand, 84 x 76 cm, Sammlung C.K., Schweiz, Abbildung in: Schmidt-Rottluff. Der Maler, S. 100, Nr. 41.
138 *Mondschein*, 1919, Öl auf Leinwand, 87 x 101 cm, Sammlung Gerlinger, Staatliche Galerie Moritzburg Halle, Abbildung in: Schmidt-Rottluff. Retrospektive, Nr. 71.
139 *Nachmittagssonne*, 1910, Öl auf Leinwand, 76 x 84 cm, verschollen, Abbildung in Wietek, Oldenburger Jahre, S. 396.
140 *Aufgehender Mond*, 1911/12, Öl auf Leinwand, 88,5 x 96 cm, verschollen, Abbildung in: Wietek, Oldenburger Jahre, S. 476.

141 *Aufgehender Mond*, 1920, Öl auf Leinwand, 89 x 75 cm, Georg-Kolbe-Museum, Berlin, Abbildung in: Schmidt-Rottluff. Der Maler, S. 122, Nr. 58.

142 *Junger Wald und Sonne (Sonne mit Wald)*, 1920, Öl auf Leinwand, 76,5 x 90,5 cm, Sammlung Gerlinger, Staatliche Galerie Moritzburg Halle, Abbildung in: Schmidt-Rottluff. Retrospektive, Nr. 78.

143 *Landschaft mit Feldern*, 1911, Öl auf Leinwand, 87 x 95 cm, Museum Folkwang Essen, Abbildung in: Schmidt-Rottluff. Der Maler, S. 67, Nr. 22.

**Literatur**

Frederic Adama van Scheltema, Das Problem des Grundes in der Geschichte der Kunst, in: Geistige Welt, Jg. 1, Heft 4, 1947, S. 16-21.

Volker Adolphs, Stumpfe Waffen. Zum Verhältnis von Karikatur und moderner Kunst, in: Heinz Herbert Mann und Peter Gerlach (Hg.), Regel und Ausnahme. Festschrift für Hans Holländer, Aachen u.a. 1995, S. 227-244.

F. J. Alber, Objektivation des Geistes/des Lebens, in: Historisches Wörterbuch der Philosophie, Bd. 6, Basel 1984, S. 1055-1056.

G. J. von Allesch, Die ästhetische Erscheinungsweise der Farben, Berlin 1925.

G. J. von Allesch, Rez. Katz, Der Aufbau der Farbenwelt, in: Zeitschrift für Ästhetik und allgemeine Kunstwissenschaft, Bd. 26, Heft 1, 1932, S. 313-314.

G. J. von Allesch, Die Beschränktheit der ästhetischen Erkenntnis, in: Wege zur Kunstbetrachtung, Dresden 1921, S. 26-33.

Susanna Anna, Karl Schmidt-Rottluff. Malerei und Graphik, Bestandskatalog I der Sammlung Malerei und Plastik und des Graphik-Kabinettes der Städtischen Kunstsammlungen Chemnitz, Chemnitz 1993.

Kurt Badt, Raumphantasie und Raumillusion, Köln 1963.

Kurt Badt, Die Kunst Cézannes, Ansbach 1956.

Kurt Badt, Maler und Modell, Probleme der Interpretation. Eine Streitschrift gegen Hans Sedlmayr, Köln 1961.

Kurt Badt, Die Farbenlehre van Goghs, Köln 1981.

Oskar Bätschmann, Entfernung der Natur. Landschaftsmalerei 1750-1920, Köln 1989.

Kurt Bauch, Kunst als Form, in: Jahrbuch für Ästhetik und allgemeine Kunstwissenschaft, Bd. 7, 1962, S. 167-188.

Willi Baumeister, Das Unbekannte in der Kunst, Köln 1960.

Hans Belting, Das Ende der Kunstgeschichte, München 1983.

Hans Belting, Vasari und die Folgen. Die Geschichte der Kunst als Prozeß?, in: Ders., Das Ende der Kunstgeschichte, München 1983, S. 63-91.

Walter Benjamin, Schicksal und Charakter, in: Ders., Illuminationen. Ausgewählte Schriften, Frankfurt/Main 1977, S. 42-49.

Erich van den Bercken, Untersuchungen zur Geschichte der Farbengebung der venezianischen Malerei, Teil I, Porcheim 1914.

Erich van den Bercken, Zur Entwicklungsgeschichte des Kolorismus, in: Kunstchronik und Kunstmarkt Nr. 25, 1915, S.405-408.

Erich van den Bercken, Über einige Grundprobleme der Geschichte des Kolorismus in der Malerei, in: Münchner Jahrbuch der bildenden Kunst, Neue Folge, Bd. 5, 1928, S. 311-326.

Adolphe Bernays, Versuch einer Farbenordnung, in: Vierteljahresschrift der Naturforschenden Gesellschaft in Zürich, Jg. 2, 1937, S. 161-196.

Richard Biedrzynski, Das verlorene Menschenbild. Zur Problematik des Porträts in der Kunst der Gegenwart, Zürich 1961.

Marc. E. Blanchard, Landschaftsmalerei als Bildgattung und der Diskurs der Kunstgeschichte, in: Manfred Smuda (Hg.), Landschaft, Frankfurt/Main 1986, S. 70-86.

Michael Bockemühl, The innocence of the Eye and the innocence of the meaning. Zum Problem der Wirklichkeit in der realistischen Malerei von Gustave Caillebotte, in: Gottfried Boehm, Karlheinz Stierle, Gundolf Winter (Hg.), Modernität und Tradition. Festschrift für Max Imdahl zum 60. Geburtstag, München 1985, S. 13-35.

Gottfried Boehm, Studien zur Perspektivität. Philosophie und Kunst in der frühen Neuzeit, Diss. Heidelberg 1969.

Gottfried Boehm, Die Dialektik der ästhetischen Grenze. Überlegungen zur gegenwärtigen Ästhetik im Anschluß an Josef Albers, in: Neue Hefte für Philosophie, Heft 5, 1973, S. 118-138.

Gottfried Boehm, Zu einer Hermeneutik des Bildes, in: Hans Georg Gadamer (Hg.), Seminar: Die Hermeneutik und die Wissenschaften, Frankfurt/Main 1978, S. 444-471.

Gottfried Boehm, Bildsinn und Sinnesorgane, in: Anschauung als Ästhetische Kategorie (= Neue Hefte für Philosophie 18/19), 1980, S. 118-132.

Gottfried Boehm, Kunst versus Geschichte: ein unerledigtes Problem. Zur Einleitung in Georg Kublers „Die Form der Zeit“, in: Georg Kubler, Die Form der Zeit. Anmerkungen zur Geschichte der Dinge, Frankfurt/Main 1982, S. 7-26.

Gottfried Boehm, Bildnis und Individuum. Über den Ursprung der Porträtmalerei in der italienischen Renaissance, München 1985.

Gottfried Boehm, Mnemosyne. Zur Kategorie des erinnernden Sehens, in: Gottfried Boehm, Karlheinz Stierle, Gundolf Winter (Hg.), Modernität und Tradition, Festschrift für Max Imdahl zum 60. Geburtstag, München 1985, S. 37-57.

Gottfried Boehm, Die Krise der Repräsentation. Die Kunstgeschichte und die moderne Kunst, in: Lorenz Dittmann (Hg.), Kategorien und Methoden der deutschen Kunstgeschichte 1900-1030, Stuttgart 1985, S. 113-128.

Gottfried Boehm, Das neue Bild der Natur. Nach dem Ende der Landschaftsmalerei, in: Manfred Smuda (Hg.), Landschaft, Frankfurt/Main 1986, S. 87-110.

Gottfried Boehm, Paul Cézanne, Montagne Sainte-Victoire, Frankfurt/Main 1988.

Gottfried Boehm, Ein Paradies aus Malerei. Hinweise zu Cézannes Badenden, in: Mary Louise Krumrine, Paul Cézanne. Die Badenden, Öffentliche Kunstsammlungen Basel 1989, S. 11-27.

Gottfried Boehm, Das neue Bild der Natur – Zum Naturverständnis der Moderne, in: 6 Beiträge zur kunsthistorischen Forschung, hrsg. von der Fachschaft Kunstgeschichte Saarbrücken 1991, S. 6-14.

Gottfried Boehm, Bilder jenseits der Bilder. Transformationen in der Kunst des 20. Jahrhunderts, in: Theodora Vischer (Hg.) Transform. BildObjektSkulptur im 20. Jahrhundert, Ausstellungskatalog Basel, Zürich 1992, S. 15-21.

Gottfried Boehm, Zentrum oder Peripherie? Zu den Selbstbildnissen von Paul Cézanne, in: Herrlitz, Rittelmeyer (Hg.), Exakte Phantasie. Festschrift für Klaus Mollenhauer, München 1993, S. 17-36.

Otto Friedrich Bollnow, Das Wesen der Stimmungen, Frankfurt/Main 1956.

Karl Brix, Karl Schmidt-Rottluff, Leipzig 1972.

Karl Brix, „...da ich doch mit dieser Stadt verbunden bin." Karl Schmidt-Rottluffs Beziehungen zu Chemnitz und zu Karl-Marx-Stadt, in: Karl-Marx-Städter Almanach 2, 1983, S. 20-28.

Wolfgang Brückner, Der Blaue Reiter und die Entdeckung der Volkskunst als Suche nach dem inneren Klang, in: Gottfried Boehm, Helmut Pfotenhauer (Hg.), Beschreibungskunst-Kunstbeschreibung. Ekphrasis von der Antike bis zur Gegenwart, München 1995, S. 519-542.

Maike Bruhns, Rosa Schapire und der Frauenbund zur Förderung deutscher bildender Kunst, in: Avantgarde und Publikum, Köln, Weimar, Wien 1992, S. 269-282.

Lothar-Günther Buchheim, Die Künstlergemeinschaft Brücke. Gemälde. Zeichnungen. Graphik. Plastik. Dokumente, Feldafing 1956.

Lothar-Günther Buchheim, Graphik des deutschen Expressionismus, Feldafing 1959.

Matthias Bunge, Die Wirklichkeit des Bildes. Eine kritische Auseinandersetzung mit Michael Bockemühls These von der Bildrezeption als Bildproduktion, in: Zeitschrift für Ästhetik und Allgemeine Kunstwissenschaft, Bd. 35, 1990, S. 131-189.

Fritz Burger, Cézanne und Hodler, Einführung in die Probleme der Malerei der Gegenwart, München 1918.

Benedetto Croce, Bildnis und Ähnlichkeit, in: Kleine Schriften zur Ästhetik II, Tübingen 1929, S.265-270.

Birgit Dalbajewa, Ulrich Bischoff (Hg.), Die Brücke in Dresden, Galerie Neue Meister Staatliche Kunstsammlungen Dresden, Köln 2001.

Hermann Deckert, Zum Begriff des Porträts, in: Marburger Jahrbuch für Kunstwissenschaft, Bd. 5, 1929, S. 261-282.

Christel Denecke, Die Farbe im Expressionismus, Diss. Düsseldorf 1954.

Victor A. Dirksen, Karl Schmidt-Rottluff (= Kunsthalle zu Hamburg, Kleine Führer Nr. 21), Hamburg 1921.

Lorenz Dittmann, Die Farbe bei Grünewald, Diss. München 1955.

Lorenz Dittmann, Stil. Symbol. Struktur. Studien zu Kategorien der Kunstgeschichte, Habil. München 1967.

Lorenz Dittmann, Zur Kunst Cézannes, in: Martin Gosebruch (Hg.), Festschrift Kurt Badt zum 70. Geburtstag, Berlin 1961, S. 190-212.

Lorenz Dittmann, Funktionen der Farbe in der Malerei der Neuzeit. Vortrag vom 9.11.1976 in Saarbrücken, maschinenschriftliches Manuskript.

Lorenz Dittmann, Zum Sinn der Farbgestaltung im 19. Jahrhundert, in: Werner Hager und Norbert Knopp (Hg.), Beiträge zum Problem des Stilpluralismus, München 1977, S. 92-118.

Lorenz Dittmann, Gestaltungsprinzipien der „Brücke"-Maler, in: Georg W. Költzsch (Hg.), Künstler der Brücke, Heckel. Kirchner. Müller. Pechstein. Schmidt-Rottluff. Gemälde. Aquarelle. Druckgraphik 1909-1930, Ausstellungskatalog Moderne Galerie des Saarland-Museums, Saarbrücken 1980, S. 11-51.

Lorenz Dittmann, Zum Begriff des bildkünstlerischen Expressionismus. Eine Einführung in die Ausstellung „Künstler der Brücke" in der Modernen Galerie des Saarland-Museums, in: Saarheimat. Zeitschrift für Kultur, Landschaft, Volkstum, 24. Jahrgang, Heft 11, 1980, S. 251-255.

Lorenz Dittmann, Grundzüge der Farbgestaltung in der europäischen Malerei, in: Farbe. Material. Zeichen. Symbol, Berlin 1983, S. 104-113.

Lorenz Dittmann, Dimensionen der Malerei in der abstrakten Kunst, Lyrik und Geometrie. Ausstellung Treffpunkt Kunst, Saarlouis, Oktober 1983, o.S.

Lorenz Dittmann, Das „Elementare“ in der Malerei der Gegenwart, in: Europäische Malerei der Gegenwart. Spuren und Zeichen, Ausstellungskatalog Trier 1984, S. 23-35.

Lorenz Dittmann, Zugänge zur modernen Kunst, Vortrag Saarbrücken 1985, maschinenschriftliches Manuskript.

Lorenz Dittmann, Farbgestaltung und Farbtheorie in der abendländischen Malerei. Eine Einführung, Darmstadt 1987.

Lorenz Dittmann, Was bedeutet: Befreiung der Bildfarbe?, in: Kunstforum Bd. 88, 1987,
S. 90-95.

Lorenz Dittmann, Werk und Natur. Erörterungen unter dem Aspekt der Farbgestaltung in der Malerei, in: Kunstgeschichte – aber wie? Zehn Themen und Beispiele, hrsg. von der Fachschaft Kunstgeschichte München, Berlin 1989, S. 109-140.

Lorenz Dittmann, Zur Leiblichkeit der Farbe, in: Raimer Jochims, Bilder und Papierarbeiten. 1974-86, Klagenfurt 1987, S. 24-34.

Lorenz Dittmann, Die Farbe bei Marées, in: Christian Lenz (Hg.), Hans von Marées, München 1987, S. 97-104.

Birgit Dülbajewa, Ulrich Bischoff (Hg.), Die Brücke in Dresden, Ausstellungskatalog Dresden, Köln 2001.

Arne Eggum, Munch und die Photographie, Bern 1991.

Arthur Engelbert, Die Linie in der Zeichnung. Klee-Pollock-Twombly, Diss. Bochum 1985.

Fritz Erpel (Hg.), Vincent van Gogh. Sämtliche Briefe, 6 Bde., Bornheim 1985.

Hans Gerhard Evers (Hg.), Erstes Darmstädter Gespräch. Das Menschenbild in unserer Zeit, Darmstadt 1950.

Rudolf Farner (Hg.), Paul Thiersch, Leben und Werk, Berlin 1970.

Paul Fechter, Zwischen Kunst und Publikum, in: Das Problem der Bildnisgestaltung in der jungen Kunst, Berlin 1927, S. 5-8.

B. Fichtner, Ausdruck, in: Historisches Wörterbuch der Philosophie, Bd. 1, Basel 1971, S. 655-661.

Werner Flach, Landschaft. Die Fundamente der Landschaftsvorstellung, in: Manfred Smuda (Hg.), Landschaft, Frankfurt/Main 1986, S. 11-28.

Jack D. Flam (Hg.), Henri Matisse, Über Kunst, Zürich 1982.

Dagobert Frey, Giotto und die Maniera Greca. Bildgesetzlichkeit und Psychologische Deutung, in: Wallraf-Richartz-Jahrbuch, Bd. 14, 1952, S. 73-98.

Dagobert Frey, Probleme einer Geschichte der Kunstwissenschaft, in: Deutsche Vierteljahresschrift für Literaturwissenschaft und Geistesgeschichte, Bd. 32, 1958, S. 1-37.

Dagobert Frey, Kunst und Sinnbild (1942/45), in: Ders., Bausteine zu einer Philosophie der Kunst, hrsg. v. Gerhard Frey, Darmstadt 1976.

Max J. Friedländer, Essays über die Landschaftsmalerei und andere Bildgattungen, Den Haag, Oxford 1947.

Andreas Gabelmann, Wege ins Neue: Schmidt-Rottluff und seine Auseinandersetzung mit Futurismus, Kubismus und Primitivismus, in: Magdalena M. Moeller, Tayfun Belgin, Karl Schmidt-Rottluff. Ein Maler des 20. Jahrhunderts. Gemälde, Aquarelle und Zeichnungen von 1905 bis 1972, München 2001, S. 212-228.

Karlheinz Gabler, Erich Heckel und sein Kreis. Dokumente. Fotos. Briefe. Schriften, Stuttgart, Zürich 1953.

Hans-Georg Gadamer, Wahrheit und Methode. Grundzüge einer philosophischen Hermeneutik, Tübingen 1972.

John Gage, Kulturgeschichte der Farbe. Von der Antike bis zur Gegenwart, Ravensburg 1994.

Maly und Dietfried Gerhardus, Expressionismus. Vom bildnerischen Engagement zur Kunstwende, Freiburg im Breisgau 1976.

Dietfried Gerhardus, Notizen zu den visuell-bildnerischen Verfahren in der Handzeichnung seit dem Expressionismus, in: Deutsche Handzeichnungen heute, Saarbrücken 1977, o.S..

Hermann Gerlinger, Schmidt-Rottluff und „Der Prinz von Theben“, in: Gunther Thiem und Armin Zweite (Hg.), Karl Schmidt-Rottluff. Retrospektive, München 1989, S. 49-52.

Arnold Gehlen, Zeit-Bilder. Zur Soziologie und Ästhetik der Modernen Malerei, Frankfurt am Main/Bonn 1960.

Moritz Geiger, Zum Problem der Stimmungseinfühlung (1911), in: Ders., Die Bedeutung der Kunst. Zugänge zu einer materialen Wertästhetik, hrsg. v. Klaus Berger und Wolfhart Henckmann, München 1976, S. 18-59.

Hartmut Girke, Der Raum in der italienischen und niederländischen Malerei des 15. und 16. Jahrhunderts, Diss. Frankfurt/Main, Bern, New York, Nancy 1984.

Luca Giuliani, Bildnis und Botschaft. Hermeneutische Untersuchungen zur Bildniskunst der römischen Republik, Frankfurt/Main 1986.

Ernst H. Gombrich; Kunst und Illusion. Eine Studie über die Psychologie von Abbild und Wirklichkeit in der Kunst, Zürich 1977.

Ernst H. Gombrich, Ausdruck und Aussage. Zur Kritik der expressionistischen Kunsttheorie, in: Meditationen über ein Steckenpferd. Von den Wurzeln und Grenzen der Kunst, Übersetzt von Lisbeth Gombrich, Frankfurt/Main 1978, S. 108-130.

Ernst H. Gombrich, Über physiognomische Wahrnehmung, in: Meditationen über ein Steckenpferd, s.o, S. 90-107.

Ernst H. Gombrich, Maske und Gesicht, in: Bild und Auge, Stuttgart 1984, S. 105-134.

Ernst H. Gombrich, Kunst und Illusion. Zur Psychologie der bildlichen Darstellung, Stuttgart und Zürich [2]1986, Kapitel vom Abbild zum Ausdruck, S. 393-428.

Nelson Goodman. Sprachen der Kunst. Ein Ansatz zu einer Symboltheorie, Frankfurt am Main 1973.

Donald E. Gordon, Ernst Ludwig Kirchner. Mit einem kritischen Katalog sämtlicher Gemälde, München 1968.

Ernst Gosebruch, Schmidt-Rottluff, in: Genius, Heft 2, 1920, S. 5-20.

Alexander Gosztonyi, Der Raum. Geschichte seiner Probleme in Philosophie und Wissenschaften, Bd. 2, München 1976.

Johann Wolfgang von Goethe, Zur Farbenlehre, hrsg. v. Manfred Wenzel, Frankfurt/Main 1991.

Johann Wolfgang Goethe, Von deutscher Baukunst, in: Emil Staiger (Hg.), Johann Wolfgang Goethe, Vermischte Schriften, Bd. 6, Frankfurt/Main, Leipzig 1993, S. 245-252.

Brita von Götz-Mohr, Individuum und soziale Norm. Studien zum italienischen Frauenbildnis des 16. Jahrhunderts, Frankfurt 1987.

Lothar Grisebach, E.L.Kirchners Davoser Tagebuch. Eine Darstellung des Malers und seiner Schriften, Köln 1968.

Lucius Grisebach, Annette Meyer zu Eissen, Ernst Ludwig Kirchner 1880-1938, Ausstellungskatalog Berlin, Köln, Zürich 1980.

Will Grohmann, Karl Schmidt-Rottluff, Stuttgart 1956.

Hans W. Gruhle, Das Porträt. Eine Studie zur Einfühlung in den Ausdruck, Freiburg im Breisgau 1948.

Richard Hamann, Josef Hermand, Expressionismus, München 1976.

Werner Haftmann, Die moderne Malerei als Ausdruck eines gewandelten Welt- und Selbstverständnisses des Menschen, in: Der Mensch und seine Bilder. Aufsätze und Reden zur Kunst des 20. Jahrhunderts, Köln 1980, S. 10-24.

Werner Haftmann, Über das moderne Bild, in: Skizzenbuch zur Kultur der Gegenwart. Reden und Aufsätze, München 1960, S. 117-123.

Werner Haftmann, Zu den Inhalten der modernen Kunst, in: Skizzenbuch zur Kultur der Gegenwart. Reden und Aufsätze, München 1960, S. 123-134.

Erich Heckel, Das Neue Programm, in: Kunst und Künstler, Jg. 12, 1924, S. 309.

Martin Heidegger, Sein und Zeit, Tübingen [8]1957.

Willy Hellpach, Geopsyche, Stuttgart 1950.

Alfred Hentzen, Erwerbungen für die Gemäldegalerie und die Sammlungen Neuerer Plastik im Jahre 1961, in: Jahrbuch der Hamburger Kunstsammlungen, Bd. 7, 1962, S. 111-134.

Hans-Michael Herzog, Kunsthistorikerin für den Expressionismus: Rosa Schapire im Spiegel ihrer Darstellungen von Karl Schmidt-Rottluff, in: Jutta Hülsewig-Johnen (Hg.), O Mensch!, Ausstellungskatalog Bielefeld 1992, S. 39-46.

Walter Hess, Zur Biographie der befreiten Farbe, in: Das Kunstwerk, 6. Jahrgang, 1952, S. 12-15.

Walter Hess, Enzyklopädisches Stichwort „Moderne Kunst“, in: Sedlmayr, Revolution der modernen Kunst, S. 125-133.

Walter Hess, Das Problem der Farbe in den Selbstzeugnissen der Maler von Cézanne bis Mondrian, München 1993.

Walter Hess, Dokumente zum Verständnis der modernen Malerei, Hamburg 1993.

Theodor Hetzer, Über Tizians Gesetzlichkeit, in: Jahrbuch für Kunstwissenschaft, 1928, S. 1-20.

Theodor Hetzer, Das deutsche Element in der italienischen Malerei des 16. Jahrhunderts (verfasst 1929), in: Schriften Theodor Hetzer, hrsg. v. Gertrude Berthold, Bd. 3, Stuttgart 1987, S. 15-286.

Theodor Hetzer, Giotto. Seine Stellung in der europäischen Kunst, Frankfurt 1941.

Theodor Hetzer, Tizians Bildnisse (verfasst 1945), in: Aufsätze und Vorträge, Bd. 1, Leipzig 1957, S. 43-74.

Theodor Hetzer, Dürers Bildnisse, in: Aufsätze und Vorträge, Bd. 2, Leipzig 1957, S. 23-46.

Theodor Hetzer, Tizian. Geschichte seiner Farbe, Frankfurt am Main 1948.

Hans Holländer, Weltentwürfe neuzeitlicher Landschaftsmalerei, in: Jörg Zimmermann (Hg.), Das Naturbild des Menschen, München 1982, S. 183-224.

K. L. Hib, Über die Möglichkeiten des modernen Porträts, in: Der Friede, Bd. 1, Wien 1918, S. 457-458.

Elisabeth Hipp, Atelier, in: Birgit Dülbajewa, Ulrich Bischoff (Hg.), Die Brücke in Dresden, Ausstellungskatalog Dresden, Köln 2001, S. 193 f.

Werner Hofmann, „Manier und Stil" in der Kunst des 20. Jahrhunderts, in: Studium Generale, 8. Jg., Januar 1955, 1. Heft, S. 1-11.

Werner Hofmann, Die Karikatur von Leonardo bis Picasso, Wien, 1956.

Werner Hofmann, Studien zur Kunsttheorie des 20. Jahrhunderts, in: Zeitschrift für Kunstgeschichte, Bd. 18, 1955, S. 136-156.

Werner Hofmann, Von der Nachahmung zur Wirklichkeit. Die schöpferische Befreiung der Kunst 1890-1917, Köln $^{2}$1974.

Dieter Honisch, Die Farbe bei Kirchner, in: Ernst Ludwig Kirchner, Berlin, München, Köln, Zürich 1979/80.

Hans Dieter Huber, Irritationen des Sehens. Farbe bei Karl Schmidt-Rottluff, in: Andrea Wandschneider (Hg.), Karl Schmidt-Rottluff. Werke aus den Kunstsammlungen Chemnitz, Ausstellungskatalog Paderborn, Frankfurt Main 2002, S. 54-67.

Jutta Hülsewig, Das Bildnis in der Kunst Paul Cézannes, Diss. Bochum 1981.

Jutta Hülsewig-Johnen, Gesichter wie von schwimmendem Schaum. Zum Menschenbild des Expressionismus, in: O meine Zeit, Ausstellungskatalog Bielefeld 1985, S. 12-25.

Jutta Hülsewig-Johnen, Seelenlandschaft – Zur Naturdarstellung des Expressionismus, in: Dies. (Hg.), O meine Zeit, Ausstellungskatalog Bielefeld 1985, S. 50-61.

Jutta Hülsewig-Johnen, Wie im richtigen Leben? Überlegungen zum Porträt der Neuen Sachlichkeit, in: Dies. (Hg.), Neue Sachlichkeit, Ausstellungskatalog Bielefeld 1990, S. 8-24.

Jutta Hülsewig-Johnen, Selbst-Verwirklichung. Vom traditionellen Porträt zum Bildnis des Expressionismus, in: Dies. (Hg.), O Mensch!, Ausstellungskatalog Bielefeld 1992, S. 8-22.

Jutta Hülsewig-Johnen, „Der Mensch in der Mitte“, Überlegungen zum expressionistischen Bildnis, in: Expressionistische Bilder Sammlung Firmengruppe Ahlers, Stuttgart 1993, S. 94-105.

Andreas Hüneke, Zweierlei Augen. Ein Deutungsversuch, in: Magdalena M. Moeller (Hg.), Karl Schmidt-Rottluff. Druckgraphik, München 2001, S. 43-51.

Max Imdahl, Die Rolle der Farbe in der neueren französischen Malerei, Abstraktion und Konkretion, in: W. Iser (Hg.), Immanente Ästhetik. Ästhetische Reflexion. Lyrik als Paradigma der Moderne, Kolloquium Köln 1964, München 1966, S. 195-225.

Max Imdahl, Überlegungen zur Identität des Bildes, in: Odo Marquard, Karlheinz Stierle (Hg.), Identität (=Poetik und Hermeneutik VIII), München 1979, S. 187-211.

Max Imdahl, Cézanne-Braque-Picasso. Zum Verhältnis zwischen Bildautonomie und Gegenstandssehen, in: Ders., Bildautonomie und Wirklichkeit, Mittenwald 1981, S. 9-50.

Max Imdahl, Picassos Guernica, Frankfurt/Main 1985.

Max Imdahl, Relationen zwischen Porträt und Individuum, in: Manfred Frank, Anselm Haverkamp (Hg.), Individualität (=Poetik und Hermeneutik XIII), München 1988, S. 587-598.

Max Imdahl, Bis an die Grenzen des Aussagbaren..., in: Martina Sitt (Hg.), Kunsthistoriker in eigener Sache. Zehn autobiographische Skizzen, Berlin 1990, S. 245-272.

Ute Immel, Die deutsche Genremalerei im 19. Jahrhundert, Diss. Heidelberg 1967.

H. L. C. Jaffé, Stilpluralismus: Das Jahr 1907, in: Werner Hager, Norbert Knopp (Hg.), Beiträge zum Problem des Stilpluralismus, München 1977, S. 29-32.

Hans Jantzen, Rez. Maria Grunewald, Das Kolorit in der venezianischen Malerei, Bd. I: Die Karnation, Berlin 1912, in: Zeitschrift für Ästhetik und allgemeine Kunstwissenschaft, Bd. 9, S. 120-123.

Hans Jantzen, Über Prinzipien der Farbengebung in der Malerei, in: Über den gotischen Kirchenraum und andere Aufsätze, Berlin 1951, S. 61-67.

Hans Jantzen, Tradition und Stil in der abendländischen Kunst. Vortrag, gehalten am 31. Oktober 1950 in der Joachim-Jungins-Gesellschaft der Wissenschaft zu Hamburg, abgedruckt in: Über den gotischen Kirchenraum und andere Aufsätze, Berlin 1951, S. 79-94.

Hans Robert Jauss, Zur Entdeckung des Individuums in der Porträtmalerei, in: Manfred Frank, Anselm Haverkamp (Hg.), Individualität (=Poetik und Hermeneutik XIII), München 1988, S. 599-605.

Wassili Kandinsky, Über die Formfrage (1910), in: Der Blaue Reiter 1912, hrsg. v. Wassily Kandinsky, Franz Marc, Dokumentarische Neuausgabe Klaus Lankheit, München [4]1984, S. 132-182.

Wassili Kandinsky, Über das Geistige in der Kunst, insbesondere der Malerei, München [2]1912.

Wassili Kandinsky, Punkt und Linie zu Fläche. Beitrag zur Analyse der malerischen Elemente, Bern [7]1973.

David Katz, Die Erscheinungsweisen der Farben und ihre Beeinflussung durch die individuelle Erfahrung, Göttingen 1911.

Enno Kaufhold, Bilder des Übergangs. Zur Mediengeschichte von Photographie und Malerei in Deutschland um 1900, Marburg 1986.

Fritz Kaufmann, Die Bedeutung der künstlerischen Stimmung, in: Ders., Das Reich des Schönen. Bausteine zu einer Philosophie der Kunst, hrsg. v. Hans-Georg Gadamer, Stuttgart 1960, S. 96-125.

Harald Keller, Die Entstehung des Bildnisses am Ende des Hochmittelalters, in: Römisches Jahrbuch für Kunstgeschichte, Bd. 3, 1939, S. 228-356.

Robert Kirchhoff, Zur Geschichte des Ausdrucksbegriffs, in: Ders., Ausdruckspsychologie (=Handbuch der Psychologie, Bd. 5), Göttingen 1965, S. 9-38.

Robert Kirchhoff, Ausdruck, in: Historisches Wörterbuch der Philosophie, hrsg. v. Joachim Ritter, Bd. 1, Basel 1971, S. 653-662.

Robert Kirchhoff, Ausdrucksverstehen, in: Historisches Wörterbuch der Philosophie, hrsg. v. Joachim Ritter, Bd. 1, Basel 1971, S. 664-666.

Adalbert Klein, Farbe in der Malerei, Würzburg $^{2}$1944.

Paul Klee, Wege des Naturstudiums (1923), in: Christian Geelhaar (Hg.), Paul Klee. Schriften, Rezensionen und Aufsätze, Köln 1976.

Georg-W. Költzsch, Expressionismus – Die Welt ist nicht fest, in: Hans-Caspar Graf von Bothmer, Klaus Güthlein, Rudolf Kuhn (Hg.), Festschrift Lorenz Dittmann, Frankfurt am Main 1994, S. 139-141.

Walter Koschatzky, Die Kunst der Zeichnung, Technik, Geschichte, Meisterwerke, München 1987.

Paul Kraemer, Beiträge zum Problem der Porträtdarstellung. Eine ästhetische Studie, Diss. Jena, Gernrode (Harz), 1900.

Karl Kröner, Karl Schmidt-Rottluff, Berlin 1948.

Udo Kultermann, Geschichte der Kunstgeschichte. Der Weg einer Wissenschaft, Frankfurt/Main, Berlin, Wien 1981.

Klaus Lankheit, Die Frühromantik und die Grundlagen der „gegenstandslosen“ Malerei, in: Neue Heidelberger Jahrbücher, Neue Folge, 1951, S. 55-90.

Herbert Lehmann, Die Physiognomie der Landschaft, in: Studium Generale, 3. Jg., 1950, Heft 4/5, S. 182-195.

Klaus Lepsky, Bild und Wirklichkeit – Die Wirklichkeit im Bild, in: Götz Pochat, Brigitte Wagner (Hg.), Natur und Kunst, Kunsthistorisches Jahrbuch Graz, Nr. 23, 1987, S. 166-173.

Theodor Lipps, Grundlegung der Ästhetik, Bd. 1, Leipzig 1923.

Gabriele Lohberg, Ernst Ludwig Kirchner und die Schweitzer Expressionisten, in: Gerhard Kolberg (Hg.), Die Expressionisten. Vom Aufbruch bis zur Verfehmung, Köln 1996, S. 179-189.

Isa Lohmann-Siems, Begriff und Interpretation des Porträts in der kunstgeschichtlichen Literatur, Diss. Hamburg 1972.

Heinrich Lützeler, Vom Wesen der Landschaftsmalerei, in: Studium Generale, 3. Jg., 1950, Heft 4/5, S. 210-232.

Heinrich Lützeler, Kunsterfahrung und Kunstwissenschaft. Systematische und entwicklungsgeschichtliche Darstellung und Dokumentation des Umgangs mit der bildenden Kunst, 3 Bde., Freiburg, München 1975.

Roland März, Aggression Farbe. Energiefeld der „Brücke“-Malerei 1905 bis 1914, in: Von der Brücke zum Blauen Reiter. Farbe, Form und Ausdruck in der deutschen Kunst von 1905 bis 1914, Ausstellungskatalog Dortmund 1996, S. 56-62.

Roland März (Hg.), Lyonel Feininger. Von Gelnroda nach Manhattan, Berlin 1998.

Ron Manheim, Expressionismus – Zur Entstehung eines kunsthistorischen Stil- und Periodenbegriffes, in: Zeitschrift für Kunstgeschichte, Bd. 49, 1986, S. 73-91.

Georg Marzynski, Die Methode des Expressionismus. Studien zu seiner Psychologie, Leipzig 1920.

Ursula Merkel, Das plastische Porträt im 19. und frühen 20. Jahrhundert. Ein Beitrag zur Geschichte der Bildhauerei in Frankreich und Deutschland, Berlin 1995.

Magdalena M. Moeller (Hg.), Meisterwerke des Expressionismus. Gemälde, Aquarelle, Zeichnungen und Druckgraphik aus dem Brücke-Museum Berlin, Stuttgart 1990.

Magdalene M. Moeller (Hg.), Ernst Ludwig Kirchner, Meisterwerke der Druckgraphik, Stuttgart 1990.

Magdalena M. Moeller (Hg.), Karl Schmidt-Rottluff. Aquarelle, Ausstellungskatalog Stuttgart 1991.

Magdalena M. Moeller, Hans Werner Schmidt (Hg.), Karl Schmidt-Rottluff. Der Maler, Ausstellungskatalog Düsseldorf, Chemnitz, Berlin, Stuttgart 1992.

Magdalena M. Moeller, Otto Mueller und die „Brücke“, in: Otto Mueller, Gemälde, Aquarelle, Pastelle und Druckgraphik aus dem Brücke-Museum Berlin, München 1997, S. 9-17.

Magdalena M. Moeller (Hg.), Karl Schmidt-Rottluff, München 1997.

Magdalena M. Moeller, Tayfun Belgin (Hg.), Karl Schmidt-Rottluff. Ein Maler des 20. Jahrhunderts. Gemälde, Aquarelle und Zeichnungen von 1905 bis 1972, München 2001.

Magdalena M. Moeller (Hg.), Karl Schmidt-Rottluff. Druckgraphik, München 2001.

Ramon Neckelmann, Zu Rosa Schapire und Wilhelm Niemeyer, in: Gerhard Wietek, Karl Schmidt-Rottluff. Plastik und Kunsthandwerk. Werkverzeichnis, München 2001, S. 167-169.

Wilhelm Niemeyer, Malerische Impression und Koloristischer Rhythmus. Beobachtungen über Malerei der Gegenwart von Wilhelm Niemeyer. Denkschrift des Sonderbundes auf die Ausstellung MCMX, Düsseldorf 1910.

Wilhelm Niemeyer, Vom Geist der Fläche. Eine Rede über die Malerei der Gegenwart. Gesprochen am Abend der Eröffnung des Kunstbundes Hamburg von Wilhelm Niemeyer, in: Kündung. Eine Zeitschrift für Kunst hrsg. v. Willem Niemeyer und Rosa Schapire, Märzheft, Jg. 1, 1921, S. 36-40.

Wilhelm Niemeyer, der Maler Karl Schmidt-Rottluff. Ein Vortrag im Kunstbund Hamburg vor Werken des Künstlers aus den Jahren 1905/20 von Wilhelm Niemeyer, in: Kündung. Eine Zeitschrift für Kunst, hrsg. v. Wilhelm Niemeyer und Rosa Schapire, Juniheft, Jg. 1, 1921, S. 56-68.

Thomas Nipperdey, Deutsche Geschichte 1800-1866. Bürgerwelt und starker Staat, München 1983.

Thomas Nipperdey, Deutsche Geschichte 1866-1918, Bd. 1: Arbeitswelt und Bürgergeist, München 1990.

Fritz Novotny, Cézanne oder das Ende der wissenschaftlichen Perspektive, (Wien 1938), Neuauflage München 1970.

Fritz Novotny, Über das „Elementare“ in der Kunstgeschichte, in: Ders., Über das „Elementare“ in der Kunstgeschichte u.a. Aufsätze, Wien 1968, S. 217-251.

Otto Pächt, Rembrandt, hrsg. v. Edwin Lachnit, München 1991.

Ferdinand Paul, Bildnis und Ähnlichkeit, in: Kunst der Nation, 2. Jg., Nr. 17, 1937, S. 1.

Reiner Piepmeyer, Das Ende der ästhetischen Kategorie Landschaft, in: Westfälische Forschungen, Mitteilungen des Provinzialinstituts für westfälische Landes- und Volksforschung des Landesverbandes Westfalen-Lippe, Münster 1980, S. 8-46.

Rudolf Pfefferkorn, Die Berliner Sezession, Berlin 1972.

Götz Pochat, Das Bild der Landschaft, in: Heinz Herbert Mann, Peter Gerlach (Hg.), Regel und Ausnahme. Festschrift für Hans Holländer, Aachen, Leipzig, Paris 1995.

Gerd Presler, „Brücke“ an Dr. Rosa Schapire, Städtische Kunsthalle Mannheim 1990.

Ernest Rathenau, Karl Schmidt-Rottluff. Das graphische Werk seit 1923, New York 1964.

Philipp Rawson, Drawing, London, New York, Toronto, 1967.

Kurt Riezler, Traktat vom Schönen. Zur Ontologie der Kunst (=Philosophische Abhandlungen Bd. III), Frankfurt/Main 1935.

Rainer Maria Rilke, Einleitung zu: Worpswede, (1902), in: Ders., Sämtliche Werke, Bd. 5, Frankfurt/Main 1965, S. 9-34.

Joachim Ritter, Ästhetik, in: Historisches Wörterbuch der Philosophie, Bd. 1, Basel 1971, S. 555-580.

Joachim Ritter, Landschaft. Zur Funktion des Ästhetischen in der modernen Gesellschaft (1962), in: Ders., Subjektivität. Sechs Aufsätze, Frankfurt/Main 1974, S. 141-190.

Eberhard Roters, Ernst Ludwig Kirchners Begriff der „Hieroglyphe“ und die Bedeutung des graphischen Details, in: Georg Rohde u.a. (Hg.), Ludwig Redsloh zum 70. Geburtstag. Eine Festgabe, Berlin 1955, S. 332-346.

Eberhard Roters, Der Holzschnitt der „Brücke“, Diss. Berlin 1956.

Rosa Schapire, Schmidt-Rottluff, in: Ausstellungskatalog Hans Golz, München, Juli 1917, S. 1-3.

Rosa Schapire, Karl Schmidt-Rottluffs graphisches Werk, Berlin 1924.

Rosa Schapire, Karl Schmidt-Rottluff, Ausstellung in der Kunsthütte zu Chemnitz, Oktober 1929.

Rosa Schapire, Karl Schmidt-Rottluffs graphisches Werk bis 1923, Tafelband, hrsg. v. Ernst Rathenau, New York 1987.

Julius von Schlosser, Gespräch über die Bildniskunst, in: Oesterreichische Rundschau, 6, S. 502-516, April 1906; wiederabgedruckt in: Julius von Schlosser, Präludien, Wien 1937, S. 227-247.

Fritz Schmalenbach, Impressionismus. Versuch einer Systematisierung, in: Studien über Malerei und Malereigeschichte, Berlin 1972, S. 11-27.

Fritz Schmalenbach, Das Wort „Expressionismus“, in: Studien über Malerei und Malereigeschichte, Berlin 1972, S. 40-47.

Hans-Werner Schmidt, Karl Schmidt-Rottluff. Ein „Spätwerk“ von vier Jahrzehnten, in: Magdalena M. Moeller, Hans-Werner Schmidt (Hg.), Karl Schmidt-Rottluff. Der Maler. Ausstellungskatalog Düsseldorf, Chemnitz, Berlin, Stuttgart 1992.

Paul F. Schmidt, Künstlerbildnis oder Ähnlichkeit, in: Das Problem der Bildnisgestaltung in der Jungen Kunst, Berlin 1927, S. 3-5.

Karl Schmidt-Rottluff, Das Neue Programm, in: Kunst und Künstler, Jg. 12, 1914, S. 308.

J. A. Schmoll gen. Eisenwerth, Stilpluralismus statt Einheitszwang – Zur Kritik der Stilepochen-Kunstgeschichte, in: Argo. Festschrift für Kurt Badt, hrsg. v. Martin Gosebruch und Lorenz Dittmann, Köln 1970, S. 77-95.

Manfred Schneckenburger, Der deutsche Expressionismus, in: Giulio Carlo Argan, Die Kunst des 20. Jahrhunderts 1880-1940, (=Propyläen Kunstgeschichte, Bd. 12), Frankfurt/Main, Berlin 1990.

Katja Schneider, Burg Giebichenstein. Die Kunstgewerbeschule von Paul Thiersch und Gerhard Marcks 1915 bis 1933, (Diss. Bonn 1988) Weinheim 1992.

Norbert Schneider, Geschichte der Ästhetik von der Aufklärung bis zur Postmoderne, Stuttgart 1996.

Wolfgang Schöne, Über das Licht in der Malerei, Berlin $^{3}$1983.

Oliver R. Scholz, Bild, Darstellung, Zeichen. Philosophische Themen bildhafter Darstellung, Freiburg/München 1991.

Ursula Schumacher-Haardt, Das Künstlerporträt im Expressionismus, Münster 1997.

Ulrich Schürmann, Die Darstellung des alten Menschen in der Genremalerei des 19. Jahrhunderts, Diss. Bonn 1992.

Peter-Klaus Schuster, Kalkulierter Expressionismus. Versuch über Ernst Ludwig Kirchner „Dame mit Hut“, in: Bazon Brock, Achim Preiß (Hg.), Ikonographische Anleitung zum Lesen von Bildern. Festschrift Donat de Chapeaurouge, München 1990, S. 228-248.

Barbara Schütz, Farbe und Licht bei Edvard Munch, Diss. Saarbrücken 1985.

Martin Schwind, Sinn und Ausdruck der Landschaft, in: Studium Generale, 3. Jg., 1950, Heft 4/5, S. 196-201.

R. Schwinger, Form und Inhalt, in: Historisches Wörterbuch der Philosophie, Bd. 2, Basel 1972, S. 975-977.

Hans Sedlmayr, Rez. G.J. Allesch, Die ästhetische Erscheinungsweise der Farbe, in: Kritische Berichte zur kunstgeschichtlichen Literatur, 3./4. Jg., 1930/31 und 1931/32, S. 214-224.

Hans Sedlmayr, Die Revolution der modernen Kunst, Hamburg [5]1956.

Hans Sedlmayr, Über Farbe, Licht und Dunkel (=Hefte des Kunsthistorischen Seminars der Universität München), München 1959.

Hans Sedlmayr. Verlust der Mitte. Die bildende Kunst des 19. und 20. Jahrhunderts als Symptom und Symbol der Zeit, Frankfurt/Main, Berlin 1988.

Georg Simmel, Gesetzmäßigkeit im Kunstwerk, in: Logos. Internationale Zeitschrift für Philosophie und Kultur, Bd. 7, 1917/18, S. 213-223.

Georg Simmel, Über die Karikatur, in: Zur Philosophie der Kunst, Potsdam 1922, S. 87-95.

Georg Simmel, Das Problem des Porträts (1918), in: Zur Philosophie der Kunst, Potsdam 1922, S. 96-109.

Georg Simmel, Die ästhetische Bedeutung des Gesichts (1901), in: Brücke und Tür, Essays des Philosophen zur Geschichte, Religion, Kunst und Gesellschaft, hrsg. v. Michael Landmann, Stuttgart 1957, S. 153-159.

Georg Simmel, Philosophie der Landschaft (1913), in: Ders., Brücke und Tür, Stuttgart 1956, S. 141-152.

Georg Simmel, Rembrandt. Ein kunstphilosophischer Versuch, Leipzig 1916, Nachdruck München 1985.

Manfred Smuda, Natur als ästhetischer Gegenstand und als Gegenstand der Ästhetik. Zur Konstitution von Landschaft, in: Ders., (Hg.), Landschaft, Frankfurt/Main 1986, S. 44-69.

Heinz Spielmann (Hg.), Die Maler der „Brücke". Sammlung Hermann Gerlinger, Stuttgart 1995.

Werner Spies, Zeitalter des Argwohns. Picasso und das unberechenbare Porträts / Die Ausstellung im Museum of Modern Art, in: Frankfurter Allgemeine Zeitung, 3. Juni 1996, S. 31.

Werner Spies, Die Flut der Variation. Der Maler und sein Modell. Pablo Picassos folgenreiche Begegnung mit Gertrude Stein, Frankfurter Allgemeine Zeitung, 7. Dezember 1996.

Otto Stelzer, Die Vorgeschichte der abstrakten Kunst. Denkmodelle und Vor-Bilder, München 1964.

Curt Stoermer, Karl Schmidt-Rottluff (Begegnungen II), in: Der Wagen. Ein Lübecksches Jahrbuch, 1957, S. 153-164.

Ernst Strauss, Koloritgeschichtliche Untersuchungen zur Malerei seit Giotto und andere Studien, hrsg. v. Lorenz Dittmann, München/Berlin $^{2}$1983.

Gunther Thiem, Karl Schmidt-Rottluff. Aquarelle und Zeichnungen, München 1963.

Gunther Thiem, „Herrn Dehmel zu eigen" – S. Rottluff Hamburg 1911, in: Heinz Ladendorf (Hg.), Festschrift Dr. h.c. Eduard Trautscholdt zum 70. Geburtstag am 13. Januar 1963, Hamburg 1965, S. 195-199.

Gunther Thiem, Armin Zweite (Hg.), Schmidt-Rottluff. Retrospektive, Ausstellungskatalog Bremen und München, München 1989.

Gunther Thiem, Das Archaische als Stilprinzip in Karl Schmidt-Rottluffs Schaffen von 1911 bis 1918, in: Pantheon, Jahrgang LIII, 1995, S. 130-139.

Gunther Thiem, Karl Schmidt-Rottluff: 1912 – Experiment Kubismus, in. Städel-Jahrbuch, Neue Folge, Bd. 13, 1991, S. 245-256.

Gunther Thiem; Emy Schmidt-Rottluff. Ihre Bildnisse und meine Erinnerungen, in: Frauen in Kunst und Leben der „Brücke", Ausstellungskatalog Stiftung Schleswig-Holsteinische Landesmuseen, Schloß Gottorf, Schleswig 2000 (= Brücke-Almanach 2000, hrsg. v. Hermann Gerlinger und Herwig Guratzsch), S. 81-92.

Johannes Thoene, Ästhetik der Landschaft, Mönchengladbach 1924.

Ludwig Thormaehlen, Erinnerungen an Stefan George, Hamburg 1962.

Anna Tumarkin, Die Überwindung der Mimesislehre in der Kunsttheorie des XVIII. Jahrhunderts. Zur Vorgeschichte der Romantik, in: Harra Maync (Hg.), Festgabe Samuel Singer, Tübingen 1930, S. 40-55.

Emil Utitz, Grundzüge der ästhetischen Farbenlehre, Stuttgart 1908.

Wilhelm R. Valentiner, Schmidt-Rottluff (=Junge Kunst, Bd. 16), Leipzig 1920.

Paul Vogt, Erich Heckel, Recklinghausen 1965.

Vladimir Vukicevic, Cézannes Realisation. Die Malerei und die Aufgabe des Denkens, München 1992.

Monika Wagner, Primitivismen. Materialien und Medien der Brücke-Künstler, in: Birgit Dülbajewa, Ulrich Bischoff (Hg.), Die Brücke in Dresden, Ausstellungskatalog Dresden, Köln 2001, S. 77-81.

Bernhard Waldenfels, Gänge durch die Landschaft, in: Manfred Smuda (Hg.), Landschaft, Frankfurt/Main 1986, S. 29-43.

Andrea Wandschneider (Hg.), Karl Schmidt-Rottluff. Werke aus den Kunstsammlungen Chemnitz, Ausstellungskatalog Paderborn, Frankfurt Main 2002.

Robert Wolfgang Wallach, Über Anwendung und Bedeutung des Wortes Stil, Diss. München 1919.

Wilhelm Waetzold, Die Kunst des Porträts, Leipzig 1908.

Wilhelm Waetzold, Rez. Emil Utitz, in: Zeitschrift für Ästhetik und Allgemeine Kunstwissenschaft, Bd. IV, Heft 1, Stuttgart 1909, S. 277-286.

Martin Warnke, Hofkünstler. Zur Vorgeschichte des modernen Künstlers, Köln 1985.

Rolf Wedewer, Landschaftsmalerei zwischen Traum und Wirklichkeit. Idylle und Konflikt, Köln 1978.

Rolf Wedewer, Zur Naturdarstellung Henry Moores, in: Pantheon, Bd. 38, 1980, S. 186-193.

Rolf Wedewer, Zur Naturdarstellung Arps, in: Pantheon, Bd. 43, 1985, S. 171-178.

Rolf Wedewer, Landschaft als vermittelte Theorie, in: Manfred Smuda (Hg.), Landschaft, Frankfurt/Main 1986, S. 111-154.

Kurt Wehlte, Werkstoffe und Techniken der Malerei, Ravensburg 1967.

Shearer West, Masken oder Identitäten?, in: Christos M. Joachimides, Norman Rosenthal (Hg.), Die Epoche der Moderne. Kunst im 20. Jahrhundert, Ausstellungskatalog Martin-Gropius-Bau, Berlin 1997, S. 65-71.

Siegfried Wiechmann, Franz von Lenbach und seine Zeit, Köln 1973.

Gerhard Wietek, Maler der Brücke. Farbige Kartengrüße an Rosa Schapire von Erich Heckel, Ernst Ludwig Kirchner, Max Pechstein, Karl Schmidt-Rottluff, Wiesbaden 1958.

Gerhard Wietek, Karl Schmidt-Rottluff. Bilder aus Nidden 1913, Stuttgart 1963.

Gerhard Wietek, Dr. phil. Rosa Schapire, in: Jahrbuch der Hamburger Kunstsammlungen, Bd. 9, 1964, S.114-160.

Gerhard Wietek, Schmidt-Rottluff. Die Graphik, München 1971.

Gerhard Wietek, Wilhelm Niemeyer und Karl Schmidt-Rottluff, in: Nordelbingen: Beiträge zur Kunst- und Kulturgeschichte, Bd. 48, 1979, S. 112-122.

Gerhard Wietek, Schmidt-Rottluff in Hamburg und Schleswig-Holstein, Neumünster 1984.

Gerhard Wietek, Franz Radziwill – Wilhelm Niemeyer. Dokumente einer Freundschaft, Oldenburg 1990.

Gerhard Wietek, Franz Radziwill – Wilhelm Niemeyer. Ein Briefwechsel als Lektion für den Herausgeber, in: Walter Jens (Hg.), Festschrift und Dokumentation der Festveranstaltungen der freien Akademie der Künste, Hamburg 1990, S. 86-91.

Gerhard Wietek, Schmidt-Rottluff. Oldenburger Jahre 1907-1912, Mainz 1995.

Gerhard Wietek, Karl Schmidt-Rottluff. Plastik und Kunsthandwerk. Werkverzeichnis, München 2001.

Gundolf Winter, Zwischen Individualität und Idealität. Die Bildnisbüste. Studien zu Thema, Medium, Form und Entwicklungsgeschichte, Stuttgart 1985.

Heinrich Wölfflin, Prolegomena zu einer Psychologie der Architektur, Diss. 1888, in: Ders., Kleine Schriften (1886-1933), hrsg. v. Joseph Gantner, Basel 1946, S. 13-47.

Heinrich Wölfflin, Über das links und rechts im Bilde, in: Münchner Jahrbuch, Neue Folge, 1928, S. 213-224.

Wilhelm Worringer, Abstraktion und Einfühlung, München 1921[12].

Dörte Zbikowski, Die Sammlung Rauert in ihrer Zeit, in: Eva Caspers, Wolfgang Henze, Hans-Jürgen Lwowski (Hg.), Nolde, Schmidt-Rottluff und ihre Freund. Die Sammlung Martha und Paul Rauert Hamburg 1905-1958, Hamburg 1999, S. 11-96.

Angela Ziesche, Der neue Mensch. Köpfe und Büsten deutscher Expressionisten, Diss. Frankfurt/Main, Berlin, Bern 1993.

Jörg Zimmermann, Zur Geschichte des ästhetischen Naturbegriffs, in: Ders. (Hg.), Das Naturbild des Menschen, München 1982, S. 118-154.

Armin Zweite, „Das Erleben transzendentaler Dinge im Irdischen.“ Schmidt-Rottluff als Mitglied der Brücke, in: Schmidt-Rottluff Retrospektive, München 1989, S. 23-41.

## Danksagung

Ich bin zahlreichen Personen zu Dank verpflichtet, die mir bei dieser Arbeit wertvolle Hilfe leisteten und sie sicherlich reicher machten.

Zuerst gilt mein Dank meinem Doktorvater Prof. Dr. Lorenz Dittmann, der meine Arbeit stets mit Interesse und kritischem Wohlwollen verfolgte und der mir mit seinem Gutachten zum Stipendium der Landesgraduiertenförderung verhalf. Dafür danke ich auch meinem weiteren Gutachter Prof. Dr. Richard van Dülmen.

Wertvolle Hinweise und wichtiges Material verdanke ich Herrn Claus Bärwald aus Kaltenkirchen, Herrn Karl Brix aus Schweikershain (†), Frau Maximiliane Kraft aus Hofheim im Taunus und Herrn Dr. Roland März aus der Nationalgalerie Berlin.

Ebenso danke ich den Mitarbeitern im Stedelejk Museum Amsterdam, im Brücke-Museum Berlin, im Georg-Kolbe-Museum Berlin, in der Staatlichen Galerie Moritzburg Halle, in der Staatlichen Kunsthalle Hamburg, in der Tate Gallery London und an der Stiftung Schleswig-Holsteinischer Landsmuseen, Schloß Gottorf, Schleswig, die mir freundlich Zugang zu ihren Bibliotheken und Depots gewährten.

Für das Korrekturlesen und für kritische Anmerkungen gilt mein Dank meinen Kommilitonen Andreas Beyer, Christine Guthoff und vor allem Bernhard Wehlen sowie meiner Mutter.

Außerdem danke ich Frau Prof. Dr. Christa Lichtenstern für die Übernahme des Koreferates.